谷 中 信 一 編

中國出土資料
の
多角的研究

汲 古 書 院

序　文

谷中　信一

　本論集『中國出土資料の多角的研究』は、2014 年 4 月から 2018 年 3 月まで
の科學研究費による助成を受けて進めてきた中國出土資料研究の成果の一端で
ある。過去に刊行した『楚地出土資料と中國古代文化』（汲古書院　2002）及
び『出土資料と漢字文化圏』（同 2011）と合わせて三部作と稱することができる。

　『楚地出土資料と中國古代文化』は、1999 年 4 月から 2001 年 3 月までの 3
年間に及ぶ科研研究プロジェクト「郭店出土竹簡及びそれと關連する出土資料
の研究－中國古代思想史の再構築を目指して－」の研究成果が、『出土資料と
漢字文化圏』（汲古書院　2011）はそれに續く 2008 年 4 月から 2011 年 3 月ま
での 3 年間の科研研究プロジェクト「新出土資料を通してみた古代東アジア世
界の諸相－漢字文化圏の中の地域性－」の研究成果が、それぞれ盛り込まれて
いる。

　これまで、中國の地では考古學上の發掘の成果としての「發掘簡」に止まら
ず、盗掘など非合法手段によって發掘されたいわゆる「非發掘簡」が學界に提供
されてきた。その數量は夥しいものがあり、例えば『上海博物館藏戰國楚竹書』
・『清華大學藏戰國竹簡』・『北京大學藏西漢竹書』などである。しかもそれ
らの學問上の價値は、それが僞でないという前提條件附きであるが、發掘簡に
勝るとも劣らないと言うことができる。

　この事實は、我々が今後も引き續き中國古代の歴史や思想、文化、文字、言
語、宗教などを研究し、これまでの研究成果を更に深化させようとするならば、
決して無視することのできない新資料群であることを意味している。

　しかしそれら非發掘簡を扱うにせよ、これまで傳世文獻だけで研究をしてき
た者にとって、竹簡に記された文字を解讀することほど困難を伴うものはない。
始めて楚簡の寫眞版を見た者は、直ちに絶望的な氣分に襲われるであろう。全
く解讀不能と言ってもよいからである。このように新出土資料研究は傳世文獻
研究とは異なる研究手法が求められる。一人で長時間研究室に、或いは書齋に

2 　序文

籠もっていれば、何かが分かると言うような代物ではない。絶えず新しい情報に目を配り、新しい研究成果に目を通す必要がある。更に古文字學者、音韻學者との共同作業が不可缺となる。そこで我々は、谷中（代表者）・池澤優・大西克也・小寺敦・末永高康・名和敏光（以上分擔者）の合わせて 6 名が共同してこのプロジェクトを發足させることとなった。谷中が所屬する日本女子大學に事務局を置き、今田裕志氏がこれを擔った。さらにこの他、研究協力者として國内外から若手を中心に募って本研究プロジェクトは始動した。

　冒頭に記したように、本論集は科學研究費による助成を受けた研究プロジェクトの成果である。以下に我々がどのような目的を掲げて研究を進めて來たか、助成を受けるのために提出した申請文をここに概略引用しておこう。

　　「出土資料學」という學問ジャンルの高度化を目的として"マルチディシプリナリーアプローチ Multi Disciplinary Approach"の觀點から、中國戰國秦漢期の出土資料、即ち空間的には中國大陸の長江流域とその周邊地域、時間的には紀元前 4 世紀から紀元 1 世紀までのおよそ 500 年間における新出土資料を對象とし、從來、漫然と行われてきた出土資料分析のあり方を再檢討し、思想史や社會史再構築の方法論を提示すると共に、個々の資料を歷史の中に定位する作業を通じて、未曾有の激動の時代を體驗した人間の精神的營みの眞實に迫ることを本研究プロジェクトの使命とする。即ち、具體的には上海博物館藏戰國楚竹書（以下、「上博楚簡」と略稱する。）、清華大學藏戰國竹簡(以下、「清華簡」と略稱する。)、北京大學藏西漢竹書（以下「北大漢簡」と略稱する。）等の研究である。

　　ここ半世紀足らずの中國出土資料學の發展は實に目覺ましい。1972 年湖南省長沙市發見の馬王堆帛書並びに竹簡、同年 1973 年山東省臨沂縣（當時）發見の銀雀山漢墓竹簡、1993 年湖北省荊州市發見の郭店楚墓竹簡については、既に一應の研究成果が出揃い、とりわけ馬王堆漢墓出土文獻については、既に復旦大學出土文獻與古文字研究中心が中心となって『長沙馬王堆漢墓簡帛集成』の編纂作業が進められており、その成果が順次公開されることとなっている。

ところが「上博楚簡」（2001 年から現在まで 9 巻刊行）、「清華簡」(2011 年から現在まで 3 巻刊行）、「北大漢簡」(2012 年 12 月に『老子上下經』だけが「貳」として刊行)については、まだその全貌すら明らかにされておらず、今後さらなる整理とその後の速やかな公開が待たれるところである。従って、目下のところ、これら三種資料について全世界の研究者の關心が最も集中していると言っても過言ではない。

　われわれは、こうした海外の研究動向と歩調を合わせつつ、あるいはこれらをリードしつつ、Multi Disciplinary Approach による、三種の新出土資料についての研究を深化させていかなければならない。

　ここ 10 數年來の戰國秦漢出土文獻の研究は、郭店楚簡・上博楚簡・清華簡を中心に展開されてきていると言ってよい。しかしそこには二つの大きな問題を指摘し得る。

　まず、出土資料を用いた研究が思想史を始めとする多くの分野で豐かな研究成果を生み出してきたことは疑いもない事實であるが、その一方で出土資料を用いた研究手法には多くの問題が存在する。例えば郭店楚簡の思想史における編年と、考古學における編年との間に深刻な矛盾が存在することはよく知られている（張昌平「戰國晚期楚墓的斷代與郭店 M 1 楚墓的年代研究」谷中信一編『出土資料と漢字文化圈』、汲古書院、2011）。この事實一つをもってしても、出土資料を扱うためには單一 Discipline には限界があり、資料の定位には多方面からの分析が必要であることは明らかである。從來出土資料の研究は、それぞれの分野の研究者が、それぞれの必要に應じて利用する、惡く言えば都合よく利用する側面が濃厚に見られた。我々は Discipline を異にする研究者が、それぞれの立場から一つの資料を解析することにより、多方面からの資料の定位を試みる。ここに本研究課題の意義が存在する。この作業は一つの資料を通じて行われ、本科研 Project のメンバー（代表者・分擔者・協力者など）により、思想・文學・語學・宗敎・歷史・考古など諸方面から多面的に檢討が加えられることとなる。

4 序文

　近年注目を集めているとして上に列擧した諸資料のうち、郭店楚簡を除く上博楚簡・淸華簡、これに近年公刊されつつある北大所藏簡が「非發掘資料」(考古學者による科學的發掘によらずに出土した資料)であるということである。無論これらの資料は放射性炭素による年代測定、墨や竹の成分分析を始めとする種々の科學的檢査を經て僞造品である可能性は一應排除されている。しかし出土地點、地層、同時出土品などのデータを缺くため、その屬性は極めて曖昧である。現況ではこのような資料も從來の「發掘簡」と同樣の方法で研究されており、我々はそれに大きな問題を感じている。本研究においては、「非發掘簡」の研究方法を眞僞判斷基準を含めて再檢討し、Multi Discipline の觀點からその屬性を定位する方法を模索する。浙江大學楚簡のような僞造品が研究者の目を欺き大學に收藏される現況において、このような問題意識と研究の必要性は極めて高い。無論極めて愼重な態度を取るなら、「非發掘簡」を研究對象と認めない態度もありうるかもしれない。しかし嘗て骨董品として取引された靑銅器銘文が現在兩周研究の基本資料とされていることを考えあわせるなら、極端な愼重さにも弊害があることは明らかで、「非發掘簡」の研究法を內省的に檢證することが重要である。

　こうした綿密な作業を經て、新出土資料の中に描寫されている物語から思想・宗教などを正確に讀み解き、傳世文獻が描き出す世界觀との相違に着目しつつ、それ自體から何が讀み取れるかを追求することによって、過度に傳世文獻に引き附けて出土資料を讀み解くという從來の研究方法の偏向を是正しつつ、特定の時間と空閒に內在する Reality のある世界觀を再構築することができる。それは歷史の濾過を經て傳世文獻の中に繼承されてきた歷史、思想史とは異なる、いわば歷史上の事實でありながら忘れられてきてしまった當時の精神的營爲を發掘するという面を具えている。その意味で、出土資料學は精神史の考古學ともいいうるであろう。

　出土資料という時代的にも地域的にも Reality のある資料の分析を通じて、戰國後期から前漢中期あたりまでを視野に、當時の人々が實體驗した

激動の歴史と精神世界に迫り得ることが期待される。

　以上によってわれわれの共同研究が目指す獨創性は大いに實現に向かうわけであるが、われわれの研究目的は、一義的には上博楚簡・清華簡・北大漢簡について更なる研究の深化を目的とするものである。

　本科研 Project によって豫想される成果は、主に三つの方面に分かれる。第一は、「非發掘簡」の研究方法の檢證と方法論の提示である。これは出土資料學の土臺構築に相當する。

　第二は、新出土資料の精密かつ正確な譯注作成である。これには、歴史學・考古學・思想史・文字學・音韻學など方法を異にする研究者が集中的に討議することによってのみ得られるものであろう。これは出土資料學の基礎研究に相當する。

　第三は、この譯注作成責任者が、譯注作成過程並びに研究會の討議を通じて得られた貴重な知見を基に論文を作成することである。これは出土資料學の應用研究に相當する。

　以上三つの成果は Multi Disciplinary Approach による總合研究成果としてまとめられる。これら成果は、われわれ研究會が毎年度末に刊行する學術誌に掲載し、公開していく。これによって既公刊分も含め、斯界への貢獻は絶大なものなりうることを確信している。

　次に我々の過去4年間の實績を紹介しておこう。

　初年度の研究課題は「辨僞學の確立」であった。

　傳世文獻には必須である辨僞の手續きは出土資料と雖も不可缺である。しかも所謂非發掘簡が近年増加傾向にあり、一部で僞簡も出回っていると聞くからである。このプロジェクトが發足して間もなく、幸いなことにこの問題について造詣の深い胡平生教授が、吉林大學の古籍研究所のメンバーを伴って來日していた機會を得て、辨僞學の確立をテーマとした意見交換をすることができた。

　研究例會として、上博簡研究會と共催の形で、大西克也氏による「「非發掘簡」を扱うために」、戸内俊介・海老根量介・野原將輝三氏による「「皇門」を

6　序文

讀む（上）」及び「同（下）」、小寺敦氏による「科研調査團北京大學訪問記」、谷中による「『淮南子』道應訓所引『老子』テキストの性格、北大漢簡『老子』との對照」、小寺敦氏による「清華簡『繋年』第2章〜第4章を讀む」、朱鳳瀚教授（北京大學出土文獻研究所）による「中國出土文獻研究の最新動向─「辧疑」を中心に─」、陳侃理研究員（北京大學古代史研究中心）による「北京大學藏秦簡牘研究の新展開」を順次開催した。これらの研究成果をまとめて『出土文獻と秦楚文化』（第8號)の刊行を行った。編集は海老根量介氏（學習院大學助教）が擔當。

　2年目の研究課題は「非發掘簡の資料價値の確立」であった。

　所謂非發掘簡の存在を無視して先秦秦漢時代の研究は進まないと考えたからであった。

　研究例會として、宮島和也氏（東京大學大學院博士課程）による「『祝辭』を讀む」、平勢隆郎教授（東京大學）による「周易に關する私的檢討のその後」、曹峰教授（中國人民大學）による「『湯在啻門』を讀む」、復旦大學および上海博物館訪問調査團による「復旦大學および上海博物館所藏簡牘調査報告」、宮内駿氏（早稲田大學大學院修士課程）による「上博楚簡『成王爲城濮之行』を讀む」、末永高康氏による「出土文字資料と先秦禮學史の再構成をめぐって」、谷中による「清華簡『命訓』を讀む」を順次開催し、年度末にはシンポジウム「非發掘簡の資料價値の確立」を以下の要領で開催した。

　　　1，谷中による「基調報告」

　　　2，劉國忠教授（中國・清華大學）による「非發掘的簡帛及其學術價值」

　　　3，名和敏光氏による「北京大學漢簡〈揕輿〉と馬王堆帛書『陰陽五行』甲篇〈揕輿〉の對比研究」

　　　4，谷中による「清華簡（伍）『命訓』の思想と成立」

　　　5，池澤優氏司會による「總合討論」

上記の研究成果をまとめて『出土文獻と秦楚文化』（第9號)の刊行を行った。編集は昨年度に引き續き海老根氏が擔當した。

　3年目の研究課題は「出土資料を通した中國文獻の再評價」であった。

序文　7

　前年度にひとまず非發掘簡の資料價値を檢討し、研究の俎上に乗せることが可能になったとしても、忘れてはならないのが傳世文獻の扱いである。これをないがしろにしてはならない。そこで取り組んだのが、これら出土資料を通して傳世文獻の資料價値を改めて檢討することであった。中國古典として永年讀み繼がれてきた傳世文獻である。傳世文獻と新出土文獻を兩々驅使してこそ戰國秦漢時代の總合的研究が始めて可能になるはずである。

　研究例會として、佐藤將之敎授（臺灣大學）による「戰國秦漢「禮」思想と『荀子』」、小寺敦氏による「淸華簡『繫年』における爭點若干について」、池澤優氏による「古代中國宗敎研究における宗敎學の立ち位置—「宗敎」概念論・ポストセキュラリズム・死者性・呪術概念—」、成功大學および中央研究院訪問團による「成功大學および中央研究院訪問報告」、栗躍崇氏（大東文化大學大學院博士課程）による「燕國陶文に見られる級別監造について—長細形陶文印跡を中心に」、淸水浩子氏（大正大學非常勤講師）による「上博楚簡『卜書』を始めとして」、陳松長敎授（湖南大學嶽麓書院）による「嶽麓秦簡中的幾個令名小識」、柏倉優一氏（東京大學大學院修士課程）による「淸華簡『楚居』に關する試論」を順次開催した。

　上記の研究成果をまとめて、『出土文獻と秦楚文化』（第 10 號）の刊行を行った。編集は引き續き海老根氏が擔當した。

　4 年目は、これまでの研究成果を總括することである。すなわち、研究のための素材を吟味することに主眼が置かれているに過ぎないではないかとの予想される批判を考慮すれば、何を明らかにし得たかをより明確にしなければならない。それこそが Multi Discipline による出土文獻研究への Approach であり、こうした方法論的 Approach こそが、戰國秦漢時代をあらゆる視點觀點から複眼的に對象を解析することができ、それによって始めて立體的で活き活きとした戰國秦漢時代の中國像を結ぶことができるであろうと考えた。

　研究例會として、羅濤氏（北京大學中文系博士生　東京大學特別研究生）による「北大簡《妄稽》篇補釋及編聯問題」、西山尚志副敎授（山東大學儒學高等研究院）による「疑古・釋古論爭を考える－日中間における古代史研究方法

論上の諸問題」、小寺敦氏による「清華簡『鄭武夫人規孺子』を讀む」、宮島和也氏（東京大學大學院博士課程）による「清華簡『趙簡子』を讀む」、谷中信一による「清華簡『管仲』を讀む」を順次開催した。

このような研究實績を踏まえて刊行する本論文集の目的と意義は自ずから明らかであろう。その目的の第一は、現時點での中國出土資料研究の最新の成果を問うことであり、第二に、Multi Discipline すなわち多角的な方法論から出土資料に迫るという我々の研究態度がどれほどの成果を擧げ得たかを示すこと、第三に、我々の研究方法の評價すべき點は評價し、及ばざるところは更に發展させ、或いは至らざるところは修正して、ひいて今後の中國出土資料研究の發展に寄與すること、である。

本論文集を手に取った讀者は、日本語論文有り、中國語論文有り、更にそのうえさまざまなテーマが掲げられていることから、或いはまとまりなく雑駁な印象を懷かれるかも知れない。しかしそれは上に述べたことに由來することをご理解頂けば、必然のこととして受け容れて頂けることと思う。

中國出土資料研究に國境はない。ただ、そこに存在するのは言語の壁である。こればかりは如何ともしがたいが、それを前にたじろいでいたのでは、研究の進展は望むべくもないであろう。戰國秦漢時代の中國とても、現代とは大いに異なり、地域毎に言葉や文化が存在していたにもかかわらず、それを包み込んでしまうほどの廣大な漢字文化圈ができあがっていたのである。

最後になったが、本研究プロジェクトにご協力ご助言頂いた方々にこの場を借りて深甚の謝意を表すると共に、本論文集が學界に些かなりとも寄與できることを願ってやまない。それが我々からのささやかではあるが彼らへの恩返しになるはずでる。

そして本論文集の刊行のために一方ならぬご盡力を賜った汲古書院編集部の大江英夫氏に心からの謝辭を捧げたい。

本論文集は、日本學術振興會科學研究費（基盤 B）26284010 の助成を受けて刊行するものである。

2018 年 1 月

目　　次

序　文　　　　　　　　　　　　　　　　　　　　　　　谷中　信一　*1*

第 1 部　辨僞學の確立

「非發掘簡」を扱うために　　　　　　　　　　　　　大西　克也　3

考古學研究からみた非發掘簡—商周青銅器研究との對比を中心に—

　　　　　　　　　　　　　　　　　　　　　　　　　丹羽　崇史　35

第 2 部　非發掘簡の資料價値の確立

上博楚簡『君子爲禮』譯注　　　　　　　　　　　　　今田　裕志　53

清華簡『繫年』抄寫年代の推定—及び文字の形體から見た、戰國楚文字の

　　地域的特徵形成の複雜なプロセス　　　郭　永秉（宮島　和也　譯）　79

从清华简《系年》看两周之际的史事　　　　　　　　劉　國忠　147

重讀清華簡《厚父》筆記　　　　　　　　　　　　　趙　平安　155

清華簡《湯在啻門》譯注　　　　　　　　　　　　　曹　峰　165

清華簡『鄭武夫人規孺子』の謙虛な君主像について　　小寺　敦　207

清華簡(六)『管仲』譯注並びに論考　　　　　　　　谷中　信一　239

北京大学蔵秦牘「泰原有死者」考釋　　　　　　　　池澤　優　281

北大藏秦簡《教女》釋文再探　　　　　　　　　　　朱　鳳瀚　311

北京大學漢簡「揃輿」と馬王堆帛書『陰陽五行』甲篇「堪輿」の對比研究

　　　　　　　　　　　　　　　　　　　　　　　　　名和　敏光　323

北大漢簡所見的古堪輿術初探及補說　　　　　　　　陳　侃理　349

第 3 部　出土資料を通した中國文獻の再評價

楚國世族の邑管領と呉起變法　　　　　　　　　　　平勢　隆郎　371

坊記禮說考　　　　　　　　　　　　　　　　　　　末永　高康　397

目次

老官山漢簡醫書に見える診損至脈論について　　　　　廣瀬　薫雄　431

戰國秦漢出土文獻と『孔子家語』成書研究

邬　可晶（北川　直子　譯）　463

『老子』における「天下」全体の政治秩序の構想

―馬王堆帛書甲本に基づいて―　　　　　　　　　池田　知久　517

見果てぬ三晉簡―後書きに代えて　　　　　　　　　　大西　克也　573

執筆者一覧　　　　　　　　　　　　　　　　　　　　　　　　　575

第1部　辨僞學の確立

「非發掘簡」を扱うために[①]

大西　克也

（一）　はじめに

　1994 年に上海博物館が購入したいわゆる上海博物館藏楚簡（上博楚簡）をはじめとして、考古學者の發掘によらずに出土し、學術機關に所藏される簡牘が増加している。本稿ではこれを「非發掘簡」と呼ぶ[②]。通常は考古學的な知見によって定められる地域的・時代的屬性は一切不明であり、時には眞僞すら取沙汰されるにもかかわらず、通常の出土資料と同樣に研究が行われ、多くの論著が生み出されている。1993 年に發掘され、1998 年に公刊された郭店楚簡ですら、當時は本當に大丈夫かとの聲を時折耳にした。早く放射性炭素年代測定値を公表すべきだという意見もあった。年代測定結果を過信することの危うさも後に指摘するつもりであるが、本稿では非發掘簡に關する基本的な問題點を、從來の關連研究成果に基づいて整理し、私なりの資料の使用基準を明確にし、非發掘簡を扱うための基礎を固めることを目的とする。

（二）　非發掘簡の現況

（１）　資料の増加

　管見の限り、現在までに存在が知られている非發掘簡を表１にまとめておく。
（表１）

名稱	入藏時期	主な情報源
上海博物館藏楚簡	1994 年購入	馬承源 2001：前言 1
香港中文大學文物館	1989 年〜1994	陳松長 2001：116

藏戰國・漢・晉簡牘	年購入	
嶽麓書院藏秦簡	2007 年購入	陳松長 2009：75
清華大學藏戰國簡	2008 年購入	清華大學出土文獻研究與保護中心 2010：前言 2、劉國忠 2011：37
浙江大學藏楚簡	2009 年購入	曹錦炎 2011：前言 1
北京大學藏漢簡	2009 年購入	北京大學出土文獻研究所 2011：49
北京大學藏秦簡	2010 年購入	北京大學出土文獻研究所 2012A：32
武漢大學藏楚簡	2011 年寄贈	湖北日報 2013 年 1 月 17 日（天柱山 2013）

（2）情報の缺如

　　出土した簡牘がどのような狀態であり、いかなる處理が施され、最終的に圖版と釋文を付けて我々の手元に屆けられるのか、十分な情報が提供されない狀況がしばらく前まで續いていた。例えば郭店楚簡にしたところで、「竹简的化学処理得到荊州博物馆方北松的大力支持」（湖北省荊門市博物館 1997：48）という簡單なひと言が添えられるのみであり、方北松氏がどのような化學的處理を行ったのかは全く明らかにされていない。郭店楚簡の圖版はそれ以前に公表されていた包山楚簡などに比べて非常に鮮明であったため、發掘簡であるにも關わらず、鮮明過ぎるのではないかとの見方があったことを覺えている。これは後に述べるような竹簡に對する化學處理がなされた結果であるのだが、當時はそのプロセスは文獻研究者にはほとんど知られていなかった。このような狀況の中で公表された非發掘簡である上博楚簡の眞贋に對して疑惑の聲が上がるのはいわば當然ともいえ、現在でも上博楚簡を含む非發掘簡を歷史資料と認めない研究者もいる[③]。上記學術機關收藏簡の中でも浙江大學藏楚簡は眞僞に疑問符が付けられており、民間に多數の僞簡牘が流通していることは胡平生 2010 に詳しい。その一方で、非發掘簡を通常の簡牘資料として扱い、多くの研究業績が生み出されている現狀がある。由來の明らかでない非發掘簡を無反省に使用す

ることは論外だが、それらに全く背を向け研究對象から一律に外してしまうの
は、辨僞の努力を放棄しているとの誹りをうけることになりはしないだろうか
[4]。使うにせよ使わないにせよ、個々の研究者の資料に向き合う姿勢が問われ
ることになる。

　非發掘簡の所藏機關にもまた、それらを學術資料として出版する以上、その
眞僞にたいする疑惑を拂拭する努力が求められる。ここ數年のことだが、資料
の入藏の經緯や資料に對する處理のプロセス、各種科學的檢査結果の公表が進
みつつある。最も詳細な報告がなされたのは2012年に公表された北京大學藏秦
簡であろう。『文物』2012年第6期において「室内發掘」と銘打たれた報告に
は、收藏時に撮影された多數のカラー寫眞とともに、放射性炭素年代測定、竹
簡・木牘材質鑑定、赤外分光法による竹簡と現代の竹の成分比較、レーザーラ
マン分光法による丹砂の成分分析、走査電子顯微鏡による丹砂と墨跡に對する
形狀觀察及び粒徑分析、光學顯微鏡撮影による竹簡の編繩の材質と付着物の檢
査などの結果が公表された[5]。この他にも竹簡に施される各種處理方法につい
ての論文も徐々に增えつつある。私自身はその專門家ではないが、これらの結
果を整理し、自分自身が資料にどのように向き合うかを考える座標軸にしたい
と思う。

（3）放射性炭素年代測定とその問題點

　放射性炭素^{14}C年代測定結果は、資料の大まかな年代を知る手掛かりとなり、
しばしば眞贋判定の一つの目安と考えられている。非發掘簡では下記の資料の
測定結果が公表されている。

（表2）

名稱	測定機關	測定值	出處
上博楚簡	中國科學院上海原子核研究所	2257±65年	朱淵清 2002:3

6　第1部　辨偽學の確立

清華簡	北京大學加速器質譜實驗室、第四紀年代測定實驗室	紀元前 305±30 年	清華大學出土文獻研究與保護中心 2010:前言3
浙江大學藏楚簡	北京大學加速器質譜實驗室、第四紀年代測定實驗室	2255±30 年	曹錦炎 2011:191
北京大學藏秦簡	北京大學加速器質譜實驗室	2345±35 年	北京大學出土文獻研究所 2012A:42

　　例えば上博楚簡の測定値の意味は次の通りである。「2257±65 年」というのは ^{14}C 年代（yrBP）であり、1950 年を起算年代として示される。「2257」が平均値、「65」が測定誤差（標準偏差 σ）である。^{14}C は窒素 ^{14}N に宇宙線によって中性子が吸收されることによって生成される。^{14}C 年代は、大氣中の ^{14}C 濃度が今も昔も同じであったという假定のもとで測定される。しかし現實には宇宙線によって生成される ^{14}C は年代によって大きく變動しており、^{14}C 年代は實際の暦年代より新しく出る傾向がある。そこで ^{14}C 年代を修正し、暦年代（calBC）を導くためのデータセットである較正曲線が提供されており、最新のデータはIntCal13 である。また ^{14}C 年代から暦年代を計算するためのプログラムが、オックスフォード大學とクイーンズ大學のウェブサイトで利用することができる。兩者では計算結果に若干の違いが出る。オックスフォード大學の「OxCal 4.2」というプログラムで計算した結果を圖示したのが次の圖1である[6]。

(圖１)

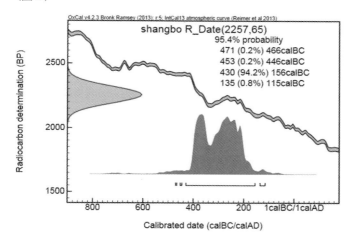

縦軸に取った ${}^{14}C$ 年代が較正曲線に當たったところで下の曆年代に落として行くと、正規分布をしていた ${}^{14}C$ 年代の分布が、歪な形の曆年代の分布に修正される。圖中に「95.4%probability」とあるのは、曆年代は 2σ の範圍で示されるのが一般的であるからで、圖中に前430年から前156年の間に94.2%の確率で入ることが表示されている[7]。ちなみにクイーンズ大學の「CALIB RADIOCARBON CALIBRATION PROGRAM Rev. 7.0.2」というプログラムでは[8]、前429年から前152年の間に95.4%の確率で入るという結果が得られる。測定値が「2257」だからと言って、前307年あたりになる可能性が高いということにはならない。從って ${}^{14}C$ 年代だけ見ても時代を論じることはできない。

ところで表２には一つ奇妙な數値がある。北京大學藏秦簡の ${}^{14}C$ 年代が、上博楚簡より古いことである。そこで北大秦簡の曆年代をOxcal4.2で計算すると、圖２のようになった[9]。

(圖2)

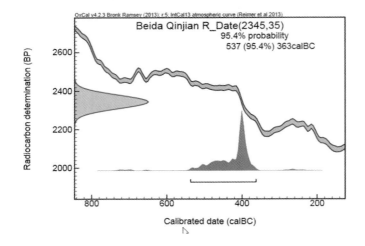

　曆年代に換算しても、秦簡の方が楚簡より明らかに古い。始皇三十一年と三十三年の「質日」[10]を含む秦簡の年代がなぜ楚簡よりも古く出るのか。それは報告者が明らかにしているように、グリオキサール（乙二醛）による資料汚染が原因である。秦簡が入っていた黒いビニール袋には化學藥品の強い臭いがあり、檢査の結果グリオキサールが檢出されたが、完全に除去するのは難しく、數値が古く出る結果となったという[11]。グリオキサールは石油から製造されるが、石油起源の炭素が混入すれば、試料の ^{14}C 濃度が薄まるのは當然である[12]。上博楚簡などについても、市場流通段階で石油製品の保存藥劑が使用されていたなら、實際の年代は測定値以上に新しい可能性があることになる。

　浙江大學楚簡『左傳』の放射性炭素年代測定にはもっと深刻な問題がある。公表されている ^{14}C 年代は「2255±30」であり、曹錦炎氏は「約爲公元前三四〇年」と解釋している[13]。OxCal 4.2 による計算結果は圖3の通りである[14]。前347年から前317年に入る可能性はほぼ排除されており、曹氏が何を根據に前340年と判斷したのかは明らかではない[15]。

（圖3）

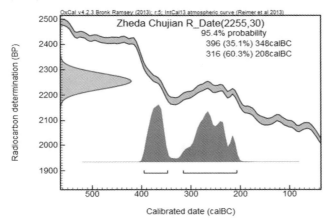

これに對して淺野裕一 2013:34 は次のように述べ、浙江簡が僞物ではない最大の根據としている。「1σで見ても2σで見ても、その數值範圍は、ほぼ戰國期（前四〇三年～前二二一年）と重なり合う。したがって竹簡が先秦のものであることは確定する。……以上紹介した竹簡と墨跡の分析結果から、浙江大楚簡は間違いなく戰國楚簡であると證明されたと言える。この竹簡が近年僞造された贋作である可能性は、完全に消滅したと考えて良いであろう。」確かに測定された資料が現代の竹ではないことは確かであろう。しかし問題は、それが果たして浙江簡『左傳』の眞僞を證明することになるか否かである。

浙江簡の ^{14}C 年代測定に使われた試料については、曹錦炎 2011 では明らかにされていないが、實は曹氏自身が說明した記事が 2012 年 7 月 22 日發行の廣州の週刊誌『南方週末』に掲載されている。曹氏は、「^{14}C 年代測定は試料の破壞を伴うので、一般に文字が非常に少ない、または無字の殘簡をランダムに選び取って測定する。我々の測定も同樣の原則に從っている」と述べており[16]、^{14}C 年代測定に回されたのは『左傳』でないことが明らかである。

ちなみに加速器質量分析法（AMS 法）による年代測定では、吉田邦夫氏によれば「ほんのけし粒ほどの資料，つまり約 1 mg の炭素試料があれば，測定することができる」という。しかし、測定試料となる炭素粉末（グラファイト）は

10 第1部 辨僞學の確立

1mg で事足りるとしても、汚染除去の化學處理でかなりの部分が失われるため、確實な化學處理を行うには，數十 mg の試料が必要であるともいう[17]。吉田氏が 1995 年 9 月 29 日に東京大學放射性炭素年代測定室で行った「楚簡」の測定では、無字の部分 44mg を切り取り、化學處理をして 3mg の炭素を得たという。結果は現代の竹であった[18]。2000 年以上水に浸かった竹簡は組織が破壞しており、炭素の含有量も少ないため、恐らく 1mg の炭素を得るのに數十 mg 程度の試料では濟まないと豫測されるが、寡聞にして實際のデータを把握していない。

　一般に無字の殘簡を使うという曹氏の證言はその通りで、清華簡にしても北大秦簡にしても無字の殘簡を測定したことが明記されている[19]。測定された殘簡のデータによって資料群全體を代表させることができるのは、資料群の一體性が擔保されている場合に限られる。「室内發掘」が可能なウブな狀態で入藏した北大秦簡ならともかく、入藏時には「その原始的な狀態は既に失われ、竹簡が收められていたバスケットに本來全ての簡が入っていたかどうかもわからない」[20]浙大簡全體を、測定された 1 つの試料のデータで代表させることなど不可能で、まして『左傳』が本物である證左などではありえない。この點では數度にわたって收藏された上博楚簡も同樣である[21]。^{14}C 年代測定は、非發掘簡の眞僞判定にとって數多の指標の一つに過ぎないことを銘記せねばならない。

　なお、上述の曹氏の雜誌記事では、當時の竹簡に字を書いた可能性を排除するため、有字の竹簡をランダムに拔き取り、上海博物館、復旦大學、浙江大學の測定機關に委託して、竹簡の墨跡に對して顯微鏡による分析を行ったことも述べられている。その結果もまた、檢査された試料の眞實性を證明する以外の何物でもないことは、言うまでもない。各種科學的檢査結果は浙大簡『左傳』が戰國期のテキストであることを保證し得ないのである。

（三）　出土竹簡の整理プロセス

（1）　出土竹簡の變色とその仕組み

出土した竹簡が急劇に變色し、鮮明な圖版を撮影するために様々な化學的處理が行われているという事實は、文獻研究者の間では意外に知られていないのではなかろうか。資料が全て學術發掘によって得られているのであれば、我々は提供された寫眞のみを見ていればよく、簡牘がどのように扱われるのか、現場の研究者・技術者に任せておけば濟んだ。しかし非發掘簡が出回る現在、簡牘の物質としての特性にも注意を拂わない譯にはいかない。關係する論文はここ 10 數年來增加しており、それらから得られる情報をもとに知識を整理しておきたい。

（ア）竹簡は墓葬中でなぜ保存されるのか

多雨多濕で地下水位が高い舊楚地域では、墓葬内あるいは古井戸などの遺跡内に水が染み込むことによって竹簡が保存される[22]。有機物である竹簡は、適度な濕度のもとでは腐敗が進み、やがて朽ち果てる。しかし墓葬内が水に浸かることで空氣が遮斷され、酸缺狀態となり、腐敗の進行が停止する。王方 1999 によると、多くの眞菌にとって含水率 30-60%が生育に適した條件であり、それを超えると生育速度が遅くなるか停止するという[23]。但し馬王堆 1 號漢墓のように墓葬自體が密閉され、空氣と遮斷された場合、ある程度まで腐敗が進むと、微生物による酸素の消費や酸化によって墓葬内が酸缺狀態になり、水浸しでなくても有機物が保存されることがあるが（何介鈞・張維明 1988：167-168）、例外的なケースのようである。

（イ）出土竹簡の變色

墓葬内で 2000 年以上泥水に塗れていた竹簡は、出土すると急劇に變色する。その樣を張金萍・奚三彩 2003：37 は次のように述べている。「竹簡のみならず、ほとんどの有機的な文物を含めて、出土したばかりの時は表面の色は鮮やかであるが、ある程度の時間が經過すると、色は次第に黑ずんでいく。湖北鷄公山

12　第1部　辨僞學の確立

135 號秦墓出土の竹簡は、空氣に觸れたばかりの時にはクリーム色（米黃色）
をしていたが、5分も經たない内に急速に黑ずんだ褐色（深褐色）に變化した。
長沙走馬樓の竹簡も似たような狀況に遭遇した。色の變化によって竹簡上の文
字は急速に識別できなくなり、竹簡の考古學的價値に極めて重大な影響を及ぼ
す[24]。」

（ウ）竹簡變色の仕組み

　このように急速に竹簡が變色する化學的なしくみについても研究が行われて
いる。張金萍・奚三彩 2003 の述べるところをまとめると、大凡次のような變化
が起こる。

　長期間墓葬内で泥まみれになっていた竹簡の内部には、土壤から大量の鐵イ
オンが浸透している。墓葬内は酸缺狀態のため、竹簡内の鐵イオンは二價鐵イ
オン（Fe^{2+}）として存在する。ところが出土して空氣に觸れると鐵イオンは酸
化し、電子を奪われて三價鐵イオン（Fe^{3+}）に變化する。一方竹は成分として
フェノール類（酚類）を含んでおり、竹簡内にはそこからタンニンの一種であ
るピロカテキン（鄰苯二酚）が生成されている。そのピロカテキンと三價鐵イ
オンとが紫外線のもとで化學反應を起こし、暗色の合成物が生成される。また
フェノール自體も酸化して、キノン（醌）を生成し、これも竹簡の色に影響を
及ぼす。

　また水に浸かった竹簡が變色するメカニズムを研究した方北松・劉姍姍・童
華・金平 2007:368 は、變色の要因を列擧して次のように述べる。「竹材は主に
セルロース（纖維素）、ヘミセルロース（半纖維素）、リグニン（木質素）の3
種の成分から構成される。その中でリグニンの構造は相當複雜であり、アリー
ル基（芳香基）、フェノール性水酸基（酚羥基）、ヒドロキシ基（醇羥基）、カル
ボニル基（羰基）、メトキシ基（甲氧基）、カルボキシ基（羧基）、共役二重結合
（共軛雙鍵）等の多くの發色あるいは發色を助ける基や原子團が存在する。竹
材が時間とともに色が黑ずむのは、主にリグニンが引き起こすことが研究によ

って明らかになっている。竹材中には大量のフェノール（酚）類の物質が含まれており、空氣と接觸すると酸化によってさらに黒ずんだキノン類の物質に極めて容易に變化する。またリグニンは光に對して極めて不安定で、陽光の照射のもとで劣化しやすい。竹簡は劣化の過程でセルロースの含有量が減少し、リグニンの含有量が大幅に増加するが、出土後に光の照射と空氣による酸化等の影響を受け、内部のフェノール類の物質は酸化されてキノン類の物質になり、色は急激に黒ずむ[26]。」これらの研究によって、變色の要因としては、三價鐵イオン、フェノール、酸素、紫外線があり、その變化は急劇に起こることが明らかにされている。

　フェノールや鐵に由來する化學變化による變色は、日本の木材業界、パルプ業界では早くから研究されており、安田征市・長岡宗男・半澤道郎 1974:1-2 は、「パルプや木材を紫外線または日光照射すると變色することはよく知られており，その原因となる構成成分として，リグニン，ヘミセルロースおよび抽出成分が關與しているものと考えられている。リグニンおよびリグニンモデル化合物の光化學反應についていくつかの報告がみられるが，中でも GIERER および KRINGSTAD はリグニン中のどのような官能基が光エネルギーを吸收して勵起狀態になるかについてモデル化合物を用いて研究した。……從ってリグニンの光照射による變色は……脱メトキシ化を伴って生成するキノン類に由來するものと思われ，それら材や GP 等のリグニン含量の多いパルプの光による變色現象を支配する」とのべ、同:5 では「セルロースはほとんど紫外線に對して安定である」と指摘する。高橋正男 1975:61 は、「木材には様々な變色が起る。リグニンの光分解に由來する自然な變色，材中の水分移動に伴い濃縮されたフェノール性物質の空氣酸化によるもの，光や空氣と顯著に反應するフェノール性物質に由來するもの，菌によるもの，鐵や酸，アルカリ，PCP その他化學物質の附着によるもの等，原因は種々あるが部分的な“シミ汚染變色”全體的な緩慢な變色と顯著な變色，退色と濃色化など，その變化色調も様々である。木材の變色が化學的な現象であるため，化學藥品處理によって簡單に取れそうに考えられるが，實際にはそう簡單にいかない方が多い」と言う。中國の文物保護の現

14　第１部　辨僞學の確立

場では、これらの研究成果も參照しつつ變色した竹簡を復元する方法が工夫され
てきたが、それについては後述する。

（エ）上博楚簡購入の決め手

　興味深いのは、竹簡の變色は現場の研究者には以前から知られており、1994
年に上海博物館が楚簡購入の可否を判斷する際、眞僞鑑定の一つのポイントと
なっていたことである。當時館長を務めていた馬承源氏は、朱淵清氏のインタ
ビューに對し次のように答えている。「當時私は異常に興奮していました。メキ
シコではずっと極度に氣が高ぶった狀態でした。しかし私には本物の簡である
ことを確定できる十分な見込みがあり、判定の基準が３つありました。……２
つめの判斷基準は日光に曬された竹簡が變色するか否かです。自然光には紫外
線があり、出土した竹簡は日光の下ですぐに炭化して黑ずんだ黃色に變化しま
す。……これらは僞造竹簡では作り出せないことです。我々は張（光裕）先生
と緊密な連絡を取り、張先生は觀察した結果をたびたび報告してくれました。
だからプレッシャーは非常に大きかったのですが、私は本物であると確信し、
直ぐに購入するという決定を下したのです㉘。」胡平生 2010:99 も、眞僞鑑定の
基準の一つとして、出土後の竹簡は、密封して光線と空氣から遮斷されると現
狀を保てるが、一定の時間暴露すると急速に黑ずみ墨跡も薄くなることを指摘
している。

（オ）清華簡、北大簡、浙大簡の搬入時の狀態

　上述のような出土した簡牘に生じる變化についての知識は、非發掘簡の眞僞
を判定する上での一つの目安となると考えられる。上博楚簡の購入の可否を判
斷する際、馬承源もそのような知識を鑑定のポイントとしたことは述べた通り
である。そこで幾つかの非發掘簡が收藏時點でどのような狀態であったのかを、
報告に基づいて確認しておきたい。

まず清華簡の狀況は、趙桂芳 2010：238 によると「竹簡の色合いは差異があったが、大部分の竹簡は暗褐色で、暗黑色のものも少しあり、また黑い汚物が字面を覆っていた」のであり、その汚物は「汚れと泥の混合體であって、竹簡をしっかりとくるんでいた。そのような竹簡は泥を除いて洗淨すると、表面の字はとても鮮明であったが、それは汚物が墨跡を保護する働きをしたからである」という[27]。清華簡が公表された時、脱色（漂白）處理をしなくても字が鮮明であることに疑問の聲があったことを記憶している。實際には後述のように脱色處理も行われていたが、汚物が竹簡を酸化と紫外線から保護する働きをしたため、鮮明な狀態が保たれたのだと考えられる。

　北大秦簡は、「北京大學に收藏された時、全體は2層に包まれ、外側は黑いビニール、內側は透明なラップであった。黑いビニール袋の中には少し濁った液體があり、……表層の竹簡はやや長い時間空氣と接觸していたため、酸化して黑色を呈していた」という[28]。記事が掲載された『文物』2012 年第 6 期には、泥まみれのままビニールに包まれた運び込まれた當初の竹簡や、汚泥を落とすと鮮明な文字が姿を現した樣子など多數のカラー圖版が掲載されており、實物に接する機會の少ない文獻研究者にとって極めて有益な情報が提供されている。

　これに對し浙大簡の狀況は大きく異なっている。竹簡が納入された時の樣子を曹錦炎氏は次のように述べている。「これらの竹簡は入藏時もとの漆の箱の中に保存されていたが、人の手によってかき亂されたことによって本來の狀態は失われ、もともとその箱の中に入っていたのかどうかは既に分からない。……これらの竹簡の保存狀況から見て、出土時からそれほど時間が經っていないため、表面は多く黃褐色を呈しており、一部は暗褐色であった。含水率は極めて高い[29]。」既に述べたように出土した竹簡は空氣に觸れると急劇に變色する。浙大簡は 2008 年に盜掘されて國外に持ち出された後、2009 年春に浙江大學に入ったとされる[30]。その間、原狀が分からなくなるほど人の手によってかき回された竹簡の多數が黃褐色を保っていたというのは、非常に理解しにくいことである。

　空氣と紫外線に暴露し、黑く變色した竹簡は化學的な脱色處理を行って初め

16　第1部　辨僞學の確立

て鮮明な文字が蘇る。從って竹簡の處理に關する情報も、眞僞を判定する參考
になる。これについては章を改めて述べたい。

（2）出土竹簡の整理プロセス

（ア）全體のプロセス

　清華簡の整理に携わった趙桂芳 2006：63 は、竹簡整理の全體的なプロセスを、
「現場記録、搬入、初期情報收集と記録、寫眞撮影、脱色、固定、脱水、乾燥、
修復、寫眞撮影、保存」であると述べている。ここでは「脱色」と「脱水」の
方法について、先行研究に基づき述べてみたい。

（イ）竹簡の脱色

　趙桂芳 2006：62-63 は竹簡に施される脱色處理について、次のように述べてい
る。「整理された簡牘は、まず蒸留水に何度か浸して洗淨し、3%の蓚酸または
3%の亞ジチオン酸ナトリウム水溶液で脱色し、文字が鮮明になったら竹簡を蒸
留水の中に移し、軟筆に水をつけて竹簡の表面に殘った酸性の液をきれいに除
去する。……脱水處理を行うまで收藏庫に保存する。脱水するまでは常に竹簡
の保存状況を調べ、適宜水を加え、竹簡が水に浸かった状態を常に保つ[31]。」水
に浸けたままにするのは、乾燥による變形や空氣との接觸による酸化と變色を
防ぐためであろう。

　脱色は常に上述の方法を用いるわけではなく、張金萍・奚三彩 2003 には、(1)
「草酸法（蓚酸法）」、(2)「硼氫化鈉法（水素化ホウ素ナトリウム法)」、(3)「連
二亞硫酸鈉法（亞ジチオン酸ナトリウム／次亞硫酸ナトリウム法)」、(4)「過氧
化氫法（過酸化水素法)」、(5)「乙醇法（エチルアルコール法)」、(6)「鐵離子
控制法（鐵イオン制御法)」等 6 種の脱色方法が紹介されている。これらの方法
には一長一短があるようで、例えば「鐵イオン制御法」は、溶液中での脱水效

果は「蓚酸法」などに及ばないが、「蓚酸法」では乾燥後しばらくすると色が次第に黒ずむのに對し、「鐵イオン制御法」では乾燥後も黄色を呈すると述べ、同論文ではこの方法を採用すると述べる（同：40）。具體的な方法は1%のEDTA（エチレンジアミン四酢酸溶液）に浸けて攪拌し、竹簡變色の要因である三價鐵イオン Fe^{3+} とのキレート錯體を形成することで變色を防ぐ方法と考えられる[32]。

（ウ）郭店楚簡、上博楚簡、清華簡の脱色處理

出土時には鮮明な竹簡であっても空氣と光に觸れると變色する。蒸留水の中で保存すれば酸化は防げるが、竹簡自體にはダメージを與えるようで、出土後十年餘りたってから脱水・脱色處理が行われた郭店楚簡にその様子を伺うことができる。官瓊梅2007：372-373は次のように述べる。「郭店楚簡が出土して今に至るまで既に10年餘り經過したが、竹簡はずっと蒸留水に浸されガラス試験管の中で保存されてきた。10餘年の間に何度か水を交換したが、竹簡に對して様々なレベルのダメージをもたらした。……荊門市博物館は2002年10月にこれらの竹簡に脱水處理による保護を行い、これらの先秦時代の典籍の長期保存の基礎固めを行うことを決定した。……竹簡の脱色、洗淨、脱水前の資料作りが完了した後、我々は脱水の專門家呉順清教授の指導の下で、脱水が必要な全ての竹簡に對し、脱色、洗淨等の全ての脱水前の技術的處置を行った。郭店楚簡の脱色處理のプロセスにおいて、我々が採用したのは蓚酸（草酸）、亞ジチオン酸ナトリウム（连二亚硫酸纳）及びキレート劑であるエチレンジアミン四酢酸(EDTA)（络合剂乙二胺四乙酸）の三種の異なる割合からなる混合溶液であり、竹簡に對し徹底的な脱色處理を行ったのである[33]。」『郭店楚墓竹簡』の出版は1998年5月であるから、掲載されているのは脱水前の寫眞である。しかし後述するように、清華簡では寫眞撮影に際して脱色處理が行われていること、竹簡に化學的處理が行われたことが湖北省荊門市博物館1997：48に明記されていることから見て、脱色處理濟みの寫眞であると考えられる。

上博楚簡にも脱色處理が行われた。陳元生・解玉林・羅曦芸1999：9-10は次

のように述べる。「これらの竹簡が當館に運ばれてきたとき、大部分は色合いが黒ずんでおり、文字ははっきりとは見えなかった。泥土に包まれた竹簡もいくらかあったが、泥土を除去した瞬間、色は黒かったが書寫された墨跡はなおはっきりと識別できた。しかし蒸留水中に入れてしばらくすると、色合いは暗く變化し、文字も微かに見える程度になってしまった。……蓚酸によって處理をした竹簡も、放置してしばらくたつと、色合いはまた暗く變化した。しかし蓚酸と過酸化水素による處理を經た竹簡は、無光状態の下では相當長い間竹材の色合いを保つことができた[34]。」

　清華簡も脱色處理が行われたことは既に述べたが、寫眞撮影に伴う脱色處理を紹介した趙桂芳 2010 の次の證言は非常に興味深い。「我々はまず水に浸かった竹簡に脱色を行った。脱色によって竹簡の色合いは、もとの黒っぽい地肌は薄い色に變化し、文字は更に鮮明になり、理想的な撮影効果が得られる。しかし脱色後竹簡は空氣に觸れることによって非常に短時間でもとの色に戻ってしまい、黄色っぽいクリーム色から暗褐色、さらに黒色に變化することさえある。……最終的には脱色劑として亞ジチオン酸ナトリウムを選擇した。脱色する時、溶液にキレート劑としてエチレンジアミン四酢酸二ナトリウムを適量加えると、脱色効果は更に良くなる（竹簡撮影期間中にもとの色に戻らないことが保證される）。……脱色後の竹簡は、空氣中では酸化によって次第に黒くなるので、撮影は短時間で行う必要がある。二度脱色することは竹簡の保存に不利だからである[35]。」化學的な脱色處理によって復元された竹簡の色ですら、寫眞撮影の間にも再びもとの暗色に戻ってしまうほど不安定である。數日間、數か月間空氣と光に暴露した竹簡が黄褐色であったり、墨跡が鮮明であることなどおよそあり得ないことがよく分かる。なお、浙大楚簡は脱色處理について一切説明がない。

　脱色處理した竹簡を蒸留水に浸け、紫外線を遮斷した状態で保存すれば、比較的長期間本來の色を保つことができるが、水が竹簡にダメージを與えることは既に述べた通りであり、最終的には脱水處理を行って保存されることになる。

（エ）竹簡の脱水

　陳元生・解玉林・羅曦芸 1999 によれば、上博楚簡の脱水は眞空冷凍乾燥法、いわゆるフリーズドライによって行われた。2000 年以上水に浸かっていた竹簡は組織が破壊され、含水率は 80%を超え[36]、極めて脆くなっており、しばしば「煮込んだ麺のよう」であると形容される。そのまま乾燥させると壊れてしまうので、充填剤に浸け込んで組織を補強してから乾燥させる。同論文では次のように述べる。「眞空冷凍乾燥の原理は、水を冷凍して固體とし、眞空條件の下で、氷の表面に昇華を發生させ、毛細管における張力を除去し、物體の現狀を保てるようにする。……豫備的處理に使用する材料は、容易に組織に浸透して竹簡内の水分に取って代わり、その隙間を充填して細胞壁を補強し、構造上の支えとなり、機械的強度を増加し、細胞の崩壊を防ぎ、収縮度を減らせることが求められる。從って充填剤の選擇はとても重要である。……その結果、單分子グリオキサール溶液が比較的良い[37]。」「豫備的處理をされた水浸けの竹簡を特製のガラス管に装入し、-10 度の冷凍庫に置き、眞空システムにつなぎ、133.32―266.64Pa の眞空條件の下で、20 時間程度で乾燥すると、竹簡の色合いは竹材本來の色を呈する。そうすると脱水は完了する[38]。」

　眞空冷凍乾燥法は竹簡の保存に非常に大きな效果を發揮するが、大規模な設備が必要なため、實用例は少ないようである。方北松・呉順清 2008 は脱水方法の歴史について解説しており、1970 年代からよく使われたのは、エチルアルコール・エチルエーテル法（「乙醇―乙醚連浸法」）であるという。これは竹簡中の水をエチルアルコールに置換、その後エチルエーテルに置換して揮發させるもので、腐敗の著しい竹簡は脱水後に高分子樹脂を細胞壁に充填して固定する。銀雀山漢簡・馬王堆漢簡・望山楚簡（方北松・呉順清 2008:123）や走馬樓呉簡（趙桂芳 2006:64）等はこの方法で脱水されたという。賈連翔 2015:249-255 は、清華簡が未脱水であることに触れつつ、数種類の脱水方法を紹介している。

　脱色および脱水など、竹簡に施される化學的處理に關する情報は極めて重要であり、それによって我々は竹簡の狀態を知ることができる。出土した竹簡に

起こり得る様々な化學的變化に照らし合わせ、一應の眞僞の目安を判斷できる。以前耳にしたような、「文字が鮮明過ぎる」ことを以て眞僞に疑問を呈することは全く根據を缺くことも明らかになる。非發掘簡の收藏機關には、このような情報を十分開示することにより、眞僞に對する疑念を拂拭することが求められよう。この點に關しても、浙大簡の情報は極めて不十分である。

（四）用字分析と辨疑

（１）用字の地域性と時代性

簡牘のモノとしての側面に重點を置いて述べてきたが、文字情報からも眞僞判定についての有用な情報が得られる可能性があると考えられる。戰國楚簡の出土が增加するにつれて、楚地域には獨自の用字習慣が形成されており、それらは秦や漢代以降の用字との對比で注目を集め、近年成果が積み重ねられている[39]。戰國資料が楚に集中していること（秦も大半が戰國末期から統一期）、出土資料には限りがあることから來る制約のため、眞僞を斷言することは難しい。しかし從來の知見と照らし合わせることにより、不自然な點を炙りだすことは可能である。例えば劉紹剛2012は、秦の天下統一後に作られたとされる「罪」や、簡體字と同形の文字が浙大簡に含まれていることを指摘している。

 左122 「罪」（文字統一後の字形）　 左69 「击」（簡體字）　 左85 「罢」（簡體字）

劉氏は「疑問を抱かざるを得ず、これらを直視しなければならない」と述べるだけで、眞僞については明言しない。このような字がかりに正規の發掘資料に見られたのであれば、「罪」が文字統一後に用いられたという『説文』の記述[40]は修正を迫られるし、簡體字は偶然の一致と見なす他はない。しかし使用されていたのが非發掘簡であれば、劉氏同樣疑念を抱くのが普通の判斷であろう[41]。

ここからは眞僞が問題にされる浙大簡について、幾つかのサンプルに基づき、用字論からのアプローチについて簡單に說明したい。用字論の基本的な考えかたは、ある語をどの字體で表記するかという視點から、語と字との配當關係の規範性と地域的、時代的な特徵と變遷を追及するというものである。文字の形だけを見るのではなく、どの語を表しているかに基づいて議論を進めて行く。上で紹介した劉紹剛2012は、浙大簡『左傳』において「問」字が〈問〉を表していることを指摘して㊷、「楚簡の文字とは合わないが、晉系文字に見え、浙大簡と晉系文字に關係があることを表しているのかもしれない」と述べている。次のような用例がある。

左11　晉侯△（問）於士之弱。

よく知られているように、楚系文字では〈問〉は「睧」「䎽」で表記するのが一般的であり、「問」はない。一方、晉系文字には以下のような「問」字が確かに存在し、何琳儀1998：1366は三晉印に分類している。

『古璽彙編』0558：王重問

しかしこの「問」が表記しているのは人名である。動詞〈問〉を表しているとは考えられない。單に晉系文字の中に「問」があるからと言って、その表す語を確認せず、兩者の同一性を認定することはできないのである。なお、齊系文字では〈門〉を「聞」で表記することがある㊸。『周易』繫辭下に「重門擊柝，以待暴客」（門を重ね、拍子木を打って、暴客に備える）など、古典に類似の表現は多く、「重問」は「重門」に因んだ命名の可能性もあろう。また「問」が〈問〉を表記するのは秦漢系の用字である。

睡虎地秦簡『法律答問』3號簡：求盜盜，當刑爲城旦，問罪當駕（加）如害盜不當？

ここから導き出されるのは、浙大簡『左傳』の「問」は楚風の書體で書かれているが、用字としては秦漢系若しくは傳世文獻の一般的な用字に合致するということである。

次に一人稱代名詞〈吾〉の表記を取り上げる。浙大簡『左傳』では、現行本『左傳』同様「吾」を使う。

左29　今△（吾）不能與晉爭。

この用字については小沢賢二 2013:142-143 に取り上げられ、浙大簡『左傳』が「楚簡でなければ中原簡でもない」ことの根據として議論されている。小沢氏は、「楚では「吾」が「虐」となり、中原（中山王譽方壺）では「虗」となっているものの、浙江大『左傳』では「吾」に作っている。……秦文字（秦隸）と同じである。……稀有な例として楚簡にも第一人稱を表現する「吾」の字形が存在する」と述べ、上博楚簡『孔子見季桓子』5 號簡の「吾」字を擧げる。下の釋文は小沢 2013 からの引用であるが、簡文がどのように解釋されているのかは分からない。

　『孔子見季桓子』5 號簡：吾諗弗見也。

しかしながらこの「吾」は人稱代名詞ではない。この一文は難解でいくつか解釋があるが、郭永秉 2011:220-221 が「是故備（服）道之君子，行，冠弗示也；吾（語），僉（劍）弗示也。」（道を行う君子は、行く時には冠をひけらかさず、語る時には劍をひけらかさない。）と讀むのが妥當であると私には感じられる。「吾」が表すのは〈語〉であって〈吾〉ではない。「吾」は西周金文にも既に存在するが、人名であったり（『吾鬲』）、動詞〈敔〉の假借であったり（『毛公鼎』）、〈胡〉の假借であったりで（『沈子它簋』「朕吾（胡）公」）、一人稱代名詞としての用例は見當たらない。なお、齊系でも『齡鎛』に一人稱代名詞として中原同樣「虗」が使われており、秦系の「吾」と對立していたことはしばしば指摘

されている（陳昭容 1997：205、大西 2006：158、周波 2012：47-48）。次の例は惠文王期とされる『秦駰玉版』の「吾」である[44]。

　『秦駰玉版』：吾窮而無奈之可（何）。

やはり一人稱代名詞に關しても、浙大簡『左傳』の用字は、秦漢系若しくは傳世文獻と一致する。

　このように浙大簡『左傳』の用字が戰國時代の出土資料と合致せず、秦漢系や傳世文獻の用字と一致する例は枚擧に遑がない。詳しくは論じないが、「何」で疑問詞〈何〉を表記し（12 號簡等）、「背」で動詞〈背〉（そむく）を表記する（80 號簡等）のもその例で、「何」字は秦漢系とは言っても文字統一期以後の表記である（大西 2013：135-136）。「背」に至っては秦漢系とも用字が異なり、「背く」の〈背〉は「伓（倍）」、「背中」の〈背〉は「北」が使われる。諸々の字書・工具書類でも先秦には檢出できず、『秦漢魏晉篆隷字形表』P. 266 によれば、後漢の武威醫簡あたりが早い。「背」字自體前漢初期以前には存在しなかった可能性すらある。しかし現行本『左傳』には〈背〉を意味する「背」は多數使われている。

（2）用字と上古音

　以上、出土資料から見た用字の地域性と時代性に照らし、不審な用字の有無を確認することが、辨疑の目安になることを述べてきた。言葉と文字との配當關係における規則性の一つに地域と時代があることに着眼點を置いたものである。規則性にはこの他、音韻や文法、語彙に關わるものがある。ある資料が傳世文獻における文章を援用して偽作された場合、文法はあまり有效な手段とはなりえない。語彙については、浙大簡『左傳』に〈國〉を表すものとしては漢代以降にしか現れない「國」が專ら用いられ、「邦」が使用されていないなどは一つの目安になるが[45]、用途は限定的である。やはり傳世文獻を援用されると效果が薄れる。これに對し、有效な手段となり得るのが上古音の枠組みであろ

う。上古音の體系は現代音とは大きく異なっており、僞作者が賢しらに假借字を混入させたようなときに、容易に馬脚を現す。浙大簡『左傳』には不審な假借字が多い。以下に列擧する[46]。

左6　吏（使）樂溢疟（疧）之行（刑）器。（樂溢をして〔之〕刑器を疧えしめ）
「行」は陽部、「刑」は耕部で韻部が異なるが、現代では同音となる。

左24　雖「誰（隨）」、〔得之〕無咎。〔「隨」と雖も咎無し。〕
「誰」は微部、「隨」は歌部で韻部が異なる。捲舌音を持たない方言では兩者は同音になる。

左33　柰（欒）黶
「柰」は「亦」と「示」から構成され、楚簡で楚暦十一月に當たる月名「屈柰」に使われるが、睡虎地秦簡『日書甲種』正65號簡で「屈夕」と書かれているから、發音は「夕」に近いと推測される。「夕」は邪母鐸部開口であり、この字で來母元部合口の「欒」を表記するのは不思議と言う他はない。3例ある。「柰」は「欒」の簡體字「栾」と似ている。

左54　聿（書）曰：
原釋文は「聿」とするが、字形は明らかに「肀」であり、包山楚簡で「盡」を表す。

包山楚簡204號簡：既肀（盡）移。
精母眞部の「盡」を表す字で、書母魚部の「書」を表記するのは誠に不可解で

ある。楚簡では「箸」字で「書」を表記する。

左56　天或（禍）鄭國,

「或」は之部開口、「禍」は歌部合口で、上古ではおよそあり得ない假借である。現代音は一致する。

左86　魏䋺（絳）

「䋺」は楚簡において「將」を表し、上古音は精母陽部。「絳」は見母冬部で、聲韻ともに異なる。現代語では同音になる。

以上から、浙大『左傳』の假借字には、上古音と合致せず、現代音では同音になるものが目立つという特徴があることが分かる。

（五）おわりに

資料としての眞實性が必ずしも保證されているわけではない非發掘簡を扱うに當たっては、個々の研究者は各自の責任において資料と向き合わなければならない。私は自分が資料に立ち向かう際、何を判斷基準とするのが良いのかを模索し、(1)出土した竹簡に生じる化學變化とそれに對する處置、(2)竹簡の用字的特徵を指標としてみた。これはあくまで私が資料の性質を判斷するためのものであって、これに基づいてどれそれは僞物だ、どれそれは本物だなどと聲高に主張するつもりは毛頭ない。そもそも現物を扱うことができない外國の文獻研究者が知り得る情報には制約があり、本格的な辨僞を行うには自ずと限界がある。浙大簡を取り上げたのは、眞僞が取り沙汰される資料に自分がどう對處するのか見極めるため以外の何物でもない。その結果は上記(1)についても(2)についても極めて異常ということであった。正規の發掘資料に同樣の現象が認められない限り、私はこの資料を用いて研究を行おうとは思わない。これは

あくまで私個人の態度であり、本稿も資料の取捨選擇に關する私の立場を表明するための研究ノートに過ぎない。資料の性質は個々の研究者がそれぞれの責任で判斷すれば良い。もしこの拙い一文がその一助になることがあれば、それは望外の幸いである。

"注"

①本稿は、出土資料と漢字文化研究會編『出土文獻と秦楚文化』第8號（日本女子大學学文學部谷中信一研究室、2015年3月）に掲載された初稿に若干の修正を施したものである。

②小寺敦2011は、このような資料の孕む問題點を論じつつ、「骨董市場竹簡」という名稱を提起している。本稿では流通經路よりも出自を重視した「非發掘簡」という名稱を用いる。

③冨谷至2014:347-348は、「私自身、こういった素性の不明な、つまり出土狀況が不明な簡牘は、……これを利用して歴史を考えようとは思わない」と述べている。

④小寺敦2011:4は、「しかし、もしこれらが本物なら、貴重な資料をみすみす棄ててしまっているわけで、これほど勿體ないことはない」と述べている。

⑤北京大學出土文獻研究所2012:41「检测项目包括对竹简的${}^{14}C$测年；对竹简、木牍等的材质鉴定；采用红外吸收光谱分析将竹简本体与新鲜刚竹进行对比；利用激光拉曼光谱分析确定辰砂成分；利用扫描电子显微镜对辰砂和墨写痕迹进行形貌观察及粒径分析；通过光学显微镜观察拍照，对竹简编绳的材质及附着物进行判断。」

⑥OxCal 4.2（Oxford Radiocarbon Accelerator Unit）

http://c14.arch.ox.ac.uk/embed.php?File=oxcal.html（2014年4月9日計算）

⑦Oxcalによって得られる圖の見方については、大森貴之氏（東京大學總合研究博物館・放射性炭素年代測定室・特任研究員）のウェブサイトに解説がある。

http://www.butakabon.com/14cdate/calibration（2015年2月14日閲覧）

⑧CALIB RADIOCARBON CALIBRATION PROGRAM Rev.7.0.2（14CHRONO Centre, Queens University Belfast）

http://calib.qub.ac.uk/calib/（2015年2月14日閲覧）

⑨注⑥參照（2014年4月13日計算）。

⑩北京大學出土文獻研究所 2012B：65。

⑪北京大學出土文獻研究所 2012A：32 に「黑塑料袋中有较混浊液体，开袋后可闻到较浓的化学试剂气味，经检测确认，为乙二醛溶液」とあり、同 41 に「由于简牍长时间为乙二醛浸泡，受污染较严重，且乙二醛极难完全去除，因此造成测年数据偏老」と言う。

⑫中村俊夫 2003：38 は、資料保存に使用される藥劑が招く汚染について、次のように述べている。「遺跡から發掘される木製品などは、取り上げたまま放置すると急速に水分が抜けて、收縮變形が起こり、元の形狀の 1/10 以下に縮むことがある。そこで、水槽につけておくか、あるいは展示するために保存處理が行われる。PEG（ポリエチレングリコール樹脂）等の藥劑の含浸處理により、乾燥させても元の形狀を保つことができる。……PEG のような石油起源の、^{14}C を全く含まない炭素から作られた藥劑が保存處理のために木材に含浸されており、それが、^{14}C 年代測定のための前處理操作でどの程度まで分離・除去できるかを明らかにすることである。PEG を完全に除去しないと正確な年代は得られない。PEG が殘った割合に依存して測定される ^{14}C 年代は見かけ上古くなる。」

⑬曹錦炎 2011：序 1。

⑭注⑥參照（2014 年 5 月 3 日計算）。

⑮ちなみに浙江大楚簡が購入された時に用いられていた Intca104 による計算でも、前 340 年前後の可能性はほぼ排除される。

⑯當該部分を含む一段落は次の通りである（曹錦炎 2012）。「碳 14 标本的取样原则，并没什么神秘：由于碳 14 检测会破坏被检的样本，故检测竹简时，一般会随机抽取带极少残字或无字的残简。我们的检测，也遵循了同样的原则。为保证检测的可靠，我们送检的样本中，又包括了黏附于竹简上的草麻类纤维（我们推测原为编绳），盛竹简的漆盒的漆皮残片、以及漆盒的木胎样本（因为从竹简与漆盒黏附的程度看，至少大部分竹简最初是装在盒里的），来作为竹简检测的辅证。同时，考虑到"简旧字新"的可能，我们又依据最新的检测方法，随机抽取了其中有字的简，委托上海博物馆、复旦大学、浙江大学的科学检测机构，对竹简墨迹做了显微分析。」

⑰吉田邦夫 2005：243、251。

⑱吉田邦夫 2005：252。

⑲清華大學出土文獻研究與保護中心 2010：前言 3、北京大學出土文獻研究所 2012A：42。

⑳曹錦炎 2011：前言 1。

㉑朱淵清 2002：3 は、上博楚簡は「一つの泥團」から來ているので、他の簡も偽物ではな

いことが保證されるという馬承源氏のインタビューを掲載している。

㉒趙桂芳 2006:60-61：「竹简只有在墓坑内存有积水或半积水，或在古井内有水的情况下才能保存下来。」

㉓王方 1999:83：「空气是腐败菌发育的必要条件，……当木材中水分饱和时，即无足量空气存在时，真菌便不能生长，也就不能发生木材菌害。长期埋藏于地下或贮存在水中的木质文物不发生腐朽和变色就是这个缘故。各种真菌对于湿度的要求有很大差异，多数真菌最适宜的木材含水率为 30 — 60%，超出这个范围，真菌的生长速度逐渐变慢，直至停止发育。」

㉔張金萍・奚三彩 2003:37：「不仅是竹简，包括绝大多数的有机类的文物，刚出土时其外表颜色鲜艳，但经过一段时间后，其颜色逐渐加深。湖北鸡公山 135 号秦墓出土的竹简，刚接触空气时，颜色是米黄色，不到 5 分钟的时间内，其颜色就很快转变为深褐色。长沙走马楼这批竹简也遇到了类似的情况。颜色的变化，使竹简上的文字很快就无法辨别，极大地影响了竹简的考古研究价值。」なお、湖北鷄公山 135 號秦墓は湖北揚家山 135 號秦墓の誤記と思われる。當該墓葬からは 1990 年に 75 枚の竹簡が出土しているが、湖北省荊州地區博物館 1993:8 には「颜色呈黄褐色，简文为墨书秦隶，字迹大部分清晰可辨」と記されている。

㉕方北松・劉姍姍・童華・金平 2007:368：「竹材主要由纤维素、半纤维素和木质素三种成分构成。其中，木质素的结构相当复杂，存在着许多发色与助色基团，如芳香基、酚羟基、醇羟基、羰基、甲氧基、羧基、共轭双键等。研究表明，竹材随时间而颜色变深，主要是木质素造成的。一方面，竹材中含有大量类酚物质，与空气接触，经氧化后极易变成颜色更深的醌类物质；而另一方面，木质素对光极不稳定，在其照射下容易发生降解。竹简在降解过程中，纤维素含量减少，木质素含量大大增加，出土后，受到光照和空气氧化等影响，内部的酚类物质被氧化成醌类物质，颜色急剧加深。」

㉖朱淵清 2002：2「馬：當時異常激動，在墨西哥始終處於亢奮狀態，但我有十足的把握確定這是真簡，有三個判定依據。……第二個判斷依據是竹簡暴露於日光下是否變色，自然光中有紫外線，因此出土竹簡在日光下會很快碳化變成黃色。……這些都絕不是偽造竹簡所可能做到的。我們和張先生保持熱線聯繫，他將觀察的結果不時報告我，所以，雖然壓力非常大，但我還是確信這是真簡，並作出立刻收購的決定。」鄭重 2000 にも同樣のことが書かれている。

㉗趙桂芳 2010:238「竹簡色澤深淺存在著差異，大部分竹簡暗褐色，少量暗黑色，亦有黑色污垢將字體覆蓋者。」また同 241「首先對竹簡去污。……從竹簡上清除下來成碎片的

污物，是污垢和泥土的混合體，它們將竹簡牢牢地包裹住。像這種情況的竹簡，經去污和清洗，上面的字迹很清晰，因為竹簡上面的污垢反而起到保護墨迹的作用。」李均明・趙桂芳 2012:62 にも關連する情報がある。

㉘北京大學出土文獻研究所 2012A:32「简牍入藏北京大学时，整体被包裹两层，外层为黑色塑料膜，内层为透明保鲜膜。黑塑料袋中有较混浊液体，……表层的竹简由于与空气接触时间较长，发生氧化而呈黑色（图三）。」

㉙曹錦炎 2011:前言 1-2「這批竹簡入藏時雖然還保存在原來的漆篋中，但由於已經過人為的擾動，其原始狀態已遭破壞，原來是否皆放置篋中已不可知。……這批竹簡從保存情況來看，由於出土時間不長，表面一般呈黃褐色，少數呈暗褐色，飽水率極高。」

㉚曹錦炎 2011 序 1。

㉛趙桂芳 2006:62-63「清理出来的简、牍先用蒸馏水浸漂几次，再用 3 ％ 的草酸(COOH)₂ 或 3 ％ 连二亚硫酸钠(Na₂S₂O₄・2H₂O)水溶液脱色，一旦字迹清晰，就把简转移到蒸馏水中，并且用软毛笔沾水把简面上的残余酸液去除干净。……放进库房待脱水保护，在未脱水之前要经常检查竹简的保存情况及时加水，始终保持竹简处于饱水状态。」

㉜エチレンジアミン四酢酸のキレート劑としての效果については、下記のサイトを參照。http://ja.wikipedia.org/wiki/エチレンジアミン四酢酸（2015 年 2 月 14 日閲覽）

㉝官瓊梅 2007:372-373「郭店竹简出土至今已有 10 余年，竹简一直用蒸馏水浸泡存放在玻璃试管中。10 余年若干次换水，对竹简造成了不同程度的损坏，……荆门市博物馆于 2002 年 10 月决定对这批竹简进行脱水处理保护，为这批先秦典籍的长期保存奠定了基础。……竹简的脱色、清洗、脱水前的资料工作完毕后，我们在竹简脱水专家吴顺清教授的指导下，对所有需要脱水的竹简进行了脱色、清洗等一切脱水前的技术处理。在对郭店竹简的脱色处理过程中，我们采用的是草酸、连二亚硫酸纳及络合剂乙二胺四乙酸（EDTA）三种不同比例的混合溶液对竹简进行彻底的脱色处理。」

㉞陳元生・解玉林・羅曦芸 1999:9-10「这批竹简在运至我馆时，大部分色泽深暗，字迹难以看清。有些有泥土包没的竹简，在除去泥土后的瞬间，颜色虽暗，但书写墨迹尚可辨明。可是放入蒸馏水中后不久，竹简色泽即变深，字迹只能隐隐可见。……经草酸处理过的竹简，放置不久，色泽则又会变暗。而经草酸、过氧化氢先后处理的竹简，在无光条件下，则能在相当长一段时间内保持竹材色泽的稳定。」

㉟趙桂芳 2010:244「我們首先對飽水竹簡進行脱色，通過脱色可以使竹簡色澤接近，原來較黑的底色變淺，字迹更加清晰，拍照效果理想。但脱色後竹簡在很短時間內由於接觸了空

30 　第1部　辨偽學の確立

氣氧化又會恢復到原來的顔色，由米黄色變爲深褐色甚至於黒色。……最終選擇連二亞硫酸
鈉作爲脱色劑。脱色時在溶液中適量加入 EDTA-2Na 絡合劑脱色效果更好（可以保證竹簡拍
照期間不會返色）。……因爲脱色後的竹簡在空氣中因氧化會逐漸變暗，所以照相要抓緊時
間進行，因爲二次脱色對竹簡保存不利。」

㊱陳元生・解玉林・羅曦芸 1999：9 に實測データがある。趙桂芳 2010：249 によれば、清華
簡の含水率は平均390％であったという。上博の80％に比べて異常なようであるが、この數
値は乾燥前の竹簡に對し、乾燥後の竹簡の重量がほぼ 25.6％になったことを表しており、
つまり上博式に改めると平均含水率が 74.4％であったと解釋される。

㊲陳元生・解玉林・羅曦芸 1999：12「真空冷冻干燥原理：使水冷冻成固体，在真空条件下，
固体冰的表面发生升华，消除了毛细管张力，从而保物体的原有形状。……预处理使用的材
料要求容易渗透，能取代饱水竹简中的水份；充填其空隙，使细胞壁得到增强，在结构上提
供支撑，增加机械强度，防止细胞崩塌，减小收缩。因而，选择填充材料十分重要。……结
果单分子的 GX 溶液较为理想。」

㊳陳元生・解玉林・羅曦芸 1999：15「预处理的饱水竹简，装入特制的玻璃管中，放置在-10℃
的冷冻箱中，联接真空系统，在 133.32-266.64Pa 真空条件下，经 20h 左右干燥，竹简色泽
呈竹材自然本色。至此，脱水即告完成。」

㊴用字研究についての近年の狀況ならびに私の基本的な考え方については大西
2013：127-134 を參照して頂きたい。

㊵『説文解字』辛部「辠，犯法也。……。秦以辠似皇字，改爲罪。」

㊶個々の字形に關する議論としては、福田哲之 2012：68 が隷變以後の字形が浙大簡に見られ
ることを指摘し、「漢代の隷書（漢隷）の要素をもつ形態が混在するという現象を、言
語學的な見地から整合的に説明することはおそらく困難」と述べている。福田氏が指摘す
る一部の例については、小沢賢二氏に反論があり、「福田が漢隷以降だとする「史（叏）」
の字形は、すでに秦武王二年（前三一〇年）の青川秦木牘において存在しており、……「史
（叏）」字は秦隷との字形に共通性を有する齊（＝齊魯）の文字であった可能性がある」
とする（小沢 2013：148-149）。

㊷字を「」で、語を 〈〉 で表記する。

㊸裘錫圭 1992：484-485。

㊹『秦駰玉版』の年代については、李家浩 2001 の議論を參照。

㊺大西 2002 が論じたように、漢代以前いわゆる「くに」を表すのは「邦」であって、高

祖に對する避諱によって「國」が「邦」に交代したのである。浙大『左傳』の用字は漢代
以降の状況でしかありえない。なお、戰國時代の「國」は「域」または姓氏（齊の國氏）
を表し、いわゆる戰國七雄の固有名詞と結びつくことはない。

㊻小沢2017は、以下で取り上げる「行」から「牖」の6字に関する私説への批判である
が、それに再反論は大西2017を參照されたい。

参考文獻

北京大學出土文獻研究所2011：「北京大學藏西漢竹書概説」、『文物』2011年第6期。

北京大學出土文獻研究所2012A：「北京大學藏秦簡牘室内發掘清理簡報」、『文物』2012
年第6期。

北京大學出土文獻研究所2012B：「北京大學藏秦簡牘概述」、『文物』2012年第6期。

曹錦炎2011：『浙江大學藏戰國楚簡』、浙江大學出版社。

曹錦炎2012：「再論浙大簡的眞僞—答邢文先生」、『南方週末』2012年7月22日。
http://www.infzm.com/content/78639

陳松長2001：『香港中文大學文物館藏簡牘』，香港中文大學文物館。

陳松長2009：「嶽麓書院所藏秦簡綜述」、『文物』2009年第3期。

陳元生・解玉林・羅曦芸1999：「嚴重朽蝕飽水竹簡的眞空冷凍干燥研究」、『文物保護與
考古科學』1999年第1期。

陳昭容1992：先秦古文字材料中所見的第一人稱代詞、『中國文字』新十六期、美國藝文印
書館。

方北松・劉姗姗・童華・金平2007：「飽水竹簡變色機理的初歩研究」、『中國文物保護技
術協會第四次學術年會論文集』、科學出版社。

方北松・呉順清2008：「飽水竹木漆器保護修復的歷史、現狀與展望」、『文物保護與考古
科學』2008年增刊。

郭永秉2011：「上博竹書《孔子見季桓子》考釋二題」、『文史』2011年第4期。

官瓊梅2007：「郭店竹簡的脱色及清洗報告」、『中國文物保護技術協會第四次學術年會論
文集』、科學出版社。

何琳儀1998：『戰國古文字典』、中華書局。

湖北省荊門市博物館1997：「荊門郭店一號楚墓」、『文物』1997年第7期。

32　第 1 部　辨僞學の確立

湖北省荆州地區博物館1993：「江陵揚家山135號秦墓發掘簡報」、『文物』1993年第8期。

胡平生2010：「論簡帛辨僞與流失簡牘搶救」、『出土文獻研究』第9輯、中華書局。

賈連翔2015：『戰國竹書形制及相關問題研究——以清華大學藏戰國竹書爲中心』、中西書局。

李家浩2001：「秦駰玉版銘文研究」、『北京大學中國古文獻研究中心集刊』第2輯、北京燕山出版社。

李均明・趙桂芳2012：「清華簡文本復原以《清華大學藏戰國竹簡》第一、二輯爲例」、『出土文獻』第三輯、中西書局。

劉國忠2011：『走近清華簡』、高等教育出版社。

劉紹剛2012：「從文字形體和書法看"浙大簡"」、國學網、2012年7月3日。
http://news.guoxue.com/article.php?articleid=31435

馬承源2001：『上海博物館藏戰國楚竹書（一）』、上海古籍出版社。

清華大學出土文獻研究與保護中心2010：『清華大學藏戰國竹簡（壹)』、中西書局。

裘錫圭 1992：「『司馬聞』『聞司馬』考」、裘錫圭『古文字論集』、中華書局。

天柱山 2013：「2300 年前楚簡證實：景氏家族出自楚平王之子」、『湖北日報』2013 年 1 月 17 日、王氏全球網、http://www.wang-shi.com/html/30/n-7630.html

王方 1999：「淺論木質文物的受損原因和保護」、『故宮博物院院刊』1999 年第 4 期。

張金萍・奚三彩 2003：「飽水竹簡變色原因的研究」、『文物保護與考古科學』2003 年第 4 期。

趙桂芳 2006：「簡牘保護概論」、『中國文物科學研究』2006 年第 2 期。

趙桂芳 2010：「戰國飽水竹簡的搶救性保護」、『出土文獻』第一輯、中西書局。

鄭重 2000：「楚簡風雲」、『博物館與收藏家』、上海文藝出版社。

周波 2012：『戰國時代各系文字間的用字差異現象研究』、線裝書局。

朱淵清 2002：「馬承源先生談上博簡」、『上博館藏戰國楚竹書研究』、世紀出版集團上海書店出版社。

淺野裕一 2013：「僞作説の檢討」、淺野裕一・小沢賢二『浙江大『左傳』眞僞考』、汲古書院。

大西克也 2002：「「國」の誕生——出土資料における「或」系字の字義の變遷——」、郭店楚簡研究會編『楚地出土資料と中國古代文化』、汲古書院。

大西克也 2006：「戰國時代の文字と言葉—秦・楚の違いを中心に—」、長江流域文化研究所編『長江流域と巴蜀、楚の地域文化』、雄山閣。

大西克也 2013：「秦の文字統一について」、『第四回日中學者中國古代史論壇　中國新出資料學の展開』、汲古書院。

大西克也 2017：「浙江大學藏竹簡『左傳』は研究資料たり得るか」、『汲古』第 72 號、汲古書院。

小沢賢二 2013：「中國戰國時代文書文字考」、淺野裕一・小沢賢二『浙江大『左傳』眞僞考』、汲古書院。

小沢賢二 2017：「文字學からみた浙江大『左傳』僞簡説の問題點」、『汲古』第 71 號、汲古書院。

何介鈞・張維明（田村正敬・福宿孝夫譯）1988：『馬王堆漢墓のすべて』、中國書店。

小寺敦 2011：「「骨董市場竹簡」をめぐる諸問題」、『東京大學東洋文化研究所付屬東洋學研究情報センター報』第 25 號、東京大學東洋文化研究所付屬東洋學研究情報センター。

高橋正男 1975：「實用上における木質材の脱色(2)完」、『木材工業』30。

冨谷至 2014：「「骨董簡」とよばれるモノ」、中國出土資料學會編『地下からの贈り物　新出土資料が語るいにしえの中國』、東方書店。

中村俊夫 2003：「加速器を利用した放射性炭素年代測定」、『科學技術・學術審議會・資源調査分科會報告書　文化資源の保存、活用及び創造を支える科學技術の振興』、文部科學省、平成 16 年 2 月 19 日。
http://www.mext.go.jp/b_menu/shingi/gijyutu/gijyutu3/toushin/04021901.htm

福田哲之 2012：「浙江大學藏戰國楚簡の眞僞問題」、『中國研究集刊』第五十五號、大阪大學中國學會。

安田征市・長岡宗男・半澤道郎 1974：「パルプの光による變色」、『北海道大學農學部 演習林研究報告』31(1)。
http://hdl.handle.net/2115/20930

吉田邦夫 2005：「^{14}C 年代測定の新展開—加速器質量分析（AMS）が開いた地平—」、『RADIOISOTOPES』Vol.54, No.7、Japan Radioisotope Association。

考古學研究からみた非發掘簡
―商周青銅器研究との對比を中心に―

丹羽　崇史

1．はじめに

　日本で初めて考古學全般を體系的に述べた概論書である濱田耕作『通論考古學』
（1922）には、「第四編　研究　第一章　資料の整理鑑別」に「遺物の等級」の項が
設けられている。考古遺物の出土情報にもとづく學術的價値を以下のように區分して
いる。
　（一）第一等遺物　考古學者自ら發掘し、發掘地點、共存遺物の明らかなるもの
　（二）第二等遺物　發見地明確なるも、其他の狀態不明なるもの
　（三）第三等遺物　發見地不明なるも、眞物たること疑いなきもの
　（四）等外遺物　　眞僞不明なるもの
　濱田氏は、「研究に際して、第一等乃至第二等の遺物を資料とし其の總合分析を試
む可く、第三等遺物の如きは單に參考に供するに過ぎざる可し」と述べ、出土地の明
確な遺物をもって研究資料と扱うべきことを提唱している（濱田 2004）。『通論考古
學』の刊行から 100 年近くたった今日においても、日本の考古學では主に發掘調査出
土品を中心とした研究がなされている。
　しかし、資料不足を補う上でも、發掘調査による出土品ではないコレクション資料
を積極的に研究對象として扱ってきた分野も存在する。商周青銅器研究はまさにこれ
に該當し、とくに銘文史料の研究を中心にコレクション資料が積極的に活用されてき
た學史がある。金屬と有機質（竹・木）という材質の違いはあれど、ともに文字を有
するものが存在する點で、本研究會で檢討對象としている簡牘資料と商周青銅器は資
料的な性格が近いのではないかと考える[1]。

36　第1部　辨僞學の確立

　本稿ではまず、眞贋識別を中心に、廣い意味での製作年代の解明を目的とした商周
青銅器に關する先行研究を取り上げ、それらを方法論的に檢討する。

　コレクション資料の青銅器の場合、製品そのものが後世に製作された場合のほか、
銘文を後刻したものや欠落・分離した箇所を「修復」により補ったケースなど、さま
ざまな形で後世の手が加わったことが想定される（容1941、松丸1977、王1983・1989、
羅1985、陳1986、無記名1988、程ほか1989）。そのため、「青銅器のライフサイク
ル」（吉開1994）という觀點から、生産から流通、使用、消費、さらに出土後の扱い
に至るまでの一連の流れを構造的に整理する必要がある。

　次に商周青銅器以外の分野における眞贋識別の手法や關連する研究、ならびに日本
における木簡・木製品・竹製品の研究事例を紹介する。そのうえで非發掘簡研究への
方法論的な應用、ならびにそれらからみた非發掘簡研究の課題を考察する。

2．コレクション資料による商周青銅器研究の方法論的檢討
―眞贋識別を中心に―

　商周青銅器の眞贋識別、いわゆる「辨僞」問題については、宋代以來、幾人もの研
究者がその方法を論じている。これらの研究のいくつかを參考に、商周青銅器の眞贋
識別を含む廣い意味での製作年代を檢討した研究の方法論に着目すると、主に以下の
ような方法によるアプローチが可能かと考える。

　①文字資料からのアプローチ

　②形態・紋樣・技法からのアプローチ

　③自然科學分析からのアプローチ

　以下、それぞれの方法論別に、具體例をみていきたい。

①文字資料からのアプローチ

　まずは文字資料そのものから眞贋を論じた研究例をいくつか取り上げる。

　容庚氏は眞贋識別を論じる中で、青銅器そのものが後世の製作品である場合のほか、
銘文のみ補刻・增刻される場合など、複数の可能性を擧げている。具體的な眞贋識別
の方法として、

・銘文の内容と器形・紋様・製作技法などとの對比

・銘文そのものの基準資料との風格、書法、文法上の對比

といった、銘文とそれ以外の特徴との對比的な檢討の必要性を述べる[2]（容 1941）。

松丸道雄氏は先行研究を整理し、眞贋識別のための基準として以下のような項目を掲げた（松丸 1970・1977、佐藤 1971）[3]。

1．同一銘文中の同一文字の不齊一性（Inconstancy）[4]

2．文字上の疑問點

　a.後代の文字知識の混入

　b.誤った文字が多數みられる場合

　c.文字が轉倒している場合

3．「型モタセ」（Spacer）が文字にかかる場合

4．他史料との比較

　a.他の金文銘からの借用

　b.殷金文の甲骨文との比較

5．語法

6．書式

7．鑄銘と刻銘

8．出現の事情

38　第1部　辨僞學の確立

　ただし、「1．同一銘文中の同一文字の不齊一性」について、松丸氏はのちに西周時代の「諸侯製作器」にみられる特徴である可能性を想定した。さらにこれらの項目のうち、眞贋識別においては「3．「型モタセ」（spacer）が文字にかかる場合」が特に重要であることを強調した（松丸1977）。

　近年、崎川隆氏は商〜西周期における同銘器（同じ銘文を有する青銅器）を檢討し、當該期の同銘器は字形がそれぞれ異なり、東周期にみられる同一の文字原型から複数の有銘青銅器を製作する技術が用いられていないことを指摘した。ただし、コレクション資料中の西周期の青銅器にも字形が全く共通した同銘器の事例が存在している。これらについて崎川氏はオリジナルの青銅器以外は、著録中の銘文拓本等を手本に製作された後世の僞作であるとした。氏はさらに、このような「銘文重合法」の青銅器銘文の眞贋識別における有效性を強調する（崎川2014・2015[5]）。

②形態・紋様・技法からのアプローチ

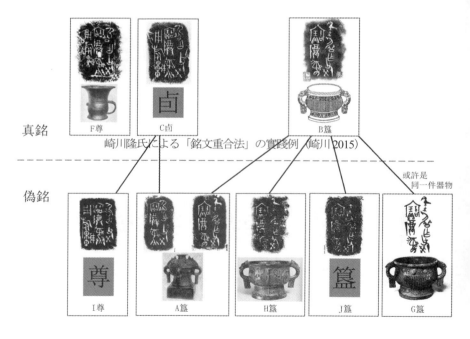

崎川隆氏による「銘文重合法」の實踐例（崎川2015）

靑銅器の形態・紋樣・技法など、所謂「考古學的な」屬性[6]に着目した研究事例を取り上げる。

容庚氏は靑銅器の僞作の特徴として、形態・紋樣が古くないもの、金銀を象嵌しているものなどを擧げている。さらに僞作が行われた時期を、①乾隆期以前、②道光期から清末まで、③民國時期の３期に區分し、特に③の時期のものは識別が難しいとしている。また、文獻に記された仿古銅器の製作技法についても述べている（容1941）。このような僞作靑銅器・仿古靑銅器の「編年」的研究も容氏以來、繼續的に行われている（羅1985、陳1986、無記名1988、程ほか1989）ほか、山東省濰県、西安、洛陽、蘇州など、これらの製作地ごとの形的・技法的な特徴についても述べられている（陳1986、無記名1988、程ほか1989、王1993）。

製作技法に着目した研究として、先述の松丸氏によって提唱された「銘文とスペーサーの不可分な關係」が擧げられる。氏は銘文の文字とスペーサー（型持ち）が重複しない場合、銘文は本來の鑄造時に製作されたものと理解し、靑銅器銘文の眞贋識別の基準となるとした（松丸1977）。

陳佩芬氏は、近年の僞作品は、

①失蠟法で製作されるため範線がみられない

②スペーサーを用いない

③砂型による砂目や鑄造欠陷がみられる

④パーツどうしの接續に鑞付け（銲接）技法が用いられる

⑤靑銅器に殘された範土が黒色

といった技法的な特徴がみられると指摘する。人工的に附けられた錆がみられることも僞作品の特徴の一つとする。また、時期ごとの各器種の形態や紋樣などの特徴を理解することの重要性を述べる（陳1986、無記名1988[7]）。

王榮達氏は修復者の立場から、紋樣・銘文・表面に殘る僞作品・仿古品の製作・處理痕跡の特徴を述べる。製作痕跡以外にも、自然に發生した錆と人工的に藥品等を用いて付けた錆の違いについても解説する（王1993）。

③自然科學分析からのアプローチ

自然科學分析を應用した研究事例を述べる[8]。

40　第 1 部　辨僞學の確立

（1）年代測定

　青銅器そのものではないが、長友恒人氏らは泉屋博古館藏の青銅器陶範の一部を採
取して熱ルミネッセンス法による年代測定を實施し、新しい時期のものではないこと
を明らかにした（長友ほか 1999）。日本の青銅器の事例であるが、青銅器の表面の綠
青に含まれる炭素を用いた放射性炭素年代測定も試みられている（小田ほか 2015）。

（2）材質・構造調査

　X線透過撮影寫眞（X線ラジオグラフィ）やX線ＣＴによる青銅器の構造調査によ
り、青銅器の製作技法に關する成果も得られているが、一方で後世の補修の痕跡が明
らかになった例もある。Rutherfoad John Gettens 氏は青銅器のX線透過撮影寫眞の檢討
から、近年の補修や接合の痕跡を抽出することが可能であることを提言した
（Gettens1969）。泉屋博古館・九州國立博物館はX線ＣＴによる泉屋コレクションの
青銅器の調査を實施し、製作技術に關する知見とともに、複數の青銅器に後世の補修
と考えられる痕跡が存在していることも明らかにした（廣川 2015）。

　材質調査から手がかりが得られる場合もある。宋代以降の仿古銅器、とくに明清以
降の青銅器には、錫に代わって鉛や亞鉛が合金として用いられたことが知られ（程ほ
か 1989）、Gettens 氏の調査でも仿古銅器に亞鉛が含まれる傾向があることが指摘さ
れている（Gettens1969）。

　構造・材質・觀察調査から總合的に年代を檢討した事例として、王全玉氏らの研究
がある。王氏らは年代の評價が東周時代と宋代に分かれていた大英博物館所藏の金銀
象嵌青銅製動物像（"Bronze leaping feline"）の材質調査（螢光X線分析ほか）、構造
調査（X線透過撮影寫眞）、觀察調査（顯微鏡觀察）を實施した。その結果、いくつ
かの後世の補修があるが、製作技法の特徴は東周時代のものであることを指摘した
（Wang etc2014）。

3．關連分野における研究事例の檢討

商周靑銅器以外の分野における眞贋識別の手法や關連する研究事例とともに、參考までに日本における木簡・木製品・竹製品の研究事例についても取り上げ、若干の整理を試みる。

①商周靑銅器以外の分野における眞贋識別の手法や關連する研究事例

美術史の分野では、繪畫や彫刻などの作家判定・眞贋識別の方法の蓄積がある。ジョバンニ・モレッリ氏は、造形意思が働きにくい耳や手などの特定の細部表現にこそ、畫家の個性が露呈しやすいことを指摘し、實例を解説している[9]（上田2002・2003）。

鈴木勉氏は「漢委奴國王」金印の細部觀察からさまざまな痕跡を調査し、技法や使用工具などの技術論的アプローチからその時間的な位置づけを檢討した（鈴木2010）[10]。

眞贋識別とは異なるが、考古學においては生産體制や供給形態の解明のため、同一個人の製作品である「同工品」抽出を試みた例がある。犬木努氏は關東地方の古墳から出土する所謂「下總型」埴輪の製作者集團の實態を明らかにするため、同一古墳出土埴輪群における各部位の成形・整形、調整、穿孔、接合方法や形狀の屬性變異を取り上げ、それらの相關關係により「同工品」の抽出を試みている。さらに各屬性の相關性や共有狀況のあり方から、工程内分業、製作の同時性、製作工人の構成などについても多岐にわたり言及する（犬木1995・1996・2002）。

崎川隆氏は殷墟出土の甲骨文の契刻者集團の構造の復元のため、甲骨文の書體を個人の癖が強く反映された屬性として捉え、書體の分析から甲骨文第一期における契刻者組織の復元を試みている。分析において現代の筆跡鑑定の手法を應用している（崎川2002）。

②日本における木簡・木製品・竹製品の研究事例

日本の木簡研究では、記載内容の釋讀とともに、形態にもとづ

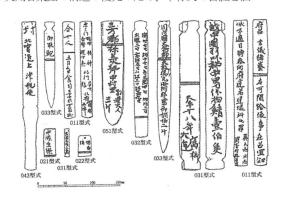

木簡の型式分類（木簡學會 1997）

42 第1部 辨僞學の確立

く型式學的な分類も行っている[11]。木簡學會では、形態により木簡を18型式に分類する（木簡學會 1997）。奈良文化財研究所では木簡の樹種同定を實施しており、平城宮木簡はヒノキ・スギが大勢を占め、それら以外にも多樣な樹種が用いられていたことが明らかになっている[12]（山本・藤井 2010）。

　出土木製品についても、型式學的な用途・機能に關する研究などとともに樹種同定の蓄積もあり、時代別・地域別・種類別の木材利用の實態についても明らかになりつつある（伊藤・山田編 2012）。

　竹製品に關しては木製品ほど調査・研究例は多くはないが、正倉院寶物の竹製品を對象としたルーペ觀察による竹材調査（小清水・岡本 1984、成瀬 2012）、および製作技法を檢討した工藝調査（飯塚 1984）が行われている。前者ではマダケ屬（マダケ・タイワンダケ・ハチク・モウソウチク）、メダケ、トウチク屬、ホウライチク屬、ヤダケなどに分類している。

4．考察─考古學研究からみた非發掘簡─

①商周青銅器からみた眞贋識別の方法論

　前節まで、眞贋識別を中心に廣い意味での商周青銅器の製作年代を檢討した研究事例について、文字資料、形態・紋樣・技法、自然科學分析それぞれのアプローチごとに方法論を整理した。また、商周青銅器以外の分野における眞贋識別の手法や關連する研究事例、および日本における木簡・木製品・竹製品の研究手法の一部を述べた。

　青銅器銘文による眞贋識別の基準については、研究の進展により新たな方法が提示されているが、いずれも銘文の內容以外に、製作技法に關する研究成果がとくに重視されてきた。銘文のほかにも、形態・紋樣・製作技法など考古學的屬性に着目した複合的な觀點からの個々の資料の歷史的位置づけの檢討が重要である。また、調査・研究にもとづき、青銅器の時期・地域・系統別の形態・紋樣・製作技法などを理解するとともに、偽作品・仿古品含め、編年および製作地別の差異を意識した觀點が求められよう。冒頭でも述べた通り、「青銅器のライフサイクル」という觀點から、考古遺物の生產から流通、使用、消費、さらに出土後の扱いに至るまでの一連の流れを構造

的に整理する必要がある。このような考古學的・歴史學的な研究成果への理解があってこそ、眞贋識別の基準構築につながるものと考える。自然科學分析についてもいくつかの先行研究で示されたように、年代測定にほかにも、材質・構造調査の成果と考古學側のデータを對比することによって、眞贋識別を含む年代決定の手がかりが得られる可能性がある。

　松丸氏が從來の仿古品としたもののなかに「諸侯製作器」がある可能性を指摘したように、從來コレクション資料中で「イレギュラー」なため後世の製作品とされてきたものが、出土資料の蓄積や研究の進展により評價の變わるものもある。いずれのアプローチにおいても、得られた調査結果について眞贋を含めたさまざまな可能性を吟味することが重要と言えよう。

②非發掘簡の眞贋識別・年代解明への方法論的應用

　それでは、青銅器をはじめとした考古遺物・文化財の眞贋識別手法や關連研究の方法論は、非發掘簡の眞贋識別・年代解明にどのように應用できるのであろうか。

　眞贋識別をはじめとした「非發掘簡」を扱う上での問題點は、小寺敦氏、大西克也氏、胡平生氏が述べている（小寺2011、大西2015、胡2015）。非發掘簡の眞贋識別・年代解明にこれまで用いられてきた方法として、主に以下のようなものを舉げている。

（1）字形・書體の分析
（2）傳世文獻や過去の出土資料との文章内容比較
（3）自然科學分析（放射性炭素年代測定[13]・電子顯微鏡觀察）
（4）簡牘じたいの狀態（形態・色調・保存狀態）
（5）資料の來歴・出所の檢討

　簡牘資料、とくに竹簡の場合、檢討可能な屬性が限られているが、上記のような方法以外にも、形態・製作技法・使用痕跡・材質（竹材・樹種）などの屬性を型式學的に檢討を深めることで、さらなる年代解明につながる可能性が想定できる[14]。

　また、非發掘簡の檢討とともに重要なのは、實際の發掘出土簡牘資料の上記のような屬性の基礎データの蓄積ではないかと考える。發掘出土簡牘資料は文章内容・字形・書體については檢討事例が多いが、出土簡牘そのものの形態・製作痕跡[15]・使用痕跡・自然科學分析（材質・構造）などのデータの蓄積も非發掘簡の位置づけの解明の上で

44　第1部　辨僞學の確立

重要である。これらの年代別・地域別・用途別の特徴に關するデータの蓄積こそが眞贋識別上の比較基準となり、同時に考古遺物としての簡牘資料の生産から流通、使用、消費といった「ライフサイクル」の解明につながるものと考える。發掘出土簡牘側のこのような檢討事例の蓄積こそ、眞贋識別基準の質的向上や方法論の開發[16]にも結び付くものとなるであろう。

　　ただし、青銅器の僞作品がそうであるように、古文字學、考古學、文化財科學などのデータの蓄積・公表に伴い、僞作品側のノウハウ・製作技法も進展することも十分留意しなければならない。

5．まとめ

　　本稿では考古學研究の立場から、非發掘簡の眞贋識別・年代解明のための方法論の一端を提言した。コレクション資料が積極的に扱われてきた商周青銅器をはじめ、他分野の成果の方法論的な整理を通じ、文字資料とともに、簡牘の形態・製作技法・使用痕跡・材質など屬性を複合的に檢討することの有效性を述べた。また、比較基準の確立のため、發掘出土簡牘資料側も上記のような屬性の檢討蓄積が必要であることも指摘した。

　　簡牘研究を專門としない筆者が述べた內容が非發掘簡研究にどれだけ役立つか、いささか心もとないが、一助となることがあれば幸いである。

附記

　　本稿は『出土文獻と秦楚文化』第9號（2016）に投稿した同名の拙稿に一部加筆をしたものである。

注

1　商周青銅器以外にも、梵鐘や佛像の研究も「傳世資料を研究對象とし、かつ製品に文字を有するものも存在する」という點で殷周青銅器と資料的性格が近いと言えるかもしれない。特に

佛像はその先行研究において、眞贋判別が大きなウエイトを占めてきたといえる。こうした分野の成果も方法論的に參考になる可能性があろう。

2　このような觀點にもとづき、各地のコレクション資料の辨僞鑑定が實踐されてきた（王1983・1989、羅1985、陳1986、無記名1988、程ほか1989）。

3　京都大學人文科學研究所の研究會「金文辨僞の會」でも「通常、眞物として通用しているものに關して、僞ではないかと疑いを起こすに足る基準」として、以下の内容を提示する（伊藤ほか1976）。

　1a.　文字構成の非恒常性（Inconstancy）

　1b.　筆畫の形、筆法の非恒常性

　2.　通例に反する筆畫の存在

　3.　鏨刻・エッチングの形跡、その他、器と同時の鑄造でないことを示唆する證據（例えばSpacer が文字にかかる等）の存在

　4a.　字體が銘文の内容乃至その着けられた器の形式から推測される年代に通行するものと相違すること

　4b.　用語、語法が4aと同樣な違反を示すこと

　5.　銘文記述の形式が通例に外れていること

　6.　銘文の着けられた位置が異例であること

　7.　文意が通じ難いこと

4　「同一銘文中の同一文字の不齊一性」とは、Noel Barnard氏が「確實な出土品の銘文中には同じ文字ないし偏旁は、同一の構造で書かれている」とし、これを「the principle of constancy of character structures」（文字構造の齊一性の原則）と呼び、この原則を滿たしていないものは僞作である可能性を指摘したことによる（Barnard1959）。

5　崎川氏の2015年論文（崎川2015）は、正式な刊行物ではない學會予稿集に掲載されたものであるが、内容の重要性からここに引用した。この論文の挿圖の本稿への轉載に快諾いただいた崎川氏に御禮申し上げたい。

6　「屬性」とは、人工物が有する形態・色調・材質・紋樣・装飾・製作痕跡・使用痕跡など、さまざまな特徴を指す用語である（横山1985）。

7　無記名であるが、文章・掲載寫眞とも、陳佩芬氏の論文（陳1986）と多くが重複するため、陳氏の著作であると考えられる。

46 　第 1 部　辨僞學の確立

8　眞贋識別をテーマにしたものではないが、内田純子氏は日本人研究者の成果を中心とした自然科學分析による靑銅器の製作技術の研究についてまとめている（内田 2013）。

9　岩永省三氏は、このような「ジョバンニ・モレッリの方法」の考古學においての適用の可能性を述べ（岩永 1994）、ものの加工痕跡の分析がこうした研究方法の範疇に含まれると指摘する（田尻 2001）。

10　鈴木氏は「遺物を研究する學問では、まずその制作年代を知ることから始めるが、そのための調査項目は「眞贋判定」の調査項目とほぼ同じである」（鈴木 2010 ; 171 頁）と述べ、形態や樣式、技術・技法の研究の重要性を指摘する。

11　當然ながら付札・文書・記録・習書などの用途の違いによる分類も行われている。

12　樹種同定は實體顯微鏡による非破壊の表面觀察のほか、試料を採取した生物顯微鏡による解剖學的特徴の觀察が行われているが、後者の方がより細かい正確な同定が可能である。

13　日本でも骨董で購入された竹簡の放射性炭素年代測定が東京大學總合研究博物館で行われている（吉田 2005）。

14　中国の簡牘資料を對象とした研究としては、木簡に主眼が置かれたものであるが、高村武幸氏の複數基準による簡牘分類論、再利用論があり（高村 2011・2012）、手法的に参考となる可能性がある。ただし、高村氏の分類案については、分類の目的や有效性が示されていないと指摘した馬場基氏の批判（馬場 2012）もある（これらの論文については馬場基氏本人より教示を得た）。また、山中章氏は居延漢簡の匣狀部分に着目し、その形態・製作技法・機能を検討している（山中 2014）。

15　遺物に殘る製作痕跡と製作技法の關係の解明には、技術者との共同研究も視野に入れた製作實驗が有效である。

16　前節で述べた考古學・美術史分野における個人識別の手法は、眞贋識別においても方法論的に十分應用可能ではないかと考える。

引用・参考文獻

【日文（五十音順）】

飯塚小玕齊 1984「正倉院の竹工藝について」『正倉院年報』第 6 號

伊東隆夫・山田昌久（編）2012『木の考古學　出土木製品用材データベース』海靑社

伊藤道治・大島利一・貝塚茂樹・小南一郎・近藤喬一・内藤戊申・永田英正・林巳奈夫・樋口隆康・松丸道雄 1976「西周金文の辨僞をめぐって」『甲骨學』第 11 號

考古學研究からみた非發掘簡　　47

犬木努 1995「下總型埴輪基礎考－埴輪同工品論序説－」『埴輪研究會誌』創刊號

犬木努 1996「埴輪製作における個體内・工程別分業と種類別分業－千葉県小見川町城山１號墳出
　　　土埴輪の再檢討－」『埴輪研究會誌』第２號

犬木努 2002「埴輪同工品論の現在」『季刊考古學』第79號

岩永省三 1994「蟹滿寺本尊・藥師寺金堂本尊を巡る諸問題」『古文化談叢』第32號

上田恒夫 2002「ジョヴァンニ・モレッリ『イタリア繪畫論：ローマのボルゲーゼ美術館とドーリ
　　　ア＝パンフィーリ美術館』翻譯(1)：「序文」と「基本理念と方法」」『金沢美術工藝大學紀要』
　　　第46號

上田恒夫 2003「ジョヴァンニ・モレッリ『イタリア繪畫論-歴史的・批判的研究-ローマのボルゲ
　　　ーゼ美術館とドーリア＝パンフィーリ美術館』翻譯(2)：第一章ボルゲーゼ美術館(序論からジロ
　　　ーラモ・ジェンガまで)」『金沢美術工藝大學紀要』第47號

内田純子 2013「日本人研究者による中國靑銅器の製作技術研究」黄自進（主編）『東亞世界中的
　　　日本與台灣』中央研究院人文社會科學研究中心

王榮達(西村俊範 譯・注)1993「修復の觀點から殷周靑銅器の眞僞鑑定問題を論ず」『和泉市久保
　　　惣記念美術館・久保惣記念文化財團東洋美術研究所紀要』第５號

大西克也 2015「「非發掘簡」を扱うために」『出土文獻と秦楚文化』第８號

小田寛貴・塚本敏夫・山田哲也・加藤丈典 2015「靑銅器の炭素14年代測定の可能性と考古學資料
　　　への適用」『日本文化財科學會第32回大會研究發表要旨集』

小清水卓二・岡村はた 1984「正倉院寶物の竹材材質調査報告」『正倉院年報』第６號

小寺敦 2011「「骨董市場竹簡」をめぐる諸問題」『東京大學東洋文化研究所附屬東洋學研究情報
　　　センター報』第25號

胡平生（宮島和也 譯）2015「簡帛の辨僞と流出簡牘の救出について」『出土文獻と秦楚文化』第
　　　８號

崎川隆 2002「書體分析による甲骨文字契刻者組織の復元」『史學』第71巻第２・３號

佐藤武敏 1971「1970年の歴史學界 -回顧と展望- 東アジア 中國 殷・周」『史學雜誌』第80編
　　　第５號

鈴木勉 2010『「漢委奴國王」金印・誕生時空論 -金石文學入門Ⅰ 金屬印章編-』雄山閣

高村武幸 2011「簡牘の再利用─居延漢簡を中心に─」籾山明・佐藤信（編）『文獻と遺物の境界
　　　─中國出土簡牘史料の生態的研究─』六一書房

高村武幸 2012「中國古代簡牘分類試論」『木簡研究』第34號

48　第1部　辨僞學の確立

田尻義了 2001「弥生時代青銅器生産における生産體制論―北部九州出土の鑄型資料の分析から―」
　　『九州考古學』第76號

長友恒人・横田勝・外山潔 1999「範の熱ルミネッセンス眞贋判定とX線回析法による成分分析」
　　『泉屋博古館紀要』第16巻

成瀬正和 2012「正倉院寶物の木材樹種同定・竹材調査」伊東隆夫・山田昌久（編）『木の考古學
　　出土木製品用材データベース』海青社

馬場基 2012「資料學と史料學の境界―籾山明・佐藤信編『文獻と遺物の境界―中國出土簡牘史料
　　の生態的研究―』によせて―」『木簡研究』第34號

濱田耕作 2004『通論考古學　新裝版』雄山閣

廣川守 2015「圖版解説」『三次元デジタル計測技術を活用した中國古代青銅器の製作技法の研究』
　　泉屋博古館・九州國立博物館

松丸道雄 1970「殷周金文の眞僞問題」『史學雜誌』第79編第12號

松丸道雄 1977「西周青銅器製作の背景―周金文研究・序章―」『東京大學東洋文化研究所紀要』
　　第72冊（松丸道雄（編）1980『西周青銅器とその國家』東京大學出版會に所収）

木簡學會 1997「凡例」『木簡研究』第19號

山中章 2014「匣付木簡の製作技法と機能に關する一考察」籾山明・佐藤信（編）『文獻と遺物の
　　境界Ⅱ―中國出土簡牘史料の生態的研究―』東京外國語大學アジア・アフリカ言語文化研究所

山本崇・藤井裕之 2010「平城宮木簡の樹種同定」『奈良文化財研究所紀要 2010』

横山浩一 1985「型式學」『岩波講座 日本考古學1　研究の方法』岩波書店

吉開将人 1994「曾侯乙墓出土戈・戟の研究―戰國前期の武器生産をめぐる一試論―」『東京大學
　　文學部考古學研究室紀要』第12號

吉田邦夫 2005「[14]C年代測定の新展開―加速器質量分析(AMS)が開いた地平―」『RADIO
　　ISOTOPES』vol.54(7)

【中文（ピンイン順）】

陳佩芬 1986「青銅器辨僞」『上海博物館集刊』第3期

程長新・王文昶・程瑞秀 1989「銅器辨僞淺説」『文物』1989年第8・11・12期

羅福頤 1985「商周秦漢青銅器銘文辨僞」『古文字研究』第11輯

容庚 1941『商周彝器通考』哈佛燕京學社

崎川隆 2014「「銘文重合法」對商周青銅器銘文辨僞研究的有效性―以魚尊及其相關器物銘文考證
　　為例」『出土文獻研究視野與方法』第5輯

崎川隆 2015「集屖篹銘文辨僞」『出土文獻與先秦經史國際學術研討會論文集（上）』香港大學中文學院

蘇榮譽・華覺明・李克敏・廬本珊 1995『中國上古金屬技術』山東科學技術出版

王文昶 1983「銅卣辨僞」『故宮博物院院刊』1983 年第 2 期

王文昶 1989「故宮博物院藏部分青銅器辨僞」『故宮博物院院刊』1989 年第 1 期

無記名 1988「第八章　傳世僞作青銅器的鑑定」馬承源（主編）『中國青銅器』上海古籍出版社

【欧文（アルファベット順）】

N.Barnard 1959 New Approaches and Research Methods in Chin-Shih-Hsueh,『東京大學東洋文化研究所紀要』第 19 冊

R.J.Gettens 1969 The Freer Chinese bronzes. Vol. II. Technical studies, Smithsonian Institution

Q.Wang,S.Priewe,S.L.Niece 2014 A technical study of inlaid Eastern Zhou bronzes in the British Museum focusing on an unique figure of a leaping feline. The proceedings of The 8th conference of the Beginning of the Use of Metals and Alloys(BUMA8) "Cultural Interaction and the Use of Metals"

第 2 部　非發掘簡の資料價値の確立

上博楚簡『君子爲禮』譯注

今田　裕志

【凡例】

一、本稿は、馬承源主編『上海博物館藏戰國楚竹書（五）』（上海古籍出版社　2005 年 12 月）所收の『君子爲禮』全文の譯注であり、「凡例」「底本」「參考文獻一覽」「關係論著目録」「竹簡の形状」「編聯」「竹簡の状態」「形制上の問題點」「『上海博物館藏戰國楚竹書（五）』所收の『弟子問』との關連について」「本文」「訓讀文」「口語譯」「注」「『君子爲禮』形制一覽」から成る。

二、【凡例】の體裁は、井上亘「上海博物館藏戰國楚竹書『内豐』譯注」（上海博楚簡研究會編『出土文獻と秦楚文化』第三號　2007 年 5 月 21 日）によった。

三、「底本」には、馬承源主編『上海博物館藏戰國楚竹書（五）』（上海古籍出版社　2005 年 12 月第 1 版第 1 次印刷）を用いた。

四、『君子爲禮』という篇題は、第一號簡冒頭に「君子爲禮」とあり、これを整理者の張光裕が篇題としたので本稿もこれを踏襲する。

五、「『君子爲禮』形制一覽」は、底本に基づいたものであるが、うち「簡長（今田）」は「釋文考釋」所收の圖版の竹簡を實際に計測した數値である。

六、「竹簡の形状」及び「竹簡の状態」も底本によった。

七、「本文」は底本から直寫法によって楷書化し、先行研究と照らし合わせて定めた。また、異體字や俗字は可能な限り「圖版」のままとしたが、都合により正漢字や常用漢字に改めた箇所がある。本文の後に（　）で示した「第〇號簡」は全て底本に基づいて記入した。

八、「訓讀文」は全て現代假名遣いによった。句讀點は譯注擔當者により、全て日本式の「。」「、」を用いた。

九、「口語譯」の漢字は正漢字（舊漢字）を用いたが、都合により常用漢字を用いた箇所もある。また、文意を明瞭にするため、語句を補った箇所もある。

十、「注」における略稱は、「關係論著目録」を參照のこと。

十一、本稿は、2007 年 7 月 7 日に日本女子大學で開催された上海博楚簡研究會定例研究發表會（第 30 回）において發表した資料を、2010 年 10 月 10 日に發表後の成果を增補改訂したものである。發表の際、會員各位から御示教を賜った。この場を借りて篤く御禮申し上げる。

54　第 2 部　非發掘簡の資料價値の確立

【底本】

圖版：「君子爲禮」（馬承源主編『上海博物館藏戰國楚竹書（五）』上海古籍
　　　出版社　2005 年 12 月）
張光裕：張光裕「君子爲禮」（「釋文考釋」、馬承源主編『上海博物館藏戰國
　　　楚竹書（五）』上海古籍出版社　2005 年 12 月）

【參考文獻一覽】※適宜略稱を用いる。

文物精華編輯委員會『文物精華』第二集（文物出版社　1963）
『説文解字　附檢字』（中華書局　1963）
郭錫良『漢字古音手册』（北京大學出版社　1986）
高亨ほか『古字通假會典』（齊魯書社　1989）
張光裕『包山楚簡文字編』（藝文印書館　1992）
王輝『古文字通假釋例』（藝文印書館　1993）
滕壬生『楚系簡帛文字編』（湖北教育出版社　1995）
荊門市博物館『郭店楚墓竹簡』（文物出版社　1998）
古文字詁林編纂委員會『古文字詁林』第一卷（上海教育出版　1999）
張光裕『郭店楚簡研究　第一卷文字編』（藝文印書館　1999）
古文字詁林編纂委員會『古文字詁林』第五卷（上海教育出版　2002）
李守奎『楚文字編』（華東師範大學出版社　2003）
何琳儀『戰國古文字典』上・下（中華書局　2004）
「弟子問」（馬承源主編『上海博物館藏戰國楚竹書（五）』上海古籍出版社 2005
　　年 12 月）
李守奎ほか『上海博物館藏戰國楚竹書（一－五）文字編』（作家出版社　2007）
白於藍『簡牘帛書通假字字典』（福建人民出版社　2008）

【關係論著目録】

簡帛網 http://www.bsm.org.cn/
秦志華：秦志華「《上海博物館藏戰國楚竹書》（五）出版」2005 年 11 月 24 日
季旭昇①：季旭昇「上博五芻議(下)」2006 年 2 月 18 日
蘇建洲①：蘇建洲「初讀《上博五》淺説」2006 年 2 月 18 日
何有祖①：何有祖「上博五《君子爲禮》試讀」2006 年 2 月 19 日
陳劍：陳劍「談談《上博(五)》的竹簡分篇、拼合與編聯問題」2006 年 2 月 19
　　日
秦樺林：秦樺林「楚簡《君子爲禮》札記一則」2006 年 2 月 22 日
何有祖②：何有祖「上博五零釋(二)」2006 年 2 月 24 日
禤健總：禤健總「上博楚簡(五)零札(二)」2006 年 2 月 26 日
周波①：周波「上博五札記(三則)」2006 年 2 月 26 日
蘇建洲②：蘇建洲「《上博(五)》柬釋(二)」2006 年 2 月 28 日

何有祖③：何有祖「上博五零釋二則」2006 年 3 月 3 日
陳偉：陳偉「《君子爲禮》9 號簡的綴合問題」2006 年 3 月 6 日
何有祖④：何有祖「上博五試讀三則」2006 年 3 月 9 日
宋華強：宋華強「新蔡簡"肩"字補證」2006 年 3 月 14 日
侯乃鋒：侯乃鋒「上博（五）幾个固定詞語和句式補説」2006 年 3 月 20 日
陳斯鵬：陳斯鵬「讀《上博竹書（五）》小記」2006 年 4 月 1 日
周波②：周波「上博五補釋二則」2006 年 4 月 5 日
劉洪濤①：劉洪濤「上海博物館藏戰國竹書《民之父母》中的"詩"字」 2006
　　　　　年 9 月 6 日
劉洪濤②：劉洪濤「上海博物館藏戰國竹書《君子爲禮》的拼合問題」2006 年 9
　　　　　月 6 日
牛新房：牛新房「讀上博（五）札記」2006 年 9 月 17 日
蘇建洲③：蘇建洲「《上博楚簡（五）》考釋二則」2006 年 12 月 1 日
劉釗：劉釗「《上博五・君子爲禮》釋字一則」2007 年 7 月 20 日
簡帛研究 http://www.jianbo.org/
廖名春：廖名春「《上博五·君子爲禮》篇校釋劄記」　2006 年 3 月 6 日
復旦大學出土文獻與古文字研究中心 http://www.gwz.fudan.edu.cn/Default.asp
蘇建洲④：蘇建洲「《君子爲禮》簡七字詞考釋二則」2009 年 11 月 26 日
範麗梅：範麗梅「楚簡文字零釋」2010 年 7 月 21 日（もと臺灣大學中國文學系
　　　　『臺大中文學報』第二十六期所收　2007 年 6 月）
清華大學簡帛研究 http://www.confucius2000.com/
李鋭：李鋭「讀上博（五）補札」2006 年 2 月 28 日
廖名春：廖名春「《上博五·君子爲禮》篇校釋劄記」2006 年 2 月 28 日
その他
廣瀬薫雄・渡邉大：廣瀬薫雄・渡邉大「『成之聞之』譯注」（池田知久編『郭
　　　　　　　　　店楚簡儒教研究』所收）汲古書院 2003 年 2 月
李承律①：曹峰・李承律「上海博物館藏戰國楚竹書『昔者君老』『容成氏』（上）』
　　　　　譯注」（『出土文獻と秦楚文化』第二號所收）上海博楚簡研究會 2005
　　　　　年 11 月
徐少華：徐少華「論《上博五・君子爲禮》的篇聯與本文結構」（新出楚簡國際
　　　　　學術研討會『會議論文集（上博卷）』所收）2006 年 6 月 26 日
草野友子：草野友子「『上海博物館藏戰國楚竹書（五）』について－形制一覽
　　　　　と所收文獻提要－」（大坂大學中國學會『中國研究集刊』第 41 號
　　　　　所收）2006 年 6 月
淺野裕一：淺野裕一「上博楚簡『君子爲禮』と孔子素王説」（湯淺邦弘『上博
　　　　　楚簡研究』（汲古書院 2007 年）、もと大坂大學中國學會『中國研
　　　　　究集刊』第 41 號〔別冊　特集號〕戰國楚簡 2006）所收）2006 年
　　　　　12 月）
福田哲之：福田哲之「出土古文獻復原における字體分析の意義－上博楚簡の分
　　　　　篇および拼合・編聯を中心として－」（湯淺邦弘『上博楚簡研究』
　　　　　（汲古書院 2007 年）もと大坂大學中國學會『中國研究集刊』第 41

號〔別册特集號〕戰國楚簡 2006）所收）2006 年 12 月）

戰國楚簡研究會：戰國楚簡研究會「「新出楚簡國際學術研討會」參加記」（大坂大學中國學會『中國研究集刊』第 41 號〔別册特集號〕戰國楚簡 2006）所收）2006 年 12 月）

湯淺邦弘：湯淺邦弘「戰國楚簡と儒家思想－「君子」の意味－」（淺野裕一『竹簡が語る古代中國思想（二）―上博楚簡研究―』2008 年 9 月）、もと大坂大學中國學會『中國研究集刊』第 43 號所收）2007 年 6 月）

李承律②：李承律『郭店楚簡儒教の研究―儒系三篇を中心として―』汲古書院 2007 年 11 月

海老根量介：海老根量介「上海博楚簡『弟子問』譯注」（出土資料と漢字文化研究會編『出土文獻と秦楚文化』第 5 號所收）2010 年 3 月

井ノ口哲也①：井ノ口哲也「顏回素描―『論語』と『史記』から―」（成城大學共通教育研究センター編『成城大學共通教育論集』第三號 2011 年 3 月 22 日）

井ノ口哲也②：井ノ口哲也「後漢時代における顏回像」（中國出土資料學會 2012 年度第 1 回例會(總 54 回)發表資料　2012 年 7 月 21 日）

【竹簡の形状】

〈上下平方形完整〉第一號簡、第三號簡
〈上端のみ平方形完整〉第二號簡、第九號簡、第十號簡、第十一號簡、第十二號簡
〈上端のみ平方形〉第五號簡
〈下端のみ平方形完整〉第四號簡（左角削）、第六號簡、第十四號簡
〈上下殘缺〉第七號簡、第八號簡、第十三號簡、第十五號簡、第十六號簡

【編聯】

張光裕：1→2→3→4、5→6→7→8、9、10、11→12→13→14→15→16
陳劍：1→2→3→9→4→（5→6）→7+8→11→15+13+16+14+12+『弟子問』22 ［10+『弟子問』18］
陳偉（上記陳劍説の 3→9→4 を修正）：3→9A→4→9B
徐少華：1→2→3→9→4→5→6→7+8→10→11→15+13+16+14+12
劉洪濤②：6 の冒頭字を「正」と誤釋しているため拼合不可。7 を 7A+7B とし、7A は他の簡に接續可能とする。
淺野裕一：1→2→3→9A→4→9B→5→6→7→8、10、11→15+13+16+14+12
福田哲之：『弟子問』3（5→6→7 前後）に歸屬。
李守奎：1→2、3→9 之一＋4＋9 之二→9 之四、5+6→7+8、11、15、13+16＋14→12、10、9 之三
今田：1→2→3→9A→4→9B、5、6→7→8、10、11、15→13、16、14→12 （網掛けは、別簡の疑いがあるものを指す）

【竹簡の状態】

　張光裕によれば、『君子爲禮』は全十六簡からなる。完簡の長さは54.1cm～54.5cm の間である。第一契口は上端から 10.5cm の位置にあり、第一契口と第二契口の間が13.2 cm、第二契口と第三契口の間が 19.5cm である。そして第三契口は下端から 10.3 cm の位置にある。契口の全ては右側にある。なお、圖版は實寸ではなく、實寸を約85 パーセント縮小して掲載している。

【形制上の問題點】

　簡號「11A」の第二契口の位置も他簡のものと異なる。それに伴い、同簡第二段の簡長が『君子爲禮』の他簡に比べて顯著であるという點である。また、第十一號簡は上端から19.4cmまでの斷簡とそれ以降の24.7cmの斷簡から成り立っている。これにより、第十一號簡はおそらく本來は別簡で、文意から『君子爲禮』に組み込まれてしまったものと推察される。また、第六號簡及び第七號簡には契口及び綴繩の跡が見られない。その狀態で第六號簡第七號簡それぞれに二十五字現存していることにも注意しなければならない。『君子爲禮』諸簡のうち記載字數がきわめて多い。これにより、第六號簡及び第七號簡も別簡の疑いがある。

【『上海博物館藏戰國楚竹書（五）』所收の『弟子問』との關連】

　張光裕は兩簡の切口すなわち契口の位置と文字の特徴(「而」「也」「子」「其」「韋」)などから『君子爲禮』と區別したと説く。これに對して、陳劍は竹簡の保存狀態と文意から上記の通り接續が可能であると説く。この陳説に福田哲之が反駁した。福田は、張説を踏まえて、特に『弟子問』第十八號簡および同『弟子問』第二十二號簡の文意と「也」「子」「不」「毋」字の筆法と形體、そして契口の位置をもとに改めて檢討した。その結果、兩簡が筆者を異にした別個の册書であると説く。

　次に福田は『弟子問』第三號簡については、草野友子の報告を踏まえた上で、『弟子問』第三號簡の頂端から第一契口までの距離が 10.4 cm、『君子爲禮』の頂端から第一契口までの距離が 10.5 cm であることと『君子爲禮』第五號簡と第六號簡及び第七號簡上段の文の形式が禁止事項の提示で似通っているため『弟子問』第三號簡が『君子爲禮』中に分篇すべきとも説く。

　海老根量介は『弟子問』第三號簡について、福田が論據とする各簡文に見られる「毋」の書體のみの比較をもって『君子爲禮』への歸屬の難しさを指摘している。さらに、『弟子問』第三號簡の内容は「軟弱で考えが定まらずに教えることがあってはならない。中心となってはかりごとをすることがあってはならない」と述べているのに對して、『君子爲禮』第五號簡と第六號簡及び第七號簡の内容は、身體の一部を用いた立ち振る舞いについて述べていることから歸屬の根據を否定している。

58　第2部　非發掘簡の資料價値の確立

　案ずるに、まず『弟子問』第十八號簡および同『弟子問』第二十二號簡との關連については「釋文考釋」所收の圖版を確認したところ福田説が妥當であるため、本稿でも『君子爲禮』への歸屬は不可能と考える。

　次に『弟子問』第三號簡との關連について。『君子爲禮』と『弟子問』の第一契口までの距離を改めて「釋文考釋」所收の圖版によって測定した（詳しくは【別表】を參照のこと）。上端のみ平方形完整である『弟子問』第三號簡の上端から第一契口までの距離は10.4㎝である。これは整理者である張光裕の説と一致している。また、その間に記された文字の數は8字である。次に『君子爲禮』の上端から第一契口までの距離を測定した結果（先述「『君子爲禮』形制一覽」）と比較してみる。『君子爲禮』の上端が平方形完整で第一契口のある簡は、第一號簡、第二號簡、第三號簡、第十號簡、第十一號簡、第十二號簡であるが、いずれも上端から第一契口までの距離が10㎝未滿である。また、字數も8字から10字まである。なお、張光裕による測定結果が實寸で圖版に掲載されていない。例えば第一號簡、第二號簡、第三號簡の張光裕による測定結果と今田が圖版によって測定した數値の差が平均7.8㎝である。これは、上述の通り圖版は實寸を約85パーセント縮小して掲載されたものであることがわかる（因みに『弟子問』の圖版の寸法は計測の結果、張説の通りであることが認められたため實寸である）。逆算して「釋文考釋」所收の圖版の第一號簡、第二號簡、第三號簡の長さを求めると、張光裕の説と一致する。つまり、『君子爲禮』第一號簡、第二號簡、第三號簡、第十號簡、第十一號簡、第十二號簡と『弟子問』第三號簡の上端から第一契口までの距離がほぼ同一なのである。よって、各簡の第一契口の位置と上端からの距離についての考察は福田が指摘する通りである。

　しかし、福田が歸屬の可能性を指摘した『弟子問』第三號簡が、第五號簡と第七號簡に直接あるいはその前後への接續は、各簡の第一契口の位置と上端からの距離がほぼ一致するとはいえ『君子爲禮』全體の簡長を推定すると不可能である。

　次に、兩簡の文意が似通っている點について。福田は『弟子問』第三號簡の文の形式「毋又（有）〜」が『君子爲禮』第五號簡と第六號簡及び第七號簡上段の文の形式「毋〜」とやや異なることを既に認めている。

　確認すると、『君子爲禮』第五號簡と第六號簡及び第七號簡における禁止事項の提示が全て「毋〜」に統一して記述されているので、突如「毋又（有）〜」の形式が割り込むことは考えにくい。さらに、『弟子問』第三號簡の内容が後にふれる『君子爲禮』第五號簡と第六號簡及び第七號簡の内容と異なることが判明したため（詳しくは注【38】〜【41】を參照のこと）、兩簡の内容の共通性が皆無であるという海老根説は正しい。なお、別簡の疑いがある『君子爲禮』第六號簡、第七號簡、第十一號簡と『弟子問』諸簡の形制及び字體、さらに文意を比較した結果、前者が後者に歸屬することは不可能であることが判明した。

　以上のことから、『君子爲禮』と『弟子問』とは現時點で無關係である。よって、本稿では『弟子問』と關連づけずに讀解してゆくことにする。

上博楚簡『君子爲禮』譯注　　59

【本文】

顏(顏)【1】困(淵)【2】時(侍)於夫＝子＝(夫子。夫子)曰「韋(回)【3】。君子爲豊(禮)。以依於息(仁)。」顏(顏)困(淵)復(作)而會(答)曰「韋(回)不罵(敏)【4】、弗能少居也。」夫子曰「遲(坐)【5】、虛(吾)語女(汝)。言之而不義(第一號簡)口勿言也。視之而不義、目勿視也。聖(聽)之而不義、耳勿聖(聽)也。道(動)【6】而不義、身毋道(動)安(焉)。」顏(顏)困(淵)退、軍(數)【7】日不出、■☑(第二號簡)〔門人問〕【8】之曰、「虛(吾)子可(何)其腊(瘠)【9】也。」曰、「然(然)、虛(吾)新(親)朋(聞)言於夫子。欲行之不能、欲迭(去)之而不可、虛(吾)是以腊(瘠)也。」■顏(顏)困(淵)時(侍)【10】於夫＝子＝(夫子。夫子)曰(第三號簡)韋(回)、蜀(獨)智(知)人所亞(惡)也。蜀(獨)貴人所亞(惡)也。蜀(獨)腘(富)人所□【11】☑(第九號簡 A)〔也。顏〕☑困(淵)記(起)、迭(去)【12】箬(席)曰、「敢朋(問)可(何)胃(謂)也。」夫子【13】曰【14】智(知)而比【15】信斯人、欲其(第四號簡)也。貴而能壞(讓)、□斯人、欲其長【16】貴□腘(富)而【17】☑(第九號簡 B)好。凡色毋息(憂)【18】、毋佻、毋復(作)、毋課(謠)、毋☑(第五號簡)字(俛)【19】見(視)毋具(側)閱(視)。凡目毋遊、定見是求。毋欽毋去、聖(聽)之僖徐【20】、叟(稱)其衆(寡)(第六號簡)☑(首＋虛)【21】而秀。管毋癹(廢)、毋☑(竦)【22】、身毋攺(偃)、毋倩(傾)■行毋氐(蹶)、毋攸(搖)、足毋☑〔下＋彳＋又〕(卑)【23】、毋高。其才(在)☑(第七號簡)☑(宀＋廷)【24】則欲齊＝(齊齊)、其才(在)堂則☑(第八號簡)昔者中(仲)尼【25】箴(箴)徒三人、弟(悌)徒五人、芫(玩)賢(嬉)☑(第十號簡)行【26】子人。子羽朋(問)於子贛(貢)曰「中(仲)尼與虛(吾)子產管(執)叙(賢)。」子贛(貢)曰「夫子鄉(治)十室之邑亦樂、鄉(治)蓸(萬)室之邦亦樂。然(然)則☑(第十一號簡)☑畏(夔)【27】與垔(禹)管(執)叙(賢)。」子贛(貢)曰、「垔垔(禹)紅(治)天下之川☑(第十五號簡)□【28】以爲(己＋火)【29】名、夫☑(第十三號簡)☑子鄉(治)時(詩)箬(書)☑(第十六號簡)☑□非以(己＋火)名、然(然)則叙(賢)於垔(禹)也與【30】鋚(舜)(第十四號簡)管(執)叙(賢)。」子贛(貢)曰、「鋚(舜)君天下☑(第十二號簡)

60　第2部　非發掘簡の資料價値の確立

【訓讀文】

顔淵、夫子に侍す。夫子曰く「回。君子は禮を爲すに以て仁に依る」と【31】。顔淵作ちて答えて曰く「回は不敏にして、少らく居ること能わず」と。夫子曰く「坐せ。吾汝に語らん【32】。之を言いて不義なれば、(第一號簡)口は言う勿れ。之を視て不義なれば目は視る勿れ。之を聴きて不義なれば、耳は聴く勿れ。動きて不義なれば、身は動く勿れ」と【33】。顔淵退き、數日出でず【34】。・・・(第二號簡)（門人）之に問いて曰く、「吾子何ぞ其れ靖るるや」と【35】。曰く「然り。吾親しく言を夫子より聞くに、之を行わんと欲すれども能わず、之を去らんと欲すれども能わず。吾是を以て靖るるなり」と。顔淵、夫子に侍す。夫子曰く(第三號簡)「回。獨知は人の悪む所なり。獨貴は人の悪む所なり。獨富は人の□所なり。・・・」【36】(第九號簡A)...顔淵起ちて去りて曰く「敢て問う。何の謂ぞや」と。夫子曰く「知にして能く信なれば、斯人其の・・・を欲する(第四號簡)なり。貴にして能く讓らば、則ち斯人其の長く貴□せんことを欲するなり。富にして・・・【37】(第九號簡B)　好。凡そ色は憂うる毋れ。佻む毋れ。作る毋れ。怯ゆる毋れ。毋・・・(第五號簡)・・・俛視して側視する毋れ。凡そ目は遊ぶこと毋れ。定見して是を求む。欽むこと毋れ。去ること毋れ【38】。聲の晉徐たるや、其の衆寡を稱す・・・【39】(第六號簡)・・・🔲（首＋虐）而秀、肩は廢す毋れ、竦つ毋れ。身は仰ぐ毋れ。傾く毋れ。行いは走る毋れ、揺らす毋れ。足は低くする毋れ【40】。其れ・・・に在し・・・(第七號簡)・・・廷・・・れば則ち斉斉たらんと欲し、其の堂に在れば則ち・・・【41】(第八號簡)　昔、仲尼には箴むる徒三人、悌する徒五人、玩嬉の徒・・・【42】(第十號簡)行〔子〕人子羽、子貢に問いて曰く「仲尼と吾が子産とは孰か賢なるか」と【43】。子貢曰く「夫子十室の邑を治むるも亦た樂しみ、萬室の邦を治むるも亦た樂しむ【44】。然らば則ち・・・(第十一號簡)」夔と禹とは孰か賢なるか」と。子貢曰く「禹は天下の川を治め・・・(第十五號簡)・・・以て己が名と爲す【45】。夫(第十三號簡)子は詩書もて・・・を治め・・・【46】(第十六號簡)・・・も亦た以て己が名とす。然らば則ち禹より賢ならば舜と(第十四號簡)孰か賢なるか」と。子貢曰く「舜は天下・・・に君たり・・・【47】(第十二號簡)

【口語譯】

〈第一章〉

　顔淵は孔先生の側に付き從っていた。孔先生は次のように仰った。「回よ、君子は禮を行うのに仁を據り所とするのだ」と。顔淵は立ち上がって次のように答えた。「回は勤勉ではありませんので、少しの間もこの場に居ることができません」と。孔先生は次のように仰った。「座れ。わたしはおまえに語ろう。もしそこで言うことが義でなければ、口を閉ざして言ってはならない。もしそこで見ることが義でなければ目を閉ざして見てはならない。もしそれを聞くことが義でなければ、耳をふさいで聞いてはならない。もしそこで動くことが義でなければ、體を動かしてはならない」と。（そのように語られた）顔淵は孔

先生の側を退出して、数日の間自分の部屋から出てこなかった。‥‥（門人が）顔淵に次のように尋ねた。「あなたはどうしてそのようにやつれたのですか」と。顔淵は次のように答えた。「そうなのです。私は身近で孔先生よりお言葉をお聞きしたのですが、それを行うことができず、だからといってそこから離れることができないのです。だから私はやつれているのです」と。

〈第二章〉

　顔淵は孔先生の側に付き従っていた。孔先生は次のように仰った。「回よ、自分だけ判るというのは人に嫌がられる。自分だけ身分が高いというのは人に嫌がられる。自分だけ金持ちというのは人に□」と。‥‥顔淵は立ち上がって席を離れて（近づいて）次のように言った。「失禮ながらお伺いしますが、それはどういう意味ですか」と。孔先生は次のように仰った。「知者でありながら誠實に（人に）あたるから、それに（接した）人は、‥‥するのを望む。身分が高い立場でありながら（相手に對して）へりくだって（人に）あたるから、その（接した）人は長く貴□であってほしいと望む。金持ちでありながら‥‥」

〈第三章〉

　‥‥好。およそ顔の表情は、心配がらず、緩めてはならない。怒らず、怯えてはならない。‥‥してはならない。頭を低くして脇見をしてはならない。およそ（ものを見る）目というのは、氣ままにしてはならず、視線を定めることに注意する。（その場で）かがみ込んではならず、離れてはならない。その呼び聲を聽いたらゆっくりと行い、人の多寡をはかる。‥‥　（首＋虖）而秀。肩を落としてはならないし、いからせてもならない。體を仰け反らせてはならない。傾けてはならない。行動としては急いで走ってはならず、ぐらつかせてはならない。足は低くして（屈めて）はならない。高く上げてはならない。‥‥にいて‥‥。朝廷にいれば、嚴かで重々しい態度であることを望み、堂にいれば、‥‥。

〈第四章〉

　昔、仲尼には（先生を）諫める弟子が三人、年長者を敬う弟子が五人、學問を樂しんで研鑽しあう弟子が‥‥。
行人子羽、すなわち公孫揮が子貢に尋ねて次のように言った。「仲尼と吾が子産とではいずれが賢いだろうか」と。子貢は次のように言った。「孔先生は十戸の村を治めても樂しみ、一萬戸の國を治めても樂しみました。ゆえに‥‥です」と。‥‥「夔と禹とはいずれが賢いだろうか」と。子貢が次のように言った。「禹は天下の河川を治め‥‥、□そのために自分の名前を得ました。孔先生は『詩』『書』で‥‥を治め、‥‥」「‥‥そのために自分の名聲を得た。ゆえに、禹よりも賢いのであれば舜といずれが賢いのだろうか」と。子貢は次のように言った。「舜は天下‥‥に君として‥‥。」

注

【1】「　」について。張光裕は「　」に作る。圖版でも確認できるため「　」

62　第2部　非發掘簡の資料價値の確立

　　に作る。
　　『戰國古文字典』九七七頁に「從言、产聲。諺之初文」とある。
【2】「困」について。張光裕は「困」に作る。圖版でも確認できるため「困」
　　に作る。
『説文』水部・淵字の古文である。
【3】「韋」について。張光裕は「韋」に作る。圖版でも確認できるため「韋」
　　に作る。
【4】「愳」について。張光裕は「愳」に作る圖版でも確認できるため「愳」
　　に作る。
【5】「迷」について。張光裕は「迷」に作る。圖版でも確認できるため「迷」
　　に作る。
　　　當該字の右旁については、信陽楚簡二・〇一八にも同樣の字形が確認
　　できる。
【6】「遖」について。張光裕は「遖」に作る。圖版でも確認できるため「遖」
　　に作る。
【7】「膚」について。張光裕は「膚」に作る。圖版でも確認できるため「膚」
　　に作る。
【8】［門人間］について、陳劍が第二號簡末尾に文意によって補った「間」字
　　の直前に「門人」または「弟子」の二字があると述べるのに從い、今の
　　ところ（門人）と補う。
【9】「膪」について。張光裕は「膪」に作る。圖版でも確認できるため「膵」
　　に作る。
【10】「時」について。張光裕は「時」に作るが、字の構成は圖版では「屮」
　　「又」「口」となっている。
【11】□の箇所を張光裕は「亞」に作るが、左側に縦に一畫しか判讀できない。
　　ここでは、今のところ缺字とする。
【12】當該字を張光裕は「逾」に作るが、圖版で見る當該字の構成要素からは
　　判讀できない。周波①はその誤りを指摘した上で當該字を「迭」につく
　　る。ここでも「迭」に作る。
【13】「子」について。張光裕は「子」に作る。確かに、圖版から「子」の縦
　　畫と横畫が殘存しているのが窺える。よって、ここでも「子」に作る。
　　因みに、當該字の下には第三契口が確認でき、その直前には一文字分の
　　空間が確保されていることが窺える。
【14】「曰」について。周波②が當該箇所には「曰」が本來記されていたと指
　　摘している。論據としては、第一號簡と第三號簡＋第九號簡Ａ＋第四號
　　簡の敍述の形式が全て「夫子曰・・・顏淵曰・・・夫子曰・・・」とあり似てい
　　る。さらに、第一號簡後半の「夫子曰」の「曰」の字形が非常に小さい
　　のは當初書き漏らされた箇所を後で補筆されたものである。したがっ
　　て、當該箇所に補うべき「曰」字は書き漏らされた可能性があるという

ことである。

　案ずるに、第四號簡の「子」と「智」の閧には一字分のスペースがある。また、當該箇所には薄くなっているものの「曰」の上下横畫と右縱畫が確認できる。よって、「曰」を補う。

【15】　□の箇所を張光裕は判讀不能のため缺字としているが、襠健總は當該字の上部が「比」、下部が「心」に似ている部分なので「比」＋「心」あるいは「比」の異體字に作るという。圖版で見る限り、當該字の上部の右部分が薄れているものの「比」と判讀できる。ここでは「比」に作る。

【16】　「長」について。張光裕は「」に作るが、何有祖①は「長」に作る。圖版では「長」と確認できるため、ここでも「長」に作る。

【17】　張光裕は、この一連の四文字を「□□貴□」に作るが、蘇健洲①は「貴□富而」に作る。圖版によれば、「貴□（富）而」と確認できるので、ここでも「貴□（富）而」に作る。

【18】　「」について。『説文』心部・憂字に「憂之本字作」とある。

【19】　「字」について。張光裕は「正」に作り、陳斯鵬は「字」（「娩」の本字）に作る。

　圖版では「正」と確認出來ない。むしろ、陳説が引用する郭店楚簡の『六德』第二十八號簡の（字）と近似している。よって、今のところ「字」　に作る。

【20】　「徐」について。張光裕は「」に作るが、圖版によれば「徐」と確認できるので、ここでは「徐」に作る。

【21】　「（首＋虖）」について。張光裕は「」に作るが、何有祖①は包山楚簡第十六號簡の（頸）と當該字の字形が近似しているため「頸」に作る。けれども別字である。圖版では當該字の右上部分が削れているが、左上部分は上海博楚簡『弟子問』第三號簡の「」と近似している。よって、本稿では當該字は「首」「」で構成する文字と見なす。

【22】　「」について。張光裕は「」に作り、季旭昇①は「」に作るが、蘇健洲③は「疒」＋「尚」に作る。

　圖版によれば、當該字の構成は「厂」と「同」からなる。因みに「同」ついては『上海博物館藏戰國楚竹書（三）』所收の『周易』の第四十九號簡に同樣の文字があるが、上記の文字構成からは「同」に作ることは出來ない。『古文字詁林』第五卷五一二頁を参照のこと。

【23】　「」ついて。張光裕は「」に作るが、當該字の構成は［下＋イ＋又］である。

【24】　「」について。張光裕は「廷」に作るが、何有祖①は當該字の上部に「宀」が記されていることを指摘している。圖版でも確認できるので

64　第2部　非發掘簡の資料價値の確立

　　　　　「宀」＋「廷」に作る。

【25】「尼」について。張光裕は「屄」に作るが、『上海博物館藏戰國楚竹書
　　　（三）』所收の『中弓』の第八號簡の「□」、同十號簡の「□」、同二
　　　十八號簡の「□」は皆「尼」に作ることから、ここでも「尼」に作る。

【26】「行」について。張光裕は「非」に作るが、陳劍は「行」に作る。圖版
　　　で確認する限り、當該字の上部が薄れているものの「行」とも判讀でき
　　　る。陳劍に從い「行」に作る。

【27】「□」について。張光裕は「壴」に作る。當該字は郭店楚簡『六德』第
　　　二十六號簡の「壴」字と近似しているが、郭店楚簡『唐虞之道』第十二
　　　號簡の「□」（畏）の異體字。

【28】□の箇所を張光裕は「非」に作るが、圖版によれば上部の缺落が激しい
　　　ため、判讀が困難である。待考。

【29】「□」について。張光裕は「屄」に作るが、何有祖①は「己」の下部に
　　　「火」があるのを指摘する。圖版でも確認できるので、ここでも「己」
　　　＋「火」に作る。

【30】「與」について。張光裕は「契」に作るが、何有祖①は本『君子爲禮』
　　　の第十五號簡の「□」と同形であることから「與」に作る。
　　　　　案ずるに、當該字の左側が摩滅していることを踏まえ、本『君子爲禮』
　　　の第十一號簡の「□」とも比較するとほぼ同形であることから「與」に
　　　作る。

【31】「□困□於夫＝子＝曰韋。君子爲豐。以依於息。」について。
　　　張光裕によれば、『論語』顏淵の一節に簡文と同樣の内容が記されている。
　　　　顏淵問仁。子曰「克己復禮爲仁。一日克己復禮、天下歸仁焉。爲仁由己、
　　　　而由人乎哉。」顏淵曰「請問其目。」子曰「非禮勿視、非禮勿聽、非禮勿
　　　　言、非禮勿動。」顏淵曰「回雖不敏、請事斯語矣。」
とあり、仁に到達するための條目として禮を擧げているが、『論語』の當該の
一節では主語が無い。そこで、假に主語を「君子」とする。なお、本簡『君子
爲禮』の君子について、湯淺邦弘は上海博楚簡『從政』に見る君子に該當させ
ている。湯淺によれば、この君子とは國政を左右するような重臣、すなわち君
主その人ではないものの統治階層にある貴族と定義できると説く。こうした「君
子」理解は『君子爲禮』のほかに、『季庚子問於孔子』『弟子問』に見る君子
にもほぼ適用できると指摘している。因みに、この理解は傳世儒家文獻に見ら
れる從來の「君子」理解が、やや道德・人格といった側面に偏重していたので
はないかという反省を踏まえていると述べている。なお、湯淺の見解は第二章
の内容にも關係してくるので、ひとまず先行研究の紹介のみにとどめておく。
　さて、『論語』に見える君子と仁の關係について考察する。『論語』里仁に、
　　　子曰、富與貴是人之所欲也。不以其道得之、不處也。貧與賤是人之所惡也。

不以其道得之、不去也。君子去仁、惡乎成名。君子無終食之間違仁、造次必於是、顛沛必於是。

とあり、君子は常に仁について考える存在であり、仁に叶わなければ君子とは呼べない存在でもある。また、君子は仁に到達する手だてとして禮を實踐している。『論語』泰伯に、

子曰、恭而無禮則勞、愼而無禮則葸、勇而無禮則亂、直而無禮則絞。君子篤於親則民興於仁。故舊不遺則民不偸。

とあり、君子による禮の實踐が民に仁をわきまえさせることになるという結果を示している。同様の例としては『論語』八佾に、

子曰、人而不仁、如禮何。人而不仁、如樂何。

とあり、禮のみならず樂も仁に叶わなければ成立しない。いわば禮と樂はともに仁に包攝されていることがわかる。簡文も例外ではない。しかし、君子が禮を實踐する對象については簡文には記されていない。『論語』では君子が禮を實踐すれば民は君子に敬服し、使役されやすくなると説く。

ところで、簡文に見られる仁とは何か。參考までに、先の『論語』顏淵の「克己復禮爲仁」以外の例文から考察する。『論語』顏淵に、

仲弓問仁。子曰、出門如見大賓。使民如承大祭。己所不欲、勿施於人。在邦無怨、在家無怨。仲弓曰、雍雖不敏、請事斯語矣。

とあり、「克己復禮爲仁」と同様に仁とは禮の實踐があってこその存在であることを示している。また『論語』顏淵に、

司馬牛問仁。子曰、仁者其言也訒。曰、其言也訒斯謂之仁已乎。子曰、爲之難、言之得無訒乎。

とあるのは、仁とは「訒」すなわち發言の重さを指す。また、『論語』顏淵に、

樊遲問仁。子曰、愛人。問知。子曰、知人。樊遲未達。子曰、舉直錯諸枉、能使枉者直。樊遲退。見子夏曰、鄉也吾見於夫子而問知。子曰、舉直錯諸枉、能使枉者直。何謂也。子夏曰、富哉言乎。舜有天下、選於眾、舉皋陶、不仁者遠矣。湯有天下、選於眾、舉伊尹、不仁者遠矣。

とあり、仁とは人を愛することと述べる。こちらも禮とは異なる。また『論語』子路に、

樊遲問仁。子曰、居處恭、執事敬、與人忠。雖之夷狄、不可棄也。

とあり、『論語』陽貨に、

子張問仁於孔子。孔子曰、能行五者於天下、爲仁矣。請問之。曰、恭、寬、信、敏、惠。恭則不侮。寬則得眾。信則人任焉。敏則有功。惠則足以使人。

とあり、恭、寬、信、敏、惠の五つの實踐が仁に結びつくと指摘するが、禮が含まれていない。

以上の通り本稿で引用した『論語』の仁は、相手に對する「まごころ」「思いやり」の他に實踐者本人が「自重する」さまを示している。ただし、例外も確認できる。禮との關連を示す仁とは、禮を包攝する德目であるが、その反面禮との結びつきがなければ成立しない道理である面も暗示している。この點は「恭」などの實踐と仁との關係性においても同様である。

66　第 2 部　非發掘簡の資料價値の確立

　簡文の仁は一語のみであり、その性質を斷言できるとは言い難いのだけれども、禮などの他の德目との關連から『論語』における例外的な仁と共通していると思われる。

【32】「夫子曰迷、虐語女。」について。

　『論語』陽貨に、

　　子曰、由也、女聞、六言六蔽、矣乎。對曰、未也。居。吾語女。好仁不好
　　學、其蔽也愚。好知不好學、其蔽也蕩。好信不好學、其蔽也賊。好直不好
　　學、其蔽也絞。好勇不好學、其蔽也亂。好剛不好學、其蔽也狂。

とある。「居。吾語女。」以降に條件文が續く。次に觸れる簡文の一條も例外ではない。

【33】「言之而不義、口勿言也。視之而不義、目勿視也。聖之而不義、耳勿聖也。適而不義、身毋適安。」について。

「適」は、『古文字通假釋例』五三七頁に「（東定）/長沙子彈庫戰國楚帛書乙篇「天旁（方）適」（中略）李零讀適爲動」とあることから、「動」の假借字。

　先の『論語』顏淵では、

　　顏淵問仁。子曰、克己復禮爲仁。一日克己復禮、天下歸仁焉。爲仁由己、
　　而由人乎哉。顏淵曰、請問其目。子曰、非禮勿視、非禮勿聽、非禮勿言、
　　非禮勿動。顏淵曰、回雖不敏、請事斯語矣。

とあり、仁を說明するのに禮を擧げているが、簡文では禮ではなく義に作る。これについて淺野裕一は、簡文の作者は恐らく禮→義→仁と想定していると述べる。つまり、個々の場面の振る舞いが禮に叶うかを判斷するには義を基準とすべきで、さらに義か不義かを判斷する基準は、他者への思いやりすなわち仁を基準とすべきというのであろうと說く。

　案ずるに、先に注【31】で觸れたとおり、簡文の仁は『論語』の仁に見られるように一樣ではない。つまり「他者への思いやり」に限ったことではない。あくまでも簡文では禮を包攝する仁が擧げられているのみであり、仁と義と禮についての關係性は淺野が說くように明確ではない。

　さて、禮と義の關係については『論語』衞靈公に、

　　子曰、君子義以爲質、禮以行之、孫以出之、信以成之。君子哉。

とあり、君子は義を根據として禮を實踐する立場にあると指摘している。一方で『論語』子路に、

　　樊遲請學稼。子曰、吾不如老農。請學爲圃曰、吾不如老圃。樊遲出。子曰、
　　小人哉、樊須也。上好禮則民莫敢不敬。上好義則民莫敢不服。上好信則民
　　莫敢不用情。夫如是則四方之民襁負其子而至矣。焉用稼。

とあり、禮と義を同列に置いている。

　一方、『禮記』では仁と禮と義はどのように論じられているのだろうか。曲禮に、

　　道德仁義、非禮不成。敎訓正俗、非禮不備。分爭辨訟、非禮不決。君臣上
　　下父子兄弟、非禮不定。宦學事師、非禮不親。班朝治軍、涖官行法、非禮

威嚴不行。禱祠祭祀、供給鬼神、非禮不誠不莊。是以君子恭敬撙節退讓以
明禮。鸚鵡能言、不離飛鳥。猩猩能言、不離禽獸。今人而無禮、雖能言不
亦禽獸之心乎。夫唯禽獸無禮。故父子聚麀。是故聖人作、爲禮以敎人。使
人以有禮知自別於禽獸。

とあり、禮運に、

禮者君之大柄也。所以別嫌明微、儐鬼神、考制度、別仁義、所以治政安君
也。故政不正、則君位危。君位危、則大臣倍小臣竊。刑肅而俗敝、則法無
常。法無常而禮無列。禮無列、則士不事也。刑肅而俗敝、則民弗歸也是謂
疵國。故政者君之所以藏身也。是故夫政必本於天殽以降命。命降于社之謂
殽地、降于祖廟之謂仁義。降於山川之謂興作、降於五祀之謂制度。此聖人
所以藏身之固也。

とあり、仁と義の存在には禮が必要不可缺であることがわかるが、禮運に、

禮也者、義之實也。協諸義而協、則禮雖先王未之有可以義起也。義者藝之
分仁之節也。協於藝、講於仁、得之者強。仁者義之本也。順之體也。得之
者尊。故治國不以禮猶無耜而耕也。爲禮不本於義猶耕而弗種也。爲義而不
講之以學猶種而弗耨也。講之於學而不合之以仁猶耨而弗穫也。合之以仁而
不安之以樂猶穫而弗食也。安之以樂而不達於順猶食而弗肥也。

とあり、禮は義の實體であり、仁は義の根本であると説く。さらに、禮は義に
照らし合わせて成立する手段だとも考えられる。簡文では仁と義と禮の關係に
ついて直接説明していないが、簡文の筆者は先の『論語』顏淵の一文を踏まえ
た上で「禮」を「義」に置き換えている。簡文でも義ではなくとも禮でも文意
が通ることは確認できる。しかし、簡文では禮と義とを同格に扱っていない。
それどころか仁と同樣に主要な德目の義と、仁や義の德目を實踐する具體的な
手段としての禮を區別して讀者に認識させる意圖があったのではないだろう
か。このため、簡文の筆者は敢えて『論語』顏淵の一文をもとに作文したもの
と推察する。因みに仁と義と禮の關係について『荀子』大略に、

親親、故故、庸庸、勞勞、仁之殺也。貴貴、尊尊、賢賢、老老、長長、義
之倫也。行之得其節禮之序也。仁、愛也。故親、義、理也。故行、禮、節
也。故成仁有里、義有門。仁非其里而處之、非仁也。義非其門而由之、非
義也。推恩而不理、不成仁。遂理而不敢、不成義。審節而不和、不成禮。
和而不發、不成樂。故曰、仁、義、禮、樂其致一也。君子處仁以義然後仁
也。行義以禮然後義也。制禮反本成末然後禮也。三者皆通然後道也。

とあり、仁と義と禮は趣旨を一にしているが、仁は義によって成立し、義を行
うには禮によらなければならない。また、仁義という根本に立ち返り細部にわ
たる禮まで整えてこそ
禮となると説く。この場合の禮とは主要な德目を調整する働きを持つ手段であ
ろう。ゆえに、この例文の論旨は簡文の仁と義と禮の關係に對應すると考えら
れる。

【34】 「膚困退、蘭日不出。」について。

「蘭」について。張光裕は「《中山王𨧨鼎》「方數百里」、「數」書作「蘭」」、

68　第2部　非發掘簡の資料價値の確立

形構與簡文相若」と指摘し、また『古文字通假釋例』三五四頁には「張政烺

從言○(引用者注：の「言」の上部)聲。讀爲數」とあることから、ここでは「數」と讀む。

【35】「之日子可其膵也。」について。

「膵」について。陳劍が「膵字原讀爲"惰"我們改讀爲"瘠"、瘦也。《説文》作。聲、此聲和聲字多可相通」と述べ、さらに上博楚簡『季康子問於孔子』第十八號簡Bに當該字と「肥」字とが相對していることを指摘している。よって陳説に從う。

【36】「韋、蜀智人所亞也。蜀貴人所亞也。蜀人所□」について。

陳偉に從い、第九號簡上の上端から 11.3 ㎝までを「第九號簡A」（9A）、殘りを「第九號簡B」（9B）とする。

獨知について。『商君書』更法に、

　孝公平畫、公孫鞅、甘龍、杜摯三大夫御於君、慮世事之變、討正法之本、求使民之道。君曰、代立不忘社稷、君之道也。錯法務明主長、臣之行也。今吾欲變法以治、更禮以人之行者固見負於世。有獨知之慮者必見訾於民。語曰、愚者闇於成事、知者見於未萌。民不可與慮始而可與樂成。郭偃之法曰、論至德者不和於俗。成大功者不謀於眾。法者所以愛民也。禮者所以便事也。是以聖人苟可以強國不法其故。苟可以利民不循其禮。孝公曰、善。

とあり、『韓非子』外儲説左上に、

　一、明主之道、如有若之應密子也。明主之聽言也美其辯、其觀行也賢其遠。故群臣士民之道言者迂弘、其行身也離世。其說在田鳩對荊王也。故墨子爲木鳶、謳癸築武宮。夫藥酒用言、明君聖主之以獨知也。

とあり、『淮南子』兵略訓に、

　夫將者必獨見獨知。獨見者見人所不見也。獨知者知人所不知也。

とある。これらは全て優れた爲政者が民や臣下を統制していく上で、獨自の、ひそやかな見識が必要であると指摘している。

獨貴について。『大戴禮記』衞將軍文子に、

　貴之不喜、賤之不怒、苟于民利矣。廉于其事上也。以佐其下。是澹臺滅明之行也。孔子曰、獨富獨貴、君子恥之。夫也中之矣。

とあり、『孔子家語』弟子行にも同文が見られるが、獨貴は獨富と一對で捉えられている。孔子は君子というものは自分だけの富貴を恥とする存在であると説く。元來、孔子は富貴とは人の欲の對象ではあるけれども、正しい行爲に基づいた富貴は認めている。反對に基づかないものは恥であると批判している。『論語』里仁に、

　子曰、富與貴是人之所欲也。不以其道得之、不處也。貧與賤是人之所惡也。不以其道　得之、不去也。君子去仁、惡乎成名。君子無終食之閒違仁、造次必於是、顛沛必於是。

とあり、『論語』述而に、

　子曰、飯疏食、飲水、曲肱而枕之、樂亦在其中矣。不義而富且貴、於我如

浮雲。

とあり、『論語』泰伯に

　　子曰、篤信好學、守死善道。危邦不入、亂邦不居。天下有道則見無道則隱。

　　邦有道貧　且賤焉。恥也。邦無道富且貴焉。恥也。

とある。

　案ずるに、簡文では「知」「貴」「富」そのものよりも、「獨」すなわち“自分だけ”というところに力點が置かれている。「獨」について廖名春は『莊子』人間世の郭象注等を引用して「他人と分け合わずに自分の專有とする」の意で解釋している。この說を踏まえて考察するに、爲政者がいかに見識が優れても、社會的立場が上であっても、財產を保有していても自分だけという態度は驕りへとつながるものと推察されよう。果たして民はこのように自分のことのみを考える爲政者に從うことができるだろうか。また、その爲政者は民から得るものがあるのだろうか。後文ではこの問いについて具體的な解決方法を説明している。

【37】「困〓、〓〓（席）曰敢〓可胃也。夫子曰智而比信斯人、欲其也。貴而能壞、□斯人、欲其長貴□〓而」について。

　「〓」は、郭店楚簡『成之聞之』第三十四號簡にも見え、「席」と讀む。

　「貴而能壞」については、張光裕が郭店楚簡『成之聞之』第十七、十八號簡の「福而貧賤、則民欲其福之大也。貴而能讓、則民欲其貴之上也。」を引用しているのは妥當である。

　しかし、この引用文についてもう少し檢討する必要がある。廣瀬薫雄・渡邉大によれば郭店楚簡『成之聞之』第十五後半、第十六、第十七、第十八號簡に、

　　上不以其道、民之從之也難。是以民可（第十五號簡後半）敬道（導）也而不可〓（弇）也、可〓（御）也而不可〓（牽）也。古（故）君子不貴僻勿（物）而貴與（第十六號簡）民又（有）同也。智而比即（次）、則民谷（欲）其智之述（遂）也。福（富）而　貧（分）賤、則民谷（欲）其（第十七號簡）福（富）之大也。貴而　〓（能）繏（讓）、則民谷（欲）其貴之上也。反此道也、民必因此厚也。（第十八號簡）

とあり、智や富、地位があっても驕った態度を取らなければ民はさらに爲政者の智や富、さらに地位が大きくなることを希求することを指摘している。いわゆる謙讓思想の核を示しているといえよう。謙讓については同じく『成之聞之』の第三十五號簡と三十六號簡、同じく郭店楚簡『尊德義』『性自命出』『六德』の四篇に見られる。いずれも爲政者がみずから謙讓の態度を取るべきだと説いている。

　謙讓思想と同樣の例について、李承律②が謙遜思想として詳細に論じている（同書「第七章『唐虞之道』の謙遜思想」）。以下はその要約である。

　郭店楚簡『唐虞之道』第十五、第十六、第十七、第十八號簡に、

夫古者■（舜）、・・・斗〈升〉爲天子而不■（驕）。・・・斗〈升〉爲天子而不■（驕）、不■（流）也。・・・君民而不■（驕）、卒王天下而不矣（疑）。

とあり、舜が天子の位についても驕らなかったのは身勝手な振る舞いをしなかったためである。つまり、君主でありながら驕らなければ、天下に王者となって疑われることはないと説く。このことから、『唐虞之道』の謙遜思想には次の二點の特徴が見られる。①對人關係における一般的な處世術としての謙遜ではなく、主體は最高統治者。②君主が謙遜という消極的態度をとる目的は、天下の王になることにある。つまり、君主による、君主觀としての謙遜が述べられている。この謙遜思想は『老子』『莊子』の道家系統の人によって定立され、儒家（特に荀子學派）は道家系の謙遜思想に觸發されて積極的に取り入れるようになる。對して、荀子以前の初期儒家の著作物には君主を主體とする謙遜思想は見られず、謙遜という消極的な態度よりも例えば禮の實踐という積極的な態度を重要視していたことがわかる。これは一般的な處世術としての謙遜の域を超えるものではない。

一方、儒家系の謙遜思想の先驅となった『荀子』ではどのように論じているだろうか。

非十二子篇に、

兼服天下之心、高上尊貴不以驕人、聰明聖知不以窮人、齊給速通不爭先人、剛毅勇敢不以傷人。不知則問、不能則學。雖能必讓、然後爲德。遇君則修臣下之義、遇鄉則修長幼之義、遇長則修子弟之義、遇友則修禮節辭讓之義、遇賤而少者則修告導寬容之義。無不愛也、無不敬也、無與人爭也、恢然如天地之苞萬物。如是則賢者貴之、不肖者親之。如是而不服者、則可謂訞怪狡猾之人矣。雖則子弟之中、刑及之而宜。

とあり、君主を主體とはしていないものの、以下の四つの特徴が確認できる。

①全天下の心を歸服させる方法について論じられている。

②その方法として謙遜謙虚な態度が要請されている。

③儒家的な倫理思想と融合した形で謙遜思想が述べられている。

④『老子』の謙遜思想の思考パターンの主なものが述べられている。

という點である。また、君子篇に、

尚賢使能、等貴賤、分親疏、序長幼、此先王之道也。故尚賢使能、則主尊下安、貴賤有等則令行而不流、親疏有分、則施行而不悖、長幼有序、則事業捷成、而有所休。故仁者仁此者也。義者分此者也。節者死生此者也。忠者惇愼此者也。兼此而能之備矣。備而不矜、一自善也、謂之聖。不矜矣、夫故天下不與爭能、而致善用其功。有而不有也、夫故爲天下貴矣。

とあり、君子篇の篇首に天子（もしくは聖王）と明記されていることから、それを篇全體の主語と見なした上で「尚賢」「等貴賤」「分親疏」「序長幼」の四つの條目を目的化し、仁・義・節・忠の四德目を手段化し、さらなる上位概念として聖が提唱されている。この聖とは上記の四德目を全て自己のものとし

謙遜することを指す。これは從來仁や義を最高としていた儒家とは全く異なる。さらに、この謙遜を實踐すれば君主の絶對的な支配が保障されると説く。同様の見解としては、宥坐篇に、

　　孔子觀於魯桓公之廟、有敬器焉。孔子問於守廟者曰、此爲何器。守廟者曰、此蓋爲宥坐之器。孔子曰、吾聞宥坐之器者、虚則攲、中則正、滿則覆。孔子顧謂弟子曰、注水焉。弟子挹水而注之、中而正、滿而覆、虚而攲。孔子喟然而歎曰、吁、惡有滿而不覆者哉。子路曰、敢問持滿有道乎。孔子曰、聰明聖知、守之以愚、功被天下、守之以讓、勇力撫世、守之以怯、富有四海、守之以謙。此所謂挹而損之之道也。

とある。これは先の非十二子の一節を參考にしながらより謙遜思想に近づけたものと推察される。

　さて、上記の廣瀬・渡邉説と李説を踏まえた上で當該文の内容を檢證する。當該文の主語は儒家系文獻にみる謙遜思想と同様に明記されてはいない。案ずるに、當該文は第一、第二、第三、第第九Ａ、第四、第九Ｂ號簡の一編にあることから、編首の「君子」が事實上の主語と見なす。その内容を改めて注目すると、君子が「知者」「上位者」であっても誠實な態度で驕らなければ、その態度を受けた人からは君子に知が身につき、長らく上位にいてほしいと望まれている。この點は、郭店楚簡『成之聞之』第十五後半、第十六、第十七、第十八號簡の内容ときわめて類似している。そして君子は注【31】で紹介した湯淺邦弘が説くような「從政者」としての立場よりも郭店楚簡『唐虞之道』に見られるようなはるかに高い地位にいる存在、すなわち最高權力者なのである。本簡はその最高權力者の、人（民）に向けられた態度のあり方を明確に示していると言えよう。また、前文の「韋、蜀智人所亞也。蜀貴人所亞也。蜀𤲞人所□」に見える蜀（獨）のままでは人（民）から望まれるどころか恨まれる對象となる。それを受けて當該文では謙讓謙遜という消極的な態度をすすめて人（民）からの確固たる歸服を得ると説く。なお、第九Ｂ號簡が斷簡のため當該文以降の内容について知ることは難しいが、例えば禮の實踐という積極的態度よりも謙讓謙遜の方を重視していたのではないだろうか。因みに、禮の實踐の難しさは、『君子爲禮』の第一章にて顏淵がその身を以て示している。以上のことから、當該文は最高權力者たる君子の謙讓謙遜思想の一例と見なす。

【38】「好。凡色毋𢗓、毋佻、毋𠍱、毋諜、毋・・・字見毋吳𤔲。凡目毋遊、定見是求。毋欽毋去」について。

　「佻」については、張光裕が『爾雅』釋言を引用して「佻、偸也」と讀むのに從う。

　「𠍱」については、張光裕が『禮記』曲禮の「將即席、容毋怍」を引用して「怍」と釋す。一方、範麗梅は當該文の「色—𠍱」を『禮記』や『莊子』などの傳世文獻に見られる「作色」と對比させている。その「作色」は全て忿怒の意として讀まれていることを指摘しておく。本稿は範説に從い「怒る」と讀む。

「殺」については、張光裕は本篇の第五號簡の注において、第八號簡（ママ）の「殺」を「搖」と讀むことの重なりを避けて「謠」と訓じている。一方、範麗梅は「謠」は餘母宵部、「撓」は泥母宵部で韻部が共通していることから通假可能と説く。その上で、當該文の「色—殺」を『韓非子』や『戰國策』などの傳世文獻に見られる「色撓」または「膚撓」と對比させている。その「作撓」は全て膽怯の意として讀まれていることを指摘する。本稿は範説に從い「怯える」と讀む。よって、範説をまとめると「色毋憂、毋佻、毋復、毋謠」は憂・喜・怒・懼の四種の感情を顔に出してはならないという意味になる。

案ずるに、張光裕が引用する郭店楚簡『成之聞之』第二十四號簡の「形於中、發於色」を再考してみると、この文は廣瀬薫雄・渡邉大によれば「「求己」という内面的な行爲が外に現れて民がみな信ずるという状態になるという意味」であると説く。この行爲はあくまでも爲政者についてである。當該文は、爲政者が民に對してとるべき具體的な「求己」の態度や行動を説いているのではないだろうか。

「字」については、陳斯鵬が郭店楚簡『六德』第二十八號簡の「字」字を引用して當該字は「娩」の本字としている。そして「娩」を通假させて「俛」と讀み、『玉篇』人部に「俛、低頭也」とあるのを指摘。ここでは陳説に從う。

「眼」について。何有祖①では當該字の聲符を左旁と見なし、『玉篇』大部の「夷、或眱字」を引用した上で「眱」と讀み、さらに『説文』目部・眱字の段注「按眱亦睇」から『禮記』内則の「不敢…睇視」の鄭注「睇、傾視也」を引用していることから、ここでも「傾視」すなわち「脇見」と讀む。當該文に關連するものとしては、『禮記』内則に、

> 在父母舅姑之所、有命之、應唯敬對。進退周旋慎齊、升降出入揖遊、不敢噦噫、嚏咳、欠伸、跛倚、睇視，不敢唾洟。寒不敢襲、癢不敢搔。不有敬事、不敢袒裼、不涉不撅、褻衣衾不見裡。

とあるのは、子や嫁がとるべき行動を指しているのであり、一方『禮記』冠義に、

> 凡人之所以爲人者、禮義也。禮義之始、在於正容體、齊顏色、順辭令。容體正、顏色齊、辭令順而后禮義備。以正君臣、親父子、和長幼。君臣正、父子親、長幼和、而后禮義立。故冠而后服備、服備而后容體正、顏色齊、辭令順。故曰「冠者，禮之始也。」是故古者聖王重冠。

とあり、『禮記』玉藻に、

> 凡行容惕惕、廟中齊齊、朝庭濟濟翔翔。君子之容舒遲、見所尊者齊。足容重、手容恭、目容端、口容止、聲容靜、頭容直、氣容肅、立容德、色容莊、坐如尸、燕居告溫溫。

とあるのは全て君子の行動を指し、一方『禮記』曲禮上に、

> 侍坐於君子、君子缺伸、撰杖屨、視日蚤莫、侍坐者請出矣。侍坐於君子、君子問更端則起而對。侍坐於君子若有告者曰「少閒」願有復也。則左右屏而待。毋側聽、毋嚼應、毋淫視、毋怠荒。遊毋倨、立毋跛，坐毋箕、寢毋

上博楚簡『君子爲禮』譯注　73

伏。斂髮母髩、冠母免、勞母袒、暑母褰裳。

とあるのは君子に侍從する臣下の行爲について述べている。

　案ずるに、第六第號簡、第七號簡、第八號簡の具體的な禮の實踐は、これまでの君子主體の行動から一變して、朝廷等における臣下のとるべき行動を示している。これは先に述べた竹簡の形制が原因であると推察する。

【39】「聖之[僧]徐、[叟]其衆[算]」について。

　「聖」について。季旭昇①が郭店楚簡『老子』甲第十六號簡の「音聖(聲)之相和也」などから當該字を「聲」と讀む。ここでは季説に從う。

　「[僧]徐」は、季旭昇①が「[僧]、從晉（精紐眞部）得聲、疑讀爲「疾（從紐質部）」：徐、從餘（喩紐魚部）聲、疑讀爲「徐（喩紐魚部）」」と述べ「（聲の）緩急」の意と説く。ここでも季説に從う。

【40】「[首+廛]（首＋廛）而秀。脣母娈、母竦、身母[鞍]、母倩■行母[氐]、母[敧]、足母[豕]、母高」について。

　先の【形制上の問題點】において述べたとおり、當該簡は形制上他簡と異なるため、別簡の疑いがある。また、先の劉洪濤②が論據にした文字[髙]は「高」字であることには間違いなく、また第七號簡を分割して他の簡に接續することは竹簡の形制上不可能である。よって本稿では劉説を採用しない。「脣」について。季旭昇①が「肩」と讀むのに從う。「[竦]」について。季旭昇①が主な解釋の一つに「同」を擧げている。その意味は「竦（高聳）」であると指摘。直前の「廢」と對であると推察し、ここでは季説に從う。

　「[鞍]」について。張光裕は「偃」と讀む。範麗梅は「[鞍]」（聲符「安」）と「偃」とは影母元部であり通假可能と述べ、『説文通訓定聲』「伏而覆曰仆、仰而倒曰偃」、一方で『孟子』滕文公上「草上之風、必偃。」の趙注「偃、伏也。」等を例證として「偃」には一語で「仰」「伏」の二義を持つことを示し、「身體前後俯仰的動作」と説く。これは直後の「傾」を範が「身體左右傾側的動作」と讀み、「傾」と當該字とを對に考えた上での解釋である。

　案ずるに、範が引用する文獻には「傾く」の意は確認できるが、"左右に"に該當する訓釋は見られない。また、簡文にある宮廷での行爲を考えるならば「母伏」（前に伏さない）よりも「母仰」（仰け反らない）と讀むのが適當であろう。よって、當該字を「仰」と讀む。

　「倩」について。張光裕は「靜」の意と讀むが、「偃」の對とは考えにくい。『古字通假會典』六十八頁では通假の例示として「猜」「凄」を擧げている。しかし、ここでは體の樣相について述べているところであり、心理的な意味をもつ言葉が入るのは難しい。當該字の通假については他に範麗梅が「倩」は清紐耕部、「傾」は溪紐耕部で聲母が近く韻部が同じため通假可能と述べ、當該字を「傾」と訓ず。

　「[氐]」について。張光裕は「眂」と讀む。範麗梅は羌鐘や中山王鼎等の金文から、蘇建洲④は上博館楚簡『孔子詩論』等から當該字の上部「氏」を「乎」

74　第2部　非發掘簡の資料價値の確立

の訛字と指摘している。範麗梅は「坒」を見母月部に屬する聲符と見なした上で、同じく見母月部に屬する「蹶」に通假できると説く。一方、蘇建洲④は「坒」は「厥」の古字と指摘。當該字の下部「止」を張富海の説を引用して「足」と同義と見なしている。兩者の説によって、當該字は「蹶」と讀むことができる。範麗梅は「蹶」を「躩」（見母鐸部）とも讀み「速く走る」「躓いて倒れる」の二義がある語と説く。

　案ずるに、兩者が引用する『禮記』曲禮の一文「將即席、容毋怍。兩手摳衣、去齊尺。衣毋撥、足毋蹶」の鄭注「蹶、行遽貌」に注意して「速く走る」とのみ解釋した方が妥當である。

　「[字]」は、張光裕が「墜」と讀むが、禤健總は郭店楚簡『尊德義』第十八號簡の「[字]」と上海博楚簡『容成氏』第二十九號簡の「[字]」を引用し「鞭」の古文、あるいは「偏」と讀めると指摘。李承律①は『容成氏』第二十九號簡の「[字]」は望山楚簡や郭店楚簡などに同形の字がみえると指摘した上で「辨」の假借字と説く。當該字の上部「釆」を聲符と見なし、「釆」と「辨」はともに竝母元部字であることによる。範麗梅も當該字の聲符を「釆」と見なした上で「卑」と讀む。「釆」は竝母元部、「卑」は幫母支部で聲母韻部ともに近い關係にあるため通假可能とした上で「「卑」在文獻使用中有低下之義」と説く。

　案ずるに、當該字の直後の「高」と對比させた場合、ここでは足の擧動について述べていると考えられる。よって「低くする（屈む）」と訓ず。『禮記』曲禮上に、

　　　登城不指、城上不呼。將適舍、求毋固。將上堂、聲必揚。戶外有二屨、言
　　　聞則入、言不聞則不入。將入戶、視必下。入戶奉扃、視瞻毋回。戶開亦開、
　　　戶闔亦闔。有後入者、闔而勿遂。毋踐屨、毋踖席、摳衣趨隅。必愼唯諾。

とあるのも、君子ではなく臣下としてとるべき態度を示している例である。

【41】「其才[字]（宀＋廷）則欲齊＝、其才堂則」について。

　「[字]（宀＋廷）」は、「廷」と聲符を共にしているため通假の關係にある。

【42】「昔者中尼緦徒三人、弟徒五人、芫贄之徒」について。

　「中尼」については、張光裕の指摘のとおり第十號簡及び第十一號簡において孔子を字（あざな）で記しているところが非常に珍しい。これは、『君子爲禮』第一章及び第二章では孔子を「夫子」と記しているという差異による。

　案ずるに、第十號簡及び第十一號簡は竹簡の形制上、上端から第一契口までの距離が9.0㎝と『君子爲禮』の他の簡とほぼ一致している。しかし、先に【形制上の問題點】で述べたとおり、第十一號簡の第二契口の位置が他の簡と異なる點に注意。おそらくは、整理者が整理の段階で第十一號簡の第一契口の位置と「中尼」という語に合う簡を「第十號簡」として配列したのではないだろうか。このことから、第十號簡も別簡であるという疑いは拭いきれない。繰り返しになるけれども、『弟子問』第三號簡は『君子爲禮』に含まれるという誤解が生まれる状況と同樣である。つまり、形制上一致していても語構成や文意が

上博楚簡『君子爲禮』譯注　75

異なれば別簡の疑いがあると指摘せざるを得ない。

　「𥾣」について、蘇建洲①は『包山楚簡』第一五七號簡にある字を商承祚や陳煒湛等の學者が解釋した「織」字に近似していると指摘。關連の説としては何有祖③が蘇建洲①を踏まえた上で「織𥾣」は「諫」と讀む。確認のため『包山楚簡』第一五七號の「𥾣」を見ると、「宀」＋「絲」＋「弋」で構成していることがわかる。一方、『鄂君啓節』舟節三行目第五字、同八字、車節三行目第九字に當該字と類似した文字が見られる（注：大西克也氏のご示教による）。異なる構成要素はその文字の上部が「竹」の左部のみということである。これにより、蘇建洲①の解釋は妥當であることが判明した。

　「弟」について、張光裕は「弟」と讀む。「弟」と聲符を共にしているため通假の關係にある。何有祖③は「悌」と讀む。ここでも何有祖③に從う。

　「芫贅」について。「芫」の聲符は「元」である。何有祖③は「芫」を「玩」と讀み「習」と訓ず。「贅」の聲符は「來」である。なお、「贅」は『上海博物館藏戰國楚竹書（四）』所收の柬大王泊旱の第二號簡にある「贅」字、同第二十一號簡にある「贅」とほぼ同形である。そこではいずれも「贅」に作る。因みに「贅」と「贅」の聲符は何琳儀『戰國古文字典』上第八十一頁によれば、嚴密にはどちらも「來」であり、當該字は之部に屬する。何有祖③は「贅」と「釐」の共通の聲符は「𠩺」であり、「釐」が「僖」と讀める用例を擧げている。さらに「嬉」と讀めることから當該字を「嬉」と解釋している。當該文の内容について、張光裕はいずれも『孔子家語』辯政の「父」「兄」「友」に仕える者に對してそれぞれ「孝」「弟」「善」を身につける一節を引用して自説の證左としている。何有祖③は「箴」について、『大戴禮記』曾子事父母の、父母の行いが道に叶わなければ父母に諫めるのが孝であるという一節を引用し、「玩嬉」について、先生と生徒間あるいは友人同士でいつも學問を樂しんで研鑽しあう樣と解釋する。これは張光裕が引用する『孔子家語』辯政の一節と對應する表記という。

　案ずるに「芫」は「元」を聲符とする語に、「贅」は「來」を聲符とする語になりうる可能性があるけれども、今のところ何有祖③に從う。

【43】「行子人。子羽𦖫於子贛曰中尼與虗子産箸取。」について。

　「行子人子羽」を、陳劍は最初の「子」字を衍字と見なして省き「行人子羽」と讀み、鄭の公孫揮であると指摘。公孫揮は『左傳』襄公二十四年・同二十六年・同三十年・三十一年などの記事から鄭の子産と同時代を生きた人物である。また、陳劍が指摘するとおり、子産と行人子羽すなわち公孫揮は孔子や子貢よりも世代が上であり、公孫揮が直接子貢に孔子と子産について尋ねることは時代にそぐわない。

　案ずるに、本簡の筆者は、實際の話ではなく物語の一人物として行人子羽を

76　第2部　非發掘簡の資料價値の確立

登場させ、後述する孔子などの業績を明らかにする意圖があったのかもしれない。

【44】「子贛曰夫子□十室之邑亦樂、□□室之邦亦樂。□則」について。
　『論語』公冶長に、
　　　子曰「十室之邑、必有忠信如丘者焉。不如丘之好學也。」
とあるが、實際に孔子は「邑」「邦」を司ったことはない。

【45】「畏與□箸□。子贛曰、□□天下之川口以爲□（己＋火）名」について。
　「畏」は、「夒」の異體字。禹の治水に關する業績は、『尚書』周書・呂刑と同虞書・益稷に見える。

【46】「子□□箸」について。『莊子』天運に、
　　　孔子謂老聃曰「丘治詩、書、禮、樂、易、春秋、六經，自以爲久矣、孰知
　　　其故矣。以奸者七十二君、論先王之道而明周、召之跡、一君無所鉤用。甚
　　　矣夫。
とある。

【47】「與□箸□。子贛曰、□君天下」について。
　「□」は、張光裕の指摘に從い「舜」と讀む。
　案ずるに、ここまで『君子爲禮』諸簡を通讀した限りでは、孔子の業績のみを特別視せずに歴代の帝にも目を向けられていることが窺えよう。從って、淺野裕一のように孔子素王説を論ずる場合、第十一號簡以降の簡文を證左にすることは愼重であらねばならない。また、張光裕によって『君子爲禮』の第十一號簡とされた簡は、形制上問題があるため別の簡文である可能性がある。この點を注意してなお一層の考察が求められよう。
　因みに、本簡第四章では古代の帝と孔子とを同列扱いしているようである。孟子でさえも孔子を堯や舜とを同列視しなかった。つまり、當該簡の内容は孔子の時代と孟子の時代とそれぞれ話題が異なる點が指摘される（注：谷中信一氏のご示教による）。

【餘説】

　以上の通り、『君子爲禮』は一文獻でありながら樣々な内容を備えていることが確認できよう。竹簡の形制から見ると、第一章と第二章はほぼ整った篇聯において記されており、同じ册書であることが確認できる。
　その内容は、第一章と第二章は共に孔子と顏淵との問答である。第一章は、君子が禮を實踐するに當たり仁を基準とするけれども、基準が禮から義へと移行する點を孔子が顏淵に説く。しかし、顏淵は孔子の主張を理解できず實踐すら難しくなり憔悴する場面を描いている。第二章も孔子が顏淵に、君子が獨善的な行動を起こせば他者、具體的には人民から嫌われると説く。顏淵は孔子の傍から離れながら質問すると、孔子は君子が他者に對して謙遜の態度で接する

場合は、他者からからさらなる能力等を望まれると具體的に説く場面である。なお、『論語』に見られる顔淵像を孔子門下の賢たる存在が、簡文においては孔子の主張に答えられず自室に引きこもる消極的な存在へと描かれている。この點は他の儒系文献では類を見ない。

　對して、第三章と第四章は、竹簡の形制を檢證した結果、大半が別の册書に組み込まれるべきものであることが判明した。

　第三章は、君主あるいはその臣が朝廷または堂における行動規範と禁止事項を説いている。第四章は、孔子の弟子の特徴とその人數・公孫揮と子貢による孔子を禮賛する問答・孔子と子貢による禹や舜などの歴代の帝の賢さについての問答を記している。

　内容の面において、第一章と第二章が孔子と弟子との問答であることから第四章が關連づけられ、第一章において德目に反する行動を戒めている場面、そして「毋」を用いた否定文と類似する第三章が關連づけられたものと推察する。

　おそらく、整理者が竹簡の形制や構文上の問題よりも、内容面の類似性から第三章と第四章を當該文献の一部として他文献から編入したのかもしれない。

　［附記］

　本稿は、出土資料と漢字文化研究會編『出土文献と秦楚文化』第 6 號 2012年 4 月所收の同名の拙稿に一部加筆・修正したものである。

78　第2部　非發掘簡の資料價値の確立

【別表】　『君子爲禮』形制一覧（単位：cm）

簡號	簡長(張)	簡長(今田)	總字數	簡長(字數)第1段	第1契口	簡長(字數)第2段	第2契口	簡長(字數)第3段	第3契口	簡長(字數)第4段
1A	54.1	25.1	44	9.0(10)	有	11.6(10)	有	4.5(4)		
1B	0(54.1)	21.2						12.2(11)	有	9.0(8)
2A	50.5	24.9	37	9.0(9)	有	11.6(9)	有	4.3(4)		
2B	0(50.0)	18						12.1(10)	有	5.9(5)
3A	54.5	25.4	42	9.2(8)	有	11.3(10)	有	4.9(4)		
3B	0(54.5)	21.4						12.3(10)	有	9.1(9)
4	27.6	23.5	19					14.5(11)	有	9.1(8)
5	17.5	15.1	12	9.3(8)	有	5.8(4)				
6A	37.2	25.4	25					22.6(18)	無	2.8(2)
6B	0(37.2)	6.3				6.3(5)				
7A	32	25.2	25	2.0(0)		20.0(18)	無	5.2(4.5)	無	
7B	0(32.0)	2.2								2.2(2.5)
8	10.5	8.9	9	8.9(9)						
9A	47.8	25.6	29	20.3(17)	無	5.3(4)	有			
9B	0(47.8)	15				15.0(10?)				
10	22.6	19.3	16	9.0(8)	有	10.3(7)				
11A	51.8	25.1	39	9.0(9)	有	14.0(12)	有	2.1(2)		
11B	0(51.8)	18.6						12.1(10)	有	6.5(6)
12	12.3	10.5	9	8.9(8)	有	1.6(1)				
13	7.5	6.5	6	6.5(6)						
14	17	14.6	12					5.4(4)	有	9.2(8)
15	20.3	17.3	14	5.7(5)	有	11.6(9)				
16	6	5.7	4	5.7(4)						

清華簡『繫年』抄寫年代の推定
―及び文字の形體から見た、戰國楚文字の地域的特徴形成の複雑なプロセス※

郭　永秉

宮島　和也 譯

一

　清華簡『繫年』が發表されて四年餘りが經った(この篇が〔『繫年』と〕命名されたのは、おおかた西晉時代に汲郡の魏の大墓から出土した『竹書紀年』になぞらえたためであろう。これについては研究者の多くは贊同していないものの、ここでは整理者の命名をそのまま用いる1)。その他の既に公開された清華簡の諸篇と同様に、『繫年』の文字はきれいに整って抄寫されており、内容に關して首尾に殘缺は基本的に無い。〔『繫年』の〕内容が極めて重要であるため(李守奎氏は「清華簡『繫年』は現在見られる最古の史書の實物である」と指摘する2)、關連する研究は次から次へと發表され、蘇建洲教授らは2013年12月に厚い『清華二《繫年》集解』を編纂・出版している3。この本をめくってみれば、研究者がこの重要な出土先秦歴史佚書を殊更に重視していることについて、深い印象が得られる。『繫年』は廣範な議論と深い研究を經て、文字の考釋・テクストの解讀について殘された問題はすでに多くなく、今後は歴史學と文獻學に關する方面の探求と解釋に重きを置く必要があるが、その過程は長く簡單ではないに違いない、と言える。

　私が贊同する、研究者の合理的な意見を總合すると、『繫年』は楚人によって編纂された、一續きで系統だった先秦の歴史の著作であり、單純に拔書・改編したものではなく、明確な編纂の意圖を持っている4。全體の内容から見ると、『繫年』は普通の人物が書けるものではなく、この書物を編纂した人物は、當

80 　第2部　非發掘簡の資料價値の確立

時その職位にあればこそ利用し觸れることのできた、大量の正統的な歴史的文書の記載・戰爭の記録および非正統的な小説・事語類の文獻等を參考としたに違いない。『繫年』は前後數百年の長きに渉る歴史の變遷に言及しており、おのずと資料の來源および著作年代の層の差異があり得る。例えば春秋晚期から戰國前期の史事は、『繫年』は全て［當時の］近現代の人物による文書記録と言い傳えに基づいたであろうし、西周・春秋の史事は、編纂の依り據とした、比較的古い文獻の記録や言い傳えが有った可能性が高い。この道理は考えてみれば明らかで理解しやすいものである。しかしこうした編纂時に依據したオリジナルの資料は、『繫年』内ではすでに一體のものとなっており、少なくとも我々が見られる清華簡『繫年』という抄本は、明らかに比較的限られた期間の内に一氣に書かれたものであって、書かれながら增補修訂されたものではない。つまり、我々の前に現れたこのテクストは基本的に「層の重なり」「流動」といった動態のプロセスは基本的に見られず(これは『繫年』が著作され形成されるプロセスにおいて「增補」と「修訂」を經なかったと言うものではない)、「凝固態」のものである。『繫年』全體において、前後の文字の書風は一致し、竹簡背面の編連番號は連續し尚且つ字體が一致している。これらによって少なくとも清華簡本の『繫年』が抄寫された時に、抄寫者と讀者はそれを1つの完全な、内在的なロジックをもった著作と見ていたことが分かる。

　　『繫年』の年代は明確で、最後の一章に記載される事件が起きた時間から、研究者は既に『繫年』の著作年代の上限を推定している。整理者は以下のように考える。

　　　　『竹書紀年』と異なり、『繫年』の記事は周初に始まる。一から四章では西周の事跡を述べ、周王室が如何に衰え、晉・鄭・楚・秦・衞などの諸侯がどのように興ったかを説明する。五章以下は春秋から戰國前期の史事を述べており、より詳細である。幾つかの部分では作者の當時の形勢を結びつけている。例えば二十章の「至今晉越以爲好」とは、楚の威王が越を滅ぼした前333年以前のことであろう。［『繫年』に見える］諸侯の名號は、最も遲いものは二十三章の「𠚴(引用者按：この字は「阢」す

なわち「邵」字に釋すべきである)哲王」すなわち楚悼王であり、『繫年』
は楚肅王あるいはさらに遅い楚宣王の世に作られたことがわかる。『清華
大學藏戰國竹簡』第一輯所收の『楚居』の年代とおおよそ同じである[5]。
陳偉氏は以下のように指摘する。

　　『繫年』が最終章(二十三章)で記す武陽の役は、全體で最も遅い史事であ
　　る。…武陽の役は楚悼王五年(前397年)である。[この]竹書が既に悼王
　　の諡號(「悼哲王」)を使用していることから、悼王以後に書かれたに違い
　　ない。武陽の役から悼王の死去(前381年)まで16年あり、肅王の在位も
　　11年(前380-370年)あることを考慮すると、『繫年』は肅王の在位期間に
　　書かれた可能性が比較的高い[6]。

　『繫年』の著作年代について、その上限が楚肅王の時代である可能性が最も
高い、というのは信賴できるものである。しかし上で觸れたように、古書の成
立というのは通常は一擧に成し遂げられるものではなく、繼承と修訂のプロセ
スが必ずある。陳偉氏は、『繫年』の第二十三章が記載する最後の史事である武
陽の役から、楚悼王の死去まで16年あることを指摘している。これは以下の
様なことを意味する。第二十三章の戰役の記錄の來源となった文獻は、悼王の
在世中にすでに楚國の編年史にもとづいて書かれており、その資料に依據して
簡本『繫年』全體を編纂し、肅王の即位以後に悼王の諡號が加えられたに過ぎ
ない、という可能性が十分にある[7]。なぜこのような可能性を考慮しなければ
ならないのか。以下、『繫年』のテクストの幾つかの特徴から簡單な分析と解釋
を行いたい。

　多くの研究者が既に注目しているが、『繫年』の最後の2・3章は人物の名號
に關して非常に特殊である。陳偉氏は第二十二・二十三章(すなわち最後の2章)
において晉・趙・魏・越・齊・魯・宋(宋公田)・衞・鄭の君主は多くが諡號で
呼ばれず、楚の國君・封君が諡號で呼ばれるのと異なるということを比較的早
く指摘し、以下のように考えている。「越君以外の國君は、傳世文獻に諡號が記
載されている。[これらの君主が諡號で呼ばれないのは]『繫年』の書かれた時
期と、こうした國君が死去し諡號を定めた時期が近く、作者がまだ[諡號を]

82　第2部　非發掘簡の資料價値の確立

知らず記載されなかったためかもしれない」「作者は近い時代の楚王・封君の諡號には詳しかったが、他國の事はよく分からなかった。その最も可能性の高い原因は、作者が楚人であることである」[8]。『繫年』の作者が楚と密接な關係を持ち、意識的に楚を際立たせている事を、こうした狀況が反映していると言うのは全くもって可能である。しかし『繫年』の書かれた時期が、諸國の國君が死去し諡を定めたのと近かったため、他國の國君の諡號をまだ知らず記載されなかった、というのは疑わしい。

　『繫年』の作者は楚人であるが、全體的な視點を持っており[9]、既に亡くなった外國の國君の諡號すら良く分からないということはあり得ない。そもそも『繫年』の最後の3章には［それら外國の國君が］諡號で呼ばれるという例外が有る。もちろん、私はこの例外にはどれも特殊な原因が有ると考えている。『繫年』第二十一・二十二章には「宋悼公」が現れるが、注意すべきは第二十二章の冒頭において彼が「將に晉公と會合する」際に黁の地で亡くなったことが述べられており(楚聲王元年、前404年)、そのため特に諡號で呼び、第二十一章はこれに基づき統一したと思われる(この章では、楚が宋悼公のために公室を定め、黄池・雍丘に築城し、これが楚・晉が怨みを抱くようになった原因であることが語られる)。そして第二十二章には「魏文侯斯」とあるが、これはその子、すなわち後の魏武侯である「魏擊」が三晉を會同し、軍を率いて越公と共に齊を伐つという事件が同じ章に同時に現れるため、「魏斯」と稱しただけでは、この時既に魏が三晉の中で先驅けて稱侯していたことを際だたせることが出來ず[10]、また斯・擊の身分・立場の關係を區別し難いため、特に諡號で呼んだのである(魏文侯は紀元前396年に卒した)。以上から、『繫年』の作者は基本的に、他國の既に死去した國君の諡號を基本的に理解していたはずで、その書き方に配慮がなされていたことがわかる。更に蘇建洲氏は以下のように、異なった角度から問題を指摘している。

　　　『繫年』からみると、楚悼王元年は前400年である。かつ本章133-136號簡の記述によれば『繫年』が最後に記錄する事件の年代は前394年、悼王七年である。［本書所收の］「『繫年』大事年表」を御覽いただきたい。

さらに本章ではすでに悼王という諡號で呼んでいることから、『繋年』は最も早ければ楚肅王の時代に書かれたことになる。これは本章に見られる「韓取、魏撃」とも衝突しない。「韓取」は韓烈侯であり、その卒年は前387年(『六國年表』、『戰國史料編年輯證』1176頁に基づく)である。

「魏撃」は魏武侯であり、その卒年は前371年(『六國年表』、『戰國史料編年輯證』1178頁に基づく)である。或いはこの二人がまだ諡號で呼ばれていないため、『繋年』が書かれた時にはまだ健在であったと考えると、書かれたのは前387年より遅くなりえないが、そうであるなら肅王元年(前380もしくは379)と合わない。しかし二十一章116號簡で「韓取」の祖父「韓啓章」に言及する際も人名を用い、「韓武子」と呼んでいないが、韓武子の卒年は前409年であって楚簡王の時代に當たり、『繋年』の書かれた年代に生きているはずがない。言い換えれば、ここで「韓取」が諡號で呼ばれているかどうかは、年代の區切りの根據とする事はできない[11]。

蘇氏の分析はもっともである。

　問題の難點はどこに有るのだろうか。その實、第二十一章を含む最後の3章に現れる、卒年が前400年前後から前360年頃(宋休公は前363年に卒した)の國君の稱號を、著作年代判定の同一平面上に置いて議論し、著作・編纂年代の上限以前に亡くなっている諸國君は全て諡號で呼ばれるはずだと考える(諡號で呼ばれないのは特殊な原因、例えば時代が近いためその諡號をまだ知らなかったことによる)、という假定では完全に矛盾をなくすのは不可能である。最もシンプルな解釋はおそらく以下のようなものである。この數章が依據したテクストの原型は、おそらく楚國のオリジナルの編年史事文書の記載から改編されたものであり、こうした記載においては、事件を自ら體驗した者が觀察者の立場によって事件發生時の口ぶりで記したものであったため、國君は基本的に諡號で呼ばれていなかった。楚國の國君も含め、もともとはそのようであったのだと推測される。『繋年』が編纂・成書され、1つの一續きの歴史書として現れ、楚國の貴族の參考に供された時、編者は、時代の座標となる特徴が讀者に

84　第 2 部　非發掘簡の資料價値の確立

明確となるようにする必要から、また本國を際立たせる必要から、各章の冒頭
もしくは初めて現れる「王」を、謚號を伴った「楚簡大王」「楚聲桓王」「悼哲
王」等に改めた。また筆を運び敍述する中で言及する楚王は、通常はただ「王」
とのみ呼び(前の王が亡くなり、その後の王が繼承するという特殊な狀況を述べ
る場合を除く。例えば「聲王即世、悼哲王即位」)、オリジナルの記載の特徴を
引き繼いだ。しかし外國の國君に對しては、『繫年』の編纂者は、編纂時の國君
の存沒の狀況に應じて一つ一つ呼稱を謚號に變える必要は全くなかった。これ
によって [謚號を] 逐一改め、確認する面倒を避けるだけでなく、ある國君は
亡くなり謚が有るが、ある國君はまだ存命であるということによって、記述の
不統一がもたらされるという問題を避けることもできる。上で述べたように、
こうした [當時の人にとっての] 近現代の國君の亡くなった年代は四十年あま
りの差がある。『繫年』が編纂された時、宋休公・魏武侯は存命だったはずで、
魯穆公・齊康公も存命であった可能性が高いが、その他の多くは既になくなっ
ていたと推測される。もしあるものは謚で呼び、あるものは名で呼ぶと、形式
は明らかに亂雜になってしまうだろう。上述した宋悼公・魏文侯の特殊な原因
を除き、『繫年』が統一して外國の國君の謚號を呼ばないのは便宜的な方法であ
るだけでなく、[それによって]楚君との主次を分けることもできる。よって我々
が『繫年』の成書過程に對してこのような通達した認識を持てば、實際にはこ
うした狀況の間に矛盾は決して存在せず、柔軟に解釋可能である。私は以下の
ように考える。末尾の 3 章が、近現代の外國の國君の謚號を呼ばないことが多
いという狀況から見るに、『繫年』の近現代部分は、基づいたオリジナルの記錄
または關連する著作からあまり離れておらず、些か廣く言うならば、『繫年』は
楚悼王から楚肅王の世の間にだんだんと定型・成書したものであると、考えら
れないことは決してない。

　しかし著作年代の上限の確定によって、我々の目の前にあるこの『繫年』の
抄本がいつのものかは決してわからない [12]。常識的には著作年代の比較的古い
書物が、やや時代が下ってから抄寫される可能性は十分にあり、理論上は『繫
年』が、埋葬される前の短い間に抄寫され埋められた可能性は十分にある。上

で推測した『繫年』の著作年代の上限は、清華簡の整理者が無字の殘片によって AMS 炭素 14 年代測定を行った中閒値——前 305 年から 7、80 年の距離がある。たとえ数値の上限を取ったとしても、3、40 年の差がある。李學勤氏は『繫年』について語った文章のなかで以下のように述べている。

> 『(竹書)紀年』は魏國人が作った通史であり、書かれた年代はおおよそ戰國晚期の魏襄王の時代で、前 298-前 297 年頃とこれまで言われている。清華簡『繫年』はそれよりも早く、内容から見ると、楚肅王(前 380-前 370 年)の時代に作られた。清華簡の抄寫年代は ¹⁴C 測定によれば前 305±30 年頃で、これは『竹書紀年』の發見から 1700 年ほど經ち、再び秦以前の完全な史書が發見された、ということである [13]。

これは明らかに『繫年』の抄寫年代と著作年代に一定の距離があり、抄寫年代は戰國中期晚段あるいは戰國晚期早段であるという考えに傾いたものである(清華簡の墓葬年代と近い)。

しかし周知の通り、無字の殘片はそれが屬する竹簡の年代を限定することしかできず、清華簡全ての状況を網羅することはできない。同じ墓から出土した文獻の抄寫年代の早晩が異なることもあり得、測定に用いた無字の殘簡が『繫年』の殘簡から來たものであるという證據が無ければ、このデータは『繫年』の抄寫年代の推定に對して決定的な意味は無い。

なぜ『繫年』のテクストの抄寫年代の研究を強調しなければならないのか。私はその重要性と特殊性は以下にあると考える。『繫年』は清華簡のその他の『詩』『書』文獻とは異なり、全ての清華簡のうち、著作年代は最も遅い部類に入る。その形成・流傳には強い文獻學的な時效性があり、数十年上下することが非常に大きく關係し、少なくとも『詩』『書』文獻に比して、この時間の相違の意味は大きく異なっている。例えば多くの人が關心を持っている、『繫年』と『左傳』がいったい關係があるのかどうか、どのような關係があるのかといった問題に答えるには、テクストに反映された状況から『繫年』の著作年代の上限を確定するだけでは全く不十分である。なぜなら著作・編纂後の数十年の流傳・抄寫の過程において、その内容が『左傳』『國語』といった極めて重要な歴史書の

86 第2部 非發掘簡の資料價值の確立

影響を受け變化が起きた可能性もあるからである。『左傳』の成書年代は研究者の間にすでに一定の共通認識があり、魯哀公の末年後の六十數年から八十年であろう[14]。『繋年』の抄寫年代が確定される、すなわち『繋年』の著作年代の下限が明らかになることは、少なくとも二者［『繋年』と『左傳』］の有り得る關係の研究に對して良いことがないということはあるまい。また陳偉氏らは『繋年』が楚威王の太傅・鐸椒の作った『鐸氏微』と關係があるのではないかと疑っており、氏は「鐸椒が威王の傅となったのが、もし威王の即位後のことであるなら、『繋年』の著作年代と近い。もし威王がまだ嗣君のときであるなら、『繋年』の著作年代に相當する」という[15]。もし『繋年』の抄寫年代を確定することができたなら、こうした推測が成立するのかどうか、比較的着實な判斷を下すことができる。

　しかし、實用性・時效性の強い文書簡册と異なり、古書のテクストの抄寫年代の研究は、全くもって口で言うほど簡單なものではない。近年の書籍の抄本であっても、その正確な年代を鑑定するのは非常に困難であり、二千年以上前の古書の寫本であれば尚更言うに及ばない。我々の面前に現れているこれらの古書の簡册は、簡册じたいの形制の特徴以外には、墨を用い筆で書かれた文字とそれが記録する言語だけが物質的なものである。竹簡じたいの形制的特徴の變化についての研究が大きな進展を得られず、言語(語彙・文法)研究の斷代能力が極めて限られている狀況下では(竹簡の形制の變化は、我々が氣づけるほど顯著ではない可能性がある。古書の言語は古い特徴を保持し得るため、抄寫年代の判斷の據り所とするのは更に難しい)、最も重要なのは自ずとテクストの抄寫に使用された文字の狀況に對する研究となる。しかし理解しておかなければいけないのは、簡帛の文字の狀況を利用し古書のテクストの抄寫年代を研究することからは、相對的な、絕對的ではない結論しか得られない。すなわち、根據がどれほど多く、強くとも、こうした研究にはやはり限界がある——我々ができるのは、可能な限り眞實に近づくということだけである。

二

　古書の抄本の文字の状況についての研究は、二つの方面に分けることができる。1つは用字の研究、つまりある語をどの字で表すかである。もう1つは、文字の形體の特徴の研究、すなわちある字の具體的な構造・書き方の特徴について研究を行うものである。この二つの方面において、古書の古文字抄本はかえって近年の行書・楷書の抄本よりもある種の特殊な優位性をもっている。なぜなら古文字とくに戰國文字の變化は、すでに定型化された行書・楷書よりも、時代的特徴の變遷の確實な痕跡をより多く把握することができるからである。

　前者［すなわち用字の研究］については、研究者はすでに幾つか議論を行っている。ここで大まかにまとめると、おおよそ以下のような現象が見られる。例えば、陳劍氏・裘錫圭氏・大西克也氏らは『繫年』の「師」の用字が一般的な楚文字の用字と合わないことを議論したが[16]、研究者は普通、これは早期の用字習慣の殘留が反映された現象であると考えている。蘇建洲氏は、『繫年』において「取師」の「取」の分化字である「叡」によって「取」という語を表記し、それが西周晚期の曾仲大夫螽簋の用字と合うことを指摘するが、これも明らかに比較的古い古文字の用字習慣である[17]。徐在國氏は、隨州義地崗のおよそ春秋晚期のM6墓から出土した曾公子棄疾器において「棄」を「厺」で表し、『繫年』117・135號簡の用字と同じであることを指摘するが[18]、こうした用字習慣は目下その他の楚簡には見えない。蘇建洲氏は、『繫年』71號簡において「鞾」で「甒」を表す、すなわち「靯」聲字で「甒」を表すのが、 ◆甒（『銘

圖』03356＝『通鑑』03355）「用作父壬寶彝」の「甒」を ◆ （この字は「鼎」に從い「靯」聲）に作るのと同樣であることを指摘しているが[19]、これも疑いなく正確である[20]。こうした用字面での例はさらに幾つかあるかもしれない。しかし、我々は以下のようなことに氣づくだろう。こうした用字面での特殊な状況は、恐らく『繫年』の底本あるいはその編纂の際に基づいた古書の來源が古く複雜であることを我々に知らせるのみで、『繫年』のテクストの抄寫年代を直

88　第2部　非發掘簡の資料價値の確立

接教えてくれはしない。それは[より]遅くに抄寫された古書は、[それより]早期の用字の特徴を保存し得るからであり、こうした例によって『繋年』のテクストが西周あるいは春秋に抄寫されたという結論を出すことはできない。

　私は以下のように考える。『繋年』の抄寫年代をはっきりさせようとするのであれば、やはり文字の形體の特徴という層から着手しなければならない。それは抄寫時に表れる、文字の形體の書寫における特徴が、最も生き生きと直接的に時代の特色を反映するからである。戰國文字は二百年以上を經[る時間の尺度が有り]、變化は速く、文字の形體の特徴に反映された變化も激しいはずである。そのため我々はこの方面から、テクストの抄寫年代の判定のための些かの僅かな手がかりを掴むことができるだろう。私は以下のように確信している。文字の形體の特徴という角度から言えば、たとえ抄寫者が非常に忠實に古書の底本の書き方を模倣したとしても、抄本が全面的に當時實際に使用していた文字の書寫の特徴を離れ、徹底的に「復古」する可能性はとても低い。なぜなら人の書寫習慣は徹底的に覆い隠され難く、特に『繋年』のような非常に長い、字數の多い文獻については尚更だからである。

　『繋年』の文字の形體面での特徴的な現象は、これまで誰も注目しなかったわけではない。例えば私自身は戰國文字の「夌」および「夌」に從う字について整理・議論した際に、通常見られる楚文字の「陵」字と[『繋年』の「陵」字の]書き方が異なることについて、以下の様なことを述べた。

　近年出版された清華簡『繋年』にも注目に値する「陵」字がある。

　この書き方は上で引いた葛陵楚簡の「陵」字B(引用者按： のような形を指す)・C(引用者按： のような形を指す)の書き方を混合したかのようである。しかしこれらは葛陵楚簡乙一18・甲三219の「陵」字のように

頭部が に訛っておらず、筡伯鬲の「陵」字のような早期の古文字と合致する書き方である。

　…清華簡の年代測定の較正されたデータは紀元前 305±50 年である。上博楚簡の「陵」字は曾姬無卹壺の書き方と同じであるが、清華簡『繫年』の「陵」の書き方はより古い。もし清華簡の「陵」字の書き方が、その基づいた底本が比較的古いことと關係があるのでなければ、清華簡の出土した墓葬の絕對年代は我々が通常推測する前 300 年よりもやや早いのかもしれない、ということを考慮するべきであろう。この點に關しては今後さらに清華簡が公開されるのを待ち、觀察と研究を行いたい。

このような推測は嚴密ではなかったというべきだろう。私はこの論文を『古文字與古文獻論集續編』に收錄する際「編按」を加え、これが『繫年』の抄寫年代が比較的早いことと關係する可能性が高いことを指摘した[21]。

私は 2014 年に中山大學で開かれた中國古文字研究會第二十回會において「關於"兆"、"涉"疑問的解釋」という論文を發表したが、報告の際に私は論文中で注目していなかった重要な現象について以下のように補足した。

　戰國時代六國文字の「兆」旁の書き方の時代的特徵から見ると、抄寫年代の比較的早い、或いは底本が比較的古い來源を持つ葛陵楚簡(「𣎴」字)・清華簡・楚帛書(「逃」字)における「兆」旁は、曲線の兩側に 1 つずつ、互いに[水平方向に]反對を向いた「止」が置かれている形に作ることが多い。しかし包山楚簡・郭店楚簡・上博楚簡の「逃」「𣎴」等は同じ向きの「止」に從う。これは「止」に從う「兆」が早期の古文字の造字意圖を具えているのであって、決して「人」に從う「兆」から變化したのではないということを物語っている。

清華簡の「逃」字については、多くが『繫年』に見える[22]。私はこの部分を「編按」として『古文字與古文獻論集續編』に書き入れた[23]。こうした狀況は、『繫年』の「涉」字の全てにおいて「水」の上下に、[水平方向に]正反の「止」が置かれる一方で、楚系簡帛の古書では多くの「涉」字が同じ向きの「止」に從

90　第2部　非發掘簡の資料價値の確立

うという現象と平行する[24]。

　この二つの重要な字形の書寫の特徴は、『繫年』と葛陵楚簡の一致性を示している。こうした一致性を觀察している研究者も既にいる。例えば蘇建洲氏は以下のように言う。

　　　『繫年』の「返」字はみな に作り、「复」旁は簡略化されている（『字形表』214頁參照）。こうした書き方はこれまで『新蔡簡』にしか現れていないようである。例えば （甲三297） （乙四54） （零294・482）（『楚系簡帛文字編（增訂本）』180頁參照）[25]。

蘇氏がこうした關連性に注目したのは鋭いが、「こうした書き方はこれまで『新蔡簡』にしか現れていないようである」というのは正確ではないだろう。飾筆と「口」を加えるという違いを考慮しなければ、こうした省略體は實際には例えば『古璽彙編』0509の ・0508の 等[26]、戰國三晉の璽印に多く見られる。

三晉文字の「复」字の書き方には形のバリエーションが極めて多く、張守中氏は侯馬盟書の「复」字には54の形があると指摘している（もちろんこれはやや細かく分けたものである）[27]。三晉印におけるこうした簡略化した書き方から以下のようなことが推察される。常見される、また『璽彙』1505・3174の のように書かれる「腹」字[28]の構成要素と同じような「复」の書き方が、三晉文字にもやや早い段階に存在し、楚簡の文字にもこうした書き方と同じ「复」が多く見られた[29]。そうでなければこうした簡略化した形が出現する、共通の字形的基礎が存在しなくなってしまう[30]。とはいえ、やはり『繫年』と葛陵楚簡の「复」の書き方が特に一致するという事實を重視すべきである。常識に合わないある特殊な簡略體を、時代が遲い、注目に値しないものに違いないと單純に考えてはいけない。その實こうした省略體はむしろ往々にして時代的特徴の標識である（戰國中晚期の楚簡にはこうした書き方はほぼ無い）。

新蔡葛陵楚墓竹簡は非常に重要な資料である。なぜなら、墓主が楚の封君・平夜君成と確定しており、その埋葬年代すなわち竹簡の年代の下限も比較的早く、かつ比較的明確で、楚悼王元年（前401年）から悼王七年（前395年）の間である[31]。曾侯乙墓竹簡以外では、葛陵楚簡が通常見られる大部分の戰國簡牘よりも［年代が］古い、或いはかなり古い。上述した『繫年』の特殊な文字の形體の特徴は以下のようなことを示している。すなわち、我々がこれまで見てきた戰國中晚期の楚簡と異なるが、戰國早期或いは中期偏早の形體と符合する特徴、特に葛陵楚簡の字形の書き方と高度に一致する幾つかの特徴が、『繫年』全編において存在する可能性がある。さらに注目に値するのは、楚悼王五年（前397年）に武陽の役で戰死し、葛陵楚簡の出土した墓の墓主である平夜君成と極めて密接な關係を持つ平夜悼武君（整理者および多くの研究者は、平夜悼武君は平夜君成の子で、第三代の平夜君であると考えている[32]）が『繫年』の最後の一章にまさに現れるのである。これは深く考えさせられるもので、更なる考察を行わないわけにはいかなくなる。

　全面的な檢證と對照を經て、私は『繫年』に、楚簡に常見される書き方と合わない、或いは一般的な楚簡において「少數派」の書き方に屬する字形的特徴が相當數存在し、こうした特徴は年代の比較的古い楚墓竹簡（例えば信陽長臺關楚墓竹書は、研究によるとその年代は戰國楚簡とくに古書簡の中で比較的古い[33]）、特に葛陵楚墓から出土した竹簡の字形的特徴（もし葛陵楚簡に比較に供する資料があれば）と合うことを發見した。

　異なる楚簡の閒で文字を比較し、特徴的な一致の現象を見出すというのは、本稿の發明ではない。これまでも楊澤生氏が信陽長臺關楚墓の古書簡と上博楚簡『性情論』の文字を比較し、多くの興味深い現象を發見し、またこの二つの資料と書き手の關係についての推測を提出した[34]。本稿は、戰國簡帛が大量に公開されたという基礎の上で、より具體的・詳細で確かな比較のデータによって『繫年』の文字の書寫の特徴を描寫していく。『繫年』の編纂が平夜封邑あるいは平夜君の一族と關係があるかどうかわからないし、かつ推測する必要もない。しかし、こうした字形上の特殊な繫がりが、『繫年』が抄寫された時代的特

92　第2部　非發掘簡の資料價値の確立

徵と密接に關係するはずだと推測する理由は有る、と私は考える。

三

　以下、幾つかの方面に分けて述べていく。

　まずはじめは、清華簡『繫年』の字形の特徵が正統性を示し、かつ葛陵楚簡など比較的早期の楚簡の文字の特徵と合う例である。これについて注目すべき例は最も多く、また説明に最も役立つ。文字の形體の正統性（あるいは正規性）とは、文字の形體の構造が、早期の古文字における正統的・規範的・一般的な書き方と合致し、造字の本來の意圖を反映する形體的特徵のことを指す。[この]正統性は俗體的特徵と對立する。上で擧げた『繫年』の「陵」・「兆」旁・「渉」の書き方の特徵は、どれもその正統性が反映されたものであり、こうした特徵は戰國中晚期以降、楚文字の俗體の強力な衝擊を受け、急速な希薄化・消滅の趨勢を呈する。以下、更に幾つかの例を見ていく。

　1.『繫年』において「師旅」「師正」の「師」は往々にして「帀」によって表される。そのうち『繫年』25・26號簡に上部の横畫が平らな、正統的な書き方である◯◯のような形が二例見えるが、これは清華簡『筮法』の書き方と一致する（『筮法』[の「師」]には一番上の横畫の上に位置する、短い横畫の飾筆がある）[35]。こうした書き方は自ずと「上部の横畫が右から左へと急激に傾斜する形」という「楚簡に常見される俗體」（裘錫圭氏の言葉）より古く、包山楚簡の「帀」を除き、こうした書き方は戰國中晚期の簡帛においては既にかなり稀である[36]。

しかし同時に我々は、『繫年』には後の楚簡の文字の俗體に似た、◯◯の樣な形があることにも目を向けなければならない（56・81・88號簡に見える）。これは『繫年』が抄寫された[年代]があまり早くないことを暗示しているのではないか、と疑ってしまいそうであるが（つまり包山楚簡の年代にまで下ることを考慮する可能性があるかどうか）、實際はこうした懸念は必要ない。すでに指摘して

清華簡『繫年』抄寫年代の推定　93

いる研究者がいるが、『繫年』においてこの正・俗二つの異なる書き方がちょうどそれぞれ「師旅」と「師正」（少師・右師などの職官）の「師」を表す[37]、すなわち異體による機能分擔が存在する可能性があり、これは一理あるかもしれない。ただし葛陵楚簡において、とという正・俗二つの異なる書き方が同時に存在するだけでなく[38]、後者の書き方は甲三296において「晉師」の「師」を表し、また『厚父』5號簡では正體の「帀」で「師正」の「師」を表しており[39]、上で述べたような機能分擔は楚文字において決して普遍的な現象ではないようであって、『繫年』の抄寫者あるいはその依據する底本によって規定された臨時的な書寫習慣にすぎないのかもしれない。葛陵楚簡と『繫年』の「帀」字の書き方は以下のようなことを物語る。「上部の横畫が右から左へと急激に傾斜する形」は相當早くに出現し、少なくとも戰國中期偏早にはすでに「帀」の正統的な書き方と並行［して存在］していたが、當時はこうした俗體は優勢な地位を占めていなかったのだろう。

　2.『繫年』の「犬」字及び「犬」旁は絶對的多數がのように書かれ、一つだけのように作る、「犬」に從う「逐」字の異體が有る（122號簡）。これはとても注目を引く現象である。我々は以下の様なことを知っている。『繫年』で絶對的に優勢な「犬」字の書き方は、疑いなく西周以來の正統的な書き方の基礎の上に發展してきたものであり（すなわち西周金文の[40]のような「犬」にいくらか簡略化と改造を加え、［犬の］口の下部の筆畫と體・尾を一筆でつなげて書いた結果である）[41]、戰國秦文字の「犬」は、多くが『繫年』のこうした書き方と一致或いは近似しており、三晉文字にも時おりこうした書き方が見える[42]。しかしよく知られているように、六國文字、特に楚文字の「犬」は大多數はこのようには書かず、我々のよく知る戰國楚簡帛の文字の「犬」は通常（す

94　第 2 部　非發掘簡の資料價値の確立

なわち上で擧げた 122 號簡の「逐」字の旁のような書き方)のように書かれる。これまでの研究と私の調査に因ると、楚簡において以下の幾つかの資料における「犬」の書き方のみが『繫年』と合致する。それは長臺關竹書・上博楚簡『性情論』の「犬」に從う字 43、包山楚簡 147 號簡の「獻」字 44、上博楚簡『孔子見季桓子』22 號簡の「猷」字 45、および葛陵楚簡の大多數の「犬」字と「犬」旁である 46。こうした例の特殊性については些か分析を行うことができる。『孔子見季桓子』にたまたま 1 つ見える例は、書寫が草卒であることと關係してい

るのかもしれず、實際のところは本當に　のような書き方であるという譯ではないかもしれない 47。既に言及したが、長臺關楚簡の年代は比較的古い可能性があり、『性情論』の書風は長臺關楚簡と非常に似ており且つ特殊である。[「犬」を]このように書くことも抄寫年代が早いことと恐らく關係するのではないかと考えているが、詳しくは別稿に讓る。包山楚簡 147 號簡の「貝」に從う「獻」

字は　に作るが、このように書く「獻」字も戰國中晚期の楚簡には極めて少ない一方で、葛陵楚簡には多く見られる 48。この字が簡文中で王の爲に鹽を作った「宋獻」(この人物は楚人でない可能性が極めて高い)の名を表すのに用いられていることを考慮すると、この字の「犬」旁の書き方には、[その]根據となったこの人物自身の名前の書き方が恐らくあったのであり、當時の一般的な楚簡の文字と異なる書き方をするのも理解できそうである。以上をまとめると、『繫年』の「犬」の特徵は、年代の比較的古い葛陵楚簡の書き方と合致し、大

多數の楚簡の文字とは異なる。　のような形の「犬」については、こうした書き方は西周金文中に既にその端緒がみられ、西周中期の二式獄簋の「獄」字は　49 に作るが、これはその遠い源であるということに研究者は既に氣がついている 50。よってこうした書き方は長い歷史をもつが、決して正統的・規範的な書き方では無かったというだけであると言える。もちろん、こうした書き方

は戰國中晚期の六國文字、特に楚文字においてはむしろ主流の書き方となった。戰國文字の異形現象は、往々にしてその根源を春秋さらには西周に遡ることができるが[51]、これもその典型的な例である。

　3.『繋年』には楚文字に最もよく現れる「起」の異體「迟」が一例見えるだけでなく、楚文字には極めて稀な從「辵」・「巳」聲の⟨字⟩が五例見え(この字は『説文』走部の「起」字の古文である。通常、文字編では楚文字に常見される

「迟」とこの古文を對應させるが、正確ではない)、⟨字⟩に作る「起」字、即ち『説文』走部の從「走」・「巳」聲の「起」の正篆が四例みえる[52]。『説文』の從「走」・「巳」聲の「起」が正篆で、戰國の秦文字と燕文字に見えることが知られているが[53]、周知のように、秦文字が周代の正統な書き方を繼承している可能性が最も高いため、『説文』のこうした分析は理にかなっているかもしれない(『説文』の義訓に違いのある「改」「攺」の二字について、「改」は「更也」と、「攺」は「毅攺、大剛卯」と訓じられている。しかし兩周金文・春秋戰國文字および秦漢文字の「改」はみな「攺」に作り、「改」には作らない[54]。また「起」と「改」は古音が極めて近く、傍證となりうる)。「起」字の正篆のような書き方は楚簡において極めて稀で、葛陵楚簡甲三 144 號簡に一例見えるのみである

(⟨字⟩に作る。上で擧げた古文の⟨字⟩は、意符が通用する異體であろう)[55]。これは恐らく、戰國楚文字は比較的早い段階においては、周代の正統的文字の形態的特徴から未だ徹底的に分離していなかったということの一種の表れである。

　4.『繋年』の「歸」字には三種類の書き方がある。すなわち「歸」「歸」「𦥯」(「自」旁はみな上が「屮」に從い、「𡴎」という繁體に作る)[56]であるが、楚簡に常見される「自」を省いた「遥」は一つも見えない[57]。早期の古文字(甲骨文・西周金文)の「歸」字は、多くは「歸」に作っていたが(この字は從「自」・「帚(彗)」聲と分析すべきで、『説文』の「歸」の説解には誤りがある[58])、後に徐々に「止」・「辵」旁が增えた[59]。明らかに、「自」に從う「歸」字が古文字の正統な書き方に合致するものであり、『説文』の「歸」字の籀文「㱕」、楚簡

96　第 2 部　非發掘簡の資料價値の確立

の「違」といった書き方は「歸」の形聲の異體(從「止/辵」・「帚(彗)」聲)で
あるが、いずれにせよ後出の省略形である。楚簡において「歸」字の「𠂤」旁
を省略しないものは、天星觀楚簡・葛陵楚簡および清華簡『別卦』の「歸妹」
の合文の「歸」に見える(この「𠂤」旁は上が「屮」に從い「𠂤」に作る繁體で
ある)。天星觀楚簡は全てが正式に公開されているわけではなく、目下「歸」と
いう書き方が有ることが分かるのみである。『別卦』は「𨖋」に作り、葛陵楚
簡には「歸」「𨖋」二種類の書き方が有るだけでなく、さらに「𠂤」旁を省い
た「違」が一例見える[60]。上で擧げた「帀」の例と同樣、楚文字で後に常見さ
れる「歸」字の俗體の「違」も、葛陵楚簡の抄寫年代には既に出現していたが、
優勢な地位を占めていなかったに過ぎない。また注目されるのは、『繫年』は未
だこうした俗體の衝撃を受けていなかったようであるということだ。

　5.『繫年』には「老」字が二例見えるが、73 號簡の形は楚簡の一般的な書き

方と同じで[61]、下部は「止」に從う。しかし 76 號簡は　[62]に作る。「止」では
なく「匕」に從うこの書き方は『説文』の「老」の篆文と同樣であり、早期の
古文字の長髮が亂れた、杖をついた老人を象った形を直接繼承してきており、
もともと縱畫或いは「十」形に作った杖の形が訛って「匕」になった[63]。春秋
以降「老」字の「匕」には「止」に訛る書き方が出現し始め、戰國秦文字・齊
文字・中山國文字には依然として「止」に訛っていない「老」が有るものの(秦
文字の正統的な書き方は後の隷書に繼承される)、戰國楚文字の「老」は基本的

に「止」に訛っている。しかし葛陵楚簡において、甲三 268 號簡の「老」は　
[65]に作り、同資料の他の 3 例のように「止」に從うようになっておらず、『繫年』
76 號簡の書き方と同樣である。「老」字の例について言えば、葛陵楚簡と『繫
年』が抄寫された時代には楚國では「止」に從う俗體の影響が既に非常に大き
く、傳統的な書き方に取って代わっていた可能性すらあるが、この二つの資料
は根強い保守的風格を示している。

清華簡『繫年』抄寫年代の推定　97

6.『繫年』11 號簡の「首」字はに作り、頭の上に付いた髪の形を描いて
いる。これは殷墟甲骨文・西周春秋金文の正統的な書き方で[66]、秦篆および『説
文』の「首」の篆文と書き方が同じであり、また隷書・楷書に繼承された[67]。
しかし戰國楚文字において、大多數の「首」は髪を具えず、天星觀遣册・郭店
楚簡『語叢四』5 號簡の「首」[68]および葛陵楚簡の「首」だけが髪を具えている
[69]。葛陵楚簡は甲三 90 號簡の 1 例が不鮮明で判斷し難いのを除き、その他の 2
例の獨體の「首」は髪を具えている。[また] 甲三 114・113 號簡の「頢 (夏)」
字の從う「頁」旁も髪を具えている[70]。髪の無い「首」は、例えば獄簋・伯
簋の「首」[71] など甲骨文・西周金文にも存在するが、數は多くない。頭髪を象
った筆畫が無いのは、早期の古文字においては主流ではない簡略形であったの
だろう。戰國中晚期の楚文字における髪のない「首」は、早期の古文字におけ
る髪の無い「首」の異體を繼承していると見做すこともできるが、葛陵楚簡・『繫
年』のような「首」字の自然な簡略化の結果であり、戰國文字において生まれ
た一種の簡俗體と見做せないこともない。やや[年代の]下った楚簡における「首」
字は、こうした俗體の極めて大きな衝撃を受けているが、天星觀遣册・郭店楚
簡『語叢四』にその僅かな影を見ることができ、正統的な書き方の生命力が完
全には失われていなかったということが分かる。

7.『繫年』の「洹」字は 4 例見え (諡號の「宣」「桓」として用いられる)、ど
れも形に作る[72]。「亘 (亙)」旁のこうした書き方は、西周金文以來の正統的
な書き方を繼承してきたものであり、虢季子白盤・秦公簋・石鼓文・曾侯乙墓
鐘銘の「趄」「宣」「亘」等の書き方にかなり近い、あるいは完全に一致する[73]。
こうした正統的な書き方は、東周以降、呉・越・齊・中山などの國の青銅器銘
文における「亘」に從う字によって基本的に繼承された[74]。しかし一般的な戰
國楚簡において「亘」字の多くは(包山楚簡 137 號簡、「人」「亘」に從う字)・

(上博楚簡『中弓』1 號簡「趄」字)といった形に書かれ[75]、これらと比較し
て『繫年』の書き方はかなり複雑である。戰國文字におけるこうした異形現象

98　第 2 部　非發掘簡の資料價値の確立

も、例えば西周の許男鼎・禹鼎の「趄」字がそれぞれ　　（「辵」に從う）・

（右下は重文符號）[76] に作るように、西周金文中にすでに存在した異形に遡れる
かもしれない。こうした省略された形體が當時の俗體であることは疑うべくも
なく、おそらく楚簡の文字の、通常の書き方の源であると見做せるだろう。「亘
（亘）」旁の『繫年』と比較的近い書き方は楚簡には既にあまり多くなく、例え

ば包山楚簡 167 號簡の「見」「亘」に從う字　　・清華簡『厚父』11 號簡の「洹」

　　・『封許之命』3 號簡の「趄」　　・包山楚簡 191 號簡の「宣」　　（「宣」の

「亘（亘）」旁は多くは比較的複雜に書かれるが、「官」と字形が似て混同する
のを避けるためかもしれない）[77][がある]。しかし明らかに、『繫年』の形體と
比較するとこれらはやはり草卒・簡略的に書かれ（あるいは中閒の横畫を省略し、
あるいは中閒の曲がりくねった最も書きにくい部分を簡略化、さらには省略し
ている）、上述の楚簡中最も省略された「亘（亘）」旁の書き方は、これらが變
化し省略されたものであるという可能性も當然ある。戰國早期の曾侯乙墓竹簡

の、　　（4 號簡）・　　（7 號簡）・　　（158 號簡）と書かれる「趄」[78]は古意を比較

的多く殘しており、『繫年』と最も近い（前の二者は「亘（亘）」旁の中閒の曲が
りくねった形の部分を半圓と横畫に分けているに過ぎない）。葛陵楚簡甲三 267
號簡の、聲桓王の「桓」として用いられる「趄」は　　に作り[79]、「亘（亘）」旁
は曾侯乙墓竹簡 158 號簡と同樣に上下の二つの横畫が無いが、主要な部分は『繫
年』の書き方と一致することが容易に見いだせる。

　8.『繫年』82 號簡では「墾」を表す「瀡（濬）」を　　[80]に作るが、この字は「水」
旁を除くと古文字に常見される「叡（睿）」旁（偏旁の「攴」と「又」は通用）で
ある。鄔可晶氏は以下のように指摘する。現在見られる古文字資料中最も早い

清華簡『繋年』抄寫年代の推定　99

「叡」字は春秋早期・秦公鎛の▨で、この字は「叀」「目」に從い、「叀」は

「手（「又」）でスコップのような道具（「屮」）を持ち、谷・溝（「八」）を掘る

ことを象っており、疏濬［(疎通させる)］の「濬」の表意初文であろう」[81]。秦

公鎛の從う「屮」旁の書き方は、殷代の甲骨文・西周金文の傳統的な書き方──

──スコップ上部の持ち手部分を「卜」形に作る──を繼承したものである。し

かし、戰國楚簡の文字の「叡（睿）」旁が從う「屮」の頭部は、大多數は▨（上

博楚簡『用曰』18 號簡）・▨（包山楚簡 167・183 號簡、上博楚簡『容成氏』

38 號簡）・▨（上博楚簡『周易』28 號簡・楚帛書甲篇・清華簡『説命上』5 號

簡および『殷高宗問於三壽』22 號簡）のような形[82]に變わっている。この變化

のプロセスは、正統的な書き方である縱畫と短い橫畫による形が▨形に變化し、

更にその他の字形の影響を受け、類化し後二者のような書き方になった、とい

うものであると推測される[83]。戰國楚簡中、目下三つの資料に『繋年』と一致

する正統的な書き方が見られる。それは上博楚簡『周易』54 號簡に 2 例見られ

る「𤥨」（▨および ▨、前者には「廾」旁が加えられている）、清華簡『別卦』

8 號簡「悆」（▨）、葛陵楚簡乙一 13 號簡の「𤩽（璿）」（▨）字である[84]。上博

楚簡『周易』と清華簡『別卦』の例は、どちらも「渙」卦の卦名に用いられ、

かつその「屮」旁の書き方が似ている。また下部の左右の 2 つの短い縱畫ある

いは拂いがその上にある閉じた圓形の中に貫通していない（すなわち「尹」のよ

うに書かれていない）。しかしこの點に關して、『繋年』と葛陵楚簡の書き方は

完全に一致している。

　9.『繋年』7 號簡には▨に作る「䳅」がある。「萬」旁の、冠飾りのある鳥

の形を象った「崔」と下部の丙形の尾を象った「冏」が 2 つの部分に分離して

100 第2部 非發掘簡の資料價値の確立

しまっているが、全體の構造は破壊されておらず、正統な規範的書き方である

と見るべきであろう[85]。上博楚簡『周易』17號簡の「矔」は、分割し組み立て

られ〔図〕となってしまい、丙形の尾と鳥の胴體が並んで一緒に置かれているが、

これは疑いなく後出の訛った形である。そして葛陵楚簡乙四98號簡の「黿（龜）」

「矔」に從う字は〔図〕と書かれるが[86]、明らかにこれは字形をあまり長く煩雑

に書きたくなく、「黿（龜）」旁に場所を空けるため、やむを得ず丙形の尾を左

側に移し、また「田」旁の位置を更に高く「矔」の頭部と揃うまで持ち上げた

ものである。もしこの字に「黿（龜）」が加えられなかったら、『繋年』の書き

方ときっと同じであっただろう。

　10.『繋年』42號簡には〔図〕と書く「麈」字がある。この字は『孔子詩論』で

は〔図〕と書かれ、明らかに前者の形體は比較的正統的で規範的であるが、後者

の從う「鹿」旁は鹿の足を省略し頭だけを書いており、後出の省略形であ

ろう。葛陵楚簡零352號簡の「麈」字は〔図〕に作り、足を省略しておらず、『繋

年』の書き方と同じである。

　以上の10例、さらに上で既に擧げた「陵」字・「兆」旁・「渉」字は、もし

そのうちのどれか一つを單獨で取り出したとしたら、偶然の「復古」「存古」

あるいは「踏襲」現象であると言うことができるかもしれない（畢竟、類似した

書き方はやや遅い、戦國中晩期の楚簡にさえも時おり見られる）。しかしこれら

の例を一つに集め、明確な時間的座標を持つ葛陵楚簡と突き合わせ、また楚系

簡帛の文字の特徴の、全體的な變化の趨勢と比較を行った時、これらが戦國中

晩期の抄本における偶發的な特徴では絶對にあり得ず、この文獻の抄寫年代と

關連する現象であるに違いない、ということが分かる。

四

　次に『繋年』の字形が正統的な特徴を持ち、かつ葛陵楚簡よりもやや古いま
たは正統的な例を見ていく。これについては「建」「我」の二字が例として挙
げられる。

　1. 私は「從戰國文字所見的類“倉”形“寒”字論古文獻中表“寒”義的“滄/
滄”是轉寫誤釋的産物」という論文で上博楚簡『周易』の「寒」字の書き方は
戰國楚文字において最も古體に近い、ということを議論した際に注を付して以
下のように述べた。

　　　上博楚簡『周易』の文字には往々にして比較的古い特徴が反映されてい
　　る。例えば…「建」の書き方は一般的な戰國楚文字とは異なり、早期の古
　　文字の書き方に近い(『上博藏戰國楚竹書字匯』215頁參照。裘錫圭氏のご
　　教示によると、この書き方は清華簡『繋年』の「建」字と似ている)等。…
　　『周易』は著作年代の早い古書で、上博楚簡『周易』が抄寫される際に依
　　據した底本の年代あるいは抄寫年代も比較的早いはずであり、少なくとも
　　上博楚簡のその他大多數の篇よりも早いはずだ[87]。

今按ずるに、『繋年』18號簡・120號簡に2例「建」字が見えるが、どちらも

形に作り、上博楚簡『周易』14號簡の「建」はに作る。これらが「似
ている」と言ったのは、主にこれらが一般的な楚簡(曾侯乙墓竹簡を除く)の「建」
が「聿」「止」に從うのと異なり[88]、「乚」に從うことによる。「乚」に從う
「建」は西周以來の正統的な書き方で秦の嶧山刻石まで續いており、『説文』
の篆文が「攴」に從うのは誤りである[89]。よって戰國楚簡帛の「止」に從う「建」
も後出の訛った形である。しかし『繋年』と『周易』の「建」字の「乚」を除
いた部分は、一つ[即ち『繋年』の例]は手で「木」を持ったもの、もう一つ[即
ち上博楚簡『周易』の例]は「聿」であり[90]、この點は異なっている。戰國楚簡
の「止」に從う「建」字にもこの二つの異なる書き方が有る[91]。樹立の意味を
表す「建」字の本義から見ると、「木」に從う形は字義に合い、戰國時代にお

102　第2部　非發掘簡の資料價値の確立

いてその表意機能は「聿」に従う形よりも優れていたと思われるが（「聿」も本來は手で木柱・杖を持つといった字形から變化してきたものである）、現在のところこうした書き方の、更に早い時代の古文字の字形的根據は見當たらない。

　葛陵楚簡甲三223號簡の「建」字は \[字形\] と書かれ、右上の角が少し缺落しているものの、「聿」「止」に従う「建」であることがはっきりと分かり、多くの楚簡の書き方と同じである。

　　2.清華簡『繫年』に「我」字は4例、「義」字は3例見え、「我」および「我」旁はみな \[字形\] のような形に書かれる。周知のように「我」は元々、刃に齒のある斧や鋸のたぐいの道具・武器を象ったものである（「錡」字の初文だと考える研究者もいる）。『繫年』のこうした「我」の書き方で注目すべき所は、齒のある斧・鋸のようなものの主要な部分を一つの半圓で書いていることにある。西周金文の \[字形\] のような「我」の書き方は[92]、上博楚簡『采風曲目』1號簡の \[字形\] のようなとても古めかしい書き方の直接の來源である。また西周金文のこうした字形は、さらに斧・鋸の主要部の下半分の筆畫と、柄の下部の拂いが併合して一筆になると、 \[字形\] \[字形\] の様な書き方が生じるが[93]、『繫年』の書き方は恐らくここから生じたのであろう。 \[字形\] のような字形を戰國楚簡において絶對的に優勢な、簡略化した \[字形\] のような形と單純に同一視するべきではない。なぜなら『繫年』はその他の「戈」に従う字では、決して［「我」の］ように「戈」旁を書かないからである。戰國簡帛において、上で擧げた『采風曲目』の「我」を除くと、郭店楚簡『五行』10號簡の「我」（この字は齊系文字の風格を持つ）・『語叢一』・『語叢三』及び齊系の風格に屬すると思われる『語叢』殘簡の「義」字の構成要素・『語叢四』6號簡・包山楚簡の「義」字の構成要素・上博楚簡

『魯邦大旱』1號簡・『柬大王泊旱』13號簡の「我」及び楚帛書丙篇の「義」
の構成要素は似た書き方である。また清華簡で現在見られる大部分の「我」と
「義」の構成要素はどれも『繋年』と似た書き方であり、全ての戦國簡帛の中
で相當特殊であるといえる[94]。しかし、上で擧げた例の書き方の多くは『繋年』

の字形と比較して分裂・省略があり、（画像）の樣な形に書かれる（『厚父』

の「義」だけは（画像）に作り、構成要素の「我」が比較的複雑である）。注目され
るのは、清華簡を除き、『繋年』の書き方と類似したこれらの例のうち、本當に
典型的な楚文字の風格に屬するものは決して多くなく、また多くは「義」字の
偏旁に保存されているということだ。葛陵楚簡の「我」字・「義」の構成要素は、
既に全て一般的な楚簡と完全に同じ（画像）のような形に書かれている。

　もちろん、こうした現象を重大に捉えすぎ、更には理解できないと考える必
要はない。その實、葛陵楚簡は基本的に當時の實用的な文書記録である。すな
わち時代性が比較的強く、葛陵楚簡の文書の内容が往々にして當時の口語を反
映しているように[95]、その文字の書寫についても當時すでに出現していた簡俗
な現象を比較的反映しやすい。全體から言えば、やはり『繋年』の字形におけ
る時代的特徴は、基本的には葛陵楚簡と同一平面上にある。

五

　對比によって以下のような状況も存在することが分かった。すなわち、葛陵
楚簡の字形は『繋年』よりも正統・規範的であるが、『繋年』の書き方はその他
の比較的古い年代に抄寫された戦國簡と合致し、やはり一般的な楚簡より正統
的である。これについては「馬」「皆」の 2 字の書き方を例として擧げること
ができる。

　1.『繋年』・葛陵楚簡にはすでに、後の大多数の楚簡と同様の「馬」字の簡略
化した書き方が見える。すなわち馬の頭に二本の横畫を加えた形で、例えば『繋

104　第 2 部　非發掘簡の資料價値の確立

年』78 號簡の〔図〕、葛陵楚簡甲三 233・190 號簡の〔図〕である。とはいえやはり
『繫年』と葛陵楚簡の書き方の異同には注目すべきである。獨體の「馬」字は、
『繫年』では全て省略體を用いているが(全部で 3 例)、葛陵楚簡では馬の胴體・
足・尾を書く正體が多く用いられ、上述した省略體は 2 例のみである(曾侯乙墓
竹簡の獨體の「馬」は省略體を用いていない)。合體字の「馬」旁は、『繫年』
も葛陵楚簡も全て省略體を用いず(これは曾侯乙墓竹簡の状況と一致する)、一
般的な楚簡と異なる。以下、『繫年』の「馬」に從う字の書き方を取り上げ、葛
陵楚簡の「馬」及び「馬」に從う字の書き方と比較してみたい。

〔図〕(31 號簡「驪」)　〔図〕〔図〕(58・121 號簡「馭」)

〔図〕(乙四 59 號簡)　〔図〕(零 214 號簡)　〔図〕(乙三 21 號簡)　〔図〕〔図〕(乙三 21・甲三
79 號簡「騾(驪)」)[96]

葛陵楚簡は獨體の「馬」であれ合體字の「馬」旁であれ、尾を象った部分の右
側の一畫を省略していないが(ただし例えば乙三 21 のように馬の胴體と尾が分
離しているものもある)、『繫年』の「馬」旁にはこの筆畫が無い、ということ
が見て取れる。こうした變化のプロセスは、曾侯乙墓竹簡・上博楚簡『周易』
に端緒と原因を見ることができる。

曾侯乙墓竹簡:〔図〕(2 號簽牌)　〔図〕(170 號簡)　〔図〕〔図〕〔図〕〔図〕〔図〕〔図〕(142 號簡の「馬」
に從う諸字)

『周易』:〔図〕〔図〕〔図〕(22・54・32 號簡)　〔図〕(10 號簡「驅」字)[97]

獨體の「馬」の尾の最後の一畫は省略されにくく(しかし『周易』32 號簡の例
では省略されている)、合體字の「馬」旁では右側の構成要素を避けるため比較
的省略されやすいということが分かる。『繫年』がもし獨體の、簡略化しない「馬」
字を書いたとするならば、この筆畫を書き漏らさない可能性が高い。この他、

一般的な楚簡に常見される「馬」旁と比較して、『繫年』の書き方の正統・規範性は馬の足・胴體・尾がなお3つの左拂いと1つの縦畫で書かれているというところにあり、一般的な楚簡(包山楚簡・郭店楚簡・上博楚簡等)の「馬」旁は、馬の頭の下を二本の横畫で書く省略體を除けば、多くは『周易』の最後の例や「驅」の旁のように作る。すなわち、1つの折れとそれに2本の横畫を加えた形に書かれ[98]、筆順と筆勢は徹底的に變わってしまっている(馬の頭に2本の横畫を加えた極めて簡略化された形は、こうした書き方を簡略化したものである可能性が高い)。このような草卒で簡略化され、字形そのものが象っていた形を

遠く離れた俗體は、葛陵楚簡にも例えば (零501號簡) (甲三90號簡)

(甲三215號簡「駐」字)にその萌芽が見られるが、みな根強く馬の尾の最後の一畫を保持している。また相對的に言って、『繫年』はこの點において保守性を垣間見せている。以上を要すると、『繫年』の「馬」字の書き方の特徴は、『周易』よりやや古めかしく(一般的な楚簡はさらに言うまでもない)、葛陵楚簡と曾侯乙墓竹簡に僅かに次ぐと言うべきだろう。

　2.『繫年』の「皆」字には二種類の書き方が有る。一つは52號簡・99號簡

の虎頭に従う繁體で に作る。もう1つは126號簡の である。蘇建洲氏は

この現象に注目しており、前者は「(『語叢一』65)のような、その他の[地域の要素を持つ]楚簡の書き方かもしれない」と考えているが、そのじつ蘇氏は

葛陵楚簡甲三138號簡に のような書き方があるのにも氣がついており[99]、他系統の風格の影響を受けた可能性を考慮する必要はない。裘錫圭氏は、楚簡の「皆」字は多くは虎頭を加えず、虎頭を加える「膚(皆)」字は楚帛書乙篇・郭店楚簡『語叢一』『語叢三』および上博楚簡『子羔』にのみ見えると指摘している[100]。虎頭を加える「膚(皆)」字については(朱德熙氏・裘錫圭氏および何琳儀

106　第2部　非發掘簡の資料價值の確立

氏は、この字が『説文』が「兩虎爭聲」と訓じる「虤」字から虎頭を一つ省略して成立した、と徐々に認識していた）、楚簡に常見される「皆」との關係に關して研究者には異なる考え方がある。何琳儀氏は「皆」は「虤/䖵」字の下部が切り取られ成立したと考えるが、裘錫圭氏は西周中期の2つの「人」に從う「皆」（皆壺（『集成』9535）に見える）と殷墟甲骨文の「比」「口」に從う字（『合補』10334）にもとづき、簡略體の「皆」には古い來源があり、必ずしも「虤」字が簡略化された「䖵」字よりも遲く現れたとは限らないのではないかと考え、また「「虤」が「䖵」に簡略化したのは、すでに存在していた「虘」に從わない「皆」字の影響を受けたのかもしれない」とする[101]。「虘」1つではなく「虎」1つを省略した『繋年』の例、および蘇建洲氏が指摘する『季庚子問於孔子』

17號簡の[字形]に作る「皆」（用例は「百事[字形]請行之」）が出現したことで、この

問題について些か述べることができるようになったと思われる。現在[の狀況から]考えれば、楚簡に常見される「皆」は何琳儀氏の言うように「虤/䖵」の下部を切り取った（あるいは2つないし1つの「虘」頭を省略した）ものであり[102]、おそらく西周金文の「皆」字と直接の關係は無い可能性が高い。『季庚子問於孔子』の例はおそらく蘇建洲氏がいうように「[字形]が[字形]に省略されたと考えられ」、

何人かの研究者が考えるような、[字形]のような字形が省略され[字形]となった結果ではない[103]。なぜなら、[字形]から書きづらい虎頭が省略され[字形]となる可能性は、[字形]

というもともと全く複雑でない字から更に1つの「人」を省略し[字形]となった可

能性よりも遙かに高いからだ。よって[字形]のような字形はやはり戰國時代に「䖵」字の「虘」頭を省略した簡俗體であると見るべきである[104]。もし事實が確かにこのようであるなら、やはり以下のように考えることができる。「皆」字の書き

方において『繫年』は葛陵楚簡と同じで、大部分の楚簡の文字の形體とは異なり、正統性を保持している。また『繫年』の二つの「皆(皆)」字はどちらも「虎」旁を一つ省略しており、葛陵楚簡よりさらに少し簡略化されている。

六

『繫年』と葛陵楚簡の文字には、ごくわずかで珍しい書寫の特徴において合致するところが存在する。この方面の例も比較的多く、私はこれも非常に重要であると考える。

全體的な書風から直感的に言えば、『繫年』と葛陵楚簡はひと目で同じであると認められるようなテクストであるとは言えないが、實際にはやはり非常に特殊な一致性が少なからずあり、[それは]もし仔細に比較しなかったならば發見しづらいものである。長臺關竹書と上博楚簡『性情論』は、字はどれも扁平で橫畫は下に垂れ、書風が近いことが容易に見て取れる。[そのため]さらに一歩進んで字形の形體的構造の觀察が行われるようになった。『繫年』の字は比較的たくましくて力強いが、葛陵楚簡はやや扁平で弱々しいものが多く、加えて内容が全く異なるため、比較的容易にその一致性を見逃してしまう。

ここでまず一つ研究者が既に議論している例を擧げる。『繫年』5號簡で「褎姒」の「姒」を表す字は〔図〕に作り、整理者は「忘」に釋すが、陳嘉穎氏・蘇建洲氏がすでに指摘するようにこの字の下部が從うのは「心」旁ではなく「口」旁で、「臺」に釋すべきである。陳嘉穎氏は鄂君啓節・郭店楚簡『老子』甲組36號簡の「臺」字などを證據として擧げ、蘇建洲氏は『繫年』36號簡〔図〕(甚)字上部の口の書き方を内的證據として補足している[105]。これらはどちらも正確である。見たところ整理者の誤釋は、主にこうした特殊な書風を十分に熟知していないことによるもので、もし翻って葛陵楚簡の〔図〕といった

108　第 2 部　非發掘簡の資料價值の確立

形の「臺」字を見てみれば[106]、事實は更に明らかとなる。この「臺」字の「口」
旁の、最後の横畫の兩端が縦畫から飛び出し右下に垂れる書き方だけでも、直
感的に二つのテクストの、文字の形體の特徴や書風における距離を大きく近づ
ける。以下、さらに幾つかの例を見ていく。

　1.『繫年』には「天」字が 4 例見える。97 號簡に一般的な楚簡の書き方と一
致する「天」が 1 例見えるのを除き、その他の 3 つはそれぞれ （1 號簡）
（2 號簡） （89 號簡）のように書かれる[107]。すなわち人の腕を象った、二つの
腕の部分が一本の横畫で代替されている。こうした書き方は通常、他の系統の
文字の風格の影響に因るものだと考えられており、例えば郭店楚簡『語叢一』
の「天」はどれも似たような書き方であることはよく知られている[108]。しかし
實際には包山楚簡に 2 例、上博楚簡『性情論』に 1 例、類似した「天」が見え
[109]、こうした書き方は外來の書風の影響を受け生まれた隸書化の筆法では決し
てない、ということが分かる。しかし書風から言えば、より『繫年』と近い書
き方はやはり葛陵楚簡零 11 號簡の「天」であり、 と書かれ、『繫年』1 號簡
の一番上に短い横畫を加える書き方と殆ど同一人物の手によるものかのようで
ある。また腕を象った長い横畫が斜めに垂れるのは、［書き方が］草卒であるだ
けでなく、意識的に元々の字形の書き方との一致性を保とうとしているようで
あり、こうした特徴は上で擧げた包山楚簡と『性情論』の字形には見られない。
葛陵楚簡・『繫年』の書き方は、まさに包山楚簡・『性情論』の特殊な書き方の
來源である可能性は高い。

　2.『繫年』の「至」字は全部で 8 例見える。そのうち 4 つは一番下の長い横
畫の下に短い横畫を飾筆として加え、殘りの 4 例は筆畫を加えず のように
書かれる[110]。この特徴は一見何ということも無いようである。しかし文字編を
めくってみると分かるが、楚系簡帛において「至」字の下部に短い横畫を加え
ない書き方の、絕對的な數量は少ないとは言えないものの、全ての「至」字の
中で決して優勢を占めるものではなく、大部分は郭店楚簡『忠信之道』『語叢一』

『語叢三』のような齊系文字の風格を持った抄本や、曾侯乙墓竹簡・長臺關楚簡のような抄寫年代の早い楚系簡册に見える。またこの他、包山楚簡・郭店楚簡『成之聞之』『老子』乙組・望山楚簡に1例ずつ見え[111]、上博楚簡では『孔子詩論』に1例、『緇衣』に1例(齊系文字の特徴を持つ。この篇には例外はない[すなわち飾筆のある「至」は無い])、『周易』に5例(この篇に例外はない)・『中弓』に3例(この篇に例外はない)、『鮑叔牙與隰朋之諫』に1例、『孔子見季桓子』に1例(書き方は齊系に近い。この篇に例外はない)[ある][112]。清華簡は『繫年』のほか、既に公開された篇において「至」のこうした書き方の數量はやや多いが、やはり主流ではない[113]。しかし葛陵楚簡の「至」字はむしろ、下に横畫を加えない書き方が絕對的な主流を占めており、全部で30以上の「至」

のうち、甲三191號簡のだけが下に横畫を加えている[114]。早期古文字の「至」字の、長い横畫の下には筆畫が加えられていないということを我々は知っており、短い横畫を加えるのは後に戰國のある地域に出現した特徴的な書き方であるに違いない(金文にはこうした書き方は見えない[115])。上での描寫から見ると、こうした特徴的な書き方は曾侯乙墓と葛陵楚簡が抄寫された時代、ないしは清華簡『繫年』・上博楚簡『周易』が抄寫された時代にはまだ主流を占めてはいなかった。またその他の系統の風格の影響を受けた楚墓竹簡に至っては、こうした書き方の影響は明らかにより小さくなる。ちなみに『繫年』の「上」字(1例)・「下」字(5例)も、長い横畫の上下に短い横畫を加えないものが多い(135號簡の「下」だけは短い横畫が加えられている。また葛陵楚簡の「上」は全て短い横畫が加えられていないが、「下」は全て加えられており[116]、或いは書き手の習慣と關係しているかもしれない)。本稿で初めに擧げた「帀」字の長い横畫上に飾筆を加えない書き方や、一つ上の節で擧げた「天」字の書き方、及び一番上に短い横畫を加えない「不」字が『繫年』に3つあることを合わせて考えると[117]、『繫年』の文字は全體としては確かに強い正統性・保守性を有している。

3. 『繫年』に「玉」は3例見える。1つはのように書かれ(43號簡)、他

110　第 2 部　非發掘簡の資料價値の確立

の 2 例はのような形(59・71 號簡)に書かれる。また「玉」に從う「珪」字

が 2 例見え、どちらものような形(128・135 號簡)に作る。古文字[段階の]

後期にはすでに、3 つの横畫の間の距離の大小によって「玉」と「王」を區別

するのが難しくなり、そのため横畫の間に筆畫を增やし「玉」を[「王」と]分

けるという方法が出現した。我々がよく知る楚文字の「玉」および「玉」旁の、

點・左拂いを增やし「王」字と區別する方法には、おおよそ以下の 5 つがある。

a. 下の 2 つのスペースにそれぞれ點と左拂いを加える　b. 右の 2 つのスペースに

左拂いを加える　c. 左上のスペースを除き、その他の 3 つのスペースにそれぞれ

點あるいは左拂いを加える　d. 4 つのスペース全てに點あるいは左拂いを加え

る　e. 右下のスペースにのみ左拂いを加える [118]。では最も早く現れたのはどの

書き方であろうか。この問題に對する答えは明確で、e であるはずだ。文字編

を調べてみると、「玉」字と「玉」旁の右下のスペースにのみ左拂いを加える書

き方は、曾侯乙墓竹簡・葛陵楚簡・秦家嘴 99 號墓竹簡にのみ見えることに氣が

つく [119]。最近では清華簡『湯在啻門』にも 1 例見える [120]。曾侯乙墓出土の鐘の

銘文では「珈」がと書かれ [121]、金文資料において「玉」旁に點畫が加えられ

る最も早い例であるが、曾侯乙墓竹簡等の同時代の毛筆資料を合わせて考える

と、戰國楚文字において最も早く現れた「玉」字のやや規範的な書き方に違い

ないことが分かる [122]。もちろん、曾侯乙墓の文字が單純にこうした書き方を用

いているのと異なり、葛陵楚簡の「玉」と「玉」旁にはすでに少なからず a・b

の書き方も混ざっているのが見て取れるが(しかし偏旁として用いられる際に

は e の書き方が多數を占める)、これは後出の複雜な形であろう(主に字形のバ

ランス・對稱性を考慮したことによる)。こうした狀況は『繫年』の書風の特徵

とも基本的に合う。

　4. 『繫年』37 號簡の「訋」字はに作り、114 號簡の「約」はに作る。「勺」

のこうした書き方は『繫年』の （「邟」、64・96 號簡）・（「弨」、103 號簡）・

（「灼」、111・112・115・116・119 號簡）の構成要素のような、楚文字に

常見される書き方とは異なる。簡潔にいえば 2 つの特別なところがある。1 つ

は柄杓の向きが異なることで、前者は右を、楚簡の一般的な書き方は左を向い

ている[123]。もう 1 つはこの特殊な書き方の柄杓では、閉じた圓形の中に小さい

點が加えられていることである。戰國文字において「勺」旁の柄杓が右を向く書

き方は例えば （「汋」、『璽彙』1010）など三晉文字に見られ、柄杓の内部に點

を加えるのも例えば （「汋」、『璽彙』1011）など三晉文字に見られ、『繫年』

のこの 2 字の書き方と最も近いものについては、三晉璽印の （「汋」、『璽彙』

3002）がある。しかし『繫年』のこうした書き方が、決して三晉文字の影響を受

けたものではないことは明らかである。葛陵楚簡に「杓」字が 4 例見え、字形

が比較的はっきりしているのは 1 例のみではあるが、どれも甲三 203 號簡 の

ような形に書かれていると確信できる[124]。［これは］『繫年』の書き方と極めて

近いが、その他の楚簡においては類似した書き方を見つけるのは極めて難しい

[125]。

　5.『繫年』全體で「及」字が 12 例、「坄」字が 1 例見えるが（29 號簡）、「及」

および「及」旁はどれも に作る[126]。戰國時代の各系の文字の「及」の書き

方について、馮勝君氏は例を擧げ以下のように述べている。

　　戰國文字の「及」は以下のような形に書かれる。

　　齊： 璽彙 3705「駁」の構成要素

112　第 2 部　非發掘簡の資料價値の確立

楚：🖾郭緇 5　🖾成之 27

三晉：🖾中山王鼎、集成 2840-a3　🖾侯馬 300

燕：🖾璽彙 4113「汲」の構成要素

『唐虞之道』『語叢二』の「及」は以下のように書かれる。

a.　🖾唐虞 15　b.　🖾語叢 2-19

また馮氏は『唐虞之道』『語叢二』の書き方は『説文』古文および三體石經古文などの傳抄古文の「及」字に最も近いと指摘している[127]。單に例を擧げるという性格のものではあるが、楚文字によく見られる典型的な書き方は🖾のような形であることが見て取れる[128]。もちろん、古書類の楚簡における例外は有るものだ。例えば、上博楚簡『孔子詩論』『緇衣』『昭王毀室』の「及」各 1 例（『緇衣』の文字は齊系の風格がある）、『性情論』の「及」2 例、『周易』の「汲」1 例、清華簡『尹至』『尹誥』『耆夜』『金縢』の「遝」各 1 例、『筮法』『厚父』の「及」各 1 例、［これらは］例外である[129]。上で議論した多くの状況と似たように、こうした書き方は全ての楚簡の中で決して主流を占めていない。しかし葛陵楚簡の「及」と「遝」の構成要素はみな『繫年』の書き方と一致することが注目される[130]。もちろん、葛陵楚簡と『繫年』のこうした書き方が燕・齊・三晉の書き方と一致するのは、共通の來源としての早期古文字の正統な書き方を繼承していることによる。そのためこの例は本稿の議論の一つ目の特徴に入れることも出來なくはない。

6.　『繫年』には「鬶」字が 1 例見え、🖾(109 號簡)に作る。「壽」字は 2 例見え

それぞれ■（11 號簡）■（12 號簡）に作る[131]。「𩖕」および「𩖕」旁の、曲がった筆畫の兩側にある「口」が、12 號簡の下部のものを除きみな内側を向いている。こうした特徴は、殷周以來の金文の傳統的な書き方と合わず[132]、そのため戰國文字においても非常に稀である。しかしこうした書き方は例えば■（甲二 31）■（零 263）■（零 452）■（乙四 140）■（甲三 137）[133]等、葛陵楚簡の「𩖕」あるいは「𥀰」聲の「禱」字にはむしろ常見される。最後の 1 例は上部の「口」を省略しており、こうした書き方は葛陵楚簡には多く見られ、かつ下の「口」は通常内を向いているのだが、ここでは擧げない[134]。葛陵楚簡以外の楚簡では、包山楚簡の「禱」字にこのような書き方を受け繼いだ字形がしばしば見えるだけで[135]、明らかに相當特殊である。

7.『繋年』に「弟」字は 4 例見え、全て■のような形に書かれる。また「弗」は 10 例見え、全て■のような形に書かれる[136]。これはどちらも楚簡において非常に稀な書き方である。馮勝君氏は郭店楚簡と上博楚簡における齊系文字の風格をもつ抄本について議論した際、「弟」「弗」どちらにも言及している。「弟」字について馮氏は以下のように言う。

「弟」字は戰國齊・燕系には見えないが、楚・三晉文字ではそれぞれ以下のように書かれる。

楚：■ 包山 138　　■ 六德 29

三晉：■ 璽文 120.1988　　■ 侯馬 309

『唐虞之道』に「弟」字は 3 例見え、どれも以下のように書かれる。

114　第 2 部　非發掘簡の資料價値の確立

　　　　唐虞 5

上で引いた楚・三晉文字と形體が異なる。『説文』弟部には以下のようにあ
る。

　　　　弟、韋束之次弟也。從古字之象。凡弟之屬皆從弟。　、古文弟、從古

　　　　文韋省、厂聲。

　『唐虞之道』の「弟」字と『説文』古文の形は一致する。
「弗」については氏は以下のように言う。

　　戰國楚文字に「弗」字はよく見られ、以下の三種類の形體がある。

　　a.　老甲 17　　包山 156

　　b.　老甲 4　　尊德 29

　　c.　從政甲 2　　從政甲 14

上引の a・b 二種類の形體が出現する頻度は高いが、c 類は『從政甲』篇に
のみ現れる。こうした形體は戰國楚文字中では稀であるが、上博楚簡『緇
衣』等に大量に現れる。例えば、

　　　上緇 11　　上緇 11　　上緇 16

　　　忠信 1　　唐虞 1　　語叢 3-1　　語叢 1-74

上引の『忠信之道』の例は、縱畫上方の飾筆が 2 つの縱畫の斷裂をもたら
し、とりわけ獨特である。「弗」字の縱畫に飾筆を加えるのは、齊・三晉・
燕文字および三體石經古文が共有する特徴である。以下の例を見てみよう。

　　齊：　陶彙 3.524「咈」字の構成要素

三晉：哀成叔鼎、集成 2782　璽文 292.3126

燕：燕侯載戈「鉘」字の構成要素、集成 11220

三體石經：君奭　多士

よって、更に一歩進んで上博『緇衣』等の篇における「弗」字の國別と地域的特徴を判斷するのには困難がある [137]。

馮氏の分析と舉例から分かるが、「弟」「弗」の曲がった筆畫をひと曲がりにするのは、郭店楚簡『唐虞之道』『忠信之道』と上博楚簡『緇衣』といった齊系の風格を持った抄本に多く見える。しかし、葛陵楚簡乙四 95 號簡の「弗」はに作り、恐らく現在見られる楚簡において、『繋年』の書き方と最も近い例であり、非常に重視すべきものである。『繋年』と葛陵楚簡の書き方から分かるのは、「弗」の縱畫に左拂いを加え、曲がった筆畫をひと曲がりにするという特徴は、戰國楚文字の早い段階にも同樣に存在していた(特に左拂いを加える特徴は、楚以外に共通の特徴ではなかっただろう) [138]。『繋年』の「弟」字の書き方は、『説文』古文と『唐虞之道』の形と最も近いが、楚文字に元々ある書き方であり、『集成』3668 の鄂侯弟屖季簋の「弟」のような早期古文字の異體から直接きたものであろう。

8.『繋年』には「虜」字が 3 例見え、どれものような形に作り [139]、從「力」・「虎」聲である。この字は『説文』の「從毌、從力、虍聲」の「虜」字と書き方が異なるが、その異體であろう。楚簡においていわゆる「毌」に從う「虜」字(實際は「毌」に從うのではない) [140] は、包山楚簡 19 號簡()と清華簡『楚居』12 號簡()に見える。しかし葛陵楚簡には(零 15 號簡)(乙三 27 號簡)

116 第2部 非發掘簡の資料價值の確立

（零 351 號簡）等、宋華強氏によって從「力」・「虎」聲の「虜」の異體と釋された字が多く見え[141]、この解釋はすでに廣く認められている。葛陵楚簡と『繋年』はどちらも「冊」に從わず、一般的な書き方と異なる[142]。しかし「虎」の足の部分の書き方は完全に同じというわけでは決してなく、「虎」の足が葛陵楚簡のような鹿蹄形に書かれるのは相當稀で、書き手個人の習慣あるいは比較的早期の異體を繼承した結果かもしれない[143]。

『繋年』と葛陵楚簡の書風の特徵に關する、その他の比較と例證はまだいくつかあるが、いささか直感的であるため、ここでは説明を加えない。本稿の最後の部分に列擧したものを參照されたい。

七

『繋年』のある字形の書き方は葛陵楚簡には見えないものの、明らかに一般的な楚簡の書き方に比べて正統的である。これについては「戴」字を例としてあげることができる。

『繋年』20 號簡に と書かれる「䭫」字が 1 例見える[144]。この字はこれまで曾姫無卹壺（楚聲王夫人の器、楚宣王二十六年（前 344 年）に作成された）[145]に見えており、 と書かれる。これまで一般的には曾姫壺の「䭫」字を「職」と釋してきたが、周忠兵氏は『繋年』が發表される前に既にこうした解釋が信用できないと指摘している。周氏はこの字が侯馬盟書にも見え、 （九二：四二、宗盟類）と書かれることを指摘し、楚簡に常見される從「首」「之」聲（「之」が「首」の上に位置する）の「戴」字の異體、曾侯乙墓竹簡の從「翼」「戠」聲の字が「戴」を表すこと、および西周金文において「戴」字の表意初文に「戠」聲が加えられることがある等の事實に基づき、曾姫壺と侯馬盟書の「䭫」字は

「戴」と釋すべきであることを論證した[146]。『繋年』の「𢧐」は衞戴公の「戴」として用いられ、まさに周氏の説を證し得る[147]。周氏の論文から以下の様なことがわかる。西周春秋文字および戰國楚文字の用字の状況からみると、「戴」は早期古文字において元々人の首に何かを背負っているのを象った表意字によって表されていたが、後に「𢧐」聲に從うようになり、春秋戰國時代にはさらに從「首」「𢧐」聲の形聲字が出現し、楚文字に常見される從「首」「之」聲の「戴」字は、後に造られた形聲の異體(「𢧐」聲は書きにくいため)である可能性が高い。周氏の論文で擧げられた『容成氏』9號簡の字(「履地戴天」の「戴」に用いられる)について、これまでの「弋」聲あるいは「一」聲に從う等という分析はどれも信じ難く[148]、『繋年』の「𢧐(戴)」字が出現したことで、この字は「𢧐」字から「𢧐」旁下部の書きにくい部分を取り除いた特殊な省略體であると考えて良いだろう。よって『容成氏』の字も「𢧐(戴)」と釋すべきである。

ここから分かるのは、『繋年』の「戴」字は目下、楚簡の文字に見られる最古の形體であるということだ。曾姬壺の年代は楚宣王期であるが、[そこに古い形體が見られるのは]金文の字形は往々にしてやや保守的・復古的であるため で、簡册で使用される「𢧐(戴)」字であれば、その時代性を推測することは概ね難しくない。

八

最後に『繋年』の文字の形體において、その他注目される特徴について述べる。

『繋年』には、後の大多數の楚文字と異なる特殊な書き方がいくつかあるが、早期古文字(特に西周金文)にこれと合うものがある、ということが氣づかれる。

例えば、『繋年』1號簡の「禋」字はに作り、「垔」の從う「西」旁内部の筆

118　第 2 部　非發掘簡の資料價値の確立

畫の書き方は珍しいが(普通は X 形か、2 本の竝行した斜畫ともう 1 本の斜畫が
交差する形に作る)、西周晩期の軷史展壺(『集成』9718)の▨字の書き方と同
樣で [149]、「木」に似た形に作る。こうした例はもし仔細に比べたなら、さらに
いくつか見つかるかも知れない。

　さらに氣がつくのは、『繫年』の幾つかの、後の大多數の楚文字と異なる特殊
な書き方が、一見ほかの系統の文字の影響を受けた可能性を反映しているかの
ようであるが、仔細に分析するとやはり楚文字自身に元々有る書き方である、
というものだ。上で擧げた「復」「皆」「天」「及」「勺」「弟」「弗」などの書き
方はこうした例であるが、葛陵楚簡の字形と比較できるため、ここで議論する
ということにはしなかった。以下、對照可能な葛陵楚簡の字形が無い、いくつ
かの例をさらにみていく。

　『繫年』9 號簡と 107 號簡に「逆」字が 2 例見え、それぞれ▨・▨[150]に作
るが、その書き方の差が非常に大きい。以前、陳劍氏は上博楚簡『昭王毀室』
の「幸」字の考釋を行った際、當該篇の▨字の左旁が「屰」でなく矢を逆さ
にした形に從うと反駁するため、三晉文字と楚文字の「屰」旁が明確に區別で
きるとした。陳氏は「屰」に從う「逆」字を例とし、▨は三晉文字の書き
方で、楚文字は▨のような形體に作ると述べた [151]。當時見られる資料が限
られていたため、このような判斷には例外は多くなかったかもしれない。しか
し今我々は『繫年』を含む清華簡の「逆」字を見ることが出来るようになり、▨
のような書き方が増えたことからみるに(目下『楚居』を除き、既に發表されて
いる清華簡のその他の「逆」字は多くがこのように書かれる)[152]、楚文字ではそ
もそもこのように書くことができ(恐らく比較的早い時期に、人を逆さにした形

と矢を逆さにした形は混同されたのだろう。中山王方壺のは、その實やはり

人を逆さにした形に從う標準的な「逆」字であるが、こうした書き方は訛って

と變化しやすい)、かつ正統的な人を逆さにした「屰」の書き方と併存していた
のであって、この二種類の書き方は地域的特徴の問題にはまったく關わらない
ようである。この現象は、秦系文字にも平行する證據を見つけることができ、
『説文』篆文と秦嶧山刻石の「逆」の違いは [153]、まさに楚文字内部の「逆」字
の差異と同様である。

　『繫年』87・88號簡に字が2例見え、元々は誤って「史」と釋されてい

たが(清華簡の整理者は「史」字をみなこの形に隷定する)[154]、蘇建洲氏はこの
字は「事」に釋すべきで、簡文中では「使」に讀むということを指摘しており、
またこうした書き方が上博楚簡『性情論』『緇衣』『孔子見季桓子』にも見える
ことを指摘する [155]。この説は全くもって正しい。こうした「事」の書き方は、
[上部中央の筆畫が]傾き左拂いを加える典型的な楚文字の「事」と異なるた
め、あまり注目を引かなかった。蘇氏が擧げた例の他、こうした書き方は長臺

關簡第一組40號簡()と清華簡『厚父』2號簡・8號簡()にも見える [156]。趙

平安氏は『厚父』の文字の特徴を議論した際、2號簡の「事」を擧げ、「楚文字
の、上部を告に作るあるいは左拂いを加える書き方と異なり、晉・齊・燕文字
と同じである」と述べ、この形を「明らかな非楚文字の特徴を保持する」例證
であると述べた [157]。これは些か楚文字の「事」の書き方を單純に考えすぎてい
る。殷周金文の「事」字はもとより頭部を傾けるのが通常であるが、中心の縱
畫がまっすぐ上に向かう書き方もその實少なからずあり [158]、春秋晚期の楚の敬
事天王鐘の「事」に至ってもやはり中心の縱畫がまっすぐ上に向かう [159]。よっ
て戰國文字(三晉・齊・燕文字を含む)のこうした書き方は、早期古文字の來源
をもつ異體で、ある地域獨特の書き方と見る必要はなく、さらには楚文字には

120　第2部　非發掘簡の資料價値の確立

斜めに傾き左拂いを加える「事」の書き方しか無いとは言えない[160]。

　　『繫年』27・36號簡には「甚」字が2例見え、どちらもに作り[161]、「口」が横畫の上に、八の字型の拂いが横畫の下に書かれる。趙平安氏は馮勝君氏の意見を引き、「甚」字のこうした書き方は郭店楚簡『語叢四』25號簡・『唐虞之道』25號簡・『説文』古文・戰國私官鼎の偏旁に見えること、また清華簡『厚父』「湛」字の構成要素にも見える(しかし『繫年』の例は擧げていない)ことを指摘する。そして趙氏はこうした書き方は晉・齊文字の特徵を持っていると考える[162]。こうした判斷は恐らく成立し難い。西周金文の「甚」字・「湛」字の構成要素は「口/甘」形が横畫の上に在る書き方をしており[163]、各國の文字が正統的な書き方を引き繼いでいるというのはそもそも正常で理にかなったものであり、戰國晉・齊などの系統に特有の書き方であると見做すべきではない。よって『繫年』『厚父』『語叢四』の「甚」も、楚文字固有の書き方にすぎず、三晉あるいは齊の影響を受けた結果では決してない。やや遲い包山楚簡169號簡の「甚」字もという形に書かれるが[164]、これもこの點を物語っている。

　　『繫年』111號簡には晉敬公の謚號として用いられる「」字が現れ[165]、「茍」旁が「口」に從っておらず、かなり特殊である。こうした書き方は中山・三晉・燕文字の「敬」字に多く見える[166]。しかしこれが絕對に三晉等の系統の文字の影響を受けた結果であるとは言い難いだろう。『厚父』に「敬」として用いられる「茍」字(9・13號簡)が見られるが[167]、それはまさに「口」旁を加えない書き方で、「口」に從わない「茍」には早期の古文字の來源が有ったのだろう[168]。よって『繫年』のこうした「敬」字もやはり恐らく楚文字に元々有った書き方であると考えられる。

　　『繫年』132號簡に「津(津)」が現れ、と書かれる[169]。この字はすなわち『説文』の「津」字の正篆である。戰國文字において、確實な「津(津)」字は

三晉文字（『璽彙』1616「曹逸津」・『璽彙』2408「楮津」）[170] と秦文字（『古陶文彙編』5．330・靑川木牘・睡虎地秦簡・秦印等）[171] にのみ見え、『繫年』以外の戰國楚文字資料に「津（津）」は現れていない、ということを我々は知っている。楚簡においてこれまで見られた「津」は、どれも從「水」「𥺃（薦）」聲の「津」字の異體によって表される（郭店楚簡『窮達以事』4 號簡・上博楚簡『容成氏』51 號簡）[172]。しかし『繫年』のこの「津（津）」字の書き方が秦・晉文字の影響を受けたという推論は、恐らく成立し得ないと私は考える。楚文字も「聿」字と「聿」聲を多く用いており [173]、正統的な「津（津）」字の書き方を受け繼いでいても全くおかしくはない。また楚文字の從「水」「𥺃（薦）」聲の「津」は、西周の史頌簋の字に由來する可能性があり [174]、これも早期古文字の異體現象が戰國文字に繼承されていったことを反映しているのであろう。

　　『繫年』に「武」字は 15 例見え、13 號簡以前の 5 例は通常のと書かれるが [175]、96 號簡以降の 10 例はと書かれ [175]、左拂いが 1 つ誤って增えている。こうした訛變形は秦印にも見え、（字形を反轉させた）[176] と書かれるが、決して秦文字特有の訛形ではなく、『繫年』[の「武」] が秦文字の影響を受けこのように書かれたはずはない。上博楚簡『性情論』17 號簡の「武」はに作り [177]、戈の柄に拂いが加えられている。上で言及したが、『性情論』と長臺關楚簡の、書風と形體の特徵は極めて近く、抄寫年代も比較的早い可能性がある。こうした訛變形が、ある種の時代的特徵を暗示しているのかどうかは、待考としたい。

九

122　第2部　非發掘簡の資料價値の確立

　これまで我々が見てきた現象を總括すると、おおよそ以下のように言うこと
ができる。『繫年』の特徴的な字形の書き方と書寫の風格は、往々にして葛陵楚
簡の状況と極めて近いあるいは完全に一致し、一般的な楚簡と比較的大きな距
離がある。あるときは『繫年』の書き方は葛陵楚簡よりも正統的・古いという
現象もみられ、またあるときには葛陵楚簡は『繫年』の書き方よりも古いが、
『繫年』を一般的な楚簡を比較すると［『繫年』の方が］やはり些か古く正統的
である。また『繫年』における、表面的には他系の文字の風格と近いあるいは
一致する特徴は、實際には他系の文字の影響を受けたと見做すべきではなく、
楚文字に元々存在した書き方であって、やや時代の下った楚文字には常見され
ないか見えなくなっているだけである。

　もう一度繰り返しておきたいのは、こうした例を單獨で持ち出せば偶然的に
解釋を行うことができるが、全ての例が描き出す状況を歸納・總括したなら、
そのように考えることはできなくなる、ということだ。葛陵楚簡の年代は基本
的に確定しており、加えて『繫年』の成書年代の上限も基本的に確定している
ため、清華簡『繫年』の抄寫年代はその成書から大きく離れるということはな
いということを、私は確信を持って推測することが出來た。『繫年』と葛陵楚簡
の文字にこのような高い相關性があることから見るに、［『繫年』の抄寫年代は］
新蔡葛陵楚墓の埋葬年代の下限(前395年)から大きく離れるということはない
はずだ。本稿で擧げた、例えば長臺關楚簡・天星觀楚簡・秦家嘴楚簡のような
抄寫年代の比較的早い楚簡や、さらには些か遅い包山楚簡・郭店楚簡・上博楚
簡と清華簡の幾つかの篇には、時おり『繫年』と合う書き方があるが、總體的
にみれば、こうした一致は分散的であり、その普遍性と重要性は『繫年』と曾
侯乙墓竹簡・葛陵楚簡の間の一致の大きさに及ばない。葛陵楚簡と『繫年』の
多くの特徴的な書き方・字形は、時代が下るにつれ楚簡の中で段々と普遍的で
なくなり弱化していき、消失に至るということが強く感じられる。また早期古
文字の異體を繼承しているという現象は、『繫年』と葛陵楚簡に突出して反映さ
れている。そのため往々にしてこれらの抄本に、字形が他系の文字と一致する
が一般的な楚簡とは合わないという現象が見られる。これは一種の、文字の開

放性である。しかし明らかに感じられるのは、こうした開放性は戰國中晚期以降すぐに固定化した單一性に取って代わられるということで、取って代わられた結果が、楚文字の地域的特徵の形成と際立ちである[178]。『繫年』において、一般的な楚簡と異なる早期の特徵が鮮明で、また異體の開放性が顯著であることは、『繫年』の抄寫年代が少なくとも長臺關楚簡・天星觀楚簡・秦家嘴楚簡よりも早いであろうことを物語っており、その抄寫年代は紀元前 4 世紀中頃より遲くはないだろう。『繫年』が楚肅王の時代には既に編纂されていた可能性が最も高いという事實を合わせて考えると、私は清華簡本の『繫年』は楚肅王の時代(前 381-370)から楚宣王(前 369-340)前期(すなわち前 369-360)の間に抄寫された可能性が最も高いと推測する(肅王時代である可能性がより高い)。[清華簡『繫年』]はこの書物の定型後の、早期の謄寫本であり、無字殘簡の炭素 14 年代測定に基づき提示された前 305±30 年の範圍内まで遲くなるという可能性は、存在しないと私は考える。

　もしこの結論が認められるなら、幾つかの説について判斷を行い、また更に進んで幾つかの推論を行うことができる。清華簡『繫年』の成書年代の上・下限がおおよそ前 381-360 年の間であると確定できるなら、吉本道雅氏の導き出した『繫年』成書の下限が前 334 年であるという結論は[179]、明らかに保守的すぎる。吉本氏はさらに、『繫年』の主な内容(第二章後半・第四章後半–第二十章前半)は『左傳』から拔書きされたものだと主張している。『繫年』を研究する多くの研究者も、『繫年』は編纂の過程で『左傳』を參考にしていた、少なくとも『左傳』を見ていたと考えている[180]。しかし、この點を確定させていない研究者もおり[181]、田天氏はさらに明確に「『繫年』と『左傳』の間には直接の繼承關係がない」と主張した[182]。もし『左傳』の成書が前 403 年から前 389 年の間であり、清華簡本の『繫年』が前 370 年前後に抄寫され、かつその成書からすでに一定の時間を經ていたとおおよそ信じるとするなら、基本的には『左傳』と『繫年』は同時代の作品であり、相互の間に影響が生じていなかった可能性が非常に高い。徐中舒氏の考えに基づくなら、『左傳』の成書年代は前 375 年から前 351 年の間にまで下るが[183]、そうであるなら『繫年』の成書・流通

は『左傳』よりやや早いかもしれない。田天、巫雪如の兩氏は史料分析と言語分析という異なる方法を通じて、それぞれ「『繫年』は當時の様々な歴史的記載を利用し編纂された」「『繫年』のテクストの構成方法は、一方では原始史料の用字を繼承し改變を加えないという習慣があり、もう一方では楚國の特殊な言語文字を使うという習慣がある。すなわち、『繫年』は主に各時代の史料を採用し編纂されたのである」という似た結論を得ているが、私はとても重要であると考える[184]。『繫年』は大量のオリジナルの文書・史料文獻によって編纂された著作であり、ある一つの著作(例えば『左傳』)に依據し單に拔き寫した、あるいは改編した著作ではないと考えられる。『繫年』と『左傳』で符合する内容については、兩者がどちらも、合致するあるいは近い史料・傳説を來源として採用したとしか解釋できない。『繫年』と『左傳』は畢竟どちらも正規の歴史資料の記載にもとづき編纂された史書であるため、異同はそもそも大きくないだろう。陳偉氏らの提出した『鐸氏微』についての推測は、『繫年』の抄寫年代と合わない。李守奎氏は『繫年』は「『鐸氏微』の祖本」であり、兩者には「一定の根源的關係がある」と考えるが[185]、これについても『繫年』の性質や内容とあまり合わないと思われる[186]。

　上ですでに説明したが、『繫年』は全ての清華簡の著作において、著作年代が最も遅い(少なくとも比較的遅い)部類に入る。しかしその抄寫年代は、目下のところ清華簡中でかなり早いと見られ、少なくとも墓葬年代より数十年早い(もしこの墓の埋葬年代を前 305 年前後とするなら)。こうした状況は、墓主がこの著作をことさらに重要視していたことを物語っており、そうでなければこれほど長い時間、彼とともに埋葬されるまで保存しなかっただろう。この點からだけでも李守奎氏が提出した、『繫年』の編纂と清華簡の出土した墓の墓主との特殊な關係は[187]、檢討を許されない問題ではなくなる。

十

　以上から幾つかの考えを派生させ、ぜひこの機會を借りて［その考えを］提

出し、讀者のご教示を賜りたい。我々が現在、出土戰國古書に向かい合う際、主觀的・客觀的な様々な要因により、往々にして單純化し處理してしまいがちである。特に郭店楚簡・上博楚簡・清華簡をどれも前 300 年前後のものであると見做してしまう。上で言及した李學勤氏の、『繫年』を含む清華簡の抄寫年代に對する統一的な判斷はまさにその一例であり、こうした畫一的な方法は基本的に責任を負わなくて良い便宜的なものである。しかし私はこうした問題を、趙平安氏のように「『厚父』…の抄寫年代の下限は戰國中晚期である」(脚注では前 305±30 年と指摘する)[188] と表現すると、いくらか科學的・合理的かもしれない、と考える。なぜなら一つの墓の中にある全ての書物を、みな短い期間の内に抄寫されたものだと見ることはできず[189]、その「下限」を指摘するならば、かなり正確となるからである。

　十數年前、郭店楚簡・上博楚簡の公開と研究によって、多くの人が戰國竹書の橫方向の國別・書き手などの問題に段々と注目し始めた。清華簡の重要性は、我々にまた別の方面の問題を提示したことにあると私は考える。それはすなわち戰國竹書の縱方向の時代性の問題であり、それはちょうど私たちがこれまであまり重視せず、また關心を寄せるのに十分な條件がなかった問題である。いま『繫年』によって前 300 年から遠く離れた戰國中期偏早の抄本を見ることができるようになり、その文字には後の典型的な戰國楚文字と一致しない特色が多く存在する。以後、同樣の早期の抄本が清華簡に更に見られ、我々の戰國楚文字に對する認識を大いに豐かにしてくれることを願っている。

　上述の『繫年』の文字の特徵に對する分析の過程で、すでにある程度、楚文字の地域的特徵形成における複雜な歷史的過程の一側面を明らかにしたと思う。これは戰國文字の分域問題・戰國竹書の國別問題の議論に示唆をもたらさないということはないだろう。簡單に言えば、私は以下のような幾つかの點を今後の研究では注意すべきであると考える。

　第一に、これまで各系各國の文字異形という狀況を比較的重視してきたが、同じ系統・同じ國の文字內部における異形現象の豐富さと、それを生み出す要因・層については、おそらく認識が未だとても不十分である。上で擧げた、一

126　第 2 部　非發掘簡の資料價値の確立

般的な楚文字には見えない、他系の文字の影響を受けたとこれまで考えられて
きた多くの例は、新たな資料の出現と總合的な分析によって、同じ系統・同じ
國の固有の異形現象としかみなせない。こうした現象は、比較的早くに抄寫さ
れたテクストにおいてはより突出しているかもしれない。よってこのような問
題において、我々は「某系文字の影響を受けた」という表現は極めて慎重に用
いるべきである。例えば、『繫年』には「弔」字が 2 例見え(18 號簡・57 號簡)、

どちらも 🔣 と書かれ [190]、「人」形の背後に小さな左拂いが加えられている。も
し狹い分域の觀點から判斷したなら、こうした書き方は楚文字の書き方と合わ
ず、晉系文字と合うことから、これは三晉文字の影響を受けたという結論が導
き出されるに違いない。しかしこうした判斷をもし無限に廣げていくとしたら、
それはあまり意義のあるものではない——なぜなら楚文字中の例外が絶えず出
現し得るからだ。『繫年』の書き手を見てみると [分かるように]、彼はこうし
た [左拂いを加える] 書寫習慣を持っているのである。例えば 35 號簡の「爻」

聲を加えた「保」字は 🔣 に作るが [191]、明らかに「爻」の右上に小さな左拂いが
有る。こういった現象は、他系文字の影響を受けた結果であると見做すよりも、
書き手個人の書寫の特徵・習慣がそうさせたものだと見る方が良い [192]。更に多
くの場合にあり得るのが、戰國文字の各系の特徵的な形體について、一體どれ
がどれに影響したのか判斷するのは、その實答えのない問題であるということ

だ。例えば上で擧げた、『繫年』と葛陵楚簡が 🔣 🔣 と書き、三晉印で 🔣 と書
く「復」字について、楚文字が三晉文字に影響を與えたのか、それとも三晉文
字が楚文字に影響を與えたのかについて悩むのは、意義はあまり大きくないだ
ろう。より可能性が高いのは、楚・晉という隣り合った地域には元々同じ書き
方があり、戰國文字に踏襲されたにすぎないというものだ。戰國文字の系統・
國別の違いと、異なる系統・國別で隣り合った地域の一致性とは、同時に存在
していたものであろう(文字の地域・國別の差異の區分は、地理的境界のような

はっきりした境界は存在していなかったのかもしれない)。これは今後注目し研究を深める必要のある問題かもしれない。

　第二に、動態的・辨證法的に正體・俗體の消長關係を認識しなければならない。大きな趨勢からは、戰國楚文字の地域的特徴の發展は、俗體が徐々に正體の地位に取って代わる過程であると言える。そのため早期の抄本には、早期古文字の特徴に合致し、早期古文字の來源を反映する正規的な書き方がより多く見える、というのは問題ない。しかし戰國文字の俗體は一氣に何も無いところから生まれたのではなく、多くの簡俗體は早い時期に既に存在していたということも認識しなくてはいけない。例えば上で擧げた「帀」「馬」「歸」などは、葛陵楚簡にすでに簡俗な書き方が見られる(こうした書き方も、生まれてからすでに一定の時間が經っていた可能性が高い)。しかし畢竟その使用頻度・範圍からいってやはり後世と同一視はできない。この他、同じ時期の同じ成分が、獨體で用いられるのと文字の構成要素として用いられるのとでは、その變化の速さは往々にして異なり、どの文字の構成要素として用いられるかでも正・俗の變化の速度が異なり得る。また時代・資料が違えば、同じ文字の同じ成分であっても正・俗の變化の過程における倒置現象があり得る。これらはどれも驚くべきことではない。例えば上で擧げた『繫年』の「濬」の從う「歺」旁は早期古文字の書き方に合致するが、『繫年』で同様に「歺」に從う「死」は🖼形に作り(『繫年』の「歺」に從う「悼」「殜(世)」などの書き方はこれと同じである)[193]、むしろ包山楚簡の🖼等の書き方のほうが正統的・規範的である[194]。また上で擧げた『繫年』の「甚」の書き方も、葛陵楚簡が全て🖼のような形に作るのよりも正統的で、さらにはこの葛陵楚簡の「甚」字の書き方よりも包山楚簡の🖼のような形の方が古めかしい。よって任意の孤立した偏旁の對比・順序付けは、時に實際の抄寫年代の先後を反映し得ない。本當に合理的

128 第2部 非發掘簡の資料價値の確立

な結論を導くには、やはり全面的な比較研究を行う必要がある。例えばもし葛陵楚簡の「殤」「死」「殜」等の字の構成要素が、『繋年』と近いあるいは一致する書き方で書かれていることを見れば[195]、戰國早中期に「死亡」義と關連する「歹」旁を毛筆で筆寫する場合には、一般的には多くの場合この[葛陵楚簡や『繋年』の]ような形であったのであり、包山楚簡の書き方は古い特徴を殘している現象だということがわかる(こうした狀況の大半は大きな環境によるものではなく、書き手個人の習慣および偏旁の結合による停滯性によるものである)。

第三に、楚簡の書風を深く研究すべきであり、これは楚簡の文字の分類ないし分期にとって重要である。書風研究の目的は、狹くどの篇とどの篇が同じ書き手によるものかを確認することでは決してなく、書風を通じてテクストの時代的特徴を見ることである。上で既に言及したが、葛陵楚簡と『繋年』は直感的な書風からひと目で同一性を認められるテクストであるとは言えないが、やはり仔細な分析・比較を通じて多くの類似したあるいは同じ風格が見られる。既に擧げた「臺」「天」などの字以外に、例えば[以下に擧げた]「者」「受」「既」「南」「柬」「殤」「卲」「猷」「李」など、こうした例はやはり多い。

清華簡『繫年』抄寫年代の推定　129

〓（『繫年』）〓（葛陵楚簡）

〓（『繫年』）〓（葛陵楚簡）

〓（『繫年』）〓（葛陵楚簡）

これらは單に例を舉げたに過ぎないものだが、全面的な比較を行えば更に多くの例を列擧することができるだろう。こうした例からも、直感的にこの二つの資料と戰國中晚期の楚簡との書風の違いが感じられる。殷墟甲骨文字は目下すでに、まずは字體・書風にもとづいて分類を行い、その後分期・斷代をするという科學的研究の段階に入っている。楚文字、特に楚簡帛の文字がもし科學的な分期・斷代作業を行うなら、明確な墓葬年代の情報があり、紀年のある楚簡の文字の、基準となる特徴という座標を確立した後、文字の字體・書風に基づき分類するという段階を必ず經る必要がある。だが楚簡帛資料が複雜であること、地域が廣汎であること、時閒の幅が大きいことや數量が膨大であることが、こうした分類研究がこの上なく困難で繁雜になることを決定づけている。しかしこの一步は必ず踏み出し、また堅實に歩んでければいけないものである。

付記：本稿執筆後、鄔可晶・蘇建洲・郭理遠の三氏に目を通していただき、修正意見を頂いた。また李守奎氏にもご覽いただきご敎示頂いた。謹んで感謝申し上げる。さらに匿名の査讀者にも貴重なご意見を頂き、かつ勵ましと肯定を頂いた。感謝申し上げたい。

※ 本稿は郭永秉「清華簡《繫年》抄寫時代之估測−兼從文字形體角度看戰國楚文字區域性特徵形成的複雜過程」（『文史』2016 年第 3 輯）の日本語譯である。以下、（）は著者によるもの、［ ］は譯者が翻譯に際し補った部分である。

注

130　第 2 部　非發掘簡の資料價値の確立

1 李守奎「楚文獻中的教育與清華簡《繫年》性質初探」、復旦大學出土文獻與古文字研究中心編『出土文獻與古文字研究』第 6 輯、上海古籍出版社、2015 年、302 頁。

2 李守奎「清華簡《繫年》與呉人入郢新探」、『中國社會科學報』第 241 期第 7 版、2011 年 11 月 24 日。

3 蘇建洲・吳雯雯・賴怡璇『清華二《繫年》集解』、萬卷樓、2013 年。

4 陳民鎮「《繫年》"故志"説──清華簡《繫年》性質及撰作背景芻議」、『邯鄲學院學報』第 22 卷第 2 期、第 53 頁；田天「清華簡《繫年》的體裁：針對文本與結構的討論」"出土文獻的語境"國際學術研討會暨第三屆出土文獻青年學者論壇、國立清華大學、2014 年 8 月 27-29 日。『繫年』の編纂者が楚國の人物であるということについては、李學勤氏らがすでに述べており、陳偉氏・李守奎氏らは更なる説明と推測を行っているが(陳偉「清華大學藏竹書《繫年》的文獻學考察」、『史林』2013 年第 1 期、44-46 頁；李守奎「楚文獻中的教育與清華簡《繫年》性質初探」、301-302 頁)、陳民鎮氏らはなお留保している。［しかし］本稿の議論から見れば、この點［編纂者が楚人であること］は疑いがないだろう。

5 清華大學出土文獻研究與保護中心編、李學勤主編『清華大學藏戰國竹簡(貳)』下册、中西書局、2011 年、135 頁。

6 陳偉「清華大學藏竹書《繫年》的文獻學考察」、43-44 頁。

7 蘇建洲氏と大西克也氏は先後して「悼哲王」の書き方の特殊性に着目している。蘇氏は「卲」で「悼」を表すのは、楚國の謚法において「愬」で「悼」を表す習慣と合わないため、「『繫年』の底本が楚國に由來するものではない」のではないかと疑っている(蘇建洲・吳雯雯・賴怡璇『清華二《繫年》集解』第 883 頁)。大西克也氏は「卲折王」三字の間隔が、同じ簡の他の字と異なることから、「悼」を表す「愬」を書き漏らし、その後補う際に「愬」を書ききれずに「卲」と誤寫したと考える(「清華簡《繫年》爲楚簡説──從其用字特點探討(摘要版)」"源遠流長"漢字國際學術研討會暨 AEARU 第三屆漢字文化研討會論文、北京大學、2015 年 4 月 11-12 日)。この二つの意見はどちらも恐らく問題が有り、なおかつ楚國の謚法の用字を絕對的なものとしすぎている。上で指摘したように、「卲」は「卲」字の「口」を書かない省略體である。馬王堆帛書『春秋事語』衞獻公出亡章に「寧召子」とあるが、この人物はすなわち「寧悼子」である。よって「召」で「悼」を表せる

清華簡『繫年』抄寫年代の推定　131

ことが分かる(湖南省博物館・復旦大學出土文獻與古文字研究中心編、裘錫圭主編『長沙馬王堆漢墓簡帛集成』第3册、中華書局、2014年、184-185頁)。『春秋事語』の抄寫年代は漢初を下らず、より古い楚地のテクストに基づいたはずである。そのため『繫年』が「阤」で「悼」を表していてもおかしくはない。字の間隔の問題については、『繫年』には多くの箇所で字間が不均等であるという現象がそもそもあり(例えば15・106・116號簡)、更に言えば陳劍氏は、當該箇所は編繩を避けることと關係しているのではないかと指摘している。

8 陳偉「清華大學藏竹書《繫年》的文獻學考察」44頁。

9 李學勤「清華簡《繫年》及有關古史問題」、『文物』2011年第3期、70頁。

10 清華大學出土文獻研究與保護中心編、李學勤主編『清華大學藏戰國竹簡(貳)』下册、193頁注8。

11 蘇建洲・吳雯雯・賴怡璇『清華二《繫年》集解』、882頁。

12 李零氏は早くに以下のように指摘している。「墓葬年代は簡書の年代の下限を確定することしかできず、成書年代と抄寫年代を確定することはできない」(餘瑾「上博藏簡(一)討論會綜述」、簡帛研究網站2002年1月1日)。同じ理屈で、成書年代のおおよその確定からは抄寫年代の上限を確定することしかできず、墓葬から出土した著作の抄本が抄寫された時期(これは比較的近接した著作年代の下限である——この下限は當然、墓葬年代によって確定される著作年代の下限よりも確實である)を推し量ることはできない。

13 李學勤「《繫年》出版的重要意義」、『夏商周文明研究』、商務印書館、2015年、219頁。

14 楊伯峻『春秋左傳注』前言、中華書局、1990年第二版、41頁。

15 陳偉「清華大學藏竹書《繫年》的文獻學考察」、48頁。

16 陳劍「簡談《繫年》的“戠”和楚簡部分“耤”字當釋讀爲“捷”」、『安徽大學學報』2013年第6期、70頁。裘錫圭「《戰國文字及其文化意義研究》緒言」、復旦大學出土文獻與古文字研究中心編『出土文獻與古文字研究』第6輯、上海古籍出版社2015年、225頁。大西克也「清華簡『繫年』爲楚簡説——從其用字特點探討(摘要版)」“源遠流長”漢字國際學術研討會暨AEARU第三屆漢字文化研討會論文、北京大學、2015年4月11-12日。

17 蘇建洲・吳雯雯・賴怡璇『清華二《繫年》集解』、50頁。

18 徐在國「曾公子棄疾銘文補釋」、武漢大學簡帛網、2012年10月31日。

132　第 2 部　非發掘簡の資料價值の確立

19　蘇建洲・吳雯雯・賴怡璇『清華二《繫年》集解』、526 頁。

20　しかし『繫年』において「鳥」に從う(鶽)で「甀」を表すのもかなり變わった用字現象である。私は『繫年』が基づいた底本あるいはその元となった古書が、そもそも甀の「甀」字の異體に似た形で書いており、この字の從う「鼎」旁の書き方が戰國文字の「鳥」の書き方とかなり似ているため、誤認・誤寫され「鶽」字に作ったのではないかと考えている。もしそうであるなら『繫年』の用字は非常に古く、かつ何か繼承しているものがあるということを、より物語っている。

21　郭永秉「續説戰國文字的"夌"和從"夌"之字」、『古文字與古文獻論集續編』、上海古籍出版社、2015 年、89-93 頁。

22　李學勤主編、沈建華・賈連翔編『清華大學藏戰國竹簡 (壹-叁) 文字編』、中西書局、2014 年、46-47 頁。

23　郭永秉「關於"兆"、"涉"疑問的解釋」、『古文字與古文獻論集續編』、113 頁。按ずるに、葛陵楚簡 100 號簡の「」「」に從う字の「兆」旁については、その二つの「止」は既に同じ向きになっている。

24　李學勤主編、沈建華・賈連翔編『清華大學藏戰國竹簡 (壹-叁) 文字編』281頁。滕壬生『楚系簡帛文字編(增訂本)』、湖北教育出版社、2008年、952頁。前340年頃、すなわち楚宣王・威王の時代に埋葬された天星觀一號楚墓竹簡の遣册の「涉」字(上引の滕氏著書の同頁參照。天星觀楚簡の年代については李學勤『文物中的古文明』438-440頁參照)は「水」の兩側に正反の「止」がある形に作る。これは明らかに簡册の書寫年代が比較的早いためである。

25　蘇建洲・吳雯雯・賴怡璇『清華二《繫年》集解』、399 頁。

26　湯餘惠主編『戰國文字編』、福建人民出版社、2001 年、115 頁。

27　張守中「論盟書書法藝術」、『汾河灣：丁村文化與晉文化考古學術研討會文集』、山西高校聯合出版社、1996年、175頁、湯志彪『三晉文字編』吉林大學2009年博士學位論文7頁より引用。

28　湯志彪『三晉文字編』、102頁。

29　葛陵楚簡にも楚簡の一般的な書き方と似た、省略されない「復」字が存在するが、それでもやはり楚簡に見られる多くの「復」字と比べるとV形をした筆畫が 1 つ多く、天星

清華簡『繫年』抄寫年代の推定　133

觀楚簡の遣册の「腹」字の旁・郭店楚簡『老子』丙組13號簡および清華簡『湯處湯丘』4號簡の「復」字と書き方が一致する。こうした書き方は「童」の書き方の類化を受けたのかもしれない(張新俊・張勝波『新蔡葛陵楚簡文字編』巴蜀書社、2008 年、54頁；清華大學出土文獻研究與保護中心編、李學勤主編『清華大學藏戰國竹簡(伍)』下册、中西書局、2015 年、175頁；滕壬生『楚系簡帛文字編(增訂本)』、411頁參照)。

30　こうした現象は非常に注目に值する。清華簡『筮法』の「復」は [字] に作り、一般的な楚文字に見られる「復」字と異なっており、似たような狀況であろう。これも戰國時代の同系文字內部での異形と見るべきである。說明が必要なのは、『筮法』の「復」字の頭部は、韓の溫縣盟書の [字] のような書き方の基礎の上にさらに訛變・簡略化された結果であるということだ(溫縣盟書の「復」字頭部のこのような書き方は、明らかに一般的な「復」字頭部が縮まり訛變し「百」と混同した結果であり、趙の侯馬盟書にも似たような書き方が見える)。韓と楚は地理的に近いが、楚の「復」が自らこうした書き方を發展させたとしても全く以って正常なことであり、『筮法』の文字が三晉の影響を受けた結果であると見做す必要は無い(本稿の以下の議論も參照されたい)。

31　宋華強『新蔡葛陵楚簡初探』、武漢大學出版社、2010 年、113-135頁。李學勤『夏商周文明研究』198頁參照。

32　蘇建洲・吳雯雯・賴怡璇『清華二《繫年》集解』、909頁。

33　李學勤氏は曾てその年代を戰國中期偏早と推測した(「簡帛佚籍的發現及其影響」、『文物』1999 年第10期、40頁)。楊澤生『戰國竹書研究』、中山大學出版社、2009年、18・43頁參照。また注24で擧げた天星觀楚簡や注119で擧げる秦家嘴楚簡のようなもの〔もここで言う年代の早い楚簡〕である。

34　楊澤生『戰國竹書研究』、39-43頁。

35　『筮法』の「市」字の正統性については裘錫圭「《戰國文字及其文化意義研究》緒言」、復旦大學出土文獻與古文字研究中心編『出土文獻與古文字研究』第6輯、224頁參照。

36　滕壬生『楚系簡帛文字編(增訂本)』、582-584 頁。

37　李松儒「試析《繫年》中的一詞多形現象」“出土文獻與學術新知”學術研討會暨出土文獻青年學者論壇論文集、2015年8月21-22日、吉林大學、91頁。

38　張新俊・張勝波『新蔡葛陵楚簡文字編』、122頁。

134　第2部　非發掘簡の資料價値の確立

39　清華大學出土文獻研究與保護中心編、李學勤主編『清華大學藏戰國竹簡(伍)』下册、110・195頁。

40　この「犬」字は史牆盤の「猷」字の構成要素である(董蓮池『新金文編』中册、作家出版社、2011年、1409頁)。

41　口の下部と體を一筆で續けて書く[「犬」]は西周晚期の炎戒鼎の「獄」字に見える(董蓮池『新金文編』中册、1413頁)。

42　『戰國文字編』664頁「犬」字の條、1列目の1・2例目(秦)、2列目3例目(三晉、字は反轉)等。ちなみに、上博楚簡『緇衣』24號簡の「猷」字・『用曰』11號簡「猷」字および齊系文字の風格を持つ郭店・上博楚簡の抄本における「犬」は違った書き方であるが(口と前足を合併させ、その後「人」に似た、後ろ足と尻尾を書く)、こうした書き方は三晉文字に見える(例えば『戰國文字編』673頁所引の『璽彙』1738「虎」字・671-672頁所引の中山王器に見える「犬」に從う字)。

43　楊澤生『戰國竹書研究』、40頁參照。

44　李守奎・賈連翔・馬楠編著『包山楚墓文字全編』、上海古籍出版社、2012年、388頁。

45　饒宗頤主編、徐在國副主編『上博藏戰國楚竹書字匯』、安徽大學出版社、2012年、399頁。

46　張新俊・張勝波『新蔡葛陵楚簡文字編』174-175頁、また166頁「厭」字。葛陵楚簡には零245　　　・甲三33　　　等のような字の偏旁に比較的象形的な「犬」があるが、どれも口の下部の筆畫と體・尻尾が一筆に繋がっていない。

47　この字の「犬」旁は『從政・甲』12號簡の「猷」字(饒宗頤主編、徐在國副主編『上博藏戰國楚竹書字匯』、398頁)の構成要素ような、あまり規範的でない書き方にすぎないのかもしれない。

48　張新俊・張勝波『新蔡葛陵楚簡文字編』、174頁。

49　董蓮池『新金文編』中册、1413頁。

50　李學勤「伯樺青銅器與西周典祀」、陳昭容主編『古文字與古代史』第1輯、中研院歷史語言研究所、2007年、182頁。

51　裘錫圭「《戰國文字及其文化意義研究》緒言」、227-229頁。

52　李學勤主編、沈建華・賈連翔編『清華大學藏戰國竹簡(壹-叁)文字編』、37頁。

清華簡『繋年』抄寫年代の推定　135

53　湯餘惠主編『戰國文字編』、79頁;黃德寬主編『古文字譜系疏證』、60-61頁。

54　李學勤「釋"改"」、『中國古代文明研究』、華東師範大學出版社、2005年、16頁參
照。陳松長編著、鄭曙斌・喻燕姣協編『馬王堆簡帛文字編』、文物出版社、2001年、126
頁(この頁に所收の『戰國縱橫家書』39行の「改」字も、實のところ「改」である)。

55　張新俊・張勝波『新蔡葛陵楚簡文字編』、43頁(按:清華大學藏戰國竹簡(陸)『子產』
にも「起」字の正篆の書き方が二例見える。中西書局、2016年、下冊156頁)。

56　李學勤主編、沈建華・賈連翔編『清華大學藏戰國竹簡(壹-叁)文字編』、38-39頁。

57　包山楚簡・郭店楚簡・上博楚簡およびその他の楚簡の「歸」字は、基本的に全て「遷」
に作る。(滕壬生『楚系簡帛文字編(增訂本)』、129-130頁;李守奎・賈連翔・馬楠編著『包
山楚墓文字全編』、59-60頁;饒宗頤主編、徐在國副主編『上博藏戰國楚竹書字匯』、421
頁)。

58　裘錫圭「殷墟甲骨文"彗"字補說」『華學』第2輯、中山大學出版社、1996年、35頁;
裘錫圭「說從"肖"聲的從"貝"與從"辵"之字」、『文史』2012年第3期、9-23頁參照。

59　李宗焜『甲骨文字編』、中華書局、2012年、698-701頁;董蓮池『新金文編』上冊、147-148
頁。

60　滕壬生『楚系簡帛文字編(增訂本)』、129頁;張新俊・張勝波『新蔡葛陵楚簡文字編』、
43頁;清華大學出土文獻研究與保護中心編、李學勤主編『清華大學藏戰國竹簡(肆)』下冊、
中西書局、2013年、177頁。

61　滕壬生『楚系簡帛文字編(增訂本)』、776頁;饒宗頤主編・徐在國副主編『上博藏戰國
楚竹書字匯』、613頁。

62　李學勤主編、沈建華・賈連翔編『清華大學藏戰國竹簡(壹-叁)文字編』、227頁。

63　李宗焜『甲骨文字編』、28頁;董蓮池『新金文編』中冊、1150頁。郭理遠氏によると楚
簡帛の文字における「長」の多くは、杖の形から變化した「匕」に從わなくなっており、
「匕」に從う「長」は曾侯乙墓竹簡にのみ見え(滕壬生『楚系簡帛文字編(增訂本)』、825
頁)、こうした書き方が確かに楚系文字の早期の書き方であることを物語っている。

65　張新俊・張勝波『新蔡葛陵楚簡文字編』、157頁。

66　李宗焜『甲骨文字編』、372-373頁;董蓮池『新金文編』中冊、1270-1278頁。

67　湯餘惠主編『戰國文字編』、611頁。

136　第2部　非發掘簡の資料價値の確立

68　滕壬生『楚系簡帛文字編（增訂本）』、801-802頁。この本では誤っていくつかの「首」あるいは「頁」に從い「之」聲の「戴」字の初文と、髮の形を具えた「首」とを混同しているが、沈培「試釋戰國時代從"之"從"首（或從"頁"）"之字」、武漢大學簡帛網、2007年7月17日）に從い訂正すべきである。饒宗頤主編、徐在國副主編『上博藏戰國楚竹書字匯』、797頁。

69　張新俊・張勝波『新蔡葛陵楚簡文字編』、161頁。

70　上掲書105頁。

71　董蓮池『新金文編』中册、1274・1277頁。

72　李學勤主編、沈建華・賈連翔編『清華大學藏戰國竹簡（壹-叁）文字編』、276頁。

73　董蓮池『新金文編』上册143-144頁、中册986・1865頁；『古文字譜系疏證』、2781頁。

74　董蓮池『新金文編』上册、144頁。

75　李守奎・賈連翔・馬楠編著『包山楚墓文字全編』、346・359頁；饒宗頤主編、徐在國副主編『上博藏戰國楚竹書字匯』、694頁；滕壬生『楚系簡帛文字編（增訂本）』、171頁。

76　董蓮池『新金文編』上册、第143頁。

77　李守奎・賈連翔・馬楠編著『包山楚墓文字全編』、359・313頁；清華大學出土文獻研究與保護中心編、李學勤主編『清華大學藏戰國竹簡（伍）』下册、213・173頁。

78　滕壬生『楚系簡帛文字編（增訂本）』、128頁。

79　張新俊・張勝波『新蔡葛陵楚簡文字編』、43頁。

80　この「澂（濬）」字を「壑」を表すのに用いる原因については、鄔可晶「説金文"賢"及相關之字」、復旦大學出土文獻與古文字研究中心編『出土文獻與古文字研究』第5輯、上海古籍出版社、2013年、226-227頁を參照。

81　鄔可晶「説金文"賢"及相關之字」、225頁。

82　鄔可晶「説金文"賢"及相關之字」、222頁。李學勤主編、沈建華・賈連翔編『清華大學藏戰國竹簡（壹-叁）文字編』、235 頁；清華大學出土文獻研究與保護中心編、李學勤主編『清華大學藏戰國竹簡（伍）』下册、205頁。

83　師衰簋の 新 （『集成』4313・4314）が從う「歺」の頭部は、既にV形に近づいており、戰國文字の異形の先驅けと見ることができる。「歺」に從う字の戰國楚文字における字形

の變化と擧例については、蘇建洲「上博楚簡（五）考釋五則」、『中國文字』新32期、藝文印書館、2006年、76頁を參照されたい。

84　ここで二點説明しておきたい。①上博楚簡『周易』の幾つかの字形の書き方は古い特徴を殘しており、これはこの書物の成書が比較的早く、依據した底本が比較的古いことと關係している可能性がある。②上で『周易』28號簡「叡（睿）」字の頭部に既に訛變が生じていると述べたが、[訛變が生じていない]54號簡[の例]と異なっている。[一つの]寫本の中でまま見られる、異體の併存現象と解釋することもできるが（『繫年』・葛陵楚簡などに類似した現象があることを上でしばしば述べた）、後者は卦名に用いられやや正式である一方、前者は單に一般的な「疎通させる」という意味の「瀋」として用いられていることと關係があるかもしれない。

85　天星觀遣册の「繻」字、曾侯乙墓竹簡中に多く見られる「衣」「襦」に從う字も、構造がこれと同じである（滕壬生『楚系簡帛文字編（增訂本）』、1094・774頁）。ただし曾侯乙墓竹簡の「襦」旁の上部は訛って「隹」形に從っている。

86　この字を宋華強『新蔡葛陵楚簡初探』148-149・398頁、張新俊・張勝波『新蔡葛陵楚簡文字編』201頁は「玉」「襦」「電（龜）」に從うと釋すが、丙形の尾の上部の短横を誤って「玉」の下の横畫と見做してしまっており、いまここで正す（徐在國氏はこの字に對して早くに正確な分析をしている（「新蔡葛陵楚簡劄記」、『中國文字研究』第5輯、廣西教育出版社、2004年、156頁））。

87　復旦大學出土文獻與古文字研究中心編『出土文獻與古文字研究』第6輯、382-383頁。

88　滕壬生『楚系簡帛文字編（增訂本）』、187頁參照。

89　裘錫圭「釋"建"」、『裘錫圭學術文集』第三卷、復旦大學出版社、2012年、39-41頁。

90　清華簡『厚父』の「建」字の書き方（清華大學出土文獻研究與保護中心編、李學勤主編『清華大學藏戰國竹簡（伍）』下册、175頁）は上博楚簡『周易』と同じである。

91　滕壬生『楚系簡帛文字編（增訂本）』、187頁；饒宗頤主編・徐在國副主編『上博藏戰國楚竹書字匯』、215頁を參照。

92　董蓮池『新金文編』中册、1735・1736頁。

93　同上。

138 第 2 部 非發掘簡の資料價值の確立

94 滕壬生『楚系簡帛文字編(增訂本)』、1061-1063 頁;饒宗頤主編・徐在國副主編『上博藏戰國楚竹書字匯』、404・350 頁(『柬大王泊旱』13 號簡の「我」字はもともと誤って「弗」と釋されていたが、インターネット上の意見によって改める)。李學勤主編、沈建華・賈連翔編『清華大學藏戰國竹簡(壹-叄)文字編』、307-308 頁。清華大學出土文獻研究與保護中心編、李學勤主編『清華大學藏戰國竹簡(伍)』下册、219 頁。『説文』の「義」字の或體は「羛」に作り、「墨翟書義從弗」というが、「羛」のような書き方は傳世文獻や出土秦漢簡帛文獻にもあり(陳松長編著、鄭曙斌・喻燕姣協編『馬王堆簡帛文字編』、510 頁)、戰國文字の「我」のこうした省略・變化と關係がある可能性がある(李零「長沙子彈庫戰國楚帛書研究」、『楚帛書研究(十一種)』所收、中西書局、2013 年、101 頁參照)。

95 宋華強『新蔡葛陵楚簡初探』、314 頁。

96 張新俊・張勝波『新蔡葛陵楚簡文字編』、172 頁。

97 滕壬生『楚系簡帛文字編(增訂本)』、852-859 頁;饒宗頤主編・徐在國副主編『上博藏戰國楚竹書字匯』、798 頁。

98 滕壬生『楚系簡帛文字編(增訂本)』、855-858 頁;饒宗頤主編・徐在國副主編『上博藏戰國楚竹書字匯』、799 頁。

99 蘇建洲・吳雯雯・賴怡璇『清華二《繫年》集解』、426 頁。

100 裘錫圭「《上海博物館藏戰國楚竹書(二)・子羔》釋文注釋」、『裘錫圭學術文集』第二卷、467 頁。

101 上掲書 467-468 頁。

102 「虍」頭の省略については、古文字における「處」字の「處」字からの分化が類似している。

103 蘇建洲・吳雯雯・賴怡璇『清華二《繫年》集解』、426 頁。

104 西周の皆壺の「皆」字には別の來源があるのか、「虘」から簡略化したのかについては、さらなる研究を待ちたい。またこの字が「皆」であるのかどうかについてさえも、研究の餘地がある問題であろう。

105 蘇建洲・吳雯雯・賴怡璇『清華二《繫年》集解』、51-52 頁。

106 張新俊・張勝波『新蔡葛陵楚簡文字編』、39 頁。

107 李學勤主編、沈建華・賈連翔編『清華大學藏戰國竹簡(壹-叄)文字編』、2 頁。

清華簡『繫年』抄寫年代の推定　139

108 滕壬生『楚系簡帛文字編（增訂本）』、8 頁。

109 李守奎・賈連翔・馬楠編著『包山楚墓文字全編』、6 頁；饒宗頤主編・徐在國副主編『上博藏戰國楚竹書字匯』、235 頁。

110 李學勤主編、沈建華・賈連翔編『清華大學藏戰國竹簡（壹-叁）文字編』、289 頁。

111 滕壬生『楚系簡帛文字編（增訂本）』、984-988 頁。

112 饒宗頤主編、徐在國副主編『上博藏戰國楚竹書字匯』、641-643 頁。

113 主に『尹至』『尹誥』『耆夜』『金縢』『祭公』『楚居』『芮良夫毖』『殷高宗問於三壽』（それぞれ 1 例。『楚居』の「至」字は、11 號簡の 1 例が下に橫畫を加えない書き方であるのを除き、その他 18 例は全て下に橫畫が加えられている）、『命訓』（4 例。下に橫畫を加えるものが 5 例ある）に見える。李學勤主編、沈建華・賈連翔編『清華大學藏戰國竹簡（壹-叁）文字編』、289 頁、清華大學出土文獻研究與保護中心編・李學勤主編『清華大學藏戰國竹簡（伍）』下册、215 頁參照。蕭毅氏は橫畫の下に短い橫畫（あるいは點）を加えるのが楚文字の地域的標識であると考えたが（『楚簡文字研究』、武漢大學出版社、2010 年、187 頁。郭理遠氏のご教示による）、こうした標識的な特徴は楚文字の比較的早い段階から備わっていたものでは決してないようである。

114 張新俊・張勝波『新蔡葛陵楚簡文字編』、187-188 頁。

115 董蓮池『新金文編』中册、1575-1577 頁。

116 張新俊・張勝波『新蔡葛陵楚簡文字編』、7 頁。

117 李學勤主編、沈建華・賈連翔編『清華大學藏戰國竹簡（壹-叁）文字編』、287 頁（『繫年』において短い橫畫を加える「不」字は全部で 12 例見える）。清華簡の現在公開されている篇において、こうした一番上の橫畫の上に短い橫畫を加えない「不」は『湯處於湯丘』16・19 號簡にそれぞれ 1 例見えるのみである（清華大學出土文獻研究與保護中心編、李學勤主編『清華大學藏戰國竹簡（伍）』下册、215 頁）。全ての楚簡の中で、短い橫畫を加えない「不」は比較的常見され、時閒的な層という點から言えば、この特徴の示差的意義はあまり大きくない。しかし『繫年』の類似した特徴を同時に見ることには、やはり意義があると考える。葛陵楚簡零 204 號簡に短い橫畫を加えない「不」（𠀚）が 1 例見えるが、大多數は短い橫畫が加えられており（張新俊・張勝波『新蔡葛陵楚簡文字編』、187 頁）、狀況は『繫年』と基本的に合致する。

140 第2部 非發掘簡の資料價値の確立

118 滕壬生『楚系簡帛文字編(增訂本)』、47-53 頁;饒宗頤主編、徐在國副主編『上博藏戰國楚竹書字匯』、379-381 頁;李學勤主編、沈建華・賈連翔編『清華大學藏戰國竹簡(壹-叁)文字編』、13 頁;清華大學出土文獻研究與保護中心編、李學勤主編『清華大學藏戰國竹簡(伍)』下册、168 頁。

119 滕壬生『楚系簡帛文字編(增訂本)』、48-53 頁;張新俊・張勝波『新蔡葛陵楚簡文字編』、23-25 頁。秦家嘴 99 號墓竹簡の埋葬年代は天星觀 1 號墓竹簡の埋葬年代よりやや早く、前 340 年頃であり、[この資料も]楚簡の中では年代が比較的古い。李學勤『文物中的古文明』、440-441 頁參照。

120 清華大學出土文獻研究與保護中心編，李學勤主編『清華大學藏戰國竹簡(伍)』下册、168 頁。

121 董蓮池『新金文編』上册、54 頁。

122 中山王墓出土の玉器上の毛筆で書かれた「玉」字は、多くがのような形體に作る(湯志彪『三晉文字編』、16 頁)。すなわち、右下のスペースの左上の直角部分を黒く塗っており、戰國楚系文字の早期の書き方と同じ理屈である。

123 滕壬生『楚系簡帛文字編(增訂本)』、362・1081・1167 頁;饒宗頤主編、徐在國副主編『上博藏戰國楚竹書字匯』、682 頁。

124 張新俊・張勝波『新蔡葛陵楚簡文字編』、138 頁。

125 包山楚簡 271 號簡の字は、見たところ『繫年』37 號簡の書き方と似ているようであるが、實際は[包山楚簡]268 號簡の字と比べてみればやはり一般的な楚簡の書き方であると分かる(李守奎・賈連翔・馬楠編著『包山楚墓文字全編』、452 頁)。

126 李學勤主編、沈建華・賈連翔編『清華大學藏戰國竹簡(壹-叁)文字編』、82・326 頁。

127 馮勝君『論郭店簡《唐虞之道》、《忠信之道》、《語叢》一〜三以及上博簡《緇衣》爲具有齊系文字特點的抄本』、北京大學 2004 年博士後研究工作報告、18 頁;および同氏の『郭店簡與上博簡對比研究』、線裝書局、2007 年、274-275 頁。

128 滕壬生『楚系簡帛文字編(增訂本)』、282 頁。

129 饒宗頤主編、徐在國副主編『上博藏戰國楚竹書字匯』、56・467 頁(『性情論』1 號簡・30 號簡に見える「及」字を漏らしている);李學勤主編、沈建華・賈連翔編『清華大學藏戰國竹簡(壹-叁)文字編』、82 頁;清華大學出土文獻研究與保護中心編、李學勤主編『清華

大學藏戰國竹簡（肆）』下册、157 頁；清華大學出土文獻研究與保護中心編、李學勤主編『清華大學藏戰國竹簡（伍）』下册、179 頁。

130 張新俊・張勝波『新蔡葛陵楚簡文字編』、51・67 頁。

131 李學勤主編、沈建華・賈連翔編『清華大學藏戰國竹簡（壹-叁）文字編』、210・246 頁。

132 董蓮池『新金文編』中册、1152-1170 頁。郭理遠氏のご教示によれば、こうした書き方は「」形と混同される「申」字との類化によるものである可能性が高い。例えば西周時代の此簋・春秋の曾子原魯簠の「申」字の二つの口形[の成分]は内を向き（『新金文編』中册、2197-2198 頁）、此簋の「壽」字の聲符「」は口が内を向く書き方に近づいており（『新金文編』中册、1158 頁）、この點を物語っている。

133 張新俊・張勝波『新蔡葛陵楚簡文字編』、9-14 頁。

134 こうした書き方の「」旁はこれまでも燕國文字の「壽」（『璽彙』1889 字、湯餘惠主編『戰國文字編』、584 頁）に見えている。

135 李守奎・賈連翔・馬楠編著『包山楚墓文字全編』、9-10 頁。

136 李學勤主編、沈建華・賈連翔編『清華大學藏戰國竹簡（壹-叁）文字編』、231・257 頁。

137 馮勝君『論郭店簡《唐虞之道》、《忠信之道》、《語叢》一〜三以及上博簡《緇衣》爲具有齊系文字特點的抄本』、17・34-35 頁；同氏『郭店簡與上博簡對比研究』、274・297 頁。

138 「弗」字の縱畫に左拂いを加える現象は上博楚簡『武王踐阼』『鄭子家喪』甲本・乙本等にも見え（饒宗頤主編・徐在國副主編『上博藏戰國楚竹書字匯』352 頁）、清華簡の「弗」字では縱畫に左拂いを加えるのが常である（李學勤主編、沈建華・賈連翔編『清華大學藏戰國竹簡（壹-叁）文字編』、299 頁；清華大學出土文獻研究與保護中心編、李學勤主編『清華大學藏戰國竹簡（伍）』下册、218 頁）。

139 李學勤主編、沈建華・賈連翔編『清華大學藏戰國竹簡（壹-叁）文字編』、138 頁（84 號簡の一例しか擧げられていないが、實際には 109 號簡と 110 號簡にも見える）。

140 滕壬生『楚系簡帛文字編（增訂本）』、665 頁；李學勤主編、沈建華・賈連翔編『清華大學藏戰國竹簡（壹-叁）文字編』、138 頁。こうした書き方の「虜」は春秋金文の發孫虜簠にも見える（董蓮池『新金文編』中册、910 頁）。このような書き方の從う「冊」は「尹」に似ており、戰國文字の「皆（皆-皆）」字の省略形（『唐虞之道』27 號簡。この字の省略されない書き方は葛陵楚簡零 452 號簡に見え、と書かれる。蘇建洲・吳雯雯・賴怡

142 第2部 非發掘簡の資料價値の確立

璇『清華二《繫年》集解』、426 頁參照)と同じである。「虜」の「力」を除いた部分は、
實際には「几」を加えた(陳劍『甲骨金文考釋論集』、線裝書局、2007 年、193-201 頁參照)
「虎」の繁體で、「虎」として用いられ、字全體の聲符となっていたのではないだろうか
(按：程鵬萬氏の未發表稿「釋十五年趙曹鼎銘中的"虜"」は東周の「虜」字の中閒の構
成要素が實は「盧」の象形字に由來すると指摘しており、この説は比較的信頼できる。謹
んでここに記し、また程度氏と、程説に注目するよう私に知らせてくれた周忠兵氏に謝意
を表したい)。

141 宋華強『新蔡葛陵楚簡初探』、218-224 頁。

142 蘇建洲・吳雯雯・賴怡璇『清華二《繫年》集解』はすでにこの點を指摘している(628-629
頁)。

143 『繫年』の「虜」字の書き方と一致する字形は、無錫博物館が 2008 年に收藏した吳
王闔廬劍の銘文に見え、「闔廬」の「廬」に用いられている(吳鎮烽「記新發現的兩把吳王
劍」、『江漢考古』2009 年第 3 期;陳斯鵬「吳王闔廬劍小考」、復旦大學出土文獻與古文字
研究中心網站、2012 年 1 月 15 日)。

144 李學勤主編、沈建華・賈連翔編『清華大學藏戰國竹簡(壹-叁)文字編』、238 頁。

145 李零「楚國銅器銘文編年匯釋」、中國古文字研究會・陝西省考古研究所・中華書局編
輯部編『古文字研究』第 13 輯、中華書局、1986 年、368 頁。

146 周忠兵「説古文字中的"戴"字及相關問題」、復旦大學出土文獻與古文字研究中心編
『出土文獻與古文字研究』第 5 輯、364-369 頁。

147 上揭書 374 頁。

148 周忠兵氏は「弋」聲の説に從う。「説古文字中的"戴"字及相關問題」、365 頁參照。

149 董蓮池『新金文編』上册、24 頁。

150 李學勤主編、沈建華・賈連翔編『清華大學藏戰國竹簡(壹-叁)文字編』、44 頁。

151 陳劍「釋上博竹書《昭王毀室》的"幸"字」、『戰國竹書論集』、上海古籍出版社、2013
年、137-138 頁。

152 李學勤主編、沈建華・賈連翔編『清華大學藏戰國竹簡(壹-叁)文字編』、44 頁。清華
大學出土文獻研究與保護中心編、李學勤主編『清華大學藏戰國竹簡(肆)』下册、155 頁。
清華大學出土文獻研究與保護中心編、李學勤主編『清華大學藏戰國竹簡(伍)』下册、174

頁。

153 王輝主編『秦文字編』、中華書局、2015 年、265 頁。

154 清華大學出土文獻研究與保護中心編、李學勤主編『清華大學藏戰國竹簡(貳)』下册、220 頁。

155 蘇建洲・吳雯雯・賴怡璇『清華二《繫年》集解』、651 頁。

156 李守奎『楚文字編』、華東師範大學出版社、2003 年、186 頁。清華大學出土文獻研究與保護中心編、李學勤主編『清華大學藏戰國竹簡(伍)』下册、180 頁。

157 趙平安「談談戰國文字中直得注意的一些現象」、復旦大學出土文獻與古文字研究中心編『出土文獻與古文字研究』第 6 輯、303-304 頁。

158 董蓮池『新金文編』上册、352-355 頁。

159 李守奎『楚文字編』、186 頁。

160 『繫年』128 號簡の「犢」字はに作り、127 號簡の從「人」「犢」聲の「儥」字の異體はに作り、「目」の上の「屮」形に小さな拂いを加えておらず、一般的な楚文字と異なる。しかし曾侯乙墓竹簡の「犢」「櫝」等の構成要素と書き方が一致する(滕壬生『楚系簡帛文字編(增訂本)』、247・547 頁)。この特徴もここで議論している「事」の書き方の特徵と對比できよう。

161 李學勤主編、沈建華・賈連翔編『清華大學藏戰國竹簡(壹-叁)文字編』、126 頁。

162 趙平安「談談戰國文字中直得注意的一些現象」、復旦大學出土文獻與古文字研究中心編『出土文獻與古文字研究』第 6 輯、304 頁。

163 董蓮池『新金文編』上册、540 頁;中册、1516 頁。

164 李守奎・賈連翔・馬楠編著『包山楚墓文字全編』、413 頁。

165 李學勤主編、沈建華・賈連翔編『清華大學藏戰國竹簡(壹-叁)文字編』、243 頁。

166 湯餘惠主編『戰國文字編』、621-622 頁。

167 清華大學出土文獻研究與保護中心編、李學勤主編『清華大學藏戰國竹簡(伍)』下册、206 頁。

168 趙平安氏は「敬」字の省略體を「茍」に作るのは晉系文字にのみ見えるとするが(趙平安「談談戰國文字中直得注意的一些現象」、復旦大學出土文獻與古文字研究中心編『出土文獻與古文字研究』第 6 輯、305 頁)、これは正しくない。西周金文の大盂鼎・大保簋

144　第2部　非發掘簡の資料價値の確立

で「口」を加えない「苟」を「敬」として用いているため(董蓮池『新金文編』中册、1331頁)、『厚父』も早期の用字習慣と書き方を引き繼いでいるにすぎない。

169　李學勤主編、沈建華・賈連翔編『清華大學藏戰國竹簡(壹−叁)文字編』、278頁。

170　湯志彪『三晉文字編』、676頁。

171　黃德寬主編『古文字譜系疏證』、3555頁;湯餘惠主編『戰國文字編』、746頁。

172　滕壬生『楚系簡帛文字編(增訂本)』、944頁。

173　黃德寬主編『古文字譜系疏證』、3553-3555頁。

174　清華大學出土文獻研究與保護中心編、李學勤主編『清華大學藏戰國竹簡(叁)』下册、127頁參照。

175　李學勤主編、沈建華・賈連翔編『清華大學藏戰國竹簡(壹−叁)文字編』、303-304頁。

176　湯餘惠主編『戰國文字編』、817頁。

177　滕壬生『楚系簡帛文字編(增訂本)』、1055頁。

178　私はこの問題はとても重要であると考えており、こうした變化の具體的なプロセスと詳細に對するさらに深い研究が待たれる。一般に戰國文字は「強い人爲的な規範化を經ていない」(趙平安「談談戰國文字中直得注意的一些現象」、復旦大學出土文獻與古文字研究中心編『出土文獻與古文字研究』第6輯、303頁)と考えられている。しかし我々が見られるのは、戰國楚文字のおおよそ戰國中晚期以降の、その姿がすでに基本的に一つに定まったものである。こうした變化は恐らく短い閒に急激に姿を變えたというもので、おおよそ前340年からあまり時閒の經たない、ある時期に、楚國の統治機構が楚文字に對して規範を統一する事業を行ったのではないかと疑いたくなる。また當時の楚國の複雜で不利な國際情勢という背景の下で、その政治と文化の主體意識を突出・強調させ、それによって他國に對抗するという目的を達成することと、こうした人爲的な施策が關係するのかどうか、これは非常に興味深く檢討に值する問題である。

179　吉本道雅「清華簡繫年考」、『京都大學文學部研究紀要』52:1-94頁、2013年。田天「清華簡《繫年》的體裁:針對文本與結構的討論」から引用。以下で引く吉本氏の意見も田天氏論文から引用した。

180　李守奎「楚文獻中的教育與清華簡《繫年》性質初探」、復旦大學出土文獻與古文字研究中心編『出土文獻與古文字研究』第6輯、301頁。

181 許兆昌・齊丹丹「試論清華簡《繫年》的編纂特點」、『古代文明』2012 年 4 月第 6 卷第 2 期、第 60-66 頁。

182 田天「清華簡《繫年》的體裁：針對文本與結構的討論」。

183 徐中舒「《左傳》的作者及其成書年代」、『四川師範學院學報(社會科學版)』1978 年第 3 期、36-38 頁。

184 董志翹氏らも「『繫年』の抄寫が完了したのはおおよそ戰國中期であるが、そこで抄寫した文獻の中身は戰國時代に成文化されたものとは限らず、いくつかはその抄錄・書き換えが行われたのが戰國より早い文獻であり」、『繫年』における介詞「于」「於」の各章における分布の特徴がこれと合致するという(董志翹・洪曉婷「《清華大學藏戰國竹簡(壹、貳)》中的介詞"于"和"於"——兼談清華簡的眞僞問題」、『語言研究』2015 年 7 月 35 卷第 3 期、73-75 頁)。この考えは田・巫兩氏の意見とも圖らずも合うものである。

185 李守奎「楚文獻中的敎育與清華簡《繫年》性質初探」、復旦大學出土文獻與古文字研究中心編『出土文獻與古文字研究』第 6 輯、302 頁。

186 巫雪如氏はすでに以下のように指摘している。「もし司馬遷(『史記・十二諸侯年表』)の論述に基づくなら、『鐸氏微』は『春秋』の成敗を取り上げ著されたものであるが、そうであるなら『繫年』の内容は『春秋』の記す史事の範圍を出ないはずである。この點から見て、記事の範圍が上は西周初年に始まり下は戰國中期に至る『繫年』を、『鐸氏微』と同一視するのはおそらく難しいだろう」(巫雪如「從若干字詞用法談清華簡《繫年》的作者及文本構成」、"出土文獻的語境"國際學術研討會暨第三屆出土文獻青年學者論壇、國立清華大學、2014 年 8 月 27 日-29 日)。

187 李守奎「楚文獻中的敎育與清華簡《繫年》性質初探」、復旦大學出土文獻與古文字研究中心編『出土文獻與古文字研究』6 輯、302 頁。

188 趙平安「談談戰國文字中直得注意的一些現象」、復旦大學出土文獻與古文字研究中心編『出土文獻與古文字研究』第 6 輯、303 頁。

189 馬王堆三號漢墓を例とすると、出土した古書の抄寫年代は少なくとも秦漢の際(或いはもっと早い)から漢初(文帝期)まで延び、[ここでの議論と]對照できよう。

190 李學勤主編、沈建華・賈連翔編『清華大學藏戰國竹簡(壹-叁)文字編』、220 頁。

191 上揭書 221 頁。

146 第2部 非發掘簡の資料價値の確立

192 例えば裘錫圭氏が議論した「夕/月」の左下に斜畫を飾筆として加える現象は(「《戰國文字及其文化意義研究》緒言」、復旦大學出土文獻與古文字研究中心編『出土文獻與古文字研究』第6輯、224頁)、裘錫圭氏の舉げる『筮法』の「月夕」の合文と「夕」字・陳劍氏の指摘する葛陵楚簡の「之夕」の合文に見えるだけでなく、趙平安氏の指摘する『厚父』の「夕」字にも見える。また『湯處於湯丘』4・5號簡および『湯在啻門』の「夜」字の下部が從う「夕」旁にも見える(清華大學出土文獻研究與保護中心編・李學勤主編『清華大學藏戰國竹簡(伍)』下冊、198頁)。よって、三晉文字がこのような顯著な文字の風格を持っていると言うのは良いが、楚文字の「月/夕」が通常はこのような飾筆を加えず、こういった飾筆を持つ書き方がみな晉系文字の影響を受けたのだということを證明しようとするのは、おそらく困難だろう。(校正稿を見て按ずるに、『清華大學藏戰國竹簡(陸)』所收の『管仲』『鄭文公問太伯』甲本の「夕」字にはみな斜の飾筆が有り、『鄭文公問太伯』乙本の「夕」には飾筆が加えられていない。『清華大學藏戰國竹簡(陸)』下冊、188頁參照)。

193 李學勤主編、沈建華・賈連翔編『清華大學藏戰國竹簡(壹-叁)文字編』、113-114頁。

194 李守奎・賈連翔・馬楠編著『包山楚墓文字全編』166頁、167頁の「葬」字の構成要素を參照。

195 張新俊・張勝波『新蔡葛陵楚簡文字編』、88頁。

196 「舟」旁の書き方の特徴に注目されたい。このような「舟」旁の書き方は、清華簡の「受」字に常見され(李學勤主編、沈建華・賈連翔編『清華大學藏戰國竹簡(壹-叁)文字編』、113頁)、注目に値する。『厚父』4號簡の「盤」字の從う「舟」は同じ形で、趙平安氏は楚・齊文字と風格が異なり、晉系文字の書き方と似ていると見做すが(趙平安「談談戰國文字中直得注意的一些現象」、復旦大學出土文獻與古文字研究中心編『出土文獻與古文字研究』第6輯、305頁)、見落としたものと思われる。

从清华简《系年》看两周之际的史事*

刘国忠

关于西周的覆亡情况，最为人们熟知的是烽火戏诸侯的故事，该记载出自《史记·周本纪》，其主要内容如下：

> 褒姒不好笑，幽王欲其笑万方，故不笑。幽王为燧燧大鼓，有寇至则举燧火。诸侯悉至，至而无寇，褒姒乃大笑。幽王说之，为数举燧火，其后不信，诸侯益亦不至。幽王以虢石父为卿，用事，国人皆怨。石父为人佞巧，善谀好利，王用之。又废申后，去太子也，申侯怒，与缯、西夷犬戎攻幽王，幽王举燧火征兵，兵莫至，遂杀幽王骊山下，虏褒姒，尽取周赂而去。于是诸侯乃即申侯，而共立故幽王太子宜臼，是为平王，以奉周祀。平王立，东迁于雒邑，辟戎寇。平王之时，周室衰微，诸侯强并弱，齐、楚、秦、晋始大。

晁福林先生曾指出："举烽传警乃汉代备匈奴之事，非周代所能有。《周本纪》所谓幽王为博褒姒一笑而烽火戏诸侯，以至江山易主云云，显系小说家言，皆不足凭信"[i]，已经说明了烽火戏诸侯故事之虚诞。其实，从史源的角度来看，司马迁的这一记述来于《吕氏春秋·疑似》篇：

> 周宅酆镐，近戎人，与诸侯约，为高葆祷于王路，置鼓其上，远近相闻。即戎寇至，传鼓相告，诸侯之兵皆至救天子。戎寇尝至，幽王击鼓，诸侯之兵皆至，褒姒大说喜之。幽王欲褒姒之笑也，因数击鼓，诸侯之兵数至，而无寇至。于后戎寇真至，幽王击鼓，诸侯兵不至，幽王之身乃死于丽山之下，为天下笑。此夫以无寇失真寇者也。

把这一论述与《史记·周本纪》相比较，可知司马迁是把《吕氏春秋·疑似》原文中所说的"鼓"换成了"燧燧大鼓"，把"传鼓相告"的行为改成了"举燧火"，从而最终形成了烽火戏诸侯的故事，影响了两千多年以来人们对于西周亡国的认识。其实，即便是《吕氏春秋·疑似》的记载本身也属于小说家言，系游说之士

148 第2部 非發掘簡の資料價值の確立

戏说历史的一个事例，司马迁以之为历史真实，又进一步加以改造，更是掩盖了历史的真相。

除了烽火戏诸侯之记载不可信外，《史记·周本纪》的这段记述中还有许多自相矛盾之处，对此学者们也做了许多揭示。

比如申和犬戎之间如何可以做到联合攻周，就是一个让人困惑不已的问题。按照古书的记载，申国位于今天河南的南阳附近，而犬戎的具体地点虽然不详，但肯定是活跃在西北的甘肃和陕西北部一带，申和犬戎之间不仅相距一千多里，路途漫长遥远，而且中间还隔着周王朝和众多的诸侯国，在古代交通和通信都极为困难的条件下，它们之间竟然可以互相配合联合采取军事行动，实在是很难想象的事情，对此崔述在《丰镐考信录》卷七言："申在周之东南千数百里，而戎在周西北，相距辽越，申侯何缘越周而附于戎？"[ii] 这一怀疑应该说是很有道理的。

又比如《史记》称平王东迁系为避犬戎，也是不合理的，犬戎与申、缯联合攻杀了周幽王，但其目的是为了帮助太子宜臼也就是后来的周平王，因此犬戎实际上是周平王的恩人和支持者，按理说周平王应该很感谢他们，可是根据《周本纪》的说法，平王东迁是为了"辟（避）戎寇"，这也是出乎人们的意料。钱穆在《西周戎祸考》中即指出了相关记载的矛盾："犬戎之于幽王固为寇，而于申侯、平王则非寇实友也"。因此钱先生的意见是："然则平王东迁，特以丰、镐残破，近就申戎以自保，非避戎寇而远引也"[iii]，这一解释也是为了弥合文献记载矛盾而做的一个尝试。

这样的矛盾之处在《周本纪》的记载中还有一些，这里不再一一列举。对于《史记》中所记述的这些混乱和错误之处，正如学者们所指出的那样，并不能简单地归罪于司马迁本人，而是与这段历史相关的文献不足征密切相关。[iv]

到了西晋时期，由于在河南汲县所发现的战国时期墓葬中出土了魏国的史书《纪年》，里面有关于西周灭亡的记载，给学者们了解这段历史提供了极为珍贵的资料，遗憾的是该书早已佚失，仅有个别佚文存世，不过其中与西周覆亡关系最为密切的一段记载，幸好被《左传》昭公 26 年的《疏》所引用，而得以保留至今：

汲冢书《纪年》云：平王奔西申，而立伯盘以为太子，与幽王俱死于戏。

先是，申侯、鲁侯及许文公立平王于申，以本大子，故称天王。幽王既死，而虢公翰又立王子余臣于携，周二王并立。二十一年，携王为晋文侯所杀，以本非適，故称携王。

这段记载是自《史记·周本纪》之后有关西周灭亡过程的最为重要的史料发现，其中最令人惊异之处，是道出了在周幽王去世后曾出现了二王并立的局面，从而给有关两周之际历史的研究提供了重要的视角，但是由于这段记述语焉不详，千百年来也引起了种种讨论：比如西申是什么地方？周平王为什么会奔于西申？王子余臣又是谁？他为什么会被称为携王？携王是在二十一年被晋文侯所杀，但这个二十一年究竟是携王二十一年呢，还是晋文侯二十一年？等等。对于这些问题，许多学者在研究了有关材料之后，得出了截然不同的各种结论，限于篇幅，这里不能详细展开论述。

有关两周之际历史的研究再一次成为学术界研究的热点，是由于清华简《系年》的整理和公布而引起的。清华简是一批以经、史类典籍为主的战国时代竹简，大约抄写于公元前 305 年前后，即相当于战国中期的后半段。其中的《系年》一书，收入于 2011 年出版的第二辑清华简整理报告之中，由 138 支竹简构成，共分为 23 章，所记历史从西周初年一直延至战国时期的楚肃王时代。《系年》是我们迄今所见的第一部断代史，其叙述方式是以史事为中心，按章分别叙述，有些像后世所谓的"纪事本末体"。ᵛ

清华简《系年》中的很多内容都对传世文献具有重大的订正和补充作用，这其中，在有关两周之际的历史记载方面，《系年》给我们提供了迄今为止关于这一段历史最为系统明确的记述。相关的叙述见于《系年》的第二章，如果用通行文字移写，其内容是：

周幽王娶妻于西申，生平王。王又娶褒人之女，是褒姒，生伯盘。褒姒嬖于王，王与伯盘逐平王，平王走西申。幽王起师，围平王于西申，申人弗界，缯人乃降西戎，以攻幽王，幽王及伯盘乃灭，周乃亡。邦君诸正乃立幽王之弟余臣于虢，是携惠王。立廿又一年，晋文侯仇乃杀惠王于虢，周亡王九年，邦君诸侯焉始不朝于周，晋文侯乃逆平王于少鄂，立之于京师。三年，乃东徙，止于成周。

清华简《系年》公布之后，有关两周之际历史的这段记载受到了大家的普遍关注。在这段论述中，"周亡王九年"究竟应该如何理解，学者们存在很大的分歧，这里也不拟展开讨论。不过这段重要史料至少在以下几个方面改变了我们的原有认识：

第一，《系年》的记载使我们认识到，周幽王所娶的王后是来自于西申，而不是位于南阳的申国；而太子宜臼被废黜后，他所去投奔的娘舅家也正是这个西申国。西申国之名见于《逸周书》的《王会》篇，该国的具体位置虽然不详，但以往学者指出西申应在今陕西安塞以北，而且很可能为戎人的一支，这种见解应该大致可信。因此我们也就可以恍然，原来太子宜臼被废黜后，是向北逃窜到了西申国，而这一带与犬戎的活动地区十分接近，这也就很好地解释了申人与犬戎之所以可以联合攻打周师的原因，而位于南阳的"申"国则与西申毫不相关。20世纪 80 年代，在河南南阳市北郊曾出土一批申国青铜器[vi]，据铭文可知，此地为南申。这一发现更有助于我们理解南阳的申国与西申之间的不同。

西申在戎人中有很大的影响力，并与周、秦之间有着十分密切的往来，西申不仅与秦人通婚，而且还多次与周王室联姻。特别是周幽王之妻也是来自于西申，这是过去学者们所不了解的。西周末年，王室实力削弱，而申戎等戎人则不断壮大，周幽王废除申后，又废太子宜臼，进而派兵包围西申，成为申戎等戎人与周王室之间战争的导火线，并最终导致了西周的覆灭。

第二，周幽王被杀和西周覆灭，是由于王室内部争权夺利而引发，当时根本就没有所谓的烽火戏诸侯的事情。清华简《系年》对整个事件的经过记载十分清楚，这里不再重复。从整个事件的经过可以看出，当时根本就没有发生过烽火戏诸侯的事件，从而使这个历史谜团得以大白于天下。

第三，《系年》的记载替我们揭开了王子余臣和携王的真相。根据清华简《系年》，我们可以知道，余臣原为幽王之弟，在周代父死子继的继承传统之下，余臣本没有继承王位的资格，但是由于周幽王被杀时，他的二儿子伯盘也已一起赴难，而大儿子宜臼早已被废黜，而且他还是导致周幽王被杀的罪魁祸首，受到了朝廷群臣的敌视，无法继承王位。在这种情况下，清华简《系年》称："邦君诸正乃立幽王之弟余臣于虢，是携惠王"，这里的"邦君诸正"即是《古本竹书纪年》所说

的"虢公翰"等人，携惠王因此也成为了王位的合法继承者。根据清华简我们可以知道，虢公翰等人拥立余臣的地点是在虢，也就是位于河南三门峡一带的西虢。这也证明"携王"的"携"不是地名，该字很可能系因后来的"携王"之称谓而致误。而"携王"就是清华简《系年》中所说的"携惠王"，其中的"惠"字应当是其支持者给他的谥号，至于"携"，应当是后人出于正统观念对他的称呼，其含义当为"贰"，系对余臣的一种贬称，也就是《左传正义》所引用的那样："以本非適，故称携王。"这应该最符合"携王"之称的原义。

第四，平王东迁有一个过程。《史记·周本纪》载周幽王死后，诸侯拥戴太子宜臼即位，这就是周平王，《周本纪》并言："平王立，东迁于洛邑"，而《史记·十二诸侯年表》更是在平王元年（公元前 770 年）下写"东徙洛邑"，似乎是认为周幽王死后，周平王就接着即位，随后东迁洛邑。然而，历史事实可能并非如此简单。依据汲冢所出《纪年》的记载，幽王死后，虢公翰等人拥立王子余臣为王，以与周平王相抗衡，出现了"周二王并立"的局面。最后是"二十一年，携王为晋文公所杀"。然而《纪年》此处说的二十一年究竟是携王二十一年抑或是晋文侯二十一年，却引起了长期的热烈讨论。由于清华简《系年》的面世，这一问题终于可以得以解决。李学勤先生据清华简《系年》的相关论述，指出："至于余臣，简文说明是'幽王之弟'，立于虢，称'携惠王'，'立廿又一年'，被晋文侯所杀，这同《纪年》的记载一致。《纪年》的'二十一年'，也应是携王的在位年，不是晋文侯的二十一年。"ⅶ因此，清华简《系年》的记载，为我们澄清这一历史之谜提供了很好的契机。而从《系年》的记载可以看出，在二王并立的期间，周平王是无法东迁的，一直到晋文侯杀了携惠王，又经历了多年的曲折之后，周平王才最终得以东迁洛邑。因此，周平王的东迁，实际上经历了一个漫长的过程，这与我们以往对于两周之际历史的认识可谓大相径庭。

由于二王并立和平王东迁是东周初年持续了长达二、三十年的历程，它们对于当时历史的影响自然十分深远。如果我们从这个角度来考虑两周之际的历史，或许可以对于当时的历史有一些不一样的认识。

比如，《春秋》和《左传》都记载了周王室向鲁国"求赙"（《左传》隐公 3 年）、"求车"（《左传》桓公 14 年）的记载，在《左传》中把它们视为"非礼"

152　第 2 部　非發掘簡の資料價値の確立

的行为。但是现在我们认识到周平王东迁虽然是发生在东周初年，但却比我们想象的时间晚了数十年时，我们对这一现象可以有不同的解读，当时周王室刚刚迁到新都后不久，尚未站稳脚跟，百废待兴，一旦发生紧急情况时，仅仅依靠周王室自己有限的财力很难应付，只好出面请诸侯国予以支援，这应该是这些"求赙"、"求车"的历史背景所在。值得注意的是，这种情况仅是在鲁隐公和鲁桓公时期出现，后来即不再见于历史记载，这或许从一个侧面反映出东迁后的周王室逐渐走向正轨的历程。

又比如，孔子作《春秋》，为什么不从周平王元年即公元前 770 开始，而是从鲁隐公元年即公元前 722 年开始？这是一个经学史上争论已久的问题，有种种不同的观点，顾颉刚先生曾把其中最主要的几种观点归纳并评论如下：

"《春秋》何以始自隐公，释者有数说：（一）隐公值平王时，所以自东迁起，纪中兴也。然平王东迁时为鲁孝公，孝公而后惠公，惠公而后始为隐公，故当始于孝公而不当始于隐公也。于是有第（二）说：谓孔子敬隐公之仁而伤其亡也，然何以不自开国之君更可敬者？此亦讲不通。可从者其惟第（三）说：清江永《群经补义》：'疑当时《鲁春秋》惠公以上鲁史不存，夫子因其存者修之，未必有所取义也。'"viii

在关于《春秋》何以始于隐公的问题上，顾颉刚先生否定了两种影响很大的观点，其意见本身是很有说服力的；不过他所认同的"惠公以上鲁史不存，夫子因其存者修之，未必有所取义"之说，其实也存在很大的问题。《左传》昭公二年记载晋卿韩宣子出使鲁国，"观书于大史氏，见《易象》与《鲁春秋》，曰：'周礼尽在鲁矣，吾乃今知周公之德与周之所以王。'"在韩宣子所推重的典籍中，记载鲁国历史的《鲁春秋》赫然在列。而从韩宣子所说的"吾乃今知周公之德与周之所以王"可以知道，这部《鲁春秋》是从鲁国始封一直记载下来的，并不存在所谓的"鲁史不存"的问题。春秋时期，鲁国的政局虽然也有动荡，但是从未有鲁史遭到损毁、破坏的情况发生。孔子作《春秋》的时代，距韩宣子并不远，孔子能够见到《鲁春秋》的全本，应该是可以肯定的。

那么孔子作《春秋》为什么要始于隐公呢？我们可能更多地要从孔子所要表达的微言大义中来理解。我们知道，孔子是非常重视《春秋》的教化作用的，《孟

子·滕文公下》载:"孔子曰:知我者,其惟《春秋》乎?罪我者,其惟《春秋》乎?"又说"孔子成《春秋》而乱臣贼子惧",无不在强调《春秋》的教化意义。而孔子本人注重微言大义与维护周代礼仪制度,笔则笔,削则削,强调要为尊者讳,为亲者讳,这是孔子在编写《春秋》时的一个重要原则。在鲁隐公之前,鲁孝公卒于公元前769年,而鲁惠公的在位时间是公元前768—公元前723年,这两任国君的在位时期正好是西周覆亡、二王并立的动荡阶段。我们可以设身处地来考虑一下,孔子要写这一段历史,必然绕不开二王并立的历史,但是携惠王本来是合法的继承者,而周平王相比较而言却是不那么光彩的王位争夺者,但是经过二十多年的争夺,最终却是以周平王的获胜而结束。对于两周之际的长期动荡和携惠王与周平王争位的历程和结果,孔子肯定是难以下笔的。所以在史事的裁剪与编排上,孔子便对从前770年至前723年这近五十年的历史予以忽略与淡化,在作《春秋》时改为从鲁隐公时开始,这很可能才是《春秋》始于鲁隐公的最大原因。前人由于不了解两周之际的这段历史真相,未能从二王并立这个角度来考虑春秋早期错综复杂的历史进程,未能很好地体味孔子作《春秋》时的苦心孤诣。相应地,清华简《系年》因记载和还原了这段历史而显得极为珍贵,也帮助我们更好地揭开《春秋》始于鲁隐公背后的隐情。

总之,通过清华简《系年》的相关记载,我们可以更好地认识春秋早期长达数十年的二王并立历史,了解春秋初年错综复杂的政治形势。如果我们能从二王并立这个角度来思考,对于春秋的历史进程和《春秋》的编写都可以有不一样的认识。这一事件对于春秋历史进程的影响,还需要我们做进一步的深入研究。

注

* 本文是国家社科基金重大项目"清华简与儒家经典的形成发展研究"(项目号:「16ZDA114」)和北京市社科基金项目"清华简《逸周书》类文献研究"(项目号:15LSB006)的阶段性成果。
i 晁福林:《论平王东迁》,《历史研究》1991年第6期。
ii 见顾颉刚编订《崔东壁遗书》,上海古籍出版社,1983年。
iii 钱穆:《西周戎祸考》上,《禹贡》第2卷第5期。
iv 晁福林:《论平王东迁》,《历史研究》1991年第6期。
v 参见李学勤先生的《清华简〈系年〉及有关古史问题》、《〈系年〉出版的重要意义》、《由

154 第 2 部 非發掘簡の資料價値の確立

清华简〈系年〉论〈系年〉的体例》、《由清华简〈系年〉论〈文侯之命〉》等文，均收入李先生所著《初识清华简》一书，中西书局，2013 年。

[vi] 崔庆明：《南阳市北郊出土一批申国青铜器》，《中原文物》1984 年第 4 期。

[vii] 李学勤：《清华简〈系年〉及有关古史问题》，《文物》2011 年第 5 期。

[viii] 顾颉刚：《顾颉刚古史论文集》卷十一，中华书局，2011 年，第 554 页。其实，关于《春秋》有所残缺的意见，宋代的王安石即已有此意见，并戏称《春秋》为"断烂朝报"，其情形见《宋史·王安石传》："黜《春秋》之书，不使列于学官，至戏目为断烂朝报。"

重讀清華簡《厚父》筆記

趙　平安

清華簡《厚父》發表後，引起學術界極大的關注。作為《厚父》的執筆整理者，回過頭來重讀此篇，有若干意見，條陳如下，以就教於關心此篇的學界朋友們。

1、　啟隹（惟）后，帝亦弗 （鞏）啟之經惪（德），少命咎（皋） （緐）下為之卿事。[i]

整理報告： ，"巩"之異體字。毛公鼎（《殷周金文集成》二八四一）"不（丕）巩先生王配命"作"巩"，文獻一般作"鞏"。《詩·瞻卬》"無不克鞏"，毛傳："鞏，固也。"馬瑞辰《傳箋通釋》："鞏、固以雙聲為義，古音轉，讀鞏為固。"此處為意動用法。

整理報告發表後，圍繞 的解釋和"少"的釋字、斷讀，展開了熱烈的討論。

關於 字，有如字和通假兩類讀法，如字讀以整理報告和王寧先生為代表，[ii]分別理解為"固"或"擁護、維護、支持"之義。通假說有數種：

馬楠：""讀爲"邛"或"恐"，《小旻》"我視謀猶，亦孔之邛"，《巧言》"匪其止共，維王之邛。"毛傳鄭箋"病也"。

暮四郎認爲"鞏"、""當讀爲"窮"。"弗（窮）啟之經德"意爲不使啟之經德窮盡。

156 第 2 部　非發掘簡の資料價値の確立

黃國輝認為🔲當讀如"🔲"，恐也。

馬楠、黃國輝對🔲字的理解本質上是一致的。🔲無論讀為"邛"、"恐"還是"🔲"，都屬於通假。這三個字表示"恐懼"或"病"的意思，語源應該是相同的。

子居認為孚在這裏讀為"雍"，訓為和悅、喜悅。

我們整理竹簡和讀古書一樣，應該堅持一個原則，那就是能不破讀就不破讀。關於🔲字，能和《毛公鼎》用法聯繫起來，如字讀能講通，就應該如字讀。

關於少字，目前有釋"少"釋"乎"兩種意見。但釋"乎"字形差別較大，文例也不大講得通，影響不大。"少"字主要是斷讀的問題。目前多數學者從馬楠等位的意見，把"少"字從上讀。主要是因為"德少"成詞，而且《墨子》《韓非子》等書中確實有關於夏啟德行不足的記載。

《墨子·非樂》引《武觀》曰："啟乃淫溢康樂，野於飲食，將將鍠鍠，筦磬以方。湛濁於酒，渝食於野，萬舞翼翼，章聞於天，天用弗式。"《韓非子·外儲說右下》"禹愛益而任天下於益，已而以啟人為吏。及老，而以啟為不足任天下，故傳天下於益，而勢重盡在啟也。已而啟與友黨攻益而奪之天下，是禹名傳天下子益，而實令啟自取之也。"都屬此類。

如果把"少"字從上讀，結合學者們對🔲字的理解，"帝亦弗🔲啟之經悳（德）少"意思就是"上帝不擔心夏啟的常德不足"，或者"上帝不以夏啟常德不足為病"。無論哪一種理解，它所呈現的帝的形象都讓人感到有點奇怪。而且這樣理解，和下文帝命皋陶下來作他的卿士，文意也不太連貫。不擔心可以由他去，不必管他。不擔心卻派人下來輔佐，究竟是一種什麼邏輯，頗讓人費解。

我們認為還是應該按整理小組的意見,"少"字從下讀,理解為固。"少"的這種用法不僅見於傳世文獻,還見於清華簡《子犯子餘》簡 3 "少公乃召子餘而問焉"。[iii] "帝亦弗啟之經憙(德)"就是"不以啟之常德為固"。啟之常德不固,大約是指啟"二三其德"。在這種背景下,過了不久,帝命皋陶下來作了他的卿士。

2、拜 ∟(拜手)=(稽首)

拜下面的符號我們在整理時把它處理成合文符號。整理報告出版後,又有學者提出校對符號說,句讀符號說。這兩種說法都是優先從符號形態出發的。

句讀符號確實有這麼寫的,但此說最大的問題是,通篇僅此一處,而且標在最不必要標注的地方。我們知道,《厚父》文辭古奧,斷句艱難,至今仍有幾處沒有形成一致意見。然而通篇都不標點,難處也不標點,卻偏偏在"拜(或拜手)稽首"這類婦孺皆知的常語下特別加以標點,令人感覺十分奇怪。

校對符號也確實有這麼寫的。這種說法認為,拜下本應有重文符號,抄丟了,發現後特地在此處做了個標記,提示人們閱讀時注意。有學者反駁說,既然發現抄丟了合文符號,為什麼不直接補上合文符號,而是補一個校對符號,讓人們捉迷藏呢?反駁是很有道理的。

我個人認為,綜合來看,拜下符號還是應該理解為合文符號為好。《厚父》一篇書法嚴謹,書寫水準很高,其中有很多個性化的書寫。這種風格的書法在六十多篇清華簡裏絕無僅有,我曾推測是墓主人自書的作品。[iv] 鑒於此,不應該簡單

地從錯訛的角度來理解，而應當肯定這個符號一定是有含義的。比起校對符號說和句讀符號說來，解釋為合文符號更為合理些。"拜手"合文古文字常見，如清華簡《祭公》第 2 簡、第 5 簡。我在整理報告中引 1990 年代小文《再議書面語中的疊用符》（《河北大學學報》一九九五年第三期）來說明合文符號可以寫作 ∟，由於文中例子較晚，未被采信。小文指出，合文符號來源於"二"。並已說明"二"變成 ∟ 的演變路徑，從形態上對兩者的關係進行了說明。要知道，古今書寫其實是相通的。譬如，秦漢時代大量的"中"演變為"十"，而這種演變戰國文字也存在，甲骨文就初見端倪了。當然，∟ 的來由除上面所描述的由兩橫連筆簡化而來以外，實際上還有另一種可能性，因為合文符號有時也可以寫成一橫，一橫有時候也可以寫作 ∟ 的樣子，如古文字中"氣"的首筆的演變就是一個很好的例子。

至於同是合文符號，為什麼前者作 ∟，後者作兩小點，前後不一致呢？從甲骨文以來，這種現象已經很多見了。戰國竹簡也很多見。在《厚父》篇正文中，同一個字前後書寫不同，例子不少，如：

如：

少作 （簡 2）、（簡 9）之形，後者是通常的寫法，前者末筆改變筆勢。

民作 （簡 2）、（簡 3）之形，後者在前者基礎上加羨劃。

厚作 （簡 1）、（簡 3）之形，後者在前者基礎上有所省簡。

啟作 （簡 2）、（簡 2）之形，前者繼承了甲骨金文的寫法，後者則是楚系文字常見的寫法。

重讀清華簡《厚父》筆記 159

政作（簡4）、（簡8）之形，後者是楚文字常見的寫法，前者是後者的省略。

畏作（簡9）、（簡9）之形，作作（簡5）、（簡8）之形，後者在前者基礎上增累偏旁。

保作（簡3）、（簡3）之形，後者替換前者的偏旁。

抄書人這樣做，主要原因是為了書法上的避複求變。[v]這是一種自覺的行為，是一種美的追求，是一種高品質的表現。不值得奇怪。

3、古天降下民，䓷（設）萬邦，复（作）之君，复（作）之帀（師），隹（惟）曰其勷（助）上帝𠭴（亂）下民。之匿（慝）王廼渴（竭）䘒（失）其命，弗甬（用）先劼（哲）王孔甲之典刑(型)．

整理報告釋文斷句如上。報告發表以後，馬楠、網友"蚊首"、郭永秉等先生把"之慝"屬上讀。綜合屬上讀的理由，主要有兩個：一是覺得"之慝王"之類的說法雖然語法上沒有太大毛病，但總覺得有些彆扭；二是以為文中"作之君、作之師"的目的單純是糾治下民的罪惡。

"之慝王"的說法，無論是從語法上還是從文意上其實都是很合理的。《詩經·柏舟》"之死矢靡他"，毛傳："之，至也。"裴學海《古書虛字集釋》又引《孟子·滕文公篇》"自楚之滕"、《萬章篇》"知虞公之不可諫而去之秦"來佐證這一條例，[vi]"之"表示"至"的意思，現在已成常識，"之慝王"是"之"加"名詞"形式，表示時間。它和"之死"結構其實是一樣的。"死"雖本為動詞，也可以作名詞，"之死"的"死"已經名物化了。這類用法並不鮮見，如《國

語・鄭語》："桓公為司徒，甚得周眾與東土之人，問於史伯曰：'王室多故，余懼及焉，其何所可以逃死？'"即屬此類。所以"之慝王"之類的用法是合乎語法，不必懷疑的。特別是從文意上看，"之慝王"與下文"酒渴(竭)俛(失)其命，弗甬(用)先剆(哲)王孔甲之典刑(型)"緊密銜接，一貫而下，十分順適。

有學者以為文中"作之君、作之師"的目的單純是糾治下民的罪惡。並舉《國語・魯語上》"且夫君也者，將牧民而正其邪者也，若君縱私回而棄民事，民旁有慝無由省之，益邪多矣。"為證。查《國語・魯語》中的這一段，屬於"里革論君之過"，原文較長，移錄如下：

晉人殺厲公，邊人以告，成公在朝。公曰："臣殺其君，誰之過也？"大夫莫對，里革曰："君之過也。夫君人者，其威大矣。失威而至於殺，其過多矣。且夫君也者，將牧民而正其邪者也，若君縱私回而棄民事，民旁有慝無由省之，益邪多矣。若以邪臨民，陷而不振，用善不肯專，則不能使，至於殄滅而莫之恤也，將安用之？桀奔男巢，紂踣於京，厲流於彘，幽每於戲，皆是術也。夫君也者，民之川澤也。行而從之，美惡皆君之由，民何能為焉。"

顯然里革的話是在晉厲公被殺的背景下說的。所以強調了"正邪"的一面。即便這樣，前面也還有"牧民"之類的表述。

其實，"作之君、作之師"的目的就是牧民。牧民包括多個方面，糾治下民的罪惡只是其中的一個方面。"作之君，作之師"一類的表述，古書常見，有一個基本的套路。如《左傳》襄公十四年師曠對晉悼公說："天生民而立之君，使司牧之，勿使失性。有君而為之貳，使師保之，勿使過度。是故天子有公，諸侯有卿，卿置側室，大夫有貳宗，士有朋友，庶人、工、商、皂、隸、牧、圉皆

有親昵，以相輔佐也。善則賞之，過則匡之，患則救之，失則革之。自王以下各
有父兄子弟以補察其政。"《墨子‧尚同中》也有類似的表述："是以先王之書
《相年》之道曰：'夫建國設都，乃作后王君公，否用泰也，輕大夫師長，否用
佚也，維辯使治天均。則此語古者上帝鬼神之建設國都，立正長也，非高其爵，
厚其祿，富貴佚而錯之也，將以為萬民興利除害，富貴貧寡，安危治亂也。故古
者聖王之為若此。'"《漢書‧文帝紀》："天生民，為之置君以養治之。"這
類說法古書還有不少，不能備舉。具體可以參見寧鎮疆先生《清華簡〈厚父〉"天
降下民"句的觀念源流與豳公盨銘文再釋》。[vii]因此從傳世古書類似的表述習慣來
看，"之愿"連上讀狹隘地理解了"作之君、作之師"的作用，有違它的初衷，
是很不妥當的。

我們在撰寫整理報告時，將"渴"讀為"竭"，將"𢾭"讀為"失"。整
理報告發表後，王寧先生在其《清華簡〈厚父〉句詁》一文的評論第 6 樓補充道：

首句的𢾭為"逸"字或體，"逸"與"佚"、"失"均通，"渴逸"
不當讀為"竭失"，而應讀為"遏佚"或"遏失"，《書‧君奭》："在我
後嗣子孫，大弗克恭上下，遏佚前人光在家，不知天命不易⋯⋯"，《漢書‧
王莽傳上》群臣奏議引《書》曰："我嗣事子孫，大不克共上下，遏失前人
光，在家不知命不易。"所引之《書》亦出自《君奭》，其"遏失"即"遏
佚"，《厚父》之"遏逸"也當即為這個詞，遏是絕義，佚、失都是失去義，
"遏失"相當於丟失、拋棄的意思。

王寧先生把《厚父》的"渴逸"和《君奭》的"遏佚"聯繫起來，是很重
要的發現。但簡文究竟應該理解為"竭失"，還是應該理解為"遏佚（失）"呢？

這不是一個簡單的問題。我認為把"渴逸"理解為"竭失"或者"遏佚（失）"其實並不矛盾，但是從用字習慣看，還是以理解為"竭失"為佳。

"遏佚"見於《尚書·君奭》，《漢書·王莽傳上》引作"遏失"，字面略異，實質相同。顏師古疏證《尚書》時，把"遏佚"語譯為"絕失"，訓"遏"為"絕"。

從古文字資料看，"遏"字的出現並不早，戰國文字裏，記錄"遏"這個詞往往用從桀、匄等得聲的字表示，[viii]這樣看來，"遏佚"的"遏"顯然不是《君奭》最早的寫法，應該是一個後起的借字。"遏"的本義是"遮攔"、"阻止"，用在文中也不是很貼切。"遏"和"失"是兩個動詞連用。"遏佚前人光在家"猶言"遏前人光在家"和"佚（失）前人光在家"，從兩者的邏輯關係看，"遏"、"佚（失）"也不是很好理解的搭配。

簡文《厚父》的書寫年代很早，作為同一個複音詞，"渴"書寫形態更加近古。"竭"是一個動詞，和"渴"是一個字的分化。"渴（竭）（失）其命"猶言"渴（竭）其命"、"（失）其命"，"竭"有"盡"的意思。《中山王壺》"賈渴志盡忠"，"渴"即用為"竭"。從前後邏輯關係看，前面說"竭"，後面說"失"，語義連貫。顏師古把"遏佚"語譯為"絕失"，它所理解的"遏"和我們所釋的"竭"在意義上是一致的，因此《君奭》中的"遏佚"，也可以理解為"竭失"。《尚書》中就有"遏"用為"竭"的例子。《尚書·湯誓》"夏王率遏眾力"，學者多據楊筠如《上述覈詁》讀為"竭"，[ix]文從字順。

因此簡文《厚父》"渴（竭）（失）"雖然相當於傳世文獻中的"遏佚"，但從文意和用字習慣來看，仍應訓為"竭失"，《尚書·君奭》篇應當隨

簡文訓釋。這個例子表明，我們整理竹簡，不能簡單地以為把簡文某詞與傳世文獻對上了，就以為解決問題了。而是應該實事求是，作統合的分析。

　　本文為國家社科基金重大招標項目《先秦兩漢訛字綜合整理與研究》（批准號：15ZDB095）和清華大學自主科研計畫課題《新出簡牘帛書與古文字疑難解讀》的階段性成果。

---

i 清華大學出土文獻研究與保護中心編、李學勤主編：《清華大學藏戰國竹簡（五）厚父》，中西書局，2015 年。本文引《厚父》原文皆出自此篇，不一一出注。

ii 本文所引各家意見皆出吳博文《<清華大學藏戰國竹簡（五）厚父>文本集釋與相關問題研究》，復旦大學碩士學位論文，2017 年 5 月。

iii 清華大學出土文獻研究與保護中心編、李學勤主編：《清華大學藏戰國竹簡（柒）》，第 95頁注【一四】，中西書局，2017 年。

iv 《談談戰國文字中值得注意的一些現象——以清華簡〈厚父〉為例》，《出土文獻與古文字研究》第六輯，上海古籍出版社，2015 年。

v 趙平安：《談談戰國文字中值得注意的一些現象——以清華簡〈厚父〉為例》，《出土文獻與古文字研究》第六輯，上海古籍出版社，2015 年。

vi 裴學海：《古書虛字集釋》下冊第 747 頁，中華書局，2004 年。

vii 《出土文獻》第七輯，中西書局，2015 年。

viii 石小力：《東周金文與楚簡合證》，上海古籍出版社，2017 年，第 44-45 頁。

ix 楊筠如《尚書覈詁》，陝西人民出版社，1959 年，第 53 頁。

清華簡《湯在啻門》譯注

曹 峰

相關文獻及其簡稱

"李守奎釋文"：李學勤主編：《清華大學藏戰國竹簡（伍）》，上海：中西書局，2015 年。李守奎所作釋文在其書第 142-148 頁。

"清華讀書會"：清華大學出土文獻讀書會：《清華簡第五冊整理報告補正》，清華大學出土文獻研究與保護中心網站，2015 年 4 月 8 日。

"李守奎 1"：李守奎：《漢代伊尹文獻的分類與清華簡中伊尹諸篇的性質》，清華大學出土文獻研究與保護中心網站，2015 年 4 月 8 日。又見《深圳大學學報》2015 年第 3 期。

"李守奎 2"：李守奎：《楚文獻中的教育與清華簡〈繫年〉性質初探》，復旦大學出土文獻與古文字研究中心編：《出土文獻與古文字研究》第六輯，上海：上海古籍出版社，2015 年。

"程燕"：程燕：《清華五劄記》，簡帛網，2015 年 4 月 10 日。

"陳偉"：陳偉：《讀〈清華竹簡（伍）〉札記（續）》，簡帛網，2015 年 4 月 12 日。

"陳劍"：陳劍：《〈清華簡（伍）〉與舊說互證兩則》，復旦大學出土文獻與古文字研究中心網站，2015 年 4 月 14 日。

"王寧 1"：王寧：《釋〈清華簡（伍）〉的"僚"》，復旦大學出土文獻與古文字研究中心網站，2015 年 4 月 14 日。

"華師大工作室"：華東師範大學中文系出土文獻研究工作室：《讀〈清華大學藏戰國竹簡（伍）〉書後（三）》，簡帛網，2015 年 4 月 17 日。

"王寧 2"：王寧：《釋清華簡五〈湯在啻門〉的"孕"》，復旦大學出土文獻與古文字研究中心網站，2015 年 4 月 18 日。

"王寧 3"：王寧：《釋清華簡五〈湯在啻門〉的"渝"》，簡帛網，2015 年 4 月 23 日。

"王寧 4"：王寧：《讀〈湯在啻門〉散札》，復旦大學出土文獻與古文字研究

166　第 2 部　非發掘簡の資料價値の確立

中心網站，2015 年 5 月 6 日。

"王寧 5"：王寧：《清華簡湯與伊尹故事五篇的性質問題》，清華大學出土文獻研究與保護中心網站，2015 年 6 月 1 日。

"趙平安"：趙平安：《"地真"、"女真"與"真人"》，《出土文獻與中國古代文明》學術研討會論文，中國人民大學，2015 年 6 月 6-7 日。又見《管子學刊》2015 年第 2 期。

"劉成群"：劉成群《清華簡與先秦時代的黃老之學》，《人文雜誌》，2016 年第 2 期。

"顧史考"：顧史考：《清華竹簡五〈湯在啻門〉劄記》，"人性、道德與命運《清華大學藏戰國竹簡中的〈湯處於湯丘〉、〈湯在啻門〉與〈殷高宗問於三壽〉》"國際學術會議：德國埃爾朗根大學，2016 年 5 月 9 日-13 日。

"黃冠雲"：黃冠雲：《〈湯在啻門〉論氣一段文字的前半部分》，"人性、道德與命運《清華大學藏戰國竹簡中的〈湯處於湯丘〉、〈湯在啻門〉與〈殷高宗問於三壽〉》"國際學術會議：德國埃爾朗根大學，2016 年 5 月 9 日-13 日。

"郭梨華 1"：郭梨華：《〈湯處於湯丘〉、〈湯在啻門〉中的黃老思想初探〉》，"人性、道德與命運《清華大學藏戰國竹簡中的〈湯處於湯丘〉、〈湯在啻門〉與〈殷高宗問於三壽〉》"國際學術會議：德國埃爾朗根大學，2016 年 5 月 9 日-13 日。

"郭梨華 2"：郭梨華：《清華簡（五）關於"味"之哲學研究》，"道統思想與中國哲學國際學術研討會"，成都：四川師範大學，2016 年 10 月。

"郭梨華 3"：郭梨華：《出土資料中的伊尹與黃老思想》，臺灣《哲學與文化》2017 年第 11 期。

"劉偉浠"：劉偉浠：《〈清華大學藏戰國竹簡（五）〉疑難字詞集釋》，清華大學出土文獻研究與保護中心網站，2016 年 5 月 10 日。

"曹峰 1"：《清華簡〈三壽〉、〈湯在啻門〉二文中的鬼神觀》，《四川大學學報》2016 年第 5 期。

"曹峰 2"：《清華簡〈湯在啻門〉與"氣"相關內容研究》，"人性、道德與命運《清華大學藏戰國竹簡中的〈湯處於湯丘〉、〈湯在啻門〉與〈殷高宗問於

三壽）》"國際學術會議：德國埃爾朗根大學，2016 年 5 月 9 日-13 日。又見《哲學研究》2016 年第 12 期。

"曹峰 3"：《清華簡〈湯在啻門〉所見"五"的研究》，臺灣《哲學與文化》2017 年第 11 期。

"《管仲》篇釋文"：李學勤主編：《清華大學戰國竹簡（陸）》，上海：中西書局，2016 年。

"《合集》"：郭沫若主編，胡厚宣总編輯，中国社会科学院历史研究所編：《甲骨文合集》，北京：中華書局，1978～1982 年。

"《屯南》"：中国社会科学院考古研究所編：《小屯南地甲骨》，北京：中華書局，1983 年。

" 清 華 五 《 湯 在 啻 門 》 初 讀 "， 簡 帛 網 " 簡 帛 論 壇 "，http://www.bsm.org.cn/bbs/read.php?tid=3248

※　簡帛網，http://www.bsm.org.cn

　　復旦大學出土文獻與古文字研究中心網站，http://www.gwz.fudan.edu.cn

　　清華大學出土文獻研究與保護中心網站，http://www.tsinghua.edu.cn

基本情況：

　　《湯在啻門》是清華簡第五冊中的一篇，整理者是李守奎先生。此文由 21 支簡組成，完整簡長約 44.5 釐米，設三道編繩。若干簡的簡首、簡尾有缺損，但沒有影響到文字。內容完整、字跡清晰，為整理和研究提供了很好的條件。篇題"湯在啻門"係整理者所擬。"清華讀書會"指出："從竹簡長度、寬度以及簡背竹節位置和形狀來看，《湯在啻門》簡 21 與《湯處於湯丘》第一組的 17 支簡應同屬一段'竹筒'辟削而成，若據此順序，似乎將《湯在啻門》排在《湯處於湯丘》之前更為妥當，且從編痕位置看，兩篇當時很可能編連在一冊。"

　　《湯在啻門》是湯與小臣（即伊尹，文中又稱其為"天尹"）之間的對話錄，全篇用韻文寫成。韻部的情況，可參"李守奎 1"及"顧史考"。此文內容是湯向小臣請教留存於今的"古之先帝之良言"，這一良言顯然說的是人世間最為根本的問題，那就是"何以成人？何以成邦？何以成地？何以成天？"伊尹一一作

了回答，因此從文章結構上看似乎並不複雜，但内容不易理解的地方相當多，而且涉及"氣"、"五行"等重大問題，需要學者展開反復的、深入的探討。這裡先列出原釋文，然後結合其他學者的研究成果，主要對其思想内容展開討論。對於沒有爭議的通假字，這裡直接使用通行字體。

釋文

貞（正）月己牫（亥），湯在啻門，問於小臣【1】："古之先帝亦有良言情至於今乎？"【2】小臣答（第一號簡）曰："有哉■。如無有良言情至於今，則何以成人？何以成邦■？何以成地■？何以成（第二號簡）天■？"【3】

湯又問於小臣曰："幾言成人■？幾言成邦■？幾言成地■？幾言成天■？"【4】小臣答曰（第三號簡）："五以成人，德以光之■；四以成邦，五以相之■；九以成地，五以將[之]■。九以成天，六（第四號簡）以行之■。"【5】

湯又問於小臣曰："人何得以生■？何多以長？孰少而老■？者（固）猶是人，而（第五號簡）罷（一）惡罷（一）好■？"【6】小臣答曰："唯彼五味之氣，是哉以爲人。其末氣，是謂玉穜（種）。【7】鼠一（一）月旹（始）（第六號簡）昜（揚），二月乃裹，三月乃形■，四月乃胐■，五月或收，六月生肉，七月乃肌■，八月乃正（第七號簡），九月纝（顯）章■，十月乃成■，民乃時生■。【8】

其氣晉緜（歌）發絧（治）■，是其為長且好哉■。【9】其氣昳（奮）（第八號簡）昌，是其爲當想（壯）。【10】氣夑（融）交以備，是其爲力■。【11】氣戚（蹙）乃老，氣饟（舒）乃猷，氣逆亂以方（第九號簡），是其為疾殃。氣屈乃終，百志皆窮■。"【12】

湯又問於小臣曰："夫四以成邦，五以相之（第十號簡），何也■？"【13】小臣答曰："唯彼四神，是謂四正，五以相之，

德、事、役、政、刑■。"【14】

湯又問於（第十一號簡）小臣："美德奚若？惡德奚若■？美事奚若？惡事奚若■？美役奚若？惡役奚若■？美（第十二號簡）政奚若？惡政奚若■？美刑奚若？惡刑奚若■？"【15】小臣答："德濬明執信以義成，此謂（第十三號簡）美德，可以保成■；德燮（變）巫執謂以亡成，此謂惡德，雖成又渨（渝）■。【16】起事有穫，民長（第十四號簡）萬（賴）之，此謂美事■；起事無穫，病民無故，此謂惡事■。【17】起役時訓（順），民備不俑（庸），此謂（第十五號簡）美役■；起役不時，大弼（費）於邦，此謂惡役■。【18】政柬（簡）以成，此謂美政■；政㐬（禍）亂以無常，民（第十六號簡）咸解體自卹（恤），此謂惡政■。【19】刑情（輕）以不方，此謂美刑■；刑竸以無常，此謂惡刑■。【20】"

湯又（第十七號簡）問於小臣："九以成地，五以將之，何也■？"【21】小臣答曰："唯彼九神，是謂地真，五以將之（第十八號簡），水、火、金、木、土，以成五曲，以植五穀■。"【22】

湯又問於小臣："夫九以成天，六以行之，何也■？"【23】小（第十九號簡）臣答曰："唯彼九神，是謂九宏，六以行之，晝、夜、春、夏、秋、冬，各時（司）不解（懈），此惟事首，亦（第二十號簡）惟天道■。"【24】

湯曰："天尹，唯古之先帝之良言，則可（何）以改之■。"【25】（第二十一號簡）

注

【1】貞月己亥，湯在啻門，問於小臣。

"貞"即"正"的假借字，"亥"即"亥"的假借字。選擇"正月"即一年之始從事重要活動，這是可以理解的。但爲何選擇"己亥"，有兩種可能性。一，

170 　第 2 部　非發掘簡の資料價値の確立

這是一個普通的日子，並無深意。二，選擇這個日子並非偶然，這是個特殊的日子。如下文所討論的那樣，《湯在啻門》有"五"的觀念，應該和"五行"有關。那麼，"己亥"這個時間的選擇和五行中的"土"是否有對應關係呢？睡虎地秦簡《日書》乙種《五行》篇指出"丙丁火，火勝金；戊己土，土勝水；庚辛金，金勝木；壬癸水，水勝火。丑巳［酉］金，金勝木；未亥［卯木，木］勝土；辰申子水，水勝火。［戊寅午火，火勝金。］"[①]放馬灘秦簡《日書》則有"木生亥，壯卯，老未；火生寅，壯午，老戌；金生巳，壯酉，老丑；水生申，壯子，老辰。"[②]這是出土文獻所見比較早期的顯示五行與干支關係的資料，如果按照睡虎地秦簡《日書》乙種《五行》篇的排列，那麼，天干中"己"屬於"土"，而地支中"亥"則屬於"木"。又據放馬灘秦簡《日書》"木生亥"之說，以及《漢書・翼奉傳》所引"孟康曰"："東方木，生于亥，盛于卯。"可知，"亥"有東方起始之意。因此，"正月己亥"或許不同于普通的日子，而有特定的意義。但是，檢索先秦文獻所見"正月己亥"，並未見此日有特殊的意義，同時，睡虎地秦簡《日書》等擇日書所見"己亥"，既有可能是一個好日子，也有可能是一個壞日子。因此，現在還難以斷定，"正月己亥"究竟是隨機的日子，還是藏有深意。筆者以爲藏有深意的可能性更大，但只是限於材料，尚無法證明。

　　"啻門"當讀為"帝門"，"李守奎釋文"云："啻門，門之專名，如春秋時鄭之時門、宋之桐門、陳之栗門等。又疑'啻'即'帝'字，與同簡'亥'作'𡶴'同類。""王寧 4"按："'啻門'當即'帝門'，出土文獻中以'啻'為'帝'之例較常見，無須疑之。'帝門'當為湯都亳邑門名。""顧史考"認爲，"帝門"即"禘門"，即進行禘祭祭所之門。他先借助《說文解字》"禘，諦祭也"以及把"禘"讀為"審諦"的段玉裁注，進而指出"以本篇的内容言之，

────────────

① 詳參劉樂賢：《睡虎地秦簡日書研究》，臺北：文津出版社，1993 年。第 346-349 頁。不過，此處地支中未出現"土"，根據《淮南子・天文》："木生於亥，壯於卯，死於未，三辰皆木也。火生於寅，壯於午，死於戌，三辰皆火也。土生於午，壯於戌，死於寅，三辰皆土也。金生於巳，壯於酉，死於丑，三辰皆金也。水生於申，壯於子，死於辰，三辰皆水也。"可見睡虎地秦簡《日書》乙種《五行》合於五行三合局之說。同時少了關於"土"的一欄。
② 這是劉樂賢依據《淮南子・天文》對放馬灘秦簡《日書》的改釋，參見劉樂賢：《睡虎地秦簡日書研究》，第 349 頁。

作者對此‘禘’之意，實可能理解為某種向先祖先帝詳細查問治邦真諦而行的祭祀儀式。然則‘湯’在‘諦門’而問及‘先帝’之‘良言’的意思或即在此。”

筆者以為，“帝門”不見於古典文獻，應該是個虛構的場所，和“正月己亥”一樣，有特定含義。以烘托莊重氣氛，證明湯與小臣在此特定場所談論的話屬於“帝道”一類。

“小臣”，即伊尹，在後文中又稱他為“天尹”。在同為清華簡第五冊的《湯處於湯丘》中也稱為“小臣”，清華簡第三冊的《赤鵠之集湯之屋》相同。《呂氏春秋·尊師》有“湯師小臣”。伊尹在卜辭中被稱為“伊小臣”（見《合集》27057、《屯南》2342）。

【2】“古之先帝亦有良言情至於今乎？”

“先帝”，“李守奎釋文”指出即“遠古帝王”。“良言”，“李守奎釋文”指出即“善言”。“情”，原文為“青”，“李守奎釋文”云：“‘青’，下文異寫作‘清’，讀為‘情’，確實，古書又作‘請’。”可從。

“顧史考”指出，“《湯在帝門》湯稱之為‘先帝’的是指古代傳說中五帝之類，抑是指其自己本國的祖先，亦無從確知，然以商之帝系言之，估計指如契、王亥、上甲等先商國王的可能性較大。”筆者以為，《湯在帝門》這裡沒有指出“先帝”是誰，可能是有意為之。因為商湯和伊尹的對話只是一種虛構的場景設計，作者借助他們的對談試圖傳達的是具有超越性的理念，如果局限於具體的帝系，反而降低了高度。如“李守奎釋文”那樣模糊地指出“遠古帝王”即可。

關於此句，“王寧4”有如下按語：

“青”、“清”均當作“請”，《爾雅·釋詁》：“請，告也”，《箋疏》：“‘《釋言》云：‘告，請也。’《獨斷》云：‘告，教也。’《釋名》云：‘上救下曰告。告，覺也，使覺悟知己意也。’”“請至於今’即“告至於今”，為教導至的意思。《書序》云：“自契至於成湯八遷，湯始居亳，從先王居，作《帝告》、《釐沃》。”《帝告》疑即本篇，蓋儒家傳本此處之“請”即作“告”，“帝告”者，“帝門之告”之省語也。

“王寧5”據此把“古之先帝亦有良言情至於今乎？”讀作“古之先帝亦有良言告至於今乎”，並得出以下結論：

172　第 2 部　非發掘簡の資料價值の確立

　　　　　　"我們完全有理由相信，在先秦儒家的《尚書》傳本里也是有《啻門》

　　　這篇的，只是它裡面這句是作'古之先帝亦有良言誥至於今乎'，古"告"、

　　　"誥"通用，從這句里取兩字為篇名，就是《帝誥》這篇。"

"王寧 5"的推論，想象的成分居多，沒有文獻的確鑿依據，此備一說。

　　　筆者發現，與本篇類似的結構，可見《大戴禮記·武王踐阼》"武王踐阼，

三日，召士大夫而問焉，曰：'惡有藏之約，行之行，萬世可以為子孫常者乎？'

諸大夫對曰：'未得聞也。'然後召師尚父而問焉，曰：'黃帝、顓頊之道存乎，

意亦忽不可得見與？'"[①]亦可見同出清華簡（伍）的《殷高宗問於三壽》："高

宗乃又問於彭祖曰：'高文成祖，敢問人何謂長？何謂險？何謂厭？何謂

惡？'……敢問先王之遺訓。"這種發問的方式和"古之先帝亦有良言情至於今

乎？"非常接近。即都尋求的是可以超越時空、萬古流存的治世法則。"郭梨華

1"指出《黃帝四經·十六經·成法》的黃帝問力黑"請問天下有成法可以正民

者？"也屬於這一風格。

　　　《呂氏春秋·圜道》说"天道圜、地道方，圣人法之，所以立天下。……主执

圜、臣处方，方圜不易，其国乃昌。"《呂氏春秋·行论》有"得天之道者为帝、

得地之道者为三公。"從下文"何以成人？何以成邦？何以成地？何以成天？"

的提問看，"先帝"之"良言"正是這種足以成爲"帝道"的、足以"立天下"

的大道理。

【3】小臣答曰："有哉。如無有良言情至於今，則何以成人？何以成邦？何以

成地？何以成天？"

　　　古典文獻中幾乎看不到"成人""成邦""成地""成天"並加以並列的

説法，一般都是問"何以爲人"，例如，上博簡第五冊《彭祖》有："耇老曰：

'眇眇余沖子，未則於天，敢問爲人？'"僅從語義分析，"成人"和"爲人"

似有區別，"成人"側重的是構成人的本質因素，而"爲人"則是人所應該遵循

[①]上海博物館藏楚竹書《武王踐阼》簡首部分作：武王問師尚父曰："不知黃帝、
顓頊、堯、舜之道存乎？意豈喪不可得而睹乎？"師尚父曰："在丹書，王如欲
觀之，盍祈乎？將以書示。"釋文據復旦大學出土文獻與古文字研究中心研究生
讀書會撰：《〈上博七·武王踐阼〉校讀》，復旦大學出土文獻與古文字研究中
心網，2008 年 12 月 30 日。

的規則以及所應該堅持的操守。但從下文看，《湯在啻門》似乎既包含了作爲構成要素的內容，也包含著所應遵循規則的成分。

從"何以成人？何以成邦？何以成地？何以成天？"可以看出，這是極爲恢宏的，可以成爲萬世法則的大問題，上面所引《大戴禮記·武王踐阼》"惡有藏之約，行之行，萬世可以為子孫常者乎？"也是類似的口吻。從"天""地""國""人"的視野討論問題的典籍，可見《老子》第二十五章：

> 道大，天大，地大，王亦大。域中有四大，而王居其一焉。人法地，地法天，人法道，道法自然。

"域中有四大"，馬王堆帛書本《老子》甲乙本均作"國中有四大"。當然，老子是爲了強調，"國中"即便貴為"大"的"天"、"地"、"王"（人）也需要效法"道"，而"道"的原則是"自然"。《湯在啻門》沒有從"道"和"自然"的角度去談論問題，但試圖從宇宙的、整體的視野出發考慮根本性的法則，這一點《湯在啻門》也是一樣的。

值得注意的是馬王堆帛書本《九主》，這也是商湯和伊尹之間的對話。在此對話中，《九主》中有这样一句话，"主法天、佐法地、辅臣法四时、民法万物"[①]雖然這是說君臣萬民必須遵循自然法則，才能"天下太平"。但將人事（"人"與"邦"）與天地之道相並列或相配比的思路是非常接近的。

在《易傳·系辭》、上博楚簡《三德》、馬王堆帛書《黃帝四經》、以及《荀子》等文獻中，可以看到大量"天""地""人"或"天""人""地"並論的表述方式，這就是所謂的"三才"，而《湯在啻門》則是"人""邦""地""天"的結構，總體上看與"三才"有相似之處，但也有所不同。因爲"三才"的基本思路在於，人的一切行動必須與天地法則為准，但同時"天""地""人"三者有著共同的性質，有著彼此影響的可能，即人可以參贊天地之化育，是天地之道運行的積極參與者，而非被動的順從者。《湯在啻門》雖然總體上也是人事服從天道的思路，但重點似乎是在論述"人"、"邦"、"地"、"天"的構成因素，所以，可能和"三才"思想背景下的文獻有一定距離。

[①] 在《九主》中，臣下依据地位的不同，又分"佐"和"辅臣"兩级。

174　第 2 部　非發掘簡の資料價値の確立

【4】湯又問於小臣曰：“幾言成人？幾言成邦？幾言成地？幾言成天？”

　　“王寧 4”按：“‘幾言’當爲‘言幾’之倒裝。幾者，幾何也。”筆者發現，竹簡本《文子》有“平王曰：‘王者幾道乎？’文子曰：‘王者一道。’”[1]的説法，今本《文子·道德》作：“文子问曰：‘王道有幾？’老子曰：‘一而已矣。’”可見，用“幾”來提問時，後面一定會用數字來做概括。

【5】小臣答曰：“五以成人，德以光之；四以成邦，五以相之；九以成地，五以將[之]。九以成天，六以行之。”

　　“五以成人”，如“李守奎釋文”所言，第一個“五”指的是下文的“五味之氣”。“四”指的是下文的“四神”，第二個“五”指的是下文的“德、事、役、政、刑”，第三個“五”指的是下文的“五行”，兩個“九”均指的是下文的“九神”，即“地神”和“天神”，“六”指的是下文的“晝、夜、春、夏、秋、冬”。

　　值得注意的是，與“四”“五”論“邦”，“九”“五”論“地”，“九”“六”論“天”不同，論“人”只提到“五以成人”，而沒有使用兩個數字。

　　什麼是“德以光之”？各家未解，這裡的“德”恐怕不是儒家倫理意義上的美德，也不是下文“德、事、役、政、刑”中的“德”，這裡的“德”應該是生命力的體現，是生氣之源。《庄子·庚桑楚》有“道者，德之钦也；生者，德之光也；性者，生之质也。”或許是較好的解釋，《管子·心术上》有“德者，道之舍，物得以生生。”《庄子·天地》“物得以生谓之德”，也可以幫助我們了解這裡的“德”。聞一多在解釋《楚辭·天問》“夜光何德”時，引《庄子·天地》“物得以生谓之德”及其他古語，認爲“德”與“生氣之源”相應[2]。小南一郎也論證過“德”為一種生命力[3]。同出清華簡（伍）的《殷高宗聞於三壽》有“晦而本由生光”之說，筆者指出通過《史記·屈原賈誼列傳》所引《懷沙》“易初

---

[1] 釋文依據河北省文物研究所定州漢簡整理小組：《定州西漢中山懷王竹簡〈文子〉釋文》，《文物》1995 年 12 期。

[2] 聞一多：《天問釋天》，收入《聞一多全集》第二冊，上海：開明書店，1948 年，第 328 頁。

[3] 小南一郎：《天命と德》，《東方學報》（京都）第 64 冊，1992 年，第 37-40 頁。

本由兮，君子所鄙。"等文例可知，"本由"指的是最爲根本的東西，這句話說的是只有通過"晦"才能讓人身上最爲根本的東西發出光亮。①這個"本由"也是類似"德"的東西吧。與下文"氣"關聯起來考慮，這裡的"德"可能指的是"氣"的外在表現，所以說"德以光之"。

"將"、"相"均爲扶助之意。

【6】湯又問於小臣曰："人何得以生？何多以長？孰少而老？者 猶是人，而罷 惡罷 好？"

"多"，"王寧4"按：

"多"當讀爲""劯（綴）"或"短"，"多"與"綴"端章準雙聲、歌月對轉音近；與"短"同端紐雙聲、歌元對轉音近。《方言》十三："劯，短也。"《廣雅·釋詁》："綴，短也。""短"與"長"、"少"與"老"皆爲對文。

這是值得贊同的觀點。

"者"，"李守奎釋文"讀爲"固"，當如"陳劍"論證的那樣讀爲"胡"，"陳劍"引馬王堆醫簡《十問》以下這段話：

黃帝問於容成曰："民始蒲淳溜（流）刑（形），何得而生？溜（流）刑（形）成醴（體），何失而死？何臾（猶）之【23】人也，有惡有好，有夭有壽？（下略）

指出"胡猶是人"就是《十問》中的"何臾（猶）之人"②，這是非常合理的見解，因此不必如整理者那樣讀爲"固"。

"罷"如"李守奎釋文"所言即"一"字。值得注意的是，下文"一月"則作"曰一月"，不知爲何要刻意區別。

"罷 惡罷 好"，通過上引《十問》，其意也豁然開朗，"惡""好"不能

---

① 參見曹峰：《清華簡〈殷高宗問於三壽〉上下兩部分簡文的研究》，日本出土資料學會編：『中國出土資料研究』第20號，2016年7月。

② "王寧4"指出，還可以參照復旦大學出土文獻與古文字研究中心研究生讀書會：《清華簡〈皇門〉研讀札記》（復旦大學出土文獻與古文字研究中心網，發表日期2011年1月5日）文下跟帖28樓laogui（施謝捷）的意見和"《清華五〈湯在啻門〉初讀》"跟帖9樓yushiawjen（瑜小楨）的意見。

讀為"厭惡"與"喜好"，而是和"失"與"死"、"夭"與"壽"相應的兩種狀態，"者（胡）猶是人，而一惡一好？"意為"同樣是人，爲何有的好，有的不好？"①其句式類似《孟子·告子上》"鈞是人也，或爲大人，或爲小人，何也？""鈞是人也，或從其大體、或從其小體，何也。"

【7】小臣答曰："唯彼五味之氣，是哉以爲人。其末氣，是謂玉種。"

"唯彼五味之氣，是哉以爲人。"此句與上文的"五以成人"相對應。之所以使用"五味之氣"，可能有兩方面的特殊含義。首先，因爲回答湯問的伊尹以"滋味悅湯"而聞名，《史記·殷本紀》說伊尹"以滋味悅湯，至於王道。"《孟子·萬章上》有"万章問曰：'人有言'伊尹以割烹要湯'，有諸？'"清華簡《赤鵠之集湯之屋》中伊尹的身份就是一個善於烹調的小臣。清華簡《湯處於湯丘》伊尹也借用烹調談治國之道：

> 湯處於湯丘，娶於有莘，有莘媵以小臣，小臣善為食，烹之和……湯亦食之，曰："允，此可以和民乎？"小臣答曰："可。"乃與小臣惎谋夏邦。

"哉"，"李守奎釋文"讀為"始"或"栽"。如果釋為"始"，即與下文的"末"相對；如果釋為"栽"，即表示"栽培"。"顧史考"讀為"載"，即"承載、秉承"之意。筆者以爲，這句話還是應該和烹飪之道聯係起來考察。《湯處於湯丘》出現了"五味皆哉"，"哉"字，整理者讀為"飤"，"飤"字《說文》云"設飤也"，"是哉以爲人"或許也需要由此去理解。即通過五味的烹飪、調和與攝入來維持生命。

其次，在文獻中我們可以發現很多以"味"論"氣"的例子。如《國語·周語中》有"五味實氣"，《左傳·昭公二十五年》中有"則天之明，因地之性，生

---

① "一惡一好"也可以理解為"所惡不二"、"所好不二"，《荀子·修身》云"治氣養心之術：血氣剛強，則柔之以調和；智慮漸深，則一之以易良；勇膽猛戾，則輔之以道順；齊給便利，則節之以動止；狹隘褊小，則廓之以廣大；卑溼、重遲、貪利，則抗之以高志；庸眾駑散，則劫之以師友；怠慢僄棄，則炤之以禍災；愚款端愨，則合之以禮樂，通之以思索。凡治氣養心之術，莫徑由禮，莫要得師，莫神一好。夫是之謂治氣養心之術也。"類似的話又見《韓詩外傳》卷二。即"治氣養心之術"沒有比"所好不二"更爲重要的。但可能本篇無法這樣去解釋。

其六氣,用其五行。氣爲五味,發爲五色,章爲五聲"。《左傳·昭公元年》也有:"天有六氣,降生五味,發爲五色,徵爲五聲。"可見"味"是"氣"的第一個載體,之後才是"色"、"聲"的出現。《國語·周語下》還說"口內味而耳內聲,聲味生氣。氣在口爲言,在目爲明。言以信名,明以時動。名以成政,動以殖生。政成生殖,樂之至也。若視聽不和,而有震眩,則味入不精,不精則氣佚,氣佚則不和。于是乎有狂悖之言,有眩惑之明,有轉易之名,有過慝之度。"這是說正確地攝入"味"和"聲",就能產出精氣,進而轉化成"言"、"明",體現爲生活中的"名"、"動",影響到政治經濟上的"成政"和"殖生",相反,如果"視聽不和"、"味入不精",攝入不和諧的"視"與"聽","味"不能轉化爲精氣,則走向反面,出現一系列負面的現象。這樣的邏輯展開,對于理解《湯在啻門》很有幫助。"五味"的正確攝入,是人生的第一步,也是最重要的一步,有了"五味"產生的"精氣",才能維持生命、孕育生命,人健康的好壞、壽命的短長,乃至政治的興廢,均由此出發。因此,《湯在啻門》的"氣"論,首先借助"五味"展開,並非偶然。

至於"五味"所指,《管子·水地》有"五味者何?曰五藏。酸主脾,鹹主肺,辛主腎,苦主肝,甘主心。"孔家坡漢簡《歲》有:"東方酸,南方鹹,西方苦,北方齊(辛),中央甘,是謂五味。"均可作爲參考。

"清華五〈湯在啻門〉初讀"跟貼27樓iht認爲這句話應該斷讀爲"唯彼五味之氣是哉,(五味之氣)以爲人。"他指出"《詩經·魏風·園有桃》有'彼人是哉,子曰何其?''是'是指示代詞做謂語,'哉'是語氣詞。……否則這句話不合語法。"此備一說。

"其末氣,是謂玉種"。"末","李守奎釋文"提供了兩种意見,一讀爲"終";二讀爲"籛","李守奎釋文"進一步解釋"籛"即精微,"末氣"即精微之氣。"郭梨華2"依據《逸周書·武訓解》所見"元首曰末",認爲"末"有顛頂之意,"其所指當是精華薈萃之所在"。"顧史考"認爲"末氣"是"未氣"之誤。"未氣"指"'未形成氣'、'未承載氣'的那種男女之精,而此男女之精相合之際,方開始載氣以成爲胎兒。"可備一說。

根據上下文意,可以肯定"末氣"是類似"精氣"的東西,筆者以爲或許就

是“本氣”，即“末”爲“本”字之誤。”《論衡•道虛》有“失本氣于天，何能
得久壽。”

　　“玉種”，“李守奎釋文”認爲“玉”意為美好。“種”即“種”，種子。
“李守奎1”指出“其本源是五谷之气，其可視形态就是男性的精液。”“王寧4”
按：“‘玉種’代指男女繁殖之精氣，《管子•水地》：‘人，水也。男女精气合
而水流形。’《系辭》：‘男女構精，萬物化生。’今猶言男精為‘種’，是其
遺義。”

　　從前後文看，這裡說的是，人首先需要依賴“五味”形成的“氣”來維持人
的生命。其中的精華之“氣”構成延續生命的種子，因此下面轉入十月懷胎的話
題是正常的。

【8】鼠一月台昜，二月乃裹，三月乃形，四月乃胠，五月或收，六月生肉，七
月乃肌，八月乃正，九月䌛章，十月乃成，民乃時生。

　　“鼠一”　如“李守奎釋文”所言即“一”字。

　　“台”，“李守奎釋文”讀為“始”。“陳偉”認爲：“疑可讀爲‘胎’。
《說文》：‘胎，婦孕三月也。’段註：‘玄應兩引皆作二月。《釋詁》曰。胎、
始也。此引伸之義。’”此從“李守奎釋文”。

　　“昜”字，“李守奎釋文”讀為“揚”，“似指玉種播揚”。“清華讀書會”
引馬楠云：“‘昜’字從勹，疑此字讀‘胞’。《說文》：‘胞，兒生裹也。
從肉從包’。《莊子•外物篇》：‘胞有重閬，心有天遊。’陸德明《經典釋文》：
‘胞，腹中胎。’下文‘二月乃裹’。”

　　“陳偉”云：“昜，疑可讀爲‘蕩’。《禮記•月令》‘諸生蕩’鄭玄注：
‘蕩，謂物動將萌芽也。’”結合他所釋讀的“台”（胎）字，“陳偉”將“鼠一
月台昜”理解為一月胎兒開始萌動。

　　曰古氏認為當釋“腸”，指五臟六腑，“理解爲人之內臟、核心、中心一類
的意思，則簡文即是將嬰兒的變化過程看作從先出現“腸”開始。”①

　　“王寧2”讀為“孕”，“王寧4”否定之後 將其讀為“揚”，意爲“發生”，

_____

① 見“王寧2”下跟帖第1樓評論。

清華簡《湯在啻門》譯注　179

"王寧 4"還引"清華五〈湯在啻門〉初讀"跟貼暮四郎的觀點，"'揚'在上古典籍中常指揚起，此處則當解為舉、動，指萌生"。

依據上述見解，筆者暫將"鼠一月旬昜"讀為"一月始揚"，即第一個月開始萌生。

"二月乃裹"，"李守奎釋文"作如下解釋：

裹，意為初有輪廓。《淮南子·俶真》："塊阜之山，無丈之材。所以然者何也？皆其營宇狹小，而不能容巨大也。又況乎以無裹之者邪？"高誘注："無裹，無形。"

"清華五〈湯在啻門〉初讀"跟貼 14 樓明珍理解為"二月開始纏繞"。

"華師大工作室"指出：

若依整理者所舉高誘注理解，則"裹"即"形"，然簡文明謂"三月乃刑（形）"，與"二月乃裹"相重複，故整理者謂"裹"為"初有輪廓"，以示區別，但此解似難以服人。按，"裹"在文獻中常見義為包裹，在此當指妊娠時包裹胎兒之器官。此物古謂之"胞""胞衣"等。

此處較難斷定文意，暫從"李守奎釋文"將"二月乃裹"理解為第二個月開始有了輪廓。

"三月乃形"，"李守奎釋文"理解為第三個月"胎兒成人形"。可從。

"四月乃胐"，"李守奎釋文"將"胐"讀為"固"，指胎兒穩固。曰古氏認為"胐"當讀為"骨"①。"王寧 4"認為曰古氏意見可從。"陳偉"將"胐"釋為"冑"，讀為"育"，理解為"長"。

這裡暫從曰古氏意見，將"四月乃胐"理解為第四個月有了骨頭。

"五月或收"，"李守奎釋文"作如下解釋：

收，疑讀為同在舌音幽部的"褎"。《詩·生民》"實種實褎"，鄭玄箋："褎，枝葉長也。"

"王寧 4"按：

"或"當讀為"有"。"收"本為收斂、收束義，義亦同"糾"，《國

---

① 見"王寧 2"下跟帖第 1 樓評論。

180　第2部　非發掘簡の資料價値の確立

語‧齊語》："糾之以刑罰"，韋注："糾，收也"，"糾"又有糾繚之意，此當指人之筋脈，同於《文子‧九守》之"五月乃筋"。《釋名‧釋形體》："筋，靳也，肉中之力，氣之元也，靳固於身形也。""靳固於身形"與收束、糾繚之意類同。

"清華五〈湯在啻門〉初讀"跟貼14樓明珍將"收"理解為"聚合"。這裡暫從"王寧4"的觀點，將"五月或收"理解為第五個月有了筋脈。

"六月生肉"，"李守奎釋文"說"疑指胎兒形體快速生長。"可從。

"七月乃肌"，"李守奎釋文"說"此處似指生長肌膚。"可從。

"八月乃正"，"李守奎釋文"認爲"正"即定型，"王寧4"按：

"正"疑當讀為"整"，《說文》："齊也"，言至八月人身體所有組成部分均生長齊全也。

這裡從"李守奎釋文"的觀點，將"八月乃正"理解為第八個月人體定型了。

"九月^纞章"，"李守奎釋文"讀為"九月顯章"，意思與成功相近。"清華五〈湯在啻門〉初讀"跟貼19樓暮四郎讀"纞"為"纀"或"解"。"清華五〈湯在啻門〉初讀"跟貼14樓明珍云"'章'可能是'紋章、標誌'之義。《逸周書‧諡法》'車服，位之章也。'前文是生筋肉，接著是生肌膚，接著是正型，接著是'顯章'，應即顯現標誌，古人可能以爲此時才知胎兒性別，或是指顯現紋理，比如眼鼻耳目的線條等等。""王寧4"對此二人觀點表示贊同，並按：

"解"為分判義，"章"為男女分別之標誌，大概古人認為在九月之前胎兒尚無男女之分別，到了九月才能分別是男是女，各具其性別標誌也。

曰古氏也支持這一見解，他指出此字下部非從"^絲（聯）"聲，而是從"系"聲，可讀為"解"，"再大膽朝前推測的話，則循音以求之，很懷疑"^纞章"或當讀爲"瓦璋"。是用《詩經》中的典故，"九月瓦璋"即是指胎兒發育到九個月大的時候開始分化出第一性別特徵，這時可以分辨出是男孩還是女孩了。"①

這裡暫從"李守奎釋文"的觀點，將"九月^纞章"理解為第九個月接近成功

———————————

①見復旦大學出土文獻與古文字研究中心論壇，學術討論：《清華伍<湯在啻門>篇的"九月纞章"肊說》帖，第1、2樓，2015年7月19日。

了。

古典文獻中，與十月懷胎過程相關的描述是非常多見的，"李守奎釋文"引用了《管子·水地》、《文子·九守》、《淮南子·精神》。

人，水也。男女精氣合，而水流形。三月如咀，咀者何？曰五味。五味者何？曰五藏。酸主脾，鹹主肺，辛主腎，苦主肝，甘主心。五藏已具，而後生肉。脾生隔，肺生骨，腎生腦，肝生革，心生肉。五肉已具，而後發為九竅。脾發為鼻，肝發為目，腎發為耳，肺發為竅。五月而成，十月而生。（《管子·水地》）

老子曰："人受天地變化而生，一月而膏，二月而血脈，三月而胚，四月而胎，五月而筋，六月而骨，七月而成形，八月而動，九月而躁，十月而生。"（《文子·九守》）

夫精神者，所受於天也；而形體者，所稟於地也。故曰："一生二，二生三，三生萬物。萬物背陰而抱陽，沖氣以為和。"故曰一月而膏，二月而胅，三月而胎，四月而肌，五月而筋，六月而骨，七月而成，八月而動，九月而躁，十月而生。（《淮南子·精神》）

在筆者看來，僅僅引用十月懷胎的資料來印證説明《湯在啻門》，是不合適的，因爲這類資料並不少見。從前後文看，《湯在啻門》中與十月懷胎相關者，有兩個關鍵詞，一是"氣"，二是"五"（從《湯在啻門》大量使用"五"的觀念來看，十月懷胎之過程很可能也與五行有關），因此文獻的引用和印證，最好能夠和這兩者對應起來。從"李守奎釋文"提供的文獻看，比較接近的恐怕是《管子·水地》，首先，這裏談到人的出生，是"男女精氣合"所致，是"氣"的產物。其次，雖然不是完整的過程，但也涉及十月懷胎。還有，這裏面涉及"五味"、"五髒"、"五肉"等和五行相關的內容。因此，"氣"、"十月懷胎"、"五行"這些關鍵因素都是相關的。不過，《水地》論述的重心在于"水"，認爲"水"是"地之血氣，如筋脈之通流者也"。至於"五髒"、"五味"和"五行"的關系，魏啓鵬曾指出，這段話和《黃帝內經·素問·陰陽應象大論》"木生酸，酸生肝⋯⋯火生苦，苦生心⋯⋯土生甘，甘生脾⋯⋯金生辛，辛生肺⋯⋯水生鹹，鹹生腎。"頗有出入，《黃帝內經》和《今文尚書》歐陽説同，呈現為"木、火、

182　第2部　非發掘簡の資料價値の確立

土、金、水”的相生序列，而《管子・水地》則是“木、水、金、火、土”，既不相生也不相克。因此，“假如《水地》有五行觀念，那麼也一定與《洪範》、《左傳》一樣，尚未具備五行相生或相勝的含義，對五種基本物質的認識尚處於樸素的初始階段。”①如后文所示，這一點有利於我們對《湯在啻門》所見“五行”觀念性質的分析以及《湯在啻門》創作時代的斷定。

《文子・九守》和《淮南子・精神》有十月懷胎過程的詳細描述，兩者文字雖然有所不同，但基本上屬於同一類文獻。從用詞上看，顯然和《湯在啻門》有很大差異，而且沒有涉及到“氣”，因此也與《湯在啻門》沒有直接可比性。

引發我們充分興趣的是馬王堆帛書《胎產書》以下這段文字：

　　　　故人之產毆，入於冥冥，出於冥冥，乃使爲人。一月名曰留（流）刑……二月始膏……三月始脂……，［四月］而水受（授）之，乃使成血……五月而火受（授）之，乃使成氣……，六月而金受（授）之，乃使成筋……，七［月而］而水受（授）［之，乃使成骨］……八月而土受（授）［之，乃使成膚革］……［九月而石受（授）之，乃使成］毫毛……十月，氣陳□□。（馬王堆帛書《胎產書》）②

可以發現，《胎產書》不僅有十月懷胎過程的詳細記錄，而且其過程和五行密切相關，是“水（四月）-火（五月）-金（六月）-木（七月）-土（八月）”的序列③，這和《湯在啻門》“成地”部分五行的排列完全相同。不過我們現在難以確認《湯在啻門》“三月乃形，四月乃胐，五月或收，六月生肉，七月乃肌，八月乃正”是否存在五行序列，甚至是“水-火-金-木-土”的序列。“曹峰 2”認爲這種可能性存在，如果“七月乃肌”可以和“乃使成膚革”對應，“五月或

---

① 魏啓鵬：《〈管子．水地〉新探》，艾蘭、汪濤、范毓周主編：《中國古代思維模式與陰陽五行探源》，南京：江蘇古籍出版社，1998 年。
② 馬王堆帛書《胎產書》釋文參照裘錫圭主編《長沙馬王堆漢墓簡帛集成（陸）》，北京：中華書局，2014 年。第 93-94 頁。
③ 後世如隋代巢元方《諸病源候論・婦人妊娠病諸候上》、唐孫思邈《備急千金方・婦人方上・養胎》等醫書也是“水-火-金-木-土-石”的序列。參見裘錫圭主編：《长沙马王堆汉墓简帛集成（陸）》，第 101 頁。

收"可以和"乃使成筋"對應。① 那麼，其他各月或許也存在對應，《湯在啻門》的五行序列或許可以模擬爲"水（三月）-火（四月）-金（五月）-木（六月）-土（七月）"。但這僅是一個推測。

【9】其氣暜縚發綯，是其爲長且好哉。

關於"暜縚發綯"，"李守奎釋文"讀"暜"爲"崇"，意爲豐滿；讀"縚"爲"歇"，意爲"盛氣奮發"，或讀爲"解"，意爲"通達"；理解"發"爲抒發；讀"綯"爲"治"，理解爲"不亂"。總體上將此四字理解爲"氣之充盈暢達"。"王寧 4"按：

"暜"疑當讀爲"潛"，深沉意。"縚"從糸皐（觸）聲，疑即"繵"字，亦作"繝"，《玉篇》："繝，帶也。亦作繝。"發，勃發意，與"潛"爲對，義相反。"綯"當即"絧"字，讀爲"絲"，二字古音同。"潛繝發絲"謂氣深沉如帶之綿延伸長，勃發如絲之綿綿不絕，此均謂氣之生長不斷之意，故曰"是其爲長且好哉"，意思這就是人能長高和俊美（或健康）的原因。此二句是針對上面湯之"何短以長"、"胡猷是人，而一惡一好"的問話而回答的。

"黃冠雲"讀"暜"爲"潛"，讀"縚"爲"濁"。認爲 "潛濁"即"沉濁"。讀"發綯"爲"發始"。解釋 "其氣暜縚發綯"爲"氣在其發端之際，是從低迷沈落的狀態開展出來的。"同時他引《釋名·釋天》"春曰蒼天，陽氣始發，色蒼蒼也。……冬曰上天，其氣上騰，與地絕也。"説明 "‘氣’原先出於一個相對低下的狀態，後來才上升，與地完全分隔開來。這可以視作‘潛濁’的一個旁證。"同時解釋整個句子爲"氣最初從低沉混濁處開發出來時，是悠長且善好的。"

此處文意較難求證，從後文"是其爲長且好哉"看，這指的是"長且好"的條件，因此應該都是好字，筆者暫從"李守奎釋文"，將此四字理解爲"氣之充盈暢達"。

---

① 如上文所述，"五月或收"可以理解爲第五個月有了筋脈。

"長且好"，"王寧4"説是"人能長高和俊美（或健康）"。需要注意的是，在描述氣的狀態之後，《湯在啻門》都用"是其為"的固定格式來描述結果，筆者以爲這個"其"當指生命的狀態，因此"王寧4"有一定道理，但"長"不是"長高"，因爲和"好"一樣都是形容詞，所以指的是長壽吧。筆者解釋此句為"當氣充盈暢達時，人就會長壽健康。"

【10】其氣畎昌，是其爲當𢛯。

"李守奎釋文"釋"畎"為"奮"，意為奮發；解釋"當"為"盛壯"；讀"𢛯"為"壯"。"清華五〈湯在啻門〉初讀"跟貼19樓暮四郎讀"當𢛯"為"強梁"。"黄冠雲"讀"當𢛯"為"沉碭"。"沉碭"是"清白"或"清明"的意思。他解釋整個句子為"當它奮動昌盛時，是清白流暢的。"

筆者暫從"李守奎釋文"，將此句解釋為"當氣奮發昌盛時，人就變得強壯。"

【11】氣𡣫交以備，是其爲力。

"李守奎釋文"釋"𡣫"為"融"，"融交"即融會交合。釋"備"為"周遍"。釋"力"為"有力氣"。

關於"𡣫交以備"，"王寧4"作如下解釋：

"備"當讀為"服"，從順義。《吳越春秋・勾踐陰謀外傳》："勾踐氣服"，《說文》："懾：失气也。从心聶聲。一曰服也。"人失其氣則懾服也；懾服則順從，故此處當為順從義，《素問・上古天真論》："恬惔虛无，真氣從之；精神內守，病安從來。是以志閑而少欲，心安而不懼，形勞而不倦，氣從以順，各從其欲，皆得所願。""氣融交以服"與"氣從以順"意思略同。

"黄冠雲"引《禮記.樂記》的"四暢交於中而發作於外，皆安其位而不相奪也。"讀"𡣫"為"中"，讀"𡣫交以備"為"中交以備"，解釋整句為"當它在人身中聚交以完備時，是強而有力的。"

筆者暫從"李守奎釋文"，將此句解釋為"當氣融會交合，周遍全身時，人就變得有力。"

【12】氣威乃老，氣𣲘乃猷，氣逆亂以方，是其為疾殃。氣屈乃終，百志皆窮。

"李守奎釋文"讀"戚"為"促",意為"氣不夠用"。讀""為"徐",意為"氣緩"。解釋"猷"為"停止、終結"。 解釋"方"為"傷害", 解釋"屈"為"竭盡"。

"華師大工作室"指出:"'戚'疑當讀為'蹙',《詩經‧大雅‧召旻》:'昔先王受命,有如召公,日辟國百里,今也日蹙國百里。''辟''蹙'對文,'蹙'意謂縮減,簡文'蹙'亦當解為精氣之衰減,而非呼吸之急促。" 對此"王寧4"贊同,並作以下按語:

""不當讀"徐",而當讀為"舒",舒散、散失之意。"猷"疑讀為"庮",《說文》:"久屋朽木。从广酉聲。《周禮》曰:'牛夜鳴則庮。'臭如朽木。"此蓋用"猷(庮)"為腐朽義。"老"與"朽"義正相貫,均為衰弱義。"方"乃"橫"義,謂邪也。此謂氣縮減就衰弱,氣散失則腐朽,氣逆亂而邪,這都是造成疾病和災殃的原因。"老"、"猷(庮)"相當於湯問話中的"少而老"中的"老";"疾殃"相當於湯問話中的"一惡一好"中的"惡"(醜惡、不健康)。

"清華五〈湯在啻門〉初讀"跟貼19樓暮四郎讀"屈"為"蹶"。"蹶"指"氣逆上"。

筆者以爲,從"老"、"疾殃"、"屈"、"終"、"窮"看,此句與前面三句形成對照,講氣衰減以後的狀況。因此,一些將"氣乃猷"朝好的方向解釋的觀點不值得引用和考慮。結合上述各家的意見,筆者將此句解釋為"當氣衰減時,人就變老。當氣散失時,人就會衰弱。當氣逆亂並發生傷害時,人就會有疾病和災殃。當氣竭盡時,人生就走向終點,無法再實現自己的意志。"

以上論"氣"各句,"李守奎1"作了這樣的總結:"气充沛奮昌人就成長健壯,強健有力;气短促不足人就衰老羸弱,气逆亂橫行人就疾病成殃,气竭人終,生命完結。"這是很精到的概括。

筆者以爲,結合前面"五以成人"中"成"這個字,可以了解的是,所謂"成人"不僅僅包括從受孕到出生的過程,而且也包括了人的一生,因此"五以成人"表明"五味之氣"的有無多寡決定了人從生到死的關鍵。

如以下用例所示,用氣的盛衰來概括人的一生,在古典文獻尤其醫學文獻中非

186　第2部　非發掘簡の資料價值の確立

常多見：

> 人自生至終，大化有四：嬰孩也、少壯也、老耄也、死亡也。其在嬰孩，氣專志一，和之至也；物不傷焉，德莫加焉。其在少壯，則血氣飄溢，欲慮充起，物所攻焉，德故衰焉。其在老耄，則欲慮柔焉，體將休焉，物莫先焉。雖未及嬰孩之全，方於少壯，間矣。其在死亡也，則之於息焉，反其極矣。（《列子・天瑞》）

> 黃帝問於容成曰：“民始蒲淳溜（流）刑（形），何得而生？溜（流）刑（形）成朣（體），何失而死？何臾（猶）之人也，有惡有好，有夭有壽？欲聞民氣贏屈、施（弛）張之故。”容成合（答）曰：“君若欲壽，則順察天地之道。天氣月盡月盈，故能長生。地氣歲有寒暑，險易〈易〉相取，故地久而不腐。”（馬王堆醫簡《十問》）

> 黃帝問於曹熬曰：“民何失而死？何得而生？”曹〔熬合（答）曰：“□□□□□〕而取其精，侍（待）坡（彼）合氣，而微動其刑（形）。能動其刑（形）形，以至（致）五聲，乃入其精。虛者可使充盈，壯者可使久榮，老者可使長生。”（馬王堆醫簡《十問》）[1]

　　《列子・天瑞》這段話中“氣專志一”、“血氣飄溢”等用語對《湯在啻門》的理解顯然有幫助，而且“其在嬰孩，……德莫加焉”的説法，對於把《湯在啻門》“德以光之”中的“德”理解為“生命之源”也有啓發。

　　馬王堆醫簡《十問》“黃帝問於容成”一段在論述同樣是人，爲何“有惡有好，有夭有壽？”時，將其視爲“民氣贏屈、弛張之故”。其中的“贏屈、弛張”和《湯在啻門》的“長且好”、“當壯”、“力”、“氣戚（蹙）”、“氣䠓（舒）”、“氣屈”也可以形成對照。“黃帝問於曹熬”一段則側重的是陰陽交接之道，通過完美的陰陽交接，來鞏固人（尤其男子）的精氣，以此獲得長生。

　　《黃帝内經・素問・上古天真論》也有類似描述，其中岐伯分別敍述了女子七歲以後、男子八歲以後直至年老的生命過程，值得注意的是，其中的“氣”被具體化為“腎氣”、“精氣”等。

---

[1]馬王堆醫簡《十問》釋文參照裘錫圭主編：《长沙马王堆汉墓简帛集成（陸）》，第139、143、142頁。

女子七歲，腎氣盛，齒更髮長；二七而天癸至，任脈通，太衝脈盛，月事以時下，故有子；三七，腎氣平均，故真牙生而長極；四七，筋骨堅，髮長極，身體盛壯；五七，陽明脈衰，面始焦，髮始墮；六七，三陽脈衰于上，面皆焦，髮始白；七七，任脈虛，太衝脈衰少，天癸竭，地道不通，故形壞而無子也。丈夫八歲，腎氣實，髮長齒更；二八，腎氣盛，天癸至，精氣溢瀉，陰陽和，故能有子；三八，腎氣平均，筋骨勁強，故真牙生而長極；四八，筋骨隆盛，肌肉滿壯；五八，腎氣衰，髮墮齒槁；六八，陽氣衰竭于上，面焦，髮鬢頒白；七八，肝氣衰，筋不能動，天癸竭，精少，腎藏衰，形體皆極；八八，則齒髮去。腎者主水，受五藏六府之精而藏之，故五藏盛，乃能瀉。今五藏皆衰，筋骨解墮，天癸盡矣。故髮鬢白，身體重，行步不正，而無子耳。

類似的描述在《黃帝內經·素問》還有很多。可以發現，即便用詞不盡相同，但完全可以用來作爲《湯在啻門》解讀的參照。因此，《湯在啻門》關於"五以成人，德以光之"的描述，有著顯著的醫學背景，是毫無疑問的。當然，即便因此而使《湯在啻門》染上濃厚的術數色彩，但《湯在啻門》不過是借助術數闡發思想而已，這也是毫無疑問的。如後文所分析的那樣，《湯在啻門》總體上有著接近于黃老道家的從天道到人事的思想特徵。

【13】湯又問於小臣曰："夫四以成邦，五以相之，何也？"

如前所述，"氣"和"五"是《湯在啻門》兩大關鍵詞，但是"氣"僅在"成人"的話題中得到展開。在"成邦"、"成地"、"成天"的話題中，"氣"未再出現，只有"五"成爲貫穿全文的話題。

【14】小臣答曰："唯彼四神，是謂四正，五以相之，德、事、役、政、刑。"

"四神"和"四正"，究竟指的是什麼，下文並無交代。只是回答了何謂"美德"、"惡德"、"美事"、"惡事"、"美役"、"惡役"、"美政"、"惡政"、"美刑"、"惡刑"，即完全從人事的角度，討論了善惡兩種德性及其行爲在政治上導致的結果。或許在作者看來，"四神"和"四正"人人皆知，不言而喻。但我們今天已經不知其詳。從邏輯上可以看出，"德、事、役、政、刑"五種行爲，正是"四神"化生爲"四正"之後的政治體現。

188 第2部 非發掘簡の資料價值の確立

關於"四神"，"李守奎釋文"提及長沙子彈庫楚帛書中與青、赤、黃、墨相配、彼此相代以成四時的"四神"，"郭梨華 1"也提及甲骨文所見與四方風名相關、主管四時的"四神"。但"李守奎釋文"指出《湯在啻門》的"四神"當是另外神系。確實，這裡指的應該不是自然神，而是人神。

關於"四正"，"李守奎釋文"認爲《管子·君臣下》"四肢六道，身之體也。四正五官，國之體也。四肢不通，六道不達，曰失。四正不正，五官不官，曰亂。"①與簡文最爲相近。一般將"四正"釋爲君臣父子，或許這是後世的曲解。因爲與"四正五官"對應的"四肢六道"②應該指的是具體的部位，而且是非常重要的位置，因此"四正"可能指的是與人事相關四種最爲重要的職官，或許《湯在啻門》的"四神"也應該朝這個方向解釋，即類似《尚書》中《堯典》、《舜典》所見"四嶽"等四方諸侯，或類似漢初輔佐太子劉盈的"四皓"。③這樣的人物或許在《湯在啻門》作者看來，只有具備神性的人物才能擔當，而君臣父子是無法和神相關聯的。道家有所謂"神人"之說，如《文子·微明》云："故天地之間有二十五人也。上五有神人、真人、道人、至人、聖人。"《莊子》的《逍遙遊》有"至人無己，神人無功，聖人無名。"《天下》有"不離於宗，謂之天人。不離於精，謂之神人。不離於真，謂之至人。"莊子筆下的神人多爲不食人間煙火的得道之士，與《湯在啻門》中需要擔負"德、事、役、政、刑"的"四神"有差異，但莊子筆下的"神人"可能正是脫胎於"四神"這類特殊的存在。

"德、事、役、政、刑"，古典文獻中找不到相同或相似的排列與表達。如果加以分析，可以看出，這裡的"德"排在首位，顯然不同于"事、役、政、

---

① "五官"即五行之官。《淮南子·地形》認爲"五官"乃治理東南西北中的官吏。

② 張佩綸懷疑"六道"乃"九竅"之誤。參見郭沫若等撰：《管子集校》，東京：東豐書店影印，1981年，第499頁。

③ "四皓"即所謂"商山四皓"，是秦朝末年四位信奉黃老之學的博士：東園公、夏黃公、綺里季、角里。最初使用"四皓"這一名稱的是揚雄，見《漢書》卷87下《揚雄卷下》。"四皓"由張良推薦給太子劉盈，王子今認爲，從"四皓"各方面的表現以及後世關於"四皓"的記載來看，"四皓"無疑與道家以及早期道教有關。參見王子今：《"四皓"故事與道家的關係》，《人文雜誌》2012年第2期。

刑"，屬於無形的、內在的、超越的標準。從五行的角度看，可能與"土"相應。先秦文獻中，將五行與人事相匹配者，可見郭店楚簡《五行》和馬王堆帛書《五行》，即所謂"仁、義、禮、智、聖"，最後一位的"聖"要高於"仁、義、禮、智"，"仁、義、禮、智"只是"四行"，要加入"聖"，才能成爲"五行"，因此屬於比較典型的"四＋一"的"五行"，《湯在啻門》是否如此，並不清晰。但"德"是一類，而"事、役、政、刑"顯然屬於另一類。所謂"事、役"指的是臣下和百姓所要擔當的職責和勞役，例如徐幹《中論・民數》云："治平在庶功興，庶功興在事役均，事役均在民數周，民數周、為國之本也。"而"政、刑"主要指統治者所使用的、分別針對好人與壞人的寬嚴兩種政治手段。如《管子・君臣下》云："明君在上，忠臣佐之，則齊民以政刑。"《管子・君臣下》《國語・晉語三》云："夫君政刑，是以治民。"《左傳・隱公十一年》云："君子謂鄭莊公失政刑矣，政以治民，刑以正邪，既無德政，又無威刑，是以及邪，邪而詛之，將何益矣。"《大戴禮記・四代》也提及："公曰：'四代之政刑，論其明者，可以為法乎？'子曰：'何哉？四代之政刑，皆可法也。'"

值得注意的是，同為清華簡，在《管仲》篇中有這樣的說法，"前有道之君所以保邦，天子之明者，能得僕四人，而己五焉；諸侯之明者，能得僕三人，而己四焉；大夫之明者，能得僕二人，而己三焉。"這裡和《湯在啻門》一樣，在討論何以保邦的重要法則，天子被描述成能夠"五"的人，而諸侯只能"四"，大夫只能"三"。天子之"五"就是"四"加"一"，天子正是那個"一"，這裡雖然沒有直接使用五行的元素，但和尚土說無異。與《湯在啻門》同編的《湯處於湯丘》雖然沒有直接提到"五"，但"郭梨華 2"認為"五"的意識在很多地方都有顯露，例如食物之味對於身體的作用可分五個層面，分別是："先是藉飲食伊尹所烹煮之食物，感受到絕美之味；其次是這一食物之味，讓原本有病痛之身體痊癒，身體達到平和之狀；再次是九竅的通暢；再次是內臟心氣咽喉之通暢，說明食物對五臟六腑的影響；最後是整體舒心愉快，且這一狀態可以持續很久。"

【15】湯又問於小臣："美德奚若？惡德奚若？美事奚若？惡事奚若？美役奚若？惡役奚若？美政奚若？惡政奚若？美刑奚若？惡刑奚若？"

190　第 2 部　非發掘簡の資料價値の確立

　　這裡的"美"、"惡"的評價，顯然都是針對統治者的。關於"美德"，《荀子·堯曰》云"伯禽將歸於魯，周公謂伯禽之傅曰：'汝將行，盍志而子美德乎？'對曰：'其為人寬，好自用以慎。此三者，其美德已。'"這是讚美伯禽之德。《史記·禮書》："太史公曰：洋洋美德乎！宰制萬物，役使群眾，豈人力也哉？"這是指懂得"禮"之真諦的統治者具備美德的巨大感召力。

　　關於"惡德"，文獻所見，均用於被統治一方。如《禮記·緇衣》："《甫刑》曰：'苗民罪用命，制以刑，惟作五虐之刑曰法。是以民有惡德，而遂絕其世也。'"《兌命》曰：'爵無及惡德'"。

　　關於"美事"與"惡事"，不見于先秦文獻。《春秋繁露·同類相動》有"美事召美類，惡事召惡類，類之相應而起也。如馬鳴則馬應之，牛鳴則牛應之。"這裏的"事"未必僅指政治事務，而是一個廣義的代詞。

　　古典文獻中似不見"美役"、"惡役"這樣的說法，顯然這是作者爲了給"德、事、役、政、刑"加上"美""惡"的修飾詞而生造的。

　　關於"美政"，《楚辭·離騷》有："國無人知我今，又何懷乎故都。既莫足與為美政今，吾將從彭咸之所居。"

　　關於"惡政"，似不見于先秦文獻，《鹽鐵論·執務》："吏不奉法以存撫，倍公任私，各以其權充其嗜欲，人愁苦而怨，思上不恤理，則惡政行而邪氣作。"《論衡·變虛》云："惡政發，則妖異見。"

　　古典文獻中似不見"美刑"、"惡刑"，看來和"美役"、"惡役"一樣，是作者生造的，

　　總的來看，除了"美德"、"惡德"外，"美事"、"惡事"、"美役"、"惡役"、"美政"、"惡政"、"美刑"、"惡刑"幾乎都不是先秦文獻常見詞彙，而是作者配合"美""惡"的修飾詞后造出的。

　　如果說戰國中期以《五行》為代表的儒家利用尚土五行來改造、宣傳自己的主張，那麼其他學派將自己的理論放入尚土五行的框架中，也是完全成立的。不過，"五行"中的"土"作為最重要的元素均用於正面場合，而《湯在啻門》中的"德"則不僅有"美德"還有"惡德"，"事、役、政、刑"也各有"美"、"惡"之分，將"五行"所代表的事物作正反兩分，這在"五行"演變史上還沒

清華簡《湯在啻門》譯注　191

有看到過，是一個非常有趣的現象。

【16】小臣答：德濬明執信以義成，此謂美德，可以保成；德（実）亞執譌以亡成，此謂惡德，雖成又（澀）。

"濬明"，"李守奎釋文"引《尚書·舜典》"濬哲文明"，但未作說明。這就是聰明睿智吧。同出清華簡（伍）的《湯處於湯丘》有"為臣恭命。……君既濬明，即受君命，退不顧死生，是非恭命乎？"《尚書·洪範》云："視曰明……思曰睿。……明作哲……睿作聖。"《禮記·中庸》"唯天下至聖爲能聰明睿知，足以有臨也。"《易傳·繫辭上》"神以知來，知以藏往。其孰能與此哉？古之聰明睿知、神武而不殺者夫。是以明於天之道，而察於民之故。"因此"濬明"指的是一種超常的聰明才能。

"執信"，"李守奎釋文"解釋爲"秉持信義"，並引《左傳·襄公二十二年》"君人執信、臣人執共。忠、信、篤、敬，上下同之，天之道也。"可見，"忠、信"指的是上對下、"篤、敬"指的是下對上。

"王寧 4"認爲此處當斷句為"悳（德）濬明，執信以義成"，"義"當讀為"宜"，適當之意。

同出清華簡（伍）的《殷高宗問於三壽》中，殷高宗"敢問先王之遺訓"時，彭祖論述了九大治國理念，即"祥、義、德、音、仁、聖、智、利、信"時，將"德"定義為"樷（攢）中水臭（衡），不力①，寺（時）型（刑）罰詠（赦）②，晨（振）若斁（除）慝（愿）①，冒神之福，同民之力，是名曰德。"將"信"

---

① 補白認爲九大理念的首句絕大多數入韻（如關於"祥"，首句爲"聞天之常"；關於"義"，首句爲"邇則文之化"；關於"音"，首句爲"惠民由壬"；關於"仁"，首句爲"衣服端而好信"；關於"聖"，首句爲"恭神以敬"；關於"利"，首句爲"內基而外比"；關於"叡信之行"，首句爲"觀覺聰明"）。講"德"的這段話押職部韻（力、慝、福、力、德），如按整理者的斷讀，其首句便不入韻，所以應該讀為"攢中水衡不力"，"力"疑即《周禮·夏官·司勳》"事功曰勞，治功曰力"之"力"，指"治法成制"之功（看鄭玄注）；"不力"即不以爲力。此句意謂統治者所制定、實行的準則法度中正、平衡，但不以此爲功勞。可備一說，參見補白：《清華簡〈殷高宗問於三壽〉臆說四則》，復旦大學出土文獻與古文字研究中心網站，2015 年 4 月 16 日。

② 鵬宇認爲"寺"當讀為"持"，"寺（持）型（刑）罰詠（赦）"，"大概是說須保守或謹遵先王之刑法，並以此為罰赦的依據，對臣民進行罰赦。"參見鵬

定義為 "𢠶（觀）𦥯（覺）怋（聰）明，音色柔巧而叡武不罔，夭（效）屯（純）佢（宜）獸，牧民而馭（御）王，天下䰩（甄）再（稱），以𥄉（誥）四方[②]，是名曰叡信之行。" 有趣的是，《殷高宗問於三壽》中，"德" 並非最高的理念，而且專用于法的領域，即在準則、法度制定、執行上的中正平衡。最高的理念是第九則 "信"（或 "叡信之行"），即這樣的人既有 "觀覺" 上的 "聰明"、"音色" 上的 "柔巧"，又叡智、神武、不罔、至純，所以可以成爲出色的統治者。值得注意的是，《殷高宗問於三壽》在 "仁" 的概念裏談到了 "衣服端而好信"，這裡卻找不到與 "好信" 相關的論述，可見這裡的 "信" 指的是和 "叡智" 相匹的 "真誠"、"純一"、"不僞" 吧。這就正好和 "德濬明執信以義成" 可以對應起來，即這裡的 "信" 是和 "叡智" 可以並列的高尚之德，在内涵上並非局限于君臣上下的 "信義" 關係。所以，這裡的 "信" 和 "義" 未必對應，可能如 "王寧 4" 所示，讀為 "宜" 更好，表示 "美好"、"適宜"。"以" 表示 "而"。此句說的是，如果統治者聰明睿知，真誠不僞，那麼其行爲就適宜、有成。

　　"寔"，"李守奎釋文" 說指的是 "詐"，可從。"亟"，"李守奎釋文" 說指的是 "急躁"，可從。"執謅"，"李守奎釋文" 說 "與 '執信' 相對"，指 "秉持虛假"，可從。"亡"，"李守奎釋文" 說 "與 '義' 相對"，讀為 "荒"，指 "荒亡迷亂"。筆者以爲就是 "無成" 之意吧。"王寧 4" 認爲此處當斷句為 "德變亟，執謅以亡成"，"變亟" 當讀為 "變革"，意同於 "變更"，此為變化無常之意。此備一說。

宇：《〈清華大學藏戰國竹簡（伍）〉零識》，清華大學出土文獻研究與保護中心網站，2015 年 4 月 10 日。

[①] 鵬宇認爲 "若" 讀為 "弱"。他指出 "振弱除惡"，即救助貧弱，剷除邪惡之意。《史記・周本紀》："命南宮括散鹿台之財，發巨橋之粟，以振貧弱萌隸"，《史記・吳王濞列傳》中劉濞遺諸侯書云："今諸王苟能存亡繼絕，振弱伐暴，以安劉氏，社稷之所願也。""振弱伐暴" 與 "振弱除惡" 語意相近。參見鵬宇：《〈清華大學藏戰國竹簡（伍）〉零識》。

[②] 馬楠指出，"𥄉" 當讀為 "覺"，訓為 "直"。參見清華大學出土文獻讀書會：《清華簡第五冊整理報告補正》，清華大學出土文獻研究與保護中心網站，2015 年 4 月 8 日。

"德宲亟執譌以亡成"說的是，如果統治者僞詐急躁，秉持虛假的一套，那麼他將一事無成。

"澀"，"李守奎釋文"疑讀為"潰"，"敗亂"之意。可從。"雖成又澀"，"李守奎釋文"說"言以惡德行事，雖有所成，總歸敗亂，與上文美德保成相對應"。"王寧3"認爲 古書無"成"、"潰"並舉之例，而有"成"、"渝"並舉之例，並舉《周易·豫卦·上六》："成有渝"、馬王堆帛書"成或諭"，上博簡本"成又愈"為例，認爲"雖成又澀"當即《周易》之"成又愈"、"成或諭"、"成有渝"，"或"、"有"、"又"通用，"愈"、"諭"、"渝"通用。指出"雖成又渝"即"雖成又變"，謂雖然完成而又會有變化。"王寧3"的意見似更爲合理。

【17】起事有穫，民長萬之，此謂美事；起事無穫，病民無故，此謂惡事。

"起事"，"李守奎釋文"引《管子·形勢》"解惰簡慢，以之事主則不忠，以之事父母則不孝，以之起事則不成。"未作說明。《管子·形勢解》有"明主不用其智，而任聖人之智；不用其力，而任衆人之力；故以聖人之智思慮者，無不知也。以衆人之力起事者，無不成也。"《韓非子·喻老》云"起事於無形，而要大功於天下，是謂微明。"可見，"起事"泛指做大事。這裡，因爲與下文"起役"相對，應該指的是工程之外的事業吧。"顧史考"認爲就是"起兵"。

"萬"，如"李守奎釋文"是"賴"的假借字。《尚書·呂刑》："一人有慶，兆民賴之。"馬王堆漢墓帛書《黃帝四經·十六經·前道》云："聖〔人〕舉事也，合於天地，順於民，祥於鬼神，使民同利，萬夫賴之，所謂義也。"所謂"有穫"，正可以從"合於天地，順於民，祥於鬼神，使民同利"中獲得啓示。

"病民"， 如"李守奎釋文"所言，是"禍害民衆"。

"無故"，沒有緣由。這裡是倒裝句，即應作"無故病民"。"清華五《湯在帝門》初讀"跟帖34樓"蚊首"讀"古"為"姑息之姑"，"休息之意"。"清華五《湯在帝門》初讀"跟帖 35 樓"王挺斌"讀"古"為"盬"，引《詩經·唐風·鴇羽》"王事靡盬"，理解為"止息之意"。此備一說。

【18】起役時訓，民備不俑，此謂美役；起役不時，大弼於邦，此謂惡役。

"起役"， 如"李守奎釋文"所言，是"動工、開工"。"訓"，如"李守

奎釋文"所示是"順"的假借字。《尹文子·大道下》有："今萬民之望人君，亦如貧賤之望富貴，其所望者，蓋欲料長幼、平賦斂、時其饑寒、省其疾痛、賞罰不濫、使役以時，如此而已。""時順"，即不違逆時節徵發民力、按照天時從事人間政治活動。《論語·學而》："子曰：道千乘之國，敬事而信，節用而愛人，使民以時。"《孟子·梁惠王上》云："不違農時，穀不可勝食也；數罟不入洿池，魚鱉不可勝食也；斧斤以時入山林，材木不可勝用也。"《黃帝四經·經法·論約》："三時成功、一時刑殺，天地之道也。"

"民備"， 如"李守奎釋文"所言，指的是"民力"。

"俑"，"李守奎釋文"引《詩經·兔爰》"我生之初，尚無庸。我生之後，逢此百凶。"疑讀此字為"庸"，意為"勞"，可從。《管子·霸形》有"人甚傷勞，而上舉事不時；……舉事以時，則人不傷勞。"可為印證。"清華五《湯在啻門》初讀"跟帖 5 樓"暮四郎"讀"民備不俑"為"民服不痛"，"意為民服役而不覺得痛苦"。"清華五《湯在啻門》初讀"跟帖 10 樓"ee"讀"民備不俑"為"民備不用"，"言人民備員而不用"。此備一說。

"大弼"，"李守奎釋文"讀為"大費"，意為"巨大消耗"，並引《戰國策·秦策四》"割河東，大費也。免於國患，大利也"為證。可從。"清華五《湯在啻門》初讀"跟帖 32 樓"奈我何"讀為"悖"，此備一說。

文獻多見與"起役不時，大弼於邦，此謂惡役"相關的內容，如《呂氏春秋·分職》："天寒起役，恐傷民。"《晏子春秋·內篇諫下》云："景公春夏游獵，又起大臺之役。晏子諫曰：'春夏起役，且游獵，奪民農時，國家空虛，不可。'"《黃帝四經·經法·亡論》"夏起大土功，命曰絕理。犯禁絕理，天誅必至。"

【19】政束以成，此謂美政；政🈁亂以無常，民咸解體自🈁，此謂惡政。

"政束"，"李守奎釋文"引上博簡《容成氏》"去苛而行束（簡）"讀為"政簡"，可從。這裡顯然"政束"是和"政🈁亂"形成對比，同時也和下文"刑情（輕）"形成對比。可見作者視行政、法律的簡單、清明為政治最高境界。

"🈁"，"李守奎釋文"引詛楚文釋文讀為"禍"，"清華五《湯在啻門》初讀"跟帖 5 樓暮四郎讀為"過"。"王寧 4"讀為"嘩"，解釋為"政治上爭論紛亂無常"。這裡暫從"李守奎釋文"。

"解體"，"李守奎釋文"釋為"人心散亂"，引《左傳·成公八年》："信以行義、義以成命，小國所望而懷也。信不可知、義無所立，四方諸侯，其誰不解體"為證。"解體"的本義是"渙散"、"瓦解"。如《逸周書·史記》云："如昔者縣宗之君，很而無聽，執事不從，宗職者疑發大事，群臣解體，國無立功，縣宗以亡。"但可引申為"人心散亂"。如《墨子·尚賢下》就論述了因統治者賞罰不公而導致的民眾"解體"，可以說最有助於本處的解釋：

> 是故以賞不當賢，罰不當暴。其所賞者已無故矣，其所罰者亦無罪。是以使百姓皆攸心解體，沮以爲善，垂其股肱之力而不相勞來也。

"卹"，"李守奎釋文"釋為"救濟"，可從。

【20】刑情以不方，此謂美刑；刑𥔲以無常，此謂惡刑。

"情"，"李守奎釋文"讀為"輕"。"方"，"李守奎釋文"釋為"害"。《清華大學戰國竹簡（陸）》的《管仲》篇有"凡其民人，老者願死，壯者願行，恐罪之不竭，而型（刑）之方。""《管仲》篇釋文"注四七將方讀為"放"，釋為"至"。"𥔲"，"李守奎釋文"認為從立龍聲，讀為"重"。"程燕"認爲"以無常"前那個字，字形不應隸定為"𥔲"，而與"噬"字有關，應讀為"制"，又認爲"情"不必假借，兩句話當理解為"刑在使用時不害人就是美刑，刑法制度變化不定就是惡刑。""清華五《湯在啻門》初讀"跟帖 6 樓暮四郎也認為此字："從'噬'得聲，或可讀爲'褻'。上古筮、世聲之字可通，世、褻聲字可通。'刑褻'可能是說刑罰被頻繁地使用，變得像玩具一樣隨便。"並引《禮記·緇衣》："上不可以褻刑而輕爵"為證。暮四郎還讀"情"為"靜"，指出"刑靜"可參《史記·五帝本紀》"欽哉欽哉，惟刑之靜哉"，《呂氏春秋》"退嗜欲，定心氣，百官靜事無刑，以定晏陰之所成"，"刑情以不方"當理解為"刑罰不煩苛，故無妨害。""清華五《湯在啻門》初讀"跟帖 6 樓 yushiawjen（瑜小楨）認爲："𥔲"字"可以考慮讀為'愆'，意思是'過'，全句的意思是'刑罰過度而無規律'。""王寧 1"在文意上同意瑜小楨的意見，在字形上指出該字是"傺"字之本字，認爲當讀"泰"或"忕（或作忲）"，又讀"情"為"省"，讀"以"為"而"，讀"方"為"放"。將兩句解釋為"刑罰簡省而不放縱，此謂'美刑'；刑罰過甚而無常規，此謂'惡刑'。"並引《商君書·

說民》："法詳則刑繁，法簡則刑省。"《孔叢子·刑論》："孔子曰：'古之刑省，今之刑繁。其爲教，古有禮然後有刑，是以刑省；今無禮以教，而齊之以刑，刑是以繁。'"為證。曰古氏讀此字爲"贅"。"贅"字訓為"多餘、贅餘"，又可引申出過惡、行爲不當、煩多之義。他認爲"情"當如字訓"情實"，即實情、實際情況。"刑情以不方，此謂美刑"是說："刑罰根據民眾實際所犯下的罪過的輕重情況加以施行，而不害於民眾，這就叫美刑。""刑贅以無常，此謂惡刑"是說："刑罰煩多不當，而且變化無常，這就叫惡刑。"[①]結合《管仲》篇，我們認爲"刑情以不方"一句，"王寧1"讀為"刑罰簡省而不放縱"是合理的。

"李守奎釋文"隸定為 竤 的這個字，還有很大爭議。不管如何分析字形解釋字義，這裡，"刑情"（即不鼓勵刑罰）與"刑 竤"（刑罰過度）形成對照。

"劉成群"注意到"無常"這個詞彙的使用。他引上博簡《三德》"天常"的觀念以及《黃帝四經·經法·道法》"天地有恆常，萬民有恆事。"指出"尤其是對'無常'的反對，則可明顯看出其對天道恆常的崇尚與遵循。""顧史考"也認爲，從伊尹的回答可以看出，是美還是惡，"各項的關鍵在於'有常'與'無常'的分別上。"他並引《管子·君臣》"天有常象、地有常形、人有常禮，一設而不更，此謂三常"，上博簡《三德》"順天之常"、"是謂天常"，認爲和《湯在啻門》有一定關聯。不過，他也指出，這些都是人間政治以天地運行之"有常"為模範。其實，《湯在啻門》沒有出現"有常"之說，強調"惡刑"和"惡政"之"無常"，都是指統治者主觀隨意性過大吧。

【21】湯又問於小臣："九以成地，五以將之，何也？"

關於"九以成地"，"李守奎釋文"提供了兩種解讀，一是大地之深度，引《孫子·形》"善守者，藏於九地之下。善攻者，動于九天之上"為證。二是指九州。引《淮南子·地形》"天地之間，九州八極"為證。對依賴大地作爲生活條件的古人而言，九州之說更爲多見，還可見于《鶡冠子·泰錄》"天有九鴻、地有九州"，《呂氏春秋·有始》"天有九野、地有九州"，《莊子·在宥》"出入六合，遊乎九州"。對于"九州"，《淮南子·地形》有專門的描述："何謂九州？

---

① 參見"王寧1"文下跟帖2樓曰古氏的評論。

東南神州曰農土、正南次州曰沃土、西南戎州曰滔土、正西弇州曰並土、正中冀州曰中土、西北台州曰肥土、正北沛州曰成土、東北薄州曰隱土、正東陽州曰申土。"結合後面"以成五曲,以植五穀"看,"九以成地"指九州的可能性更大。"九以成地"的具體意涵未必與《淮南子•地形》一致,但大地由九州構成的觀念應該是相同的,這也和"何以成地?"的發問相吻合。

"成地"與"成人"、"成邦"類似,都離不開"五"。"成人"離不開"五味之氣",而"成邦"需要"五以相之","成地"需要"五以將之"。

【22】小臣答曰:"唯彼九神,是謂地真,五以將之,水、火、金、木、土,以成五曲,以植五穀。"

如果"九以成地"指九州,那麼"九神"或許就是"九州之神",是"九州之神"成就了大地,他們被稱爲"地真"。

"地真","李守奎釋文"認爲就是"地祇"。"趙平安"提出:"清華簡《湯在啻門》中的'地祇'稱'地真',容易使人聯想到《楚帛書》的'女填'。'女填'應讀爲'女真',是'女媧'的另一種稱法。'地真'和'女真'得名與'真人'有關。真人本指修真得道的人,引伸表示聖人、至人或帝王。'地真'和'女真'這種稱法是'真'在使用過程中意義泛化的結果,具有明顯的道家色彩,對于判別文獻的性質有一定參考作用。"因此"地真"就是大地的神靈。

筆者進而發現,《抱樸子》中有《地真》一篇,"地真"即"地仙"之意。《地真》篇講的是養生、守一、服氣,涉及服食金丹。雖然在內容上,沒有發現和《湯在啻門》有直接關聯,但"地真"這個名稱的完全一致,恐怕不是偶然的,這提示我們,道教可能從《湯在啻門》這類戰國文獻的鬼神觀中吸收了資源。道家文獻多見"真人",例如《莊子》的《天下》稱"關尹、老聃"爲"古之博大真人",《列禦寇》說"免乎外內之刑者,唯真人能之。"《徐無鬼》說"無所甚親,無所甚疏,抱德煬和,以順天下,此謂真人。……古之真人,以天待之,不以人入天。"《刻意》云"能體純素,謂之真人。"《大宗師》更是有"真人"的大量刻畫,如"何謂真人? 古之真人,不逆寡,不雄成,不謨士。若然者,過而弗悔,當而不自得也。若然者,登高不慄,入水不濡,入火不熱。是知之能登假于道也若此。""古之真人,其寢不夢,其覺無憂,其食不甘,其息深深。真

人之息以踵，衆人之息以喉。屈服者，其嗌言若哇。其耆欲深者，其天機淺。"
"古之眞人，不知說生，不知惡死；其出不訢，其入不距；翛然而往，翛然而來
而已矣。不忘其所始，不求其所終；受而喜之，忘而復之。是之謂不以心捐道，
不以人助天。是之謂眞人。""天與人不相勝也，是之謂眞人。"這裡"眞人"
和前文提到的"神人"一樣，是能夠貫通天人、泯滅生死、超越時空的得道者形
象，而《抱樸子》的《地眞》，描述的也是如何養生修煉才能成爲這一類人，因
此《抱樸子》應該只是利用了"地眞"的名義而已，和局限于大地的神靈沒有直
接關係了。

　　"五曲"，"李守奎釋文"認爲即"五方"，而"五穀"在《太平御覽・百
穀部》中正好"五穀"與 "五方"相配，即"凡禾，麥居東方，黍居南方，稻居
中央，粟居西方，菽居北方。"這一解釋很有說服力。

　　這段話論述的是"何以成地"，看似在講構成"地"的要素，在講"地眞"
和"五"的重要性，但最終落腳點卻是"以植五穀"。可見這裡關心的問題，歸
根結底還是"地"對於"人"的重要性，即對於人的生存而言最爲重要的"五穀"
是何以出現的。下文論"天"時尤其突出"時"也一樣。雖然人事必須遵循天地
之道，但天地之道一定是關係到人類生存的那些要素。所以，四個"何以成"中，
形式上"何以成人"、"何以成邦"高於"何以成地"、"何以成天"，但事實上，"何
以成地"、"何以成天"是為"何以成人"、"何以成邦"服務的。

　　《湯在啻門》中"五"非常多見，出現了"五以成人"、"五以相之"、"五
以將之"、"五味之氣""五曲"、"五穀"等說法，這裡，還明確出現了"水、
火、金、木、土"的排列。然而這種排列，不同于《尚書・洪範》的"一曰水，二
曰火，三曰木，四曰金，五曰土。"不同于《國語・鄭語》"先王以土與金木水火
雜，以成百物。"不同于戰國中期以後流行的"木-火-土-金-水"的相生序列，
但同于"水-火-金-木-土"的相克序列。如"李守奎釋文"所言，類似《左傳・
文公七年》的"水、火、金、木、土、穀，謂之六府"。[①]《尚書・大禹謨》云"水、
火、金、木、土惟修，……六府三事允治，万世永賴。"水、火、金、木、土、

[①] 亦見《大戴禮記・四代》"水火金木土穀，此謂六府，廢一不可，進一不可，
民並用之；今日行之，可以知古，可以察今，其此邪！"

穀六者作爲財貨聚斂之所，古人以爲養生之本，故有專人主管，後來穀府撤銷，僅余"五材"（見《左傳•襄公二十七年》、《左傳•昭公十一年》），《左傳•昭公三十二年》就稱"地有五行"。《文子•微明》也說："昔者，中黄子曰：天有五方，地有五行。聲有五音，物有五味，色有五章，人有五位。"馬王堆帛書《要》篇有："有地道焉，不可以水、火、金、土、木盡稱也。"《湯在啻門》如果是在"地"之"五材"意義上使用"水、火、金、木、土"，就未必是相克意義上的五行。

結合上文關於十月懷胎簡文内容的分析，我們認爲，雖然可以證明《湯在啻門》的五行系統接近以馬王堆《胎產書》爲代表的醫學系統以及以《左傳.文公七年》爲代表的"六府"說。但並不能通過《左傳•文公七年》爲代表的"六府"說和以《胎產書》爲代表的醫學系統，倒過來證明《湯在啻門》"水、火、金、木、土"的相克序列具有實際的意義。因爲《左傳•文公七年》和《胎產書》所見"水、火、金、木、土"序列很可能只是偶然呈現爲相克序列，相克在表示厚生利用的"六府"說以及十月懷胎的過程並沒有實際的意義，相反，相生系列才能有效説明萬物及人體生長的前後關係。作者沒有使用相生序列，卻使用相克序列，很有可能是因爲作者並沒有相生相克的意識在其中。《管子•水地》也沒有明確的相生相克意識，但在很多方面和《湯在啻門》類似，這兩者性質可能相近。

如前所言，"曹峰 2"曾提出，如果"七月乃肌"可以和"乃使成膚革"對應，"五月或收"可以和"乃使成筋"對應，那麽，其他各月或許也存在與《胎產書》的對應關係，《湯在啻門》的五行序列或許可以模擬爲"水（三月）—火（四月）—金（五月）—木（六月）—土（七月）"。但如果《湯在啻門》作者沒有相生相克的意識，那這一推測就不成立。

但是，這並不等於《湯在啻門》寫作的時代還沒有相生相克的觀念存在，只是沒有在《湯在啻門》得以體現，這一點"曹峰 3"有詳細論證，可以參考。

有趣的是，《湯在啻門》說"五以將之，水、火、金、木、土，以成五曲，以植五穀。"這裡，"五穀"之所以得以栽植，其實是地之"水、火、金、木、土"五行"將之"的結果，這就解釋了爲何《左傳•文公七年》會將"穀"與"水、火、金、木、土"並列稱"六府"，也解釋了《左傳•昭公三十二年》爲何在去除

“穀”之後，還直指“水、火、金、木、土”為“地有五行”。因此，《湯在啻門》的出現，對“五行”研究史有重要價值，即“五行”爲何與“六府”相關，“穀”爲何又可以與“水、火、金、木、土”分開，通過《湯在啻門》可以得到合理解釋。當然從邏輯上講，還有一種可能，先有“水火金木土”的序列，受《湯在啻門》之類文獻的影響，而有了“水火金木土穀”的“六府之名”，也是完全成立的。這樣的話，《湯在啻門》的形成時間就更早。但《湯在啻門》中，“穀”是“水、火、金、木、土”五种元素的具體結果，兩者並不在同一序列。這種既分又合的現象，或許可以證明，《湯在啻門》開始跳出“地之五行”以及“六府”思想背景的影響，正在形成獨立的更為廣泛的五行觀念。

【23】湯又問於小臣：“夫九以成天，六以行之，何也？”

通過和下文對比可知，這句話說的是稱爲“九宏”的天之九神，依賴“晝、夜、春、夏、秋、冬”這一恒定的准確的“天道”來實行管理。

【24】小臣答曰：“唯彼九神，是謂九宏，六以行之，晝、夜、春、夏、秋、冬，各時不解，此惟事首，亦惟天道。”

關於“九神”，“李守奎釋文”引《楚辭•九歎•遠遊》：“徵九神于回極兮，建虹采以招指。”及王逸註：“言己乃召九天之神，使會北極之星”。在可以查詢到的文獻中，“九神”僅見於此。《史記•封禅書》和《漢書•郊祀志》均有“九天巫祠九天”，可見“九天”是有相應之神的。之所以是“九神”，很可能因爲天地是相配合的，如《鶡冠子•泰錄》“天有九鴻、地有九州”，《大戴禮記•五帝德》論述禹的功績：“平九州，戴九天，明耳目，治天下。”《呂氏春秋•有始》“天有九野、地有九州”所示，除了地有“九州”外，天也同樣可以劃成九個區域。 關于“九野”，《呂氏春秋•有始》和《淮南子•天文》有專門的描述，這裏引述《淮南子•天文》的記載：“何謂九野？中央曰鈞天，其星……。東方曰蒼天，其星……。東北曰變天，其星……。北方曰玄天，其星……。西北方曰幽天，其星……。西方曰昊天，其星……。西南方曰朱天，其星……。南方曰炎天，其星……。東南方曰陽天，其星……。” 關于《楚辭•天問》“九天之際，安放安屬？”中的“九天”，王逸注：“九天，東方曰皞天，東南方陽天，南方赤天，西南方朱天，西方成天，西北方幽天，北方玄天，東北方變天，中央鈞天。”和《呂氏春秋•

有始》和《淮南子•天文》稍有不同。因此，天之“九野”和地之“九州”是對照的，如果地有“九神”，那麼天也有“九神”。但爲何天之“九神”叫作“九宏”，目前還無法給出准確的答案。“宏”或許是“纮”的假借字，但“纮”表示維度，例如“八纮”表示八極，稱“九纮”則不可思議。因此，究竟何謂“九宏”，還有待今後考察。

“時”，“李守奎釋文”讀爲“司”。“不解”，“李守奎釋文”讀爲“不懈”，均可從。“事首”，如“李守奎釋文”所言，即“萬事之開端”。《管子•立政》云：“首事既布，然後可以舉事。”

前面論述“何以成地”已經提出，看似在講“地真”和“五”的重要性，但最終落腳點卻是“以植五穀”，所以歸根結底在談“地”對於“人”的重要性。這裡，看似在講“九神”和“晝、夜、春、夏、秋、冬”的重要性，但最終落腳點卻是“事首”，“事首”顯然指的是人世間政治的第一要務，那就是必須遵須由“晝、夜、春、夏、秋、冬”這一由時間序列展現的、“各司不懈”、不可違背的天的運行規律。這是對人而言最直接最重要的“天道”。

這種從天道到人事，論天道是爲了論人事的思路，在陰陽家、黃老道家那裏最爲顯著，如郭店楚簡《太一生水》、馬王堆帛書《黃帝四經》、《呂氏春秋》的十二紀以及《淮南子》之《天文》、《地形》都有充分表現，《湯在啻門》雖然沒有對“天道”作詳細的描述，但將其放在最後部分，並視爲“事首”，可見有著相似的思維方式和行爲方式。

【25】湯曰：“天尹，唯古之先帝之良言，則可以改之。”

“天尹”，“李守奎釋文”：“天賜之尹，指伊尹。商人有天賜良臣的觀念，清華簡《說命上》‘惟殷王賜說于天’。”在前文中，伊尹被稱作“小臣”，這是文獻所見關於伊尹的較爲固定的稱呼，而這裡“天尹”顯然是商湯對他的誇獎。清華簡（伍）另一篇《殷高宗問于三壽》中，有殷高宗與彭祖德對話，對話的內容、方式、氣氛，與這裡商湯與伊尹的對話十分相似，在《殷高宗問于三壽》的最後，彭祖也被商湯稱爲“高文成祖”。因此，這裡“天”未必是天賜之意，也可能是稱讚伊尹能夠通達天人之際。《莊子•天下》有“不離於宗，謂之天人。不離於精，謂之神人。不離於真，謂之至人。”伊尹可以稱得上是這樣的人。

202　第2部　非發掘簡の資料價値の確立

“可以改之”，“李守奎釋文”作“何以改之”，可從。“何以改之”說的是“古之先帝之良言”中包含著讓人“如何去改正過失”的方法和標準。《左傳‧宣公二年》有“吾知所過矣，將改。……人誰無過，過而能改，善莫大焉。”《左傳‧襄公二年》有“其所善者，吾則行之；其所惡者，吾則改之，是吾師也。”均有助於本句的解釋。“清華五《湯在啻門》初讀”跟帖0樓“ee”認爲不必破讀爲“何”，“這是說湯可以用古先帝之良言修改自己的治理措施。”此備一說。

餘論

“李守奎論文”將此文和清華簡第一冊的《尹至》、《尹誥》、第三冊的《赤鵠之集湯之屋》和第五冊的《湯處於湯丘》放在一起通盤討論，認爲《湯在啻門》所描述的生命之氣和道家養氣說相關。“郭梨華1”把竹簡形制與《湯在啻門》完全一致的《湯處於湯丘》合起來討論，認爲這兩篇都用“味”談生命、談治國，這正合於黃老道家“治身即治國”的特徵。[①]“郭梨華3”把出土文獻所見伊尹資料分爲三類，“一類是與《尚書》、僞古文《尚書》有關之清華簡（一）之〈尹至〉、〈尹誥〉；一類是夾雜史事的野史或小說類記載，如〈赤鵠之集湯之屋〉與部分之〈湯處於湯丘〉；還有一類是與思想論述有關，可探究其中之哲學義理，如部分之〈湯處於湯丘〉、〈湯在啻門〉、〈九主〉。”“郭梨華3”詳細論述了第三類資料，她認爲“其思想包含有政治思想、氣與味等，這些思想論述也都蘊藏著與戰國時興盛之黃老思想相關，其中氣與味之論述，既與生命之源、生命之和有關，也以譬喻形式展現其與治國思想的聯繫。”“思想史上被歸爲‘伊尹’思想的特質在‘味—氣’與治國思想，而這兩種特質正可與黃老思想有所聯繫。”如前文所述，也如“曹峰2”所示，從《湯在啻門》討論“何以成邦”，而且從“美”、“惡”兩方面闡述“德、事、役、政、刑”來看，無論是用“氣”養生，還是對“天”、“地”構成要素的認識、對“天”、“地”運行規律的遵循，都

---

① “郭梨華”還進一步指出：“從兩篇簡文關於治國論述中，可發現其皆具有黃老哲學的特質，即：強調以己爲度，並且在起事與起役上皆重視‘時’的因素；在刑政上其強調政簡，則有司馬談《論六家要旨》中稱道德家‘指約而易操’之妙；……以此觀《湯處於湯丘》與《湯在啻門》，可知兩篇簡文在傳承古說中，有與戰國黃老道家相應和之處。”

最終爲了治國，這一點是無可懷疑的。因此，《呂氏春秋·先己》以下這段話可以說極具參考價值：

湯問於伊尹曰："欲取天下若何？"伊尹對曰："欲取天下，天下不可取。可取，身將先取。"凡事之本，必先治身，嗇其大寶。用其新，棄其陳，腠理遂通。精氣日新，邪氣盡去，終其天年。此之謂真人。"

在筆者看來，這段同樣出自伊尹的話，對理解《湯在啻門》所談的"氣"，可能幫助最大。如果說"地真"是地之神，"九宏"是天之神，"四正"是國之神，那麼，關於人的描述，雖然沒有提到人之神，可以說也已經呼之欲出了，那就是既能夠用"氣"養生，又能把握天地之道、懂得治國之道的《呂氏春秋·先己》中的"真人"。因此《湯在啻門》把論述的重點放在"幾言成人？幾言成邦？"上，也就容易明白了，這就是伊尹說的"欲取天下"必需"身將先取"的問題。將養生和治國將結合，正是道家尤其是黃老道家的特色。

如前文所述，《湯在啻門》在文章的最後，又將依賴"晝、夜、春、夏、秋、冬"這一恆定的、准確的"天道"來實行人間管理當作"事首"，當作政治的第一要務。而且從"人"、"邦"、"地"、"天"的排列看，顯然有著從低向高、層層遞進的意識，因此，"天"、"地"的存在要高于"邦"、"人"，這也是顯而易見的。雖然關於"天道"的論述不多，但將遵循"天道"和"事首"關聯起來，表面作者存在著類似陰陽家或黃老道家的從天道到人道的思路。

如前文所述，雖然尚不清楚《湯在啻門》中的"五行"是否已經有相生相克的意識，但《湯在啻門》大量地使用"五"這個數字，並且明確表明"水、火、金、木、土"是成地的要素，"德、事、役、政、刑"的排列也有以"德"爲主的跡象，可能存在以"德"配"土"的意識，這些現象說明，《湯在啻門》中的"五"已經被概念化，"五行"的意識已經比較明確了。利用"五行"這類數術的方式來解釋世界的構造，並以此規範、約束人間的行爲，這也是陰陽家或黃老道家中常見的現象。①

———————————

①例如《黃帝四經·十六經·五正》有："黃帝問闔冉曰：'吾欲布施五正，爲止爲始？'對曰：'始在於身。中有正度，后及外人。……五正既布，以司五明。'"司馬遷《素王妙論》云："黃帝設五法，布之天下，用之無窮。"上博楚簡《凡

204 第 2 部 非發掘簡の資料價値の確立

最後，如"曹峰 1"所言，《湯在啻門》在討論"邦"、"地"、"天"的構成因素時，"神"起到了重要的作用。《湯在啻門》還出現了"地真"這個特定的道教用語，"四神"、"九神"、"天尹"也很有可能和道家、道教中的"神人"、"真人"、"天人"等神仙有關。所以，後世道教可能從這類戰國文獻的鬼神觀中吸收了資源。和同出清華簡（伍）的《殷高宗問於三壽寿》一樣，《湯在啻門》既重視鬼神，又不惟鬼神，既重視人的理性思考，又借重鬼神作爲禁忌所能産生神秘力量，因此和將鬼神視爲絶對力量的墨家無關，思想傾向更接近黃老道家。

同出於清華簡（伍）的《湯在啻門》和《殷高宗問于三壽》風格非常接近，筆者認爲均屬於"帝師"類文獻。[①]"帝師"類文獻有一些共同的特征，即都采取對話的形式，對話的一方是春秋戰國之際已經被天下之人公認爲賢明的、成功的帝王或君主，如黃帝、堯、舜、禹、殷高宗、周文王、周武王等。另一方是深明天道又洞察世事、可以稱作帝師的人物，如岐伯、彭祖、伊尹、姜太公等。帝王所問，從內容上看，往往都是最爲重大的、緊要的問題，例如如何獲取天下，如果獲取軍事上的成功，如何獲得政治上的長治久安，如何養生並長生等等。而"帝師"往往是天道的代言人，他們的話看似帶有神秘感，但一定有著現實的意義，而且簡單明了，沒有太多的說理，思想面貌雜駁多元，具有實用主義色彩。比較典型的"帝師"類文獻，傳世文獻可以《黃帝内經》、《六韜》、《大戴禮記·武王踐阼》爲代表，出土文獻可以馬王堆帛書《九主》、馬王堆醫藥養生類竹簡《十問》爲代表。

總之，《湯在啻門》這部出土文獻存在著大量對先秦思想史而言重要而有趣的現象。其中，從養生到治國、從天道到人道、重視利用數術、鬼神等自然規則、禁忌的力量，同時以"帝師類文獻"的方式加以闡說，這些，都可以說與黃老道家有一定關聯。"劉成群"也將《湯在啻門》歸爲"黃老之學"，他指出：

物流行》說"天地立終立始，天降無度，……五氣並至，……五音在人。"這顯然把"五"的構造視爲天所賦予萬物的必然的、基本的法則。

[①]關於"帝師"類文獻，可以詳參曹峰：《道家"帝師"類文獻初探》，臺灣輔仁大學哲學系編《哲學論集》第四十九期，2018 年。

從"天→地→邦→人"的論述序列、"天道論""因循論"及"利民""尊君"理念等角度進行考察,可發現清華簡《湯處于湯丘》與《湯在啻門》都包含有一定的黃老因素。尤其是《湯在啻門》一篇已出現四時、五行、刑德、氣等明顯的黃老觀念,此篇在對晝夜四時的強調中也透露出了一定的陰陽思想。但《湯在啻門》中的"天道"與"五味之氣"並沒有貫通爲道生氣的模式,陰陽與德刑沒有配位,陰陽與五行也並未合流。因此可以判斷,清華簡《湯處于湯丘》《湯在啻門》兩篇文獻,大致處于早期黃老文獻向後來較成熟的黃老文獻過渡的節點上。

這些觀點,有很多與筆者有相通處。如前文中論證的那樣,《湯在啻門》的思想、語言、風格雖有黃老道家色彩,但尚未突出"道"的至高無上。[①]所以,雖然不能否定《湯在啻門》與黃老道家的關係,但將其視爲一種早期的公共資源,稱其對後世各家,尤其黃老道家、道教產生了較多影響,可能更穩妥些。

另外,就其創作時代而言,如果僅從"五"的觀念來看,"李守奎2"指出清華簡的"古帝王傳說與陰陽五行及諸神密切結合,系統而豐富,長篇中大都是這類內容,其中有的把五紀、五算、五時、五度、五正、五章等內容組織成一個縝密的系統,其豐富程度令人驚嘆,完全超出了我們的想像。這部分內容對於我們了解戰國人的古史觀念和陰陽五行框架的重要性自不待言。"由此可知,《湯在啻門》中"五"的觀念的盛行並不偶然,而是尚"五"時代背景下的作品。"曹峰3"把《湯在啻門》所見"五行"放在整個先秦五行思想演變的大局下考察,從而得出這樣的結論,即《湯在啻門》大量地使用"五"這個數字,應該是在喜歡將世界數字化、條理化、統一化,同時尤其尚"五"的時代背景下完成的作品。《湯在啻門》體現出當時的思想家利用五行建構世界秩序的努力,但"五行"在

[①]例如,《管子》四篇即《內業》、《心術》上下、《白心》有著極爲發達的精氣說,但精氣的修煉是爲了體悟和接納"道",《湯在啻門》顯然沒有到這一步;《湯在啻門》雖有類似馬王堆醫書《十問》"君若欲壽,則順察天地之道"的思路,但沒有《十問》中格外強調的"道"的概念;《文子•九守》、《淮南子•精神》談十月懷胎,上博楚簡《凡物流行》談"凡物流形,奚得而成? 流形成體,奚得而不死? ……民人流形,奚得而生? 流形成體,奚失而死? "等問題,最終目的是爲了凸現"道"的重要性,也就是說"氣"固然神奇,但"道"(或"一")較之"氣"更爲神聖和重要。

206　第 2 部　非發掘簡の資料價値の確立

《湯在啻門》中還不是唯一的、最高的標準，而且尚未見到明確的相生相克觀念的運用，因此這只是一種狹義五行觀，和秦漢之際將世界萬象編入五行框架的廣義五行觀有很大的不同。清華簡的抄寫時代大約在戰國中期，因此，《湯在啻門》的創作時代有可能在戰國早期甚至春秋晚期。從五行觀念演變的歷史看，狹義五行觀也大致和這一歷史時期相吻合。

　　此文曾發表於"出土文料と漢字文化研究會編"《出土文獻と秦楚文化》第10號，2017 年 3 月，但增加了不少新的内容。

207

清華簡『鄭武夫人規孺子』の謙虚な君主像について

小寺　敦

はじめに

　清華簡『鄭武夫人規孺子』は、非發掘簡[1]である清華簡の報告書シリーズ『清華大學藏戰國竹簡』の第6冊に收載された、春秋前期における鄭國の理想的な幼君即位のあり方を描いた小篇である[2]。筆者はその釋文を作成すると共に[3]、これに初步的な檢討を加え、それが戰國的表現と同時に春秋時代以前に遡り得る言葉も用いられており、本篇の成立は戰國時代より前の時代に遡ることはなく、また『國語』楚語上にいう「語」ジャンルに含まれる可能性があり、編纂地域は、楚地域に傳來したものに楚地域で若干修正が施されたか、楚地域以外、恐らくは中原地域の材料をもとに楚地域で編纂されたかのいずれかであろうと考えた[4]。

　その上で本篇において見えてきた特色は、臣下や民衆に對して謙り、控えめな態度をとる君主の姿である。無論、謙虚な性格を有する人物は傳世文獻にしばしば見られるが、そうした傳世文獻に由來する印象からいえば、鄭國の國君

---

[1] 正式な科學的發掘を經ない「非發掘簡」に關する問題點については、大西克也「非發掘簡を扱うために」（『出土文獻と秦楚文化』8、東京、2015年3月）參照。清華簡の年代については、清華大學出土文獻研究與保護中心編　李學勤主編『清華大學藏戰國竹簡』（壹）（中西書局、上海、2010年12月）「前言」3頁が、AMS法による放射性炭素年代測定で前305±30年と述べる。

[2] その概要については、清華大學出土文獻研究與保護中心編　李學勤主編『清華大學藏戰國竹簡』（陸）（中西書局、上海、2016年4月）103頁參照。

[3] 拙稿「清華簡『鄭武夫人規孺子』譯注」（『東洋文化』99、東京、2019年3月（予定））。『鄭武夫人規孺子』に關する先行研究についても、この譯注の發行後はそれを參照されたい。本稿における『鄭武夫人規孺子』の引用文は、その釋讀をもとにしている。

[4] 拙稿「清華簡『鄭武夫人規孺子』に關する初步的考察」（『東洋文化』98、東京、2018年3月（予定））。本稿における『鄭武夫人規孺子』に關する分析において、行論上、この拙稿と重なる部分があることをお斷りしておく。

についてはほとんど見られない。従ってこの現象は本篇獨自のものといえ、か
つ本篇が受容されたと考えられる楚地域の君主像を表している可能性も想定さ
れる。無論、その君主像が楚地域に限定されたものかという問題もある。

　そこで本稿では、初めに『鄭武夫人規孺子』における君主の謙りに關する表
現を檢討する。傳世文獻における先秦時代を記録する主要な歴史文獻は『春秋
左氏伝（左傳）』『國語』であるから、『鄭武夫人規孺子』とそれらの内容と
を比較・對照し、本篇の特質を探る。更にその特質から先秦時代における君主
像の一端に迫ってみることとしたい。

1．清華簡『鄭武夫人規孺子』の君主像

　まず最初に注意すべきは、本篇はかなり解釋の難しい篇であるから、理解に
多少の幅ができることである。それを念頭に置いた上でこれから本篇をたどっ
ていくことにする。本篇冒頭からは武夫人の會話が續き、そこで今は亡き鄭武
公は次のような君主であったとされる[5]。

　　昔虐（吾）先君、女（如）邦牆（將）又（有）大事、北（必）再三進夫
　　＝（大夫）而與之譬（偕）愳（圖）。既旻（得）愳（圖）乃爲之、毀愳（圖）
　　所臤（賢）者、女（焉）繡（申）之以龜箁（筮）、古（故）君與夫＝（大
　　夫）龜（晏）女（焉）、不相旻（得）啞（惡）。
　　昔　虐（吾）が先君、女（如）し邦に牆（將）に大事又（有）らば、北（必）
　　ず再三夫＝（大夫）を進めて而して之と譬（偕）に愳（圖）る。既に愳（圖）
　　を旻（得）て乃ち之を爲し、毀ちては臤（賢）とする所の者に愳（圖）

---

[5] 『鄭武夫人規孺子』には、鄭武公（他稱として「（吾）先君」「（吾）君」）・武夫人
（自稱として「老婦」）・孺子（又は「君」、他稱として「（吾）君」）・鼎父の4名
が人名をもって登場し、その他若干の大夫もいる。人名を有する4名中3名については
傳世文獻に對應する人名が見える。鄭武夫人は『左傳』『史記』に見える鄭武公夫人武姜、
孺子は武公と武姜との子である鄭莊公に比定される。鼎父については不明であるが、王寧
「清華簡六《鄭武夫人規孺子》寬式文本校讀」（復旦大學出土文獻與古文字研究中心、
2016年5月1日、http://www.gwz.fudan.edu.cn/Web/Show/2784）は祭仲の可能性を論
ずる。

れば、女（焉）ち之を繡（申）ぬるに龜筮（筮）を以てす、古（故）に
君と夫＝（大夫）と女（焉）に蟲（晏）かにして、相ひ䜣（惡）むを旻（得）
ず。

　彼は大夫と共同して國の大事にあたり、君主と大夫とはよい關係にあったと
される。鄭武公が大夫と共同して事にあたったことには注意しておきたい。
　續いて、

　　區＝（區區）奠（鄭）邦、䁿（望）虗（吾）君、亡（無）不盈（盈）亓（其）
　　志於虗（吾）君之君吕（己）也。吏（使）人姚（遙）䎗（聞）於邦＝（邦、
　　邦）亦無大緜賻（賦）於萬民。

　　區＝（區區）たる奠（鄭）邦、虗（吾）が君を䁿（望）みては、亓（其）
　　の志を虗（吾）が君の吕（己）に君たるを盈（盈）たさざること亡（無）
　　きなり。人をして邦に姚（遙）䎗（聞）せ吏（使）め、邦も亦た大いに萬
　　民に緜賻（賦）する無し。

とあり、鄭武公が他人の意見に耳を傾けようとし、重い賦役を人民に課さなか
ったとする。
　そして簡3-5では武公の時の鄭國の混亂が描かれ、武公は鄭國を離れて3年間
衞國におり、その間、鄭に君主がいなかったとされる。これは傳世文獻にも同
じ清華簡の『繫年』『鄭文公問於太伯』にも見えない記事である。その際、武
公は、

　　自墮（衞）與奠（鄭）若卑（辟）耳（呬）而啻（謀）。

　　墮（衞）自り奠（鄭）に與り卑（辟）耳（呬）して啻（謀）るが若し。

と描かれ、武公は衞から鄭のことに謙った態度をとりながら謀ったとされる。
春秋時代にはこの種の國君出奔はしばしば見える。そうした事例を鑑みれば、
本篇で鄭武公は自派の大夫達と鄭國への復歸を圖っていたと考えるべきであろ
うが、鄭で武公の代わりに國君が擁立されたことは本篇には書かれていない。
　そして簡5以降は武公の子、莊公に對して武夫人から訓戒がなされる。

　　今虗（吾）君既＜即＞枼（世）、孺＝（孺子）（以上、第5號簡）女（汝）
　　母（毋）智（知）邦正（政）、誳（屬）之夫＝（大夫）、老婦亦牂（將）

210 第2部 非發掘簡の資料價値の確立

　　　　屮（糾）攸（修）宮中之正（政）、門檻之外母（毋）敢又（有）智（知）女
　　　　（焉）。

　　　　今虐（吾）が君某（世）に既＜即＞き、乳＝（孺子）、女（汝）邦の正
　　　　（政）を智（知）る母（毋）かれ、之を夫＝（大夫）に誣（屬）し、老婦
　　　　も亦た牆（將）に宮中の正（政）を屮（糾）攸（修）すれば、門檻の外、
　　　　敢へて女（焉）を智（知）ること又（有）る母（毋）かれ。

とあり、武公亡き後、莊公は政治を行わず、それを大夫に委ね、武夫人も「宮
中の政」をただすので、莊公は外部のことに關與しないようにというのである。

　續いて簡11-12の地の文では、

　　　　自是（以上、第11號簡）㠯（期）以至𣪠（葬）日、乳＝（孺子）母（毋）
　　　　敢又（有）智（知）女（焉）、誣（屬）之夫＝（大夫）及百執事人、虘（皆）
　　　　愳（懼）、各共（恭）亓（其）事。

　　　　是の㠯（期）自り以て𣪠（葬）日に至り、乳＝（孺子）敢へて女（焉）
　　　　に智（知）ること又（有）る母（毋）く、之を夫＝（大夫）及び百執事の
　　　　人に誣（屬）し、虘（皆）愳（懼）れ、各おの亓（其）の事を共（恭）
　　　　しくす。

と、莊公が政治から身を引き、それを大夫・百官に委ねたとされる。

　そして簡12-13では重臣と覺しき人物である夐父[6]が大夫に訓戒する。

　　　　君共（拱）而（以上、第12號簡）不言、加𩵋（重）於夫＝（大夫）、

　　　　君共（拱）きて言はず、𩵋（重）を夫＝（大夫）に加ふ、

莊公が恭しくしてものを言わず、大夫達に重任を與えたとされる。

　それから場面が小祥の日に轉換し、簡9では大夫達が夐父を通して莊公に對し
て、武公が臣下に執政させたと言わせる。

_____

[6] 夐父については、『左傳』に祭仲（祭足、隱公元年等）・原繁・洩駕（以上隱公五年等）・
良佐・五父（以上隱公七年）・高渠彌（桓公五年）などといった大夫がいる。陳偉「鄭伯
克段 "前傳" 的歷史敘事」（中國社會科學網、2016年5月30日、
http://www.cssn.cn/lsx/lskj/201605/t20160530_3028614.shtml）は、夐父が祭仲と同一
人物である可能性を論ずる。

昔虗（吾）先君叀（使）二三臣归（抑）**晨**（早、騒）**芇**（先）句（後）之以言、思羣臣旻（得）執**女**（焉）、

昔虗（吾）が先君　二三臣をして、**晨**（早、騒）ぐを归（抑）へて之を**芇**（先）句（後）して以て言は叀（使）め、羣臣をして**女**（焉）に執るを旻（得）思め、

更に簡14には、

今君定、**舝**（拱）而不言、二三臣叀（使）於邦、

今君定まり、**舝**（拱）きて言はず、二三臣　邦に叀（使）はれ、

とあり、荘公が新た君主となり、恭しくしてものを言わず、臣下が政治を行うことが語られる。

以上を承けて、最後に荘公自身が大夫達の執政の中で、君主としてふさわしい者になることを誓いつつ、次のように發言する。

虗（吾）先君智（知）二三子不**忈**＝（二心）、甬（用）**厤**（歴）受（授）之邦。

虗（吾）が先君　二三子の**忈**＝（二心）あらざるを智（知）り、甬（用）て之に邦を**厤**（歴）く受（授）く。

鄭武公が大夫達に二心のないことを知って、彼らに國を授けたという。

以上より、『鄭武夫人規孺子』における鄭武公は大夫と共同して政治を行い、他人の意見をよく聞き入れ、人民には重い賦役を課さず、衛に身を置いた際は謙った態度で鄭のことを謀り、大夫に國政を授けていたことが分かる。そして子の荘公はまだ成年に達していないことを考慮に入れる必要はあるが、父の行動にならい、恭しい態度で大夫に執政させる政治的振る舞いを期待され、また荘公本人もその意思を表明している。

『鄭武夫人規孺子』の登場人物である鄭荘公・武夫人（武姜）については、『左傳』を始めとする傳世文獻や出土文獻である清華簡『繋年』『鄭文公問於太伯』甲・乙篇にも見える。『史記』鄭世家に、

鄭人共立其子掘突、是爲武公。武公十年、娶申侯女爲夫人、曰武姜。生太子寤生、生之難、及生、夫人弗愛。後生少子叔段、段生易、夫人愛之。二

212　第2部　非發掘簡の資料價値の確立

　　　十七年、武公疾。夫人請公、欲立段爲太子、公弗聽。是歲、武公卒、寤生
　　　立、是爲莊公。

とあり、『左傳』隱公元年には次のようにある。

　　　初、鄭武公娶于申、曰武姜、生莊公及共叔段。莊公寤生、驚姜氏、故名曰
　　　寤生、遂惡之。愛共叔段、欲立之。亟請於武公、公弗許。及莊公即位、爲
　　　之請制。

　また清華簡では『鄭文公問於太伯』甲篇簡6-7に、

　　　枼（世）及虘（吾）先君武公、西鹹（城）沀（伊）闕（澗）、北邊（就）
　　　邚（邘）・鄙（劉）、縈厄（軛）郢（蔫）・竿（邘）之國、魯・墮（衞）・
　　　鄝（蓼）・都（蔡）枿（來）見。枼（世）及虘（吾）先君臧（莊）公、
　　　乃東伐齊薗之戎爲・敳（徹）、北鹹（城）邥（温）・原、徔（遺）鉼（陰）・
　　　橿（鄂）宀（次）、東啓遺（隤）・樂、虘（吾）述（逐）王於鄁（葛）。
　　　枼（世）虘（吾）が先君武公に及び、西のかた沀（伊）闕（澗）に鹹（城）
　　　き、北のかた邚（邘）・鄙（劉）に邊（就）き、郢（蔫）・竿（邘）の
　　　國を縈厄（軛）し、魯・墮（衞）・鄝（蓼）・都（蔡）枿（來）見す。枼
　　　（世）虘（吾）が先君臧（莊）公に及び、乃東のかた齊薗の戎爲・敳（徹）
　　　を伐ち、北のかた邥（温）・原に鹹（城）き、鉼（陰）・橿（鄂）に橿（次）
　　　を徔（遺）はし、東のかた遺（隤）・樂を啓き、虘（吾）王を於鄁（葛）
　　　に述（逐）ふ。

とあり[7]、鄭武公は鄭國を勢威を擴大した君主として描かれる。清華簡『繫年』
第二章簡5-10は周の東遷から書き起こし、

　　　周亡王九年、邦君者（諸）侯女（焉）訂（始）不朝于周、晉文侯乃逆坪（平）
　　　王于少鄂、立之于京自（師）。三年、乃東遷（徙）、止于成周、晉人女（焉）
　　　訂（始）啓于京自（師）。奠（鄭）武公亦政（正）東方之者（諸）侯。武

---

[7] 清華簡『鄭文公問於太伯』甲・乙篇の釋文は、馬楠負責「《鄭文公問於太伯（甲、乙）》
釋文・注釋」（清華大學出土文獻研究與保護中心編　李學勤主編『清華大學藏戰國竹簡』
（陸）、中西書局、上海、2016年4月）に據る。

公即殀（世）、臧（莊）公即立（位）。臧（莊）公即殀（世）、邵（昭）
公即立（位）。

周の王亡きこと九年、邦君者（諸）侯女（焉）ち𦣇（始）めて周に朝せず、
晉の文侯乃ち坪（平）王を少鄂に逆え、之を京自（師）に立つ。三年にし
て、乃ち東遷（徙）し、成周に止まりて、晉人女（焉）ち𦣇（始）めて
京自（師）に啓く。奠（鄭）の武公も亦た東方の者（諸）侯を政（正）す。
武公即殀（世）し、臧（莊）公即立（位）す。臧（莊）公即殀（世）し、
邵（昭）公即立（位）す。臧（莊）公即殀（世）し、邵（昭）公即立（位）
す。

と、鄭武公が周平王を助けて東方諸侯を制圧したことを描く[8]。

だが清華簡『鄭文公問於太伯』『繫年』の鄭武公・莊公には、事績を列舉す
るというスタイルにもよる可能性はあるものの、本篇のような謙る態度は見ら
れない。敢えていうなら、後述するように『左傳』隱公元年には控えめな態度
をとる莊公が見られるが、本篇ほど甚だしいものではない。

このような君主の態度は先秦時代においていかなるものだったであろうか。
次節では歴史説話集ともいえる傳世文獻の『左傳』における君主の謙った姿勢
を辿ることにしたい。

２．傳世文獻における謙る君主

先に清華簡『鄭武夫人規孺子』において、君主の臣下に對して謙った態度を
とることが稱揚されることが認められた。本節では、先秦時代におけるそうし
た君主像の具體例について檢討していく。

臣下に謙る君主は、好意的に捉えれば謙讓の德を身につけているといえるが、
否定的にいえば、弱く力量のない君主ともなり得る。傳世文獻、特に歴史文獻
にはその両種が見える。

8　釋文は拙稿「清華簡『繫年』譯注・解題」（『東京大學東洋文化研究所紀要』170、東
京、2016年12月）383-384頁に一部修正を加えたものである。

214　第2部　非發掘簡の資料價値の確立

　『鄭武夫人規孺子』は春秋時代の史實を下敷きにした文獻と考えられるので、ここではそれと對比するため、春秋時代の事件を記録した傳世文獻を代表する『左傳』『國語』を見ていくことにしたい[9]。いずれにおいても謙る態度そのものは基本的に高く評價されており、それに反して傲慢な振る舞いは否定されるべきものである。『左傳』『國語』において君主のこうした態度の描寫にはいくつかのパターンがある。そこで以下、それらを描寫の仕方から大きく3種類に分けて見ていくことにする[10]。

（1）君主が謙る、または控えめな態度を示す場合

　まずは君主のそうした控えめな態度を直接描寫する事例である。君主のみではなく、後の君主やその祖先も含める。用例が多岐にわたるので理解を助けるため、これらを更にサブカテゴリーに分類する。

　(1)『左傳』隱公元年の鄭莊公、(19)宣公十二年の鄭襄公は、他者の横暴・暴力に對して低姿勢に出ることをいう。その中、宣公十二年の例は降伏儀禮である。これは謙った狀況のために、必ずしも賞讚の對象となるわけではない。

　(2)隱公五年の魯隱公、(14)僖公三十三年・(15)文公元年の秦穆公、(22)襄公三年の晉悼公、(24)襄公十三年の楚共王は、自身の非を認める姿勢からくるものであり、これらの君主に相對する人物を稱揚する意味も持っている。

---

[9] 『左傳』の成書については、浅野裕一「『春秋』の成立時期―平勢説の再檢討―」（『中國研究集刊』29、大阪、2001年12月）らが戰國前期、新城新藏『東洋天文學史研究』（弘文堂、東京、1928年9月）、錢穆「吳起傳左氏春秋攷」（『先秦諸子繫年（増訂版）』、香港大學出版社、香港、1956年6月）、鎌田正『左傳の成立とその展開』（大修館書店、東京、1963年3月）らが戰國中期説をとる。今日でも漢代僞作説を支持する研究があるが、戰國時代のいずれかの時期に成書されたとする説をとる研究者が多くなっている。『國語』については、孫海波「國語眞僞考」（『燕京學報』16、北平、1934年12月）が齊語は漢初の『管子』小匡篇を材料にしているとする説、衞聚賢『古史研究』第1集（商務印書館、上海、1931年11月）164、182-183頁の戰國時代、左丘明の子孫達による成書説、平勢隆郎『中國古代紀年の研究―天文と暦の檢討から―』（東京大學東洋文化研究所、汲古書院、東京、1996年3月）238頁の元からの史專・戰國中期以後の整理・漢代文帝頃の挿入があるとする説などがある。『國語』が戰國時代以前の部分を含むと考える點は共通する。

[10] 文末の［表］も參照していただきたい。以下、事例に附された番號は［表］の「No.」に對應する。

(3)隱公十一年の魯隱公、(8)僖公八年の宋の大子茲父（後の襄公）、(10)僖公十八年の衞文公、(17)文公十四年の齊の公子商人（後の懿公）は、君位繼承に關わるものである。僖公八年の例では謙る對象が「長」「仁」であることがその行爲の理由とされる。

(9)僖公九年の齊桓公、(13)僖公二十八年の晉文公は、周王を前にした謙りである。いずれも會盟の場における例であり、制度的に上位者である周王に對するもので、下位者にではなく、また儀禮的な意味を多分に含んでいる。控えめな態度が儀式化するとこうなるともいえる。

(4)莊公十年の魯莊公、(16)文公十三年の邾文公は、經濟・民生方面における愼みである。ただ莊公十年では、「衣食所安、弗敢專也、必以分人。」という行爲が、「小惠未徧、民弗從也。」とさほど高くない評價を與えられている。文公十三年では、邾文公が民の「利」を優先し、これが君子によって「知命」と評される。

この愼みが嵩ずると經濟・民生方面以外の謙りも含めて權力獲得や富國強兵の手段となる。先に君位繼承でもとりあげた(17)文公十四年の齊の公子商人（後の懿公）、(18)文公十六年の宋の公子鮑（後の文公）、(20)宣公十二年の楚莊王、(21)成公十八年・(23)襄公九年の晉の悼公。(25)昭公三年・(26)同十年（陳桓子）・(30)同二十六年の齊の陳氏、(27)昭公十三年・(28)同十四年の楚平王、(32)昭公三十年の吳王闔廬、(33)哀公元年の越王句踐がそれである。功利的な謙りといえよう。

(5)莊公十一年の宋の公子御説（後の桓公）、(6)莊公二十二年の陳の公子完（敬仲、齊の陳氏の祖）、(7)閔公二年の衞文公、(11)(12)僖公二十三年の晉の公子重耳（後の文公、楚成王・秦穆公に對する２例）、(31)昭公二十七年の楚平王は、一般的な控えめな態度である。莊公十一年では宋の公子御説に「恤民」の心があり、君主になると予言される。莊公二十二年では陳の公子完が君子に「義」「仁」と評され、後の陳氏の強大化が示唆される。閔公二年は衞の復興について述べたものである。僖公二十三年は晉の公子重耳が楚成王から「廣而儉、文而有禮」とされ、後の君位への即位と覇業の予言になっている。昭公二十七年

は、費無極のために楚平王の「温惠共儉」をもってしても楚が衰えたとする文脈である。

　まれに謙りが批判の對象となることもある。(29)昭公二十一年の蔡の大子朱がそれである。

　『國語』においても君主やそれに類する人々の控えめな態度を同樣のサブカテゴリーに分類して見ていこう。

　(91)魯語上の魯の里革に對する魯宣公、(96)晉語四の秦の懷嬴に對する晉の公子重耳（後の文公）、(98)晉語七の晉の魏絳に對する晉悼公、(100)(101)越語上の越の國人に對する越王句踐は、自身の非を認める姿勢からくるものであり、これらの君主に相對する人物を稱揚する意味も持っている。

　(93)齊語の齊桓公は、周王を前にした謙りである。これは會盟の場における例であり、儀禮的な意味を多分に含んでいる。

　(88)魯語上の魯莊公や(89)傳説の帝王、そして執政ではあるが(92)魯の季文子[11]は、經濟・民生方面における愼みである。

　この愼みが嵩ずると經濟・民生方面以外の謙りも含めて權力獲得や富國強兵の手段となる。自身の非を認めた例と重なるものもあるが、(99)吳語・(100)(101)越語上・(102)越語下の越王句踐がそれである。

　それから一般的な控えめな態度である。(84)周語上の魯孝公は「肅恭明神而敬事耆老」とされる。(85)周語中の魯の仲孫蔑は周の王孫説と話して「讓」を喜んでいる。(86)周語下の晉の周（後の晉悼公）は「言敬必及天、言忠必及意、言信必及身、言仁必及人、言義必及利、言智必及事、言勇必及制、言教必及辯、言孝必及神、言惠必及和、言讓必及敵。」と、「敬」「讓」などと規定される。(87)周語下の羊舌肸は「儉而敬」とされる。(95)晉語四の晉の公子重耳（後の文公）は臣下に「父事」「師事」「長事」する。(97)晉の子犯はかつて文公が行った約束を理由として、楚軍に對して三日行程分退却する。

11　季氏は魯の執政を代々務めており、ここでは君主に準ずる例として扱う。

清華簡『鄭武夫人規孺子』の謙虚な君主像について　217

まれに謙りが批判の對象となることもある。(94)晉語一の晉の太子申生は「惠
其民而不惠於其父」が誹謗される理由となっている。但し「惠」そのものには
高い價値が置かれている。

　『國語』でも「讓」「敬」「惠」といった控えめさを示す要素は君主にとっ
て重要であり、やはり富國強兵に繋がる。

　以上のように、控えめな態度・要素は君主にとって基本的に賞讚されるべき
ものであり、それを示す者は君主としての資格を有する者なのである。その要
素は民衆統治に必要であり、富國強兵にも繋がる。また例え本人が君主でなく
とも、上記の德目を備える者は、晉の公子重耳や齊の陳氏のように、後にか、
その子孫かが君主となる資格がある。

（２）君主が驕慢である場合

　これは君主が謙るのとは反對に、驕慢な態度を示す事例である。大概は不幸
な結果やそれにを仄めかす予言記事に結びつく。(34)莊公十一年は宋閔公が南
宮萬を「敬」せず、翌年殺されている。(35)莊公十九年は周惠王が蔿國の圃・
邊伯の宮を取り、子禽・祝跪・詹詹父の田を奪い、膳夫の秩を收めたので、こ
れらの人々が反亂を起こしている。(36)莊公二十一年は周惠王が鄭厲公に望み
の鑿鑑ではなく爵を與えたことから、厲公の子の文公が惠王を憎んでいる。(37)
僖公二十七年は杞桓公が魯に來たが夷禮を用いて「共（恭）」しなかったので、
『春秋』で爵位を格下げして記錄されている。(38)宣公元年は晉靈公が「侈」
で執政の趙宣子の諫言を聞き入れなかったとする。(39)同二年ではその靈公が
「不君、厚斂以彫牆。從臺上彈人、而觀其辟丸也。」のため、趙宣子に殺され
ている。(40)宣公四年は鄭靈公の殺害について、凡例でその名を記すのは君主
が「無道」の場合だとある。(41)成公十七年は晉の范文子が晉厲公について「驕
侈」だといい、また他の箇所では(42)厲公が「侈、多外嬖」とも書かれており、
殺害されることになる。(43)襄公七年は鄭僖公が大子時代以來「不禮」で諫言
を聞かず、殺されている。(44)襄公十四年は衞獻公が孫文子・甯惠子に無禮を
働き、出奔したがそれでも「虐」だったとされている。(45)襄公二十八年は蔡

景侯が鄭簡公の饗應に「不敬」で、鄭の子産に「淫而不父」だとその殺害を予言されている。(46)襄公二十九年は執政についてではあるが、呉の公子季札が鄭の子産に對して、鄭の執政である伯有を「侈」として、その失脚を予言している。(47)昭公元年は楚の令尹圍（後の靈王）について、晉の叔向が「彊不義」「其虐滋甚」「道以淫虐」で、その勢威は長くはもたないという。また(49)同年、楚靈王は鄭の子産に「楚王汏侈」とも言われている。楚靈王については(50)昭公四年に「楚王方侈」「淫虐」「侈」「汏」「汏而愎諫」「惡」、(52)昭公十一年に「楚小位下、而亟暴於二王、能無咎乎。天之假助不善、非祚之也、厚其凶惡而降之罰也。」とその「亟暴」「不善」「凶惡」が書かれている。昭公元年ではその他、(48)秦の景公について、秦の后子が「無道」だが秦は滅びず、景公は5年もつという。(53)昭公十八年は周の毛得が「濟侈」で出奔するとする周の萇弘の予言である。(54)昭公十九年も予言記事で、楚は「宮室無量、民人日駭、勞罷死轉、忘寢與食、非撫之也。」と批判される。(55)昭公二十三年は莒子庚輿が「虐而好劍。苟鑄劍、必試諸人」のために出奔している。(56)昭公二十四年は楚の沈尹戌が楚について、「不撫民而勞之」だから郢を喪失するだろうという予言記事である。(57)昭公二十五年は魯の懿伯が魯侯は「舍民數世」だから、魯昭公が季氏にクーデターを起こしても失敗するだろうといい、子家子が昭公に季平子を許すよう願って「政自之出久矣、隱民多取食焉、爲之徒者衆矣」というが昭公は出奔する。(58)定公十五年は子貢の發言で、魯定公が「高」「仰」だから「驕」、邾隱公が「卑」「俯」だから「替」で、「驕」は「亂」、「替」は「病」に近いから、それぞれが近々死亡するという予言である。(59)哀公元年は楚の子西の發言で、呉王闔廬は「勤恤其民、而與之勞逸」だったが、呉王夫差は「珍異是聚、觀樂是務」などといい、夫差を恐れる必要のないことをいう。

『國語』でも多くは不幸な結果やそれにを仄めかす予言記事に結びつく。(103)周語上の商王帝辛は「大惡於民」とされて周武王に滅ぼされる。(104)周厲王は「虐」であって、彘に放逐される。(105)周語中の戎・狄は「冒沒輕儳、貪而不讓」と貶めた見方がなされる。(106)晉の郤至は「讓」でないことが批判され、

いかに「讓」大切かが説かれる。(107)魯語上の苦成叔は「無大功而欲大祿」、晉厲公は「驕」とされ、いずれも殺される。また(108)晉厲公が殺害されたことは自身の過ちとされ、「縱私囘而棄民事」が批判される。(109)魯語下は秦が「不恭」を理由として晉など諸侯に討伐される場面である。(110)晉語一は晉國の状況について、「其上貪以忍」「君臣上下各曁其私、以縱其囘」とされる。(111)晉語二は齊について「輕致諸侯而重遣之」とする。(112)晉語三は韓原の戰いで秦の捕虜となった晉の惠公について「無道」とする。(113)晉語五は晉厲公について「虐」と表現する。晉語六は殺された晉厲公について(114)「怠教而重斂、大其私暱」(115)「驕泰而有烈」などとする。(116)晉語八は亡命者の秦の后子によって秦國が「無道」と表現される。鄭語は滅亡直前の西周の状況において、(117)虢叔・鄶仲は「皆有驕侈怠慢之心、而加之以貪冒」「驕而貪」であり、(118)「謝西之九州」の君主は「侈驕」とする。(119)楚語上は楚靈王を「虐」とする。(120)楚語下は楚の藍尹亹の發言中で呉王闔廬と夫差とを對比し、前者の控えめさを讚える一方で後者の倨傲ぶりを批判し、呉の滅亡を予言する。(121)呉語は楚靈王を「不君」とする。越語下は(122)呉に敗北する前の越王句踐を范蠡は「未盈而溢、未盛而驕、不勞而矜其功」と諫め、(123)敗北後の越王句踐は自ら「未有恆常、出則禽荒、入則酒荒。吾百姓之不圖、唯舟與車」と反省する[12]。また(124)越王句踐は呉王夫差について「淫於樂而忘其百姓、亂民功、逆天時。信讒喜優、憎輔遠弼、聖人不出、忠臣解骨」とする。

　『國語』でも「驕」「無道」「虐」「貪」「侈驕」といった要素を有する君主は「不君」なのであり、不幸な最後を迎えることが多い。

　以上、「敬」「恭（共）」が缺けており、「驕」「侈」「虐」「淫虐」「惡」「無道」などといった驕慢さや暴虐さを示す要素を有する君主は、先の（１）の君主とは逆にその資格がなく、往々にして不幸な最期を遂げることになる。

（３）君主が謙るべきことを説明する場合

12　これは謙りの例にも入るかもしれないが、ひとまずここに分類しておく。

220　第2部　非發掘簡の資料價値の確立

　先の事例と多少重なるが、こちらは君主が謙讓の態度を取るべきことを論理的に説明するものである。これも幾つかのサブカテゴリーに分類する。

　驕る態度等を戒めるもの。(60)隱公三年は衞の石碏の發言で、衞莊公に對していい、「驕」「奢」「淫」「泆」を戒める。(77)昭公九年は晉の叔向の發言で、晉の「侈」についていう。(78)昭公十二年は「孔子曰」の箇所で、楚靈王が「不能自克」のため禍にかかったことをいう。(79)昭公二十年は齊の晏嬰の發言で、齊の景公に對して、「淫君」というものは「外內頗邪、上下怨疾、動作辟違、從欲厭私、高臺深池、撞鐘舞女。斬刈民力、輸掠其聚、以成其違、不恤後人。暴虐淫從、肆行非度、無所還忌、不思謗讟、不憚鬼神。神怒民痛、無悛於心。」であって、現在の齊國はそのようであり、「縣鄙之人、入從其政。偪介之關、暴征其私。承嗣大夫、強易其賄。布常無藝、徵斂無度。宮室日更、淫樂不違。內寵之妾、肆奪於市。外寵之臣、僭令於鄙。私欲養求、不給則應。民人苦病、夫婦皆詛。」であると批判する。(81)定公四年は晉の趙簡子の發言で、鄭の子大叔の戒めとして、「無怙富」「無恃寵」「無敖禮」「無驕能」などをいう。(83)哀公十六年は周敬王が單平公に發言させたもので、衞莊公蒯聵に對して「弗敬弗休、悔其可追。」と戒める。

　君主の「禮」に合わないことを戒めるもの。(61)隱公六年（周桓公の發言、周桓王）、(63)桓公二年（魯の臧哀伯の發言、魯桓公）がそれである。

　外交關係における位階についてのもの。(76)昭公三年は魯の叔孫穆子の發言で、小邾穆公について「敬」をもって扱うようにいう。

　控えめな姿勢を賞讚するか、それに基づいて批判するもの。(62)隱公十年は「君子曰」の箇所で、鄭莊公について、「不貪其土」などであることが「正」であるという。(66)閔公二年は晉の里克の發言で、晉の大子申生について「修己而不責人」であれば災難に遇わないという。(67)文公元年は凡例の箇所で、魯の穆伯について「忠・信・卑讓之道也。忠、德之正也。信、德之固也。卑讓、德之基也」とあり、「卑讓」は德の基とされる。(68)成公九年は晉の范文子の發言で、晉が「勤以撫之、寬以待之」であるべきことをいう。但しこれは最善の行爲ではない。(69)成公十二年は晉の郤至の發言で、楚の子反に對して、安

定した世には「共儉以行禮、而慈惠以布政。」であり、亂世には「諸侯貪冒、侵欲不忌」となるという。(70)成公十三年は周の劉康公の發言で、周の成肅公についての予言で、「君子勤禮、小人盡力。勤禮莫如致敬、盡力莫如敦篤。敬在養神、篤在守業。」という。(71)成公十六年は楚の申叔時の發言で、楚が「内棄其民、而外絶其好、瀆齊盟、而食話言、奸時以動、而疲民以逞。」という。(72)襄公十三年は「君子曰」の箇所で、晉の范宣子を稱揚し、「世之治也、君子尚能而讓其下、小人農力以其上、是以上下有禮、而讒慝黜遠、由不爭也、謂之懿德。及其亂也、君子稱其功以加小人、小人伐其技以馮君子、是以上下無禮、亂虐竝生、由爭善也、謂之昏德。國家之敝、恆必由之。」と、安定した治世には君子は下に「讓」り、亂れた正では君子は「稱其功以加小人」という。(73)襄公十四年は晉の師曠の發言で、衞獻公が「若困民之主、匱神乏祀、百姓絶望、社稷無主、將安用之。」のような君主だから出奔することになったという。(75)襄公三十一年は衞の北宮文子による楚の令尹圍（後の楚靈王）の予言記事で、君子は「施舍可愛」などという。

　經濟・民生方面についてのもの。(74)襄公二十六年は蔡の大師子朝の發言で、楚の現状を批判する文脈で、「古之治民者、勸賞而畏刑、恤民不倦。」という。(82)哀公十一年は孔子の發言で、魯の季康子の政策を批判して「君子之行也、度於禮、施取其厚、事舉其中、斂從其薄。」という。

　以上の中、富國強兵に通ずるもの。(64)桓公六年は隨の季梁の發言で、隨侯について自分だけが「豐」ではよくない、災難を避けるために内政に励むようにいう。(65)莊公二十七年は晉の士蔿の發言で、虢公は「驕」であり、「夫禮・樂・慈・愛、戰所畜也。夫民、讓事・樂和・愛親・哀喪、而後可用也。」という。(80)昭公二十三年の沈尹戌は郢の失陷を予言しつつ、「不偷不貪、不懦不耆」ならば畏れる必要はないという。

　『國語』についても見ていこう。驕る態度等を戒めるもの。(130)晉語六は執政クラスではあるが[13]、晉の趙文子の發言で、「驕」を戒める。(134)楚語上は

13　晉の趙氏は執政であり、かつ後に自立して王となるので、本例をここに分類した。(131)趙簡子に關する說話についても同様である。

222　第2部　非發掘簡の資料價値の確立

楚の左史倚相が子亹について衞武公が「作懿戒以自儆」、周文王が「至於日中
昃、不皇暇食。惠於小民、唯政之恭。文王猶不敢驕」と戒める。(135)沈諸梁（子
高）が子西に王孫勝（白公勝）の危險性について語りつつ、仁者とは「高之不
驕」であるが、不仁者は「高之則驕」などという。

　控えめな姿勢を賞讚するか、それに基づいて批判するもの。(125)周語中は周
の劉康公の發言で、君主は「寬肅宣惠」であることが必要とする。(126)周語下
で周の召襄公が子の頃公に、晉の周（後の晉悼公）を引き合いに「夫敬、文之
恭也。忠、文之實也。信、文之孚也。仁、文之愛也。義、文之制也。智、文之
興也。勇、文之帥也。敎、文之施也。孝、文之本也。惠、文之慈也。讓、文之
材也。象天能敬、帥意能忠、思身能信、愛人能仁、利制能義、事建能智、帥義
能勇、施辯能敎、昭神能孝、慈和能惠、推敵能讓。」と「敬」「讓」などにつ
いて語る。また(127)晉の叔向の發言で、史佚の言「動莫若敬、居莫若儉、德莫
若讓、事莫若咨」をとりあげて論ずる。(128)魯語下は魯の閔馬父の發言で、子
服景伯が過失があっても「恭」であれと言ったのをとがめてその「大」を笑い、
先聖王は過ちを知り自分でそのようなことをしなかったので「恭」だったのだ
と述べる。(131)晉語九の晉の壯馳茲は趙簡子の態度について、「國家之將興也、
君子自以爲不足」と祝賀する。(132)楚語上は楚の申叔時が「明恭儉以導之孝、
明敬戒以導之事」などと述べる。また(133)楚の子囊は楚恭王の謚について「知
其過」ために「恭」でよいという。

　經濟・民生方面についてのもの。(129)齊語は齊の管仲の齊桓公に對する發言
で、「滋民」「與無財」「敬百姓」の重要性についていう。

　その中、富國強兵に通ずるもの。(136)呉語の越王句踐の發言がそれであり、
呉に報復するために様々な控えめな事を行い續けたことをいう。

　『國語』でも「驕」を戒め、「儉」「惠」「讓」「恭」「敬」といった要素
はよき君主として重要なものであり、やはり富國強兵にも繫がる。

以上、ここでも「驕」「奢」「淫」「泆」「侈」などといった驕慢さを示すものは君主として持っていてはならず、「禮」「敬」「讓」「卑讓」「恤民」などといったことは君主として備えるべき要素である[14]。

　次節ではここで得られた結果を清華簡『鄭武夫人規孺子』の記事に見えた傾向とあわせて檢討し、本篇が書かれたと考えられる時代の特質についても考えてみることにしたい。

3．戰國時代の理想的君主像

　筆者はかつて傳世文獻における「ゆずり」の意味を有する「讓」の用例を調査したことがある。素朴な風俗・慣習としての「ゆずり」は無文字時代に遡及し得る、凡地域・時代的な現象であり、中國初期國家形成期になり宮廷儀禮が整備されると共に儀禮的な「ゆずり」が出現し、更に時代が下るとそれに様々な意味が付與されるようになり、中國王朝交替における「禪讓」として用いられるようになった[15]。そして傳世文獻において「讓」の語で表される春秋時代以前の繼承は「姓」を基盤とする血縁間におけるものであり、戰國時代以降の「讓」の要素はなかったが、春秋末から戰國中期にかけての社會・政治變動にあわせて「賢」「德」「仁」などといった語と共に「讓」で表現されるようになり、後の時代からみて「不正常」な繼承が「讓」の語を用いて語られるようにもなったのである[16]。

　前節で『左傳』『國語』を檢討した結果からは、「驕」「奢」「淫」「泆」「侈」など、驕慢さを示す要素は君主が有してはならず、「禮」「敬」「讓」

---

[14] この問題は例えば板野長八『中國古代社會思想史の研究』（研文出版、東京、2000年1月）67-108,141-151,193-284頁などで議論されるような、儒家に見られる禮、『管子』等の政治經濟思想、先秦期の君主論にも繋がりを有するものであるが、ここはその關連性を指摘するにとどめ、更なる議論は別の機會を俟ちたい。

[15] 拙著「先秦秦漢の傳世文獻にみえる「讓」について―先秦儒家系文獻を軸として―」（『東京大学東洋文化研究所紀要』156、東京、2009年12月）165頁。

[16] 拙著「先秦時代「讓」考―君位繼承理念の形成過程―」（『歷史學研究』871、東京、2010年10月）13頁。

224　第 2 部　非發掘簡の資料價値の確立

「卑讓」「恤民」など、控えめさや謙りを表す要素は君主に必須の事柄である
ことが見られた。清華簡『鄭武夫人規孺子』では「讓」の語が用いられている
わけではなく、鄭の君主の態度が「讓」の意味するところに通ずるように描寫
されているだけである。鄭武公は大夫と共同して事にあたり、他人の意見に耳
を傾け、民衆に重い賦役を課さず、衞にいた時は鄭の人々に低姿勢であった。
そして子の莊公は恭[17]しくしてものを言わず、大夫達に國事を委ねている。こ
れらは前節の分類の（1）「君主が謙る、または控えめな態度を示す場合」に
相當し、また恭順の意の「共」字も見える。鄭武公が控えめな態度をとったの
は、衞にいた時であり、また大夫達と政治のことを圖る時である。鄭莊公の場
合は、先君武公の葬儀と自身の即位に關わる儀禮の場である。『鄭武夫人規孺
子』において、謙讓に繋がる要素を有することが良き君主となるべき資格の一
つとなっていることは、傳世文獻と共通する。本篇における鄭武公・莊公の性
格付けが傳世文獻とは異なるだけで、君主における謙讓的要素の重要性は傳世
文獻と同樣なのである。つまるところ、本篇において傳世文獻と異なるのは、
傳世文獻以上に鄭武公・莊公父子の君主としての道德的水準の高さが強調され
ているところにある[18]。

　こうした君主のあり方は、春秋時代以前においては決して特異なものではな
く、むしろ一般的狀態であった。統治者階層の上部が執政したり、下級統治者
階層といえる國人層が國政に影響を與えることは、先行研究によりそれが血緣
理念に基づく氏族制に基づくことが夙に指摘されている[19]。鄭武公・莊公の場

---

[17]　ここの原文について整理者は「共」を傳世文獻に見える「拱黙」によって「拱」と讀
んでおり、また「恭」ともしている。いずれであっても意味は同じだが、如字のまま讀ん
でもよいかもしれない。
[18]　『左傳』は鄭莊公を決して暗君として描いているわけではない。無論、彼は後の晉文
公のような名君・覇者として叙述されはしないものの、弟の共叔段と母の武姜による反亂
を防いでしかもその母と和解し、周の桓王を始め、宋・衞・蔡・許・陳・息・戎などと戰
って國勢の擴張を圖り、周の左卿士も務めた人物とされている。彼の政治上の事績だけを
追えば、齊桓・晉文の覇業の先驅といえるところもある。例えば、童書業著　童教英校訂
『春秋史（校訂本）』（中華書局、北京、2006 年 8 月）148-149 頁は鄭莊公期を鄭の極
盛期として描く。
[19]　このことについては拙稿前掲注 4 における先秦時代國家論に關する研究史整理を參照
されたい。

合は實際のところ、そうした態度をとるほかなかったのであろう。傳世・出土文獻に見える君主の下位者に對する謙りは、そこに由來するのである。

しかし戰國時代に入って社會が變化し君權が強化されると、君主權力を掣肘するものは春秋時代以前ほど多くはなくなったが、楚を始め戰國諸國において、こうした思想的要素の重要性は低下することはなく、かえってむしろ高まっていった[20]。傳世文獻においては、こうした君主の態度について、それなりに高度な思想的意義付けがなされている。戰國時代において下位者に過度に謙る君主は不自然であるから、『鄭武夫人規孺子』における鄭莊公の控えめな態度は、あくまでも儀禮の範圍にとどまっているといえるのかもしれない。「春秋以前的」君主像とでもいうべき理想型は、戰國王權を支える上で不可缺であった。それは王たちの現在の地位が、齊の陳氏や晉の趙氏に關わる予言記事に見られるように、その德目に從った結果としてあるものとされるからでもある。そしてこの現象は本篇が受容された楚地域に特有のものではなく[21]、中原を含む地域で廣く見られるものである。本篇で描かれているのは鄭國の君主であるし、また傳世文獻の檢討からいっても、理想化された謙る君主像は、中原地域から傳來した可能性を考えるのがよいのではないか。

むすび

---

[20] 李承律『郭店楚簡儒教の研究─儒系三篇を中心として─』（汲古書院、東京、2007年11月）446-447頁は郭店楚簡『唐虞之道』の檢討を通して、「謙遜思想」が戰國期に『老子』によって定立され、それからやや後に荀子一派によって儒家にも導入され、秦漢期に『易』の經典化と共に拍車がかけられ、それは戰國後期から末期にかけて君主の一元的支配が確立されていく時代の流れを反映するものだったとする。

[21] 楚については、楊寛『戰國史』（1997增訂版、臺灣商務印書館、臺北、1997年）196～199頁、宋公文「略論吳起變法」（同『楚史新探』、河南大學出版社、開封、1988年9月）231～246頁、增淵龍夫「韓非子喩老篇の所謂楚邦之法について」（『一橋論叢』40-6、東京、1958年12月、同『新版 中國古代の社會と國家』（岩波書店、東京、1996年10月）所收）などでその氏族性的秩序の強さが議論される。無論、氏族制的秩序の強さが本篇を受容する原因と見做すことも不可能ではないが、この問題についていえば、中原地域と共通することであるから、その議論と絡める必要はさほどなかろう。

226　第 2 部　非發掘簡の資料價値の確立

　本稿では、清華簡『鄭武夫人規孺子』において、君主の謙りに關連する場面をとりあげ、それを傳世先秦歷史文獻である『左傳』『國語』での同樣の記事と比較した。これら傳世文獻では、謙讓に繋がる要素を有することは良き君主となるべき資格の一つとなっている。傳世文獻以上に鄭武公・莊公父子の君主としての道德的水準の高さが強調されているところを除けば、本篇において傳世文獻と異なる要素はさほどない。本篇での鄭武公・莊公の性格付けが傳世文獻と相違するのみで、君主における謙讓的要素の重要性は傳世文獻と同樣なのである。

　君主の下位者に對する控えめな姿勢は、春秋時代以前においては決して奇異なものではなく、一般的な現象であった。戰國時代になり君權が強化されると、君主が實際にこうした態度をとる狀況は減少したが、こうした控えめさに關する思想的要素の重要性は低下することがなく、かえってむしろ高まっていった。戰國王權はその思想的要素に從った結果としての正當性を有したため、理想型としての春秋時代以前に遡及し得る君主像は戰國王權を支える上で不可缺であった。從ってこういった君主像は楚地域特有のものというよりは、中原地域から楚地域に傳來したものである可能性を考えるべきであろう。

　※　本稿は JSPS 科研費 26284010 による研究成果である。

清華簡『鄭武夫人規孺子』の謙虚な君主像について　227

[表] 22

No.	文獻	年・篇	文　章	分類
1	左傳	隱公1	及莊公即位、爲之請制。公曰、「制、巖邑也、虢叔死焉。佗邑唯命。」請京、使居之、謂之京城大叔。祭仲曰、「都、城過百雉、國之害也。先王之制、大都、不過參國之一。中、五之一。小、九之一。今京不度、非制也、君將不堪。」公曰、「姜氏欲之、焉辟害。」對曰、「姜氏何厭之有。不如早爲之所、無使滋蔓。蔓、難圖也。蔓草猶不可除、況君之寵弟乎。」公曰、「多行不義、必自斃、子姑待之。」	1
2	左傳	隱公5	冬十二月辛巳、臧僖伯卒。公曰、「叔父有憾於寡人、寡人弗敢忘。」葬之加一等。	1
3	左傳	隱公11	羽父請殺桓公、將以求大宰。公曰、「爲其少故也、吾將授之矣。使營菟裘、吾將老焉。」羽父懼、反譖公于桓公而請弒之。	1
4	左傳	莊公10	十年春、齊師伐我。公將戰。曹劌請見。其鄉人曰、「肉食者謀之、又何間焉。」劌曰、「肉食者鄙、未能遠謀。」乃入見。問何以戰。公曰、「衣食所安、弗敢專也、必以分人。」對曰、「小惠未徧、民弗從也。」公曰、「犧牲玉帛、弗敢加也、必以信。」對曰、「小信未孚、神弗福也。」公曰、「小大之獄、雖不能察、必以情。」對曰、「忠之屬也、可以一戰。戰、則請從。」	1
5	左傳	莊公11	秋、宋大水。公使弔焉、曰、「天作淫雨、害於粢盛、若之何不弔。」對曰、「孤實不敬、天降之災、又以爲君憂、拜命之辱。」臧文仲曰、「宋其興乎。禹・湯罪己、其興也悖焉。桀・紂罪人、其亡也忽焉。且列國有凶、稱孤、禮也。言懼而名禮、其庶乎。」既而聞之曰公子御說之辭也。臧孫達曰、「是宜爲君、有恤民之心。」	1
6	左傳	莊公22	齊侯使敬仲爲卿。辭曰、「羇旅之臣幸若獲宥、及於寛政、赦其不閑於教訓、而免於罪戾、弛於負擔、君之惠也。所獲多矣、敢辱高位以速官謗。請以死告。詩曰、『翹翹車乗、招我以弓。豈不欲往、畏我友朋。』」使爲工正。飲桓公酒、樂、公曰、「以火繼之。」辭曰、「臣卜其晝、未卜其夜、不敢。」君子曰、「酒以成禮、不繼以淫、義也。以君成禮、弗納於淫、仁也。」	1
7	左傳	閔公2	衞文公大布之衣・大帛之冠、務材・訓農、通商・惠工、敬教・勸學、授方・任能。元年、革車三十乗。季年、乃三百乗。	1
8	左傳	僖公8	宋公疾、大子茲父固請曰、「目夷長且仁、君其立之。」公命子魚。子魚辭曰、「能以國讓、仁孰大焉。臣不及也、且又不順。」遂走而退。	1
9	左傳	僖公9	齊侯將下拜。孔曰、「且有後命。天子使孔曰、『以伯舅耋老、加勞、賜一級、無下拜。』」對曰、「天威不違顏咫尺、小白、余敢貪天子之命、無下拜。恐隕越于下、以遺天子羞。敢不下拜。」下拜、登受。	1
10	左傳	僖公18	冬、邢人・狄人伐衞。圍菟圃。衞侯以國讓父兄子弟。及朝衆、曰、「苟能治之、燬請從焉。」衆不可、而後師于訾婁。狄師還。	1
11	左傳	僖公23	楚子曰、「晉公子廣而儉、文而有禮。其從者肅而寛、忠而能力。晉侯無親、外内惡之。吾聞姬姓唐叔之後、其後衰者也、其將由晉公子乎。天將興之、誰能廢之。違天必有大咎。」	1
12	左傳	僖公23	他日、公享之。子犯曰、「吾不如衰之文也、請使衰從。」公子賦河水。公賦六月。趙衰曰、「重耳拜賜。」公子降、拜、稽首、公降一級而辭焉。衰曰、「君稱所以佐天子者命重耳、重耳敢不拜。」	1
13	左傳	僖公28	王命尹氏及王子虎・内史叔興父策命晉侯爲侯伯、賜之大輅之服・戎輅之服、彤弓一・彤矢百、玈弓矢千、秬鬯一卣、虎賁三百人、曰、「王謂叔父、敬服王命、以綏四國、糾逖王慝。」晉侯三辭、從命、曰、「重耳敢再拜稽首、奉揚天子之丕顯休命。」受策以出。出入三覲。	1
14	左傳	僖公33	秦伯素服郊次、鄉師而哭曰、「孤違蹇叔、以辱二三子、孤之罪也。」不替	1

22　「分類」は第2節のそれである。

15	左傳	文公1	孟明曰、「孤之過也、大夫何罪。且吾不以一眚掩大德。」殽之役、晉人既歸秦師、秦大夫及左右皆言於秦伯曰、「是敗也、孟明之罪也、必殺之。」秦伯曰、「是孤之罪也。周芮良夫之詩曰、『大風有隧、貪人敗類。聽言則對、誦言如醉。匪用其良、覆俾我悖。』是貪故也、孤之謂矣。孤實貪以禍夫子、夫子何罪。」復使爲政。	1
16	左傳	文公13	邾文公卜遷于繹。史曰、「利於民而不利於君。」邾子曰、「苟利於民、孤之利也。天生民而樹之君、以利之也。民既利矣、孤必與焉。」左右曰、「命可長也、君何弗爲。」邾子曰、「命在養民。死之短長、時也。民苟利矣、遷也、吉莫如之。」遂遷于繹。五月、邾文公卒。君子曰、「知命。」	1
17	左傳	文公14	子叔姬妃齊昭公、生舍。叔姬無寵、舍無威。公子商人驟施於國、而多聚士、盡其家、貸於公有司以繼之。夏五月、昭公卒、舍即位。……秋七月乙卯、夜、齊商人殺舍、而讓元。元曰、「爾求之久矣。我能事爾、爾不可使多蓄憾、將免我乎。爾爲之。」	1
18	左傳	文公16	宋公子鮑禮於國人、宋饑、竭其粟而貸之。年自七十以上、無不饋詒也、時加羞珍異。無日不數於六卿之門。國之材人、無不事也。親自桓以下、無不恤也。公子鮑美而艶、襄夫人欲通之、而不可、乃助之施。昭公無道、國人奉公子鮑以因夫人。……冬十一月甲寅、宋昭公將田孟諸、未至、夫人王姬使帥甸攻而殺之。	1
19	左傳	宣公12	鄭伯肉袒牽羊以逆、曰、「孤不天、不能事君、使君懷怒以及敝邑、孤之罪也、敢不唯命是聽。其俘諸江南、以實海濱、亦唯命。其翦以賜諸侯、使臣妾之、亦唯命。若惠顧前好、徼福於厲・宣・桓・武、不泯其社稷、使改事君、夷於九縣、君之惠也、孤之願也、非所敢望也。敢布腹心、君實圖之。」左右曰、「不可許也、得國無赦。」王曰、「其君能下人、必能信用其民矣、庸可幾乎。」退三十里而許之平。	1
20	左傳	宣公12	欒武子曰、「楚自克庸以來、其君無日不討國人而訓之于民生之不易・禍至之無日・戒懼之不可以怠。在軍、無日不討軍實而申儆之于勝之不可保・紂之百克而卒無後、訓之以若敖・蚡冒篳路藍縷以啓山林。箴之曰、『民生在勤、勤則不匱。』不可謂驕。……」	1
21	左傳	成公18	二月乙酉朔、晉悼公即位于朝。始命百官、施舍・已責、逮鰥寡、振廢滯、匡乏困、救災患、禁淫慝、薄賦斂、宥罪戾、節器用、時用民、欲無犯時。	1
22	左傳	襄公3	公跣而出、曰、「寡人之言、親愛也。吾子之討、軍禮也。寡人有弟、弗能教訓、使干大命、寡人之過也。子無重寡人之過、敢以爲請。」晉侯以魏絳爲能以刑佐民矣、反役、與之禮食、使佐新軍。張老爲中軍司馬、士富爲候奄。	1
23	左傳	襄公9	晉侯歸、謀所以息民。魏絳請施舍、輸積聚以貸。自公以下、苟有積者、盡出之。國無滯積、亦無困人。公無禁利、亦無貪民。祈以幣更、賓以特牲、器用不作、車服從給。行之期年、國乃有節。三駕而楚不能與爭。	1
24	左傳	襄公13	秋、楚共王卒。子囊謀諡。大夫曰、「君有命矣。」子囊曰、「君命以共、若之何毀之。赫赫楚國、而君臨之、撫有蠻夷、奄征南海、以屬諸夏、而知其過、可不謂共乎。請諡之共。」大夫從之。	1
25	左傳	昭公3	晏子曰、「此季世也、吾弗知齊其爲陳氏矣。公棄其民、而歸於陳氏。齊舊四量、豆・區・釜・鍾。四升爲豆、各自其四、以登於釜。釜十則鍾。陳氏三量皆登一焉、鍾乃大矣。以家量貸、而以公量收之。山木如市、弗加於山。魚・鹽・蜃・蛤、弗加於海。民參其力、二入於公、而衣食其一。公聚朽蠹、而三老凍餒、國之諸市、屨賤踊貴。民人痛疾、而或燠休之。其愛之如父母、而歸之如流水。欲無獲民、將焉辟之。箕伯・直柄・虞遂・伯戲、其相胡公・大姬已在齊矣。」	1
26	左傳	昭公10	桓子盡致諸公、而請老于莒。桓子召子山、私具幄幕・器用・從者之衣屨、而反棘焉。子商亦如之、而反其邑。子周亦如之、而與之夫于。反子城・子公・公孫捷、而皆益其祿。凡公子・公孫之無祿者、私分之邑。國之貧約孤寡者、私與之粟。曰、「詩云、『陳錫載周』、能施也。桓公是以霸。」公與桓子莒之旁邑、辭。穆孟姬爲之請高唐、陳氏始大。	1

27	左傳	昭公13	平王封陳・蔡、復遷邑、致羣賂、施舍寛民、宥罪舉職。	1
28	左傳	昭公14	夏、楚子使然丹簡上國之兵於宗丘、且撫其民。分貧、振窮、長孤幼、養老疾。收介特、救災患、宥孤寡、赦罪戾。詰姦慝、舉淹滯、禮新、敘舊、祿勳、合親、任良、物官。使屈罷簡東國之兵於召陵、亦如之。好於邊疆、息民五年、而後用師、禮也。	1
29	左傳	昭公21	三月、葬蔡大子朱失位、位在卑。大夫送葬者歸、見昭子。昭子問蔡故、以告。昭子歎曰、「蔡其亡乎。若不亡、是君也必不終。詩曰、「不解于位、民之攸墍。」今蔡侯始即位、而適卑、身將從之。」	1
30	左傳	昭公26	(晏子)對曰、「如君之言、其陳氏乎。陳氏雖無大德、而有施於民。豆・區・釜・鍾之數、其取之公也薄、其施之民也厚。公厚斂焉、陳氏厚施焉、民歸之矣。詩曰、「雖無德與女、式歌且舞。」陳氏之施、民歌舞之矣。後世若少惰、陳氏而不亡、則國其國已。」公曰、「善哉。是可若何。」對曰、「唯禮可以已之。在禮、家施不及國、民不遷、農不移、工賈不變、士不濫、官不滔、大夫不收公利。」	1
31	左傳	昭公27	沈尹戌言於子常曰、「……夫無極、楚之讒人也、民莫不知。去朝吳、出蔡侯朱、喪大子建、殺連尹奢、屏王之耳目、使不聰明。不然、平王之温惠共儉、有過子・莊、無不及焉。所以不獲諸侯、邇無極也。……」	1
32	左傳	昭公30	子西諫曰、「吳光新得國、而親其民、視民如子、辛苦同之、將用之也。……」	1
33	左傳	哀公1	伍員曰、「……今吳不如過、而越大於少康、或將豐之、不亦難乎。句踐能親而務施、施不失人、親不棄勞。與我同壤、而世爲仇讎。於是乎克而弗取、將又存之、違天而長寇讎、後雖悔之、不可食已。姫之衰也、日可俟也。介在蠻夷、而長寇讎、以是求伯、必不行矣。」	1
34	左傳	莊公11	乘丘之役、公以金僕姑射南宮長萬、公右歂孫生搏之。宋人請之。宋公靳之、曰、「始吾敬子。今子、魯囚也、吾弗敬子矣。」病之。	2
35	左傳	莊公19	初、王姚嬖于莊王、生子頽。子頽有寵、蒍國爲之師。及惠王即位、取蒍國之圃以爲囿。邊伯之宮近於王宮、王取之。王奪子禽・祝跪與詹父田、而收膳夫之秩、故蒍國・邊伯・石速・詹父・子禽祝跪作亂、因蘇氏。	2
36	左傳	莊公21	鄭伯之享王也、王以后之鞶鑑予之。虢公請器、王予之爵。鄭伯由是始惡于王。	2
37	左傳	僖公27	二十六年春、杞桓公來朝。用夷禮、故曰子。公卑杞、杞不共也。	2
38	左傳	宣公1	於是晉侯侈、趙宣子爲政、驟諫而不入、故不競於楚。	2
39	左傳	宣公2	晉靈公不君、厚斂以彫牆。從臺上彈人、而觀其辟丸也。……宣子驟諫、公患之、使鉏麑賊之。晨往、寢門闢矣、盛服將朝。尚早、坐而假寐。麑退、歎而言曰、「不忘恭敬、民之主也。賊民之主、不忠。棄君之命、不信。有一於此、不如死也。」觸槐而死。……乙丑、趙穿殺靈公於桃園。宣子未出山而復。大史書曰、「趙盾弑其君。」以示於朝。	2
40	左傳	宣公4	凡弑君、稱君、君無道也。稱臣、臣之罪也。	2
41	左傳	成公17	晉范文子反自鄢陵、使其祝宗祈死、曰、「君驕侈而克敵、是天益其疾也、難將作矣。愛我者唯祝我、使我速死、無及於難、范氏之福也。」六月戊辰、士燮卒。	2
42	左傳	成公17	晉厲公侈、多外嬖。反自鄢陵、欲盡去羣大夫、而立其左右。	2
43	左傳	襄公7	鄭僖公之爲大子也、於成之十六年與子罕適晉、不禮焉。又與子豐適楚、亦不禮焉。及其元年朝于晉、子豐欲愬諸晉而廢之、子罕止之。及將會于鄬、子駟相、又不禮焉。侍者諫、不聽、又諫、殺之。及鄵、子駟使賊夜弑僖公、而以瘧疾赴于諸侯。簡公生五年、奉而立之。	2
44	左傳	襄公14	衛獻公戒孫文子・甯惠子食、皆服而朝、日旰不召、而射鴻於囿。……文子曰、「君忌我矣、弗先、必死。」并帑於戚而入、見蘧伯玉、曰、「君之暴虐、子所知也。大懼社稷之傾覆、將若之何。」……衛人立公孫剽、孫林父・甯殖相之、以聽命於諸侯。衛侯在鄸、臧紇如齊唁衛侯。衛侯與之言、虐。退而告其人曰、「衛侯其不得入矣。其言糞土也。亡而不變、何以復國。」子展・子鮮聞之、見臧紇、與之言、道。臧孫説、謂其人曰、「衛君必入。	2

			夫二子者、或輓之、或推之、欲無入、得乎。」	
45	左傳	襄公28	蔡侯歸自晉、入于鄭。鄭伯享之、不敬。子産曰、「蔡侯其不免乎。日其過此也、君使子展迋勞於東門之外、而傲。吾日猶將更之。今還、受享而惰、乃其心也。君小國、事大國、而惰傲以爲己心、將得死乎。若不免、必由其子。其爲君也、淫而不父。僑聞之、如是者、恆有子禍。」	2
46	左傳	襄公29	(吳公子札)聘於鄭、見子産、如舊相識。與之縞帶、子産獻紵衣焉。謂子産曰、「鄭之執政侈、難將至矣、政必及子。子爲政、愼之以禮。不然、鄭國將敗。	2
47	左傳	昭公1	趙孟謂叔向曰、「令尹自以爲王矣、何如。」對曰、「王弱、令尹彊、其可哉。雖可、不終。」趙孟曰、「何故。」對曰、「彊以克弱而安之、彊不義也。不義而彊、其斃必速。詩曰、「赫赫宗周、褒姒滅之」、彊不義也。令尹爲王、必求諸侯。晉少懦矣、諸侯將往。若獲諸侯、其虐滋甚、民弗堪也、將何以終。夫以彊取、不義而克、必以爲道。道以淫虐、弗可久已矣。」	2
48	左傳	昭公1	后子見趙孟。趙孟曰、「吾子其曷歸。」對曰、「鍼懼選於寡君、是以在此、將待嗣君。」趙孟曰、「秦君何如。」對曰、「無道。」趙孟曰、「亡乎。」對曰、「何爲。一世無道、國未艾也。國於天地、有與立焉。不數世淫、弗能斃也。」趙孟曰、「夭乎。」對曰、「有焉。」趙孟曰、「其幾何。」對曰、「鍼聞之、國無道而年穀和熟、天贊之也。鮮不五稔。」	2
49	左傳	昭公1	十一月己酉、公子圍至、入問王疾、縊而弑之、遂殺其二子幕及平夏。……楚靈王即位、薳罷爲令尹、薳啓彊爲大宰。鄭游吉如楚葬郟敖、且聘立君。歸、謂子産曰、「具行器矣。楚王汰侈、而自説其事、必合諸侯、吾往無日矣。」子産曰、「不數年未能也。」	2
50	左傳	昭公4	晉侯欲勿許。司馬侯曰、「不可。楚王方侈、天或者欲逞其心、以厚其毒、而降之罰、未可知也。其使能終、亦未可知也。晉・楚唯天所相、若可與爭。君其許之、而修德以待其歸。若歸於德、吾猶將事之、況諸侯乎。若適淫虐、楚將棄之、吾又誰與爭。」	2
51	左傳	昭公4	楚子示諸侯侈。椒舉曰、「夫六王・二公之事、皆所以示諸侯禮也、諸侯所由用命也。夏桀爲仍之會、有緡叛之。商紂爲黎之蒐、東夷叛之。周幽爲大室之盟、戎狄叛之、皆所以示諸侯汰也、諸侯所由棄命也。今君以汰、無乃不濟乎。」王弗聽。子産見左師曰、「吾不患楚矣。汰而愎諫、不過十年。」左師曰、「然。不十年侈、其惡不遠。遠惡而後棄。善亦如之、德遠而後興。」	2
52	左傳	昭公11	韓宣子問於叔向曰、「楚其克乎。」對曰、「克哉。蔡侯獲罪於其君、而不能其民、天將假手於楚以斃之、何故不克。然肸聞之、不信以幸、不可再也。楚奉孫吳以討於陳、曰、「將定而國。」陳人聽命、而遂縣之。今又誘蔡而殺其君、以圍其國、雖幸而克、必受其咎、弗能久矣。桀克有緡、以喪其國。紂克東夷、而隕其身。楚小位下、而亟暴於二王、能無咎乎。天之假助不善、非祚之也、厚其凶惡而降之罰也。且譬之如天其有五材、而將用之、力盡而敝之、是以無拯、不可没振。」	
53	左傳	昭公18	十八年春王二月乙卯、周毛得殺毛伯過、而代之。萇弘曰、「毛得必亡。是昆吾稔之日也、侈故之以。而毛得以濟侈於王都、不亡、何待。」	2
54	左傳	昭公19	楚人城州來、沈尹戌曰、「楚人必敗。昔吳滅州來、子旗請伐之。王曰、「吾未撫吾民。」今государ如是、而城州來以挑吳、能無敗乎。」侍者曰、「王施舍不倦、息民五年、可謂撫之矣。」戌曰、「吾聞撫民者、節用於内、而樹德於外、民樂其性、而無寇讎。今宮室無量、民人日駭、勞罷死轉、忘寢與食、非撫之也。」	2
55	左傳	昭公23	莒子庚輿虐而好劍。苟鑄劍、必試諸人。國人患之。又將叛齊。烏存帥國人以逐之。……遂來奔。齊人納郊公。	2
56	左傳	昭公24	楚子爲舟師以略吳疆。沈尹戌曰、「此行也、楚必亡邑。不撫民而勞之、吳不動而速之、吳踵楚、而疆場無備、邑能無亡乎。」	2
57	左傳	昭公25	懿伯曰、「讒人以君徼幸、事若不克、君受其名、不可爲也。舍民數世、以求克事、不可必也。且政在焉、其難圖也。」公退之。……子家子曰、「君其許之。政自之出久矣、隱民多取食焉、爲之徒者衆矣。日入愿作、弗可知	2

			也。衆怒不可蓄也、蓄而弗治、將薀。薀蓄、民將生心。生心、同求將合。君必悔之。」弗聽。	
58	左傳	定公15	十五年春、邾隱公來朝。子貢觀焉。邾子執玉高、其容仰。公受玉卑、其容俯。子貢曰、「以禮觀之、二君者、皆有死亡焉。夫禮、死生存亡之體也、將左右・周旋、進退・俯仰、於是乎取之。朝・祀・喪・戎、於是乎觀之。今正月相朝、而皆不度、心已亡矣。嘉事不體、何以能久。高・仰、驕也。卑・俯、替也。驕近亂、替近病、君爲主、其先亡乎。」	2
59	左傳	哀公1	子西曰、「二三子恤不相睦、無患吳矣。昔闔廬食不二味、居不重席、室不崇壇、器不彤鏤、宮室不觀、舟車不飾。衣服財用、擇不取費。在國、天有菑癘、親巡孤寡而共其乏困。在軍、熟食者分而後敢食、其所嘗者、卒乘與焉。勤恤其民、而與之勞逸、是以民不罷勞、死知不曠。吾先大夫子常易之、所以敗我也。今聞夫差、次有臺榭陂池焉、宿有妃嬙嬪御焉。一日之行、所欲必成、玩好必從。珍異是聚、觀樂是務。視民如讎、而用之日新。夫先自敗也已、安能敗我。」	2
60	左傳	隱公3	石碏諫曰、「臣聞愛子、教之以義方、弗納於邪。驕・奢・淫・泆、所自邪也。四者之來、寵祿過也。將立州吁、乃定之矣。若猶未也、階之爲禍。夫寵而不驕、驕而能降、降而不憾、憾而能眕者、鮮矣。且夫賤妨貴、少陵長、遠間親、新間舊、小加大、淫破義、所謂六逆也。君義、臣行、父慈、子孝、兄愛、弟敬、所謂六順也。去順效逆、所以速禍也。君人者、將禍是務去、而速之、無乃不可乎。」	3
61	左傳	隱公6	鄭伯如周、始朝桓王也。王不禮焉。周桓公言於王曰、「我周之東遷、晉・鄭焉依。善鄭以勸來者、猶懼不蔇、況不禮焉。鄭不來矣。」	3
62	左傳	隱公10	君子謂鄭莊公于是乎可謂正矣、以王命討不庭、不貪其土、以勞王爵、正之體也。	3
63	左傳	桓公2	夏四月、取郜大鼎于宋。戊申、納于大廟。非禮也。臧哀伯諫曰、「君人者、將昭德塞違、以臨照百官、猶懼或失之、故昭令德以示子孫。是以清廟茅屋、大路越席、大羹不致、粢食不鑿、昭其儉也。……夫德、儉而有度、登降有數、文物以紀之、聲明以發之、以臨照百官。百官於是乎戒懼、而不敢易紀律。……」	3
64	左傳	桓公6	鬬伯比言於楚子曰、「吾不得志於漢東也、我則使然。我張吾三軍、而被吾甲兵、以武臨之、彼則懼而協以謀我、故難間也。漢東之國、隨爲大。隨張、必棄小國。小國離、楚之利也。」少師(季梁)對曰、「夫民、神之主也、是以聖王先成民而後致力於神。……今民各有心、而鬼神乏主。君雖獨豐、其何福之有。君姑修政、而親兄弟之國、庶免於難。」隨侯懼而修政、楚不敢伐。	3
65	左傳	莊公27	晉侯將伐虢。士蒍曰、「不可。虢公驕、若驟得勝於我、必棄其民。無衆而後伐之、欲禦我、誰與。夫禮・樂・慈・愛、戰所畜也。夫民、讓事・樂和・愛親・哀喪、而後可用也。虢弗畜也、亟戰、將饑。」	3
66	左傳	閔公2	大子曰、「吾其廢乎。」(里克)對曰、「告之以臨民、教之以軍旅、不共是懼、何故廢乎。且子懼不孝、無懼弗立。修己而不責人、則免於難。」	3
67	左傳	文公1	穆伯如齊、始聘焉、禮也。凡君即位、卿出并聘、踐修舊好、要結外援、好事鄰國、以衛社稷、忠・信・卑讓之道也。忠、德之正也。信、德之固也。卑讓、德之基也。	3
68	左傳	成公9	爲歸汶陽之田故、諸侯貳於晉。晉人懼、會於蒲、以尋馬陵之盟。季文子謂范文子曰、「德則不競、尋盟何爲。」范文子曰、「勤以撫之、寬以待之、堅彊以御之、明神以要之、柔服而伐貳、德之次也。」	3
69	左傳	成公12	賓曰、「若讓之以一矢、禍之大者、其何福之爲。世之治也、諸侯間於天子之事、則相朝也、於是乎有享・宴之禮。享以訓共儉、宴以示慈惠。共儉以行禮、而慈惠以布政。政以禮成、民是以息。百官承事、朝而不夕、此公侯之所以扞城其民也。故詩曰、『赳赳武夫、公侯干城』及其亂也、諸侯貪冒、侵欲不忌、爭尋常以盡其民、略其武夫、以爲己腹心・股肱・爪牙。故詩曰、「赳赳武夫、公侯腹心。」天下有道、則公侯能爲民干城、而制其腹	3

			心。亂則反之。今吾子之言、亂之道也、不可以爲法。然吾子、主也、至敢不從。」	
70	左傳	成公13	劉子曰、「吾聞之、民受天地之中以生、所謂命也。是以有動作禮義威儀之則、以定命也。能者養以之福、不能者敗以取禍。是故君子勤禮、小人盡力。勤禮莫如致敬、盡力莫如敦篤。敬在養神、篤在守業。國之大事、在祀與戎。祀有執膰、戎有受脤、神之大節也。今成子惰、棄其命矣、其不反乎。」	3
71	左傳	成公16	（申叔時）對曰、「德・刑・詳・義・禮・信、戰之器也。德以施惠、刑以正邪、詳以事神、義以建利、禮以順時、信以守物。民生厚而德正、用利而事節、時順而物成、上下和睦、周旋不逆、求無不具、各知其極。故詩曰、「立我烝民、莫匪爾極。」是以神降之福、時無災害、民生敦厖、和同以聽、莫不盡力以從上命、致死以補其闕、此戰之所由克也。今楚內棄其民、而外絕其好、瀆齊盟、而食話言、奸時以動、而疲民以逞。民不知信、進退罪也。人恤所厎、其誰不死。子其勉之。吾不復見子矣。」	3
72	左傳	襄公13	君子曰、「讓、禮之主也。范宣子讓、其下皆讓。欒黶爲汰、弗敢違也。晉國以平、數世賴之、刑善也夫。一人刑善、百姓休和、可不務乎。書曰、「一人有慶、兆民賴之、其寧惟永。」其是之謂乎。周之興也、其詩曰、「儀刑文王、萬邦作孚。」言刑善也。及其衰也、其詩曰、「大夫不均、我從事獨賢。」言不讓也。世之治也、君子尚能而讓其下、小人農力以其上、是以上下有禮、而讒慝黜遠、由不爭也、謂之懿德。及其亂也、君子稱其功以加小人、小人伐其技以馮君子、是以上下無禮、亂虐竝生、由爭善也、謂之昏德。國家之敝、恆必由之。」	3
73	左傳	襄公14	師曠侍於晉侯。晉侯曰、「衞人出其君、不亦甚乎。」對曰、「或者其君實甚。良君將賞善而刑淫、養民如子、蓋之如天、容之如地。民奉其君、愛之如父母、仰之如日月、敬之如神明、畏之如雷霆、其可出乎。夫君、神之主而民之望也。若困民之主、匱神乏祀、百姓絕望、社稷無主、將安用之。弗去何爲。天生民而立之君、使司牧之、勿使失性。有君而爲之貳、使師保之、勿使過度。是故天子有公、諸侯有卿、卿置側室、大夫有貳宗、士有朋友、庶人・工・商・皁・隸・牧・圉皆有親暱、以相輔佐也。善則賞之、過則匡之、患則救之、失則革之。自王以下各有父兄子弟以補察其政。史爲書、瞽爲詩、工誦箴諫、大夫規誨、士傳言、庶人謗、商旅于市、百工獻藝。故夏書曰、「遒人以木鐸徇於路、官師相規、工執藝事以諫。」正月孟春、於是乎有之、諫失常也。天之愛民甚矣。豈其使一人肆於民上、以從其淫、而棄天地之性。必不然矣。」	3
74	左傳	襄公26	（聲子）對曰「……古之治民者、勸賞而畏刑、恤民不倦。賞以春夏、刑以秋冬。是以將賞、爲之加膳、加膳則飫賜、此以知其勸賞也。將刑、爲之不舉、不舉則徹樂、此以知其畏刑也。夙興夜寐、朝夕臨政、此以知其恤民也。三者、禮之大節也。有禮無敗。……」	3
75	左傳	襄公31	（北宮文子）對曰、「……故君子在位可畏、施舍可愛、進退可度、周旋可則、容止可觀、作事可法、德行可象、聲氣可樂。動作有文、言語有章、以臨其下、謂之有威儀也。」	3
76	左傳	昭公3	小邾穆公來朝。季武子欲卑之。穆叔曰、「不可。曹・滕・二邾實不忘我好、敬以逆之、猶懼其貳、又卑一睦、焉逆羣好也。其如舊而加敬焉。志曰、「能敬無災。」又曰、「敬逆來者、天所福也。」」季孫從之。	3
77	左傳	昭公9	叔向謂宣子曰、「文之伯也、豈能改物。翼戴天子、而加之以共。自文以來、世有衰德、而暴蔑（注：本作滅）宗周、以宣示其侮。諸侯之貳、不亦宜乎。且王辭直、子其圖之。」宣子說。	3
78	左傳	昭公12	王揖而入、饋不食、寢不寐、數日、不能自克、以及於難。仲尼曰、「古也有志、「克己復禮、仁也。」信善哉。楚靈王若能如是、豈其辱於乾谿。」	3
79	左傳	昭公20	（晏子）對曰、「……其適遇淫君、外內頗邪、上下怨疾、動作辟違、從欲厭私、高臺深池、撞鐘舞女。斬刈民力、輸掠其聚、以成其違、不恤後人。暴虐淫從、肆行非度、無所還忌、不思謗讟、不憚鬼神。神怒民痛、無悛於心。……」公曰、「然則若之何。」對曰、「不可爲也。山林之木、衡鹿守	3

			之。澤之萑蒲、舟鮫守之。藪之薪蒸、虞候守之。海之鹽・蜃、祈望守之。縣鄙之人、入從其政。偪介之關、暴征其私。承嗣大夫、強易其賄。布常無藝、徵斂無度。宮室日更、淫樂不違。內寵之妾、肆奪於市。外寵之臣、僭令於鄙。私欲養求、不給則應。民人苦病、夫婦皆詛。祝有益也、詛亦有損。聊・攝以東、姑・尤以西、其爲人也多矣。雖其善祝、豈能勝億兆人之詛。君若欲誅於祝・史、修德而後可。」公說、使有司寬政、毀關、去禁、薄斂、已責。	
80	左傳	昭公23	楚囊瓦爲令尹、城郢。沈尹戌曰、「子常必亡郢。苟不能衞、城無益也。……夫正其疆場、修其土田、險其走集、親其民人、明其伍候、信其鄰國、愼其官守、守其交禮、不僭不貪、不懦不耆、完其守備、以待不虞、又何畏矣。……」	3
81	左傳	定公4	反自召陵、鄭子大叔未至而卒。晉趙簡子爲之臨、甚哀、曰、「黃父之會、夫子語我九言、曰、「無始亂、無怙富、無恃寵、無違同、無敖禮、無驕能、無復怒、無謀非義、無犯非義。」	3
82	左傳	定公11	仲尼不對、而私於冉有曰、「君子之行也、度於禮、施取其厚、事舉其中、斂從其薄。如是、則以丘亦足矣。若不度於禮、而貪冒無厭、則雖以田賦、將又不足。且子季孫若欲行而法、則周公之典在、若欲苟而行、又何訪焉。」	3
83	左傳	哀公16	衞侯使鄎武子告于周曰、「蒯聵得罪於君父・君母、逋竄于晉。晉以王室之故、不棄兄弟、寘諸河上。天誘其衷、獲嗣守封焉、使下臣胲敢告執事。」王使單平公對、曰、「胲以嘉命來告余一人、往謂叔父、余嘉乃成世、復爾祿次。敬之哉。方天之休、弗敬弗休、悔其可追。」	3
84	國語	周語上	三十二年春、宣王伐魯、立孝公、諸侯從是而不睦。宣王欲得國子之能導訓諸侯者、樊穆仲曰、「魯侯孝」王曰、「何以知之。」對曰、「肅恭明神而敬事耆老。賦事行刑、必問於遺訓而咨於故實。不干所問、不犯所咨。」王曰、「然則能訓治其民矣。」乃命魯孝公于夷宮。	1
85	國語	周語中	及魯侯至、仲孫蔑爲介、王孫說與之語、說讓。說以語王、王厚賄之。	1
86	國語	周語下	晉孫談之子周適周、事單襄公、立無跛、視無還、聽無聳、言無遠。言敬必及天、言忠必及意、言信必及身、言仁必及人、言義必及利、言智必及事、言勇必及制、言教必及辯、言孝必及神、言惠必及和、言讓必及敵。	1
87	國語	周語下	晉羊舌肸聘于周、發幣於大夫及單靖公。靖公享之、儉而敬。賓禮贈饋、視其上而從之。燕無私、送不過郊。語說昊天有成命。	1
88	國語	魯語上	長勺之役、曹劌問所以戰於莊公。公曰、「余不愛衣食於民、不愛牲玉於神。」對曰、「夫惠本而後民歸之志、民和而後神降之福。若布德于民而平均其政事、君子務治而小人務力。動不違時、財不過用。財用不匱、莫不能使共祀。是以用民無不聽、求福無不豐。今將惠以小賜、祀以獨恭。小賜不咸、獨恭不優。不咸、民不歸也。不優、神弗福也。將何以戰。夫民求不匱於財、而神求優裕於享者也、故不可以不本。	1
89	國語	魯語上	展禽曰、「……夫聖王之制祀也、法施於民則祀之、以死勤事則祀之、以勞定國則祀之、能禦大災則祀之、能扞大患則祀之。……黃帝能成命百物、以明民共財、顓頊能修之。帝嚳能序三辰以固民、堯能單均刑法以儀民、舜勤民事而野死、鯀鄣洪水而殛死、禹能以德修鯀之功、契爲司徒而民輯、冥勤其官而水死、湯以寬治民而除其邪、稷勤百穀而山死、文王以文昭、武王去民之穢。」	1
90	國語	魯語上	莒太子僕弒紀公、以其寶來奔。……（宣）公曰、「寡人實貪、非子之罪。」乃舍之。	1
91	國語	魯語上	公聞之曰、「吾過而里革匡我、不亦善乎。是良罟也、爲我得法。使有司藏之、使吾無忘諗。」師存侍、曰、「藏罟不如寘里革於側之不忘也。」	1
92	國語	魯語上	季文子相宣・成、無衣帛之妾、無食粟之馬。仲孫它諫曰、「子爲魯上卿、相二君矣、妾不衣帛、馬不食粟、人其以子爲愛、且不華國乎。」文子曰、「吾亦願之。然吾觀國人、其父兄食麤而衣惡者猶多矣、吾是以不敢。人之父兄食麤衣惡、而我美妾與馬、無乃非相人者乎。且吾聞以德榮爲國華、不聞以妾與馬。」文子以告孟獻子、獻子囚之七日。自是、子服之妾衣不過	1

			七升之布、馬餼不過稂莠。文子聞之、日、「過而能改者、民之上也。」使	
93	國語	齊語	爲上大夫。葵丘之會、天子使宰孔致胙於桓公、日、「余一人之命有事於文・武、使孔致胙。」且有後命日、「以爾自卑勞、實謂爾伯舅、無下拜。」桓公召管子而謀、管子對日、「爲君不君、爲臣不臣、亂之本也。」桓公懼、出見客日、「天威不違顏咫尺、小白余敢承天子之命曰「爾無下拜」、恐隕越於下、以爲天子羞。」遂下拜、升受命。掌服大輅、龍旗九旒、渠門赤旂、諸侯稱順焉。	1
94	國語	晉語一	優施教驪姬夜半而泣謂公日、「吾聞申生甚好仁而彊、甚寬惠而慈於民、皆有所行之。今謂君惑於我、必亂國、無乃以國故而行彊於君。君未終命而不歿、君其若之何。盍殺我、無以一妾亂百姓。」公日、「夫豈惠其民而不惠於其父乎。」驪姬日、「妾亦懼矣。吾聞之外人之言曰、爲仁與爲國不同。爲仁者、愛親之謂仁。爲國者、利國之謂仁。故長民者無親、衆以爲親。苟利衆而百姓和、豈能憚君。凡民利是生、殺而厚利衆、衆孰沮之。殺親無惡於人、人孰去之。苟злよら我将悪始而美終、以晩蓋者也。凡民利是生、殺而厚利衆、衆孰沮之。殺親無惡於人、人孰去之。苟義利而得寵、志行而衆悅、欲其甚矣、孰不惑焉。雖欲愛君、惑不釋也。……」	1
95	國語	晉語四	公孫固言於襄公日、「晉公子亡、長幼矣、而好善不厭、父事狐偃、師事趙衰、而長事賈佗。……」	1
96	國語	晉語四	秦伯歸女五人、懷嬴與焉。公子使奉匜沃盥、既而揮之。嬴怒日、「秦・晉匹也、何以卑我。」公子懼、降服因命。	1
97	國語	晉語四	子玉釋宋圍、從晉師。楚既陳、晉師退舍、軍吏請日、「以君避臣、辱也。且楚師老矣、必敗。何故退。」子犯日、「二三子忘在楚乎。偃也聞之、戰鬪。直爲壯、曲爲老。未報楚惠而抗宋、我曲楚直、其衆莫不生氣、不可謂老。若我以君避臣、而不去、彼亦曲矣。」退三舍避楚。	1
98	國語	晉語七	四年、會諸侯於雞丘、魏絳爲中軍司馬、公子揚干亂行於曲梁、魏絳斬其僕。……言終、魏絳至、授僕人書而伏劍。士鮒・張老交止之。僕人授公、公讀書日、……公跣而出、日、「寡人之言、兄弟之禮也。子之誅、軍旅之事也、請無重寡人之過。」反役、與之禮食、令之佐新軍。	1
99	國語	呉語	呉王夫差既許越成、乃大戒師徒、將以伐齊。申胥進諫日、「昔天以越賜呉、而王弗受。夫天命有反、今越王句踐恐懼而改其謀、舍其愆令、輕其征賦、施民所善、去民所惡、身自約也、裕其衆庶、其民殷衆、以多甲兵。……」	1
100	國語	越語上	句踐說於國人日、「寡人不知其力之不足也、而又與大國執讎、以暴露百姓之骨於中原、此則寡人之罪也。寡人請更。」於是葬死者、問傷者、養生者、弔有憂、賀有喜、送往者、迎來者、去民之所惡、補民之不足。然後卑事夫差、宦士三百人於呉、其身親爲夫差前馬。	1
101	國語	越語上	國之父兄請日、「昔者夫差恥吾君於諸侯之國、今越國亦節矣、請報之。」句踐辭日、「昔者之戰也、非二三子之罪也、寡人之罪也。如寡人者、安與知恥。請姑無庸戰。」	1
102	國語	越語下	王日、「與人奈何。」（范蠡）對日、「卑辭尊禮、玩好女樂、尊之以名。如此不已、又身與之市。」王日、「諾。」乃令大夫種行成於呉、日、「請士女女於士、大夫女女於大夫、隨之以國家之重器。」呉人不許。大夫種來而復往、日、「請委管籥屬國家、以身隨之、君王制之。」呉人許諾。	1
103	國語	周語上	穆王將征犬戎、祭公謀父諫日、「……昔我先王世后稷、以服事虞・夏。及夏之衰也、棄稷不務、我先王不窋用失其官、而自竄于戎・狄之間、不敢怠業、時序其德、纂修其緒、修其訓典、朝夕恪勤、守以敦篤、奉以忠信、奕世載德、不忝前人。至于武王、昭前之光明而加之以慈和、事神保民、莫弗欣喜。商王帝辛、大惡於民。庶民不忍、欣戴武王、以致戎于商牧。是先王非務武也、勤恤民隱而除其害也。」	2
104	國語	周語上	厲王虐、國人謗王。邵公告日、「民不堪命矣。」王怒、得衛巫、使監謗者、以告、則殺之。國人莫敢言、道路以目。王喜、告邵公日、……王不聽、於是國莫敢出言、三年、乃流王於彘。	2

105	國語	周語中	王召士季、曰、「……夫戎・狄、冒沒輕儳、貪而不讓。其血氣不治、若禽獸焉。其適來班貢、不俟馨香嘉味、故坐諸門外、而使舌人體委與之。」	2
106	國語	周語中	(單)襄公曰、「人有言曰、『兵在其頸。』其郤至之謂乎。君子不自稱也、非以讓也、惡其蓋人也。夫人性、陵上者也、不可蓋也。求蓋人、其抑下滋甚、故聖人貴讓。且諺曰、『獸惡其網、民惡其上。』書曰、『民可近也、而不可上也。』詩曰、『愷悌君子、求福不回。』在禮、敵必三讓、是則聖人知民之不可加也。故王天下者必先諸民、然後庇焉、則能長利。今郤至在七人之下而欲上之、是求蓋七人也、其亦有七怨。怨在小醜、猶不可堪、而況在侈卿乎。其何以待之。……」	2
107	國語	魯語上	鮑國謂之曰、「子何辭苦成叔之邑、欲信讓耶、抑知其不可乎。」對曰、「吾聞之、不厚其棟、不能任重。重莫如國、棟莫如德。夫苦成叔家欲任兩國而無大德、其不存也、亡無日矣。譬之如疾、余恐易焉。苦成叔有三亡。少德而多寵、位下而欲上政、無大功而欲大祿、皆怨府也。其君驕而多私、勝敵而歸、必立新家。立新家、不因民不能去舊。因民、非多怨民無所始。爲怨三府、可謂多矣。其身之不能定、焉能予人之邑。」鮑國曰、「我信不若子、若鮑氏有釁、吾不圖矣。今子圖遠之讓邑、必常立矣。」	2
108	國語	魯語上	晉人殺厲公、邊人以告、成公在朝。公曰、「臣殺其君、誰之過也。」大夫莫對、里革曰、「君之過也。夫君人者、其威大矣。失威而至於殺、其過多矣。且夫君也者、將牧民而正其邪者也、若君縱私回而棄民事、民旁有慝無由省之、益邪多矣。若以邪臨民、陷而不振、用善不肯專、則不能使、至於珍滅而莫之恤也、將安用之。桀奔南巢、紂踣于京、厲流于彘、幽滅于戲、皆是術也。夫君也者、民之川澤也。行而從之、美惡皆君之由、民何能爲焉。」	2
109	國語	魯語下	諸侯伐秦、及涇莫濟。晉叔向見叔孫穆子曰、「諸侯謂秦不恭而討之、及涇而止、於秦何益。」	2
110	國語	晉語一	(郤叔虎)出遇士蔿、曰、「……其上貪以忍、其下偷以幸、有縱君而無諫臣、有冒上而無忠下。君臣上下各蔽其私、以縱其回、民各有心而無所據依。以是處國、不亦難乎。……」	2
111	國語	晉語二	葵丘之會、獻公將如會、遇宰周公、曰、「君可無會也。夫齊侯好示、務施與力而不務德、故輕致諸侯而重遣之、使至者勸而叛者慕。懷之以典言、薄其要結而厚德之、以示之信。三屬諸侯、存亡國三、以示之施。是以北伐山戎、南伐楚、西爲此會也。……」	2
112	國語	晉語三	公子縶曰、「吾豈將徒殺之。吾將以公子重耳代之。晉君之無道莫不聞、公子重耳之亡莫不知。戰勝大國、武也。殺無道而立有道、仁也。勝無後害、智也。」	2
113	國語	晉語五	靈公虐、趙宣子驟諫、公患之、使鉏麑賊之、晨往、則寢門辟矣、盛服將朝、早而假寐。麑退、歎而言曰、「趙孟敬哉。夫不忘恭敬、社稷之鎮也。賊國之鎮不忠、受命而廢之不信、享一名於此、不如死。」觸庭之槐而死。	2
114	國語	晉語六	於是乎君伐智而多力、怠教而重斂、大其私暱、殺三郤而尸諸朝、納其室以分婦人、於是乎國人不蠲、遂弒諸翼、葬於翼東門之外、以車一乘。厲公之所以死者、唯無德而功烈多、服者衆也。	2
115	國語	晉語六	反自鄢、范文子謂其宗・祝曰、「君驕泰而有烈、夫以德勝者猶懼失之、而況驕泰乎。君多私、今以勝歸、私必昭。昭私、難必作、吾恐及焉。凡吾宗・祝、爲我祈死、先難爲免。」七年夏、范文子卒。冬、難作、始於三郤、卒於公。	2
116	國語	晉語八	秦后子來奔、趙文子見之、問曰、「秦君道乎。」對曰、「不識。」文子曰、「公子辱於敝邑、必避不道也。」對曰、「有焉。」文子曰、「猶可以久乎。」對曰、「鍼聞之、國無道而年穀龢熟、鮮不五稔。」	2
117	國語	鄭語	桓公爲司徒、甚得周衆與東土之人、問於史伯曰、「……其濟・洛・河・潁之間乎。是其子男之國、虢・鄶爲大、虢叔恃勢、鄶仲恃險、是皆有驕侈怠慢之心、而加之以貪冒。君若以周難之故、寄孥與賄焉、不敢不許。周亂而弊、是驕而貪、必將背叛、君若以成周之衆、奉辭伐罪、無不克矣。……」	2
118	國語	鄭語	公曰、「謝西之九州、何如。」對曰、「其民沓貪而忍、不可因也。唯謝・	2

			郊之間、其家君侈驕、其民怠沓其君、而未及周德。若更君而周訓之、是易取也、而可長世也。」	
119	國語	楚語上	靈王虐、白公子張驟諫。王患之。	2
120	國語	楚語下	(藍尹亹) 對曰、「子患政德之不修、無患吳矣。夫闔廬口不貪嘉味、耳不樂逸聲、目不淫於色、身不懷於安、朝夕勤志、卹民之羸、聞一善若驚、得一士若賞、有過必悛、有不善必懼、是故得民以濟其志。今吾聞夫差好罷民力以成私好、縱過而翳諫、一夕之宿、臺榭陂池必成、六畜玩好必從。夫差先自敗也已、焉能敗人。子修德以待吳、吳將斃矣。」	2
121	國語	吳語	申胥進諫曰、「……王其盍亦鑑於人、無鑑於水。昔楚靈王不君、其臣箴諫以不入。乃築臺於章華之上、闕爲石郭、陂漢、以象帝舜。罷弊楚國、以閒陳・蔡。不修方城之內、踰諸夏而圖東國、三歲於沮・汾以服吳・越。其民不忍饑勞之殃、三軍叛王於乾谿。王親獨行、屏營仿偟於山林之中、三日乃見其涓人疇。……」	2
122	國語	越語下	(范蠡) 對曰、「持盈者與天、定傾者與人、節事者與地。王不問、蠡不敢言。天道盈而不溢、盛而不驕、勞而不矜其功。夫聖人隨時以行、是謂守時。天時不作、弗爲人客。人事不起、弗爲之始。今君王未盈而溢、未盛而驕、不勞而矜其功、天時不作而先爲人客、人事不起而創爲之始、此逆於天而不和於人。王若行之、將妨於國家、靡王躬身。」王弗聽。	2
123	國語	越語下	四年、王召范蠡而問焉、曰、「先人就世、不穀即位。吾年既少、未有恆常、出則禽荒、入則酒荒。吾百姓之不圖、唯舟與車。上天降禍於越、委制於吳。吳人之那不穀、亦又甚焉。吾欲與子謀之、其可乎。」	2
124	國語	越語下	又一年、王召范蠡而問焉、曰、「吾與子謀吳、曰「未可也」。今吳王淫於樂而忘其百姓、亂民功、逆天時。信讒喜優、憎輔遠弼、聖人不出、忠臣解骨。皆曲相御、莫適相非、上下相偁。其可乎。」	2
125	國語	周語中	(劉康公) 對曰：「臣聞之、爲臣必臣、爲君必君。寬肅宣惠、君也。敬恪恭儉、臣也。寬所以保本也、肅所以濟時也、宣所以教施也、惠所以和民也。本有保則必固、時動而濟則無敗功、教施而宣則徧、惠以和民則阜。若本固而功成、施徧而民阜、乃可以長保民矣、其何事不徹。敬所以承命也、恪所以守業也、恭所以給事也、儉所以足用也。以敬承命則不違、以恪守業則不懈、以恭給事則寬於死、以儉足用則遠於憂。若承命不違、守業不懈、寬於死而遠於憂、則可以上下無隙矣、其何任不堪。」	3
126	國語	周語下	襄公有疾、召頃公而告之、曰、「必善晉周、將得晉國。其行也文、能文則得天地。天地所胙、小而後國。夫敬、文之恭也。忠、文之實也。信、文之孚也。仁、文之愛也。義、文之制也。智、文之輿也。勇、文之帥也。教、文之施也。孝、文之本也。惠、文之慈也。讓、文之材也。象天能敬、帥意能忠、思身能信、愛人能仁、利制能義、事建能智、帥義能勇、施政能教、昭神能孝、慈和能惠、推敵能讓。此十一者、夫子皆有焉。……」	3
127	國語	周語下	單之老送叔向、叔向告之曰、「異哉。吾聞之曰、「一姓不再興。」今周其興乎。其有單子也。昔史佚有言曰、「動莫若敬、居莫若儉、德莫若讓、事莫若咨。」單子之既我、禮也、皆有焉。夫宮室不崇、器無彤鏤、儉也。身聾除潔、外內齊給、敬也。宴安享賜、不踰其上、讓也。賓之禮事、放上而動、咨也。如是、而加之以無私、重之以不穀、能避怨矣。居儉動敬、德讓事咨、而能避險、以爲卿佐、其有不興乎。且其語說昊天有成命、頌之盛德也。其詩曰、「昊天有成命、二后受之、成王不敢康。夙夜基命宥密、於、緝熙、亶厥心肆其靖之。」是道成王之德也。成王能明文昭、能定武烈者也。夫道成命者、而稱昊天、翼其上也。二后受之、讓於德也。成王不敢康、敬百姓也。夙夜、恭也。基、始也。命、信也。宥、寬也。密、寧也。緝、明也。熙、廣也。亶、厚也。肆、固也。靖、龢也。其始也、翼上德讓、而敬百姓。其中也、恭儉信寬、帥歸於寧。其終也、廣厚其心、以固龢之。始於德讓、中於信寬、終於固和、故曰成。單子儉敬讓咨、以應成德。單若不興、子孫必蕃、後世不忘。……」	3
128	國語	魯語下	齊閭丘來盟、子服景伯戒宰人曰、「陷而入於恭。」閔馬父笑、景伯問之、	3

			對曰、「笑吾子之大也。昔正考父校商之名頌十二篇於周太師、以那爲首、其輯之亂曰、「自古在昔、先民有作。溫恭朝夕、執事有恪。」先聖王之傳恭、猶不敢專、稱曰自古、古曰在昔、昔曰先民。今吾子之戒吏人曰「陷而入於恭」、其滿之甚也。周恭王能庇昭・穆之闕而爲恭、楚恭王能知其過而爲恭。今吾子之教官僚曰「陷而後恭」、道將何爲。」	
129	國語	齊語	桓公曰、「安國若何。」管子對曰、「修舊法、擇其善者而業用之。遂滋民、與無財、而敬百姓、則國安矣。」桓公曰、「諾。」遂修舊法、擇其善者而業用之。遂滋民、與無財、而敬百姓。	3
130	國語	晉語六	（趙文子）見范文子、文子曰、「而今可以戒矣、夫賢者寵至而益戒、不足者爲寵驕。故興王賞諫臣、逸王罰之。吾聞古之王者、政德既成、又聽於民、於是乎使工誦諫於朝、在列者獻詩使勿兜、風聽臚言於市、辨祆祥於謠、考百事於朝、問謗譽於路、有邪而正之、盡戒之術也。先王疾是驕也。」	3
131	國語	晉語九	趙簡子問於壯馳茲曰、「東方之士孰爲愈。」壯馳茲拜曰、「敢賀。」簡子曰、「未應吾問、何賀。」對曰、「臣聞之、國家之將興也、君子自以爲不足。其亡也、若有餘。今主任晉國之政而問及小人、又求賢人、吾是以賀。」	3
132	國語	楚語上	問於申叔時、叔時曰、「……攝而不徹、則明施舍以導之忠、明久長以導之信、明度量以導之義、明等級以導之禮、明恭儉以導之孝、明敬戒以導之事、明慈愛以導之仁、明昭利以導之文、明除害以導之武、明精意以導之罰、明正德以導之賞、明齊肅以耀之臨。若是而不濟、不可爲也。……且夫誦詩以輔相之、威儀以先後之、體貌以左右之、明行以宣翼之、制節義以動行之、恭敬以臨監之、勤勉以勸之、孝順以納之、忠信以發之、德音以揚之、教備而不從者、非人也。其可興乎。夫子踐位則退、自退則敬、否則赧。」	3
133	國語	楚語上	王卒、及葬、子囊議謚。大夫曰、「王有命矣。」子囊曰、「不可。夫事君者、先其善不從其過。赫赫楚國、而君臨之、撫征南海、訓及諸夏、其寵大矣。有是寵也、而知其過、可不謂「恭」乎。若先君善、則請爲「恭」。」大夫從之。	3
134	國語	楚語上	左史倚相曰、「……昔衛武公年數九十有五矣、猶箴儆於國、曰、「自卿以下至於師長士、苟在朝者、無謂我老耄而舍我、必恭恪於朝、朝夕以交戒我。聞一二之言、必誦志而納之、以訓導我。」……於是乎作懿戒以自儆也。及其沒也、謂之睿聖武公。子實不睿聖、於倚相何害。周書曰、「文王至於日中昃、不皇暇食。惠於小民、唯政之恭。」文王猶不敢驕。今子老楚國而欲自安也、以禦數者、王將何爲。若常如此、楚其難哉。」	3
135	國語	楚語下	子高曰、「不然。吾聞之、唯仁者可好也、可惡也、可高也、可下也。好之不偪、惡之不怨、高之不驕、下之不懼。不仁者則不然。人好之則偪、惡之則怨、高之則驕、下之則懼。驕有欲焉、懼有惡焉、欲惡怨偪、所以生詐謀也。子將若何。若召而下之、將戚而懼。爲之上者、將怒而怨。詐謀之心、無所靖矣。有一不義、猶敗國家、今壹五六、而必欲用之、不亦難乎。吾聞國家將敗、必用姦人、而嗜其疾味、其子之謂乎。」	3
136	國語	呉語	王曰、「在孤之側者、觴酒・豆肉、簞食、未嘗敢不分也。飲食不致味、聽樂不盡聲、求以報呉。願以此戰。」包胥曰、「善則善矣、未可以戰也。」王曰、「越國之中、疾者吾問之、死者吾葬之、老其老、慈其幼、長其孤、問其病、求以報呉。願以此戰。」包胥曰、「善則善矣、未可以戰也。」王曰、「越國之中、吾寬民以子之、忠惠以善之。吾修令寬刑、施民所欲、去民所惡、稱其善、掩其惡、求以報呉。願以此戰。」包胥曰、「善則善矣、未可以戰也。」王曰、「越國之中、富者吾安之、貧者吾與之、救其不足、裁其有餘、使貧富皆利之、求以報呉。願以此戰。」包胥曰、「善則善矣、未可以戰也。」王曰、「越國南則楚、西則晉、北則齊、春秋皮幣・玉帛・子女以賓服焉、未嘗敢絕、求以報呉。願以此戰。」包胥曰、「善哉、蔑以加焉、然猶未可以戰也。夫戰、智爲始、仁次之、勇次之。不智、則不知民之極、無以銓度天下之衆寡。不仁、則不能與三軍共饑勞之殃。不勇、則不能斷疑以發大計。」越王曰、「諾。」	3

清華簡（六）『管仲』譯注竝びに論考

谷中 信一

はじめに

　本稿は、2016 年 4 月に中西書局から刊行された清華大學出土文獻研究與保護中心編・李學勤主篇『清華大學藏戰國竹簡（陸）』所收『管仲』についての譯注と論考の二部構成を取っている。まず『管仲』の釋讀を行い、引き續いてそこで得た知見を基に『管仲』述作の背景を考察することとしたい。

　さて、本『管仲』（以下、本篇と略稱する）が原釋者である劉國忠氏によって『管仲』と名附けられたのは、本篇が齊の桓公と管仲との一問一答の形式の問答體で終始していることにより、これを 12 節に分節しているのは、明らかにその内容が 12 の小節から構成されていることによる。

　そこで、本稿においてもその篇名を踏襲し、かつその分節に従って考察を進めることとする。

參考資料

　これまでの清華簡『管仲』についての研究は、公開されてからそれほど時間が經っていないこと、加えて内容的にもそれほど研究者の關心を大きく惹くものではなかったらしいこともあって、それほど多くなく、管見に入ったのは以下の數篇にとどまる。

　(1)清華大學出土文獻讀書會「清華六整理報告補正」(2016.04.16)

　(2)黔之菜「釋清華簡(陸)《管仲》篇之“堅緻”」(2016.04.16)

　(3)駱珍伊「《清華陸・管仲》劄記七則」(2016.04.23)

240　第 2 部　非發掘簡の資料價値の確立

(4) 曹方向「清華簡《管仲》帝辛事跡初探」(2016.04.23)

本篇の概要

1，形制

・竹簡のサイズは、およそ 44.5 cm。幅は 0.6 cm。保存狀態は良く、一部を除いて殆どが完整簡である。

・總計 30 枚(但し、第 28 號簡の下半分と第 29 號簡の上半分が欠損しているため、原釋者はその間に竹簡が存在していたかどうかは不明であるとしている。)

・3 本の編線痕が見られる。但し、裏面から見ると、第 1 號簡から第 21 號簡までは上・中・下段いずれも同じ位置に編線痕が認められるのに對し、第 22 號簡から第 30 號簡までの中段の編線痕は、節(ふし)の位置が上にずれているために、節のない所に僅かに殘存しているのが認められる。また、簡の裏面に番號が記されておらず、更に各簡毎の字數は最多で 40 字、最少で 31 字と比較的字數にばらつきが見られるものの、筆跡及び内容からみて、原釋者の編聯に誤りは無く、他の竹簡が混入しているとは考えにくく、從って現時點では原釋の編聯に疑問とするべき點はない。(一)

・句讀點は、横線符號 (－) に限られる。ひとまとまりの篇を締めくくる意味を持つとされる L 字型の符號 (乚) や、■型の符號が本篇では見られない。從って、この後も簡が續いていた可能性もあり、形式面からは『管仲』と名づけられた文獻がこれで首尾整った文獻と見てよいかは斷言できない。但し後に述べるように内容面からは首尾整っていると見てよい。

・重文符號 (＝) は、5、7、9、15、29 の各簡に一例ずつ見える。7 號簡は「上下」の合文に更に重文符號が施されている。9・12 號簡は「夫」に施された重文符號によって「大夫」と讀まれている。

一　譯注

【釋文】

　1，齊趄(桓)公縎(問)於笶(管)中(仲)曰、「中(仲)父、君子孝(學)與不孝(學)、女(如)可(何)。笶(管)中(仲)倉(答)曰、「君子孝(學)才(哉)。孝(學)於(烏)可以巳(已)。見善者譯(墨)夂(焉)、見不善者戒夂(焉)。君子孝(學)才(哉)、孝(學)於(烏)可以巳(已)⌐。」（第1號簡〜第2號簡）

【訓讀文】

　齊桓公管仲に問いて曰く、「仲父、君子は學ぶと學ばざると、如何ぞ。」と。管仲答えて曰く、「君子は學ばんかな。學烏んぞ以て已む可けん。善を見れば焉に墨り、不善を見れば焉を戒しむ。君子は學ばんかな、學烏んぞ以て已む可けん。」と。

【口語譯】

　齊桓公が管仲に尋ねて言った、「仲父よ、君子は學ぶべきであろうかそれとも學ばなくともよいのであろうか。どうであろう。」と。管仲が答えて言った、「君子とて學ぶもの。學ぶことをどうして中途で止めてよいものでしょうか。善を見ればこれに則り、不善を見れば誡めとする。君子は學ぶもの、それをどうして途中で止めてよいものでしょうか。」と。

【語釋】

・桓：原字は「趄」。原釋が「桓」に釋するのに從う。

・問：原字は「縎」。原釋が「問」に釋するのに從う。

・管仲：原字は「笶中」。原釋が「管仲」に釋するのに從う。

・墨：原字は「譯」。原釋が「墨」に釋するのに從う。原釋は該字を『太玄經』盛篇に「盛不墨」とあるのを司馬光集注が「法也」と注しているのを參照して「效法」の意に解している。ところが諸橋大漢和辭典は「墨」の用例として同一箇所、すなわち『太玄經』盛篇の「盛不墨」注に「墨、謙也」とあるのを根據に「墨」には「謙（へりくだる）」の意味があるとする。「へりくだる」と訓んだのでは文意にそぐわないので、原釋に從い「のっとる」と訓んでおく。

・焉：原字は「夂」。原釋が「焉」に釋し、指示代名詞の「之」に解するの

242　第2部　非發掘簡の資料價値の確立

從う。

・烏：原字は「於」。原釋が「烏」に釋するのに從う。「烏」と「於」いずれも語頭にあって歎息の聲を意味する點で共通の意味を持つことから、「於」を「烏」と同樣に反語助字に讀んだのであろう。原釋に從っておく。

・學：原字は「𦭓」。本節のキーワードである。原釋は、上博簡『從政』に學の内實として「君子聞善言、以改其言、見善行、納其身。可謂學矣」とあるのを引いてこことの關連を示唆するが、確かに「學」が自らの言行にとって善なるものを學ぶことであるとしている點で共通している。

【考察】

本篇冒頭で「學」の必要なことを説くのは、『論語』が學而篇から始まり、『荀子』が勸學篇から始まるなどの構成と共通する。そうしてそれはおおむね初學者を念頭に置いてそのような構成を取ったと見てよいであろう。更に言えば『荀子』勸學篇では「學不可以已」の語句が見えることも、本篇と共通している。

ところで本節に見える「君子」は、既に學問を積んで高德を身に備えた人物のことではなく、むしろ位にある者、すなわち君主を意味していると見るべきである。㊁「そうでなければ「君子も學問は必要か」といった問いは成立し得ない。

善を行い不善を退けるために學問が必要であるとしているとしていること、また君子＝君主にはそうした意味の學問が不可欠であることを言っているのである。

2, 趄(桓)公或(又)䎚(問)於𥷣(管)中(仲)曰、「中(仲)父、𢀉(起)事之本累(奚)從。」𥷣(管)中(仲)倉(答)曰、「從人一。」（第2號簡〜第3號簡）

【訓讀文】

桓公又管仲に問いて曰く、「仲父、起事の本は奚（いづ）くに從うや。」と。管仲答えて曰く、「人に從え。」と。

【口語譯】

　桓公が更に管仲に尋ねて言った、「仲父よ。物事を始める時はどこから始め
たらよかろうか。」と。管仲が答えて言った、「人に從いなさい」と。

　【語釋】

・起事：原字は「迄事」。原釋に從い「起事」に釋す。「起」は始まる、始め
るの意。原釋はこの語は『管子』形勢解、『韓非子』喻老にも見えると言う。
『管子』形勢解に「解惰簡慢、以之事主、則不忠。以之事父母、則不孝。以之
起事、則不成。」とあり、遠藤哲夫著新釋漢文大系『管子』（明治書院 1992）は
「仕事に取り組む」（1023 頁）と譯している。また『韓非子』喻老篇に「起事
於無形、而要大功於天下、是謂微明。」とあり、小野澤精一著全釋漢文大系『韓
非子』（集英社 1975）は「事を始める」（534 頁）と譯している。「事」につ
いては『管子』形勢解に「起事」の他「處事」「求事」「舉事」など類似の表
現が見える。これらの「事」は皆共通して國政上のことに屬するもののようで
あり、軍事外交も含む政治行爲一般を意味するのであろう。

・奚：原字は「𦋐」。原釋が「奚」に釋するのに從う。

・從人：君主が人に從うこと。すなわち「起事」するに當たり、君主たる者獨
斷專行してはならず、必ず人の意見に耳を貸すべきことを言う。明らかに前節
を承けており、年少者への訓戒として讀むと分かりやすい。なお「從人」が本
節のキーワードである。「從人」の右下に句讀點があるのは、ここで本節が區
切られていることを明示している。

　【考察】

　語釋で取り上げた「從人」の語は、『管子』小稱篇に見える他、『孟子』公
孫丑上篇の「禹聞善言則拜、大舜有大焉、善與人同、舍己從人」（禹や舜が他
人に善いことがあれば、それを取り入れるべく己を棄てて他人に從った）と言
っているのと意味が近いであろう。また同篇が「君子莫大乎與人爲善（君子は
人と善を爲すより大なるは莫し）」の語で結んでいるように、「善を爲し」か
つ「人に從う」ことを君子の條件としている點でも本篇と共通している。

　冒頭第一節で學問の必要なことを説いた後に、事を始めるにはまず人に從え

244　第2部　非發掘簡の資料價値の確立

というのは、年若き國君は學問を通じて善についての知識を得てはいても經驗が淺く、實務に當たっては先達と共に事を行うことが不可缺なのだと言っているように見える。獨斷專行を戒める内容で、明らかに第一節を承けた内容になっている。

3，趄(桓)公或(又)鐹(問)於笶(管)中(仲)曰、「中(仲)父、亓(其)從人之道可㝵(得)鐹(聞)虖(乎)。」笶(管)中(仲)倉(答)、「從人之道、止(趾)則心之本－、手則心之杚(枝)、目耳則心之末－、口則心之宎(竅)－。心不正則止(趾)卓(遠)－、補注心不情(靜)則手軗(躁)－。心亡(無)悫(圖)則目耳豫(野)、心悫(圖)亡(無)獸(守)則言不道。言則行＝之＝首＝(行之首、行之首)則事之本也－。尚麚(展)之、尚路(格)之、尚勿(勉)之－。」(第3號簡〜第5號簡)

【訓讀文】

　桓公又管仲に問いて曰く、「仲父、其の人に從うの道を聞くを得可きか。」と。管仲答う、「人に從うの道とは、趾は則ち心の本、手は則ち心の枝、目耳は則ち心の末、口は則ち心の竅。心正しからざれば則ち趾遠ざかり、心靜かならざれば則ち手は躁がしく、心に意圖すること無ければ則ち目耳は野に、心に圖りても守ること無ければ則ち言は道ならず。言は則ち行いの首にして、行いの首は則ち事の本なり。之を展ばさんと尚い、之を格さんと尚い、之を勉めんと尚え。」と。

【口語譯】

　桓公が更に管仲に尋ねて言った、「仲父よ。人に從うための方法を聞かせて欲しい。」と。管仲が答えて、「人に從うための方法とは、そもそも足の動きは心の動きの根本をなすもの㊂、手の動きは心の働きの技をなすもの㊃、耳目の働きは心の働きの入り口㊄、口の働きは心の働きの出口㊅。それゆえ心の動きが正しくなければ足は遠く離れ、心の動きが靜かでなければ手は無駄に動き回り、心に思い謀ることがなければ耳目は(正しい働きを見失って)粗野になり、心に思い謀ることがあっても據り所がなければ言葉は道を外れてしまう。言葉こそ

清華簡（六）『管仲』譯注竝びに論考　245

行動の發端であり、行動の發端こそは物事の根本なのです。心を廣く保つように心がけ、心を正しく保つよう心がけ、そうした心持ちを努めて失わぬよう心がけることです。」と。

【語釋】

・從人之道：本節のキーワード。「從」には、聞き入れる、逆らわない、服從するなどの意味がある。前節を承けて、年少者が年長者の意見を聞き入れるに際の心理から行動に至るまでの道筋を具體的に説いている。

・得：原字は「旻」。原釋が「得」に釋するのに從う。

・止：原釋が「趾」に釋するのに從う。

・枳：原釋が「枝」に釋するのに從う。

・竅：原字は「攴」。原釋が「竅」に釋するのに從う。

・圖：原字は「煮」。原釋が「圖」に釋するのに從う。

・卓：原釋が「逴」に釋するのに從う。『説文解字』に「逴、遠也」とある。遠い遙かの意。

・躁：原字は「敫」。原釋が「躁」に釋するのに從う。

・豫：原釋が「野」に釋するのに從う。駱珍伊「《清華陸・管仲》劄記七則」は「順適、安樂」の意の「舒」に讀めるとしている。そもそも「豫」と隷定したことに誤りは無いか。

・守：原字は「獸」。原釋が「守」に釋するのに從う。

・展：原字は「𡎚」。原釋がこれを「展」に釋するのに從う。

・詻：原釋が「格」に釋するのに從う。なお、王挺斌は「恪」と讀んで恭敬・恭謹の意であろうと言う（參考資料(1)參照）。いずれとも決し難いが、今、原釋に從っておく。

・勿：原釋が「勉」に釋するのに從う。

・足…手…目…耳…口：『荀子』天論篇は「耳・目・鼻・口・形態」の五官を舉げてこれを心が制御していると言う。同正名篇も同樣に「目・耳・口・鼻・形體」を舉げて前五者を司るのが「心」であると同樣な言説が見える。同解蔽篇は特に心の働きを專論している。本節では、これらの内「鼻」がない。『管

子』心術篇冒頭に、「心之在體、君之位也。九竅之有職、官之分也。心處其道、九竅循理、嗜欲充益、目不見色、耳不聞聲。故曰、上離其道、下失其事。」とあって、やはり「鼻」がない。「鼻」は「九竅」に含まれるからであろうか。

・心之本：『管子』權修篇に「天下者、國之本也。國者、郷之本也。郷者、家之本也。家者、人之本也。人者、身之本也。身者、治之本也。……民之修小禮、行小義、飾小廉、謹小恥、禁微邪、治之本也。」とあり、同立政篇に「地者、政之本也。」とあり、同樞言篇に「愛者憎之始也。德者怨之本也。」とあり、同覇形篇に「齊國百姓、公之本也。」とあるなど、類似の表現が目立つ。心が心として正しく機能するために、心を支えている根本的なものということであろう。ここでは「足」がそれに當たると言うのである。

・心之枝：『管子』内業篇に「山陵川谷、地之枝也。」とある。心を基としてそれがさまざまな行動になって發現することを言う。

・心之末：『管子』心術篇に「貨者愛之末也、刑者惡之末也。」とある。「心之枝」とほぼ同様な意味であろう。

・心之竅：『管子』に「〜〜之竅」の用例は無い。

・尚：動詞で願う、心がける、尊ぶなどの意。

・展之、格之、勉之：「之」は、本節の中心的概念である「心」を指しているのであろう。すなわち、「展之」とは心を廣く保つこと、「格之」とは心を正しく保つこと、「勉之」とはそうした心持ちを常に失わぬよう努めること。

【考察】

　國政如何といった主題にはまだ入っていない。第一節で君主も學ぶ事の重要さを言い、第二節で人について學ぶべきことを言い、本節では、極めて唐突に人について學ぶとはすなわち自分の心が耳目手足口の司令塔であることを自覺することから始まり、これが耳目手足口とどのような關係を持っているかを説明する。つまり心意と行動を結ぶのが耳目手足口であるという考えから、いかなる行動も、結局その本源は「心」に行き着くことを言う。こうした「心」の重視は特に珍しいものではないが、『管子』心術篇などに典型的に表れている。また『荀子』でも「五官」と「心」の關係が説かれている。『管仲』はこうし

た文獻と無關係ではあるまいが、直接的な影響關係までは確認できない。

なお、本節の問と答の對應を明らかにするために「道」を方法ではなく道筋の意に解しておいた。

4，趄(桓)公或(又)𦖞(問)於笶(管)中(仲)曰、「中(仲) 父、埶(設)承女(如)之可(何) 、立𣐐(輔)女(如)之可(何) 。」笶 (管) 中(仲)畣(答)、「豎(賢)礩(質)不匩(枉)、執即(節)緣(緣) 繩(繩)、可埶(設)承–。豎(賢)礩(質)以 亢(抗)、吉凶会(陰)昜(陽)、遠逐(邇)卡＝ (上下) 、可立於𣐐(輔) └。」(第5號簡～第7號簡)

【訓讀文】

桓公又管仲に問いて曰く、「仲父、承を設くるには之を如何、輔を立つるには之を如何。」と。管仲答う、「賢質枉(よこしま)ならず、節を執りて繩(ただしき)に緣(したが)えば、承に設く可し。賢質以て抗(たか)く、吉凶陰陽、遠邇上下すれば、輔に立つ可し。」と。

【口語譯】

桓公が更に管仲に尋ねて言う、「仲父よ、承（丞相）として取り立てるにはどうしたらよいか、また輔佐役として取り立てるにはどうしたらよいか。」と。管仲が答えて、「堅實で朴實なうえによこしまなところがなく、節度を守って正しいことを據り所とする者ならば、丞相に取り立てるのがよいでしょう。堅實で朴實かつ高潔、吉凶や陰陽のことを正しく見極め、遠近上下となく公平に對處する者ならば、補佐役に取り立てるがよいでしょう。(そしてその上で萬事彼らの進言に耳を傾けることが肝要なのです。)」と。

【語釋】

・**設**：原字は「埶」。原釋が「設」に釋するのに從う。

・**丞**：原字は「承」。原釋が「丞」に釋し、丞相の意に解するのに從う。

・**輔**：原字は「𣐐」。原釋が「輔」に釋するのに從う。「輔」とは君主を輔佐する地位の者のこと、丞相に同じ。

248　第2部　非發掘簡の資料價値の確立

・質：原字は「礩」。原釋が「質」に釋するのに從う。生来の素質能力の意に解した。

・枉：原字は「匡」。原釋が「枉」に釋するのに從う。

・節：原字は「即」。原釋が「節」に釋するのに從う。節義、節操などという時の「節」の意味。

・緣：原字は「㯩」。原釋が「緣」に釋するのに從う。依り從うの意。なお、馬楠は「未詳、待考」としている（參考資料(1)參照）。

・繩：原字は「𩆝」。原釋が「繩」に釋すのに從う。「繩」には正す、戒めるの意がある。

・吉凶陰陽、遠邇上下：吉凶や陰陽のことを正しく洞察することができ、國内外の遠近、國内の民人の身分上下を問わず正しく處理することができる意に解した。「遠邇」は「遠近」に同じ。

・賢質：石小力は『晏子春秋』問下第五「肥利之地、不爲私邑、賢質之士、不爲私臣」とあることを指摘して本篇との關連を示唆する（參考資料(1)參照）。また、張純一『晏子春秋註』は、賢質の士とは才德があって朴實な人物のこととしている。なお、「賢智」については、參考資料(2)に考察がある。

・亢：原釋が「抗」に釋するのに從う。なお、馬楠は「充」に釋して、『大戴禮』保傳並びに賈誼『新書』を引いて、天子の左右にあって輔佐する者を『大戴禮』では「充」と「承」と稱し、『新書』では「輔」と「承」と稱していたことを指摘し、ここから「輔」と「充」は同義であること。また本節でも「承」と「輔」が對になっていることを根據に、「充」に釋すべきであると言う。また本節が『新書』と同じ用語を用いていることが分かるとしている（參考資料(1)參照）。

【考察】

　本節は、前節で「從人之道」が語られた後、君主にとって從うべきは左右に仕える側近、すなわち丞相や補弼の臣に他ならないことを明らかにしたうえで、彼らを任用する際の留意點を語ったものである。しかし、桓公について言えば、既に管仲という極めて有能な宰相が補佐役としていたのであるから、この問答

が桓公管仲間の實態を正しく反映したものと見ることはできず、桓管問答に假託して述作されたことを示唆している。

これまでの流れを振り返ると、1，君主と雖も學問を積んで知見を廣げることが必要、2，知識があるからと獨斷專行してはならず、先達のアドバイスを受け入れることが必要、3，君主においてそれは左右に仕える補佐役に他ならないこと、となっている。

ところで、補佐役としての丞相が何を據り所に的確な助言をするかといえば、その一つに「吉凶陰陽」、すなわち陰陽による吉凶占いを擧げていることが注意される。それは明らかに「易」を指していると言ってよいからである。ところが、金谷治「原始的自然觀」によれば易と陰陽思想との結びつきは「比較的新しいことであった」として、次のように言う。

「易は以て陰陽を道う」とも言われて、易筮の起源との關係で陰陽を古く見る考えもあるが、現在の『周易』をみるかぎり、陰陽思想が現れるのは文言・繫辭の兩傳であって、その易筮との結びつきは比較的新しいことであった。文言・繫辭よりも早い成立とみられる彖傳や象傳では剛と柔との對立を主としているから、━と╍との兩爻の形と共に、そうした二元的な考えが易筮の基本にあったことは確かであろうが、ただ、それは自然界の機構を説くものとしての陰陽思想とは別のことである。（『金谷治中国思想論集上巻』47頁　平河出版社1997）

さらに

易筮の起源はなお不明であるが、陰陽思想がその始源にあったと言えないことは、ほぼ確かであろう。近年周原遺跡などから發見された數字木簡が注目されているが、それによると、そこでは、奇數と偶數との對が基本となっている（張政烺「帛書『六十四卦』跋『文物』1984年第3期所收）。

と、張政烺説を引いて自説を補強している（同52頁）。[七]

このことから、陰陽と吉凶が緊密に結びつけられた「吉凶陰陽」という四字句の出現は早くとも戰國時代としなければならないであろう。

ところで『管子』中には「吉凶」の語と「陰陽」の語がしばしば見えている

ものの、両者が關連づけられて論じられているところはない。「吉凶」の語は、心術篇に「能毋卜筮而知凶吉乎」・白心篇に「不卜筮而謹知吉凶」・内業篇に「能無卜筮而吉凶乎」と定型的な表現のみが見え、しかもそれらは陰陽概念と關連附けられておらず、單に卜筮によって吉凶を知るという程度のことを言っているに過ぎない。一方、「陰陽」の語は天地の運行、例えば日月などと關連附けて言及するに止まり、卜筮とは全く無關係である。僅かに「易」が「吉凶」を占うものであることを述べている一節が輕重第八山權數第七十五に、

> 桓公曰、何謂五官技。管子曰、詩者所以記物也。時者所以記歲也。春秋者所以記成敗也。行者道民之利害也、易者所以守凶吉成敗也。卜者卜凶吉利害也。（中略）詩記人無失辭、行殫道無失義、易守禍福凶吉、不相亂。此謂君棟。

と見える。ただこの山權數篇は輕重諸篇に含まれていることから、その成立が管仲歿後であることが考えられ、民衆の集落を意味する「黔落」という語が見えていることも、これが明らかに秦代以降の文獻であることも疑いを容れない。^(ハ)こうした箇所において、『易』が、『詩』や『春秋』と共に言及されているわけで、本篇の成立を推測する手がかりとはなりにくいと言わなければならない。

5，趄(桓)公或(又)龠(問)於笑(管)中(仲)曰、「中(仲)父、它(施)正(政)之道㫖(奚)若。」笑(管)中(仲)倉(答)、「既埶(設)承、既立補(輔)、會(斂)之晶(參)、尃(博)之以五。亓(其)会(陰)則晶(參)、亓(其)昜(陽)則五、是則事首、隹(惟)邦之窴(寶) ∟。（第7號簡～第8號簡）

【訓讀文】

　桓公又管仲に問いて曰く、「仲父、施政の道は奚若ぞ。」と。管仲答う、「既に承を設け、既に輔を立つれば、之を斂めるに參を以てし、之を博めるに五を以てす。其の陰ならば則ち參にし、其の陽ならば則ち五にするは、是れ則ち事

の 首 にして、惟れ邦の寶なり。」と。

【口語譯】

桓公が更に管仲に尋ねて言う、「仲父よ。政治を行う際の道筋はどのような
ものか。」と。管仲が答えて、「すでに丞相を置き、補弼の臣を立てたうえは、
税を取り立てるにせよ、國庫から消費するにせよ、彼らとともにあれこれと得
失を見極めたうえで行い、陰陽占いをしてその結果についてあれこれ得失を見
極めていくことが、先ずはじめに手がけることであり、まさしくこうした者た
ちこそが國の宝なのです。」と。

【語釋】

・施：原字は「它」。原釋が「施」に釋するのに從う。

・斂：原字は「龠」。原釋が「斂」に釋するのに從う。「斂」は一點に收斂さ
せる、收めるの意。ここでは國庫に收入を得ることを言うのであろう。

・參：原字は「晶」。原釋が「參」に釋するのに從う。

・博：原字は「尃」。原釋が「博」に釋するのに從う。「博」は「斂」の反意
語で廣く拡散させるの意。ここでは、國庫から支出することを言うのであろう。

・斂之以參：原文は「斂之參」。原釋が「以」字を補って「斂之以參」に改め
るべきであるとするのに從う。

・參五：先秦文獻に多見する。狀況を多面的多角的に分析考察して最善の判斷
を下すべき時に用いる常套語である。この場合は、參五に陰陽の概念が導入さ
れているところに特色が有る。すなわち國政に易占いが導入されていることが
知られるのだが、『管子』には見ることのできなかったものである。前節に引
き續いて、この點も本篇が假託による述作であることを示唆している。

【考察】

本節は前節から續いている。君主が有能な輔佐を得たなら、次にどのような
政治を行っていけばよいかを主題とする。これが「施政の道」である。具體的
には、陰陽による判斷が肝要としているところに大きな特色がある。なお、原
釋は「施政」の語が『管子』大匡篇に見えることを指摘して兩者の關係を示唆
している。またこれと共に、補佐役を得て政治を行うに當たっては、廣い視野

252　第2部　非發掘簡の資料價値の確立

を持ってあれこれを比較し、得失を考慮すべきことを、「参伍」の概念を用い
て説いていることが注意される。

6，趄(桓)公或(又)鰏(問)於笑(管)中(仲)曰、「中(仲)父、千鞏(乘)之都、型
(刑)正(政)既萬(蔑)、民人陜(惰)訋(怠)。夫＝(大夫)叚(假)事(使)夌(便)俾
(變)智(知) ∟、官事長野（🏃）里(理)霝(零)荅(落)、卉(草)木不辟(闢)。敢
鰏(問)苐(前)文句(后)爲之奴(如)可(何)。」—笑(管)中(仲)倉(答)、「正五紀、
斬(愼) 四爯(稱) 、執五尻(度)、攸(修)六正(政) 、文之以色、均之以音、和
之以昧(味)、行之以行、坓(匡)之以厽(參)、尻(度)之以五、少(小)事魃(逸)
以惕、大事柬(簡)以成(誠)、執德(德)女(如)縣、執正(政)女(如) 繩(繩) ∟。」
(第8號簡～第11號簡)

【訓讀文】

　桓公又管仲に問いて曰く、「仲父、千乘の都にして、刑政既に蔑ろならば、
民人は惰怠に、大夫は假に便變をして知らしむるのみならば、官事の長は廷里
に零落し、草木闢かず。敢えて問う、文るを前にし爲すを后にするとは之れ如
何。」と。管仲答う、「五紀を正し、四稱を愼み、五度を執り、六政を修め、
之を文るに色を以てし、之を均うるに音を以てし、之を和するに味を以てし、
之を行らすに行を以てし、之を匡すに參を以てし、之を度るに五を以てすれば、
小事逸れて以て惕、大事は簡にして以て誠、德を執ること縣けたるが如く、政
を執ること繩しきが如し。」と。

【口語譯】

　桓公が管仲に尋ねて言う、「仲父よ。千乘の大國が、政治に刑罰を用いるこ
とを輕視するならば、民は怠惰になるだろう。大夫たちは口先の巧みなおべっ
か使いばかりを重用するならば、百官の長たちは朝廷で落ちぶれ果て、植物は
葉も茂らず花も咲かないというが、敢えて尋ねたい。『はじめに言葉で飾り立
ててから後にこれを實行する』というのはどういうことか。」と。管仲が答え
て、「五つの綱紀を正し、四つの基準に沿って愼み深く行い、五つの決まりを

しっかり行い、六つの政を執り行い、その上でこれらを美しく飾り立て、これらを音樂で整え、料理で味を調和させ、實行で示し、これらに誤りがあれば彼此比較衡量して正して、評價を下すならば、小事はどんな災いからもまぬかれてうまくゆき、大事は難しいことなくうまくゆき、德を執り用いて誰の目にも見えるように高く掲げ、政を執り行って何時でも正しい結果を得られることを言うのです。」と。

【語釋】

・乘：原字は「𦦙」。原釋が「乘」に釋するのに從う。

・蔑：原字は「萬」。原釋が「蔑」に釋するのに從う。「蔑」はないがしろにするの意。

・惰：原字は「陵」。原釋が「惰」に釋するのに從う。

・怠：原字は「𢓜」。原釋が「怠」に釋するのに從う。

・叚：原釋が「假」に釋するのに從う。

・事：原釋が「使」に釋するのに從う。

・便：原字は「𠬝」。原釋が「便」に釋するのに從う。

・嬖：原字は「俾」。原釋が「嬖」に釋するのに從う。

・野：原字は「𡐀」。原釋は「廷」に讀むが、石小力は「野」と讀んで、次の「里」と二字熟して國家の意に解することができると言う（參考資料(1)參照）。石説に從い、「百官の長も國家も共々に落ちぶれる」の意に譯したが、なおしっくりしない。

・零：原字は「霝」。原釋が「零」に釋するのに從う。

・落：原字は「茖」。原釋が「落」に釋するのに從う。

・前：原字は「𠝭」。原釋が「前」に釋するのに從う。

・愼：原字は「訢」。原釋が「愼」に釋するのに從う。

・稱：原字は「爯」。原釋が「稱」に釋するのに從う。

・度：原字は「厇」。原釋が「度」に釋するのに從う。

・修：原字は「攸」。原釋が「修」に釋するのに從う。

254　第2部　非發掘簡の資料價値の確立

・味：原字は「昧」。原釋が「味」に釋するのに從う。

・匡：原字は「𦙝」。原釋が「匡」に釋するのに從う。

・少：原釋が「小」に釋するのに從う。

・逸：原字は「𢽿」。原釋が「逸」に釋するのに從う。

・簡：原字は「柬」。原釋が「簡」に釋するのに從う。

・成：原釋が「誠」に釋するのに從う。

・前文后爲：「文」は言葉で飾るの意に、「爲」は行動で表すの意に解釋する
と、この四字句は、先に言葉が有り、後に行動があるといった意味に解すること
とができる。

・五紀：原釋は『尚書』洪範や『管子』幼官篇などにも見えることを言う。例
えば、洪範では

> 初一曰五行、次二曰敬用五事、次三曰農用八政、次四曰協用五紀、次五曰
> 建用皇極、次六曰乂用三德、次七曰明用稽疑、次八曰念用庶征、次九曰向
> 用五福、威用六極。

などと、政治の要諦を數字を使って簡潔に列擧していくのであるが、この後に、
五行・五事・八政・五紀・三德・五福・六極などの内實が説明される。例えば
「五紀」については、「一曰歳、二曰月、三曰日、四曰星辰、五曰曆數」と説
明されている。

『逸周書』にも、例えば文酌篇などは、

> 民生而有欲有惡、有樂有哀、有德有則。則有九聚、德有五寶、哀有四忍、
> 樂有三豊、惡有二咎、欲有一極。極有七事、咎有三尼、豊有三頻、忍有四
> 敎、寶有五大、聚有九酌。九酌、一取允移人、二宗傑以親、三發滯以振民、
> 四貸官以屬、五人□必禮、六往來取比、七商買易資、八農人美利、九□寵
> 可動。五大、一大智率謀、二大武劍勇、三大功賦事、四大商行賄、五大農
> 假貸。四敎、一守之以信、二因親就年、三取戚免梏、四樂生身復。三頻、
> 一頻禄質瀆、二陰福靈極、三留身散眞。三尼、一除戎咎醜、二申親考疏、
> 三假時權要。七事、一騰咎信志、二援拔瀆謀、三纍疑沮事、四騰屬威衆、
> 五處寬身降、六陵塞勝備、七録兵免戎。一極、惟事昌、道開蓄伐。伐有三

穆、七信、一幹、二御、三安、十二來。三穆、一絶靈破城、二筮奇昌爲、
三龜從惟凶。七信、一仁之愼散、二智之完巧、三勇之精富、四族之寡賄、
五商之淺資、六農之少積、七貴之爭寵。一幹、勝權輿。二御、一樹惠不瘳、
二既用茲憂。三安、一定居安帑、二貢貴得布、三刑罪布財。十二來、一弓
二矢歸射、三輪四輿歸御、五鮑六魚歸蓄、七陶八冶歸竈、九柯十匠歸林、
十一竹十二葦歸時。三穆、七信、一幹、二御、三安、十二來、伐道咸布、
物無不落、落物取配、維有永究、急哉急哉、後失時。

とあって、終始數字を用いて政治の要諦を要説しており、しかもそれぞれについ
いてその内實が説明されている點では、『尚書』と變わらない。これは大武、
大明武、小明武、酆保、大開、大開武、小開武、武穆、文政、五權、成開など
も同樣である。ところが、本篇は「五紀を正し、四稱を愼しみ、五度を執り、
六政を修め」と言うのみで、それぞれの内實が説明されないので、これだけを
讀む者には何を意味するのか分からない。「文るを前にし、爲すを后にする」
といった場合の「文る」とはこのことを言うのであろうが、本篇を副葬した墓
主は別にその内實を口頭で受けていたか、あるいは別にそれを記した書物があ
ったことが推測できる。ここにも傳世文獻との異質さが際立っている。

・四稱：原釋は『管子』に篇名として見えていることを言うが、『管子』にお
ける「四稱」は行文から「有道之君・無道之君・有道之臣・無道之臣」を指し
て言うことが分かっている（尹知章注參照）。ところが先にも述べたように、
本篇では「四稱」の内實は不明である。但し、本篇における「稱」は『管子』
四稱篇のように「となえる」の意味に取ったのでは意味が通らない。「稱」の
もう一つの意味、物の目方をはかるという意味の方がふさわしい。例えば、馬
王堆帛書のいわゆる黃帝四經に『稱』と名づけられた篇がある。この場合の「稱」
ははかるの意である。しかしそれも推測に過ぎず、はっきりした意味は未詳と
するほかない。[九]

・五度：「度」には、「稱」と似て「はかる」の意味がある。例えば、『逸周
書』命訓篇には、

天生民而成大命、命司德正之以禍福、立明王以順之。曰、大命有常、小命

日成。成則敬、有常則広。広以敬命、<u>則度至于極</u>。夫司德司義、而賜之福禄。福禄在人、能無懲乎。若懲而悔過、<u>則度至于極</u>。夫或司不義而降之禍。在人能無懲乎。若懲而悔過、<u>則度至于極</u>。夫民生而醜不明、無以明之、能無醜乎。若有醜而競行不醜、<u>則度至于極</u>。夫民生而樂生、無以殻之、能無勧乎。若勧之以忠、<u>則度至于極</u>。夫民生而悪死、無以畏之、能無恐乎。若恐而承教、<u>則度至于極</u>。六極既通、六間具塞、通道通天、以正人。正人莫如有極、道天莫如無極。道天有極、則不威、不威則不昭。正人無極則不信、不信則不行。明王昭天信人以度、功地以利之、使信人畏天、<u>則度至于極</u>。

とあり、「……則度至于極」が７回見えている。これを假に「七度」と稱すれば「五度」と一致しないことになり、やはり未詳とするほかない。

・六政：『逸周書』常訓篇には「四徴不顯、六極不服、八政不順、九德有姦、九姦不遷」と見え、この場合の「八政」は、後文で「八政、夫妻・父子・兄弟・君臣」のことと説明している。また『尚書』洪範篇でも「八政」の語が見え、「一曰食、二曰貨、三曰祀、四曰司空、五曰司徒、六曰司寇、七曰賓、八曰師」と説明している。本篇における「六政を修め」の「六政」を常訓篇や洪範篇の「八政」から類推することはできない。やはり未詳とするほかない。

・参五：『逸周書』常訓篇に「参伍して以て權（はか）る」とあり、『淮南子』主術訓に「事不在法律中、而可以便國佐治、必参五行之。」とあることから、彼此比較考量して最善の解を得ることを言うものであることがわかる。『繫辭傳』『荀子』『韓非子』など先秦文獻に學派を問わず廣く散見する。

【考察】

本節で始めて概念的な用語が登場する。例えば、五紀・四稱・五度・六政がそれである。ところがそれらが具體的にどのような意味であるかは全く言及がない。

ところで「草木闢（ひら）かず」の句は、政治の有り樣が天地の有り樣と連動しているとする、いわゆる天人相關思想を反映したものである。

本節以降、具體的な政治の在り方に論點が移っていく。

清華簡（六）　『管仲』譯注並びに論考　　257

7，　趄（桓）公或（又）䰧（問）於笑（管）中（仲）日、「中（仲）父、既執（設）亓（其）紀、既訓（順）亓（其）經。敢䰧（問）可（何）以執成。」笑（管）中（仲）含（答）、「君型（當）戠（歲）、夫＝（大夫）型（當）月、帀（師）㫩（尹）型（當）日、夿（焉）智（知）少多。皮（罷）䇦（落）賅成、夿（焉）爲賞罰。走（上）惌（賢）以正百官之典└、是古（故）它（施）正（政）命（令）、昜（得）以時厇（度）。是古（故）六㥜（擾）不牌（瘠）、五種時簹（熟）、民人不夭└。（第 11 號簡〜第 14 號簡）

【訓讀文】

桓公又管仲に問いて曰く、「仲父、既に其の紀を設け、既に其の經に順う。敢えて問う、何を以て成るを執らん。」と。管仲答う、「君は歳に當り、大夫は月に當り、師尹は日に當れば、焉（いずく）んぞ少多を知らん。落するを罷（た）め成れるを賅（たっと）せば、焉んぞ賞罰を爲さん。賢を上（たっと）びて以て百官の典を正す。是の故に政令を施して、得て以て時に度（はか）る。是の故に六擾（じょう）は瘠（や）せず、五種は時に熟し、民人夭（わかじに）せず。」と。

【口語譯】

桓公が更に管仲に問うには、「仲父よ。既に政治の原則が立ち、その原則に從って治めている。敢えて尋ねたい。どのようにしたら政治が完成するであろう。」と。管仲が答えて、「君主が歳（の進行）をよく省み、大夫が（歳に統べられる）月（の進行）をよく省み、衆（官の）長が（月に統べられる）日をよく省みていれば、どうして少ないか多いかを知るでしょう。（知ろうとするまでもなく明らかなのです）。始めることを減らして、終わることを增やせば、どうして賞罰を與えることがありましょう。（賞罰など全く不要なのです。）賢者を尊んで百官達が守るべき決まりを正すことです。この故に、政令を下す際には、それが時宜を得たものであるかを見定めるのです。この故に、六畜は（肥え太って）瘠せることなく、五穀は（不作になることなく）大いに實り、民たちは（長生きして）早逝しないのです。」

【語釋】

・訓：原釋が「順」に釋するのに從う。

258　第2部　非發掘簡の資料價値の確立

・紀…經：政治の原則を打ち立てることを言う。

・當：原字は「豐」。原釋が「當」に釋するのに從う。

・歲：原字は「歲」。原釋が「歲」に釋するのに從う。

・師：原字は「帀」。原釋が「师」に釋するのに從う。

・尹：原字は「君」。原釋が「尹」に釋するのに從う。

・皮：原釋が「罷」に釋するのに從う。

・上：原字は「止」。原釋が「上」に釋するのに從う。

・賢：原字は「愍」。原釋が「賢」に釋するのに從う。なお、第四節では「鍪」を「賢」に釋していた。どちらにも通じるものとして釋す。

・命：原釋が「令」に釋するのに從う。

・得：原字は「旻」。原釋が「得」に釋するのに從う。

・擾：原字は「膓」。原釋が「擾」に釋するのに從う。

・瘠：原字は「腜」。原釋が「瘠」に釋するのに從う。

・穜：「種」の假借字。音はトウ。『説文解字』に「假借爲種」とある。「五穜」は五穀と同じ意味で用いられているのであろう。續く「六畜」と對を爲している。

・熟：原字は「簹」。原釋が「熟」に釋するのに從う。

・賅：「賅」に同じ。そなわる、たりるの意。『莊子』齊物論に「百骸九竅六藏、賅而存焉（百骸九竅六藏、賅りて存す）」とある。

・六擾：六畜のこと。

・師尹：卿の下に位置して國政上の職務を分擔している官吏たち。『洪範』孔穎達疏に「衆正官之吏。分治其職、如日之有歲月」とある。

・君は歲に當り、大夫は月に當り、師尹は日に當れば：『尚書』洪範篇に、「曰、王省惟歲、卿士惟月、師尹惟日。歲月日時無易、百穀用成、……」とあるのが參照できる。池田末利著『尚書』（全釋漢文大系　集英社 1976）が、「王が（よく調べて）みるのは歲（の進行）であり、卿士（の省みるべき）は（歲に統べられる）月であり、衆（官の）長（の省みるべき）は（月に統べられる）日である。歲・月・日の時（の移り變わり）に（正常で）變動がなければ、百穀が

成長し、政治も明らかに（行われて）……）」と口語譯しているのを參照した。

・**少多**：文字通りに「少ないと多いと」の意に譯す。

・**落……成**：『爾雅』釋古に「落、始也」とある。始めの意。『書經』益稷の鄭玄注に「成猶終也。」とある。終わりの意。「落」と「成」は對をなす語である。

・**百官之典**：もろもろの役人が守るべき基準。『爾雅』釋古に「典、常也。」とあり、同釋言に「典、經也。」とある。

【考察】

　完成した政治とはどのようなものかを説く。すなわち政治が正しく行われるならば、五穀は實り、六畜は肥え太るというものである。この思想は『洪範』にも見えており、またこれは典型的な天人相關思想と言え、傳世文獻では『呂氏春秋』など時令思想を説いたものに典型的に見られる。

8，　趄(桓)公或（又）顝(問)於笶(管)中(仲)日、「中(仲)父、苪(前)又(有)道之君可(何)以竅(保)邦。」笶(管)中(仲)倉(答)日、「苪(前)又(有)道之君所以竅(保)邦、天子之明者、能昜(得)儱(僕)四人同心、而侶(己)五宄(焉)┐、者(諸)侯之明者、能昜(得)儱(僕)三人同心、而侶(己)四宄(焉)∟、夫＝(大夫)之明者、能昜(得)儱(僕)二人同心、而侶(己)三宄(焉)∟。」（第14號簡～第16號簡）

【訓讀文】

　桓公又管仲に問いて曰く、「仲父、前の有道の君は何を以て邦を保てるか。」と。管仲答えて曰く、「前の有道の君の邦を保ちし所以は、天子の明なる者は、能く僕の四人同心なるを得て、而して己(おのれこれ)焉を五にし、諸侯の明なる者は、能く僕の三人同心なるを得て、而して己焉を四にし、大夫の明なる者は、能く僕の二人同心なるを得て、而己焉を三にせしなり。」と。

【口語譯】

　桓公は更に管仲に問うて言う、「仲父よ。かつての有道の君はどのようにし

260　第2部　非發掘簡の資料價値の確立

て國を保ったのであろうか。」と。管仲が答えて言う、「かつての有道の君が
國を保てた理由は、聡明な天子の場合は、四人の心を同じくする部下を得て、
自身の心と合わせて五つの心によって治め、聡明な諸侯の場合は、三人の心を
同じくする部下を得て、自身の心と合わせて四つの心によって治め、聡明な大
夫の場合は、二人の心を同じくする部下を得て、自身の心と合わせて三つの心
によって治めたのです。」と。

【語釋】
・保：原字は「𥣡」。原釋が「保」に釋するのに從う。
・僕：原字は「儳」。原釋が「僕」に釋するのに從う。
・己：原字は「侶」。原釋が「己」に釋するのに從う。
・者：原釋が「諸」に釋するのに從う。

【考察】
　本節は、天子・諸侯・大夫の三階層を舉げて、それぞれ自分を含めて國政の
中樞に五人、四人、三人の人物がおり、しかも、彼らは「同心」であったと言
う。この君臣の同心を尊ぶ思想は『易』・『書』に見える。例えば、『書』盤
庚中に「汝萬民乃不生生暨予一人猷同心、先后丕降與汝罪疾（汝萬民乃し不生
生して予一人と猷って心を同じくせざれば、先后丕ち汝に罪疾を降與す）」と
ある場合の「同心」、同泰誓中の「予有亂臣十人，同心同德。（予に亂臣十人
有り、心を同じくし德を同じくす）」の「同心」などと同じく、上下の者が心
を一つにして政治に當ることの意味である。『淮南子』にも本經訓に「上下同
心」、主術訓に「君臣上下同心」、兵略訓に「千人同心」「上下同心」「與天
下同心」、要略に「天下同心」などと見える。なお、『管子』には、兵法篇に
「同心同力」とある。
　原釋は「有道之君」の語が『管子』中に君臣上篇などに多見することを指摘
して、兩者の關連を示唆している。
　さて本節は、國政を完成させたのちに問われるのは、對外關係においていか
に自國を守るかということであり、そのためには國政の中樞には信頼できる人
物が不可欠であることを言っており、この點は第四節の補佐役の登用を論じて

清華簡（六）『管仲』譯注並びに論考　261

いるのとは矛盾しない。

　9，趄(桓)公或(又)饂(問)於笑(管)中(仲)曰、「中(仲)父、譬(舊)天下之邦君、箮(孰)可以爲君、箮(孰)不可以爲君。」笑(管)中(仲)倉(答)曰、「臣饂(聞)之、湯可以爲君。湯之行正、而蓮(勤)事也𠃌、必哉於宜(義)、而成於尺(度)、少(少)大之事、必智(知)亓(其)古(故)。和民以德(德)、執事又(有)桼(餘)。既惠於民、聖(聽)以行武哉。於亓(其)身、以正天下。若夫湯者、可以爲君才(哉)𠃌。及句(后)辛之身、亓(其)童(動)亡(無)豊(禮)、亓(其)言亡(無)宜(義)、辥(乘)亓(其)欲而緪亓(其)𢟽(過)。既鈞(怠)於正(政)、或(又)以民戲(害)。凡亓(其)民人、老者㤅(願)死、劯(壯)者㤅(願)行、志(恐)皐(罪)之不垍(竭)而型(刑)之方(放)、冐(怨)亦未誺(濟)、邦以夲(卒)喪。若句(后)辛者、不可以爲君才(哉)𠃋。」（第17號簡〜第20號簡）

【訓讀文】

　桓公又管仲に問いて曰く、「仲父、舊(ふる)き天下の邦君は、孰か以て君と爲す可く、孰か以て君と爲す可からざる。」と。管仲答えて曰く、「臣之を聞く、湯は以て君爲る可し、と。湯の行は正しく、而して事に勤(いそ)しむ。必ずや義に於てし、而して度に成る。少大の事は、必ず其の故(ゆえ)を知る。民を和するに德を以てして、事を執りて餘り有り。既に民に惠みて、聽(ゆる)すに以て武を行えるかな。其の身に於いて、以て天下を正せり。夫の湯の若き者は、以て君と爲す可きかな。后辛の身に及び、其の動に禮無く、其の言に義無く、其の欲に乘じて其の過ちを緪(つね)にす。既に政を怠りて、又民の害を以(な)す。凡そ其の民人は、老者は死なんことを願い、壯者は行かんことを願い、罪の竭(いた)くさずして刑の放るを恐る。怨みも亦未だ濟(すく)われずして、邦以て卒(つい)に喪ぶ。后辛の若き者は、以て君と爲す可からざるかな。」

【口語譯】

　桓公が更に管仲に問うて言う、「仲父よ。かつての天下に居並ぶ國君のうち、君主と認めてよいのは誰で、君主と認めることができないのは誰であろうか。」

と。管仲が答えて言う、「私はこのように聞いております。湯は君主として認められる、と。なぜなら湯はその行いが正しく、勤勉であり、その行いは必ず義にかなっており、法度に則って成し遂げました。小となく大となく何事につけ、必ず行動にはそのわけがありました。民を和らげるには徳により、その成し遂げた仕事（の成果）は有り餘るほどでした。民に恩惠を施しつつ、（必要に應じ）武力を行使することも容認しました。（どのような場合も）自ら率先して天下を正したのです。かの湯こそは君主と認めてよいでしょう。やがて（湯の子孫の）后辛、すなわち紂は、行動に禮がなく、言葉に義がなく、おのが欲望のまま振る舞い、過ちを常に犯していました。かくして政治を怠り、その上民に害を振りまいたため、民たちは皆、老人は早く死にたいと願い、若者は（この國を去って他國に）行こうと願い、罪もないのに刑罰に罹(かか)るのを恐れていたのです。（紂への）怨みもまだ晴らさぬうちに、國の方が先に亡んでしまいました。紂のような者は、君主と認めることはできません。」と。

【語釋】

・舊：原字は「𦥑」。原釋が「舊」に釋するのに從う。

・孰：原字は「𥁕」。原釋が「孰」に釋するのに從う。

・聞：原字は「𦕁」。原釋が「聞」に釋するのに從う。

・勤：原字は「𦰦」。原釋が「勤」に釋するのに從う。

・宜：原釋が「義」に釋するのに從う。「義」「宜」通用する。

・餘：原字は「桼」。原釋が「餘」に釋するのに從う。

・**既惠於民、聖(聽)以行武。哉於亓(其)身、以正天下。**：原釋は「聖」字を「聽」に釋す。駱珍伊は「聖」字のままでよいとしている。また、ここの「於」字は「給」の意味であるという。原釋が「聖」を「聽」に釋して民が能く其の命を聽く意味としているのは主語を民に誤ったもので、ここの主語は湯であるべきであるとする（參考資料(3)參照）。今、原釋に從う。

・才：原釋が「哉」に釋するのに從う。

・句（后）辛：『史記』に言う「帝辛」、すなわち紂のこと。

・童：原釋が「動」に釋するのに從う。

・豊：原釋が「禮」に釋するのに從う。

・舂(乘)亓(其)欲而緪亓(其)怣(過)：駱珍伊は、原釋が「乘」を「行」に釋していることを踏まえて、「逞」に讀んで、「其の欲を逞しくする」の意に解すべきと言う（參考資料(3)參照）。今、原釋に從う。

・乘：原字は「舂」。原釋が「乘」に釋するのに從う。なお六節では「鞏」を「乘」に釋している。

・常：原字は「緪」。原釋が「常」に釋するのに從う。

・過：原字は「怣」。原釋は「過」に釋するのに從う。

・害：原字は「戯」。原釋が「害」に釋するのに從う。

・以：原釋が「爲」に釋するのに從う。

・願：原字は「忎」。原釋が「願」に釋するのに從う。

・壯：原字は「勣」。原釋が「壯」に釋するのに從う。

・恐：原字は「忎」。原釋が「恐」に釋するのに從う。

・罪：原字は「皋」。原釋が「罪」に釋するのに從う。なお「罪」の古字は「辜」である。

・竭：原字は「坴」。原釋が「竭」に釋するのに從う。

・刑：原字は「型」。原釋が「刑」に釋するのに從う。

・放：原字は「方」。原釋が「放」に釋し、「至」の意味とするのに從う。

・型(刑)之方(放)：原釋が「方」を「放」に釋して「至」の意としているが、駱珍伊は、「方」は廣大、旁博の意で、刑罰が重く、多く、「浮濫」（放縱）なことの意に解する（參考資料(3)參照）。今、駱說に從う。

・怨：原字は「肙」。原釋が「怨」に釋するのに從う。

・濟：原字は「謢」。原釋が「濟」に釋するのに從う。

・卒：原字は「翠」。原釋が「卒」に釋するのに從う。

【考察】

本節では歷史に學ぶ態度の重要性が表明される。すなわち殷の湯王と紂王を擧げて、その善政ぶりと惡政ぶりを述べ、國君たろうとする者は、紂のようであってはならず、湯のようでなければならないと言う。但し、本節は湯王と紂

264　第2部　非發掘簡の資料價値の確立

王を對比してその評價が對極にあることを言うのみで、殷周王朝の交替を天命思想や革命思想などのイデオロギーを駆使して説明するものではなく、單純に紂王が民心を失ったことが滅亡の原因となったとするのみである。つまり國君たるものは、湯王を手本として謙虚にそして勤勉に、民衆を常に念頭に置いて國政に専念すべきことを教訓するに過ぎないのである。

10,　趄(桓)公或(又)䎱(問)於箈(管)中(仲)曰、「中(仲)父、亦岂(微)是、亓(其)即君箮(孰)諹(彰)也-。」箈(管)中(仲)㒯(答)、「臣之䎱(聞)之也、夫周武王甚元以智、而武以良、好宜(義)秉德(德)、又(有)攺(虔)不解(懈)、爲民紀統(綱)。四或(國)和同、邦以安䆐(寧)、民乃寠(保)昌。凡亓(其)民人、遇(畀)逊(務)不愈(偷)、莫惡(愛)袋(勞)力於亓(其)王。若武王者、可以爲君才(哉)乚。及學(幽)王之身、好更(使)年(佞)人而不訐(信)慗(愼)良。夫年(佞)又(有)利戠(氣)、箮(篤)利而弗行。若學(幽)王者、不可以爲君才(哉)乚。」（第20號簡〜第24號簡）

　　【訓讀文】

　　桓公又管仲に問いて曰く、「仲父、是に微（あら）ざれば、其れ即ち君として孰（いず）れをか彰（あき）らかにせんや。」と。管仲答う、「臣の之を聞く、夫の周武王は甚だ元（ぜん）にして智、而も武にして良、義を好みて德を秉（と）り、虔（つつし）みて懈（おこた）らざること有りて、民の紀綱と爲り、四國和同し、邦は以て安寧に、民は乃ち保昌せり。凡そ其の民人は、務めを畀（たま）りて偷（かりそ）めにせず、勞力を其の王に愛（お）しむこと莫し、と。武王の若き者は、以て君とす可きかな。幽王の身に及んで、好みて佞人を使い而も愼良を信ぜず。夫の佞は利氣有り、利を篤くして而も行わず。幽王の若き者は、以て君と爲す可からざるかな。」と。

　　【口語譯】

　　桓公が更に管仲に問うて言う、「仲父よ。この者の他に立派な君主として擧げるならば誰の名を稱えればよかろうか。」と。管仲が答えて言う、「私はこのように聞いております。かの周の武王はとても善良にしてしかも智慧が有り、

しかも武に秀でていてしかも賢良、義を好んで德を行い、怠ることなく努めて、民の模範となったので、凡ての民は務めを與えられれば手を抜かずにしっかりやり遂げ、王のために勞力を惜しまなかった、と。武王のような者こそ君主に相應しいのです。ところが幽王の時代になると、好んで諂い者を仕えさせるばかりで慎み深く善良な臣下を信用しなかった。（そのため）かの諂い者どもはおのれを利そうとする氣分から利を謀り（國政を）顧みなかった。幽王のような者は君主にしてはならないのです。」と。

【語釋】

・彰：原字は「諹」。原釋に從い「彰」に釋す。『正字通』が該字を解して「譽也、讃也。……與揚通。」としているのを踏まえるならば、「稱揚する」の意に解することができる。どちらも意味に大差はない。

・亦：原釋が「惟」に釋するのに從う。

・芣（微）：原釋が「非」に釋するのに從う。

甚元以智而武以良：原釋が「元」を『春秋左氏傳』文公十八年「謂之八元」の杜預注に「善也」とあるのに從って「善」に釋し、兩「以」字いずれも「而」と訓むとする説に從う。

・虔：原字は「攺」。原釋は「遠」に釋しているが、王挺斌の原字は「虔」と音が近く、恭敬の義の「虔」に讀むべきとの説に從う（參考資料(1)參照）。

・網：原字は「統」。原釋が「綱」に釋するのに從う。

・保：原字は「窤」。原釋が「保」に釋するのに從う。

・畀：原字は「遷」。原釋が「畀」に釋するのに從う。音はヒ。『爾雅』釋古に「畀、賜也」とある。賜る（＝與えられる）また與えるの意。ここでは民人が主語なので賜る（＝與えられる）の意に解しておく。

・務：原字は「迺」。原釋が「務」に釋するのに從う。原釋は、『呂氏春秋』音律篇の「以多爲務」の高誘注に「猶事也」とあるのを引いて、事の意とする。「務めを畀る」は、民が武王から果たすべき務めを與えられたと解しておく。

・信：原字は「訐」。原釋が「信」に釋するのに從う。

・愼：原字は「惷」。原釋が「愼」に釋するのに從う。

・**篤**：原字は「筥」。原釋が「篤」に釋するのに従う。

・**利氣**：「天氣」「地氣」「陰氣」「陽氣」などの自然界の氣と異なり、「懼氣」「怨氣」（『管子』小稱）、「意氣」「善氣」「惡氣」（同心術）、「逆氣」（同七臣七主）などの「氣」と同様に、人の心の中にある「氣」を言うのであろう。また『逸周書』官人に「民有五氣、喜・怒・欲・懼・憂。」とある。人が利益を追求しようとする心持ちのことと解しておく。

【考察】

引き續き歴史に學ぶ態度が求められる。ただし、時代は殷から下って周である。すなわち武王を範とすべく、幽王を範とすべからざることを言うもので、武王の如くあれと教訓しているだけで、天命云々ということには全く言及がない。

ところで『管子』中には桀紂と湯武が對比されることはあるものの、武王と幽王が對比されているところはない。

11,趄(桓)公或(又)䎽(問)於筦(管)中(仲)曰、「中(仲)父、今夫年(佞)者之利燹(氣)、亦可旻(得)而䎽(聞)虎(乎)–。」筦（管）中(仲）畣(答)、「既年(佞)或(又)忎(仁)、此胃(謂)成器。疋(胥)舎(舍)之邦、此以又(有)或(國)。天下又(有)亓(其)幾(機)–、夫年(佞)者之事君–、必歬(前)敬(敬)與考(巧)、而逡(後)朁(僭)與譌、以大又(有)求ㄴ。受命唯(雖)約(約)、出外必張。萅(蠢)童(動)蓳(勤) 畏、叚(假)龍(寵)以方(放)。既敝(蔽)於貨、彗(崇)𤔲(亂)毀𥙷(常)。既旻(得)亓(其)利、昏豙(彖)以行。然則或攺(弛)或張、或緩或纒(急)、田埅(地)室(壙)虚、衆利不及、是胃(謂)(幽)德(德)ㄴ。」（第24號簡～第27號簡）

【訓讀文】

桓公又管仲に問いて曰く、「仲父、今夫の佞者の利氣、亦た得て聞く可きか。」と。管仲答う、「既に佞にして又仁あり、此れを成器と謂う。胥(みな)之を邦に舎(お)き、此れ以て國を有(たも)つ。天下に其の機有りて、夫の佞者の君に事うるや、必ず前(さき)には敬と巧に、而して後には僭と譌に、以て大いに求むること有り。命を受くれ

ば約なりと雖も、外に出でては必ず張る。蠢 動して勤畏、寵を假りて以て放な
り。既に貨に蔽われて、亂を崇び常を毀つ。既に其の利を得て、昏 彔 して以て
行く。然らば則ち或いは弛め或いは張り、或いは緩く或いは急に、田地壙虚し
て、衆利及ばざれば、是れを幽德と謂う。」と。

【口語譯】

　桓公が更に管仲に問うて言う、「仲父よ。さてあの詔い者どもの利氣とやら
を、ここで聞かせてもらいたい。」と。管仲が答えて言う、「詔い者ではあり
ますが、一方で思いやりの心もあるのです。これを成器、つまりできあがった
人材と言います。（ですから）誰もが彼らを國政に參與させ、彼らによって國
が保たれるのです。ところが天下に（自分の利機を發揮させる）好機到来とみ
ると、かの詔い者は、君主に仕えて必ずはじめのうちは（態度は）恭しく（仕
事ぶりは）巧みなのですが、やがては上を凌ごうとして偽りを行い、（自分の
利ばかりを）大いに求めるようになるのです。（君主から）命を與えられればつ
づまやかに振る舞うのですが、一旦宮中から外に出るや必ず威張り散らします。
（宮中を）うごめき回る時はいかにもいそいそと慎み深く、（ひとたび君主の）
寵愛を得るやそれを傘に着てほしいままのことをします。こうなるともはや（彼
らは）物欲に絡め取られてしまって、（國政が）乱れることも構わず常道をぶち
こわしてしまうのです。利を手にすると、（故意に目立たぬように）薄暗い中を
慎み深そうに行動するのです。そのようにして時に弛緩したり緊張したり、あ
るいは緩慢にしたり性急にしたりして（なかなかその正體を見せないので、知ら
ぬ間に）農地は荒れ果てて虚しく、民は利を得ることができないので、こうし
たことを幽德と言います。」と。

【語釋】

・利氣：『戰國策』楚策に「利機」の語が見える。怨氣・浩然の氣・剛氣など、
「〜氣」の語は古くから見られるものの、「利氣」の用例は見られない。

・成器：「器」は『論語』爲政篇「君子不器」の集解に「器者各周其用」とあ
るように形のある道具を意味する。ここで「成器」とは國政に有用な人材の意
味であろう。『管子』七法に「故聚天下之精財、論百工之銳器、春秋角試以練、

精鋭爲右。成器、不課不用、不試不藏。收天下之豪傑、有天下之駿雄。」とあり、同形勢解に「奚仲之爲車器也、方圜曲直、皆中規矩鉤繩。故機旋相得、用之牢利、成器堅固。明主猶奚仲也。言辭動作、皆中術數、故衆理相當、上下相親。巧者奚仲之所以爲器也。」とあるのが參照される。

・**蠢動**：虫がうごめくように動き回ることを言う。

・**彖**：原釋は、この字の音は「彔」であろうとして「逯」の字に讀み替えて、『方言』巻十二に「行也」とあるのによって解釋する。ただ、それならば一旦「寖」字に隷定しておいてこれを「彖」に釋した理由が分からない。「逯」に讀み替えるならその必要はなかった。なお「逯」字については、『説文』に「行勤逯逯也、从辵彔聲」とあるように、愼み深い態度で行くことを言う。

・**昏**：『説文』に「昏、日冥也」とあるように暗いとか日没時の意味。

・**幽德**：幽の意に即して暗愚な君主の意味に解しておく。幽王の事が前提にあるのであろうか。『管子』には見えない。

【考察】

佞臣を警戒すべきことを主題とする。彼らはうわべを取り繕うことが巧みで、その實自分の利のみを追求しているのだが、その正體はなかなか暴くことが難しい。不用意にそのような佞臣に外交を任せると國益を大いに損なうと警告する。

12,趄(桓)公或(又)䎽(問)於筦(管)中(仲)曰、「爲君與爲臣篙(孰)(勞)。」筦(管)中(仲)倉(答)曰、「爲臣(勞)才(哉)。」…………不裳(勞)而爲臣裳(勞)虎(乎)ㄴ。唯(雖)齊邦區＝(區區)、不若蕃箅……不敎(穀)。余日三陛之、夕三陛之–。爲君不裳(勞)而臣裳(勞)虎(乎)–。」筦(管)中(仲)曰、「善才(哉)。女(汝)果若氏(是)、則爲君裳(勞)才(哉)–。」(第27號簡～第30號簡)

【訓讀文】

桓公又管仲に問いて曰く、「君爲(た)ると臣爲ると孰(いず)れか勞なる。」管仲答えて曰く、「臣爲ること勞なるかな。」…………(君爲ること) 勞ならずして而も

臣爲ること勞なるか。齊邦區區なりと雖も、蕃筭に若かず……不穀。余、旦に三たび之を墜（おそ）れ、夕べに三たび之を墜る。君爲ること勞ならずして臣勞せんか。」管仲曰く、「善いかな。汝果して是くの若くすれば、則ち君と爲りて勞せんかな。」

【口語譯】

桓公は更に管仲に問うて言う、「君主であることと臣下であることのどちらが苦勞が多いであろう。」と。管仲は答えて言う、「臣下であることの方が苦勞が多いでしょう。」と。〔桓公が言う〕「（君主であることの方が）苦勞が少なく、臣下であることの方が苦勞が多いのだな。わが齊國は取るに足らぬほどの小國だが、（周王朝をお守りする）諸侯國にも及ばない……不穀。余は毎日晝となく夕べとなく（いつも）びくびく恐れているのだ。（それなのに）君主であることは苦勞ではなく臣下であることの方が苦勞が多いというのか。」と。管仲が言う、「お見事です。あなたがいつもこのような氣持ちでいれば、君主となって苦勞を積むことになるでしょう。」と。

【語釋】

・爲君…爲臣…：これに類した問答は『論語』子路篇にも「定公問、一言而可以興邦有諸。孔子對曰、言不可以若是、其幾也。人之言曰、爲君難、爲臣不易、如知爲君之難也、不幾乎一言而興邦乎。」とあって、君主であることと臣下であることの困難さの比較が問われており、孔子は、結局どちらもどちらであって、君主が君主であることの困難さを自覺することが何よりも國を發展させるためには重要であると答えている。一方、本篇では管仲は臣下の立場から臣下の苦勞の多いことが強調され、對して桓公は日々に君主であることの重壓感に苛まれていることを告白する。結局行き着く所は、君主とて君主であることの苦勞から逃げることはできないという至極まっとうな結論に至る。

・齊邦區區：『管子』本文中には見えないが、『史記』管仲傳に「管子既任政相齊、以區區之齊在海濱、通貨積財、富國強兵、。與俗同好惡。」とある。ここでは齊國はもと區區たる國、すなわち取るに足らぬほど小さな國であったのを、管仲が大國に育て上げたというのである。

270　第2部　非發掘簡の資料價値の確立

　だが同齊太公世家によれば、桓公の時代既に區區たる小國であるどころか、初代の太公望の時に既に大國と稱されるまでに成長していたのである。すなわち、

　　太公至國、修政、因其俗、簡其禮、通商工之業、便魚鹽之利、而人民多歸齊、齊爲大國。

と、齊が太公望の時代に既に大國に成長し得たことを言い、更に、

　　及周成王少時、管蔡作亂、淮夷畔周、乃使召康公命太公曰、「至東海、西至河、南至穆陵、北至無棣、五侯九伯、實得征之。」齊由此得征伐、爲大國。都營丘。

と、齊が周初において既に大國となっていたことを言うのである。

　管仲と桓公の問答で齊國を「區區」とするのは、管仲傳が「區區たる齊」としているのに共通するわけである。但し、史傳としてはあくまでも『史記』に依據してのことであるが、その成り立ちは決して大國とは言えなかった齊が、代を重ねて前七世紀に至り桓公が管仲を得て天下に覇を唱えることとなったのであるから、やはり二人の間に「區區の齊」との認識があったとは言えまい。齊太公世家に照らしてみれば本篇におけるこの叙述は必ずしも正確とは言えないのである。

　・蕃算：原釋は「蕃」は「藩」（まがき・垣根）の意に讀み、「籬」（まがき）と同義であるとする。また、「算」は、「庇」の意味ではないかという。つまり、藩屏・藩籬のことで、ここでは周王朝の守りとなる一諸侯國であるという意味。この桓公の「不若蕃算（周王朝をお守りする諸侯國にも及ばない）」との發言も史傳に照らしてあまりにそぐわない。孔子が、「管仲、桓公を相けて諸侯に覇たり、天下を一匡す。民、今に至るまで其の賜を受く。管仲微かりせば、吾れ其れ髪を被り衽を左にせん。」（『論語』憲問）と言ったとされるのと比較しても開きがある。

　・不穀（穀）。余：いずれも一人稱であるため、この兩字が續くことはあり得ない。「不穀」までで文が終わり、改めて「余」から新たに文が始まったと解しておく。

清華簡（六）『管仲』譯注並びに論考　271

・愭：原釋は「怵」の意ではないかとして、『説文』に「恐也。」とあると言う。原釋に從い「びくびく恐れる」と譯しておく。

・汝：管仲が主君の桓公にこのように呼びかける例は『管子』にはない。桓公と管仲の問答の見える大匡篇では管仲は桓公を「君」もしくは「公」と呼びかけている。

【考察】

　以上、齊の桓公と管仲との定型的な一問一答形式を取っている。桓公は單純に問いを發するのではなく、「……ならば、……か？」というように、ある條件を滿たさないならば、期待外れの結果となるといった内容である。一方で管仲は、「吾之を聞く……」という當時の君臣間で交わされる問答の定型的な回答の形を取っている。これも本篇がある一定の叙述形式に則して構成されていることを示している。

　第 30 號簡の末尾には「-」の符號が記されているが、一般的に全體の區切りを示す「」」符號が見られない。しかもこの符號以下余白を殘してもいないので、この桓管問答が全 12 節で完結しているとすることができるかは不明であるが、内容的には全 12 節で完結していると見ることができる。なぜなら、これが一貫して君主となろうとしている者への誡めを内容としているからである。しかもその誡め方があたかも未熟な者に對して君主たる心構えを説くかのように、順を追って段階的に組み立てられているからである。

　本節は最終節に相應しく、管仲が桓公に、國を治めるのは結局君主なのだから、君主として苦勞を惜しんではならないことを自覺させて結ぶ。

二　論考

　（1）本篇の構成と内容

　以上、譯注で檢討してきたとおり、第 1 節から第 12 節までを總括すると、おおよそ以下のようになるであろう。

　　1，はじめに、君主として學ぶことの重要さを説き聞かせる。

272 第2部 非發掘簡の資料價値の確立

2，次いで、人（特に年長者、經驗者であろう）の意見にしっかり耳を傾けるべきことを説き聞かせる。

3，次いで、人の意見に耳を傾ける際の留意點を説き聞かせる。

4，次いで、君主には有能な補佐役が二人は必要であることを説き聞かせる。

5，次いで、彼ら補佐役と常に協力しながら國を治めよと説き聞かせる。

6，次いで、國政において重要なことは何かを具體的に説き聞かせる。

7，次いで、國政の完成した狀態とはどのようなものであるかを説き聞かせる。

8，次いで、國政を完成させたのちに問われるのは、對外關係においていかに自國を守るかということであり、そのためには國政の中樞には信頼できる人物が不可欠であることを説き聞かせる。

9，次いで、歴史上の例えば殷の湯王の善政ぶりと紂王の悪政ぶりを紹介して、國君たろうとする者は、紂のようであってはならず、湯のようでなければならないと説き聞かせる。

10，ここでも歴史に學ぶべきこと、すなわち下って周の武王を範とすべく、幽王を範とすべからざることを説き聞かせる。

11，次いで、君主として警戒すべきこととして、たとえば下心ある者が君主に近づいてくることがあるので騙されてはならないことを説き聞かせる。

12，最後に、君主であることは、臣下であるよりも遥かに苦労の多いものであることを桓公自らの口から言わせた上で、そうであればこそ國君が國政に怠ることがあってはならないことを説き聞かせて締めくくる。

こうして見てくると、この『管仲』は首尾の整った構成と内容を持っており、その内容が國君としての心構えを諄々と説き聞かせていることが明らかに見て取れる。この管桓問答が果たして管仲と桓公との間で本當に交わされたものかどうかは、今となっては分かる術もないが、確實に言いうることは、内容が齊國の現實を踏まえたものでも、宰相としての管仲像を反映したものでも、桓公

清華簡（六）『管仲』譯注並びに論考　273

の人柄を踏まえたものでもなく、一般的な國君たろうとする者、つまりやがて國君になるであろう太子などに向けられた教訓書、しかも極めて初歩的なものであろうということである。こうした教訓が、春秋の五覇の筆頭桓公と彼の覇業を助けた管仲との間の問答という枠組みの中で語られることが重要で、それによっていっそうの説得力を加えることとなったであろうと思われる。

　しかしその反面、思想性が全く讀み取れないことも指摘しておかねばなるまい。

（2）桓公と管仲の問答
　春秋の五覇の筆頭に数え上げられるほどに数々の業績を上げた齊桓公とその覇業を助けた管仲に因む歴史説話は、早く先秦時代に、『論語』・『孟子』・『荀子』・『莊子』・『墨子』・『韓非子』などの文獻からも容易に見出すことができるほどに、學派を問わず廣く語り繼がれていた。それほどに、この二人は当時最もよく知られた人物の代表格であったと言ってよい。ところが桓公と管仲の問答形式を取っている説話に絞って見ていくと、『管子』を除けば必ずしも多くはなく、『莊子』（達生・徐無鬼兩篇）と『韓非子』（十過・説林下・内儲説右上・外儲説左上・左下右上・右下・難一・難二・難三の各篇）に限られる。

　『韓非子』に見ることのできる桓管問答は、桓公と管仲との間の問答に特に意味を持たせたものと見るよりは、他の歴史説話と共に人口に膾炙しているものをとりまとめて『韓非子』特有の「歴史に証拠を探る」という編纂方針に沿って集められたものと見るべきであろう。『管子』中にふんだんに見られる桓管問答と對照して見れば歴然とする。このことから管仲桓公の問答の形式を取っている清華簡『管仲』も、無條件に『管子』との關連からその文獻の性質を探ろうとするより、まずこうした観点からその編纂意圖を探ってみることが必要である。

　そこでその準備作業として『管子』中に見える桓公と管仲の問答（以下、「桓管問答」と略稱する）がどのような體裁を取っているかを見ておこう。

274　第2部　非發掘簡の資料價値の確立

　『管子』にも桓管問答は見られるものの、それは概ね各篇に散在していてどれも一つの篇としてのまとまりを持っているものはなく、四稱篇のみに限られる。また、その出現頻度が最も高いのは輕重諸篇で、臣乘馬第六十八・乘馬數第六十九・事語第七十一・海王第七十二・山國軌第七十四・山權數第七十五・山至數第七十六・地數第七十七・揆度第七十八・國準第七十九・輕重甲第八十・同乙第八十一・同丁第八十三・同戊第八十四などにほぼ定型的に見える。その一方、『管子』の主要部分である經言諸篇・外言諸篇・内言諸篇・短語諸篇と呼ばれる分類では相對的に少ない。

　さらに同じ桓管問答でも、『管子』と清華簡『管仲』のそれとの間には顯著な相違が見られる。それは、清華簡では「桓公」と言わず「齊桓公」と一貫して稱していること、更に『管子』ではほぼ「管子」の表記が一般的であるのに對し、清華簡では「管仲」としていることである。[十]

　言うまでも無く『管子』は齊國において編纂され、長く齊國に傳承されたのであるから、いちいち「齊桓公」とする必要は無いうえに、「管仲」と呼び捨てるのではなく、尊稱としての「管子」が用いられるのも當然であろう。

　これに對し楚文字で綴られた清華簡『管仲』が「管子」と稱さずに「管仲」としているのは、これが管仲學派の手になるものではなく、また「桓公」ではなく「齊桓公」としているのは齊人の手になるものではないことを示唆している。

　そうであるならば管子學派に非ず、また齊人に非ざる者が、なぜこのような桓管問答を構想したのであろうか。これが問題となろう。

　（3）「仲父」という呼び名

　本篇において「仲父」の語が桓公から管仲に呼びかける際に使われていることが注意される。この「仲父」の語は、『管子』中の桓管問答における出現率がどれほどであったかを調べておくことは、本篇が『管子』の佚篇と見ることができるかどうかを判定する際に重要な點であろう。また、桓公が管仲をはじめから仲父と呼んでいたわけではないはずなので、いつ頃から此の稱號を用い

るようになったかも併せて確認しておく必要があろう。

　桓公が管仲に仲父の稱號を與えたのはいつのことであるかは、『史記』の管仲傳、齊太公世家いずれにも具體的な記述がないので確實な時期は特定できないが、桓公の即位から凡そ20年間のことを年代記風に記している大匡篇では、桓公が管仲を仲父と呼ぶ場面は全くない。周知のように、齊國内で後繼爭いが起きた時、管仲は、公子小白（後の桓公）の側ではなく、その敵對勢力であった公子糾の側についていた。兩者の戰鬪において管仲の放った矢が小白の鈎に命中して危うく死にかけたため、彼の管仲に對する怒りと怨みはすさまじかった。だが管仲と幼い頃から交わり彼の人となりを知り抜いていた鮑叔は彼を説得して管仲を迎えて宰相に任じさせたのである。從って、「仲父」という稱號が使われるようになったのは、小白が名實ともに齊侯として君臨した後に、管仲との強い信頼關係によって結ばれてから後のこととしなければならない。

　續く中匡篇は、桓公が管仲を仲父の稱號を與えた日の出来事とその翌日のことを以下のように叙述する。

　　桓公謂管仲曰、「請致仲父」。公與管仲父而將飲之、掘新井而柴焉、十日齊戒、召管仲。管仲至、公執爵、夫人執尊。觴三行、管仲趨出。公怒曰、「寡人齊戒十日而飲仲父。寡人自以爲修矣。仲父不告寡人而出。其故何也。」鮑叔隱朋趨而出、及管仲於途曰、「公怒。」管仲反、入倍屛而立。公不與言。少進中庭。公不與言。少進傅堂。公曰、「寡人齊戒十日而飲仲父。自以爲脱於罪矣。仲父不告寡人而出。未知其故也。」對曰、「臣聞之、沈於樂者洽於憂、厚於味者薄於行、慢於朝者緩於政、害於國家者危於社稷。臣是以敢出也。」公遽下堂曰、「寡人非敢自爲修也。仲父年長、雖寡人亦衰矣。吾願一朝安仲父也。」對曰、「臣聞、壯者無怠、老者無偸。順天之道、必以善終者也。三王（事實は桀と紂の二人）失之也、非一朝之萃。君奈何其偸乎。」管仲走出。君以賓客之禮再拜送之。（桓公管仲に謂いて曰く、「請う仲父を致さん」と。公管仲に父を與えて而して將に之に飲まんせんとし、新井を掘りて焉を柴ぎ、十日齊戒して、管仲を召す。管仲至り、公爵を執り、夫人尊を執る。觴すること三行にして、管仲趨り出づ。公怒り

276　第2部　非發掘簡の資料價値の確立

て曰く、「寡人齊戒すること十日にして仲父に飲ましむ。寡人自ら以て修を爲す。仲父寡人に告げずして出づ。其の故は何ぞや。」と。鮑叔隰朋趨りて出で、管仲に途に及びて曰く、「公怒る」と。管仲反り、入り屝に倍きて立つ。公與かり言わず。少しく中庭に進む。公與かり言わず。少しく傳堂に進む。公曰く、「寡人齊戒すること十日にして仲父に飲ましむ。自ら以爲えらく罪を脱せり。仲父寡人に告げずして出づ。未だ其の故を知らざるなり。」と。對えて曰く、「臣之を聞く、樂に沈む者は憂いに洽く、味に厚き者は行いに薄く、朝に慢る者は政に緩く、國家を害する者は社稷を危くす、と。臣是を以て敢えて出づるなり」と。公遽かに堂に下りて曰く、「寡人敢えて自ら修むると爲すに非ざるなり。仲父年長じ、寡人と雖も亦衰えたり。吾一朝に仲父を安んぜんと願いしなり」と。對えて曰く、「臣聞く、壯者は怠ること無く、老者は偸にすること無し、と。天の道に順えば、必ず善を以て終わる者なり。三王（事實は桀と紂の二人）之を失えるは、一朝の萃に非ず。君奈何んぞ其れ偸にせんや」と。管仲走り出づ。君賓客の禮を以て再拝して之を送る。）

　これによれば、桓公が管仲に仲父に稱號を與えるために、10日間の齊戒をして夫人と共に酒宴に招いた。ところが、管仲は挨拶もなく宴席を中座して歸ってしまった。訝った桓公はそのわけを管仲に詰問するが、管仲は國政を担う者が宴會などを催すのは國を誤る本だと答えた。すると桓公は、自分も管仲も既に老い始めており、せめて管仲を慰安しようと思ってのことだったと辯解する。これが桓公が管仲に仲父の稱號を與えたとされる時の問答であった。こうして見ると、中匡篇の作者は、桓公が管仲を「仲父」と呼ぶようになったのは管仲壯年の時ではなくいささか年老いてからのことであったとしていたようである。更に言えば、管仲の諫言に、「老者は偸にすること無し」と言った後で「君奈何んぞ其れ偸にせんや」と言っていることから桓公も壯年を疾うに過ぎていたことが窺われる。そのためであろう、この個所の房玄齡注に「仲父者、尊老有德之稱。桓公欲尊事管仲、故以仲父之號致之。」とある。

　このことから『管子』中には仲父の名が常見しないのも、桓公がはじめから

清華簡（六）『管仲』譯注並びに論考　277

管仲を仲父と呼んでいたのではなく、その晩年に桓公の覇業が管仲の功績によることを顯稱するべくこのような稱號を與えることになったことが見て取れる。

　續く小匡篇も二人の問答が見えるが、「仲父」という呼びかけの語は見えず、覇形篇・中匡篇、及び戒篇・小稱篇・四稱の五つの篇に限られる。このうち戒篇・小稱篇は共に、桓公が臨終の管仲を見舞う際に「仲父」と呼びかけている。四稱篇は、桓管問答であり、桓公の問いが一貫して「仲父」の呼びかけから始まっている点で、本篇の形式に最も近い。四稱篇は、篇名が示すとおり一問一答形式で問答が首尾整っていることも本篇の構成に最も近い。四稱篇の構成を示すと以下の通りである。

　　序）桓公問於管子曰……仲父……。管子對曰、夷吾……。（有道の君について教えを請うが辞退する）

　　1）桓公又問曰、仲父……。管子對曰、夷吾……。桓公曰、善哉。（有道の君について教えを請う）

　　2）桓公曰、仲父……。管子對曰、……。桓公曰、……仲父……。管子對曰、夷吾……。桓公曰、善哉。（無道の君について教えを請う）

　　3）桓公曰、仲父……仲父……。管子對曰、夷吾……。桓公曰、善哉。（有道の臣について教えを請う）

　　4）桓公曰、仲父……。管子對曰、夷吾……。桓公曰、善哉。（無道の臣について教えを請う）

このように桓公が一貫して管仲を「仲父」と呼んでいること、また管仲が自稱に「夷吾」を用いていること、最後に「善哉」で結んでいることなど極めて定型的な構成を持っており、この点も本篇と共通するところである。唯一異なるのは、既に言及したところではあるが、本篇が「管仲」としているのに對し、この四稱篇では「管子」の敬稱を用いていることである。

（4）「答曰」と「對曰」

　もう一つ注意すべきことが一つある。それは本篇が「答曰」または「答」と

しているのに對し、四稱篇は「對曰」としていることである。これは四稱篇だけに限らず『管子』全篇において「答曰」ないし「答」の用例は皆無であり、問答の場合はすべて「對曰」としていることに大きな違いを見ることができる。

　一方、本篇に限らず出土楚簡はおしなべて「對曰」ではなく「答曰」と表記していることも本篇の述作背景を考える上で重要である。

結びに代えて―本篇述作の背景

　以上述べてきたように『管子』と『管仲』の細部における相違は歴然としている。ではこうした相違がなぜ発生したのであろう。そこに本編述作の背景を窺うことができそうである。すなわち、本篇は『管子』の佚篇と見るべきではなく、桓公管仲という歴史上の人物に仮託して創作された君主論と見るべきはあるまいか。そうして、「桓公」とせず「齊桓公」としていること、「管子」とせず「管仲」としていることから本篇が齊地において述作されたものではあり得ないこと、また問答において「對曰」とせず「答曰」としていることも齊地における述作ではないことを示唆している。

　それでは何處の地において述作されたかであるが、本篇が楚文字で書かれていることと、「對曰」ではなく「答曰」という、楚文字によって書かれた出土文獻の表記法に則っていることを考慮すると、楚地における述作とみるのが妥當であろう。

　なお本論作成に當たり、劉國忠氏の釋文から多くの教示を得た。ここに記して謝意を表したい。また氏には「管仲初探」（『中国出土資料研究』21 号　2017）と題する論考があって、主に『尚書』洪範篇及び陰陽五行思想との関連に着目して本篇を分析考察しているので参照されたい。

注

㈠各簡の現況は次の通り。　1號簡　34字、2號簡　33字、3號簡　35字、4號簡　36字、5號簡　35字、6號簡　34字、7號簡　34字、8號簡　33字、9號簡　31字、10號簡　35字、11號簡　36字、12號簡　34字、13號簡　35字、14號簡　35字、15號簡　37字、16號簡　36字、17號簡　40字、18號簡　35字、19號簡　35字、20號簡　37字、21號簡　36字、22號簡　37字（内1字は後から増添）、23號簡　35字、24號簡　34字、25號簡　34字、26號簡　33字、27號簡　33字、28號簡　10字半（下半部を欠く）、29號簡（上半部を欠く）14字半、30號簡　34字。

㈡「君子」が君主の意に用いられることがあるのは、『易』・『詩』・『論語』・『禮記』などに廣く見られる

㈢心がはたらくためには周囲の環境に出向いて様々な刺激に身を置かねばならないことをいうのであろう。「足」はそのために必要な器官なのである。

㈣次いで、心がはたらいて手の動きを指示するのである。

㈤耳目といった感覺器官を通して得た情報に基づいて思慮することを言う。

㈥思慮することによって得たことを外部に向けて言葉にして發することを言う。

㈦この張説は、朱伯崑著・伊東倫厚監訳・近藤浩之編『易学哲学史』（朋友書店 2009）の第一巻第一篇第一章「春秋戰國時代の易説」においてもほぼそのまま引用されている。

㈧ここに引用した箇所に先立って「管子曰、請立弊。國銅、以二年之粟顧之，立黔落。」と見える。

㈨澤田多喜男譯注『黄帝四經』（知泉書館 2006）参照。さらに同篇の思想史的考察は、湯淺邦弘著『中國古代軍事思想の研究』（研文出版 1999）が第二部軍事思想の展開の第十章で「稱」の思想と題して考察している。また李學勤に「《稱》篇與《周祝》」（陳鼓應編『道家文化研究』第三輯　上海古籍出版社 1993）がある。

㈩『管子』では「齊桓公」の用例は桓公問篇に一例のみ見える。

補注　原文は、止（趾）不正則心卓（逴）。原釋が、「心不正則止（趾）卓（逴）」とするのに従い改めた。その方が「心...ならば、...」という句が揃い、文意が通じる。

北京大学蔵秦牘「泰原有死者」考釋

池澤　優

　既に旧知のことに属するが、『文物』二〇一二年第六期において北京大学に寄贈された秦代の簡牘が紹介された。その中に整理者によって「泰原有死者」と名づけられた木牘があった。発掘簡報にカラー写真が掲載されているほか、赤外線写真も複数、公表されている。[1] それは放馬灘秦簡「丹」と同じく、復生した死者の口を借りて、死者祭祀のやり方を伝授するという内容であり、戦国末期における死生観と死者祭祀の方法を知る貴重な資料であり、既にその視点から、両者を比較する視点からの論稿が発表されている。本稿は「泰原有死者」に関する先行研究を整理し、あわせて簡単なコメントを付する。

（１）北京大学蔵秦簡の概要

　最初に発掘簡報に基づき、北京大学蔵秦簡の概要をまとめたい。[2]
　二〇一〇年初、北京大学は盗掘され、一度海外に流出した後、買い戻された秦簡を馮桑均国学基金会から贈与された。秦簡は出土文献研究所により整理された。当初の状態は簡牘の堆積が二重のビニール膜に包まれ（外側が黒、内側が透明、外側の膜の中にはグリオキサール溶液が入れてあった）、全体は不規則な長方形であり、西側が高く、長さ四七.五、幅二〇、高さ一四ｃｍ、簡牘の下にはかなり朽ちた木板が置かれ、堆積の表面には竹籠の残存物が付着していた。つまり、簡牘は竹笥に入れられており、盗掘者はそれをそのまま持ち去ったのであって、幸いにも北京大学出土文献研究所が整理するまで、それが崩されることはなかったということである（但し、竹簡一五枚、木牘二枚は原所有者が動かし、別の容器に入れられていた）。このため、出土文献研究所の整理は、簡報標題が示すように、「室内発掘整理」の様相を呈するこ

282　第2部　非發掘簡の資料價値の確立

とになった。出土文献研究所では簡牘の堆積をプラスティックの箱に入れ、長辺を東西向き、短辺を南北向きに固定し（簡報においては簡牘の位置は東西南北で表示される）、上層から同巻関係の簡牘を順次、取り出す作業を行った。相互の叠圧関係は相当複雑だが、上から下へ、おおよそ次のように要約できる。

	西		東
上	竹簡巻一「公子従軍」22枚		竹簡巻三「算書」82枚
	木簡「白嚢」12枚	竹簡巻二「日書」55枚	
	木牘「泰原有死者」1枚	竹簡/牘巻六「祠祝之道」簡6枚、牘1枚	
	竹簡巻〇「三十一年質日」77枚		竹簡巻七「田書」24枚
	竹簡巻五「三十三年質日」60枚		
	竹簡巻八「田書」50枚		
	木牘「記賬」1枚	木牘「記賬」(作錢)1枚、木觚「記賬」1枚	
	竹簡巻九「従政之要」「善女子之方」62枚		竹簡巻四「雑抄」318枚（算書、日書、道里書、制衣、医方、禹九策、祓除など）
	木簡「隠書」9枚		
	木簡「九九術」1枚		
	木簡「歌詩」1枚（別に移動したもの1枚）		
	竹牘「歌詩」1枚		竹牘Z011「記賬」
下	竹牘「記賬」1枚		

簡牘の総数は、竹簡が七六二枚（巻をなすものが七五六、帰属不明竹簡が六枚）、竹牘が四枚、木簡が二一枚、木牘が六枚、木觚が一となる。[3]

　「三十一年質日」は始皇三十一（216BCE）年、「三十三年質日」は同三十三（214BCE）年のものであり、秦始皇帝の末年のものであると分かる。また、盗掘品であるので、出土地は不明であるが、巻四「雑抄」中の「道里書」は江漢地区の水陸路線と距離を記載し、その中に現れる地名は秦の南郡の範囲内で、安陸、江陵が最も良く出現するところから、おおむねその地域の墓葬から出土し、巻九「従政之要」が睡虎地秦簡「為吏之道」に類似する官吏の

職責と治民の術を論じたものであるため、墓主は秦の地方官吏であるとされる。

　木牘「泰原有死者」（M009）は長さ二三cm、幅四.七cm、単面のみの書写であり、「簡報」所載の写真によれば、比較的上部に近いところ、巻二「日書」、巻六「祠祝之道」と並んで、書写面を下にして置かれていたようである。巻六の竹牘と違って、「泰原有死者」は単独の木牘であるが、内容的に近かったために並べて置かれたということがあったのかもしれない。

（２）「泰原有死者」釋文・集解

　管見の限りでは、「泰原有死者」については以下の論稿が発表されている。
李零「北大秦牘《泰原有死者》簡介」、『文物』二〇一二－六。
陳偉「北大藏秦牘《泰原有死者》識小」、簡帛網2012-7-14
黄傑「北大秦牘《泰原有死者》管見」、簡帛網2012-7-16
郭珏「秦漢出土文獻中的"知死"與"事死"——一個基於"形成框架"的試分析及方法論上的思考」、『簡帛』第八輯、二〇一三。
陳侃理「秦簡牘復生故事與移風易俗」、『簡帛』第八輯、二〇一三。
劉國勝「北大藏秦簡讀後記」、『簡帛』第八輯、二

284　第2部　非發掘簡の資料價值の確立

○一三。

姜守誠「北大秦牘《泰原有死者》考釋」、『中華文史論叢』二〇一四－三。

黄傑「放馬灘秦簡《丹》與北大秦牘《泰原有死者》研究」、簡帛網2014-10-14

雍淑鳳「北大藏秦牘《泰原有死者》及其研究讀後記二則」、簡帛網2015-12-1

雍淑鳳「北大藏秦牘《泰原有死者》斷句、語譯、闡釋商榷」、『古籍研究』二
〇一七－一。

　以上に基づき、先ず釋文をかかげ、次に論者たちの議論をまとめる。

1　泰原有死者三歳而復産獻之咸陽言曰死人之所悪└解

2　予死人衣必令産見之弗産見鬼輒奪而入之少内└死

3　人所貴黄〻圈〻以當金黍粟以當錢白菅以當綸女子死三

4　歳而復嫁後有死者勿并其冢└祭死人之冢勿哭須其已食

5　乃哭之不須其已食而哭之鬼輒奪而入之廚└祠母以酒與

6　羹沃祭└而沃祭前└收死人勿束縛毋決其履毋毀其器

7　令如其産之臥毆令其殭不得荅思└黄圈者大叔

8　毆𦐈去其皮置於土中以爲黄金之勉└

泰原有死者

　「泰原」について、李零は咸陽の原であり、渭水以北、今の武功、興平、咸陽、乾県、礼泉一帯を指し（「泰」は「太」の義）、死者の埋葬地を指すとする。陳偉は埋葬の地ではなく、生前の居處の可能性を指摘、また、泰(大)原郡であるかもしれないとして、放馬灘秦簡「丹」の主人公が「大梁の人」であることに言及する（秦の領域内の話と考える必要はないということであろう）。劉國勝は、死者の居住地、埋葬地、いずれの可能性もあるが、両者を兼ねるものだったかもしれないとする。姜守誠は、放馬灘秦簡の「大梁の人」は居住地ではなく本籍であり、「泰原」は事件が起きた場所だから、死者の埋葬地であると、李零に賛成しつつも、「咸陽の原」というのは証拠がなく、「泰原」は広大な野原、もしくは山西太原あるいは太原郡と解釈できるが、背景

に関する情報がないので、確定できないとする。黄傑(2014)は、太原郡は秦荘襄王の時の設置だから、太原を指す可能性が高いとする。雍淑鳳は姜守誠に賛成しつつ、狭義には『書』禹貢、『詩』六月の「太原」(汾河下流域の広袤平川地区から甘粛平涼の涇水上流の平川地区)もしくは太原郡であると言う。

　考えるに、泰原が居住地か埋葬地かという問題は恐らく両方であり、あまり重要な問題ではあるまい。その場所は、太原郡の可能性が高いとは思うが、確定はできまい。

三歳而復産

　「産」は「生」(『説文』)、即ち死後、三年たって蘇生したとする点で諸氏に異論はない。姜守誠は、放馬灘でも三年後に生きかえっており、三年には特殊な意味があったと指摘する。

献之咸陽

　劉國勝は「献」を「徙」(移住)の義とするが、姜守誠が言うように、死んで生きかえるという妖異のために、都に献ぜられたということで充分に通じる。姜守誠は放馬灘「丹」で地方官から公文書の形式で御史に報告されているのも本文書と同様であり、また『漢書』五行志や六朝志怪でも復生が地方から都に報告されていることを指摘する(『漢書』五行志下之上の趙春の話、『太平広記』巻三七五の崔涵の話)。陳侃理は、本文書が復生者を咸陽に献じたことに言及するのは、そのような怪異の報告の制度を踏まえ、話の本当らしさを増そうとしたためであると述べる。

言曰

　李零と姜守誠は、「言曰」の主語は復生者を献じた地方官、復生した者の二つの可能性があるが、放馬灘「丹」では「丹曰」となっていることから、後者の可能性の方が大きいとする。

286　第 2 部　非發掘簡の資料價値の確立

死人之所悪

　本句は「悪」の後に句点記号（ㄴ）がある。李零は後文「死人之所貴」と対をなし、「死人の悪むところは」と読んで後文に続けるのに対し、雍淑鳳は「死は人の悪むところなり」で句とする。

解予死人衣

　李零は「解」は解開（ひらく）、「解予死人衣」は友人が喪葬を助けるために贈った衣服と解し（『説文』「襚、衣死人衣也」）、「死人の悪むところは、死人に予えし衣を解くなり」と読むのに対し、黄傑(2012)は「死人之所悪、解。」と句読し（根拠は次項参照）、「解」は解除、鬼神に災禍の消除を祈ることで（『荘子』人間生、『淮南子』脩務訓）、なぜ「死人が悪むところは解なり」なのかは待考とする。孫占宇は放馬灘「丹」の「死者不欲多衣」と比較し、「解」[4]は「多」と訓じることができると言う。姜守誠はこれらの説を否定し、「解」[5]は文字通り「分解」「分割」「剖開」「撕裂」の義で、死者は随葬した衣服を切り裂くことを最も嫌うということであり、下文の「毋決其履、毋毀其器」に対応するのであって、これは後述する器物破壊葬の習慣と関連すると言う。

必令産見之

　李零は生きている間に「死人に予えし衣」を見せるということと解する。黄傑は「必令産見之」は何を指すのか不明で、故に「死人に予えし衣は、必ずこれを産見せしめよ」と読み、死者に贈る衣物は必ず死者が生前に見たものでなければならず、というのは死者は見慣れないものを喜ばないため、容易に「鬼」により奪われるということと解する。姜守誠は、「必令産見之」が何を指しているのかを示す語句が欠けていると黄傑が言うのは正確だが、それは「衣」字に重文記号がつくべきなのに脱落しているからと考える（「死人之所悪、解予死人衣。衣、必令産見之」ということになる）。これに対し、雍

淑鳳（2015，　2017）は「死、人之所悪。解予死人衣、必令産見之。弗産見、鬼輒奪而入之少内。」と句読し、「解」は裁断の義で、斂衣を作成することと解する。その上で、彼の住む寧夏、甘粛の風俗では一般に五〇歳以上の老人は自ら斂衣を準備し、完成すると自ら確認し、終末期になると死ぬ前に寿衣を着る（突然死の場合、寿衣店で買わなければならない）。また、死者の親戚・朋友は布などの助葬品を贈り、遺族はそれらが誰から贈られたかの説明書きを貼って、霊堂の周囲に掛けると言う。だから、この部分は「死は人の悪むところである［が、避けることはできず、斂衣を準備することは欠かすことができない］。斂衣を裁断（作製）する時には、必ず生前に見せなければならない」の意味であるとするのである。

　「死人之所悪」の後に句点記号があるので、「死は人の悪むところなり」と読む雍淑鳳の説はもっともなところがある。但し、人は死を悪むという一般論と斂衣の作成という個別の話は直接は関係せず、つながりが悪い。かつ、そう読むと「死人之所悪」と「死人之所貴」が対にはならなくなる。次に、「必令産見之」が何を指すのか不明とする黄傑の論は理解しがたい。というのは、ここは確かに主語がないが、「必ずこれを産見せしめよ」と言っており、「産見」の対象は「これ」であって、それは前句の「衣」を指すと考えるのが自然だからである。考えるに、「死人之所悪」の後の句点記号は、それだけで一文を構成するという意味ではなく、黄傑が読んだような読み方をしないように（つまり「死人の悪むところは」と読めという）指示ではないか。また、李零は「解」を「開く」と読むが、本句では衣服を生前のうちに死者に見せておくことを言い、そのためには衣服を「開く」必要があると考えられる（もちろん、開かなくても見せることはできるが、諸氏が言うように、「産見」する理由は慣れ親しむという意味があると考えられ、そのためには開くのが自然だからである）。よって、姜守誠の言うところが最も妥当であると思われる。

弗産見、鬼輒奪而入之少内

　本句の後に句点記号がある。李零は、もし生きている間にこの衣服を見せ

288　第2部　非發掘簡の資料價値の確立

なければ、死者の鬼魂は怒って、その衣服を少内に送り入れると解し、後文の「鬼輒奪而入之廚」と同趣旨とする。少内は府蔵の官であり、秦漢代には中央、地方ともに大内、少内がある。[6]これに対し陳偉は、「少内」と「廚」が対挙されていることは認めるが、官府であることは否定し、一般住居にも大内、小内があったと指摘する。[7]劉國勝もそれに賛同し、孔家坡『日書』にも見えることを指摘する（孔家坡233「入内良日」）。彼は「奪」を「脱」、逃離の義とし、放馬灘「丹」の「鬼去敬(驚)去」と同義であるとする。言うまでもなく、李零と同じく、「鬼」を死者の霊魂と解しているのである。これに対し、姜守誠は李零の言う通り、「少内」は官府（「少府」）であると考える。この問題は「鬼」が死者の霊魂を指すのかという問題に通じ、ひいては「泰原有死者」の背後にある死者世界の理解にかかわる。

　黄傑(2012)は「死人」と「鬼」は区別されており、「鬼」は生者が「死人」の所有物を奪うかもしれない存在であり、冥界の官僚組織の手下（「差使」）であるのかもしれないとした。本句と後文の「不須其已食而哭之、鬼輒奪而入之廚」は、死者に対する供物を奪われることなく、死者が享受できるように配慮することを言うとするのである。黄傑(2014)でも同様の主張をした後、ここの「少内」が一般家庭の「小内」であるか疑問であるとした（但し、もし「少内」「廚」が一般家庭の臥室と厨房なら、別の死者の冥界の居宅ということになると留保をつける）。死者が見慣れない衣は所有権について疑いが生じやすく、「鬼」につけ込まれるというわけである。そして、放馬灘「丹」でも四箇所で「鬼」に言及するが、それは死者の霊魂を指しており、「泰原有死者」とは異なると言う。姜守誠、雍淑鳳もそれに賛成し、姜守誠は「鬼」が祖先なのか、他者の霊魂（孤魂野鬼の類）なのかは文脈で判断しなければならず、「泰原有死者」の二箇所の「鬼」は冥界の鬼卒もしくはその他の鬼魂であるとする。そして、死者が生前に見なかった随葬衣服を「少内」に入れるとは、その所有権を剥奪して国庫に入れるということで、「少内」が収蔵を司る官府機構として『太平経』にも見えることを指摘する。[8]雍淑鳳も「生前に見せなかった衣服は鬼吏が奪って少内に納入する」ということであると解し、

見たことのない衣服の所有権は冥界で主張することが難しいと考えられたのであろうとする。

　確かに、死者が自分のために随葬された衣服を「奪」うという表現はおかしいし（これは「鬼輒奪而入之廚」の部分も同じ）、その二箇所のみ「鬼」という語が用いられていることは、「死人」とは明確に区別されていると考えるべきであろう。但し、放馬灘「丹」の「鬼」字は全て死者の霊魂を表し、「泰原有死者」とは異なるとするのは、やや言い過ぎである。放馬灘「丹」では祭祀対象となる死者と無縁の死者が語彙の上で区別されていないのは確かだが、「已收腏而釐之、如此鬼終身不食殹。」（已に腏を收めてこれを釐（あらた）めよ、此の如くすれば、鬼は終身食わざるなり）の部分は供物を供えた後、それをかたづければ、それを無縁の死者に奪われなくてすむという意識を表しており、両者は実質的には区別されていたと言うべきであろう。[9]もう一点、残る問題は「鬼」が冥界の鬼卒なのか、無縁の死者の霊魂なのか（換言すれば、「少内」が官府なのか、居宅なのか）という問題は、「泰原有死者」が表す死者世界の性格にかかわるということである。前者であるなら、冥界は既に官僚機構として把握され、指揮系統が存在すると理解されていたことになるが、後者であれば、そのような組織を有する保証はなく、ただ各々の死者が住居を持って暮らすものとされていたことになる。この部分からはどちらであったのかを判断することはできないが、「泰原有死者」が紀元前三世紀末ものであるなら、既に官僚制的冥界の観念が存在したとしても不思議ではないことを附言しておく。

死人所貴黄〻圈〻以當金

　「黄圈」について、李零は大豆の黄巻（大豆の発芽した黄色の芽）であり、後世の本草書には皮を剥いて薬とすること、[10]但しここではそれを黄金にあてることを言うとする。陳偉は馬王堆、張家山の遣策にも「黄圈」の名があることを指摘する（馬王堆一号墓木簽牌45「黄巻笥」は遣策161「黄巻一石縑囊

一笥合」に相当する）。[11]陳侃理は、黄圏、黍粟、白菅は死者世界の金銭財帛に相当する象徴的な意味を持ち、放馬灘「丹」の「死人は白茅を以て富と為す」と同趣旨であって、馬王堆、張家山では「黄圏」が食物（もしくは薬）として随葬されていたのとは意味が異なるとする。姜守誠は「黄圏」は後文の「大叔（菽）」（大豆）にあたることを指摘した上で、陳侃理の言を肯定し、「黄圏」は黄金の代替物なのではなく、冥界では黄金そのものなのであって、象徴的な意味で「黄圏」が随葬されたなら、遣策には「金」と書くはずであるとする（木俑が遣策では車馬と書かれるのと同じ）。

黍粟以當錢

　　李零は黍粟を緡銭にあてると解し、古代中国の円銭は中央の穴に紐を通し連ねて緡銭と呼ぶが、それは黍粟の穂に似ているからであろうとする。「錢」の「戔」はやや変わっており、郭店『五行』「淺」（46）、清華簡『繫年』「踐」（44）の作りと同じであると指摘する。陳侃理は黍粟は穀物一般を指すとし、従来、穀物随葬の象徴的意味は認識されてこなかったが、荊州蕭家草場二六号墓の頭箱西の竹籠の中から稲・稗の実が数粒出土しており（それとは別に粟が他の食物と一緒に出土）、それは稲・稗と粟の随葬の意味が違っていたことを意味している。また北京大学蔵秦簡には少なからぬ植物の種が付着しており（簡報四〇頁）、実物を観察したところ穀物の実であり、簡牘を入れた竹笥に一緒に入れられていた穀物にも象徴的な意味があると述べる。

白菅以當繇

　　李零は「白菅」は白茅（チガヤ。『説文』「菅、茅也。」）、「繇」は音通で「由」→「紬」で、『説文』の「大絲繒」、今の「綢」（絹織物の通称）に相当するとする。放馬灘「丹」でも「白茅」と「多衣」を併挙しており、絹は金銭と同じく財富を表したのである。大豆の黄圏を黄金に、黍粟を銭に、白茅を絹に当てるのは、死者が比較的低級の社会階層に属すことを意味する。陳侃理も

放馬灘「丹」の「以白茅為富」と一致することを指摘した上で、茅の色と形が絹に似ているためであろうと推測する。姜守誠は「䋆」→「紬」とする李零説を一説して認めた上で、「䋆」の訛字で徭役の義と推測する。つまり、秦漢時代の現実の徭役も別人を雇って代行させることが可能であり、それと同様に冥界にも徭役があり、白菅により免除されることを願ったという訳である。面白い説ではあるが、「黄圏は以て金に当て、黍粟は以て銭に当て、白菅は以て䋆に當つ」は同じ文章構造の並立であり、「當」の後は全て財富を指すと考える方が整合的であろう。

女子死三歳而復嫁

李零は、女性は死後三年したら、別の男性と再婚することができるという意味で、冥婚を言うと考える。そして、朱国楨『涌幢小品』によれば、冥婚は魏太祖の子、倉舒と丙原の娘から始まるのだが、『三国志』の当該の条は『周禮』媒氏を引用し、冥婚が禁止されているとされているのであり、禁止されている[12]という以上は、冥婚の習俗が相当古くから存在していたことを示すと考える。

これに対し、陳偉は「復嫁」の「復」を「復産」の略称で、女子が死んだ後に復生した事例を言うと考え、次句につなげる（後述）。雍淑鳳（2017）はその説に賛同する。

黄傑（2012）は李零に従い冥婚と捉え、但し「復嫁」と言っているから既婚女性のことで、女性は死んで三年すると冥界で別の男性と再婚するというのが当時の通念だったのであろうと推測する。また、黄傑（2014）では、『周禮』媒氏において「遷葬」と「嫁殤」が区別されており、後者は夭折した子を死後に婚姻させるもので、それが一般的な冥婚の理解ではあるが、ここは生前は夫婦でなかった者を死後に相従わせる前者に相当するとする。そして、冥婚が文献に記載されるのは六朝期になってからで、そこでは未婚の男女のために行われるものになったが、それ以前の資料は『周禮』以外には元嘉二年

292　第2部　非發掘簡の資料價値の確立

鎮墓瓶しかなく、秦漢期の冥婚は良く分からない（それ故に「泰原有死者」[13]は貴重である）と言う。死後三年の女子に冥婚を行ったのは、冥界で身寄りのない女性死者が現世に祟りをもたらすことを恐れたからかもしれないと推測している。

　陳侃理は、既婚女性が死んで三年したら冥界で別の男性と再婚すると解する点では黄傑と同意見だが、それは冥婚ではなく再婚であって、この部分は夫婦合葬に関する規程であると考える。

　姜守誠は、李零、黄傑の説は共に臆説であり証拠がなく、陳偉の読みも文意が一貫しないとして否定し、ここの「復」には「復産」と「復嫁」の二つの意味があり（「復」の後に重文記号を書き漏らしたと推測する）、死んで三年後に復活した女性が別の男性と再婚することを望んだ場合、という意味だとする（「女子死して三歳にして復［生］し、復嫁すれば」）。

後有死者、勿并其冢

　末尾に句点記号がある。李零は、もし女性が既に婚約していたが、まだ結婚しておらず、死後に別の男性と冥婚した場合、婚約者はそれと合葬することはできないということと推測する。陳偉は「有」を「又」と読み、死んで復活した女子が結婚後に死んだ場合、夫と合葬してはならないということであるとする（「女子、死して三歳にして復［生］し、嫁して後に有（又）た死する者は其の冢を并（併）せる勿れ。」）。黄傑（2012）は、「後有死者」は女性の元の夫を言うとする。つまり、女子が死に、夫が生きている場合、女子は三年すると冥界で別の男性と再婚するから、合葬できないということで、「後有死者」の「後」は「三年より後」のことであって、三年以内に死ねば、合葬できるとする。「并其冢」は先秦時期に流行した夫婦合葬形式である異穴（並穴）合葬のこととする。陳侃理は、既婚女性が死んで三年したら冥界で再婚するから、夫がその後に死んでも、合葬してはならないということと解する。但し、現世の夫婦関係は死後三年しか有効でないという観念が存在したかについては、その宗教的な意味は別途、考察が必要と、保留している。

姜守誠は、死んで三年後に復活した女性が別の男性と再婚することを望んだ場合、元の夫との婚姻関係は終了しているのだから、それは認めるべきであり、元の夫と合葬することはできないという意味と考える。前句から連続させるなら、「女子死して三歳にして復し、復嫁すれば、後に死者あるも、其の冢を并せるなかれ。」ということになる。その上で彼はこの部分は復生した女子の婚姻関係（帰属）に関わると考え、六朝志怪の話と比較する。例えば、『捜神記』巻十五の唐叔偕女と王道平の話、河間郡男女の話では、いずれも既婚女性が死んで復生した後、生前の婚姻関係を継承することを望まず、官もそれを認めている（判決を下したのは前者では始皇帝、後者では王導）。朝廷がそのような事案を審議したというのは事実ではないとしても、一度死ぬことで婚姻関係は終了するというのが一般的な捉え方だったのである。一方、復生者と合葬しない背景には、復生を不詳として忌み恐れる心理も存在していたと論じる。『太平廣記』巻三百七十五の崔涵の復生譚の場合、彼が復生したことを聞いた父母はそのような子がいたことを否定し、かがり火をたき、桃の杖を持って追い返したとされている。世人にとって復生者は「鬼」の類で、復生者との合葬を忌む心理が存在していたのである。

　まとめるなら、この一節を冥婚を言うと考える李零、黄傑、女性の復生を言うとする陳偉、姜守誠、雍淑鳳、冥界での再婚を言うとする陳侃理の三つの説が並立している状態である。いずれも可能性があるが、テキスト自体は冥婚のことは言っていないので、冥婚とするのは確かに臆説の嫌いはある。復生のことを言っているとすると、「復」だけで「復産」の義があるとするか、もしくは文字や記号の脱落があると考えなければならない。よって、読み方としては陳侃理の説が最も素直と言えるのではないか。但し、現世の夫婦関係は死後三年しか有効でなく、よって三年以上経過したら合葬してはならないというよりも、死んでから年月が経過している場合に無理して合葬してはならないということではないかと思われる。後述するように、本文書には「移風易俗」のニュアンスがあり、不自然な風俗や厚葬を戒める傾向があるからである。

294　第2部　非發掘簡の資料價値の確立

祭死人之冢勿哭

　　李零、陳侃理は、これより以下は祠墓（墓祭）の時の「哭」に対する規定であるとし、放馬灘「丹」でも哭すべきではないとするが、[14]その理由は、放馬灘では死者が驚き逃げ、供物を受けないからであるのに対し、「泰原有死者」ではその他の「鬼」が供物を奪うからなので、意味づけが異なるとする。一方、劉國勝は「之」は「至」の義で、「祭死人、之冢勿哭」と句読するべきとする。雍淑鳳(2017)は墳墓祭祀の時は祭奠終了までは哭泣しないという寧夏の習俗を引く。

須其已食、乃哭之

　　「須」を李零は「待つ」の義とする。

不須其已食而哭之、鬼輒奪而入之廚

　　末尾に句点記号がある。「廚」について、李零は「厨」であり、冥界の厨官であるとして、『漢書』郊祀志「長安廚官」を引用する。[15]祭墓の時は、すぐに哭してはいけない、死者が供物を享用するのを待って哭せ、もし待たないで哭せば、死者の霊魂は供物を地下の廚官に送るだろうということである。姜守誠は、墓地で死者を祭る時は哭さない方が良い、傷心が抑えがたいなら、少なくとも死者の霊魂が供物を享用し終わってから哭すべきで、さもなければ冥界の鬼吏が供物を廚官に収容するだろうと解する。つまり「哭す勿れ」が原則で、「食し已りこれに哭せ」は例外規定である。放馬灘「丹」でも「祠墓者毋敢殼（哭）」と言い、敦煌懸泉置漢簡268に「其死者、毋持刀刃上冢。死人不敢近也。上冢、不欲哭。哭者、死人不敢食、去。」と言うところから見て、哭さないのが祭墓の時の通例であった。

祠、毋以酒與羹沃祭

　　末尾に句点記号がある。李零は「祠」は墓祭を指し、「沃」は注いで祭るこ

と、「祭」は墓祭の供物で、放馬灘「丹」で「毋以羹沃腏上」（「腏」は祠墓の時の供物）と言うのと同趣旨で、酒と羹を供物の上に注いで祭ってはならないということであるとする。劉國勝、姜守誠、雍淑鳳(2017)はそれに賛同し、陳侃理は周家台秦簡「臘日祠先農」条に「三腏、以酒沃」と言うことを引いて、供物に酒を注ぐ習慣は確かに存在し、「泰原有死者」はそれに反対していること、また周家台では祭祀の後、供物を祭祀場所に塗りつけるのに対し、放馬灘「丹」で「祠者必謹掃除」と清潔を保つことを指示するのも、既存の風俗を否定する考えを示しているとする。[16]

而沃祭前

末尾に句点記号がある。李零は後に続けて読み、灌祭の前に死者を緊縛してはならないと解釈するが、劉國勝、姜守誠、陳侃理は前句に続けて読み、「祭前」は供物の前のことで、墓祭の時に酒とスープを供物の上ではなく、前面に注げということと解する。雍淑鳳(2017)は寧夏では現在でも酒、茶、羹を供物と祭祀者の間（即ち供物の前）に注ぐことを引く。それに対し黄傑(2014)は、秦簡では一般に「腏」を用い、「祭」を名詞（供物）で用いるのは罕見であるとし、放馬灘「丹」の「丹言、祠墓者、毋敢哭。哭、鬼去驚走。已、收腏而釐之。如此、鬼終身不食殹。」と「泰原有死者」の「祭死人之家、勿哭。須其已食乃哭之、不須其已食而哭之、鬼輒奪而入之廚。」が対応し（哭に関する規程）、放馬灘「丹」の「丹言、祠者必謹騷除、毋以淘海祠所。毋以羹沃腏上。鬼弗食殹。」と「泰原有死者」のこの部分が対応する（酒羹に関する規程）とするなら、「祠、毋以酒與羹沃、祭而沃。祭前、收死人、勿束縛。」と句読するべきで（つまり、「祠には、酒と羹とを以て沃ぐなかれ、祭して沃げ。……」と読み、「酒と羹とを以て」の後に「腏上」が省略されているということである）、「祠」と「祭」は別の儀節（「祠」が前で、「祭」が後）であるとする。そして、「沃祭」と「而」の間の句点符号については、その他の六つの記号が充分な空間があるのとは異なり、またこの記号の形は他の六つと微細な

差異があり、後から書写者とは別の者が文意を誤解して挿入したものかもし
れないとする。但し、後者については差異と言えるもののようには思えない
し、「祭」字を名詞で用いるのは罕見とする根拠が明白ではない。なお、「祠」
と「祭」について黄傑が考えていることは、次句の部分で明かされる。

收死人、勿束縛。

　陳侃理は、死者を納棺する時、緊縛してはならず、生前の姿態を保つべき
であること（後文の「令如其産之臥」）を言うもので、屈肢葬を指すとする。
一般に屈肢葬は秦文化の特徴であるとされ、膝を四〇度以下、甚だしきは接
触するまで曲げ、踝は臀部に接触し、上脚を腹部に接触させるが（但し、貴
族と平民では異なり、上級身分では直肢葬の比率が高い）、それが「泰原有死
者」の言う「束縛」であると言う。屈肢葬は漢代になると見られなくなるが、
秦の滅亡以前から関中以外の秦墓では屈肢葬の割合が減少していた（例えば、
睡虎地の三墓のうち、二墓は直肢、十一号墓は屈曲の程度が軽い屈肢（百十
度）である）。つまり、六国併合によって秦文化は拡散したが、同時に他文化
の影響を受けて秦文化も変容したのであり、「泰原有死者」は中原文化に倣っ
て秦文化を変革しようとする意図を持って書かれたものと推測できるとする
のである。姜守誠は陳侃理の説を全面的に認める。

　黄傑(2014)は「收」は斂に相当し、「束縛」とは死者に衣を着せた後、帯で
縛ること、前句冒頭の「祠」は斂の前の儀礼（初死の奠）で、「祭」は収斂束
縛の後の儀礼（小斂奠・大斂奠）ではないかとする。つまり、前句の部分を
彼は祭墓とは認めないのである。彼は陳侃理の説に対しては、「泰原有死者」
は楚人のものである可能性もあると論じる。

　この部分は短い中に二箇所も句点記号がある点が確かに難解ではあるが、
黄傑の読みは無理であろう。というのは「祭前に死人を收めるに、束縛する
なかれ。」と読むなら、「祭前」と「收死人」の間に句点記号があるべきでは
ない。

毋決其履

　李零は「夬」に従う字（缺、抉など）には断裂、破損、破壊、抉発の義があるとする。黄傑(2014)は斂の時に両靴を繋ぐ帯を斬って、両足を開いてはならないことと解する。

毋毀其器

　陳侃理は、靴や器物を破壊するのはいわゆる毀器葬であり、それを行ってはいけないということと解する。毀器葬は世界各地に存在し、殷代にも見られた。秦文化に毀器葬の風俗は見られないが、馬利清は、屈肢葬の秦墓では鏡の破損率が高く、埋葬において鏡を破壊する風俗があったと推測している（「出土秦鏡与秦人毀鏡習俗蠡測」、『鄭州大学学報』二〇〇九－六）。毀器葬と屈肢葬は共に秦文化の要素であり、「泰原有死者」がその両者に反対していたと述べる。姜守誠もその見解を認め、「泰原有死者」は秦が六国併合の過程で中原文化の影響を受け、社会風俗の改良を志向したことを反映するとする。

令如其産之臥殹

　李零は、必ず生前の寝姿を保つように努力せよという意味と解する。姜守誠は「收死人、勿束縛。」と同じく屍体の納棺方法にかかわり、屈肢葬に代わって仰臥直肢葬を行い、秦の葬俗を中原のものに近づけようとしたものと論じる。

令其魕(魄)不得茖思

　末尾に句点記号がある。「魕」について、李零は「鬼」「屮」「専」に従い、「薄」の省文で、「魄」の義とし、「茖」は「落」、引申して隕墮、死傷などの意味となり、「失魂落魄」と言う時の「落」は失うこととする。「思」は語助詞と解するので、死者の魄が身体に付着し、失落、没落しないようにせよという意味になる。その上で、魂（陽）・魄（陰）の説を引き、魂は浮動して定

298　第2部　非發掘簡の資料價値の確立

まらず、魄は身体に付着して固定する（体魄）と考えたとするが、魄は死後
も身体にとどまり、埋葬により大地に帰るという意味であろうか。

　一方、陳侃理は「荅」は「答」（束ねる）、「絡」（まとわりつく、纏繞、束
縛）であり、死者の身体に付着している霊魂を縛って動かなくしてはならな
いということで、屈肢葬は死者の霊魂を束縛してしまうという意識かもしれ
ないと推測する。

　姜守誠は、基本的に陳侃理の説を継承しつつ（但し、「荅思」は連言で「絡
束」、束縛の義とする）、「𩵀」については李零の言う通り「魄」であるとす
る。

　黄傑(2014)は、李零、陳侃理の説を引用し、一説とするのみである。

　考えるに、「收死人」から本句までは一段を構成し、内容が連続すると考え
るべきであろう。体魄の束縛をいうとする陳侃理、姜守誠の説の方が筋が通
っている。

黄圈者、大叔（菽）殹

　李零は、この部分は「黄圈」（黄巻）とは大菽であるという解釈を示したも
のとする。換言するなら、一種の注釈であると言える。「菽」は豆類の総称で、
大菽（大豆）と小菽（小豆＝細菽）があり（『呂氏春秋』審時）、大菽は古く
は荏菽、戎菽と称し、漢代には大豆と言い、小菽は古くは荅と言い、漢代に
は小豆と言い、赤小豆のことであると言う。

劳（剗）去其皮、置於土中

　李零は「劳」は「剗」「割」であり、大豆が発芽した後、黄色の種（豆）と白
色の芽を残し、もともとの豆皮を取り去って、地下に投げ入れることとする。
姜守誠は李零の説を認める。

以爲黄金之勉

末尾に句点記号がある。李零は、「黄圈」の「圈」は大豆の芽が屈曲しているところから名を得た（「巻」）可能性があり、「勸」、「勸」は「勉」と同義で、「助」の意味があり（『広雅』）、ここは喪葬を助ける物、即ち随葬品を指すとする。なお、李零は「語訳」では「代替物」と訳している。それは正しいであろうが、「勉」の義は未詳とせざるを得ない。姜守誠は大豆の芽の外側の皮をとって、地中に置けば黄金として使用できるということと解する。

（３）釋文と訓読、現代語訳

以上を踏まえて、句読を加えた釋文と訓読を提示する。

【釋文】

泰原有死者、三歳而復産、獻之咸陽。言曰、死人之所悪、解予死人衣。必令産見之。弗産見、鬼輒奪而入之少内。死人所貴黄圈。黄圈以當金、黍粟以當錢、白菅以當絲（紬）。女子死三歳而復嫁、後有死者、勿并其冢。祭死人之冢、勿哭。須其已食、乃哭之、不須其已食而哭之、鬼輒奪而入之廚。祠、毋以酒與羹沃祭、而沃祭前。收死人、勿束縛。毋決其履、毋毀其器。令如其産之臥殹（也）。令其魄（魄）不得苔（荅）思。黄圈者、大叔（菽）殹（也）。劳（㓝）去其皮、置於土中、以爲黄金之勉。

【訓読】

泰原に死者あり、三歳にして復産（生）し、これを咸陽に献ず。［復生する者］言いて曰く、「死人の悪むところは、死人に予えし衣を解（損壊）するなり。必ずこれを産（生）見せしめよ。産見せざれば、鬼は輒ち奪いて、これを少内に入れん。死人の貴ぶところは黄圈なり。黄圈は以て金に當て、黍粟は以て錢に當て、白菅（茅）は以て絲（紬）に當つ。女子は死して三歳にして復嫁すれば、後に死者あるも、其の家に并せる勿れ。死人の家を祭るに、哭する勿れ。其の食を已えるを須ちて、乃ちこれに哭せ。其の食を已えるを須たずしてこれに哭さば、鬼は輒ち奪いてこれを廚に入れん。祠るには、酒と羹を以て祭

300 第2部 非發掘簡の資料價値の確立

に沃ぐ毋れ。而して祭の前に沃げ。死人を収めるに、束縛する勿れ。其の履を決（破壊）する毋れ、其の器を毀つ毋れ。其の産（生）臥するが如くせしめるなり。其の魄（魄）をして苔（答）ねるを得ざらしめよ。黄圈は、大叔（菽）なり。其の皮を劳（劈）去（割去）し、土中に置き、以て黄金の勉（義未詳）ならしめよ。

【現代語訳】

泰原に死者があり、三年後に復生したので、それを咸陽に献じた。復生した者は以下のように言った。「死人が嫌うのは、死人に与えた衣服を損壊することです。必ずそれ（死人に与える衣服）を生きている間に見せなければなりません。生きている間に見せなければ、鬼（冥界の官吏もしくは他の死者）がそれを奪って、少内（冥界の少府もしくは居宅の小内）に入れるでしょう。死人が貴ぶのは黄圈（大豆の芽）です。冥界では黄圈を黄金にあて、黍粟を銭にあて、白茅を絹織物にあてます。女性が死んで三年後に冥界で再婚するので、その後に死者がでても、その墓に合葬してはなりません。死人の墓を祭る場合は、哭してはいけません。［哭するのであれば］死人が食べ終わるのを待ってから、哭しなさい。死人が食べ終わるのを待たないで哭すれば、鬼が供物を奪って冥界の廚に納入するでしょう。墓を祭る時には、酒と羹（スープ）を供物に注いではなりません。供物の前に注ぎなさい。死人を棺に収める時には、束縛してはなりません。その履を破壊したり、その容器を壊したりしてはなりません。死人が生きて寝ていたようにしなさい。死人の魄が束縛されないようにしなさい。」黄圈とは、大菽（大豆）である。その種子の皮を割去して、土中に置き、黄金の代替物とするのである。

（4）「泰原有死者」の思想史的、宗教史的な位置づけに関する議論

　諸論者は、それぞれの立場から「泰原有死者」を思想史的、宗教史的に位置づける議論を展開している。最後にそれらをまとめておきたい。

①李零

　李零が指摘するのは三点にまとめられる。先ず、放馬灘「丹」と「泰原有死者」のテーマ的な類似性（共に再生を述べる）と内容の差異（冥婚と随葬品に関する言及）について、両者を比較する必要があるとする。第二に「泰原有死者」の舞台は恐らく北方と考えられるのに対し、その出土地は南方と推測できるので、「泰原有死者」の「死人」が墓主であるとは言えないとされる。明言されてはいないが、これは放馬灘「丹」も墓主とは直接の関係がなかったという彼の考えを示唆している。第三に、放馬灘「丹」はフィクション（「志怪故事」）とされてきたわけだが、「丹」も「泰原有死者」も葬送習俗を論じるものであり、フィクションであるか否かを論じること自体が意味がないとする。

②郭珏

　戦国秦漢期の死と死後にかかわる考え方を、「知死」と「事死」、共通枠組みとテキスト間枠組みという分析概念を用いて明らかにしようとする論文である。「知死」とは死と死後に関する情報とそれを伝える文献を指し、取り上げられるのは『日書』、放馬灘「丹」と「泰原有死者」、「事死」とは死と死者を扱う実践と儀礼ならびにそれらを表現する文献を指し、扱われるのは告地策である。一方、共通枠組みとは異なるテキストの間に共通する思考や行為の枠組みを指し、テキスト間枠組みとは共通性の中での偏差を言う。例えば、『日書』の場合、日取りの吉凶を決める考え方は文献が違っても同じだが、具体的にどの日が吉/凶とするかは文献が異なれば違ってくる。

　放馬灘「丹」と「泰原有死者」については、死んだ者が復生して死者の好みと禁忌を論じる点で共通し、またそれが羅列になっている点でも同じであり、これは復生した人の口を借りて「知死」の知識を論じるという枠組みが、広い範囲（地域）と時間に及んでいたことを示すものとする。一方、両者には明瞭な違いもあるとして、五点を指摘する。先ず、放馬灘「丹」では再生

302　第2部　非發掘簡の資料價値の確立

の過程と生死の世界の交流が詳しく描写されるのに、「泰原有死者」にはその
部分がない。前者は、丹が現世が冥界と接触した結果、復生できたわけで、
明幽両界の間に双方向的な交流があっただけでなく、冥界から現世にもどっ
て来た丹が両世界の仲介者となるという構造を看取できる。第二に、放馬灘
では死者の復活の後の状態が描かれるが、「泰原有死者」にはその部分がない。
第三に、「丹」では「死人」は祭祀の時には「鬼」と呼ばれるのに対し、「泰
原有死者」では「死人」と「鬼」は別のもので、対立する死後存在になって
いる。第四に、死者の好みを列挙することは「泰原有死者」の方が詳細で、
衣、銭、食物に及ぶ。最後に、郭珏は「泰原有死者」の「女子死三歳而復嫁」
の部分を女性の復生と再嫁と理解し（姜守誠の読みに基づいていることにな
る）、その女性と前夫の埋葬の問題を取り上げると指摘する。また、先述した
敦煌懸泉置漢簡268「上塚、不欲哭。哭者、死人不敢食、去。」は上家におけ
る禁忌を述べ、「丹」と「泰原有死者」と内容的に近く、共通する「知死」の
知識が広く流布して、「事死」のあり方に影響を与えていたことを示すという。

　「事死」類の文献である「告地策」については、公文書の形式を模倣して、
死者を現世から死者世界へ移すために、冥界の官吏に宛てた文書という点
で共通し、その随葬は喪葬行為の一環であったとする。告地策は基本的に死
者の身分証明書と財産目録から成り、死者の身分が高い場合は（謝家橋一号
墓（184BCE）、高台一八号墓（173BCE）、毛家園一号墓（168BCE））、労役と
納税の免除を含む完備した内容になり、身分が低い場合は（鳳凰山一六八号
墓（167BCE）、一〇号墓（153BCE）、孔家坡八号墓（142BCE））簡略になる。
「事死」の儀礼に関する共通枠組みと、その範囲内で状況に応じて調整する
テキスト間枠組みが存在したことを示すとする。他方、胡場五号墓（71BCE）
の場合は、死者が囚人であるというになる特殊状況に対応し、告地策の枠組
みを利用することで、現世と冥界の両方に対しその身分を変更することを求
める儀礼手続きであったと見ることができ、枠組み活用の柔軟性と創造性を
示すものであるとする。

　総じて本論文では、死にかかわる情報と実践の多元性と柔軟性を強調し、

故に比較研究が必要であるという結論になっているが、精緻な方法論を論じた割には、結論は多くはないという印象も受けた。

③陳侃理

　陳侃理が主張するのは、放馬灘「丹」と「泰原有死者」は当時流行していた風俗を改変し、新しいものを確立する（「移風易俗」）ことを目的としていたということである。両者に共通するのは、そのために復生故事という体裁を採用する点である。但し、「丹」は復生の部分が詳細であるのに対し、「泰原有死者」では簡単であるという違いがあり、確かに前者と六朝志怪とは一定の淵源関係があるのかもしれない。しかし、六朝志怪の復生故事も死後の世界への認識とそれに基づく葬祭の宜忌を表現するために用いられたのであって、李零が当時の人にとってはフィクションの文学作品ではなかったと言うのはもっともである。復生部分が簡略な「泰原有死者」は葬送改革という本来の面目に忠実であり、故に「丹」より原初的と評することができる。復生者の口を借りて死者世界を論じるのは説得力があるが、その信憑性を高めるために、「丹」は公文書の形式を借り、「泰原有死者」では「これを咸陽に献ず」云々と言うのであろう。故に、それは本当の行政文書ではなく、公のものではないことを示している（そもそも朝廷が風俗を変更させようとするなら、律令を用いるはずで、復生故事を利用する必要はあるまい）。両文献が「移風易俗」を目指していたこと、しかし公的なものではなかったことを考慮するなら、その書き手は民間のエリート層だったのであって、彼らが喪葬風俗の改変に主導的な役割を果たしたと考えることができる。彼らは目指したのは三つ、第一に銭帛の随葬に代えて穀物・茅などを用いること、即ち質素な喪葬を行うべきこと、第二に屈肢葬や毀器など、夷狄の後進的風俗と見なされる要素を中原のそれに近づけること、第三に墓祭で節制、清潔を保ち、文明的と見なされる方式を求めることである。つまり、秦の旧来の風俗を東方の「先進的」なものに変更することが目的であった推測できる。秦の制度を普及させる王朝の指向性とは逆のベクトルが民間には存在したのであると

304　第2部　非發掘簡の資料價値の確立

論じる。

　後述するように、「泰原有死者」が「丹」よりも原初的とするのは賛成でき
ないが、両文書が一種の「移風易俗」を志向していたという指摘は正確であ
ろう。

④姜守誠

　姜守誠の所論のうち、復生した女性の帰属の議論は既に紹介したので、こ
こでは四点について要約する。

(1)「黄圏」(黄巻)の象徴的意味

　姜氏は医書では大豆黄巻が薬とされていることを紹介する(『黄帝内経霊枢』
五味、『神農本草經』)。後世の医書では黒大豆を水に浸して発芽させ、乾かし
たものを黄芽と称した（『世医得効方』『本草綱目』『炮炙大法』『普済方』)。
しかし、「泰原有死者」の黄圏は冥界の黄金という象徴的な意味であり、全く
異なる。張叔敬鎮墓瓶「黄豆・瓜子、死人持給地下賦」も黄豆と瓜子を冥界
の賦に当てると述べ、やはり象徴的なものである。『酉陽雑俎』巻十三の蘇調
女の条にも随葬された赤小豆、黄豆を用いれば冥界の労役を免除されると言
い、[17] 豆類を冥界の財富の象徴と見なす考えが後代にもあったことが分かる。
他にも、王當買地券「待焦大豆生」、望都漢墓劉氏買地券「侍(待)鳥(焦)大豆
生菜」[18] も大豆を随葬することを言い、陝西宝鶏五里廟王氏鎮墓瓶「五穀黄豆」、
西安崑崙機械廠鎮墓瓶「大豆」は象徴的意義のものかどうかは不明であると
する。

(2)魄の拘束

　姜氏は銭穆（『霊魂與心』、一九七六)、余英時（『東漢生死觀』、二〇〇八)
の説を採用して、最初は魄が単独で用いられ、後に楚文化の魂観念が融合す
ることで、魂魄観念が成立するが、死によって魂は肉体の束縛を逃れて空中
に漂うのに対し、魄は屍体に付着して墓中に幽閉されるとする。「泰原有死者」
は納棺する時に屍体を束縛してはならないとするのは、そうすることで死者
の魄も冥界で束縛されると考えられたからであろう。『太平経』にも死者が冥

界で「精魂拘閉」され、審判もしくは拷問を受けるとするが、それは「泰原
有死者」の考えを応報的な方向に発展させたものであると言う。[19]

　魄が墓中に幽閉されるという部分について姜氏が挙げるのは『礼記』郊特
牲「魂氣歸於天、形魄歸於地」であるが、これは幽閉を表現したものではあ
るまい。また、『太平経』は罪に対する罰を言うので、「泰原有死者」とは相
当距離がある。

(3) 斂衣と薄葬

　陳侃理と同様、姜守誠も放馬灘「丹」が死者は衣服が多いのを望まず、「泰
原有死者」が生前に見なかった衣服を随葬するなと言うのは、薄葬の理念を
表すと考える。その考えは漢代にも存続し、史書の中には「時服」「故衣」で
の埋葬を言うものが多い（『漢書』劉向伝、『後漢書』梁商伝、范冉伝、趙咨
伝・注）。「泰原有死者」が死者が生前に見なかった服は鬼吏（もしくは他の
鬼魂）に奪われ、少府に充当されると言うのは、見たことも使用したことも
ない衣服は所有権を主張しがたかったためだと思われる。一九五四年に湖北
長沙で出土した東晋穆帝時の周芳命妻潘氏衣物疏は、随葬品にそれぞれ「故」
を冠して生前使用したことを強調する。[20]衣服は日常の必需品で、現世の財で
あったから、それと随葬のバランスをどうとるかが課題になったのであり、
「丹」はその数量を抑えようとし、「泰原有死者」は生前使用したものという
制約を加えようとしたのであり、共に喪家の負担を軽くしようとした、と論
じる。

(4) 「丹」と「泰原有死者」の比較

　陳侃理と異なり、姜守誠は「泰原有死者」よりも放馬灘「丹」の方が古い
形態であると考える。両者は復生者の口を借りて死後の世界を語る点で共通
し、それらが遠く隔たった地域から出たことは、この種のテキストが流行し
たことを示すが、「丹」が復生の過程に関する描写が詳しいのに対し、「泰原
有死者」は死者の好悪、財産、婚姻の観念、祭墓のやり方に重点がある。復
生者の口を借りたのは、奇怪な話の体裁を採ることで内容を権威づけしよう
としたのであろう。一度、そのような話の形態が成立すれば、後のテキスト

306　第2部　非發掘簡の資料價値の確立

はそこを語る必要がなくなるから、話の重点は冥界の観念に移るのであり、故に「丹」の方が「泰原有死者」より古いと言うのである。

　おそらく「丹」と「泰原有死者」の前後関係については、姜守誠の方が正しいであろう。

　本来は「泰原有死者」に関する筆者自身の見方を論じるべきであるのだが、既に紙幅を大幅に超過しているので、それは別稿を期したい。

注

(1)北京大学出土文献研究所編『北京大学蔵秦代簡牘書跡選粋』、人民美術出版社、二〇一三。上海書画出版社編『秦漢簡帛名品（上）』、上海書画出版社、二〇一五。

(2)北京大学出土文献研究所「北京大学蔵秦簡牘室内発掘整理簡報」、「北京大学蔵秦簡牘概述」、『文物』二〇一二─六。

(3)なお、各巻における簡の枚数は「簡報」と「概述」で異なるが、これは両者の執筆時期が異なり、その間に整理が進展したことを示すのであろう。

(4)黄傑（2014）は、睡虎地『日書』詰篇「人行而鬼當道以立、解發奮以過之、則已矣。」（甲46背3）を引き、「解發」は除祓の法であり、ただ、「解」だけでその意味があるか不明とする。「解」に除祓の義があることは問題がないが、引用された部分は「解發」ではなく「解髪」に作る。黄傑がなぜ「髪」を「發」と解したのかは不明。

(5)孫占宇「放馬灘秦簡〈丹〉篇校注」、簡帛網2012-07-31。彼の根拠は揚雄『太玄経』干「次七、何戟解解遘。測曰、何戟解解、不容道也」の「解解」を範望注が「戟多之貌」と注することにあるが、「解」自体に「多」の意味があるか否かは説明できていない。

(6)睡虎地『秦律十八種』金布律「縣、都官坐效、計以負賞（償）者、已論、嗇夫即以其直（値）錢分負其官長及冗吏、而人與參辨券、以效少内、少内以收責之。其入贏者、亦官與辨券、入之。其責（債）毋敢隓（逾）歳、隓（逾）歳而弗入及不如令者、皆以律論之。」

同「受(授)衣者、夏衣以四月盡六月稟之、冬衣以九月盡十一月稟之、過時者勿稟。後計冬衣來年。……已稟衣、有餘褐十以上、輸大内、與計偕。都官有用□□□□其官、隸臣妾、舂城旦毋用。在咸陽者致其衣大内、在它縣者致衣從事之縣。縣、大内皆聽其官致、以律稟衣。」

(7)睡虎地『日書』甲篇「宇」「取婦為小内。内居西南、婦不媚於君。内居西北、毋(無)子。内居東北、吉。内居正東、吉。内居南、不畜、當祠室。依道為小内、不宜子。」(甲23背4,14-19背5)『日書』嗇「凡為室日、不可以筑(築)室。筑(築)大内、大人死。」(甲100正)

(8)『太平経』巻之六十七・六罪十治訣第一百三「所以然者、此財物迺天地中和所有、以共養人也。此家但遇得其聚處、比若倉中之鼠、常獨足食。此大倉之粟、本非獨鼠有也。少内之錢財、本非獨以給一人也。其有不足者、悉當從其取也。」

(9)池澤「甘肅省天水放馬灘一號秦墓「志怪故事」註記」、谷中信一編『出土資料と漢字文化圏』、汲古書院、二〇一一、一九八、二〇三頁参照。

(10)『神農本草経』「大豆黄巻　味甘平無毒。主治濕痺筋攣膝痛。生大豆、塗癰腫。煮汁飲、殺鬼毒、止痛。」

(11)陳侃理は、牌45は竹笥353(梨)の上にあったが、報告書は竹笥355(絹製薬袋6)のものと認めると言う。薬袋は「縑囊」に当たるが、黄巻は腐朽して存在しない。

(12)『三国志』魏志・丙原伝「原女早亡、時太祖愛子倉舒亦没、太祖欲求合葬。原辭曰、合葬、非禮也。原之所以自容於明公、公之所以待原者、以能守訓典而不易也。若聽明公之命、則是凡庸也、明公焉以為哉。太祖乃止、徙署丞相徵事。」(「訓典」は『周禮』のこと)。『周禮』媒氏「禁遷葬者與嫁殤者。」鄭注「遷葬、謂生時非夫婦、死、既葬、遷之使相從也。殤十九以下未嫁而死者、生不以禮相接、死而合之、是亦亂人倫者也。鄭司農云、嫁殤者、謂嫁死人也。今時娶會是也。」

(13)この鎮墓瓶(元嘉二年152CE許蘇氏鎮墓瓶)について、黄傑は黄景春「從一篇東漢鎮墓文看我国冥婚習俗」(『湖北民族学院学報(哲学者会科学)』二〇〇九－六)に依拠している。この鎮墓瓶は一九七四年に洛陽李屯郷一号後漢墓から発掘されたもので(『考古与文物』一九九七－二)、次のような銘文を持つ。

　　　元嘉二年十二月丁未作四日[甲]申、黄帝與河南緱氏□□中華里許蘇阿[銅]□刑憲

308　第2部　非發掘簡の資料價値の確立

　　　女、合會神藥、乂塡（鎭）　豕（冢）宅、□□七神、定家陰陽、死人無□□、生人無

　　　過、蘇𡩜之後生人阿銅憲女、適（謫）過爲𣪠（治）、五戸人參、解□□□安快瓶、神

　　　明利家（or冢）⊠⊠、許蘇氏家生人富利、從省（今?）日始、如律令。

黄景春はこの鎭墓瓶を許蘇阿銅と刑憲女の冥婚、合葬の機會に随葬されたと理解するが

　（李屯郷一号墓は二つの棺を有する）、その根拠は女性について「刑憲の女」と称して、

　名を称さないことは、成人ではないことを示し、「合會」と言うのはもともと同居して

　いなかったからとして、それを『周禮』媒氏・鄭注の「娶會」に当たるとしている。た

　だ彼が、もともと夫婦で、別の時に死んだなら、それぞれに別の鎭墓瓶が用意されるは

　ずだというのは、鎭墓瓶出土の状況に合致しておらず、また夫婦が死別後、あの世で

　「合會」するという意味と解することもできよう。

(14)放馬灘「丹」の「祠墓者毋敢𣪠」の「𣪠」について、陳偉編『秦簡牘合集』（武漢

　大学出版社、二〇一四）二〇七頁は「哭」に通じるとする。

(15)『漢書』郊祀志「長安廚官縣官給祠、郡國候神方士使者所祠、凡六百八十三所、其

　二百八所應禮、及疑無明文、可奉祠如故。」

(16)周家臺三〇號秦墓簡「・先農。以臘日、令女子之市買牛胙、市酒。過街、即行䄡

　（拜）、言曰、人皆祠泰父、我獨祠347先農。到困下、爲一席、東郷（向）、三膠、以酒沃、

　祝曰、某以壺露、牛胙、爲先農除348舍。先農笱（苟）令某禾多一邑、先農才（恒）先泰父

　食。到明出種、即□邑最富者、349與皆出種。即已、禹歩三、出種所、曰、臣非異也、

　農夫事也。即名富者名、曰、某不能350腸（傷）其富、農夫使其徒來代之。即取膠以歸、

　到困下、先侍（持）豚、即言困下曰、某爲351農夫畜、農夫笱（苟）如□□、歳歸其禱。即

　斬豚耳、與膠以并涂困𪊟下。恒352以臘日塞禱如故。353

(17)『酉陽雜俎』巻十三「南陽縣民蘇調女、死三年、自開棺還家、言夫將軍事。赤小豆、

　黄豆、死有持此二豆一石者、無復作苦。又言可用梓木爲棺。」

(18)これは随葬を言ったわけではないが、それに続けて「鉛券榮華」とあり、「鉛券」

　は随葬されているので、大豆も随葬された可能性はある。

(19)『太平経』不用書言命不全訣「爲悪不止、與死籍相連、傳付土府、藏其形骸、何時

　復出乎。精魂拘閉、問生時所爲、辭語不同、復見掠治、魂神苦極、是誰之過乎。」

(20) 周芳命妻潘氏衣物疏「故布梁衣一要、故襟裙一要。升平五年六月丙寅朔廿九日甲午、不禄。公国典衛令荊州長沙郡臨湘縣都郷吉陽里、周芳命妻潘氏、年五十八、以即日醉酒不禄。其随身衣物、皆潘生存所服餙、他人不得妄志(認?)詆債、東海僮子書、書迄還海去、如律令。」(『文物参考資料』1955-11、『考古通迅』1956-2)

北大藏秦簡《教女》釋文再探*

朱　鳳瀚

　　北大藏秦簡《教女》，全篇共 15 枚簡，每枚完整簡書寫 51 至 61 字不等。現存共 851 字，內含重文一、殘字二，另有章節符號一。完整的簡（此指簡文不缺者）7 枚。其餘簡均在下端有所缺失，少一或幾個字。

　　完整簡長 27.3—27.5、寬 0.5—0.6 釐米。簡有三道編繩，中間一道編繩處，有明顯在書寫中特意留出的空襠。簡背有劃痕，但不甚規整，大體分成三段自左上向右下的斜線，兩短一長。

　　此 15 枚簡屬於北大秦簡整理時所定卷九，編連在全卷的最後，其首簡與暫定名的《從政之經》末簡相連。首簡上端有 ▲ 號，但未見篇題。文首言"昔者帝降息女殷晦之野。殷人將亡，以教其女曰"以此展開全篇正文。故名此篇文章為《教女》。

　　全文可分兩大部分。

　　第一部分包括前面的七枚簡，是講善女子要遵守的規則。

　　第二部分，包括後面的八枚簡，從反面講違背善女子之方的各種表現。

　　全篇文句是韻文，多為四字一句，一句也有多於四字的。相連兩句，在第二句末押韻。從全文所押韻情況可知，前 5 枚簡較整齊，均押陽部韻。第 6、7 枚簡主要押耕部韻，偶押真部韻，耕、真旁轉。第 8 至第 10 枚簡先後押之、魚部韻，第 11、12、13 枚簡主要押魚部韻，間有押可旁轉或對轉韻部的，如宵、陽部。第 14、15 枚簡主要押屬入聲的或可旁轉的物、質、月諸部。末簡尾部兩句押可與質部對轉的屬陽聲的真部韻。由此可見，全篇後面用韻較散。全篇押韻的規律是，前一部分均押陽聲韻，後一部分主要押陰聲與入聲韻。其押韻之區分，恰與文章內容相對應。

　　下面即按上述前後兩部分依簡序對簡文作釋文，並對部分字詞作解釋。

312 第2部　非發掘簡の資料價値の確立

⚑昔者帝降息女殷晦之堃（野）。殷人将亡，以教其女曰：凡善女子之方，固不

敢剛。姻（矜）宛（勉）從事，唯審與良。西東猺（謠）若，色不敢昌（猖）。

疾靑糸（續）從事，不論（034）[ii]

⚑：此符號位於首枚簡文上端，不屬正文。從此符號位置可知，其含義當
是用以表示新的一篇竹書之開始，並指示由此向左順讀。關於這種作用，睡虎地
簡整理小組已曾指出過，但又認為此符號似為"召"字，今之研究者或從之，似
不妥。[iii]

息女：《史記·高祖本紀》："臣有息女，願為箕箒妾。"張守節正義曰："息，
生也。"是息女即親生女。

殷晦之野：晦，曉母之部字。但從"每"得聲字，聲母也多分佈在明母中
（如"晦"、"嗨"等），而"牧"即明母之部字。故"晦"、"牧"音近可通。
"晦之野"應即牧野。

方：《詩經·大雅·皇矣》："萬邦之方"，毛傳曰："方，則也"。《禮記·
樂記》："樂行而民鄉方"，鄭玄注："方猶道也"。

固：《戰國策·秦策一》："王不能行也"，高誘注："固，必也。"剛：《說
文》："強，斷也。"

西東：亦見秦駰禱病玉版。《史記·屈原賈生列傳》："怵迫之徒兮或趨西
東"，裴駰集解引孟康曰："怵，為利所誘怵也；迫，迫貧賤，東西趨利也。"
泛指四方，無定向。猺，謠言，流言。若，及也，見《經傳釋詞》卷七。

色：《大戴禮·誥志》："民之悲色"，王聘珍解詁云："色謂形色"。

續：《爾雅·釋詁上》："繼也"。繼續。又通"積"。《漢書·食貨志下》："孰
積于此"，顏師古注："積，多也"。

□明。[iv]善衣（依）夫家，以自爲光。百姓賢之，父母盡明。疾作就愛，如阰（妣）

在堂。雖與夫治，勿敢疾當。醜言匿之，善言是陽（揚）。中毋妬心，有（又）

毋奸腸。亦從臣妾，若囗（033）ᵛ

盡明：皆有光耀。

亦從：《史記·春申君列傳》：“從而伐齊”，索隱引劉氏云：“從，猶領也。”

《淮南子·氾論》：“禽獸可羈而從也”，高誘注：“從，猶牽也”。

笑訣（殃）。居處安樂，臣妾莫亡。今夫威公，固有 厰（嚴）剛。與婦子言，

弗 肎（肯）善當。今夫聖婦，自教思長。曰： 痒（厓）石在山，尚臨中堂。

松柏不落，秋尚反黃。羊矢竝下，或 歒（短）或長。水 寂（最）（032）ᵛⁱ

笑訣（殃）：“笑”字見《說文》新附。臣鉉等按：“孫愐《唐韻》引《說文》
雲：喜也。”“笑訣”當讀作“喜殃”。

威公：此詞見張家山漢簡《二年律令·告律》133 號簡，其文曰：“子告父母，
婦告威公，奴婢告主，主父母妻子，勿聽而棄告者市。”ᵛⁱⁱ《說文》：“威，姑也，
從女，從戌。漢律曰：‘婦告威姑’”。段玉裁注曰：“引申為有威可畏”，故
“威”是指稱今之所謂“婆婆”。“公”在此應是指稱“夫之父”，即今所謂“公
公”。

厰（嚴）剛：雲夢睡虎地秦簡《為吏之道》有“嚴剛毋暴”（八壹），此

句亦見岳麓書院秦簡《為吏治官及黔首》（五〇正）惟“嚴”字作 厰 。

聖婦：上文曰：“今夫威公”，既是指公婆，則此相對而言之“今夫聖婦”
之“婦”，應即是兒媳。同于上引張家山漢簡文中的“婦告威公”之“婦”。

肯：《爾雅·釋名》：“肎，可也。”

善當：《莊子·徐無鬼》：“人不可以善言為賢”，成玄英疏：“善，喜好也。”
又《詩經·墉風·載馳》：“女子善懷”，鄭玄箋曰：“善，猶多也。”《禮記·學記》：
“鼓無當於五聲。”鄭玄注：“當，猶主也。”“善當”似即言遇事喜好作主。

或遇事多作主。

匡：可讀作崖。《說文》："崖，山高邊也。"

中堂：《詩經·秦風·終南》"有紀有堂"。 朱熹集傳"紀，山之廉角也。堂，山之寬平處也。""廉角"即稜角。"紀"與"堂"相對，與簡文此處的"匡石"與"中堂"對言意近。

羊矢：即羊棗。《孟子·盡心下》："曾晳嗜羊棗，而曾子不忍食羊棗"，朱熹集注："羊棗，實小黑而圓，又謂之羊矢棗。"亦稱"遵"，見《爾雅·釋木》。此句"羊矢"所指尚待再斟酌。

平矣，尚有潰皇（惶）。老人悲心，唯惡何傷。晨爲之鬻，晝爲之羹。老人唯怒，戒勿敢謗。夫與妻，如表與裏，如陰與陽。女子不作，愛爲死亡。唯愛大至，如日朝光。（027）[viii]

惡何：《孔子家語·困誓》："孔子曰：善，惡何也？"王肅注："惡何，猶言是何也。"然此句前邊有"雖"，故"惡何"不宜連讀作"是你"講。在這裡惡是言態度不好。何傷，有何妨害。

作：《孟子·告子下》："困于心，衡於慮，而後作。"朱熹集注："作，奮起也"。

男子之盧(慮)，臧（藏）之心腸。莾然更志，如發幾（饑）梁。莫（暮）臥蚤（早）起，人婦恒常，絜身正行，心貞以良。慎毋剛氣，和弱心腸。兹（慈）愛婦妹，有（友）與弟兄，有妻如此，可與久長。（013）[ix]

莾然更志：《莊子·人世間》："獸死不擇音，氣息莾然。"陸德明釋文曰："莾，崔音勃。"勃然，即突然，忽然，言時間短促。 更，變改。《孟子·公孫丑下》："夫志，氣之帥也。"趙岐注："志，心之所念慮也。"

慈愛：《釋名·釋言語》："慈，字也。字愛幼也"。《周禮·地官·大司徒》："一曰慈幼"，鄭玄注："慈幼，謂愛幼少。"

友與弟兄：《詩經·大雅·皇矣》："因心則友"，毛傳："善兄弟曰友"。《易經·鹹·象傳》："二氣感應以相與"，陸德明釋文引鄭云："與，猶親也。" "有"，或讀作"又"，承上文。

有曰：善女子固自正。夫之義，不敢以定。屈身受令，旁言百**牧**（姓）。威公所詔，頃耳以聽。中心自謹，唯端與正。外象且美，中（忠）實沈（沉）清（靜）。莫親於身，莫久於敬。沒（**017**）ˣ

義：《論語·為政》："見義不為"，何晏集解引孔安國曰："義者，所宜為也。"

旁言：《說文》："旁，溥也。"即普遍告知。百姓，在此當指本家族內的眾子姓。

莫親於身：《論語·陽貨》："親於其身為不善者，君子不入也。"朱熹集注："親，猶自也。"此"莫親於身"似即言不要親自以其身。

莫久於敬：《說文》："敬，肅也。"《論語·鄉黨》："寢不尸，居不容。"何晏集解引孔曰："為室家之敬難久。"邢昺疏："其居家之時，則不為容儀，為室家之敬難久，當和舒也。"

身之事，不可曰幸。自古先人，不用往聖。我曰共（恭）敬，尚恐不定。監所不遂，夫在街廷。衣彼**顧**（顏）色，不顧子姓。不能自令，毋受天命。毋詢父母，寧死自屏。□（**035**）ˣⁱ

沒身："沒"在上一枚簡（017）末。《楚辭·七諫·哀命》："哀高丘之赤岸兮，遂沒身而不及"，"沒身"即"歿身"。或曰"沒身"亦作"沒世"。《大戴禮記·衛將軍文子》："足以沒世"，王聘珍解詁云："沒世，謂終身。"

幸：僥倖。

先人：《史記·太史公自序》："先人有言"，司馬貞索隱曰："先人，謂先代賢人也"。

不用往聖：《逸周書·逸文》："上言者下用也，下言者上用也。"朱右曾集訓校釋曰："用，資也。資以施行也。"往聖，往昔之聖人。

顧：此字以往學者或讀作"顧"，認為是"顧"的異體字。ˣⁱⁱ但本枚簡在此

316　第2部　非發掘簡の資料價値の確立

"衣被顈色"下面一句話"不顧子姓"即有"顧"字。故"顈"字在本簡文中

不當讀作"顧"字。張家山漢簡中多見顈字，整理小組釋文徑寫作"顧"，

讀作"顏"，在文中皆可通。[xiii]馬王堆帛書此字寫成"顈"，或作"顈"，亦

均可讀作"顏"。[xiv]

　　不顧：《慧琳音義》卷三："不顧"注引《廣雅》："顧，向也。"《詩經·小雅·匪風》："顧瞻周道"，鄭玄箋曰："回首曰顧"。

　　不能自令：《詩經·小雅·十月之交》："不寧不令"，朱熹集傳曰："令，善也"。

　　詢：《呂氏春秋·離俗》："湯曰：'伊尹何如？'務光曰：'強力忍詢，吾不知其他也'"，高誘注："詢，辱也"。字同"訽"。

　　屛：《釋名·釋宮室》："屛，自障屛也。"

　　以上七枚簡簡文，總起來看，是在以帝教其女的口吻，講"教女"，即作為善女子要遵守的規則。

　　以下是簡文的第二部分，即從反面講不善女子違背善女子所為的各種表現。仍依照簡序作釋文與部分字詞的解釋。

若子不善女子之方，既不作務，妣義（議）不已。口舌不審，失戲男子。毚（纔）

晦而臥，日中不起。不能清居，數之鄰里。抱人嬰兒，嗛人顥臬，餔人飡將（漿），

撓人淫□。□（031）[xv]

　　妣：字不見《說文》。似可讀作"妗"。今、欠均侵部韻。今，見母；欠，溪母。聲母亦相近，故可通。《集韻》："妗，女輕薄貌。"又，此字亦可能是從女，次省聲，即"姿"，姿意也。

　　失戲：《說文》："失，縱也。"《玉篇》："《說文》云：'縱逸也'"，戲，嘲弄。"失戲"即恣意戲弄。

北大藏秦簡《教女》釋文再探 317

顥：疑即顡，從頁，畟聲，亦即束聲，通作"績"。"績枲"即緝麻，將麻分析成縷狀，然後搓撚成線。"嗛人績枲"之"嗛"似可讀作"兼"，並也。

飱漿："飱"字不見《說文》。疑從食各省聲，可寫作"餎"，讀作"酪"。

《說文》新附有"酪"字，曰"乳漿也"。"飱漿"即酪漿。又，飱或從夊聲，夊在端母脂部，則飱亦可讀作來母脂部的"醴"字。

撓：《說文》："擾也"。

入門戶，文奇人忌。甘語益之，不智（知）其久。旦而出鄰，即到於晦。男子視之，益稗（坤）笑喜。[xvi]曰：我成（誠）好美，冣（最）吾邑里。澤沐長順，疏（梳）首三祄之。衣數以之囗（030）[xvii]

　　文，這裡指外表之裝飾。《禮記·玉藻》："大夫以魚須文竹"鄭玄注："文，猶飾也。"

　　忌：《說文》："憎惡也"。又，《文選》王粲《贈文叔良》："人之多忌"，呂延濟注："忌，諱也"。

　　澤沐長順：《說文》："沐，濯髮也"，"順，理也"。

　　祄：從衣，欠聲，溪母侵部字，可讀為溪母緝部字的鹻，《說文》："鹻，齧也。"《淮南子·人間》："劍之折必有齧"高誘注："齧，缺也。"

者，意之父母。良子有曰：女子獨居，淫與猒巫。曰：我有巫事，入盜縈纑。不級（及）凡瀘（盍），阸栢惡兮。環善父母，言語自舉。臣去亡，妾去之逋。有妻如（029）[xviii]

　　意：在此或當讀作"隱"。《左傳》昭公十年之季孫意如，《公羊傳》作"隱

318 第2部 非發掘簡の資料價值の確立

如”。

良子：良，善也。子，此或是稱男子。

淫與：《漢書·楊雄傳上》：“淫淫與與”，顏師古注：“淫淫與與，往來貌”。《文選》楊雄《羽獵賦》：“淫淫與與”，李善注：“淫淫、與與，皆行貌也。”

猒：讀作“厭”。《漢書·周勃傳》：“而君受厚賞處尊位以厭之”，顏師古注：“厭，謂當之也。”

入：讀作“內”。《禮記·禮器》：“無節於內者”，孔穎達疏：“內，猶心也。”

縈纑：縈，卷也，纏也。纑，《急就篇》：“絜縷繩索絞紡纑”王應麟補注引《說文》：“纑，繩約也。”

不及凡盍：《爾雅·釋詁》：“及，與也”。“盍，合也”。即不與常道相合。

阫栶惡兮：此句簡文之義尚未能確知。“阫”從阜，寸聲，不見《說文》。

或可讀作遵，循也。栶，亦未見《說文》，在此或當讀作範，法則。惡，於何。

環善父母：《周禮·夏官·環人》：“環四方之政”，賈公彥疏：“此則訓環為卻”。《呂氏春秋·召類》：“舜卻苗民”，高誘注：“卻，猶止也”。《戰國策·秦策二》：“齊楚之交善”，高誘注：“善，猶親也”。“環善父母”即疏遠父母，不與父母親近。

自舉：舉，薦也。

逋：《說文》：“亡也”。

此，孰能與居處。[xix]不愛禾年，獐豬盜之，有猒鳥鼠。居處欲善，從事毋睹（著）。居喜規（窺）望，出喜談語。所與談者，大嫪行賈。買其畜生，及到牛馬。錢金（028）[xx]

猒：同“厭”。《說文》：“飽也”。

嫪：《玄應音義》卷十九：“戀嫪”注引《聲類》：“嫪，姻，戀惜不能

去也。"即眷戀。

盡索，不 智于 (知) 用所。夫道行來，客在於後。不給 歙 食，出入行語。家室戶賦，日奉起撟。貣 (貸) 於人[xxi]，有未賞 (償) 者，小器麿亡 (忘)。今此去，或焦日，或 歺朽 (朽) 雨者，有妻如此，口 (025)[xxii]

日奉起撟：《左傳》文公七年："日衛不睦，故取其地"杜預注："日，往日"。奉，獻也。《周禮·秋官·士師》："五田撟邦令"，賈公彥疏："撟，即詐也。"《玄應音義》卷十二"不撟"注："撟，假詐也"。"撟"通"矯"。《戰國策》卷十一《齊四》言馮諼"驅而之薛，使吏召諸民當償者，悉來合券。券遍合，起矯命以責賜諸民。"起，似即出示，提出。

小器："器"即器量。《論語·八佾》："管仲之器小哉"。

今此去：《後漢書·曹世叔妻傳》："去矣，其 勖 勉之"，李賢注曰："去矣，猶言從今已往"。即自今往後。

苟勿去。今夫不善女子，不 肎 (肯) 自計。夫在官役，往來必卒。不喜作務，喜 歙 日醉。與其夫家言，越越剛气 (氣)。街道之言，發人請察。夫口口口 (021)[xxiii]

苟：《國語·周語上》："觀其苟慝而降之禍"韋昭注："苟，煩也。"《管子·小稱》："逐堂巫而煩病起兵"，尹知章注："煩，煩躁也。"

肯，可也。計，謀畫。

卒：倉卒。

越越：原簡文"越"下為重文符號。義當近於"愈愈"。《詩經·小雅·正月》："憂心愈愈"，朱熹集傳："愈愈，益甚之意。"

發人：《呂氏春秋·具備》："遂發所爱"，高誘注："發，遣也。""發人"即遣人。

請察：請，《說文》："謁也"，即謁問也。

320　第2部　非發掘簡の資料價值の確立

必夕棄。數而不善在前，唯悔可（何）選（擇）。衆口銷金，此人所胃（謂），
女子之敗。見人有客，數來數嫁。益粹（坤）爲仁，彼池更澮（濊）。效人不
出，梯以望外。夫雖教之，口羊（佯）曰若，[xxiv]其□□（023）[xxv]

　　衆口銷金：《國語・周語下》：“衆心成城，衆口鑠金。”韋昭注：“鑠，
銷也。”《說文》：“鑠，銷金也。”《史記・魯仲連鄒陽列傳》記鄒陽於獄中
上書有曰：“夫以孔、墨之辯，不能自免於讒諛，而二國以危。何則？衆口鑠金，
積毀銷骨也。”索隱曰：“《國語》云‘衆心成城，衆口鑠金。’賈逵雲：‘鑠，
銷也。衆口所惡，雖金亦為之消亡。’又《風俗通》云：‘或說有美金於此，衆
人或共詆訿，言其不純金，賣者欲其必售，因取鍛燒以見其直，是為衆口鑠金
也。’”

　　嫁：《說文》：“隨從也”。與“碌”通。碌碌，平庸無能。

　　益粹：亦見於以上簡030。

　　彼池：可读作陂池。

死。直（值）此人者，不幸成大。有妻如此，蚤（早）死爲讄（句）。今夫女
子，不肎（肯）自計，以为時命不會。富者不可從，貧者不可去，必聽父母之
令，以因天命。（022）[xxvi]

　　值：《說文》：“值，措也。”段玉裁注曰：“凡彼此相遇，相當曰值，
亦持之意也”。又《莊子・知北遊》：“明見無值”，成玄英疏：“值，會遇也”。

　　因：《呂氏春秋・君守》：“凡奸邪險陂之人，必有因也。何因哉？因主
之為”，高誘注：“因，猶順也。”即順應。

　　按：《教女》作為抄寫于秦代講婦女道德與宜忌的文章，比成書于東漢時
期班昭之《女誡》一文至少要早近三百年。班昭雖在《女誡》中曾引用過《女憲》，
但該文久已不得見。所以《教女》是迄今所發現的中國最早專論女教的文獻。應

該受到學界的重視。將《女誡》與《教女》相對照，可見班昭所云，有相當多的內容與《教女》語意相同或相近，當然亦有所不同。由此可以瞭解自秦至東漢，有關女德之說教在思想上的延續性與發展。[xxvii]

注

* 按：本文初稿曾以《北大藏秦簡〈教女〉初識》為題，發表於《北京大學學報》（哲學社會科學版）2015 年 2 期。刊出後，見到其他學者的一些意見，對於更好地讀懂此文很有幫助。2017 年 8 月在北大舉辦的北大藏秦簡研究工作坊上，又進一步 得到與會專家的指教。本文是對《初識》一文釋文所作修訂，並對部分字詞作了新的考釋。本文為國家社會科學基金重大項目"北京大學藏秦簡牘整理與研究"（項目編號：10& ZDO90）的階段性成果。北京大學秦簡牘的入藏與整理得到馮燊均國學基金會的資助。

i 朱鳳瀚：《北大藏秦簡〈從政之經〉述要》，《文物》2012 年 6 期。

ii 以上簡文中，亡、方、剛、良、昌均押陽部韻。

iii 方勇《秦簡牘文字編》所附"釋字輯要"，福建人民出版社，2012 年，頁 450。

iv "明"前一字模糊，疑為"晦"字。

v 以上簡文中，明、光、堂、當、陽、腸諸字均押陽部韻。

vi 以上簡文中，訣、亡、剛、當、長、堂、黃諸字亦均押陽部韻。

vii 張家山二四七號漢墓竹簡整理小組《張家山漢墓竹簡（二四七號墓）》，文物出版社，2001年 10 月。

viii 以上簡文中，皇、傷、羹、謗、陽、亡、光諸字均押陽部韻。

ix 以上簡文中，腸、梁、常、良、兄、長諸字均押陽部韻。

x 以上簡文中，正、定、姓、聽、清、敬諸字，均押耕部韻。

xi 以上簡文中，幸、聖、定、延、姓、屏皆押耕部韻。命押真部韻。耕、真皆為陽部韻而相近。

xii 參見方勇《秦簡牘文字編》所附《釋字輯要》，福建人民出版社，2012 年，頁 505-506。

xiii 張家山二四七號漢墓竹簡整理小組：《張家山漢墓竹簡》，文物出版社，2001 年。

xiv 陳松長編著《馬王堆簡帛文字編》，文物出版社，2001年，370頁。施謝捷先生認為 "顀"、"顀" 所從 "𨑒"、"𨑒" 均是 "產（産）" 之訛變。

xv 以上簡文中，已、子、起、裡、枲諸字均押之部韻。

xvi "稗"讀"埤"，增加之意。《詩經·邶風·北門》："政事一埤益我" "益埤"同意詞連用。"稗"在此句中亦可讀作"俾"，使也。因男子視之，而益使之笑喜。

xvii 以上簡文中，忌、久、晦、喜、里、之、均押之部韻。

xviii 以上簡文中，"意之父母"句之"母"押之部韻。應隨上一枚簡（030）所押韻部。此後簡文，巫、纑、舉、逋則均押魚部韻，兮押支部韻。魚、支皆陰聲韻而旁轉。

xix 簡文"居"下有重文符號，疑誤衍。

xx 以上簡文中，處、鼠、暑、語、賈、馬諸字均押魚部韻。

xxi 疑此句有脫文，原文或是"貪（貧）□於人"，或此三字連下讀。

xxii 以上簡文中，所、語、雨諸字押魚部韻；後，押侯部韻，侯、魚皆陰聲韻而旁轉；橋，押宵部韻，宵、侯亦旁轉；亡，押陽部韻，魚、陽為陰陽對轉。

322　第 2 部　非發掘簡の資料價值の確立

xxiii 以上簡文中，去，押魚部韻，隨上枚簡（025）所押韻部。計，押質部韻；卒、醉、氣皆押物部韻；察，押月部韻。質、物皆入聲韻而旁轉。月、質亦旁轉。

xxiv "羊" 讀作 "佯"，陳絜教授說。

xxv 以上簡文中，棄，押質部韻，也可隨上一枚簡（021）所押韻部。擇、若，押鐸部韻；敗、澮、外，皆押月部韻。婡，押屋部韻。月、質皆入聲韻而旁轉。屋、鐸亦皆入聲韻而旁轉。

xxvi 以上簡文中，死押脂部韻，可能是隨上一枚簡（023）所押韻部；大、言益、會，皆押月部韻；令、命，皆押真部韻。

xxvii 班昭《女誡》中講女子 "卑弱第一"，講 "夫婦第二，參配陰陽"，講 "敬慎第三"……陽以剛為德，陰以柔為用"，"故曰敬順之道，婦人之大禮也"，講 "婦行第四"（其中所列舉宜行之 "四行" 諸種行為）均與《善女子之方》所提倡者相近同，可以從中看到二者在思想上的聯繫。

北京大學漢簡「揕輿」と馬王堆帛書『陰陽五行』甲篇「堪輿」の對比研究

名和　敏光

0.　はじめに

2014 年 6 月に待望の馬王堆帛書・竹簡の全ての圖版・釋文が公開された[1]。入手後、馬王堆帛書『陰陽五行』甲篇の全体構造に關しては、既に復原案を提供した[2]。この他、「諸神吉凶」等の圖版に對する修正意見に關しても文章を發表した[3]。本論文では、馬王堆帛書『陰陽五行』甲篇「堪輿」「堪輿煞神表」等の圖版の復原・整理を行い、修正釋文を提供し、北京大學漢簡「揕輿」の構造と竹簡の配列に關しても言及したいと考える[4]。

1-1. 馬王堆帛書『陰陽五行』甲篇「堪輿式圖」復原

まず、「堪輿式圖」部分の復原を行う。

「堪輿式圖」の『集成』の原始圖版、整理圖版及び程少軒再整理圖版は下の如きである。

324　第 2 部　非發掘簡の資料價値の確立

原始圖版（『集成（柒）』第 156 頁）	整理圖版（『集成（壹）』第 263 頁）	程少軒整再理圖版 (5)

　　原始圖版では、二つの帛片（「堪輿式圖」部分と「雜占之七」部分）が一つに纏められている。整理圖版では「堪輿式圖」部分（帛片上部に相當）と「堪輿煞神表」（帛片下部に相當、『集成（壹）』第 266 頁）に分けていたが、程少軒は北京大學漢簡「揕輿」の出版前資料の提供を受け、『集成』出版直前に【看校補記】を書いている(6)。

　　本書排印完成後，我們根據北大漢簡的線索，發現帛書《堪輿》章的拼綴需要調整。編號爲左一上（筆者注：263 頁）和左三上、左三下（筆者注：第 266 頁）的帛塊應拼綴在一起（個別殘片需要剔除，另有一些殘片需要綴入）。相應地，與之對稱的帛塊中六上（筆者注：263 頁）、中四上、中四下（筆者注：260 頁）也應拼綴在一起。…詳細的改動方案，我們擬在另文刊出。特此說明。

　　その後、修正會議で報告した論文（整再理圖版）で、下記の樣に復原を行った(7)。

　筆者は、程少軒の復原以外に幾つかの綴合をなし得たので、下記に擧げる[7]。なお、參考のために程少軒が作成した「堪輿式圖」を附しておく。

326　第 2 部　非發掘簡の資料價値の確立

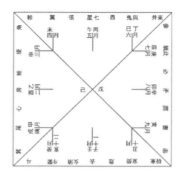

　第一に、殘片 230 は右上角十二月中の「七月」の「七」である。

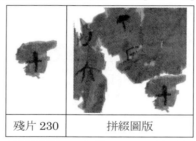

　第二に、殘片 379 は原始圖版では切離しておらず、整理圖版は誤って切離して殘片 379 としている。程少軒は再整理後、神煞「庫（厭）」の運行表上部に、直接「堪輿式圖」を置いている。殘片 143 と殘片 379 は「堪輿式圖」の下の部分、十二地支の「子」と二十八宿の「虛」であり、「雜占之五」章の帛片上にこの部分の反印文がある。

北京大學漢簡「揕輿」と馬王堆帛書『陰陽五行』甲篇「堪輿」の對比研究　327

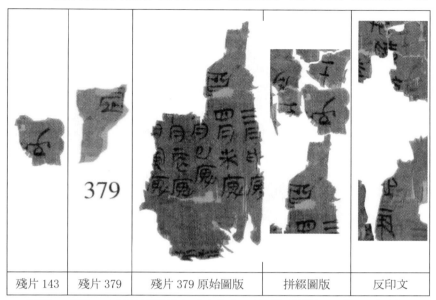

| 殘片 143 | 殘片 379 | 殘片 379 原始圖版 | 拼綴圖版 | 反印文 |

　第三に、殘片 87 は原始圖版上には存在するが、整理圖版では誤って切離してしまい、殘片としてしまっている。この帛片は切離す必要はない（反印文と朱色欄線による）。十天干の「甲」、十二地支の「戌」と十二月の「端月」である。

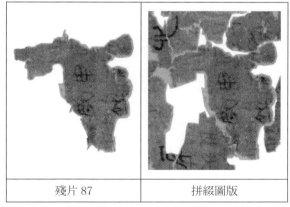

| 殘片 87 | 拼綴圖版 |

　第四に、殘片 188 は「堪輿式圖」二十八宿の「角」の一部と「軫」であり（内容と朱色欄線による）、殘片 170 は十二地支の「亥」と十二月の「十」である（筆劃による）。

328　第 2 部　非發掘簡の資料價値の確立

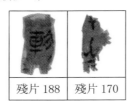

| 殘片 188 | 殘片 170 |

1-2. 馬王堆帛書『陰陽五行』甲篇「堪輿煞神表」復原

　次に、「堪輿煞神表」の復原を行う。この部分は、北京大學漢簡「揕輿」に基づくと、「歲」「歲位」「煞神表」等で構成されていることが解る。先ず、北京大學漢簡「揕輿」の釋文を見てみると、

　　厭衝無堯陷1壹歲位之星爲臺前之星爲堵後之星爲卻前之辰爲連1貳
　　　　正月戌寅亥酉角亢闓衡2壹●凡厭衝無堯陷闓衡折衡負衡杓筴(9)臺堵卻2貳
　　　　二月酉卯戌申氐房心折衡3壹連以祭咎至死及酒肉日辰星若皆不吉其期3貳
　　　　三月申辰酉未尾箕負衡4壹七日若半吉其期三月若皆吉其期卒歲若4貳
　　　　四月未亥申午東井輿鬼闓衡5壹三動於歲之一方取二於前是謂重惡申5貳
　　　　【五】月午子未巳酉七星張折衡6壹凶其咎不三乃五期一歲而咎至6貳
　　　　【六月巳】丑午辰翼軫負衡7壹●凡日辰星唯不吉而皆在歲後之一方以祭7貳
　　　　七月辰申巳卯奎婁闓衡8壹祀其期七月而有大喜若半吉其期三月若皆吉8貳
　　　　【八】月卯酉辰寅胃茅畢折衡9壹其期七日卒歲復至於其月或有喜喜必三申9貳
　　　　九月寅戌卯丑此眭參負衡10壹日辰在歲後而星在歲對名之胃重堪10貳
　　　　十月丑巳寅子斗牽牛闓衡11壹唯日辰星皆不吉必贈唯廢必興若皆吉11貳
　　　　十一月子午丑亥婺女虛危折衡12壹卒歲必五喜君子拜高吏小人有大得重12貳
　　　　十二月亥未子戌室東辟負衡13壹堪13貳

となっており、「厭（庫）」「無堯（無兇）」「陷（䧟）」の部分は馬王堆『陰陽五行甲篇「堪輿」章の第 10～17 行に對應していたが、「衝」に對應する部分は見

北京大學漢簡「堪輿」と馬王堆帛書『陰陽五行』甲篇「堪輿」の對比研究　329

えなかった。

　「堪輿煞神表」の『集成』原始圖版、整理圖版及び程少軒再整理圖版は下の如きである。

原始圖版（《集成（柒）》第 158 頁）	整理圖版（《集成（壹）》第 266 頁）	程少軒再整理圖版

　第一に、「堪輿式圖」「堪輿占法」の上半部分の帛書と下半部分の帛書の綴合である。この部分は、程少軒再整理圖版でも綴合できていないのである。馬王堆『陰陽五行』甲篇「堪輿」章の 263 頁左下部（「庫（陷）」部分の帛片）を見ると、

とあり、文字の確定はできないが、同じ文字が二字並んでいることが解る。また 266 頁の左上部（「無堯」部分の帛片）を見ると、

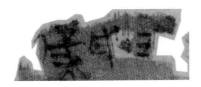

とあり、「丑」「申」「戌」の三字である。これを北大簡で確認してみると、まさに「衝」の「六月」「七月」【九月】に「丑」「申」「戌」があるのである。263頁左下部の殘筆は、このことから、第二欄は北大簡の「衝」に當る部分であり、「庫（陷）」部分の帛片と「無堯」部分の帛片が直接綴合できることが解ったのである。

更に、この「堪輿神煞表」の左側の、折目の部分に相當する一行には、北大簡「揕輿」により、月の記載の無い「二月」「五月」「八月」「十一月」の二十八宿が附記されていることが解った。この一行も「堪輿神煞表」の一部と見做さなければならないのである。

これにより、馬王堆帛書『陰陽五行』甲篇「堪輿煞神表」は下記の様に復原できた。

【端月】戌庫	【橦 10 上寅】	亥無竞（堯）	西鄗	角亢掩衝（衝）10 下
三月申庫	【橦 11 上辰】	酉無堯	未鄗	尾箕後衝（衝）11 下
四月未庫	【橦 12 上亥】	申無堯	午鄗	東【井】與（輿）鬼掩衝（衝）12 下
六月巳庫	橦 13 上丑	午無堯	辰鄗	翼軫後衝（衝）13 下
七月辰庫	橦 14 上申	巳無堯	卯鄗	恚（奎）婁掩衝（衝）14 下
【九】月寅庫	【橦】15 上戌	卯無堯	丑鄗	此（觜）觿參後衝（衝）15 下
【十月丑庫】	【橦 16 上巳】	寅無堯	子鄗	斗緊（牽）牛掩衝（衝）16 下
【十二月亥庫】	【橦 17 上未】	子無堯	戌鄗	熒（營）室東壁後衝（衝）17 下

【二月舩（氐）、房、心折衝；五月酉（柳）、七星、張折衝；八月】腪（胃）、矛（昴）、【必（畢）】折衝；十一月【須女】、去（虛）、危折衝。18

第二に、北京大學漢簡「揕輿」歲位に、

　　日、辰、星唯（雖）皆吉、而 36 會於歲立（位）、以作事、祭祀、至死、卒歲、復至於其月或有咎。（第 36-37 號）

とあることから、殘片 202 が綴合できる。殘片 202 左側の殘筆は、「【冬三】月北方【日、辰、星大兇】」の「月」字の左側と解る。

第三に、第二行下「北方」の下にあった「死」字は、第五行の「至【死】復」の「死」字である。（この「死」字は圖版上には存在するが、釋讀されていない字である。内容と筆劃による。）

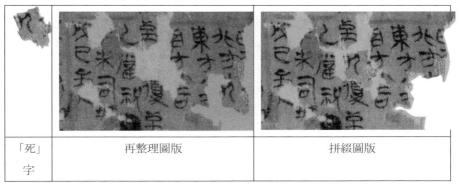

第四に、第 10 行の「子」字は十二月"無堯"の「子」字であることが朱色欄線及び反印文から解る。（この「子」字も圖版上には存在するが、釋讀されていない字である。）

332　第 2 部　非發掘簡の資料價值の確立

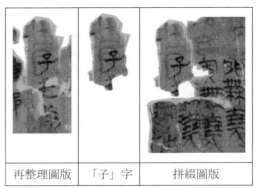

| 再整理圖版 | 「子」字 | 拼綴圖版 |

「堪輿煞神表」以外の部分（右半分）の釋文は以下の樣に復原できた。

春三月東【方日、辰、星大兇】；	南方小兇；	西方【小吉】；	【北方大吉】。1
夏三月南方日、【辰、星大兇】；	西方小兇；	北方小【吉】；	東【方大吉】。2
秋三月西方日、【辰、星大兇】；	北方小兇；	東方小吉；	南方大吉。3
【冬三】月北方【日、辰、星大兇】；	東方小兇；	南方小吉；	西方大吉。4

日、辰、星【唯（雖）皆吉，而會於歲立（位），】毋以作事、祭祀，至死，復至其月，或有咎。

▢……	……	甲【當▢】𠛎；	乙當祝○獻；	四時女是；6
【子丑▢𠛎】；	【寅卯司馬】；	【辰巳司寇】；	午未司城；	申酉贅尹；7
戌【亥土尹】；	【丙丁】……；	戌己主人；	庚辛𠛎；	壬癸尿（尸）。8

▢兇（凶）。甬（用）▢【凡入國】，以庫歲【之辰吉】。▢前一辰或子之以▢▢▢前一辰皆相朕（次），以歲後一方日、辰、星，安舊（久）無疾[七]。9

1-3. 馬王堆帛書『陰陽五行』甲篇「堪輿占法」復原

次に、「堪輿占法」の復原を行う。

「堪輿占法」上半分部の原始圖版、整理圖版及び程少軒再整理圖版は下の如きである。

北京大學漢簡「揕輿」と馬王堆帛書『陰陽五行』甲篇「堪輿」の對比研究 333

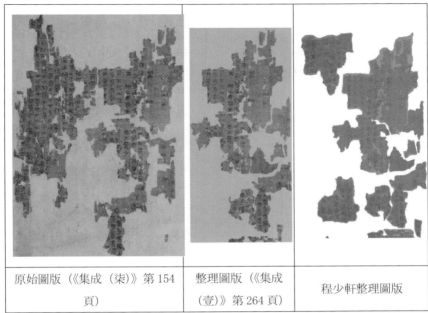

原始圖版（《集成（柒）》第 154 頁）	整理圖版（《集成（壹）》第 264 頁）	程少軒整理圖版

程少軒再整理圖版は、殘片 3・4 を北京大學漢簡「揕輿」により補綴している。筆者は以下の幾つかの位置を修正すべき帛片を發見した。

第一に、殘片 4 は二つの帛片に分けなくてはならず、

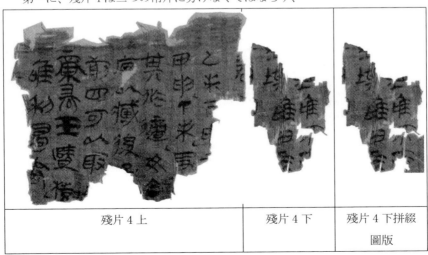

殘片 4 上	殘片 4 下	殘片 4 下拼綴圖版

残片 4 上は「堪輿占法」の第 11-19 行、残片 4 下は「堪輿占法」の第 9-10 行である。(内容、筆劃、朱色欄線による)元來、残片 4 上右下にあった残片 108 と残片 284 は二つに切離す必要はなく、反印關係から残片 4「堪輿占法」第 17 行の下に置くことができる。

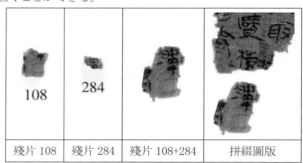

| 残片 108 | 残片 284 | 残片 108+284 | 拼綴圖版 |

第二に、元來「堪輿占法」第 11-12 行下部に置かれていた帛片で、この帛片は 180 度回轉させ、第 11-12 行上部に移動させなければならない。(筆劃、反印文、朱色欄線による)

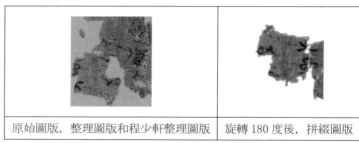

| 原始圖版, 整理圖版和程少軒整理圖版 | 旋轉 180 度後, 拼綴圖版 |

第三に、残片の 98 で、筆劃と反印關係から綴合できる。

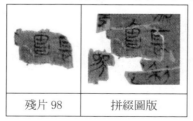

| 残片 98 | 拼綴圖版 |

第四に、残片 80 と 276 で、この残片は誤って切離されているが、元來は一つの帛片であった。この帛片も筆劃と反印關係から綴合できる。

北京大學漢簡「堪輿」と馬王堆帛書『陰陽五行』甲篇「堪輿」の對比研究　335

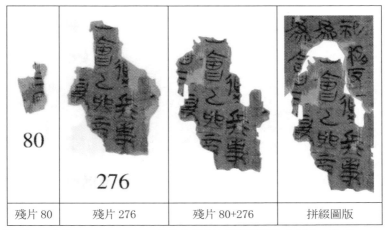

| 殘片 80 | 殘片 276 | 殘片 80+276 | 拼綴圖版 |

第五に、殘片の 278 で、この帛片も筆劃と反印關係から綴合できる。

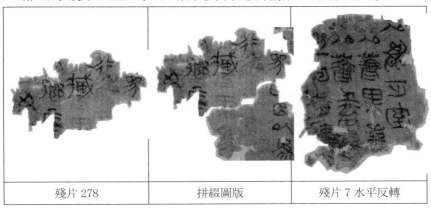

| 殘片 278 | 拼綴圖版 | 殘片 7 水平反轉 |

　次に、「堪輿占法」下半分部の原始圖版、整理圖版及び程少軒再整理圖版は下の如きである。

第 2 部　非發掘簡の資料價値の確立

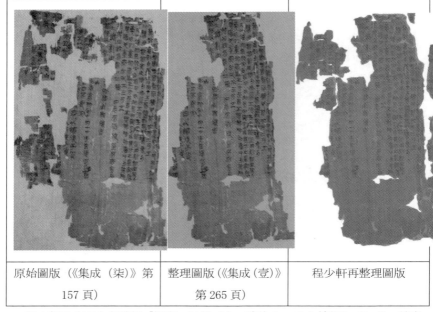

| 原始圖版（《集成（柒）》第 157 頁） | 整理圖版（《集成（壹）》第 265 頁） | 程少軒再整理圖版 |

程少軒は北京大學漢簡「揕輿」に基づき、殘片 2・46 を補綴している。筆者は以下の幾つかの位置を修正すべき帛片を發見した。

第一に、殘片 223 で、この帛片は內容と筆劃から綴合できる。

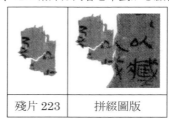

| 殘片 223 | 拼綴圖版 |

第二に、殘片 77 は、右下部分を下部に移動した上で、第行「辰」字と筆劃から綴合でき、第 18 行となる。

北京大學漢簡「揕輿」と馬王堆帛書『陰陽五行』甲篇「堪輿」の對比研究　337

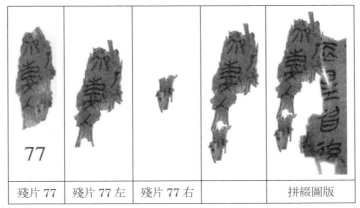

第三に、殘片 374 は、筆劃等から堪輿占法 17-18 行に綴合できる。

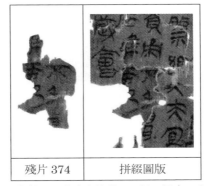

第四に、殘片 48 は筆劃から堪輿占法第 14 行に綴合できる。

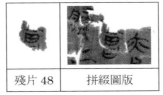

以上により、「堪輿占法」の復原釋文は以下の様になる。

　　　【凡庫無堯郭掩衡】2上【折衡後衡勺晢】毋以祭祀至死　日辰星兇七日 ∟ 半兇三月皆吉 2下

　　　【終歲女三】童於歲 3上【之一】方取二於前是胃重惡 絀 兇其咎不三乃五

338 第2部 非發掘簡の資料價値の確立

【春三月甲乙𤤄陰】4上尾箕晢∟翼軫勺∟夏三月丙丁𤤄昜翼軫晢∟此觿參勺4下

秋【三】月【庚辛】坐5上【昜】此觿參晢熒室東辟勺冬三月壬癸坐陰熒室東辟晢尾箕勺5下

凡坐昜坐陰勺 6上晢女以祭祀至死必及酉肉∟女非是日與星后其方之星與辰6下

其時三月是胃7上童索∟女三童於歲前之一方是胃五思其時終歲凡勺其門7下

凡晢其𥬠∟是8上胃五思紬兒童索咎兒不三乃五8下

【凡】日辰星唯不吉∟皆在歲後之一方以祭祀七月而有大喜∟女半吉三月

【女】皆吉七日終歲9上復至其月或有喜必三紬∟日辰居歲後∟星居歲會是9下

【胃童】坈唯日辰星不吉必𥊙唯發必興女皆吉終歲必五【喜】君子撻受【爵小人】10上 有大戠童坈10下

春之軫角 【夏】之參東井 秋之東辟恚 冬之箕斗 以【取婦不死】必出 日【辰星不】11上吉其時三月∟半吉【七月∟】吉終歲∟甬歲後吉11下

⑥乙未∟丙申∟辛【丑∟壬寅∟】以□事不成不爲長利以祭祀移反復兵事… □□□… …□… …□甬12下

甲申∟丁未∟庚【寅∟癸丑∟以】□事多弁爲開會□□□子爲□會乙卯辛亦爲會於旬中於七中迷至復迣涉歲13下

其作適∟ 女□, …□非會日先後參□因以爲會□弁至 會日其弁必14下

庫以臧後子 …□□□… 行 後三可以祭□ □ 後四可以祭2-1土攻取婦吉∟以臧後子貧15下

前四可以取婦 □臧 後六以祭□者 後五以祭樂2-2大夫宜之 以臧後子貧16下

帝尚玉𧷡樹腪 □郷辰 …順逆吉兒 有故當∟日 皆當是胃責用2-3 不和吉筩□□… …辰星皆後…17下

唯利蜀𠂤⌞　　　　　　　　□女　　　…富　春三月　母
以作事祭　　戠之衡⌞ 日辰唯 2-4　吉及□…　　　爲妻人出
　　　　　　　　　　　　　　　　　　　…咎會歲　母至
所□　　　　□大喜⌞ 會歲會【至】2-5

1-4. 馬王堆帛書「堪輿」(「堪輿式圖」「堪輿煞神表」「堪輿占法」) の構造

　馬王堆帛書「堪輿」の復原を行い、全体を把握できた。それを図に示すと下記の様になる。

　これに基づいて、馬王堆帛書「堪輿」と北京大學漢簡「揕輿」の違いを確認すると、⑥の部分が異なっていることが解る。馬王堆「堪輿」の⑥の部分は殘缺が多く、復原が困難で内容も良く解らないが、北京大學漢簡「揕輿」の後半最後の部分は楚國における「許尚」による占いの内容となっている。北京大學漢簡「揕輿」の後半最後の部分は、原本の占いではなく、附加されたものであろうか。また、固定的なものではなかったとも考えられる。

340 第2部 非發掘簡の資料價值の確立

2. 北京大學漢簡「揕輿」の竹簡配列問題

　北京大學漢簡「揕輿」の特徴の一つとして、「杓筴」「凶日」等の題名と「●」
の記載である。この關係を考えてみると、標題と占法があり、その後ろに「●」
で内容が示されている様である。そこで奇妙なのが、第24號簡〜第45號簡の
間の配列である。詳論と譯注は別稿に讓るが、

　入國凡入國厭歲之辰吉以速遷次之前之一辰或次之以前之二辰歲後之一方
日辰星安久無疾 25

　●　人若有咎而適非良日也月之中而有會於不吉日至其所會之月將有咎若
會吉日無咎唯其所會之 39

　　　吉凶合之四方盡然 40

　●　甲寅丁未庚寅癸丑是謂繚以作事離壬寅辛丑乙未丙申犹根百治不吉多
反復 41

　●　子丑慶李也寅卯司馬也辰巳司寇也午未司城也申酉贅也戌亥士尹也 42

　●　甲乙慶李也丙丁祝也戊己主人庚辛宰壬癸獻也右以其辰日合其事吉亦
吉凶亦凶 43

　取婦凡取婦嫁子春三月軫角夏三月參東井秋三月東辟奎冬三月箕斗不死必
不成日辰星若皆不吉期三月 29

　　　若半吉其期七月若皆吉其期卒歲皆在歲後之一方安久以無疾後二辰歲
後之一方其日辰星安久無疾 30

　●　時爲厭以將兵上將死徙取婦作事當室死之大……26

　　　婦有咎必重時之前三世也以將兵徙取婦作事大吉六月有喜十二月有賀
之者時前四也小吉其 27

　　　五不用時之後一也爲無蟯以將兵徙取婦作事必離時之後三也無害時之
後四爲倚也 28

　歲立凡歲立甲戌會於正月乙酉會於二月申會於三月未會於四月丙午會於五
月丁巳會於六月庚辰 35

　　　會於七月辛卯會於八月寅會九月丑會於十月壬子會於十一月癸亥會於

十二月日辰星唯皆吉而 36

　　會於歲立以作事祭祀至死卒歲復至於其月或有咎會於歲前至其所會之月有咎會於歲 37

　　後至其所會之月有大喜會於歲對至其所會之月有小喜 38

● 春三月東方之日辰星大凶南方之日辰星小凶西方之日辰星小吉北方之日辰星大吉 31

● 夏三月南方之日辰星大凶西方之日辰星小凶北方之日辰星小吉東方之日辰星大吉 32

● 秋三月西方之日辰星大凶北方之日辰星小凶東方之日辰星小吉南方之日辰星大吉 33

● 冬三月北方之日辰星大凶東方之日辰星小凶南方之日辰星小吉西方之日辰星大吉 34

● 日辰星若皆當歲立是謂積凶不可以祭祀唯利於入國若皆椿利皮正鄉若逆歲是謂亡當其 44

　　咎不死必亡若皆在歲後唯利獨寠 45

大羅昔者堅建歲日辰星冬有其鄉辰星乃與歲日相逆以正陰與陽堅順或逆以爲常其大羅 24

という配列になると推測する。

以下に「簡背劃痕示意圖」配列圖の修正したものを示す。

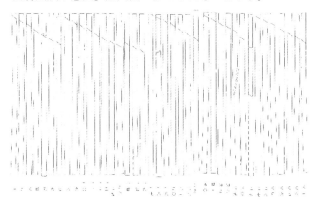

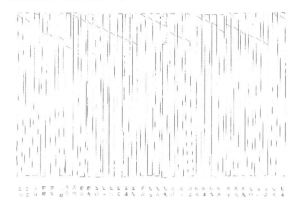

　まだ一部、不整合の部分があるが、その部分は内容的に動かせないので、「簡背劃痕」に基づく配列も完璧ではないかもしれない。

【附記】本研究は、JSPS 科研費 JP26284010, JP25370047, JP16K02157, JP15H03157, JP16H03466 及び高橋産業経済研究財団の助成を受けたものである。

注

(1)『長沙馬王堆漢墓集成』全七冊、北京：中華書局、2014 年 6 月。以下『集成』と簡稱。但し、その奧附は「6 月」となっているが、實際に市場に出て購入できたのは 10 月末になってからである。
(2)名和敏光・廣瀬薫雄「馬王堆漢墓帛書「陰陽五行」甲篇整體結構的復原」、『長沙馬王堆漢墓帛書集成』修訂國際研討會報告、2015 年 6 月 28 日、於復旦大學。『出土文獻研究』第 15 輯、2106 年 7 月。
(3)名和敏光「馬王堆漢墓帛書「陰陽五行」甲篇「諸神吉凶」綴合校釋」、紀念馬王堆漢墓發掘四十周年國際學術研討會論文集、2106 年 10 月。
　名和敏光「馬王堆漢墓帛書「陰陽五行」甲篇「衖」「雜占之四」綴合校釋」、『長沙馬王堆漢墓帛書集成』修訂國際研討會報告、2015 年 6 月 28 日、於復旦大學。『出土文獻』第 8 輯、2106 年 4 月。

名和敏光「馬王堆漢墓帛書「陰陽五行」甲篇「雜占之一」「天一」綴合校釋——兼論「諸神吉凶」下半截的復原」、出土文獻與先秦經史國際學術研討會報告、2016 年 10 月 16 日、於香港大學中文學院。

(4)「堪輿」の研究史とその理論については、拙論「出土資料「堪輿」考」(中國古代史研究會編『中國古代史研究 第八』、研文出版、2017 年 11 月、第 257-269 頁) を參照。

(5)程少軒「馬王堆帛書《陰陽五行》甲篇《堪輿》章的重新復原」、紀念馬王堆漢墓發掘四十周年國際學術研討會論文集、2106 年 10 月。

(6)程少軒「陰陽五行甲篇」「說明」『集成』第五册、67 頁。

(7)程少軒「馬王堆帛書《陰陽五行》甲篇《堪輿》章的重新復原」、紀念馬王堆漢墓發掘四十周年國際學術研討會論文集、2106 年 10 月。

(8)以下の綴合に關しては、名和敏光・廣瀬薰雄「馬王堆漢墓帛書「陰陽五行」甲篇整體結構的復原」、『長沙馬王堆漢墓帛書集成』修訂國際研討會報告 (2015 年 6 月 28 日、於復旦大學。『出土文獻研究』第 15 輯、2106 年 7 月。) に附した「殘片拼綴一覽表」を參照。

(9)老學生説により、「荚」を「筴」に改めた。(參看「《北京大學藏西漢竹書〔伍〕》釋文校勘」http://www.gwz.fudan.edu.cn/forum/forum.php?mod=viewthread&tid=7732)

344　第 2 部　非發掘簡の資料價値の確立

346　第2部　非發掘簡の資料價値の確立

北京大學漢簡「揕輿」と馬王堆帛書『陰陽五行』甲篇「堪輿」の對比研究 347

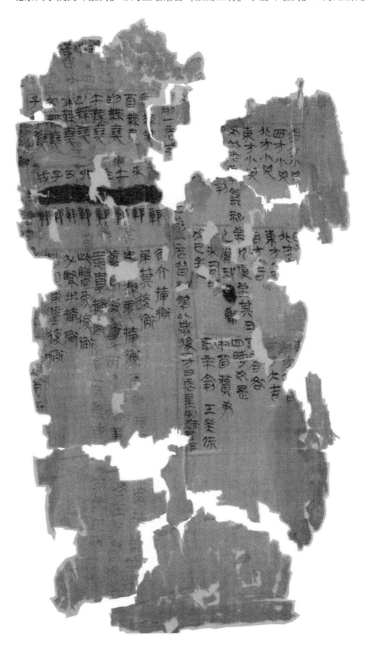

北大漢簡所見的古堪輿術初探及補說[i]

陳　侃理

　　唐宋以來，「堪輿」一詞主要指相墓相宅之術，與「風水」同義，屬於數術中的形法類。但最初，堪輿並不是風水術，它是指一種「日者之術」，主要用於占問時日吉凶，屬於選擇類數術。這種作爲擇日術的堪輿，我們稱之爲「古堪輿術」。

　　早在明清之際，方以智就已經指出了堪輿術的古今之變[ii]。錢大昕更明確說：「古堪輿家即今選擇家，近世乃以相宅圖墓者當之。」[iii]這個看法被清代官修的《四庫全書總目》採納[iv]，成爲乾嘉以後學者的共識。1984 年，英國著名漢學家魯惟一（Michael Loewe）也專門撰文論證「堪輿」古義，得出了與清代學者相同的看法[v]。可以說，古堪輿術的性質已經被揭示出來。然而，對古堪輿術的具體情況，我們還瞭解得遠遠不夠。古堪輿術屬於選擇術中的哪一類型，有何區別於其他選擇術的特點，「堪輿」這一名稱的本義究竟是什麼？這些基本的問題仍有待解答。

　　過去，由於文獻不足徵，要解答上述問題十分困難。北京大學藏西漢竹書中發現的古佚書《揕輿》[vi]，有望幫助我們改變這一情況。它提供了西漢堪輿術的第一手信息，爲進一步認識古堪輿術創造了條件。由於古堪輿術的術語繁多，方法也相對複雜，我們的研究才剛剛起步，這裏僅根據北大漢簡談談古堪輿術的幾個基本問題。另外，也根據《北京大學藏西漢竹書（伍）》出版後學界的討論，做一些補充論說。

一、北大漢簡中的堪輿文獻

　　北大漢簡中最主要的堪輿文獻是《揕輿》一書。入藏時，該書編繩已經朽壞，竹簡完全散亂。我們根據簡的形制以及簡文的字體和內容，參考簡背劃痕，基本復原了簡冊的原貌。復原後的簡冊存兩千餘字，首尾完整，內容連貫，除三支簡部分殘失外，沒有明顯的缺簡和缺字，可以說是出土秦漢簡牘文獻中罕見的「完璧」。

　　這部書竹簡的正文書寫在竹黃面，多數簡通欄書寫，每簡容 37 至 46 字（不含符號）不等。部分簡以中間的一道編繩爲界，分成上、下兩欄，上欄有時採取

圖表的形式。第三支簡背面靠近上端的地方，刮去一層竹青，寫有「揕輿第一」四字，書體與正文一致，當是抄寫時一併書寫的篇題。我們據之將本書定名爲《揕輿》。「揕」，《廣韻》知鴆切，上古音屬侵部端母字，與「堪」字（侵部溪母）古音相近，可通[vii]。「揕輿」無疑應讀爲「堪輿」。

除《揕輿》外，將在稍後出版的《北京大學藏西漢竹書》第六卷中也包含有部分與堪輿有關的文獻。其中最重要的《欽輿》，是《日忌》中的一章。《日忌》簡長約 46 厘米，寬 0.9~1.0 厘米，分上下篇，各有目次。上篇共 79 章，以選擇之事項爲綱，下篇爲第 80 至 106 章，以神煞爲綱。上、下篇的形式，分別類似於《協紀辨方書》中的《用事》和《宜忌》[viii]。《欽輿》是《日忌》的第 103 章，屬下篇。下篇目次中有「欽輿百三」，標示了章題和序號，正文中《欽輿》的首簡上端標有序號「百三」，下端注有章題「欽輿」二字。欽，古音屬侵部清母字，與「堪」音近可通[ix]。「欽輿」也就是「堪輿」。

《欽輿》的正文分爲兩部分。第一部分是以「厭」開始的與陰建有關的十二值及其宜忌。第二部分是一張表格，以二十八宿表示十二月中「大凶」、「致死」（即「小凶」）、「小吉」、「大吉」、「奄（掩）衡「、「折衡「、「負衡」、「剽」、「玄戈」共九種神煞所值之日。《欽輿》與《揕輿》的內容既有相似，又可互補[x]。

此外，北大漢簡《日約》的曆忌總表裏，對應特定的干支，注有「繚力」、「亢根」。兩者也見於《揕輿》，是堪輿術特有的神煞。

二、古堪輿術的主要內容

（一）陰建、陽建與八會

傳世文獻中關於古堪輿術最早也最重要的記載見於《淮南子・天文》：

> 北斗之神有雌雄，十一月始建於子，月徙一辰，雄左行，雌右行，五月合午謀刑，十一月合子謀德。太陰所居辰爲厭日，厭日不可以舉百事。堪輿徐行，雄以音知雌。故爲奇辰，數從甲子始，子母相求，所合之處爲合。十日十二辰，週六十日，凡八合。合於歲前則死亡，合於歲後則無殃。[xi]

根據這段描述，堪輿與另一種選擇數術「建除」一樣，其術起於北斗。不同的是，堪輿術除了北斗雄神外，還有北斗雌神。二神自十一月起，從「子」位開始運行，

雄左（順時針）雌右（逆時針），至五月相會於「午」位，下一個十一月重新會
合於「子」。北斗雌神在《淮南子》中被稱爲「太陰」，是堪輿術的至凶之神。
太陰所在爲「陰建」（相應地，北斗雄神所在爲「陽建」），其日爲「厭日」。
厭日大凶，「不可以舉百事」。

北大漢簡《堪輿》開頭即表列十二個月中「厭」、「衝」、「無堯」、「陷」
的所在。「厭」即《淮南子》所謂「厭日」，其他三個神煞也是由陰建所生。在
漢簡《日忌》和《日約》中，則有前餘（又名「郚」，即《堪輿》中的「陷」）、
前三、前四、前五、勹、衝、不翠、後五、後四、後三、後虛（即「無堯」）等
神煞，比《堪輿》所列更爲完整。顧名思義，它們都是根據與陰建的關係推出的。
這充分說明了北斗雌神在堪輿術中的特殊地位。

北斗雌神和雄神的會合之處稱爲「合」或者「會」，也很重要。《越絕書》
卷六《越絕外傳紀策考第七》稱伍子胥曰：「大歲八會，壬子數九，王相之氣，
自十一倍。」xii《周禮・春官・占夢》鄭玄注：「以日月星辰占夢者，其術則今
『八會』其遺象也，用占夢則亡。」賈公彥疏云：「按《堪輿》大會有八也，小
會亦有八。」xiii可知《周禮》鄭注所謂八會，即堪輿八會，而賈公彥所瞭解的堪
輿八會還分爲「大會」和「小會」各八。據《淮南子》，「會」或「合」與另一
神煞「歲」的位置關係，最終決定著吉凶（「死亡」或「無殃」）。

「會」也見於漢簡《堪輿》的《歲立（位）》章，但與《淮南子》等傳世文
獻所見不盡相同，問題比較複雜，需要多花一點篇幅來談。

《淮南子・天文》述八合云：

> 甲戌，燕也；乙酉，齊也；丙午，越也；丁巳，楚也；庚申，秦也；辛
> 卯，戎也；壬子，代也；癸亥，胡也。戊戌、己亥，韓也；己酉、己卯，魏
> 也。戊午、戊子。八合，天下也。

這段文字今本有脫誤，經過錢大昕等學者的訂正才能理解。錢大昕指出，「《淮
南》所列甲戌至癸亥，蓋大會之日」，而其中「庚申」當作「庚辰」。他接著說：
「其下又有戊戌、己亥、己酉、己卯、戊午、戊子，當是小會之日，而尚缺其二，
以例推之，當是戊辰、己巳也。」xiv

與《淮南子》對八會的籠統說法不同，錢大昕和賈公彥都區分了大會和小會。
關於大小會的原理，現在可知的最早文獻是《堪輿經》的佚文。這部《堪輿經》
可能編成於唐代或稍早，大約亡佚於元明之際。它的佚文現在主要見於清代官修
的兩種選擇大全《星曆考原》和《協紀辨方書》，而兩書又是轉引自元代天文官

曹震圭編著的《曆事明原》，並對原文有所改動。本文以《曆事明原》的引文爲
準xv。《堪輿經》「陰陽大會」條云：

> 假令正月陽建在寅，陰建在戌。陽主日干，陰主月支。陽建在寅，近於
> 甲也。使甲往呼戌，爲陽日呼陰辰也。陽甲陰戌，支干相和合，故甲戌爲正
> 月大會也。

從中可以瞭解到，所謂大會是指陰陽二建的會合，因而也稱「陰陽大會」。陰陽
二建都以十二支的次序運行，但在形成會合時，陽建「主日干」，其位置要轉換
爲十干。比如，正月陽建在寅，最近的日干是甲。甲與陰建所在的戌奇偶相合，
可以配伍爲甲戌，故甲戌即爲正月的陰陽大會。二月乙酉、五月丙午、六月丁巳、
七月庚辰、八月辛卯、十一月壬子、十二月癸亥情況相同，也是陰陽大會。

　　這八個陰陽大會及其原理，在漢簡《揕輿》中被清晰地表現在如下的一幅圖
式中。《揕輿》有一章題爲「大羅」，其文云：

> 昔者潛（既）建歲、日、辰、星，冬（終）有其鄉（嚮），辰、星乃與
> 歲、日相逆，以正陰與陽。

這幅圖式由內到外布列十干、十二支、二十八宿，分別對應於「大羅」章所謂的
日、辰、星。圖中，日干左行（順時針排列），十二支對應十二月代表陰建，而
跟二十八宿一起右行（逆時針排列）。這象徵著堪輿獨特的神煞體系，與一般的
式圖不同，而與「大羅」章所云「辰、星乃與歲、日相逆」恰好吻合。我們認爲，
這幅圖可根據《揕輿》正文，稱作「大羅圖」。在圖上，十干中除戊、己外的八
干分列四方，表示陽建所主之日干。特別值得注意的是，甲—戌、乙—酉、丙—
午、丁—巳、庚—辰、辛—卯、壬—子、癸—亥這八個干與支位置相鄰的組合之
間，各有一條直線將干支兩兩相連，所表示的正是八個陰陽大會。

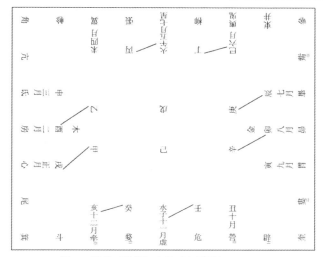

圖一：漢簡《堪輿》中的「大羅圖」

按照上述八會之說，一年中的三、四、九、十這四個月是沒有大會的。《堪輿經》解釋其原因是「陰陽不合，招呼不比」。以三月爲例，《堪輿經》自注引天老曰：

> 假令三月陽建於辰，陰建於申。辰欲使丙呼申，隔於巳，又近於午，呼召不吐[xvi]；以辰近於乙，使乙呼申，申又不受乙，即陰陽不和也。

三月陽建在辰，與辰相近的天干是乙和丙。丙、申奇偶相合，可以組成干支，但丙與辰之間還隔著巳，辰無法越過巳去招呼丙來與申相配，此所謂「招呼不吐〈比〉」。乙與辰相鄰，可以招呼，但乙爲偶（陰）日，而申爲奇（陽）辰，兩者不能配合組成干支，此所謂「陰陽不合（和）」。因此，三月陰陽二建無法配合，成爲無大會之月。四、九、十月的情況與此相同，不必贅述。

然而，漢簡《堪輿》卻在「歲立（位）」章中列出了四個無大會之月的「會」，稱「申會於三月，未會於四月，……寅會於九月，丑會於十月」。與其餘八會不同，這四會沒有完整的干支，而僅爲本月陰建所在之辰。它們也不是《堪輿經》等所謂的「陰陽小會」。《堪輿經》中與此四會關係密切的是行狠、了戾、孤辰三種神煞。三者只存在於四個無大會之月的太陰所在之日。以三月爲例，是月陰建在申，甲申爲行狠，丙申爲了戾，戊申、庚申、壬申爲孤辰。漢簡《堪輿》中

所稱「申會於三月」，應該也是指這五「申」。同理，四月未、九月寅、十月丑皆同於後世相應月份的行狠、了戾、孤辰[xvii]。根據《堪輿經》，行狠、了戾、孤辰均爲陰陽二建不能合會而產生的。漢簡《揕輿》爲什麼將這些日子列爲「會」，我們現在還不清楚。

（二）歲

對會有了大致瞭解之後，再來看看它是如何運用於占驗的。《淮南子・天文》云「合於歲前則死亡，合於歲後則無殃」。據此，時日的吉凶取決於八合與「歲」的位置關係。因此，首先需要知道這裏的「歲」指什麼。

《堪輿經》「天子用日」條云「以陽建之方爲歲位」。可知古堪輿術中的「歲」指小歲，其運行同於北斗之雄神（陽建）。不過在此只取其轉徙四方的含義，故而漢簡《揕輿》常說「歲之一方」、「歲前之一方」、「歲後之一方」。春三月，小歲分別居於寅、卯、辰，皆在東方，故東方爲歲位，北方爲歲後，南方爲歲前，西方爲歲對。小歲又以夏三月居南方，秋在西方，冬居北方，歲後、歲前、歲對也隨之變換。

從漢簡《揕輿》來看，歲在古堪輿術中是占問結果的決定性因素。即便占問之日（十干）、辰（十二支）、星（二十八宿）不吉，只要它們都在「歲後之一方」，結果仍是「有大喜」（簡七貳一八貳）。這裏，日、辰、星的「不吉」不知以是如何確定的，但在《揕輿》的另一段話中，日、辰、星由於歲的位置區分出了四種吉凶屬性：

春三月，東方之日、辰、星大凶，南方之日、辰、星小凶，西方之日、辰、星小吉，北方之日、辰、星大吉。

夏三月，南方之日、辰、星大凶，西方之日、辰、星小凶，北方之日、辰、星小吉，東方之日、辰、星大吉。

秋三月，西方之日、辰、星大凶，北方之日、辰、星小凶，東方之日、辰、星小吉，南方之日、辰、星大吉。

冬三月，北方之日、辰、星大凶，東方之日、辰、星小凶，南方之日、辰、星小吉，西方之日、辰、星大吉。

簡文中雖然沒有出現「歲」的字樣，但四方之日、辰、星在四季中的吉凶顯然是

根據歲而轉換的：歲位之方大凶，歲前小凶，歲對小吉，歲後大吉。類似的吉凶安排還見於九店楚簡日書：

> 【凡春三月】，甲、乙、丙、丁不吉，壬、癸吉，庚、辛城（成）日。

> 【凡夏三月】，丙、丁、庚、辛不吉，甲、乙吉，壬、癸城（成）日。

> 凡秋三月，庚、辛、壬、癸不吉，丙、丁吉，甲、乙城（成）日。

> 凡冬三月，壬、癸、甲、乙不吉，庚、辛吉，丙、丁城（成）日。[xviii]

按照日干與方位的配伍，甲、乙爲東方之日，丙、丁南方，庚、辛西方，壬、癸北方。此簡以日在歲位、歲前之方爲不吉，在歲後爲吉，在歲對爲成日（亦吉），雖然名稱不同，但實質與上引《揕輿》是一致的。此外，睡虎地秦簡日書的「玄戈」章，也包含了同樣的因素，且與北大漢簡《日忌》「欽輿」章的一部分内容幾乎相同。這裏限於篇幅，不能詳述。

堪輿術中，歲本身包含有吉凶屬性，而會與歲的位置關係對於決定吉凶就更爲關鍵了。漢簡《揕輿》云：

> 日、辰、星唯（雖）皆吉，而會於歲立（位），以作事、祭祀，至死，卒歲復至於其月或有咎。會於歲前，至其所會之月有咎。會於歲後，至其所會之月有大喜。會於歲對，至其所會之月有小喜。

簡文稱，即便在日、辰、星皆吉的情況下，會於屬性爲凶的歲位和歲前，占問結果都是「有咎」；若會於大吉的歲後或小吉的歲對，則占問結果分別是「有大喜」和「有小喜」。這說明，會在堪輿中是比日、辰、星更能決定吉凶的神煞。簡文云「有會於不吉日，至其所會之月將有咎，若會吉日，無咎，唯其所會之三九吉凶合之」，即是此意。至於有咎或有喜的時間，一般都是「其所會之月」或「卒歲復至於其月」。這都是指大會所在之月。假使會於甲戌，甲戌是正月大會，則其月即爲正月。

（三）大會所領日

會既然如此重要，問題也就隨之而來。我們知道，六十甲子中只有八個陰陽大會，即便加上《揕輿》中四個無大會之月的會，也無法包含所有的時日。那麼，占問或占問事項發生的時間是用何種方式與特定的會聯繫起來，以求得吉凶呢？在其中起關鍵的連接作用的，應是「大會所領日」這個概念。

大會所領日見於《堪輿經》的「陰陽大會立成」表，表下解釋了所領日是如何得出的：

其所領日，從本會日逆數，至上會日止，即所得領日數也。

也就是說，每個大會所領之日，即從當日起（不含當日）依照六十甲子順序逆數至上一個會日的所有日子，且包含上一個會日在內。如此，大會通過其所領日，涵蓋了全部的六十甲子。反過來說，任何一天通過「所領日」這一媒介，都可以聯繫到某個大會。大會及其所領日根據其會所在之月確定方位，進而與歲形成歲位、歲前、歲對、歲後

十二月 庶人 癸亥	六月 三公 丁巳	十一月 皇后 壬子	五月 乘輿 丙午	八月 大夫 辛卯	二月 士人 乙酉	七月 諸侯 庚辰	正月 太子 甲戌	月會大會
丁巳、戊午、己未、庚申、辛酉、壬戌	壬子、癸丑、甲寅、乙卯、丙辰	丙午、丁未、戊申、己酉、庚戌、辛亥	辛卯、壬辰、癸巳、甲午、乙未、丙申、丁酉、戊戌、己亥、庚子、辛丑、壬寅、癸卯、甲辰、乙巳	乙酉、丙戌、丁亥、戊子、己丑、庚寅	庚辰、辛巳、壬午、癸未、甲申	甲戌、乙亥、丙子、丁丑、戊寅、己卯	癸亥、甲子、乙丑、丙寅、丁卯、戊辰、己巳、庚午、辛未、壬申、癸酉	大會所領日
歲後	歲前	歲後	歲前	歲對	歲位	歲對	歲位	春
歲對	歲位	歲對	歲位	歲前	歲後	歲前	歲後	夏

| 歲前 | 歲後 | 歲前 | 歲後 | 歲位 | 歲對 | 歲位 | 歲對 | 秋 |
| 歲位 | 歲對 | 歲位 | 歲對 | 歲後 | 歲前 | 歲後 | 歲前 | 冬 |

四種位置關係，據之占定吉凶。

表一：「大會所領日立成」表

傳世文獻中《吳越春秋》收錄了一些占例，其中有兩則可能就運用了大會所領日。《吳越春秋·夫差內傳第五》載伍子胥曰：

今年七月辛亥平旦，大王以首事。……合壬子，**歲前合也**。

又同書《勾踐入臣外傳第七》載范蠡曰：

今年十二月戊寅之日，時加日出。……合庚辰，**歲後會也**。

這兩個占例，如果按照前表，完全可以通解。前一占例占測之日爲七月辛亥，辛亥是十一月大會壬子所領日，故云「合壬子」。時爲秋七月，歲在西方，而會十一月，在歲前之北方，故爲「歲前合」。後者占測之日爲十二月戊寅，戊寅是七月大會庚辰所領日，故云「合庚辰」。時爲冬十二月，歲在北方，而會七月，在歲後之西方，故爲「歲後會」。

漢簡《揕輿》的後半部分收錄了不少楚國的占例，也多以大會所領日爲占。比如：

①昭甲以三月辛卯亡。許尚占之，……所亡者劍。以其會丙午，劍在南方，……視所會以期之。

②昭甲以九月戊寅起眾作事西北。許尚占之，不吉。以其會庚辰，昭甲得罪，以七月游西南，四鄉皆然。

③司馬昭段以五月甲辰冣（聚）眾於北方，以城陽糴（糴）。許尚占之，以其會丙午，事亟成，國不吉。以歲厭辰，長吏有咎。且亡其民於北方，後而有（又）得之，以其冣（聚）於壬子，而有（又）冣（聚）於丁巳之吉。其數至六月必至。

358　第 2 部　非發掘簡の資料價値の確立

　　　④九月丙寅，王以葬，占之，不吉。……以其寂 聚）甲戌，占之，凶，

　　以寅對戌。不至七月庚辰寂 聚），必至。

這些占例中還有若干費解之處，不妨暫且擱置，先來看看其中涉及會及所領日的
問題。

　　例①所占之事發生在辛卯日，許尚占語中說「其會丙午」；例②事在戊寅日，
占曰其會「庚辰」。檢大會所領日表，辛卯正是大會丙午所領日，戊寅則是大會
庚辰所領日。結合前述《吳越春秋》中的占例可以確信，漢簡《揵輿》雖未明說，
實際已使用大會所領日，將所占之事的日辰轉換到所屬的大會日來進行占測。例
③五月甲辰「其會丙午」，例④九月丙寅「其寂（聚）甲戌」[xix]，都是如此。

　　在上述幾個占例中，還可以看到大會所在月份對於占測的意義。它除了在方
位上與歲相配合以形成吉凶外，還決定著占測結果應驗的時間。例①云「視所會
以期之」，就清晰地表明了這一點。這句話是說，占測的應驗會發生在相應的大
會所在的月份。據此來解讀例②所稱「以其會庚辰，昭甲得罪，以七月游西南」
可知，占測結果發生的期限「七月」，是由庚辰爲七月大會推算得出的。同樣，
例③「至六月必至」也是從丁巳爲六月大會而來。

　　上述占例還透露出一個信息，即大會在占測中可以一推再推。從所占日辰推
至所屬之會後，還可以再推此會日所屬之會，來作進一步的占測。比如，例③先
從所占之日五月甲辰推得「其會丙午」，占測結果爲「事亟成，國不吉」。隨後
又進一步說「亡其民於北方，後而有（又）得之，以其寂（聚）於壬子，而有（又）
寂（聚）於丁巳之吉」，其中壬子、丁巳兩會是再推、三推而得。前一步所得的
大會丙午爲十一月大會壬子所領日，故再推而得壬子。壬子在北方，故占云「亡
其民於北方」。壬子又是六月大會丁巳所領日，又推得會丁巳。簡文云「丁巳之
吉」，可能是因爲丁巳相對於十一月壬子來說是在歲對，其占小吉，故「後而有
（又）得之」。最末說「其數至六月必至」，則是由於丁巳乃六月大會，故所占
得的命運也在六月到來。再來看例④所謂「以其寂甲戌，……不至七月庚辰寂，
必至」，其中的甲戌也是大會庚辰的所領日。至於在什麼情況下大會可以再推，
以會日之會爲占，簡文沒有做說明。

　　此外，從漢簡《揵輿》看，如果所占之日本身即是大會日，有時也可直接爲
占，不必再推領此會日的大會。比如全篇的最後一個占例，所占之日是十一月癸
亥，爲正月大會甲戌所領日，但簡文並沒有以甲戌爲占，反而說「其東北者，以
癸亥之聚也」。這是將癸亥作爲會日，據而以十二月癸亥會占得方位在東北。爲

北大漢簡所見的古堪輿術初探及補說　359

何有的大會日需要根據大會所領日推其大會，有的則不必？簡文也沒有說明。其中的奧妙，現在我們還不能解釋，或許這是古代占者留給自己掌握的空間吧？

　　通過前面關於堪輿術內容的討論，我們可以瞭解到，古堪輿術是以北斗之神爲核心的選擇數術。北斗雌神的所在陰建及其與北斗雄神的會合，構成了堪輿最主要的神煞體系。另一個神煞「歲」，是堪輿術中決定時日吉凶的主要依據，它也隨著北斗斗柄所指而四季轉徙。此外，本文未及詳述的臺、堵、卻、連、闔衡、折衡、負衡、杓、菱等神煞，都與北斗的指向（斗建）有直接關係。在漢簡《堪輿》的占例中，還有「迎斗」、「當斗」這樣直接以北斗指向爲依據判斷吉凶的占辭。從這些認識出發，可以進而來探討堪輿術命名的本義。

三、「堪輿」的本義

　　「堪輿」一詞，有三種不同的漢魏古訓。許慎在《淮南子・天文》「堪輿徐行」一句的注中說：「堪，天道也。輿，地道也。」[xx]此其一。《漢書・楊雄傳》「屬堪輿以壁壘兮」，顏師古注引張晏曰：「堪輿，天地總名也。」。此其二。顏注又引孟康曰：「堪輿，神名，造圖宅書者。」[xxi]此其三。顏師古贊同張晏說。實則上述三種訓釋雖然不同，却未必互不相關，其間似有語義發展的綫索可尋。張晏將堪輿釋爲天地總名，是合許慎「天道」、「地道」之訓而成，而孟康以堪輿爲神名，則是在「天地總名」的基礎上將「天地」人格化爲神。問題在於，這些古訓與堪、輿二字在當時的基本字義和一般用法都不相合，很難說是「堪輿」的本義。

　　《說文》云：「堪，地突也。」[xxii]《詩・周頌・小毖》「未堪家多難」毛傳云：「堪，任也。」[xxiii]《方言》及《廣雅・釋詁》又訓「堪」爲「載」[xxiv]。段玉裁《說文解字注》云：「堪，地高處無不勝任也」[xxv]，其實是在調和《說文》與後兩種訓釋。從實際用例來看，任、載是「堪」字在先秦秦漢時代最常用和最基本的義項，用作地突之義則幾乎看不到。《廣雅》「銟、堪、龕、受，盛也」，王念孫《疏證》云：「銟、堪、龕、受者，《方言》：『銟、龕，受也。齊楚曰銟，揚越曰龕。受，盛也，猶秦晋言容盛也。』銟通作含。凡言堪、受者，即是容盛之義。」這是從語音角度，說明「堪」具有容盛之義。容盛與任載是相通的。現在我們知道，「堪輿」在北大漢簡中也寫作「揕輿」、「欽輿」。「揕」假借

爲「堪」。「欽」與「堪」音近，字義也有相通之處，段玉裁云：「欽、欸、欿、歉皆雙聲叠韵字，皆謂虛而能受也。」[xxvi]所謂「虛而能受」，也是能容盛任載之意。「堪輿」的「堪」，取義應近於此。「堪，天道」之訓顯然脫離了「堪」的基本含義，應是後起之義。

「輿」，《說文》云：「車輿也。從車舁聲。」「輿」字的聲符「舁」，《說文》云「共舉也」，王筠《說文句讀》稱其形像兩人共舉一物，四手相向而不相交[xxvii]。四手之間形成了一個可以容盛任載的空間，車輿之輿也取義於此，加上形旁「車」，特指車上容載的空間。

從上述可知，「堪」、「輿」是兩個含義相近的詞。《方言》：「堪、輂，載也。」郭璞注云：「輂、輿，亦載物也。」周祖謨云：「輂即輿也」[xxviii]。因此我們認爲，「堪輿」是同義連用構成的一個雙音節複合詞，指一種可以載物的車輿。然而，它爲什麼會成爲一種選擇術的名稱，還需要具體來解釋。

「堪輿」作爲選擇術的名稱，必然在某個具體含義上與這種選擇術相聯繫。我們推測，這個聯繫點就是北斗。前文已經指出，北斗之神是堪輿術的核心。《淮南子·天文》論堪輿的一段話，開頭就說「北斗之神有雌雄，……雄左行，雌右行」，接下來又說「堪輿徐行，雄以音知雌」。其中，「堪輿」與「北斗」在文義上恰好是對應的。

堪輿在詞義上也確與北斗有關。北斗很早就跟車輿聯繫起來。《史記·天官書》：「斗爲帝車，運於中央，臨制四鄉（嚮）。」[xxix]北斗七星中的斗魁四星，形狀似輿，斗柄又像是車轅，故被比喻作天帝的車輿。楊雄在《甘泉賦》中提到的「堪輿」，其實也是指北斗七星。其原文作：「於是乃命群僚，曆吉日，協靈辰，星陳而天行。詔招搖與泰陰兮，伏鈎陳使當兵，屬堪輿以壁壘兮，梢夔魖而抶獝狂。」[xxx]這一段描寫漢成帝前往甘泉宮舉行祭天儀式，携群臣出行時儀衛壯麗的景象。楊雄以天上的星斗比喻群臣儀仗，故云「星陳而天行」。文中招搖、泰陰、鈎陳均是常見的星名，不必贅述。壁壘，亦稱壘、壘壁，也是星名。《史記·天官書》云北宮虛、危二宿之南「有衆星曰羽林天軍，軍西爲壘」，又云其「旁有一大星爲北落」[xxxi]。張衡《思玄賦》「觀壁壘於北落兮」[xxxii]，說明了兩星的關係。既然並列者均爲星名，那麼「屬堪輿以壁壘兮」中的「堪輿」當然也應該理解爲星宿的名稱，最合理的解釋就是指北斗七星。楊雄在文中巧妙的用北斗爲帝車之意，以喻天子乘輿。同樣，招搖、泰陰、鈎陳都是中宮紫微垣的星宿，用來比擬皇帝的近侍宿衛。西漢「堪輿」一詞在數術之外的用例僅此一見，但將之與《淮南子》對讀，足可確證：「堪輿」一詞的本義，具體來說就是北斗。

北斗在上古天文曆法中有特殊重要的地位。《史記・天官書》云：「分陰陽，建四時，均五行，移節度，定諸紀，皆系於斗。」因此，將意指北斗的「堪輿」作爲以北斗爲核心的時日選擇數術的名稱，是合乎情理的。

確認「堪輿」的本義爲北斗，並不必然要否定傳世古書中所見的漢魏古訓。相反，瞭解堪輿名義的時代差異，恰可幫助我們認識堪輿從選擇術轉變爲風水術之稱的歷史過程。這個問題，只能留待另文探討了。

四、補說：大羅圖的命名及其中十二支的排列方嚮

本文原先作爲《北京大學藏西漢竹書（伍）》一書的附錄，力求節省篇幅，沒有展開說明我個人的思考。書出版後，引起了學者的討論，這是很令人高興的事。藉此機會，謹就大家關心的「大羅圖」命名及其中十二地支（《揕輿》中稱爲「辰」）的排列方向問題稍加補充，作爲對學界有關討論的回應，希望有助於澄清一些誤會，也歡迎繼續批評指正。

大羅圖的命名依據了「名從主人」的原則，取自《揕輿》文中的「大羅」章。這個名稱可以認爲是古書內部的自題名。大羅圖的干支、星宿佈列方式專門用於堪輿占法，故就內容而言，也可稱爲「堪輿圖」。堪輿占法是廣義式占的一種，如果把用於式占的圖稱爲「式圖」，則堪輿圖也不妨說屬於式圖。但"式圖"的概念相當寬泛，包含多種很不相同的圖式。若用式圖來命名，不僅不能說明《揕輿》篇中「大羅圖」的特性，反而容易引起誤會。

此前學界習稱的式圖是指畫在式盤或用於式占上的宇宙模型圖式，最典型的見於六壬式盤（圖二、三）。這類圖式通常以日廷圖（或曰鉤繩圖）爲核心要素。日廷圖常見於秦漢《日書》，正中橫豎兩條線十字交叉，指向東南西北四方，稱爲二繩；四角有四個直角鉤畫，交角指向中心，尾端指向八維，稱爲四鉤（參看圖四）。圖中，十二支順時針佈列於四方八維，日干甲乙、丙丁、庚辛、壬癸兩兩分佈在東、南、西、北。漢代六壬式占所用式盤地盤，還會在外圍逆時針布列二十八宿，有時在四角補寫戊、己（如圖三）。

362　第 2 部　非發掘簡の資料價值の確立

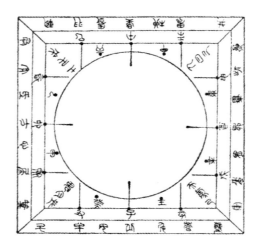

圖二：安徽阜陽雙古堆漢墓 M1 式盤地盤（據安徽省文物工作隊、阜陽地區博物館、阜陽縣文化局《阜陽雙古堆西漢汝陰侯墓發掘簡報》》，《文物》1978-8 期，25 頁）

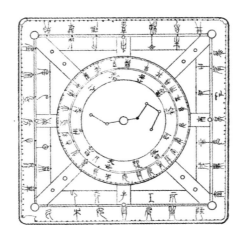

圖三：甘肅武威磨嘴子漢墓式盤地盤（據甘肅省博物館《武威磨嘴子三座漢墓發掘簡報》，《文物》1972-12 期，15 頁）

北大漢簡所見的古堪輿術初探及補說　363

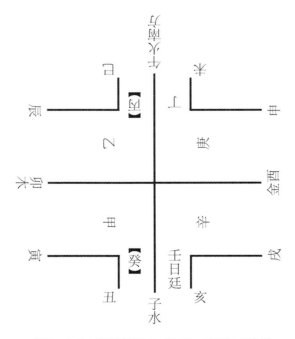

圖四：北京大學藏西漢竹書《日書》「日廷」示意圖

　　在日廷圖和六壬式圖中，干支、星宿都與方位正常對應，象徵宇宙空間。而「大羅圖」上的十二支卻與之不同，呈逆時針排列，申酉戌在東方對應木，寅卯辰反而在西方對應金。可見，它們並不表示一般意義上的方位，而是為了配合堪輿占法，專用於表示每個月中虛擬的北斗雌神（陰建）之所在。圖中，十一月對應子，十二月對應亥，正月對應戌，二月對應酉，逆時針逐月排列十二支，與斗建運轉的方嚮相反。只有這樣，才能把適當的干支組合在一起，表現出堪輿占法中的甲戌、乙酉、丙午、丁巳、庚辰、辛卯、壬子、癸亥這陰陽八會。

　　與「大羅圖」十二支佈列方式相似的出土圖畫，還有馬王堆漢墓帛書《陰陽五行甲篇》中的堪輿圖（圖五）和儀徵劉集聯營西漢墓出土占盤上的圖式（圖六）。馬王堆帛書此圖，過去曾經被稱為「式圖」[xxxiii]，但北大簡《揕輿》發表後，學者已經認為應更準確地命名為「堪輿圖」[xxxiv]。儀徵占盤的考古簡報作者也注意到

其中十二支排列方嚮不同於一般的式盤，故稱"占卜盤"而非"式盤"[xxxv]，這是值得稱道的謹慎做法。現在，參考新的發現，已經可以將之明確命名爲"堪輿占盤"。

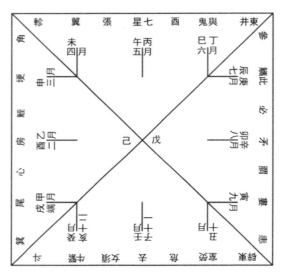

圖五：湖南長沙馬王堆漢墓帛書《陰陽五行甲篇》中的「堪輿圖」（據裘錫圭主編《長沙馬王堆漢墓簡帛集成（伍）》，中華書局，2014，93頁）

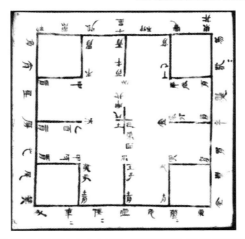

圖六：江蘇儀徵劉集聯營西漢墓出土占卜漆盘（據儀徵博物館《江蘇儀徵劉集聯營西漢墓出土占卜漆盤》，《東南文化》2007-6 期，封二）

了解了「大羅圖」或曰「堪輿圖」的特性，有助於正確理解《淮南子·天文》中所謂的"雄左行，雌右行"。前文曾指出，"雄左行"是順時針運動，"雌右行"是逆時針運動。雖然有王寧先生的批評[xxxvi]，但目前還是維持原先的看法。因爲，《淮南子》所謂"左行""右行"，是說北斗斗柄指嚮的實際變化。它可以落實到表示宇宙圖式的日廷圖或六壬式圖中，但不能放在十二支排列與實際方位相逆的大羅圖裏來解釋。在日廷圖中，十二支順時針佈列，因此，北斗雄神（斗建）逐月順行十二支是順時針轉動，北斗雌神（陰建）逆行十二支則是逆時針。

要說明的是，古人仰觀天象，看式盤、圖像卻是俯視，兩者觀察到的運動順逆是相反的。如王寧先生已經指出的，占家重視方位，爲了使天地之間方位不錯亂，只能假想自己處於蒼穹之中、星體之上，將天象投影、疊加到地面上來觀看[xxxvii]。因此，坐南向北仰頭看天，面前上南下北左西右東，北斗在空中以東（右）-南（上）-西（左）-北（下）的次序逆時針旋轉；投影到地上，體現在日廷圖中，低頭俯視則是上南下北左東右西，同是東-南-西-北的次序，卻成了左-上-右-下的順時針旋轉。從二十八宿以逆時針佈列可知，堪輿圖也是如此。我們需要把占卜用圖中的方嚮與仰觀天文的方嚮區別開來。

此外，王寧先生還認爲堪輿家用斗建（北斗雄神），建除家（指六壬式法的

366　第 2 部　非發掘簡の資料價値の確立

占者）用太陰（北斗雌神）^{xxxviii}，而我的看法剛好相反。如前所述，堪輿占法中重要的神煞「厭」（即《淮南子・天文》所謂「厭日」）、「衝」、「無堯」、「陷」都是由陰建產生的，而由斗建決定的"歲"只起輔助作用。堪輿家的特色還是在於對陰建的重視。

　　古堪輿術的具體情況是從出土文獻中獲得的新知識。它與其他選擇數術的關係如何，自身又有怎樣的歷史發展？對這些問題我們還沒有清晰的看法。期待學界同仁共同努力，繼續深入研究。

注

i　本文原題《北大漢簡所見的古堪輿術》，收入北京大學出土文獻研究所編《北京大學藏西漢竹書（伍）》，上海古籍出版社，2014 年。今加以修訂並增加了第四部分，作爲對學界近年來研究的回應。

ii　見方以智《通雅》卷一二，影印《文淵閣四庫全書》第 857 冊，臺北商務印書館，1986年，第 290—291 頁。

iii　錢大昕《恒言錄》卷六，《嘉定錢大昕全集》第八冊，江蘇古籍出版社，1997 年，第 173頁。

iv　見永瑢等撰《四庫全書總目》子部術數類小序，中華書局，1965 年，第 923 頁。

v　Michael Loewe, "The Term *K' an-yü* 堪輿 and the Choice of the Moment", *Early China 9-10 (1983-85)*:204-217.

vi　收入北京大學出土文獻研究所編《北京大學藏西漢竹書（伍）》，上海古籍出版社，2014年。

vii　上述古音根據郭錫良《漢字古音手册（增訂本）》，商務印書館，2010 年。以下古音皆據此書，不再一一出注。

viii　關於北大漢簡《日忌》的介紹，參看李零《北大漢簡中的數術書》、陳侃理《北大漢簡數術類〈六博〉、〈荊決〉等篇略述》，俱載《文物》2011 年第 6 期。

ix　《山海經・西山經》「是與欽䲹」，郝懿行云《莊子・大宗師篇》作「堪壞」，見袁珂《山海經校注》，巴蜀書社，1993 年，第 51 頁。是欽、堪假之證。

x　參見北京大學出土文獻研究所編《北京大學藏西漢竹書（伍）》中的《揕輿》釋文注釋部分。

xi　何寧《淮南子集釋》，中華書局，1998 年，第 278—281 頁。「月徙一辰」，原作「月從一辰」，《集釋》引王念孫云「從」當作「徙」，說見王念孫《讀書雜誌》，江蘇古籍出版社，2000年，第 800 頁。案「從」、「徙」形近，古書多譌混，王說是，今據改。「堪輿徐行，雄以音知雌」，《文選》卷七《甘泉賦》李善注引《淮南》作「堪輿行，雄以知雌」（中華書局，1977年，第 111 頁下），乃此之省文，意思無別。

xii　《越絕書》，上海古籍出版社，1985 年，第 43 頁。

xiii　《周禮注疏》卷二五，阮刻十三經注疏本，臺北藝文印書館，2001 年，第 381 頁。

xiv　錢大昕《潛研堂集》文集卷十四「答問第十一」，上海古籍出版社，1989 年，第 219 頁。王念孫贊同錢說，並認爲所缺的「戊戌」當在「戊戌」上，「己巳」當在「己亥」上。見王念孫《讀書雜志》九《淮南內篇第三》「庚申　戊戌己亥」條，第 800—801 頁。

xv　關於《堪輿經》的佚文及《曆事明原》一書的情況，請參看拙文《跋北京大學圖書館藏明

抄本〈暦事明原〉》及《〈堪輿經〉輯校》，並載《版本目録學研究》第四輯，北京大學出版社，2014 年。拙文發表後，得知日本的大川俊隆教授等學者已對《暦事明原》做過更爲詳盡的研究，見大川俊隆《暦事明原成書攷》（上、下），《大阪産業大學論集（人文科學編）》第 99、101 號，1999、2000 年；大川俊隆、大野裕司《北京大學図書館藏「暦事明原」の発見と新たな校訂》（上、中、下），《大阪産業大學論集（人文・社會科學編）》第 15 號，2012 年。敬請讀者參看。承蒙大川俊隆先生賜教並贈予大作，謹此致謝！

[xvi] 吐，疑當作「比」，形近而譌。

[xvii] 漢簡《揕輿》中有神煞繚力、犺根，與《堪輿經》中的了戾、行狠音近可通，當出同源，但所對應的日辰不同。限於篇幅，只能留待另文討論。

[xviii] 湖北省文物考古研究所、北京大學中文系編《九店楚簡》，中華書局，2000 年，第 49—50 頁。

[xix] 這裏的「竅」同「聚」，是聚會之義。「其竅甲戌」，即其會甲戌，也是講陰陽之會。

[xx] 《文選》卷七楊雄《甘泉賦》李善注引《淮南子》許慎注，第 111 頁下。許慎說又見《漢書・藝文志》「堪輿金匱」條注及《後漢書・王景傳》注。

[xxi] 《漢書・楊雄傳》，中華書局，1962 年，第 3523 頁。

[xxii] 《說文解字》卷一三下，中華書局，1963 年，第 287 頁上。

[xxiii] 《毛詩注疏》，阮刻十三經注疏本，藝文印書館，2001 年，第 746 頁上。

[xxiv] 《方言》卷十二，周祖謨《方言校箋》，中華書局，1992 年，第 76 頁。

[xxv] 段玉裁《說文解字注》一三下，上海古籍出版社，1981 年，第 685 頁下。

[xxvi] 段玉裁《說文解字注》八下，第 410 頁下。

[xxvii] 王筠《說文句讀》卷五，中國書店，1983 年，第 390 頁。

[xxviii] 周祖謨《方言校箋》卷一二，第 76 頁。輿，原作轝，周祖謨云：「戴本作輿，是也。」

[xxix] 《史記・天官書》，中華書局，1982 年，第 1291 頁。

[xxx] 《文選》卷七，第 111 頁下。

[xxxi] 《史記・天官書》，第 1309 頁。

[xxxii] 《後漢書・張衡傳》，中華書局，1965 年，第 1934 頁。

[xxxiii] 馬王堆漢墓帛書整理小組《馬王堆帛書〈式法〉釋文摘要》，《文物》2000 年第 7 期；裘錫圭主編《長沙馬王堆漢墓簡帛集成（伍）》，中華書局，2014 年，第 93 頁。

[xxxiv] 負責《長沙馬王堆漢墓簡帛集成（伍）》中相關部分編著的程少軒先生在新近撰寫的《馬王堆帛書〈刑德〉、〈陰陽五行〉諸篇圖像復原》一文（宣讀於首都師範大學歷史學院主辦“古文獻復原與整理學術沙龍”，2015 年 6 月 14 日）中，已經將原來所謂「式占」改名爲「堪輿圖」了。

[xxxv] 儀徵博物館《江蘇儀徵劉集聯營西漢墓出土占卜漆盤》，《東南文化》2007 年第 6 期。原圖爲彩色，黑底朱文，爲使視覺效果更加清晰，文本引用時調整爲黑白，並作了反色處理。同時將圖像整體逆時針旋轉 90 度，以符合漢代以南方爲前方、上南下北的習慣。

[xxxvi] 王寧《北大簡〈揕輿〉「大羅圖」的左行、右行問題》，簡帛網（http://www.bsm.org.cn/show_article.php?id=2754#_edn2），2017 年 3 月 12 日。

[xxxvii] 王寧《北大簡〈揕輿〉十二辰、二十八宿排列淺議》，簡帛網（http://www.bsm.org.cn/show_article.php?id=2766#_edn1），2017 年 3 月 24 日。王先生還指出，六壬式盤天盤中的北斗被畫成反轡，也是因爲假想從上往下看的緣故。這是很對的。

[xxxviii] 王寧《北大簡〈揕輿〉十二辰、二十八宿排列淺議》。

第３部　出土資料を通した中國文獻の再評價

楚國世族の邑管領と呉起變法

平勢　隆郎

1　はじめに

　以下に２としてまとめるのは、1982 年 11 月 14 日の史學會大會における發表草稿（手書き）である。本來なら、これを論文として投稿するのが筋であったが、諸事に忙殺される中、機會を逸して今にいたった。その主たる内容は、發表概要として公刊され、やや詳しい概要も當日配付されている。また、發表の機會を逸しているうちに、概説書執筆の依頼がまいこみ、すでにその中に概要としてとりこんでいる場合もある。ただ、論文としてお示ししなかったせいか、今日的に見て、「縣制の進展」を論ずる際、本發表の議論内容が繼承されていない狀況が生じている[1]。楚簡研究に關して、文を草する機會を與えていただく度に、氣になっていた。こんな經緯もあるので、以下にそれをお示しし、あらためて檢討の俎上に載せていただけないかと、考えた次第である。

　論文としての體裁は、「である調」がなじむ。しかし、氣にかかるのは、すでに多くの月日が過ぎていることである。また、手許にあるのが發表草稿であることを逆手にとれば、文體の相違が容易に現在の草稿でないことをお示しできそうだと氣づいた。そこで、體裁をそのままとし、さらに注釋を入れ、今考慮すべき點を述べることにした。これとは別に、些細な表現上の問題は、文脈を變更しない程度に手を入れたところがある。發表草稿では示し得ない史料があることを勘案して、文末に當日配付の資料３を附けた。かすれなどがあるが、ご容赦を請う。

2　發表草稿

私は本日、楚の呉起について發表したいと存じます。楚と申しますと、屈原、『楚辭』を生み出した國として、古くから強い關心が寄せられてまいりましたが、近年研究が進み、また考古史料も増えまして、秦漢的專制權力形成過程の中にいかに位置づけられるかが、大きな關心事となってきております。

さて、この課題をつきつめます時に、更に問題となってまいりますのが、先秦各國の變法事業でございます。ところが、楚に關しましては、これまであまり扱われることがございませんでした。また、扱われた場合にも、必ずしも充分な成果が得られておりません。その理由は、史料の量の不足ということもございましょうが、方法上から申しましても、史料の扱い方、整理の仕方に問題があったからだと思われます。お手許の配付資料（1）（下記**3**の1枚目）を御覧ください。ここに列擧いたしました研究では、⑥を除きますとすべて、史料上に散見いたします呉起の變法記載を、充分検討せぬままに、前提として話をすすめております。本發表では、こうした方法をとることなく、呉起變法の前後で何がどう變化したかを把え、その上で、史料に散見する変法内容との關わりを考えたい、とかように考えます。なお資料（1）に擧げました⑥岡田氏の論攷では、變法前後の状況が詳しく検討されておりますが、とくに春秋期の把え方に難があるように思われます。そこで本發表では、戰國期を含めまして、こうした史料を再整理し、從來なかった看點から新史料を提示し、その上で議論を進めたいと、かように考えます。なお、本發表で検討の軸に据えたいと思いますのは、楚の世族の邑基盤と、變法との關わりでございます。と申しますのも、一つには、この世族の存在が、呉起の變法の進展を阻んだとも考えられているからであります。また、一つには、次の點があるからでございます。私はすでに、拙稿「楚王と縣君」[2]におきまして、春秋期の楚の縣について検討しておりますが、そこでは、春秋楚人による縣の世襲管領が否定されていると推論いたしました。といたしますと、呉起の變法の意義は何だったのでしょうか。とくに資料の（2）の③（1枚目）を御覧ください。ここには爵祿とありますが、ここで收められる爵祿とは何だったのでしょうか。この問題を考えますためにも、楚世族の邑管領の實態を調べてゆかねばなりません。「楚王と縣

君」に檢討したところでは、春秋中期以降、楚縣の世襲管領は否定されたと考えられますが、この推論は、楚の世族の所謂封邑とどう關わるでしょうか。一見世襲管領が否定されているかに見えるのは、史料量の制約によるのでしょうか。あるいは、縣は世襲されなかったものの、他に世族の世襲する封邑があったのでしょうか。または、縣の世襲を否定されることで、世族は世襲的邑基盤を持ち得なかったのでしょうか。私は、先の檢討で、この三番目の狀況を想定したのですが、なお史料量の不足という點に不安が殘ります。さて、この不安は、各世族ごとの邑基盤を檢討することで、解消できそうです。縣や邑ごとの推移ではなく、世襲を問題とすべき世族の系譜に目を向けてみて、代々の中心人物の邑基盤の推移がたどり得るならば、先の檢討結果が、史料量の制約によるものかどうかが判然とするに違いありません。各世族ごとの邑基盤を檢討するのに際しまして、これまで活用されることのなかった新しい史料を提示したいと思います。それは地理書等に散見いたします冢墓の記述であります[3]。資料の（4）（1枚目〜）をご覽ください。表の上に示したのは、楚王の冢墓であり、下に示したのは、楚人の冢墓であります。これらの表によりますと、王都丹陽の地理上の位置が問題となる武王、政變で倒された郟敖、同じく靈王の三者を除きますと、歷代、王は王都の近くに埋葬されております。また、楚人で管領地のわかる者は、反逆者を除けば、そうした管領地に葬られております。例えば、下の表の上に○をつけました沈諸梁、魯陽公、春申君、荀卿がそうです。伍奢は管領者ではありませんが、城父の管領者たる太子建の傅であったことで、當地城父に葬られたと考えられます。楚人には、王都に葬られる者もおりますが、その官名は令尹という中央高官です（子囊）。以上のことから、楚王は一般に王都近くに葬られ、楚人には、中央高官として王都近くに葬られる者と、管領地ないし赴任地に葬られる者とがいた、ということになりましょう。例外は反逆者等です。時代は漢初になりますが、項羽につきまして注目すべき記事が見られます。『史記』項羽本紀によりますと、彼はかつて楚の懷王により「魯公」に封ぜられていたので、劉邦が「魯公」の禮をもって、この魯公の管領地である穀城に葬っております。以上のように想定できるといたしますと、

374 第3部 出土資料を通した中國文獻の再評價

令尹で王都以外の地に葬られている子文や、同じく中央高官である大司馬で、王都以外の地に埋葬されている昭陽も、實は管領地に葬られていたのではありますまいか。それから、ここに注目しておきたいことは、管領地に葬られているという事實でありまして、もし、管領地の他に世襲的封邑があって、そこを基盤としていたならば、この埋葬地の事實は説明上の困難をきたすと思います。

さて、私は以上において「冢墓」と申してまいりましたが、こうした文獻上の記述に關わる考古學上の記述について申し上げますと、各地に現存する冢墓すなわち墳丘墓で、考古學的發掘による年代の判明したうちで最も古いものは、春秋・戰國交替期のものであり、この頃から墳丘墓が一般化いたします。この點につきましての詳細は、資料（4）（2枚目）にも掲げました王仲殊氏の「中國古代墓葬概説」及び王世民氏の「中國春秋戰國時代的冢墓」をご參照ください。さて、といたしますと、先の表に掲げました人物の冢墓は、とくに時期の古いものにつきまして、果して本當に冢墓すなわち墳丘墓であったかどうかが問題となりましょう。また、たといそれが冢墓であったにしましても、地理書に記される前に、あるいは記されて以降今日にいたるまでに、隣接ないし近接するものといれかわることはなかったでしょうか。例えば、あの有名な馬王堆漢墓は、五代十國時代の楚王馬殷の墓と言い傳えられてきたのであります[4]。同様のことは、我國の天皇陵についても指摘されております。あるいは、もともと冢墓でなかったのに、隣接する冢墓と入れ替わったものもあるかもしれません。しかしながら、今ここで問題にしておりますのは、個々の冢墓が誰のものであったかではございません。冢墓とされるものが、管領地というある意味廣大な地域にあったかどうかを問題にしております。たとい入れ替わりがあったにせよ、地理書に冢墓の記述があるということは、少なくともそうした言い傳えがあったことを示しております。從いましてここに管領地と冢墓の關わりを云々するに際しましては、先の冢墓の記述は、充分利用するに堪えるものと考えます[5]。

以上の様な冢墓の記述の他に、同じく地理書等に記され、邑基盤と關連をもつと考えられるのが、「宅」であります。お手許の資料（5）に示しましたよ

うに、その意味は「すまい」、「敷地」であろうと思われます。それが管領地の所在を意味するか、官吏としての赴いた地の所在を意味するかは、にわかには斷じがたいですが、以下に邑基盤の問題を考えるには、注意すべき記述だと考えられます。

以上の家墓および宅の記述を活用いたしまして、以下に世族の邑管領の實態をさぐっていきたいと思います。お手許の資料（6）をご覧ください。以下の各氏の系譜は、主に『春秋大事表』によっています[6]。まず鬪氏です。傍系の鬪班・鬪克らは父子と考えられていますが、申公を世襲しています。ただ、これが申公の例外的世襲例であることは、すでに「楚王と縣君」で考察した點であります。鬪伯比以下の直系をみてまいりますと、鬪克於菟すなわち令尹子文の家墓が、雲夢縣にあると、『湖北通志』に記されております。當地は子文の管領地であったかもしれません。以下般・克黄・棄疾については不明ですが、鬪韋龜の中犨を奪ひ、又成然の邑を奪ひて郊尹たらしむ」とありますので、鬪韋龜の管領地が中犨であったこと、鬪成然の管領地が別にあったこと、そしてそれを召し上げられたことがわかります。鬪韋龜・成然父子は、おたがい別の地に管領地を得ていたのであります。また鬪辛は、『左傳』昭公十四年の記述にございますように、鄖に管領地を與えられています。以上、鬪氏直系のすべての人物についてではありませんが、子文および龜・成然・辛の三代について、彼らが世襲的管領邑をもたなかったと想定できます。つぎに沈尹戌・葉公子高父子ですが、兩者とも楚の重鎮でありましたが、前者は沈の縣尹であり、後者は葉の縣公で、相いに管領地が異なります。三番目は伍氏です。伍擧・伍奢父子については、その家墓の記述があり、それぞれ光化縣・阜陽縣にあります。また、伍奢の子の伍員の宅が宛にあったといわれます。その員の兄の尚は、『左傳』昭公二十年によりますと、棠の管領者でありました。以上のように、伍氏の邑管領も一定しておりません。しかも伍氏について注目すべきことは、すでに申し上げましたが、伍奢は管領者ではなく、管領者太子建の傅だったということであります。伍氏は地方高級官僚として、各地を點々とする者であったことを示しております。四番目は申叔氏です。申叔氏の祖は、申侯叔侯とされて

376　第3部　出土資料を通した中國文献の再評価

います。その子と考えられているのが申叔時ですが、彼は申公子培・屈巫・公子申と續く他の氏族管領下の申に隱居しています。つまり彼の父と思われます申公叔侯のかつての管領地にひきこもっているわけであります。これは管領者の子孫が、任地に土着する形勢をあらわしますますが、同時にそれが、管領地の世襲という形をとらなかったことを示しております。五番目は蒍氏です。その一人孫叔敖につきましては、その子孫が代々寝丘という地を世襲したとする説話があります。詳しくはお手許の資料にかかげました野間文史氏の「孫叔敖攷」及びその「續」をご參照ください。この説和には、二つの問題點がございます。第一に別紙にまず掲げました『春秋大事表』に示す系譜に從いますと、この説話はやはり成り立たないということであります。と申しますのも、孫叔敖の孫大司馬蒍掩が、後に靈王となる王子圍のために「室」すなわち領地を含む財産を取られているからであります[7]。別の系譜であれば、可能性があります。第二に寝丘が大邑それも縣が置かれる程の大邑だったとしても、やはり説話が成り立たないということであります。當地がいずれの縣に屬していたかについては、「楚王と縣君」をご參照いただきたいのですが、期思・寝・沈のいずれかであろうと考えられます。ところがいずれの縣も蒍氏以外の人物が管領者となっているのであります。つまり説話が成り立つためには、寝丘は小邑でなければなりません。實際『韓非子』は、寝丘が「痩せた」地で、その世襲が例外的であったことを述べています。以上から、蒍氏は寝丘という世襲基盤を得たかもしれないが、それは例外的なあり方で、その規模も縣以下の單位であったことがわかります。しかも、その世襲の事實を否定すべき史料（例外的）も存在するのであります。五番目は戰國時代の昭氏です。昭氏は楚の昭王の子孫と思われます。湖北省江陵望山一號墓出土の竹簡[8]によりますと、その墓主すなわち被葬者である昭固は、その先祖に占いをたてており、その先祖には王孫桌なる人物がおります[9]。彼は昭王の孫でありましょう。先祖には他に、東🔲公なる人物も見られます。彼はその名から見まして、縣公ないし封君だったと思われます。東🔲が今のどこにあたるかは不明ですが、その子孫である昭固は縣公ではなく、おそらくは占いに關わる中央官で、王都近くに葬られている

のであります。昭固がいつ頃の人物かはなお不明ですが、宣王期に昭氏の第一人者であったと思われるのは昭奚恤であります。次に述べる昭陽もそうですが、『戦國策』等に見える彼らの記述、官名を同時期の族員と對比させると、彼らが第一人者であったことがわかります。馬王堆三號漢墓出土の帛書『戰國縱横家書』によりますと、昭奚恤は工君でありました。工君とは江縣の管領者もしくは、江縣を中心とする領域の管領者と想定されます[10]。次の代の懷王の時代、中心人物は昭陽でありますが、すでに冢墓について述べましたように、彼の墓が興化縣にあります。そこが彼の管領地であったのでしょう。他に中心人物ではないようですが、楚策によりますと、昭鼠が宛公になっております。以上東印公や昭固の事例、昭氏の中心人物である昭奚恤・昭陽の事例などをみてまいりますと、昭氏の邑基盤が一定していなかったことが想定できるのであります。屈氏・景氏についても同様であったと思われます。以上を総合いたしますと、楚の世族は春秋戰國を通じ、一般に世襲的邑基盤（封邑）をもたなかったことがわかります。お手許の資料（2）をもう一度ご覽ください。その③にございます「封君の子孫をして三世にして爵祿を收めしむ」の「爵祿」について、これまで念頭におかれましたのは、世襲的封邑であったと思われます。資料の②にあげました楊寛氏の著書では、その邊があいまいですが、先年楊寛氏と歡談する機會にめぐまれ、その際この問題を問うたところ、はっきりしないとの返答でございました。さて、しかしながら、春秋戰國を通して、縣制の進展とともに世襲的封邑は一般になくなったと考えられるのですから、「爵祿」は世襲的封邑ではなかったということになりましょう。では何だったのでしょうか。

　變法の前後で變化したものに、君號がございます。春秋の縣君は、文字通り縣名すなわち地名を頭に冠しておりますが、戰國になりますと、地名を冠しないものが増加いたします。詳細につきましては、資料（4）に擧げました表、ならびに（1）に擧げました楊寛氏の『戰國史』（新版）の巻末の表をご參照ください。また軍編成も變わり、邑單位であったものが崩壊して、「人」中心から歩兵中心となります。春秋時代には、例えば申の師とか息の師とか言われていたのですが、戰國になると、一長官が、自己の管領地所出の兵員を越える兵

力を從え、しかも事情に應じてその增減が行われているのであります。具體的にはお手許の資料（8）に舉げました昭鼠の事例をご參照ください。さて、更に春秋期には、多數の屬國があり、實は縣君同樣一定の邑基盤を持たず、各地を點々としていたと考えられるのでありますが、このことにつきましては時間も限られておりますので、別の機會に讓りたいと思います[11]。その彼らも戰國時代には姿を消します。さて（9）をご覽ください。そこに舉げました鬪氏の事例が示しますように、春秋時代には、縣の世襲を否定されながらも、なお縣君の位を世襲する者がございます。しかるに戰國時代になりますと、そのような例は見られず、昭氏などの大世族も、しばしば軍功を舉げて、爵を得ていることがわかるのであります。これにつきましては、資料3枚目の（6）の⑥の昭氏各人の官位ならびに昭陽の事例をご參照ください。そしてその爵でありますが、春秋時代にも縣公の「公」という西周の五等爵に淵源をもつと思われるものがございますし[12]、『左傳』昭公七年（前535）には、王、侯、大夫、士云々といった秩序が示されています。しかし、この士以上は、漠然とした階層を示していますし、卑以下でもそれぞれお手許の資料にお示しいたしました職務をもつものと考えられます。秦國の十七等爵、二十等爵とは遠いものがございましょう。しかるに戰國時代になりますと、6枚目に舉げましたように、「執圭」をはじめとする爵があったことが知られています[13]。つぎに示しました陽陵君の事例をみますと、祿は爵に對應するものであったことがわかります。

　以上のように春秋と戰國との狀況の變化を見てまいりまして、ではそうしたことが吳起變法といかにかかわるのかを考えますと、そのまま（10）をご覽いただきたいのですが、すでにご覽いただきました資料（2）の吳起變法②と③が注目されるのであります。②すなわち「楚國の爵を均しくしてその祿を平らかにす」は、それまでの縣邑をまるがかえ的に管領させてそのあがりを祿とする體制管領者すなわち「縣公」ごとの祿に差がありすぎるこういう體制を打破し、爵を整備して邑との結びつきを弱め、祿との對應を嚴密にしたものと考えられます[14]。また③すなわち「封君の子孫をして三世にして爵祿を收めしむ」は、それまで未整備だった爵的身分、とくに縣公の位、あくまで位でありますが、

それが世襲される傾向を否定し、上述のように爵を整備する一方で、その爵を
制限したものと考えられます。戰國時代の狀況を見ますと、その制限は否定へ
と發展していったと思われます。春秋時代について、『韓非子』がのべる「再
世にして地を收む」は、これに先駆けた改革で、まさに管領地を世襲すること
を制限ないし否定したものと理解することができましょう。

380　第3部　出土資料を通した中國文獻の再評價

3　發表時配付の資料

1枚目

④公族ヲ疏遠なる者を廢す。(『史記』呉起列伝)

⑤百吏の祿秩を減ず。(『韓非子』和氏篇)

⑥無能を罷め、無用を廃す。(『戦國策』秦策)

⑦不急の官を廃す。(『韓非子』和氏篇)

不急の校官を損す。(『戦國策』秦策・『史記』呉起列伝)

⑧その余ある を損し、而してその足らざるに継ぐ。(『説苑』貴徳篇)

貴人をして往いて広虚の地を実たさしむ。(『説苑』指武篇)

⑨如門の請を塞ぐ(『戦國策』秦策)

⑲(便封君子孫、三世而収爵祿、減百吏之祿秩・損不急之校官)以て選練の士を奉ず(『韓非子』和氏篇)

(明法賓令、損不急之官・廃公族疏遠者)以て戰闘の士を撫養す。要は強兵にあり。(『史記』呉起列伝)

⑪横を破り從を散じ、馳説の士をしてその口を開く所無からしむ。(『韓非子』和氏篇)

(損業有余、而継共不足)甲兵を属す。(『説苑』指武篇)

馳説して縦横を言ふ者を破る。(『史記』呉起列伝)

⑫強國の俗を壹にし、(南攻楊越、北并陳蔡)(『戦國策』秦策)

(3) 彊の世族の色著盟との関わりを検討の軸に据える理由

① 世族の存在が、呉起の変法の推進を阻んだとも考えられている・

③和見「春秋楚人による県の世襲管領が定されている」(「楚王と県君」『史序雑誌』90−2、一九八一年)と変法③(前掲(2))とが矛盾なく説明できるか。

(4) 地理書等に散見する家養の記述

施之勉『史記家養記』(大陸雑誌社・一九七七年)や『漢唐地理書抄』(清金鶚王誤輔・一九二一年・甲寅司)に又り著也里害を家養し、考古発展の成果を加えた。

「楚国世族の邑管領と呉起変法」

平勢隆郎

一九八二・十二・四

(1) 呉起変法を扱った研究
① 郭沫若「述呉起」(一九四五年・『先秦学術説林』所収・東南出版社)
② 楊寛『戦国史』(一九五五年・上海人民出版社・香港文昌書店再版)の第五章第四節「楚的呉起変法和秦的衛鞅変法以及燕王噲的禅譲」
③ 文崇一「楚文化研究」(一九六九年・中央研究院民族学研究所専刊之十二)の参「楚的政治組織」
④ 呉起編導組「呉起」(一九七五年・上海人民出版社)
⑤ 楊寛『戦国史』(一九八〇年・上海人民出版社・第二版)第五章第三節「楚国呉起的変法」
⑥ 田昌五「呉起変法—楚国の国家権透把握のために—」(『歴史学研究』一九八一年三期)

〈その他〉楚の変法の成果の有無に言及するもの
斉思和「戦国制度致」(一九三八年・『燕京学報』二四期・一九八一年・中華書局『中国史探研』所収)
侯外廬『中国古代社会史論』(一九五三年・人民出版社)
宇都木章「戦国時代の楚の世族」(一九五七年・『中国古代の社会と文化』所収・東大宇出版社会)

(2) 呉起変法についての記述
① 法を明らかにし、令を審らかにす。(『史記』呉起列伝)
② 楚国の爵を均しくして、其の禄を平らかにす。(『説苑』指武篇)
③ 封君の子孫をして、三世にして爵禄を収めしむ。(『韓非子』和氏篇)

2枚目

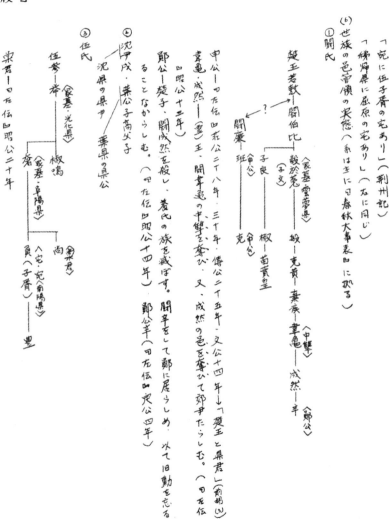

〔上表〕

王名	墓地	典拠	王郡
武王	湖北省應城縣	金又通紀二二七字	丹陽
文王	湖北省枝江縣	清一統志	郢
鳩王	湖北省枝江縣	清一統志	郢
成王	湖北省江陵縣	湖北通志	郢
康王	湖北省江陵縣	湖北通志	郢
靈王	河南省鄭家縣	清一統志	郢
郟敖	河南省郟縣	清一統志	郢
康王	湖北省江陵縣	湖北通志	郢
平王	湖北省江陵縣	清一統志	郢
豐王	湖南省華容縣	左傳・汨州全志	陳城
聖王	湖北省當陽縣	清一統志・史記伍員傳	郢
頃襄王	安徽省壽縣東案案		壽春
幽襄王	安徽省壽縣東案案		壽春

人名	冑名	墓地	典拠
子文(鬪穀於菟)	伊尹	湖北省雲夢縣	湖北通志
孫叔敖(公子貞)	令尹		利州記
公子午	令尹	河南省淅川縣	文物元△-一△
伍擧	左史倚相	湖北省先化縣	清一統志
左倚	城父の太子建の傅	安徽省阜陽縣	安徽通志
伍奢	白公	安徽省壽縣	清一統志
公孫勝	白公	河南省壽山縣	
現諸梁(子高)	葉公・令尹	河南省葉縣	寰宇記
郢昭	魯陽公	湖北省江陵縣	寰宇記・皇覽
昭陽	大司馬	江蘇省桐城縣	揚州府志・中華名勝詞典
屈原	左徒	湖南省湘陰縣	元和志・明統志
宋玉		湖北省江陵縣	湖北通志
春申君		江蘇省宜城縣	江南通志
荀卿	蘭陵令	山東省臨沂縣西南	清一統志
公輸般		山東省長清縣	有南府志

▲は敗逃者。

城父(冡)——安徽省阜陽縣
葉——河南省葉縣
彭陽——河南省晋山縣
蘭陵——山東省嶧縣の東

〈項羽の墓について〉
始め、楚の懷王初めて項籍(項羽)を封じて魯公と爲す。其の死するに及ぶや、魯、最後に下る。故に魯公の禮を以て項王を穀城に葬る。(『史記』項羽本紀)

〈冢墓に關する考古學上の發見〉
王仲殊「中國古代墓葬概説」(『考古』一九八一年五期、『日中古代文化の接点を探る』へ山川出版社・一九八二年〉に收錄〉

王世民「中國春秋戰國時代的冢墓」(右に同じ〉

(5)「宅」の記載

3 枚目

⑥ 昭氏

「孫叔敖故緂」（同右曰紀書出4、一九七八年）

13、一九七七年）

楚昭王（515～489）— 恵王（488～432）— 簡王（431～408）— 声王（407～402）— 悼王（401～381）— 肅王（380～?）

王孫桌 — 昭固

「東郵公」がどこかに入る

「ッ方・小者」（『中山大学学報』哲学社会科学版一九八一ー二）

占に関わる役職。江陵に墓（里山一号墓）

楚王（B.C.）	昭氏（實名等）	典拠
宣王（369～340）	昭奚恤（工君）	戦策・書
威王（339～329）	昭籠	呂覧去宥
懐王（328～299）	昭（郢）陽（桂国相・大司馬）	韓世家 貨殖 雷・郎居節
	昭雎（昭侯・大将）	戦策・郎君啓節
	昭（咎・卯・卑・渾）滑	春本紀・陳渉世家・懐王孫・勝項・胡蘇
	昭過（姪）	渓書表
	昭応	随策
	昭鼠（宛公）	燕策
	昭献（司馬）	東周策
	昭魚（相）	観世家
	昭椿（集尹）	郢君啓節 韓策二
	昭献？	
頃襄王（298～263）	昭常（大司馬 く？昭子〉（相国）	楚策 楚世家 楚策
	昭蓋	楚策
	昭寿	港南・説術

○ 昭奚恤

「今、王の地、方五千里、帯甲百万にして、専ら之を昭奚恤に属せしむ。」（楚策）

↓ 昭氏の第一人者

「工（江）君昭奚恤」（『戦国縦横家書』二七章）↓ 江漢の管領者

○ 昭陽

「大司馬卲（昭）郢（陽）」（郢君啓節）

「楚の法、軍を覆し将を殺さば、その官爵は何ぞや。」と問われて、「官は上柱国とな

④申叔氏

〈申公〉
申公叔侯（申叔）——申叔時——疏——攘

申叔時——老いたり。申にあり。（『左伝』成公十五年）

。時に、申公子培・屈巫・公子申といった他氏族が申県を管領

。彼の父と思われる申公叔侯のかつての「管領地（申）」に引きこもっている。管領者の子孫

が佐地に土着する姿を示すが、管領地の世襲という形をとらない。

⑤蔿氏

蔿章——呂臣——艾獵——子馮——掩
（孫叔敖）
〈『春秋大事表』〉

〈２〉
蔿呂臣——艾獵————子馮——掩　〈『世本』〉
　　　　孫叔敖

〈３〉
蔿呂臣——艾獵（孫叔敖）
　　　　　子馮——掩　〈杜注〉

○子馮——掩〈『世本』〉

○蔿呂臣——艾獵——子馮——掩（『左伝』襄公三十年）

。楚の公子囲（霊王）、大司馬蔿掩を殺して其の室を取る。（『左伝』襄公三十年）

。楚国には「臣に禄するに、再世にして他を収む」という法があったが、孫叔敖が瘠せた地を「漢間」に選んだことで、「九世にして祀、絶へず」という幸運にあずかった。

（以上、『韓非子』喩老篇、『呂覧』異宝篇は「孫叔敖」を「孫叔の子」とし、「漢間の地」を「寝丘」とする。）

。期思・況・寝丘は互いに近接した。もしくは重なる地であろう（野間論文）

。野間文史「孫叔敖攷——孫叔敖説話と春秋時代の楚国」（『新居浜工業高等専門学校紀要』）

４枚目

（ア）封君について。

《楚の封君》

。昭鼠

「悦公珥鼠」（楚策）
かつて吳起の封ぜられた所（□説苑□指武）

リ、許は上訴君となる。」と答える。（齊策）

↓昭氏の第一人者
家嚢が江蘇省興化県にある・（□揚州府志□）
→江東地域の管領者・滅越に關係。

5枚目

（下に続く）↗

○右表、君号に邑名を好しないもの・封地不明のものが増加（全周的）

(8)軍編成・章平位・「人」忠（中師・船師）→歩兵中心

○完公昭鼠について。

術視・楚を伐ち、楚・昭鼠をして十方を以て漢中に軍せしむ。昭鼠、秦に重圧に勝ち、蘇厲・宛公昭鼠に謂むて曰く・「王・昭雖の秦に來ぜんとする を欲するや、又ず公の兵を分つて以て之に益せん。秦・公の兵を分たるるを知らんや、犬ず漢中に出ぜん。諸小・公の窩に平戎をして、王に謂ひて「秦の兵まさに漢中に出でんとす」と曰はしめよ。則ち、公の兵全か らん」と。（→戰國策に哭策二）

昭鼠所程の兵「十万」（兵策二）は楚の兵「百万」（哭策二）の十分の一で・管備地苑所出の兵史を越える・また王命で埠頭・滅員が行なわれる。

一定の邑蕃盤をもたない。

・属周の屬周の存在・寄的身分の世盤↓軍功辭に よる禄の取得

(9)多数の属周の存在・寄的身分の世盤↓
一定の邑蕃盤をもたない。

・閙氏の事例（寄的身分の世辭ではない）
閙戎然は邦軍に加はり、驚数の下で市尹となり（→左伝昭公十三年）、平王の即位を迎えたが。その平王によ、て殺される（昭公十四年）。その陳・子文（閙穀於菟）の「旧圄を忘ろるなからし」めるために。成然の子の閙車に鄭を晉領させた（同上）。

○昭陽の事例↓(3)の⑥

○句左伝昭公七年に見える寄的秩序・「人に十等あり」

王↓公↓大夫↓士↓平

（　　　　）馬を養う（晉語四車注）
漢然とした（西周策の　）
　　　　　興↓
附層　　　　転↓僚↓僕
　　　　　篤車を抱く（晉語厥助伝注）　　誦智務？

王↓公↓大夫↓士↓平

昭王(295〜279)					
安釐王(276〜243)	信陵君	公子無忌	魏策		
	長信侯	?	魏策		
	宜信君	?	戦国縦横家書		
	安陵君	?	魏策	○	安陵
景湣王(242〜228)	寧陵君	魏咎	魏豹列伝		
王假(227〜225)					
不明	信安君	?	魏策		
	鄢陵君	?	列士伝		
	?君	李宗	老子列伝		段干
	龍陽君	?	魏策		
	清陽君	?	韓非子六微		
《韓の封君》					
宣恵王(332〜312)	安成君	?	韓策		
襄王(311〜296)	山陽君	?	趙策	○	山陽
	成陽君	?	韓策	○	成陽
釐王(295〜273)	市丘君	?	韓策		
桓恵王(272〜239)	陽城君	?	趙策	○	陽城
王安(238〜230)					
《趙の封君》					
趙襄子	代成君	君子の兄周	趙世家	○	
桓子(424)					
献侯(423〜409)					
烈侯(408〜400)	番吾君	?	趙世家	○	番吾
武公(399〜387)					
敬侯(386〜375)					
成侯(374〜350)					
粛侯(349〜326)	武安君	蘇秦	蘇秦列伝	×	
	奉陽君	王弟成	蘇秦列伝および注		

↖(上から)

武霊王(325〜299)	陽文君	趙豹	趙世家		
恵文王(298〜266)	代安陽君	武霊王子章	趙世家	○	代東安陽
	安平君	公子成	趙世家		
	奉陽君	李兌	趙策呉注		
	都平君	田単	趙策		
	平原君	趙勝	平原君列伝	×	東武城
	望諸君	楽毅	趙策	×	観津
	?君	田文	趙策		武城
	平陽君	趙豹	趙策	○	平陽
	武安君	蘇秦	蘇秦列伝		
	馬服君	趙奢	趙策	×	
孝成王(265〜245)	平陵君	?	趙世家	○	平陵
	長安君	恵文王子	趙策		
	安平君	田単	趙世家		
	平陽君	趙豹	趙策	○	平陽
	平原君	趙勝	趙策	×	東武城
	華陽君	馮亭	白起列伝		
	春申君	黄歇	趙世家	×	霊丘
	李侯	李同の父	平原君列伝	×	
	武陽君	鄭安平	趙世家		
	信陵君	魏無忌	信陵君列伝	×	鄗
	武襄君	楽乗	趙策		
	建信君	?	趙策		
悼襄王(244〜236)	春平君	?	趙策		
	平都侯	?	趙策		
	長安君	?	趙策	×	饒
幽繆王(235〜228)	武安君	李牧	趙策	×	
代王嘉(227〜222)					

390　第3部　出土資料を通した中國文獻の再評價

6枚目

（師間文史「春秋時代における楚國の世族と王權」へ「哲学」広島哲学会、一九七二年〉
楚法が廢地したためとしたり（王先慎日韓非子四喩老篇集解）してきたが、爵祿が封邑その
ものではなく、爵處の夏法が右の扰に理解できる以上、そうした論は成立しない。この楚法
があったとしてもおかしくない。「楚王と邑君」（前揭(3)）参照。

○戦国の楚爵（陳直『漢書新証』一四七～一四八頁より）

「執圭」（『楚策等』）・「爵卿」（『漢書』曹参伝）・「中大夫」（『漢書』灌嬰伝）・「太僕」（『漢書』夏侯嬰伝）・「

中涓」（『漢書』曹参伝）・「爵」（『漢書』陳平伝）・「執盾」・「執盾隊史」・「

執圭」（『漢書』功臣表）・「執帛」（『漢書』曹参伝）・「国大夫」・「列大夫」・「上

間」（『漢書』樊噲伝）・「粟客」（『漢書』韓信伝）・「客」（『漢書』陵賢伝）「髣長

」（『十鐘山房印舉』二・四四頁）

○陽陵君の事例

（墓）是に於て執珪を以て之に授け、陽陵君と為し、淮北の地を与ふ。（楚策四）

(10) 吳起變法の意義

○前掲(2)の国「楚国の爵を均しくしてその禄を平らかにす」

それまでの、県邑をまるがかえ的に管領させてその禄を取得させる体制を打破し、爵王整備

○前掲(2)の(3)「封君の子孫をして三世にして爵禄を収めしむ」

それまで世襲備だった爵的身分、とくに県公の位（同一邑の管領ではない）が世襲される傾

向を否定し、右述のように爵を整備する一方でその世襲を制限した。その制限は否定へと発

展したであろう。

(11) 春秋期の「再世」にして地を収むと（『韓非子』喩老篇）という「楚法」について、

この変法が孫叔敖期のものとして記され、前掲(2)の国の吳起変法の「爵様」を封邑と理解し

たため、「再世」と吳起変法の「三世」との矛盾に苦しみ、この変法の存在を否定したり。

392　第3部　出土資料を通した中國文献の再評價

注

1　平勢隆郎『都市國家から中華へ』(講談社、2005 年。中國語譯、廣西師範大學出版社、2014 年)「楚國變法」。平勢隆郎『「仁」の原義と古代の數理──二十四史の「仁」評價「天理」觀を基礎として』(東京大學東洋文化研究補・雄山閣、2016 年) 終章注 116 (513 頁)。新しい材料を加えての一部内容言及は、平勢隆郎『左傳の史料批判的研究』(東京大學東洋文化研究所・汲古書院、1998 年) 第二章第一節「六、楚の世族と縣」。この時點では、呉起については、別に機會を得て論じたいと考えていた。包山楚簡という新出土史料により、議論内容がより直接的にできることになったので、それを紹介し、地理書等を活用する議論は割愛した。これは議論が不用になったということではなく、補足史料の信憑性という、本稿でも氣にした點について、論じ得ると氣づいたことによる。これについても、呉起變法とともに別に議論しようと考えた。『左傳の史料批判的研究』第二章第一節「七、楚の屬國と縣」・「八、『許胡沈道房申を荊に遷す』の意義」は、平勢隆郎「『左傳』昭公十三年『靈王遷許胡沈道房申于荊焉』をめぐって──對楚從屬國の遷徙問題──」(『東洋史研究』46-3、1987 年) から増補再録。世に知られていないが、實は、1988 年武漢において舉行された楚歴史與文化国際学術討論會の提出論文「關於向楚屬國遷徙的史料」がある (後掲注)。多數の對楚從屬國を扱い、『文物』1980 年 1 期に掲載された李學勤「論江淮間的春秋青銅器」等諸氏の論考に注目したが、近年曾關係の青銅器出土であらためて一部が脚光を浴びているものの、全體としては議論が繼承されていないように見える。これは、王光鎬『楚文化源流新證』(武漢大學出版社、1988 年) が「楚都紀南城を戰國中晚期の都城」(楚王とされる大墓の年代等いくつかの論點あり)・「白起拔郢前から頃襄王元年前後に放棄された」と論じ (456 頁)、石泉「湖北宜城楚皇城遺址初稿」(『江漢學報』1983 年 2 期) が郢都として宜城楚皇城を論じ、さらに他の可能性を論じていた先行研究が、必ずしも繼承されていないことに關わるように見える。あらためて再議論してはいかがだろうか。

2　平勢隆郎「楚王と縣君」(『史學雜誌』90-2、1981 年)。新出土史料を加えて、前掲『左傳の史料批判的研究』第二章第一節に録入。縣制の研究史およびそのまとめは、前掲『「仁」の原義と古代の數理』終章注 116 (513 頁)。そこで特に顧炎武・増淵龍夫に注目しているが、後者の縣制論を録入する増淵龍夫『中國古代の社會と國家』(弘文堂、1960 年。新

版岩波書店、1996 年）の中國語譯が最近刊行された（呂靜譯、上海古籍出版社、2017 年）。筆者が序文を依頼されたが、增淵著では殘されていた殷王田獵地の問題（氏の據った説とちがって、一日で行って歸れる程度の範圍にすべておさまるという松丸道雄説<數學的論證附>がその後に提示された）を補った。また、增淵書所載論文がまとめられる過程で、大きく關わった學界動向を述べる小倉芳彦「增淵龍夫氏と私」（『中國古代政治思想研究』青木書店、1970 年）の一部が增補されている（あらためて氏の許諾をいただいた）。

3 すでに紹介しているように、包山楚簡という新出土史料により、議論内容がより直接的にできる論點がある。昭氏の系譜と管領地の問題である。この出土史料がある以上、地理書等に見える材料は、補足的史料として扱うのが妥當だろう。論據としての信憑性にランク附けをするのがよい。筆者は、この補足的史料については、後代性の問題があることを前提にし、蓋然性があるかないかに注意を拂った。

4 樋口隆康『古代中國を發掘する──馬王堆、滿城他──』（新潮選書、1975 年）31 頁。

5 前掲注に懸念について記しておいた。過去の論者が本論に參照したのと同樣の史料を用い、筆者と同樣の結論を導き、そこから推論をはたらかせて、「ここに埋葬地があるはずだ」と論述する可能性は否定しきれない。

6 これは、何も檢討することなく『春秋大事表』に準據した、という意味ではない。自己の作業として諸史料を涉獵し、自分の體裁として系圖を作成できるが、統一性をもたせるには、何かに準據しておく方がよい、と判斷した次第である。前掲『左傳の史料批判的研究』第二章第二節の「三、各世族の縣邑管領」を參照されたい。

7 小倉澤精一「『左傳』に見える『室』の意味と春秋時代の財産」（『日本中國學會報』10、1955 年。後『中國古代説話の思想史的考察』錄入、汲古書院、1982 年）、松本光雄「中國古代の『室』について」（『史學雜誌』65-8、1956 年）、堀敏一『中國古代の家と集落』（汲古書院、1996 年）第一章第二節「家・室の語義と用例」等。

8 『望山楚簡』（新華書店、1995 年）。

9 すでに紹介したように、包山楚簡の出土によって、より詳しく系圖がたどれるようになった。『包山楚墓』（文物出版社、1991 年）。

10 論理的には、「工」（武器等の製作）の「尹」の可能性もある。この場合一般に「工尹」と記すことからの推定で述べている。

11 前掲拙稿「關於向楚屬國遷徙的史料」。

394　第3部　出土資料を通した中國文獻の再評價

12　平勢隆郎『「八紘」とは何か』（東京大學東洋文化研究所・汲古書院、2012年）第三
章第三節486頁に、『春秋』に示された戰國時代議論の體例と、それとは別の春秋時代の
實態を述べている。注65（617頁）に楚の「公」が西周の制度を參照した可能性を述べ
ている。その見解を最初に述べたのが、この發表時點であるが、參照したのは、前掲「楚
王と縣君」（前掲『左傳の史料批判的研究』第二章第一節に增補再錄）の檢討內容であっ
た。春秋時代の爵位であるが、楚の爵位は、『春秋』に示されたものと異なっているが、
晉の爵位も同樣に異なっている（前掲『左傳の史料批判的研究』第二章第二節に增補再錄
した拙稿「春秋晉國世族とその管領邑」『鳥取大學教育學部研究報告』33、1982年およ
び「同續」同34、1983年の檢討內容）である。いずれも獨自に西周の制度を參照した可
能性が濃く、ありし日の西周の爵位を『春秋』とは別に復元する手懸かりになる。『春秋』
との關わりから言えば、女性が出身國名に出身國の姓を續けて稱することになっている。
そもそもの話題として、制度が整う前に、嫁ぎ先の國名に出身國の姓を續けて稱すること
はなかったのか。論の正否を別として紹介すれば、こうした可能性を論じたものとして曾
昭岷・李瑾「曾國話曾國銅器綜考」（『江漢考古』1980年1期）がある（前掲『左傳の史
料批判的研究』255頁の注23紹介）。常識でない爵位關連の話題として加えれば、松丸
道雄『甲骨文の話』（大修館書店、2017年）176頁に、戰國期の變化として、甲骨文以來
の「子」の字が消滅し、それまで「巳」の字であった所謂「子」が「子」として使用され
ることを述べている。それまでの別字があらためて「巳」の字となり現在にいたる。その
理由として、いわゆる下克上の結果、春秋時代の有力氏族が國君となり、やがて王となる
ことが關わる旨、口頭で述べたことがある。中行桓子・趙簡子などの「子」を稱するもの
が、自己の歷史を背負わせて、「子」の字を十二支の筆頭にもっていったのだとしたら、
かなり興味深い話になりそうである。

13後に李開元『漢帝國の成立と劉邦集團——軍功受益階層の研究』（汲古書院、2000年）
に、楚爵についての檢討がある。

14　ここに述べる記述については、貨幣の使用を念頭に置いている。林巳奈夫「戰國時代
の重量單位」（『史林』51、1986年）は、戰國時代の重量單位が九・六・八の倍數をもっ
て繰り上がることを一覧にしている。その基礎重量は魏のもので、それは、松丸道雄「西
周時代の重量單位」（『東洋文化研究所紀要』117、1992年）が西周時代の單位重量を十
進法で分割した値になることを明らかにしている。戰國貨幣は、重量單位の九・六・八の

倍数をもって鑄造されていることを、平勢隆郎『中國古代紀年の研究——天文と暦の檢討から』（東京大學東洋文化研究所・汲古書院、1998 年）の縱組表Ⅳ・146 頁等に述べた（左記著書では、林氏の表を紹介し注記を施した際の遺脱がある）。十進法の繰り上がりが九・六・八の倍數重視の繰り上がりに變化した後に、金屬貨幣が出現する。その出現時期は、戰國時代にまちがいはないが、それと吳起變法がどう關わるかは、別に丁寧に檢證したいところである。

坊記禮説考

末永　高康

　『禮記』坊記篇は、それに續く中庸篇、表記篇、緇衣篇とともに『子思子』の殘篇とされている一篇である。郭店楚簡や楚竹書『緇衣』の出現で緇衣篇の成立が孟子以前であることがほぼ確實になったことにより、坊記篇の成立年代もまた引き上げられて考えられるようになり、この篇が子思の手になるものである可能性も論じられるようになってきている[1]。この篇は「禮」を「民の坊（民が邪辟に陷らないための堤防[2]）」と位置付け、禮に關する記述を數多く含んでいる。この篇が子思の頃に成るものであるならば、初期の禮學思想の狀況を知る上で貴重な情報を與えてくれることになろう。だが、この篇が先秦禮學思想の展開との關係において論ぜられることはこれまでほとんどなかった。ここでは、先秦禮學の研究においてこの篇が持つ意味について初歩的な分析を加えてみたい。

一、曲禮篇との重複をめぐって

　まず、この篇の構成について一瞥を與えておく。この篇もまた、他の『子思子』の殘篇（中庸篇については、その古い部分）と同樣の構成を持つ。全體が孔子言[3]を集成する形で構成されており、冒頭の章のみ「子言之」を冠し、他章は「子云」を冠する形で[4]、孔子言が引用されている。この「子言之」「子云」によって形式的に章を分けるならば、全體は三十九章よりなる[5]。章末が『詩』『書』等の引用で締め括られることが多いのも、他の『子思子』の殘篇と共通するが、楚簡『緇衣』の各章末に必ず『詩』『書』の引用が見えるのに比すると、『詩』『書』等の引用を持つ章の割合は少なくなっている。

　他の『子思子』殘篇とは異なる、坊記篇獨自の形式的な特徴は、篇中で繰り返される「以此坊民（此を以て民を坊ぐ）」のフレーズにある。いま煩を厭わずにすべて抜き出すならば、次の十七條を指摘できる（以下、本節の引用においては現代語譯を省略する）。

398　第3部　出土資料を通した中國文獻の再評價

以此坊民、諸侯猶有畔者。（第三章 9a7[6]）

以此坊民、民猶得同姓以弒其君。（第六章 11b9）

以此坊民、民猶偕死而號無告。（第十章 13b4）

君子以此坊民、民猶薄於孝而厚於慈。（第二十三章 17a9）

以此坊民、民猶忘其親。（第二十五章 17b3）

以此坊民、民猶爭利而忘義。（第二十六章 18b7）

以此坊民、諸侯猶有薨而不葬者。（第二十九章 20b1）

以此坊民、子猶有弒其父者。（第三十章 20b10）

以此坊民、民猶忘其親而貳其君。（第三十一章 21b8）

以此坊民、民猶貴祿而賤行。（第三十二章 22b9）

以此坊民、民猶忘義而爭利、以亡其身。（第三十三章 23b7）

以此坊民、民猶有自獻其身。（第三十四章 24b9）

以此坊民、魯春秋猶去夫人之姓曰吳、其死曰孟子卒。（第三十五章 25b1）

以此坊民、陽侯猶殺繆侯而竊其夫人。（第三十六章 26a1）

以此坊民、民猶以色厚於德。（第三十七章 26b7）

以此坊民、民猶淫泆而亂於族。（第三十八章 27a6）

以此坊民、婦猶有不至者。（第三十九章 27b3）

これらはいずれも禮を以て「民の坊」とするものの、民が邪辟にはしることを
禮が止め得ないこと、禮が「民の坊」として實質的に機能し得ないことを暴露
してしまっている。禮の「記」として禮の機能を肯定的に語る『禮記』諸篇の
中で、禮が無力なることを繰り返し語っている點で、この坊記篇はきわめて特
異な篇であると言えるのである。廣く思想史という觀點からすれば、この篇の
作者が禮の無力さに自覺的であることが最も重要であるが、この點からの思想
史的分析はすでに行ったことがあるので、ここで繰り返すことはしない[7]。狹く
禮學という觀點に絞ってみた場合、興味深いのは、坊記篇のこの特異性にもか
かわらず、その記述が多く『禮記』の他篇と重複している點である。特に曲禮
篇との重複は顯著で、吉本道雅「曲禮考」（小南一郎編『中國古代禮制研究』京
都大學人文科學研究所、1995 年所收）三―3「『子思子』との關係」が詳細な

坊記禮説考　399

檢討を加えられている。吉本論文がすでに取り上げている部分ではあるが、こ
こでも坊記篇の末尾で男女の禮について論ずる連續する四章を例として、その
曲禮篇との重複のようすを示しておきたい。

【坊記】51-25a

（第三十五章）子云、①取妻不取同姓、②以厚別也。③故買妾不知其姓、
則卜之。以此坊民、魯春秋猶去夫人之姓曰吳、其死曰孟子卒。

（第三十六章）子云、禮、非祭、男女不交爵。以此坊民，陽侯猶殺繆侯而
竊其夫人。故大饗廢夫人之禮。

（第三十七章）子云、④寡婦之子、不有見焉、則弗友也、君子以辟遠也。
故朋友之交、主人不在、⑤不有大故、則不入其門。以此坊民、民猶以色厚
於德。

（第三十八章）子云、好德如好色。諸侯不下漁色。故君子遠色以爲民紀。
故⑥男女授受不親。⑦御婦人則進左手。⑧姑姊妹女子子已嫁而反、男子不
與同席而坐。寡婦不夜哭。婦人疾、問之不問其疾。以此坊民、民猶淫泆而
亂於族。

【曲禮上】2-13a

⑥男女不雜坐、不同椸枷、不同巾櫛、⑥不親授、嫂叔不通問。諸母不漱裳。
外言不入於梱、內言不出於梱。女子許嫁、纓。⑤非 13b 有大故、不入其門。
⑧姑姊妹女子子已嫁而反、兄弟弗與同席而坐、弗與同器而食。父子不同席。
男女非有行媒、不相知名。非受幣、不交不親。故日月以告君、齊 14a 戒以
告鬼神。爲酒食以召鄉黨僚友、②以厚其別也。①取妻不取同姓。③故買妾
不知其姓、則卜之。④寡婦之子、非有見焉、弗與爲友。…3-22a 乘君之乘
車、不敢曠左、左必式。⑦僕御、婦人則進左手、後右手。御國君、則進右
手、後左手而俯。

同じ番號を振った傍線部が對應し、曲禮篇の點線部は坊記篇には見えていない
ものの、表記篇 54-3a「子曰、齊戒以事鬼神、擇日月以見君、恐民之不敬也」
が對應している[8]。吉本論文はこれら對應部分の分析から、曲禮篇による『子思
子』の利用、曲禮篇に對する『子思子』の先行を導いているが、この見解もま

400 第3部 出土資料を通した中國文獻の再評價

た首肯されるべきであろう。

　ただ、これらの禮規定を成文化した最初の文獻が坊記篇であったかどうかまではわからない。上に引いた第二十六章の「禮、非祭、男女不交爵」なる言い回しなど、先行する禮文獻の存在を感じさせものであるが、坊記篇には「禮」「制」を冠して禮の規定が記されている部分がいくつかある。

　　（第三章）9a 故制、國不過千乘、都城不過百雉、家富不過百乘。

　　（第五章）11b 禮、君不稱天、大夫不稱君。

　　（第二十六章）18b 故食禮、主人親饋、則客祭。主人不親饋、則客不祭。

この内、第三章の傍線部は『春秋左氏傳』隱公元年 2-16b の祭仲言に重複文が見えているし[9]、上に引いた第三十五章の③なども『春秋左氏傳』昭公元年 41-24b では「志曰」を冠して引用されている[10]。これらは、坊記篇（または曲禮篇）が『左傳』の作者によって引用された可能性も考え得るが、坊記篇とは異なるなんらかの禮文獻の存在を感じさせるものである[11]。このような禮文獻の存在を實證することはできないが、坊記篇の構成から考えても、この篇に記されている禮の規定の多くは、（それが成文化されていたか否かは別として）この篇に先立って存在していたものであったと思われる。

　上に引いた第三十八章冒頭部の「子云、好德如好色」は、鄭玄が「此の句足らざるに似たり」（26b8）と注する部分であり、なんらかの脱文が疑われるものの、『論語』子罕篇 9-7b／衛靈公篇 15-5b の「子曰、（已矣乎、）吾未見好德如好色者也」（子罕篇は括弧内を含まず）と同根の資料または傳承に基づくものであるのは確かである[12]。坊記、表記、緇衣の三篇の各章は多く

　　　子云（曰）、A、故B、『詩』『書』等の引用

という形式を取っており、このAの部分で、『論語』の孔子言との重複または類似が目立つことが知られている[13]。それが眞に孔子に由來するかは別として、孔子言（とされるもの）の記録または傳承を利用してAの部分が構成されていると考えてよい。もとより、このことはこの部分に坊記篇等の作者による改變が加わっていることを排除するものではない。たとえば、第二十一章 17a の「小人皆能養其親、君子不敬、何以辨」は、『論語』爲政篇 3-3a「子曰、今之孝者、

是謂能養。至於│犬馬│、皆能有養。不敬、何以別乎」と同根の資料または傳承に
もとづくが、「犬馬」を「小人」に改めたのは、おそらく坊記篇の作者の作爲に
かかるものであろう。ただ、そこに改變が加えられているにせよ、Aの部分に
記された禮の規定等は、基本的に坊記篇の作者以前に言語化されていたものと
考えてよいと思う。

　「故」字を介して續けられるBの部分が、Aに對する附加であるのは見やす
い。上に引いた第三十五章では、同姓不婚の原則を述べるAに對して、その原
則の下で、姓の不明な妾を買う場合の禮がBとして附加されている[14]。ただ、
Aの部分が常に原則にあたるとは限らず、上に引いた第三十七章で、Aに示さ
れる寡婦の子との交際法と、Bに示される交友法は、ともに婦人目當てである
との嫌疑を避けるための配慮であるが[15]、どちらがより原則的なものというわ
けではなく、同類の規定を附加したものにすぎない。いずれにせよ、このBの
部分に關しては『論語』の孔子言とほとんど重ならないことが知られているか
ら[16]、坊記篇等の作者が附加したものである可能性が高いと見てよいであろう。
とはいえ、この部分に見える禮の規定が、この篇の作者によってはじめて規定
されたものばかりであるとも考え難い。上で指摘した「禮」「制」を冠した規定
はこのBの部分において見えるものであるし、上に引いた第三十五章以下のB
の部分に見える規定なども、本篇によってはじめて規定されたものというより
は、當時（少なくとも一部の儒者の間では）そのようにすべきものとして觀念
されていたもののように見える。

　ここで、「禮の言語化」の問題について觸れておかなければならない。この問
題は、坊記篇や曲禮篇などで語られる禮と、『儀禮』に記されているような禮と
では、本質的に異なってくる。後者の場合は、行われている（あるいは行われ
るべき）儀式の次第や儀節があって、それが言語によって記述されるのが、そ
の禮の言語化となる。『儀禮』の各禮にしても、それは過去のある時期に實際に
行われていた儀禮の忠實なる模寫ではなく、理念化された部分を含むであろう
から、その禮（の少なくとも一部）は觀念の産物であると言えるが、それでも
「行われる（べき）」禮がまずあって、それを叙述した「語られる」禮が後にく

る形になっている。口上の部分を除けば、この禮を傳えるのにそれをわざわざ言語化する必要はなく、儀式の實踐を通じて、それが傳えられていけばよい。そのような性格のものである。實際、『儀禮』に記された冠禮や昏禮を實際にマスターしようと思うならば、それを言語によって記した『儀禮』を讀むよりは、その儀禮を實際に行っているのを見てまねをした方がよほど手っ取り早いであろう。ここでは禮の言語化は二次的なものであって、その禮を履行する上で不可欠なものとは言えない。

それに對して、坊記篇や曲禮篇などで語られる禮は、これが言語化されてはじめて禮として機能するような性格のものが大半である。このことは、上に引いた坊記篇や曲禮篇に記された禮を、言語を介することなく他人に行わせる時に生ずる困難を思えば、容易に理解できるであろう。たとえば⑥の「男女は授受を親しくせず」を言葉を介することなく實演することだけによって示すとしたらどうなるであろうか。「男が男に直接授受する場合」「女が女に直接授受する場合」「男が女に直接授受しない場合」を繰り返し示しても、示された方が、そこから一般的なルールとして「男女は授受を親しくせず」を導いてくれるとは限らない。首尾よくこのルールを導いてくれたとしても、それが導かれた段階で、その人の内でそのルールは言語化されてしまっている。「男女は授受を親しくせず」と全く同じ言葉ではないにせよ、これに相當する内容をあらわす言葉を抜きにして、この禮を理解し行うことはできない。他方、『儀禮』に記された儀禮の場合には、その儀節が勝手に一般化されルール化されては困るのである。同じような場面でも、拜する時もあれば、拜さない時もある。儀式の流れのなかでそれは定められているのであって、つねに一般的な原則から演繹されているわけではないからである。

また、儀禮の場合には、それが現實に行われていれば、その禮が行われていることになるのであるが、「男女授受親しくせず」のようなものの場合は、かりにこれが現實に行われていたとしても、それだけでは禮にならない。それだけでは生活の事實に過ぎないのであって、規範ではないからである。上に引いた①の「妻を取るに同姓を取らず」などのように、同姓不婚の禁忌として現實に

規範として機能しているようなものであっても、それが習俗や慣習にとどまる限りは、いまだ禮ではない。習俗や慣習は禮の母體ではあるが、習俗や慣習として行われているものが、すべてそのままに禮の規定として認められるわけではないからである。習俗や慣習は、それが現實に規範として機能していても、それが習俗や慣習にとどまる限りは、これもまた生活の事實に過ぎない。この現實の「である」から、「すべし」が導かれてはじめて禮の規定となるのであって、言語のはたらきを抜きにして、この「すべし」を導くことはできない。よって、坊記篇や曲禮篇などで語られるような禮の場合、そうするべきものであると觀念され、言語化されてはじめて禮として機能することになる。そして、それが何らかの機會において成文化されるのである。

　われわれが手にしているのは基本的に成文化された文獻だけであるから、その成文化に先立つ、この種の禮の言語化、すなわちこの種の禮の成立について明らかにすることは非常に困難である。坊記篇も同様であって、その成文化に先立つ、禮の言語化が本篇の作者によってなされたものであるのか否かを、個々の禮規定すべてについて明らかにすることはできない。だが、この種の禮がいかにして成立してきたかついて、坊記篇は重要な情報を與えてくれているように思われる。次に、この點を見ていくことにしたい。

二、禮規定の母體としての君子命題

　上に引いた坊記篇に見える各種の規定は、曲禮篇と重複する部分はもとより、重複しない部分での規定もまた、禮の規定としてふさわしいものが大半であるが、坊記篇の規定の中には、禮の規定と見るにはややためらわれるものも含まれている。上に引いた例で言えば、第二十一章がそれに當たる。その前後の章もあわせて引くならば、

　　（第二十章）17a 子云、於父之執、可以乘其車、不可以衣其衣。君子以廣孝也。

　　　孔子は言われた、父の（同志の）親友について、同じ車に乗ってもよい

が、同じ服を着て（同じ身分のものとして身なりをととのえて）はならない。君子はこうして孝道を押し廣げるのだ。

（第二十一章）17a 子云、小人皆能養其親、君子不敬、何以辨。

孔子は言われた、小人であってもみな自分の親を養うことができるのだ、君子が（さらに親への）敬意を示さないのであれば、（小人の孝と）どこに區別があるのか。

（第二十二章）17a 子云、父子不同位、以厚敬也。（引書は省略）

孔子は言われた、父と子は席位を同じくしない（子が下位に就く）。そうすることで（親への）敬意を厚く示すのだ。

（第二十三章）17a 子云、父母在、不稱老、言孝不言慈。閨門之内、戲而不嘆。君子以此坊民、民猶薄於孝而厚於慈。

孔子は言われた、父母が健在の場合、（自分について）「老」とは言わない。（親への）孝については語るが（親からの）慈については語らない。家庭の内では、戲れても嘆きの言葉は言わない。君子はそうすることで民が過つのを防ぐのだが、民はなお（親への）孝に薄く、（親からの）慈を厚く求めるのだ。

この内、第二十二章については、曲禮上篇 2-13b「父子不同席。…14a 以厚其別也（父子は席を同じくせず。…以て其の別を厚くす）」との類似が吉本論文（135頁）によって指摘されているし、第二十三章の「不稱老（老と稱せず）」も、文脈は異なるが、曲禮上篇 1-20b に「恆言不稱老（恆言、老と稱せず）」と見えている。第二十章は曲禮篇と重複しないものの、ここに見える「父之執」の語は曲禮上篇 1-19a にも「見父之執、不謂之進、不敢進。…此孝子之行也（父の執に見ゆるに、之に進めと謂はざれば、敢て進まず。…此れ孝子の行ひなり）」と見えていて、この章の規定も曲禮篇などに含めてまったく違和感がない。それに對して、第二十一章で語られているのは、孝において「養」だけではなく「敬」が必要とされることであるが、前後の章に比べて抽象度が高くて具體性に欠けている。禮の規定であれば、その「敬」をあらわすために具體的に何を行わなければならないのかが記されていなければならないであろう。上につづく

（第二十四章）17a 子云、長民者、朝廷敬老、則民作孝。

　　孔子は言われた、民を治め導く者が、朝廷で老人を敬うのであれば、民
　　も孝を行うようになるのだ。

も同様であって、「朝廷に老を敬す」と言うのであれば、せめて『禮記』祭義篇
48-9b の「是の故に朝廷、爵を同じくすれば則ち歯（よわい）を尚ぶ。七十は
朝に杖つき、君問はば則ち席す。八十は朝を俟たず、君問はば則ち之に就きて、
弟（＝悌）朝廷に達す」くらいの具體性を持たせないと禮の規定とは言い難い。
これらの記述を坊記篇の作者が禮の規定と見なしていたか否かは明確ではない
が、興味深いのは、「子云、Ａ、故Ｂ」の形式を持つ章において、Ａの部分にこ
のような記述が入り、Ｂのところにより具體的な禮の規定が入っているものが
あることである。たとえば、

　　（第九章）13a 子云、君子貴人而賤己、先人而後己、則民作讓。故稱人之
君曰君、自稱其君曰寡君。

　　孔子は言われた、君子が他者を尊んで自分を低くし、他者を先にして自
　　分を後にするのであれば、民は讓り合うようになる。故に他國の君を稱
　　するには「君」と言い、自ら自國の君を稱するには「寡君」と言うのだ。

　　（第三十一章）21a 子云、孝以事君、弟以事長、示民不貳也。故君子有君
不謀仕、唯卜之日稱二君[17]。（以下は省略）

　　孔子は言われた、孝によって君に仕え、悌によって年長者に仕える、そ
　　うして民に（上位者と）貳とならない（對等のものとして並び立たない）
　　ことを示すのだ。故に君の子は君が在位の内は（君と並んで政治を行う
　　ことになる）仕官のことは考えず、ただ（君に代わって）卜う時にだけ
　　「貳君（君の貳である某）」と言うのだ。

このような例を見ると、一般原則を示す孔子言を引いて、そこにその原則のも
とにあると考えられる禮の規定を「故」を介して附け足したもののようにも見
えるのであるが、次の例のように「故」以下も「故」以前と抽象度がほとんど
かわらないものもある。

　　（第七章）12b 子云、君子辭貴不辭賤、辭富不辭貧、則亂益亡。故君子與

406　第3部　出土資料を通した中國文獻の再評價

其使食浮於人也、寧使人浮於食。

　　孔子は言われた、君子が富貴となることを辭退して、貧賤となることを
　辭退しないならば、（世の）亂はより一層起こらなくなる。故に君子は
　その食祿が自分の力より上であるよりは、むしろ自分の力がその食祿よ
　り上であろうとするのだ。

　　（第十二章）14b 子云、上酌民言、則下天上施。上不酌民言、則犯也。下
　不天上施、則亂也。｜故｜君子信讓以涖百姓、則民之報禮重。（引詩は省略）

　　孔子は言われた、上のものが民衆の言葉をくみ取るならば、下のものは
　上からの施しを天のようにありがたがり、上のものが民衆の言葉をくみ
　取らないならば、（下のものは上のものに）背くようになる。下のもの
　が上からの施しを天のようにありがたがらなければ、（上に背く）亂が
　生ずることになる。故に君子が誠實さと讓り合いの心をもって民衆に臨
　めば、民衆もその禮に厚く報いることになるのだ。

第七章はまだ「故」以下の方が具體的であると言えるものの、第十二章は逆に
「故」以前の方が具體的な記述であると言えよう。そして、いずれの記述にせ
よ、禮の規定とするにはやや具體性に欠けるのである。この篇の作者がこのよ
うなものを、禮の規定と見なしていたか否かは明確ではないが、このような記
述と、曲禮篇にも取られるような禮の規定を、この篇の作者はそれほど明確に
區別していなかったようなのである。

　　この禮の規定と見るには具體性に欠ける記述は、上の例からも明らかである
が、基本的に「上の者が○○すれば、民は××となる」あるいは、「（上の者が）
○○するのは、民に××を示すためである」という形を取っている。この形の
記述が『子思子』（のみならず現存する經典類）において最も集中してよく見え
ているのが緇衣篇である。ここでは郭店楚簡『緇衣』の最初の二章を例として
擧げておく[18]。

　　夫子曰、好美如好緇衣、惡惡如惡巷伯、則民咸力而刑不頓。（引詩は省略）

　　孔子は言われた、（『詩』鄭風・緇衣で）「緇衣」（を着た人物）を好むの
　と同じように（上のものが）美を好み、（『詩』小雅・巷伯で）「巷伯」

を憎むのと同じように悪を憎むならば、民衆はみな努めて（善を行い）、
刑罰が發動されることがないのだ。

子曰、有國者章好章惡、以視（＝示）民厚、則民情不忒。（引詩は省略）
孔子は言われた、國をたもつ者がその好むもの憎むものとあきらかにし
て、そうして民衆にその重んずるものを示せば、民衆のありさまもたが
うことがないのだ。

緇衣篇の基本的な考え方は、民の上に立つものを「民之表（民の儀表）」（楚簡
『緇衣』第八章、今本第四章）とし、民を優れたものとしようとするならば、
その上に立つものが儀表としてふるまわなければならないとするものである。
もちろん、この考え方が成り立つためには、「子曰く、下の上に事ふるや、其の
以て命ずる所に從はずして、其の行ふ所に從ふ。上の此の物を好むや、下必ず
甚しき者有り」（同上）というように、下位者が上位者のふるまいを模倣するも
のであることが前提とされなければならない。この前提やこの基本的な考え方
を坊記篇もまた受け繼いでいることは見やすい[19]。したがって、「禮」が「民の
坊（堤防）」であるとはされても、それは、民にそうせよと直接に命じるもので
あるというよりは、まずは上に立つものが率先して行うべきものと考えられて
いるのである。この上に立つものの行うべきことが、下民への影響から切り離
されて、君子たらんとするものの當爲として語られると、『論語』などで君子や
仁者のあるべき姿として記されるものに近づくことになる。たとえば、上に引
いた楚簡『緇衣』冒頭の「美を好むこと緇衣を好むが如く、惡を惡むこと巷伯
を惡むが如し」など、『論語』里仁篇 4-1b に記された「子曰く、唯だ仁者のみ
能く人を好み、能く人を惡む」の「人」の部分に、『詩』に見える「緇衣（を着
る者）」と「巷伯」とを代入したものと考えてよい。上に引いた坊記第九章の「君
子人を貴びて己を賤（ひく）くし、人を先にして己を後にす」も、『論語』雍也
篇 6-10b の「夫れ仁者、己れ立たんと欲して人を立て、己れ達せんと欲して人を
達す」に通じるものがあろう。君子や仁者など、すぐれた人物とはいかなる存
在であるのか、あるいはいかにすればそのような人物となれるのか、その探求
が孔門の課題のひとつであったことは『論語』などに明らかであるが、この探

408　第3部　出土資料を通した中國文獻の再評價

求の結果得られた君子や仁者についての命題を利用して、それを下位者が上位者を模倣するという前提の下で、民を導くために上に立つものが行うべきものとして語り直しているのが緇衣篇や坊記篇（さらには表記篇）なのである。

　この君子や仁者、とくにすぐれた人物としての君子に關する命題はさまざまなものが語らえ得る。『論語』を例に取れば、學而篇1-8aの「子曰く、君子食は飽くを求むること無く、居は安きを求むること無く、事に敏にして言に慎み、有道に就きて正す、學を好むと謂ふべきのみ」のように、その人の生き方全般にかかわってくるような語り方もできるし、その中の言行に關する部分を取り出して、「子曰く、君子は言に訥にして、行ひに敏ならんと欲す」（里仁篇4-5b）や「子曰く、君子は其の言ひて其の行ひに過ぐるを恥ず」（憲問篇 14-12a）のように語ることもできる。また、郷黨篇10-5bの「君子[20]は紺緅を以て飾らず、紅紫は以て褻服と爲さず」のように衣服の細部において君子のあり方を規定することも可能である。『論語』の場合は、このような細部において君子を語ることはまれで、だいたい生き方の指針や格率として選擇できるようなレベルのものが並んでいるが、君子としてふさわしいものは、樣々なレベルで語りうるのである。

　實際、君子らしさはその一擧手一投足にもあらわれる。『禮記』玉藻篇30-23aに「君子の容は舒遲なるも、尊ぶ所の者に見ゆるときは齊遬たり。足の容は重く、手の容は恭しく、目の容は端しく」云々とあるように、足の運び方、手の動かし方、視線の置き方等々、君子らしいふるまいのしかたはある。これを一言で言えば、あるいは「君子は坦（たいら）かに蕩蕩たり」（『論語』述而篇7-12a）と表現できようが、これを個々のふるまいの上に考えることもできるわけである。上の例はふるまいのモードに關するものであるが、日々の生活のなかで、何を行い、何を行わないかにも君子としての配慮はあらわれてくる。たとえば、『禮記』檀弓上篇7-9aの「夫れ晝内に居れば、其の疾を問ひて可なり。夜外に居れば、之を弔ひて可なり。是の故に君子は大故有るに非ざれば、外に宿らず。致齊に非ず、疾に非ざれば、晝夜内に居らず」など。いま、君子がいかなる存在であるのかを語るものを「君子命題」と總稱するならば、君子命題にはこの

ようなものも含まれ得るのである。

　確かに、今本の『禮記』あたりをみる限り、君子命題でこのような具體的な些事に及ぶものはそう多くはない。『子思子』の例を除けば、玉藻篇にある程度まとまって見えるのが目立つだけで、他は數例を數えるにとどまる。ただ、このことをもって、このような些事におよぶ君子命題を、君子命題として例外的と見るのは當たらないであろう。次の例を見てみたい。

　　子曰、君子不以辭盡人。故天下有道、則行有枝葉。天下無道、則辭有枝葉。是故君子於有喪者之側、不能賻焉、則不問其所費。於有病者之側、不能饋焉、則不問其所欲。有客不能館、則不問其所舍。故君子之接如水、小人之接如醴。君子淡以成、小人甘以壞。（『禮記』表記篇54-23b）

　　　孔子は言われた、君子は言葉だけでその人を見極めたとしない（行動で評價する）。だから天下に道が行われていれば、行動がゆきわたり、天下に道が行われていなければ、言葉がはびこることになる。それ故に君子は喪中の人の側では、香典を送ることができないならば、葬儀の費用について尋ねたりしないし、病気の者の側では、見舞いの品を送ることができないならば、病人の求めるものについて尋ねたりしないし、客人を泊めることができないならば、その宿泊場所について尋ねたりしない。だから君子の交わりは水のよう（にさらりとしたもの）であり、小人の交わりは醴（あまざけ）のよう（にべたつくもの）である。君子の交わりは淡泊で長續きするが、小人の交わりは甘いが長續きしない。

吉本論文（137頁）が指摘するように、傍線部は『禮記』曲禮上篇3-5aに

　　弔喪弗能賻、不問其所費。問疾弗能遺、不問其所欲。見人弗能館、不問其所舍。（譯は省略。）

と取られているが、曲禮篇では「君子」の二字が落とされている。これは曲禮篇の編者の判斷で落とされたものであろう[21]。曲禮篇にはまだ、すぐれた人の意味での「君子」の用例が若干殘されているが、曲禮篇と類似した禮の規定を集めた『禮記』少儀篇になると「君子」の語はほぼ一貫して「卿大夫、若しくは異德有る者」（同篇35-1b「聞始見君子者」注）の意味で用いられ、この篇の

410　第3部　出土資料を通した中國文獻の再評價

編者による用語の選擇がうかがわれる。もともとは君子命題として語られていたものが、「君子」二字を落として『禮記』諸篇に取り入れられている例が少なからずあるように感じられるのである。

　上に引いた表記篇の傍線部の最初の部分によく似た表現は、『論語』述而篇7-3a に「子、喪有る者の側に食すれば、未だ嘗て飽かず」と見えていて、この冒頭の「子」を取り去った形で『禮記』檀弓上篇 8-5b にも取られているが、君子のあるべきふるまいとして、孔子の姿が切り取られたもののはずで、これも君子命題に準ずるものと見てよい。そもそも郷黨篇の存在自體が、君子たるものの具體的行爲のあり方にも、孔子後學の視線が注がれていたことを示していよう。『論語』で語られる君子や『曾子』の殘篇とされる『大戴禮記』曾子立事篇などで集中的に語られる君子は行爲の具體的な側面に及ぶことが少ないが[22]、おそらくこれはそれぞれの編者の精錬によるものであって、坊記篇や表記篇の君子命題が示すように、孔子や孔子後學の殘したもともとの君子命題には些事に及ぶものも少なからず含まれていたものと思われる。これが君子概念の精錬にともなって、些事に及ぶものが君子命題から排除されるとともに、ここから排除されたものが、曲禮篇等に取られるような禮として獨立していったことを、坊記篇における君子命題の状況やその曲禮篇等による再利用の状況は暗示していよう。

　ここで注意をうながしておきたいのは、表記篇や坊記篇における規範の基準の二重性についてである。これらの篇の作者はすべての人が同じ規範に依らなければならないとは考えていない。眞の意味で君子あるいは仁者たり得るごく限られた人と、それ以外の人がしたがうべき規範は異なって然るべきだと考えている。

　　　子曰、無欲而好仁者、無畏而惡不仁者、天下一人而已矣。是故君子議道自已、而置法以民。（表記篇 54-4a）

　　　孔子は言われた、何かを欲してのことではないのに仁を好む者、何かを畏れてのことではないのに不仁を憎む者は、天下に一人だけだ。だから君子は（理想の）道を議論するに際しては自分を基準とするが、（現實

の）法を設置するに際しては民衆を基準とする。

子曰、仁之難成久矣、惟君子能之。是故君子不以其所能者病人、不以人之所不能者愧人。是故聖人之制行也、不制以已、使民有所勸勉愧恥以行其言。

（表記篇 54-9a）

孔子は言われた、仁を成就するのが困難となってから久しい。ただ君子だけが仁を成就できるのだ。だから君子は自分だけができるものによって人を悩ませたりしないし、人ができないものによって人を辱しめることもしない。だから聖人が（民の）行動を制するに際して、自分を基準にして制したりせず、民衆が（それに向けて）勉め励み、（それができないことを）悔い恥じるものを設けて、その（民に向けた）言葉を行わせるようにするのだ。

眞の意味で君子たり得る人がみずからしたがう規範は高きにすぎて、それにしたがうことを他の人にも求めるならば、「其の能くする所の者を以て人を病ましめ」「人の能はざる所の者を以て人を愧じしむ」ことになってしまう。そこで、「聖人の行を制するや、制するに已を以てせず」、自分を基準とした規範を人に求めることはしないのである。この精神をよくあらわしたエピソードを『禮記』檀弓上篇 7-6a に見ることができる。

曾子謂子思曰、「伋、吾執親之喪也、水漿不入於口者七日。」子思曰、「先王之制禮也、過之者俯而就之、不至焉者、跂而及之。故君子之執親之喪也、水漿不入於口者三日、杖而后能起。」

曾子が子思に言う、「伋よ、わたしは親の喪に服して、七日間も水分を口にしなかったのだ。」子思は言う、「先王が禮を制定するに際しては、過ぎたる者は頭を抑えてこれに止めさせ、及ばざる者はつま先立ちさせてこれに届くようにされたのだ。だから君子が親の喪に服すには、三日間だけ水分を口にせず、杖を突いて立ち上がれる（という程度にされた）のです。」

親の喪に際して七日間も水分を取らないというのは曾子には可能であるかも知れないが、それを普通の人に押し付けることはできないとして、子思はこれを

412　第 3 部　出土資料を通した中國文獻の再評價

退けるのである。これなどは實際にあった對話ではおそらくなかろうが、この
エピソードを傳え殘したのが子思後學であるのは確かであろう[23]。子思もしく
は子思後學にとって、一般の人々に示される規範は、その人々にとって十分に
實行可能なようなものでなければならない。であれば、「民の坊」として上に立
つものが率先して示すものも、勢い、具體的で實行しやすいものが多く選ばれ
ることになろう。表記篇や坊記篇の君子命題において些事にわたるものの割合
が高くなっているのは、子思學派におけるこの規範の基準の二重性の考え方と
無關係ではなかったと思われる。

　そしてこれらの禮は、民の儀表として上に立つものが率先して行うべきもの
ではあるものの、あくまで民がそれを模倣することを通じてそれが「民の坊」
として機能するのを期待してのことであるから、上に立つもの自身の人格的な
向上とはさしあたり無關係なものとなる。『論語』などでは、「禮に非ざれば視
ること勿れ、禮に非ざれば聽くこと勿れ、禮に非ざれば言ふこと勿れ、禮に非
ざれば動くこと勿れ」(顏淵篇 12-1a) を仁たることの要目とするのを代表とし
て、禮はそれを行うもの自身の人格の向上に資するものと考えられているが、
坊記篇は禮のこのような側面を半分切り捨てている。ここで「半分」というの
は、下位者にとっては禮のこのような機能が殘されているからである。上位者
にとって、禮は自己の向上に資するものではなく、下位者が模倣するのを期待
してそれを行うものにすぎない。坊記篇においては、下位者の模倣を通じて「民
の坊」として機能する部分に禮の意義が見出されているが、この「民の坊」の
考え方を外して、下位者の當爲としてこの禮が切り出されるならば、それを行
うものをより君子へと近づけるものとして機能し得ることになる。そして、實
際、曲禮篇の作者はこのような切り出しを行っているのである。

　この坊記篇から曲禮篇への流れは、禮思想の變化としては非常に屈折してい
る。曲禮篇はその冒頭付近で総論にあたる記述をいくつか殘しているが、そこ
で「道德仁義は、禮に非ざれば成らず」(曲禮上篇 1-10b) と言われるように、
この篇の作者において禮とは人を道德仁義の完成へと導くものである。あるい
は坊記篇と重複する部分などは、これにつづいて「教訓正俗は、禮に非ざれば

備はらず」（同上）と言われる教訓正俗に資するものとして取られているのかも
知れないが、この篇に記された禮を行うことによってその人がより君子へと近
づくと觀念されているのは間違いないであろう。それに對して、坊記篇は禮の
機能を基本的に「民の坊」の部分に限定し、特に上位者については道德仁義の
完成に導くものとして禮を位置付けておらず、さらには、この「民の坊」とし
ての機能についてさえ疑義を差しはさんでいる。ここから曲禮篇のような禮の
とらえ方に變化したと見るのは無理があろう。坊記篇の禮思想の延長上に曲禮
篇が位置するとは考え難い。坊記篇を殘した子思學派の思想を受け繼ぐものが
曲禮篇を編んだのではなく、單に禮を収集する素材の一つとして曲禮篇の作者
が坊記篇（さらには表記篇）を利用したと考えるのが穏當であろう。これが利
用可能であるのは、吉本論文（136頁）が論證しているように、「曲禮成書の段
階で坊記・表記二篇…が確かに成立していた」からである。ある學派のなかで
口傳されるだけで成文化されていないものは、他の學派の者が利用するのは難
しいが、成文化された文獻であれば、異なる學派のものが利用するのも容易で
ある。坊記篇に記された禮が、單に言語化されるだけであって、成文化されて
いなかったとすれば、類似の禮が殘されたにせよ、曲禮篇の記述は現行のもの
と異なっていたであろう。そして、曲禮篇の作者が、異なる學派に屬する坊記
篇を利用している、あるいは利用せざるを得なかったということは、曲禮篇以
前にこの種の禮を意識的あるいは組織的に成文化する作業があまりなされてい
なかったことを示唆しよう。

　現行『禮記』には曲禮篇に類似した禮を記録した篇として、玉藻、少儀、内
則の篇を指摘できるが、これらの篇が曲禮篇を遡るものでないことは、古くは
武内義雄氏が示しているし、さらに吉本論文がその論證を補強している[24]。わ
れわれが手にしている資料では、この種の禮の組織的な記録としては、曲禮篇
を遡ることはできない。吉本氏はさらに檀弓篇の曲禮篇に對する先行を主張し
[25]、後者による前者の利用を指摘している（「曲禮考」）。檀弓篇は葬喪禮に關す
る各種のエピソードの記録を中心とするものであるから、そこに曲禮篇に取ら
れるような禮に關する記述が殘されていても、その禮それ自體の成文化を目指

414　第3部　出土資料を通した中國文獻の再評價

して記録されたものではない。この吉本氏の指摘が正しいのであれば、曲禮篇
に記されるような禮は、本來それ自體が直接的に成文化されるような性格のも
のではなく、別のなんらかの契機によって成文化され、そこから抽出されて編
纂された可能性がより高いことになろう。

　上述したように、曲禮篇に取られるような禮は、基本的に言語化されてはじ
めて禮として機能するようなものではあるが、禮が「行われる」ものであり、
實踐を通じて身に附けていくものである以上、それが最初から成文化されない
のはむしろ當然のことであるのかも知れない。であるならば、これを組織的に
成文化して曲禮などの篇が生み出されていった要因が何であったのかが次に探
求されなければならないが、この問題はすでに坊記篇から離れてしまうのでこ
こでは論じない。以下では、曲禮篇以外との重複文で問題となるところを取り
上げたい。

三、曲禮篇以外との重複

　まず、檀弓篇と重複する部分を持つ、第二十八章、第二十九章を取り上げる。

　（第二十八章）20a　子云、賓禮毎進以讓、喪禮毎加以遠。浴於中霤、飯於
牖下、小斂於戸内、大斂於阼、殯於客位、祖於庭、葬於墓、所以示遠也。

　　孔子は言われた、賓禮は禮が進むにしたがってより讓り合うようになり、
喪禮は禮が加わるにしたがって（もとの居場所から）遠ざかっていくよ
うになる。中霤（部屋の中央部）で（死者を）沐浴し、窓の下で飯含（死
者の口に米などを含ませること）を行い、戸内で小斂（死者の衣裳改め）
を行い、東階の上で大斂（納棺）を行い、（西階の上の）客位で殯（か
りもがり）を行い、庭で（出棺の）祖の禮を行い、墓に葬るというのは、
次第に遠ざかることを示すためのものなのだ。

　（第二十九章）20a　殷人弔於壙、周人弔於家、示民不偝也。子云、死、民
之卒事也、吾從周。以此坊民、諸侯猶有薨而不葬者。

　　殷人が墓穴で弔問し、周人が（埋葬後に）家で弔問するのは、民が（死
者に）背かないことを示すのだ。孔子は言われた、「死は、民の卒事（人

として最後におとずれる事）であるから、わたしは（死者の不在が家で
確認された後に弔問する）周の禮に從う」と。このことによって民（が
死者を輕んずるの）を防ぐのに、諸侯で（先君が）薨じながら葬らない
者がいるのだ。

この第二十九章だけは、例外的に「子云」から始まっていないのだが、内容的
にはこのように章を區切らなければならないはずである。この第二十九章と重
複するのが、次の檀弓下篇 9-16a である。

反哭之弔也、哀之至也。反而亡焉、失之矣、於是爲甚。殷既封而弔、周反
哭而弔。孔子曰、殷已愨、吾從周。

反哭の時に弔問するのは、悲哀の頂點（においてするもの）だ。（埋葬
から）戻ると（もはや）親の姿はない。（本當に）親を失ってしまった
のだ（と實感する）。そこで悲哀の情が極まるのだ。殷は既に遺體を墓
に埋めると（墓前において）弔問し、周は反哭してから弔問する。孔子
は言う、「殷（の禮）は質樸に過ぎる、わたしは周（の禮）に從いたい。」

表現は異なるが、檀弓篇の「殷は既に封じて弔し、周は反哭して弔す」も坊記
篇の「殷人は壙に弔し、周人は家に弔す」も、殷では棺を墓に埋めた時に弔問
し、周では墓から歸って家で哭する時に弔問することを言っている。ちなみに、
この記事は『孔子家語』子夏問篇でも取られていて、子貢と孔子の對話に作り
上げられている。

子貢問於孔子曰、「殷人既窆而弔於壙、周人反哭而弔於家、如之何。」孔子
曰、「反哭之弔也、哀之至也、反而亡矣、失之矣、於斯爲甚、故弔之。死、
人卒事也。殷以愨、吾從周。殷人既練之明日而祔于祖、周人既卒哭之明日
而祔于祖。祔、祭神之始事也。周以戚、吾從殷。」

子貢が孔子に尋ねた、「殷人は柩を埋葬してから墓穴で弔問し、周人は
（埋葬後に）反哭してから家で弔問するが、どちらに從ったらよいか」
と。孔子は答えた、「反哭の時に弔問するのは、悲哀の頂點（において
するもの）だ。（埋葬から）戻ると（もはや）親の姿はない。（本當に）
親を失ってしまったのだ（と實感する）。そこで悲哀の情が極まるのだ。

416　第3部　出土資料を通した中國文獻の再評價

　　　だからそこで弔問するのだ。死は、人として最後におとずれるものであ
　　　る。（弔問については）殷は質樸に過ぎるから、わたしは周に從う。殷
　　　人は練（小祥の祭り）の翌日に祖先に合祀し、周人は卒哭の翌日に祖先
　　　に合祀する。合祀は神として祭る最初の事だ。（祖先への合祀について
　　　は）周は早きに過ぎるから、わたしは殷に從う。」

後半の點線部は檀弓下篇の同じ段 9-17b/18b の

　　　（卒哭之）明日祔于祖父。…殷練而祔、周卒哭而祔、孔子善殷。
　　　　（卒哭の）明日に祖父の廟に合祀する。…殷は練の後に合祀し、周は卒
　　　哭の後に合祀する。孔子は殷（の禮）を善しとされた。

と重複しており、通常、『家語』の作者が檀弓篇の記事を利用したものと考えら
れている[26]。だが、檀弓篇のこの段や、坊記篇第二十九章の記され方は、『家語』
のこの部分と同一でないにせよ、これに類似した孔子言（とされるもの）の記
録が檀弓篇や坊記篇に先立って存在していたことを暗示しているように思われ
る。

　上に引いた部分を含む、檀弓下篇 9-10b「喪禮、哀戚之至也」以下の４４２
字に及ぶ長文の一段は、喪禮に關する各種エピソードを集めているこの篇にお
いては異質な部分で、「復」（魂呼ばい）からはじまって、「祔」（死者の靈の祖
廟への合祀）に至る喪禮の各儀節の義を説いたもので、『禮記』末尾の冠義篇、
昏義篇等の『儀禮』各禮の義を説いたとされる諸篇にやや類似した構成を取っ
ている。これが『儀禮』の士喪禮（既夕禮を含む）、士虞禮（記を含む）の存在
を前提としたものであるかは不明であるものの、ここで記されている儀節の順
序は『儀禮』のそれと基本的に一致している。この段の特徴の一つは、時に殷
禮と周禮とを對比させている點で、つごう四か所に見えているが、その内の二
つが上に引いたもので、この段全體で孔子言に觸れるのは、この二か所だけで
ある。ここにだけ孔子言が附加されているのは、この段の作者が孔子言を傳え
る何らかの資料をここに利用していることを示唆している。特に奇妙なのは、
上に引いた「祔」に關する部分で、前文では卒哭の翌日に祔すとして周禮に從
うのに對して、後文の孔子はこの周禮を取らず殷禮を善みしていて、兩者の判

断が食い違っている。にもかかわらず、これを附しているのは、上の弔に關する殷禮・周禮についての孔子の取捨とともに祔に關するそれが傳わっていて、殷禮の記録をできるだけ残したかったこの部分の作者としては、後者を捨てることができなかったためと思われる。「弔」と「祔」が並べられるのは、前者が「人之卒事」であり、後者が「（祭）神之始事」だからであろう。上の檀弓の引用において「反哭」の義を述べる

　　　反哭之弔也、哀之至也、反而亡焉、失之矣、於是爲甚。（譯は既出。）
の部分は、檀弓篇のこの段 11b の

　　　拜稽顙、哀戚之至隱也。稽顙、隱之甚也。

　　　　　（喪主が弔問者に）拜して稽顙するのは、哀戚の痛みの頂點だ。稽顙は
　　　　　心の痛みの激しい（ことを示す）ものだ。
などとの類似からも知られるように、この段の作者の手になるものと考えられるから、この部分を除いた、

　　　殷人既定而弔於壙、周人反哭而弔於家。死、人之卒事也。殷以愨、吾從周。

　　　殷人既練之明日而祔于祖、周人既卒哭之明日而祔于祖。祔、祭神之始事也。

　　　周以戚、吾從殷。
のようなものが、もともと孔子言として傳えられていたものと思われる。このような形のものを利用したから、坊記篇第二十九章は例外的に「子云」から始まらない形になっているのであろう。

　　ここに坊記篇の作者が附け加えた「民に偝（そむ）かざるを示すなり」の意味は明確ではないものの、後文で「猶ほ薨じて葬らざる者有り」とあることよりすれば、死者に背かないこと、死者を丁重にあつかうことを民に示すことを語っていると見てよいであろう[27]。埋葬して死者の柩が物理的に視界から消えた直後に弔う殷禮よりも、家に戻って死者の不在が確認された後に弔う周禮の方をより死者を丁重にあつかうものとして、これを是とする孔子の判斷をここに引いたものと思われる。これを檀弓篇の對應箇所と比べれば明らかなように、喪禮における儀節を悲哀の情の發露としてとらえる視點が坊記篇の作者にはほとんどない。つづく第三十章 20b も、

418　第3部　出土資料を通した中國文獻の再評價

子云、升自客階、受弔於賓位、教民追孝也。未沒喪不稱君、示民不爭也。

　　孔子は言われた、（反哭の後）客階から升って、賓位において弔問を受
　　けることで、民に追孝（亡父への孝）を教えるのだ。服喪の期間が終わ
　　らなければ（自ら）「君」と稱さないことで、民に（父と）爭わないこ
　　とを示すのだ。

と言われていて、鄭注 20b6 は客階による理由を「父の位に即くに忍びざるなり」
と說明するものの、坊記篇の本文からはこの「忍びざる」こころを感じること
はできない。後半部も、『春秋繁露』玉杯篇あたりでは「孝子の心、三年（君位
に）當たらず」と說明されることになるが、亡き親にかわって自ら君と稱する
のはしのびないとするこの「孝子の心」を坊記篇に讀み取ることはできない。
もちろん、喪禮を「民の坊」の機能からとらえようとしているから、このよう
な物言いになっているのではあるが、喪禮の儀節を悲哀の情の發露としてとら
えないのは、喪禮の解釋としては異例に屬する。

　他方、檀弓篇のこの一段は、上に引いた部分からも明らかなように、喪禮の
各儀節を基本的に「孝子の心」との關係でとらえている。この檀弓篇の一段と
の關係は明確ではないものの、この方向をより推し進めたものとして、『禮記』
問喪篇の存在を指摘することができる。その「反哭」についての記述の部分を
抜き出すならば、

　　求而無所得之也。入門而弗見也、上堂又弗見也、入室又弗見也。亡矣喪矣、
　　不可復見已矣。故哭泣辟踊、盡哀而止矣。（56-15a）

　　（親を）探し求めてもどこに見つからない。門に入っても姿が見えない。
　　堂に登っても姿が見えない。室に入っても姿が見えない。（ああ本當に）
　　亡くなったのだ、喪ったのだ、二度と會うことはできないのだ。だから
　　哭泣し胸をたたいて悲しみ踊り、哀しみを出し盡くすまで止めないのだ。

その亡骸をも見ることのできなくなった深い悲しみが切々と描き出されている。
問喪篇は禮を「天より降るに非ず、地より出ずるに非ず、人情のみ」（56-17a）
と解して、極端に「人情」を重視する點で特異な篇なのであるが、禮の作爲性
を強調する荀子あたりでも「三年の喪」について、「情を稱（はか）りて文を立

つるは、至痛の極と爲す所以なり」（『荀子』禮論篇）と解しており、それが「人情」に基づくものであることへの配慮を忘れていない[28]。喪禮の解釋としては言うまでもなくこの方向が一般的なのである。

　もっとも、この「情を稱りて文を立つ」と似た思考を示す文言は、坊記篇第二章8bにも「禮とは、人の情に因りて之が節文を爲し、以て民の坊と爲す者なり」と見えているから、この篇の作者も「情」への配慮がまったくなかったわけではなかろうが、結局は「民の坊」に大きく傾いてしまっている。このように、既存の喪禮を「情」によって解さない態度は、『五行』の次のような禮の理解へと連なるものである[29]。

　　「燕燕于飛、差池其羽。之子于歸、遠送于野。瞻望弗及、泣涕如雨。」能差池其羽、然后能至哀、君子愼其獨也。（第七章經[30]）

　　　「つばくろここに飛び、その羽をばたつかせる。あの子が歸り、遠く野に送る。遠く見遣るももう見えぬ、雨のごとくに流れるなみだ。」（と『詩』にあるが）、その羽をばたつかせてこそ、哀しみの情を眞に盡くすことができるのだ。君子はその「獨」を愼む。

　　差池者、言不在衰絰也。不在衰絰、然後能至哀。夫喪、正経脩領而哀殺矣。言至内者之不在外也。是之謂獨也。獨者、舍體也。（第七章説）

　　　（羽を）ばたつかせるとは、（哀しむものの關心は）喪の服装にはないことを言ったものだ。喪の服装なのに気を取られなくなってこそ、哀しみの情を眞にあらわすことができるのだ。喪は、外面的な服装を整えようと気遣うことによって、かえって内なる哀しみの情をそぐことになる。これは内なる情を眞にあらわそうとするものの關心が外面にはないことを言ったものだ。これを「獨」と言う。「獨」とは身體（という外面的なもの）を捨て去るということだ。

ここでは『詩』邶風・燕燕の「其の羽を差池す」を引き合いにして、眞に悲哀の情をあらわすものは、喪の服装の形式にとらわれないことを導いている。眞に悲哀の情をあらわそうとする者にとって、喪禮という既存の形式はむしろ邪魔になるものである。『五行』の思想が坊記篇等の思想の延長上に位置附けら

420　第3部　出土資料を通した中國文獻の再評價

れることはすでに論じたことがあるが[31]、このような禮のとらえ方は、既存の禮を至情の發露としてとらえる方向へ向かわせないのみならず、形式化された禮それ自體の意義に疑いの目を向けるものとなる。禮の形式化を推し進め、その形式化された禮の意義を追究する營爲を「禮學」と呼ぶのであれば、坊記篇や『五行』の思想はむしろ禮學とは反對の方向に向いているのである。成文化された禮を記録し保存しているという點で、坊記篇の禮學への寄與は少なからぬものがあるものの、その思想は禮學そのものの展開をうながすものではない。實際、われわれが手にしている文獻による限り、禮を「民の坊」と見る視點を除いては、この篇の思想が先秦の禮學思想のなかで受け繼がれているようには見えないのである。この「民の坊」のゆくえについては後に見ることとして、殘る第二十八章の方に話を進めたい。

　檀弓上篇 7-19a では、この章との重複文は「祖」に關する次のエピソードの中に出てくる。

　　曾子弔於負夏。主人既祖、填池[32]、推柩而反之、降婦人而后行禮。從者曰、禮與。曾子曰、夫祖者且也。且、胡爲其不可以反宿也。從者又問諸子游曰、禮與。子游曰、<u>飯於牖下、小斂於戸内、大斂於阼、殯於客位、祖於庭、葬於墓、所以即遠也</u>。故喪事有進而無退。曾子聞之曰、多矣乎、予出祖者。

　　　曾子は負夏（の地）に弔問に行った。喪主は既に（死者を墓地に送り出す）祖の禮を終えていたが、（曾子が弔問に來たので、すでに設けた）遣奠を徹して、柩車を推して（柩を載せる場所まで）戻して、婦人を（堂より）降ろさせて祖の禮を行った。（曾子の）從者が、「禮にかなっているか」と尋ねると、曾子は「さて祖とは且（かりそめ）という意味だ。かりそめに（棺を出すことを）するのであれば、どうして戻し置いてならないということがあろう」と言った。從者はさらにまた子游に「禮にかなっているか」と尋ねた。子游は言った、「窓の下で飯含を行い、戸内で小斂を行い、東階の上で大斂を行い、客位で殯を行い、庭で祖の禮を行い、墓に葬るというのは、次第に遠ざかるためのものなのだ。だから喪の事は前に進む一方で後ろに退くことはない」と。曾子はこれを聞

いて「わたしが祖について語ったのよりも優れている」と言った。

　傍線部は坊記篇に比べて「浴於中霤」の一句を欠いているものの、次の『白虎通』崩薨篇における引用は檀弓篇にもこの一句が存在していた可能性を示唆している。

　　人死必沐浴於中霤何。示潔淨反本也。禮檀弓曰、「死於牖下、沐浴於中霤、飯唅於牖下、小斂於戸内、大斂於阼階、殯於客位、祖於庭、葬於墓、所以即遠也。」奪孝子之恩以漸也。

　　　人が死ぬと必ず中霤で沐浴させるが、何故か。清潔にして本に歸すことを示すのだ。禮の檀弓に言う、「窓の下に死に、中霤に沐浴し、窓の下で飯含を行い、戸内で小斂し、東階の上で大斂し、客位で殯を行い、庭で祖を行い、墓に葬るのは、次第に遠ざかっていくためのものなのだ」と。孝子の（親への）恩を少しずつ削いでいくのだ。

ただ、この引用における冒頭の「死於牖下」の一句は奇妙で、この句は坊記篇にも存在しないが、これを附加して「死於牖下、沐浴於中霤、飯含於牖下」としてしまっては、「牖下」→「中霤」→「牖下」と一度戻ることになってしまって、「遠きに即く所以」とはならない。よって、どうしてこの一句が存在するのか理解に苦しむものの、これが「沐浴於中霤」の問いに對する答えの部分で引かれている以上、この句に續く「沐浴於中霤」を所引の檀弓篇から除くことはできない。これが誤引でないならば、檀弓篇にはもともとこの句が含まれていた可能性が高いことになろう。おそらく、檀弓篇に記されたようなエピソードが何らかの形で傳えられていて、坊記篇の作者がそれを利用したものと思われる。もっとも、坊記篇の記述から、このエピソードが虚構された可能性も完全には排除できないから、この重複文だけから、坊記篇と檀弓篇の前後關係を定めることは難しいと思われるが、興味深いのは、この句が『儀禮』士喪禮の記述と一致しないことである。士喪禮では、沐浴と飯含（さらには小斂）は牖下で行うことになっている。にもかかわらず、坊記篇では、両者の場所を違えて記しているのである。ここで士喪禮の記述を絶對視するならば、次のように解する以外ない。

422　第3部　出土資料を通した中國文獻の再評價

其實戸内牖下同爲中霤之地、記者欲推言自近及遠之義、故以小斂爲在戸内、
浴尸爲在中霤也。

　　その實、戸内も牖下も同じく中霤の地（に屬するの）であって、（檀弓
　　篇の）記者が近くから遠へと及んでいくという意義を言いたいがために、
　　小斂は戸内で行い、尸を沐浴するのは中霤で行うとしたに過ぎない。

これは陳立『白虎通疏證』に示された解釋であるが、坊記篇の作者と士喪禮の
作者の考える禮が異なっていた可能性も考えられよう。沐浴の場所については
檀弓上篇 7-3b に「曾子の喪、爨室に浴す」という記述もあって、もとよりこれ
が常禮でなかったが故に記録に留められたものであろうが、以下、小斂に至る
までの喪禮がそのまま爨室で行われたとも思われない。沐浴とそれ以下の喪禮
が場所を異にするという考え方があったとしても、それほど不思議ではないで
あろう。

　このように背景にする禮が異なっていた可能性を考慮する時、われわれにと
って興味深いのは、次の『禮記』禮運篇との重複である。

　　（第二十七章）19a 醴酒在室、醍酒在堂、澄酒在下、示民不淫也。

　　醴酒は室に置き、醍酒は堂に置き、澄酒は堂下に置くことによって、民
　　に（酒の味に）淫しないことを示したのだ。

　『禮記』禮運 21-12a（『孔子家語』問禮篇）

　　故玄酒在室、醴醆在戸、粢醍在堂、澄酒在下。

　　だから玄酒は室に置き、醴醆は戸に置き、粢醍は堂に置き、澄酒は堂下
　　に置くのだ。

　禮運篇の「醴醆」「粢醍」がそれぞれ坊記篇の「醴酒」「醍酒」に對應するの
は明らかであるが、坊記篇には「玄酒」が見ていない。禮運篇で「玄酒」（＝水）
が「醴醆」の上に置かれるのは、もちろん「醴酒を之れ用ひ、玄酒を之れ尚（か
み）にす」（『禮記』禮器篇 24-5a）といった觀念によるものであるが、坊記篇
に「玄酒」への言及がないのは、この篇の作者に「玄酒を之れ尚にす」といっ
た觀念が無かったことを示していよう。少なくとも、禮運篇の表現から「玄酒」
を抜き去って坊記篇の表現が導かれたとするのは無理がある。坊記篇のように

表現されていたところに、「玄酒室に在り」が附け加えられた結果、「醴酒」が置き場所を失って、「醴醆戸に在り」となったものと考えるべきであろう。このことは坊記篇の時代には存在しなかった「玄酒を之れ尚にす」という観念が、禮思想の展開のなかで新たに生み出され、その延長上に禮運篇が位置することを示しているが、この「玄酒」をめぐる諸問題については別に考察したことがあるし、坊記篇とは直接關係のない形での思想の展開であるから、ここに繰り返すことはしない[33]。ここでは、坊記篇における禮を「民の坊」とする思想がどのように受け繼がれていったのかについて一瞥を與えて、本稿を終えることにしたい。

四、「民の坊」のゆくえ

禮を堤防に當てる考え方を示す文獻については、伊東倫厚「『禮記』坊記・表記・緇衣篇について──いわゆる『子思子』殘篇の再檢討──」（『東京支那學報』第15號、1969年）がすでに調査を行っていて、『春秋左氏傳』哀公十五年、『周禮』地官・大司徒、『禮記』經解篇（『大戴禮記』禮察篇）、『漢書』董仲舒傳（天人三策）、『春秋繁露』度制篇、『漢書』藝文志の例を拾っている。

『左傳』の例は陳の芋尹蓋が呉の大宰嚭に語った言葉の中に「以禮防民、猶或踰之（禮を以て民を防ぐも、猶ほ或は之を踰へんとす）」（59-21b）と出てくるもので、これが坊記篇に頻出する「以此坊民、民猶〇〇」と類似すること、またこの直前に見える「且つ臣之を聞く、曰く、死に事ふること生に事ふるが如くするは、禮なり」（21a）の「曰く」以下の一句が中庸篇52-17a に見えることから、『子思子』を利用したものであると判斷できるし、思想的な展開と言えるほどのものがここに見えるわけではない。『周禮』の例は「五禮を以て万民の偽を防ぎて、之に中を教へ、六樂を以て万民の情を防ぎて、之に和を教ふ」（10-26b）であるが、ここに見える「中」「和」も中庸篇52-1b の用語であるから、これもまた『子思子』を利用したものと見てよいであろう。ここで「樂」もまた「民の坊」に加えられている點は注目されるが、思想の展開としてより

424　第3部　出土資料を通した中國文獻の再評價

注目されるのは、次の『大戴禮記』禮察篇の例である。

　　孔子曰、「君子之道、譬猶防與。」夫禮之塞亂之所從生也、猶防之塞水之所
　　從來也。故以舊防爲無用而壞之者、必有水敗。以舊禮爲無所用而去之者、
　　必有亂患。故昏姻之禮廢、則夫婦之道苦、而淫辟之罪多矣。郷飲酒之禮廢、
　　則長幼之序失、而爭鬬之獄繁矣。聘射之禮廢、則諸侯之行惡、而盈溢之敗
　　起矣。喪祭之禮廢、則臣子之恩薄、而倍死忘生之徒衆矣。

　　孔子は言われた、「君子の道は、譬えて言えば堤防のようなものか」と。
　　さて禮が亂の發端を塞ぎとめるというのは、ちょうど堤防が水の流れ口
　　を塞ぎとめるようなものだ。だから古い堤防を無用と見なして破壞する
　　ならば、必ず水の害が起こるのと同様、古い禮を無用と見なして廢止し
　　てしまうならば、必ず亂の憂いが生ずるのだ。だから婚姻の禮が廢れれ
　　ば、夫婦の道は滯って、みだらな罪を犯すものが多くなり、郷飲酒の禮
　　が廢れれば、長幼の序は失われて、爭いによる訴えが增え、聘禮・射禮
　　が廢れれば、諸侯の行いが惡くなって、驕って分を犯す弊害があらわれ、
　　喪祭の禮が廢れれば、臣子の（君に感ずる）恩は薄くなって、死者（の
　　恩）に背き生者（の務）を忘れるやからが衆くなるのだ。

最初の孔子言は、坊記篇冒頭7bの「子言之、君子之道、辟則坊與（子之を言ふ、
君子の道は、辟へば則ち坊か）」から取ったものであろうが、そこから展開させ
て、舊禮を廢してはならないことを説くとともに、各禮が廢された場合の弊害
について述べている。『禮記』經解篇50-5bにも冒頭の孔子言を抜いた形でほぼ
同文が見えているが[34]、禮察篇の方がもともとの形を保存しているものと思わ
れる[35]。禮察篇の以下の文章は賈誼の文帝への上奏文[36]と基本的に同じであるか
ら、上に引いた部分も賈誼の手になるものである可能性が考えられるものの、
傍線を附した部分とほぼ同文が『韓詩外傳』卷三に「傳曰」を冠して引用され
ており[37]、文帝期に博士であった韓嬰[38]がほぼ同時代の賈誼の文章を「傳」と呼
ぶとも思えない。上に引いた一段は賈誼以前のものと見るべきであろう。この
一段が坊記篇の「民の坊」の思想の展開であるのは見やすいが、禮を上位者が
率先垂範するものとする思考や、「民の坊」としての禮の機能に對する坊記篇の

懷疑はここでは完全に消されている。これはこの一段に續く賈誼の上奏文との重複文でも同樣で、「禮は將に然らんとするの前に禁じ、法は已に然るの後に禁ず」の語に代表されるように、禮の未然防止のはたらきが法との對比において強調されることになる。これを受け繼いだものが、董仲舒の「天人三策」（第一策）である。

> 夫萬民之從利也、如水之走下、不以教化隄防之、不能止也。是故教化立而姦邪皆止者、其隄防完也。教化廢而姦邪並出、刑罰不能勝者、其隄防壞也。古之王者明於此、是故南面而治天下、莫不以教化爲大務。（『漢書』董仲舒傳）

> さて万民が利に從ってうごくというのは、ちょうど水が下に向かって流れるようなもので、教化によって防ぎ止めるのでなければ、これを止めることはできない。だから教化が成り立って姦邪が皆な止むというのは、その堤防が完全であるということであり、教化が廢れて姦邪が並び起こり、刑罰が絶えないというのは、その堤防が決壞しているということである。古の王者はこのことに明らかであったから、南面して天下を治めるに際して、教化を大務としないものはなかったのだ。

ここでは「民の坊」としての禮の機能が、帝王による教化の機能に置き換えられるとともに、帝王による教化の必要なることが導かれている[39]。「天人三策」の場合、『論語』顏淵篇 12-8b に見える孔子言「君子の德は風、小人の德は草、草之に風を上（くは）ふれば、必ず偃す」を引きつつ、

> 夫上之化下、下之從上、猶泥之在鈞、唯甄者之所爲、猶金之在鎔、唯冶者之所鑄。（同上「第一策」）

> さて上のものが下のものを教化し、下のものが上のものに從うというのは、ちょうど陶土がろくろの上にあって、陶藝職人の作るところのままに變化し、溶けた金屬がるつぼの中にあって、冶金職人の鑄るところのままに變化するようなものである。

と下位者が上位者に從うことを語っても、坊記篇のように上位者の個々のふるまいを下位者が模倣するとは考えない。陶藝職人がろくろの土を自在に形作る

426　第 3 部　出土資料を通した中國文獻の再評價

ように、冶金職人が鑄型で金屬を自由に形作るように、王者は民を自由自在に
あやつれるものと觀念されている。ここには「民の坊」としての禮が現實には
機能していないことに對する坊記篇の嘆きは存在しない。そもそも、この坊記
篇の嘆きが生ずる所以は、下位者が上位者の個々の言行を模倣するとする坊記
篇の前提にあるが、上位者の個々の言行や、「民の坊」としての個々の禮の規定
に注目する限りは、この嘆きから逃れることはできない。われわれは、たとえ
ば中庸篇の「誠」の思想などが、個々の言行や禮の規定に注目するのではなく、
下位者に對する上位者の全般的な感化力を抽出することによって、この坊記篇
の限界を乗り越えようとしていることを知っている[40]。董仲舒もまたその流れ
の上に立って、下位者に對する上位者の感化さらには教化の力を語っているの
である。

　ここにも坊記篇の古さを見て取ることができるであろう。坊記篇がモデルと
しているのは、弟子が師のふるまいをまねるというような形での、いわば個人
的な感化の形である。しかし、國家における君主の民衆への影響力をこのモデ
ルによって理解しようとしても、現實の民衆は君主のふるまいを模倣するとは
限らないから、導かれるのは「民の坊」が現實には機能していないという坊記
篇の嘆きだけである。このモデルから解放されて、國家における禮の機能や、
君主の民衆に對する影響力の源泉に對しての考察が深まってはじめて、禮察篇
や「天人三策」に見られるようなあらたな「民の坊」が語られるようになる。
この變化は思想史の問題として興味深いが、この問題の探求は本論の守備範囲
を超えることになる。坊記篇をめぐる初歩的な考察はひとまずここで終えるこ
ととしたい。

注

1 拙著『性善説の誕生―先秦儒家思想史の一斷面―』（創文社、2015 年）第五章「子思と『子思子』」參照。

2 「坊」は「防」と音通。

3 それが孔子自身に由來するものであるか否かはおのずから別問題である。

4 『經典釋文』によれば、第七章以下については「子曰」とするテキストが存在していたようである。

5 第二十九章だけは、「子云」の手前の「殷人弔於壙」から始まると考えるべきである（後述）。

6 十三經からの引用については、阮刻本の卷葉行數を卷數―葉數（a：表／b：裏）行數の形で示す。卷數、行數は省略したところがあり、特に坊記篇からの引用においては多くその卷數 51 を省略してある。

7 前掲拙著第八章「「中庸新本」以外の『子思子』（二）―表記篇と坊記篇」參照。

8 また曲禮下篇でこの手前に見える「男女非有行媒、不相知名。非受幣不交不親」と對應するものが、坊記篇第三十四章 24b に「故男女無媒不交、無幣不相見」と見えている。

9 『春秋左氏傳』隱公元年傳 2-16b「祭仲曰、都城過百雉、國之害也。先王之制、大都不過參國之一。中、五之一。小、九之一。今京不度、非制也、君將不堪。」

10 『春秋左氏傳』昭公元年傳 41-24b「故志曰、買妾不知其姓、則卜之。違此二者、古之所慎也、男女辨姓、禮之大司也。」

11 第三十六章の禮の規定に類似するものに、『禮記』内則篇 27-8a「男不言内、女不言外。非祭非喪、不相授器。其相授、則女受以篚。其無篚、則皆坐奠之、而后取之」があるが、吉本前掲論文（145 頁）が導くように、内則篇は曲禮篇に遅れるものであろう。なお、第二十六章の「食禮」と重複する規定は『禮記』曲禮上篇 2-20b「侍食於長者、主人親饋、則拜而食。主人不親饋、則不拜而食」に見える。

12 このような言い回しをするのは、坊記篇に先立って『論語』が成立していたか否か不明だからである。なお、坊記篇第十七章 16b には「論語曰」と冠して、里仁篇 4-5a の「三年無改於父之道、可謂孝矣」が引かれているが、書名としての『論語』の用例としては時代的に孤立していて（他の例はすべて漢代以後）、後人による改寫の可能性が疑われる。

13 前掲拙著第五章參照。

428　第3部　出土資料を通した中國文獻の再評價

[14] 第三十五章の譯を與えておく。「孔子は言われた、妻を娶る場合には同姓からは娶らない。そうして（同族異族の）區分を重んじ（て婚姻における不正を遠ざけ）るのだ。故に妾を買い入れるに當たって、その姓がわからなかったならば、その（吉凶を）卜って決めるのだ。このことによって民の過ちを防ぐのだが、それでもなお魯の『春秋』では（魯の同姓の呉から娶った例があり）夫人の姓を取り去って「呉」と（のみ）記し、その死に際しても（姓を記さず）「孟子卒す」と（のみ）記しているのだ。」

[15] 第三十七章の譯を與えておく。「孔子は言われた、寡婦の子は（才藝の）見るべきものがないならば、友とはしない。君子はそうすることによって（寡婦目當てではないかという）嫌疑を避けるのである。故に朋友の交わりにおいては、當人が不在であれば、よほどの事がない限り、その家の門には入らないのだ。このことによって民の過ちを防ぐのだが、それでもなお民は德よりも色に走るのだ。」

[16] 前掲拙著第五章參照。

[17] 鄭注 21b1 は「貳君」に作るべきであるとする。

[18] 以下、郭店楚簡の釋文は『楚地出土戰國簡册合集（一）郭店楚墓竹書』（文物出版社、2001 年）によるが、假借字は通行の字體に改めて引用する。

[19] ただし繰り返される「以此坊民」から知られるように、この前提は坊記篇においては崩れかかっている。

[20] この「君子」は直接的には孔子を指すようであるが（『集注』參照）、孔子を君子の代表として解することは可能であろう。

[21] ちなみに傍線部につづく部分は、『荘子』山木篇に「且君子之交淡若水、小人之交甘若醴。君子淡以親、小人甘以絶」と類似文が見えている。

[22] 前掲拙著附録一「『曾子』初探―『大戴禮記』曾子立事篇を中心にして」參照。

[23] 檀弓篇の編者が子思後學であるという意味ではなく、あくまでこのエピソードを殘した者に限ってのことである。

[24] ただし玉藻篇については兩者とも曲禮篇とほぼ同時とする。

[25] 吉本道雅「檀弓考」（『古代文化』vol.44、1992 年）參照。

[26] 鄔可晶『《孔子家語》成書考』（中西書局、2015 年）279-280 頁參照。

[27] 坊記篇第十章 13a の「利祿、先死者而後生者、則民不偝」の「不偝」も死者をないがしろにしないことを言ったものであろう。

坊記禮説考　429

28　ちなみに、『荀子』禮論篇には「上取象於天、下取象於地、中取則於人」と見えており、このような禮の由來を天地人に求める考え方を批判して問喪篇が記されていることが知られるが、問喪篇の直接の批判の對象が荀子思想であったのかどうかはわからない。このような考え方が荀子より始まるものであるのか不明だからである。

29　『五行』の釋文および章分けについては、池田知久『馬王堆漢墓帛書五行篇研究』（汲古書院、1993年）に從うが、假借字および訛字は通行の字體に改めてある（傍點を附した文字は釋文が欠字を補ったもの）。

30　楚簡本『五行』（簡一七）は、括弧内の六句の内、後半の二句しか引用していないが（ただし前一句はほとんど欠損している）、帛書本と同じく、本來は前半の四句も引用されるべき部分である。なお、帛書本が欠く「后能」二字は楚簡本には見えている。

31　前掲拙著第十章「性善説の誕生」參照。

32　鄭玄は「填池」を「奠徹」の誤記とし、「奠徹、謂徹遣奠設祖奠」（19a3）と注する。

33　拙論「玄酒小考」（『東洋古典學研究』第43集、2017年）參照。

34　經解篇50-5aでは孔子言の代わりに「故朝覲之禮、所以明君臣之義也。聘問之禮、所以使諸侯相尊敬也。喪祭之禮、所以明臣子之恩也。郷飲酒之禮、所以明長幼之序也。昏姻之禮、所以明男女之別也」が置かれており、この順序（の逆）に合わせる形で、後半の文章の「聘射之禮」（經解篇では「射」を「覲」に作る）と「喪祭之禮」の順序が入れ替わっている。

35　井上了「『禮記』經解篇の時期とその思想史的位置」（『種智院大學研究紀要』巻五、2004年）もまた經解篇に對する禮察篇（あるいはその藍本）の先行を導いている。

36　『漢書』賈誼傳所載。

37　『韓詩外傳』巻三「傳曰、喪祭之禮廢、則臣子之恩薄。臣子之恩薄、則背死亡生者衆。」

38　『漢書』儒林傳「韓嬰、燕人也。孝文時爲博士」參照。

39　董仲舒自身の手になるものとは限らないが、『春秋繁露』度制篇には坊記篇からの引用が多く見られ、董仲舒の學派における坊記篇受容の跡がうかがわれる。

40　前掲拙著第十章「性善説の誕生」參照。

老官山漢簡醫書に見える診損至脈論について

廣瀬　薫雄

はじめに

　老官山漢簡は、成都市天回鎮老官山三號墓から出土した簡牘である。この墓が發見されたのは 2012 年 7 月のことで、2013 年 12 月中旬になってこのニュースが新聞で報道され[1]、2014 年 7 月に發掘簡報が發表された[2]。發掘簡報によると、三號墓から出土した竹簡は全部で 920 枚で、そのうち 716 枚が醫書だという。醫書中に「敝昔（扁鵲）」という名前が現れることから、老官山漢簡の一部の醫書は失われた扁鵲學派の經典書籍である可能性が極めて高いと新聞記事や發掘簡報がこぞって述べ[3]、斯界の大きな注目を集めたことは記憶に新しいところだろう。

　發掘簡報が發表されて三年が過ぎた。老官山漢簡は目下のところまだ全面的には公開されていないが、老官山漢簡醫書の整理者たちは陸續と論文を發表し、醫書の內容を少なからず明らかにしている。その中でも特筆に値するのは 2016 年 10 月に出版された『揭秘敝昔遺書與漆人』である[4]。本書は老官山漢簡醫書の整理者たちがそれまでに發表した論文をもとに作ったもので、老官山漢簡醫書の內容についてまとまった形で全面的に紹介している。『揭秘』は簡文の釋文をふんだんに引用しており、竹簡の圖版も一部收錄しているので、我々はこの書を通じて老官山漢簡醫書の全體狀況について窺い知ることができる。

　これまでに出土した秦漢簡帛醫書の中には傳世醫書と密接に關係する內容がいくつかあるが[5]、傳世醫書の來源と形成過程について研究するのに有用な例はあまり多いとは言えない。それに對して老官山漢簡醫書は傳世醫書と對照することのできる內容を多く含んでいるらしく、しかも「扁鵲」という非常に明確な標識があるので、この資料を出發點にすればこれまでよりも具體的に傳世

432　第3部　出土資料を通した中國文獻の再評價

醫書の來源と形成過程について議論できるのではないかと期待されるのである。

　本稿では、その一つの試みとして、老官山漢簡醫書に見える診損至脈論について檢討する。診損至脈論とは呼吸數と脈拍數の比率に關する理論である。すなわち、最初に「平」（正常）の脈の呼吸數と脈拍數の比率を確定し、これを基準として脈拍數が「平脈」よりも多い脈を「至脈」、少ない脈を「損脈」とする。そして「至脈」と「損脈」の程度によって病氣が存在する身體部位と病氣の重さを診斷するというものである。本稿では、この診斷方法を「診損至脈法」、診斷理論を「診損至脈論」と呼ぶことにする。

　損至脈については『難經』と『脈經』にまとまった記述がある。本稿で用いる「診損至脈論」という呼稱は『脈經』卷四所收の「診損至脈篇」から來ている。このほか『素問』や『靈樞』にも平脈について論じている篇が數篇ある。傳世醫書に見えるこれらの記述を老官山漢簡醫書と比較檢討することによって、診損至脈論の成立・變容過程と傳世醫書中の關連記述の著述年代を明らかにすることが本稿の目的である。

　老官山漢簡はいまだ全面的には公開されていないので、現段階で老官山漢簡について論ずることには少なからぬ危險が伴う。しかし老官山漢簡に見える診損至脈論にかぎって言うと、關連する竹簡の釋文が『掲秘』でまとまって紹介されているうえに、その圖版もほとんど公開されているので、この問題について論ずることにさほど大きな支障はないだろう。

一　老官山漢簡に見える診損至脈論

　現在公開されているところでは、老官山漢簡のうち『敝昔診法』と『逆順五色脈藏驗精神』の二篇に平脈と損至脈についての記述がある(6)。まずは現在知られている關連する竹簡の釋文をすべて引用し、それらについて簡單な解釋を施そう。

老官山漢簡醫書に見える診損至脈論について　433

（一）『逆順五色脈藏驗精神』

　『逆順五色脈藏驗精神』（以下「『逆順』」と略稱）中の關連する記述は次の五條である（圖一）。

（1）683（圖版：表紙、85頁／釋文：57-58頁、73頁、99頁）[7]

　　人一息脈二勭（動）曰平。　　人一息脈三勭（動）曰參＝擅＝（三顫[8]、三顫）者奪精。

　　　　人が一回息をすると脈が二回動くのを平という。

　　　　人が一回息をすると脈が三回動くのを三顫といい、三顫の場合は精氣が減少する。

（2）684（圖版：表紙／釋文：58頁、73頁、99頁）

　　●人一息脈四勭（動）、四[=]潭＝（四顫、【四】顫）者奪血。●人一息脈一勭（動）曰少氣。

　　　　人が一回息をすると脈が四回動くのを四顫といい、四顫の場合は血氣が減少する。

　　　　人が一回息をして脈が一回動くのを少氣という。

（3）686（圖版：表紙／釋文：73頁、99頁）

　　●人一息脈六勭（動）曰重＝（重、重）者死。●人三息脈一勭（動）曰靜＝（靜、靜）者奪血。

　　　　人が一回息をすると脈が六回動くのを重といい、重の場合は死ぬ。

　　　　人が三回息をして脈が一回動くのを靜といい、靜の場合は血氣が減少する。

（4）687（圖版：表紙／釋文：73-74頁、99頁）

　　●人再息脈一勭（動）曰離＝潭＝（離顫、離顫）、奪□　　□【人□息】脈一勭（動）曰絶不至、死。

　　　　人が二回息をして脈が一回動くのを離顫といい、離顫の場合には……が減少する。

　　　　【人が五回息をして】脈が一回動くのを絶不至といい、死ぬ。

434　第3部　出土資料を通した中國文獻の再評價

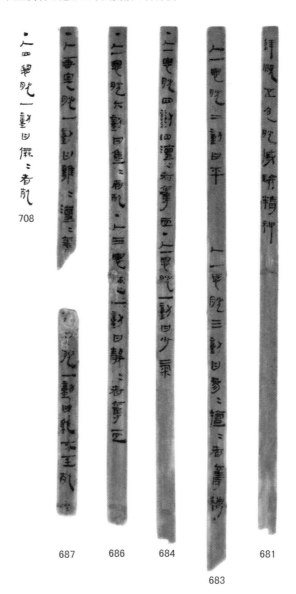

圖一　『逆順五色脈藏驗精神』に見える診損至脈論

（5）708（圖版：「老官山漢墓醫簡中脈診理論學術思想初探」[9]／釋文：74頁、99頁）

●人四息脈一動（動）曰憮＿（無、無）者死。　　　人一息脈五動（動）曰暴、暴者奪精、死。

人が四回息をして脈が一回動くのを無といい、無の場合は死ぬ。

人が一回息をすると脈が五回動くのを暴といい、暴の場合は精氣が減少し、死ぬ。

この五枚の竹簡はいずれもほぼ完全で（708號簡は今のところ一部の圖版しか公開されていないが、釋文からすると完全に殘っているようである）、文字の筆跡や文章の内容と形式から見て、これらの簡がもともと同一篇のものであることは疑いない。ここでは内容にもとづいてこの五枚の竹簡を排列してみたが、この排列順序では文章を縦に讀んでも横に讀んでもその閲讀順序がうまく説明できない。これらの簡の排列順序についてはまだ檢討の餘地がある。

さて、ここに引用した五枚の竹簡は平脈と損至脈について系統的に説明している。683號簡の第一欄は平脈について説明しており、これが『逆順』中の平脈と損至脈について述べた一節の冒頭だろう。原文の「人一息脈二動曰平」とは、「人が一回呼吸するごとに脈が二回拍動する状態を平脈という」という意味である。『逆順』によると、これが正常な脈拍の速度である。

683號簡の第二欄は、人が一回呼吸するごとに脈が三回拍動する状態を「三顫」（三回ふるえる）といい、三顫の人は精氣が減少する、という[10]。このような脈拍速度が平脈よりも速い脈が至脈である。至脈については、このほか684號簡第一欄に「人一息脈四動」、708號簡第二欄に「人一.息脈五動」、686號簡第一欄に「人一息脈六動」とある。

損脈は、至脈とは逆に、脈拍速度が平脈よりも遅い脈のことをいう。684號簡第二欄に「人一息脈一動」、687號簡第一欄に「人再息脈一動」、686號簡第二欄に「人三息脈一動」、708號簡第一欄に「人四息脈一動」という。「一息」、「再息」、「三息」、「四息」がすでにあることから、殘る687號簡第二欄はおそらく「【人五息】脈一動」だろう。

『揭秘』がすでに指摘しているとおり（第57〜58頁）、傳世醫書では『黄帝内

436　第3部　出土資料を通した中國文獻の再評價

經』、『難經』、『脈經』、『諸病源候論』、『千金方』の各書に類似する内容が見え
る。その中で最も注目に値すると筆者が考えるのは『脈經』卷五・扁鵲脈法第
三で、その冒頭で次のように言う。

　　　扁鵲曰、人一息脈二至謂平脈、體形無苦。人一息脈三至謂病脈。一息四至
　　　謂痺者、脱脈氣、其眼睛青者、死。人一息脈五至以上、死、不可治也。都
　　　（一作聲）息病、脈來動、取極五至、病有六、七至也。

　　　　　扁鵲が言った、「人が一息息をすると脈が二回來るのを平脈といい、その體には
　　　　　まったく惡いところがない。人が一回息をすると脈が三回來るのを病脈という。
　　　　　一回息をすると脈が四回來るのを痺者といい、脈氣が失われ、目が青くなって
　　　　　いる者は死ぬ。人が一回息をすると脈が五回以上來ると、その人は死に、治す
　　　　　ことはできない。ただしひどい喘息病の場合は脈の來るのが早く、最もひどい
　　　　　場合には一回の呼吸で脈が五回來ることがあり、脈が六、七回來る病氣もある」
　　　　　と。

この一節は至脈についてのみ述べており、損脈については述べていない。また
「一息三至謂病脈」、「一息四至謂痺者」といった術語は『逆順』とは異なって
いる。こうした違いがあるとはいえ、平脈の定義は『逆順』と完全に一致して
いる。下文に述べるように、傳世醫書の中で平脈の定義が『逆順』とまったく
同じなのは本篇だけである。山田慶兒氏は、『脈經』卷五に收められている扁鵲
陰陽脈法第二・扁鵲脈法第三・扁鵲華佗察聲色要訣第四・扁鵲診諸反逆死脈要
訣第五の四篇はいずれも扁鵲の名を冠しており、扁鵲學派の著作ではないかと
指摘しているが[11]、『逆順』と扁鵲脈法第三の脈法が基本的に同じであること
が確認された今、これらの篇は確かに扁鵲學派の著作であると確定してよいだ
ろう。

　このほか『難經』十四難の記述が『逆順』とよく似ている。原文は次のとお
り。

　　　十四難曰、脈有損至、何謂也。

　　　然、至之脈、一呼再至曰平、三至曰離經、四至曰奪精、五至曰死、六至
　　　曰命絶、此至之脈也。何謂損。一呼一至曰離經、二呼一至曰奪精、三呼一

至曰死、四呼一至曰命絶、此損之脈也。

第十四問、脈に損と至があるというのは、どういう意味か。

そのとおり。至の脈とは、一回息を吐くと脈が二回來るのを平といい、三回來るのを離經といい、四回來るのを奪精といい、五回來るのを死といい、六回來るのを命絶という。これが至の脈である。どういうものを損というのか。一回息を吐いて脈が一回來るのを離經といい、二回吐いて一回來るのを奪精といい、三回吐いて一回來るのを死といい、四回吐いて一回來るのを命絶という。これが損の脈である。

ここではまず平脈について説明して（「一呼再至曰平」）、その次に至脈について説明し、最後に損脈について説明する。「奪精」、「死」といった術語も『逆順』と一致している。『逆順』と『難經』が密切な關係にあることは容易に見てとれる。しかし實際のところは両者の意味は同じではない。すなわち『逆順』では「一息」云々と述べているのに對して、『難經』では「一呼」云々と述べている。「息」とは呼吸、すなわち息を吐いて吸うという意味であるから、「人一息脈二動」と「一呼再至」では意味が異なる。『難經』では下文で「脈來一呼再至、一吸再至、不大不小曰平」（脈が一回息を吐くと二回來て、一回吸うと二回來て、脈動が大きくも小さくもないのを平という）と言っているので、『難經』のいう平脈とは「人一息脈四動」の意味である。つまり『難經』の平脈の脈拍速度は『逆順』の二倍なのである。

『素問』平人氣象論篇にもほぼ同じ内容の記述があるが、平脈についてまた異なった定義をしている。

黄帝問曰、平人何如。

岐伯對曰、人一呼脈再動、一吸脈亦再動、呼吸定息脈五動、閏以太息、命曰平人。平人者、不病也。常以不病調病人、醫不病、故爲病人平息以調之爲法。人一呼脈一動、一吸脈一動、曰少氣。人一呼脈三動、一吸脈三動而躁、尺熱曰病温。尺不熱、脈滑曰病風、脈濇曰痺。人一呼脈四動以上曰死、脈絶不至曰死、乍疏乍數曰死。

黄帝が尋ねて言った、「正常な人はどのようであるか」と。

438　第3部　出土資料を通した中國文献の再評價

　　　　　岐伯が答えて言った、「人が一回息を吐くと脈が二回動き、一回吸うと脈がま

　　　た二回動き、吐いて吸って息を整えるあいだに脈が五回動く——これは大きく

　　　呼吸するときに脈が四回以上動くので一回餘分に計算するのですが——、これ

　　　を名づけて正常な人といいます。正常な人とは病氣のないことです。常に病氣

　　　のない人によって病人の調子をととのえます。醫者は健康であるのが前提で、

　　　ゆえに（醫者の脈にもとづいて）病人の呼吸を正常にして調子をととのえるの

　　　です(12)。人が一回息を吐くと脈が一回動き、一回吸うと脈が一回動くのを少氣

　　　といいます。人が一回息を吐くと脈が三回動き、一回吸うと脈が三回動いて騷

　　　がしく、尺（手首の脈をはかるときに薬指が押さえる部分）が熱いのを病温と

　　　いいます。尺が熱くなく、脈が滑らかな場合は病風といい、脈が滯っている場

　　　合は痺といいます。人が一回息を吐くと脈が四回以上動くのを死といい、脈が

　　　途絶えてやってこないのを死といい、脈がまばらに來たりたびたび來たりする

　　　のを死といいます」と。

『素問』では平脈を「人一呼脈再動、一吸脈亦再動、呼吸定息脈五動、閏以太
息」と定義しており、『難經』よりもさらに複雑になっている。

　『逆順』と『難經』はもう一つ大きな違いがある。それは損脈の分け方であ
る。『逆順』は至脈を四段階に分け、損脈を五段階に分けているが、『難經』で
は至脈と損脈いずれも四段階に分けている。分け方が異なるということは、そ
の理論的枠組が異なっているということにほかならない。

　ちなみに、『素問』では平脈について述べた後、「人一呼脈一動」、「人一呼脈
三動」、「人一呼脈四動」の順序で説明をしている。この説明方法からするに、
どうやら『素問』は損脈と至脈の區別すらしていないようである。とするなら
ば、『素問』の理論的枠組は『逆順』、『難經』いずれとも異なっていることにな
る。

　ここではとりあえず以上の相違點のみ指摘しておいて、さらなる分析は節を
改めて行うことにする。

（二）『敝昔診法』

　『敝昔診法』（以下「『敝昔』」と略稱）には、平脈と損至脈について説明している記述が二條ある。その二枚の竹簡の圖版は現在のところ公開されていない。『掲秘』の引用によると、釋文は次のとおりである（文字の讀み方と斷句は筆者の理解にもとづいて改めたところがある）。

(1) 040（釋文：61頁、88頁）

　　之□。故曰、脈再至曰平、參（三）至曰離經、四……

　　　　……。ゆえにこう言うのである、脈が二回來るのを平といい、三回來るのを離

　　　　經といい、四回來るのを……と。

(2) 034（釋文：61頁）

　　□、再員（損）離亶（顫）、參（三）員（損）曰爭（靜）、爭（靜）者奪血。

　　　　□、再損を離顫といい、三損を靜といい、靜の場合は血氣が減少する。

　まず指摘しておくべきは、『敝昔』の「三至」についての命名が『逆順』と異なっていることである。『敝昔』の「三至」は『逆順』の「人一息脈三動」に相當するが、『敝昔』では「離經」と名づけられ、『逆順』では「三顫」と名づけられている。「離經」という命名は『難經』と同じであり、「再至」「三至」という表現も『難經』と一致している。このことは『敝昔』の診損至脈法と『逆順』の診損至脈法が系統を異にしており、前者は『難經』の系統に近いことを示唆していると考えられる。

　すでに上で指摘したとおり、『逆順』の「人一息脈二動曰平」と『難經』の「一呼再至曰平」は意味がまったく異なる。『敝昔』は「脈再至曰平」と言うのみで、それが「一息脈再至」の意味なのかあるいは「一呼脈再至」の意味なのかは現時點では定かではない。しかしもし『敝昔』が『難經』の系統に屬しているとするならば、『敝昔』の「脈再至曰平」は後者の意味であろう。

　『敝昔』の「三損曰爭」は『逆順』の「人三息脈一動曰靜」に相當するので、『敝昔』の「爭」は「靜」に讀むべきである(13)。『敝昔』の「再損離顫、參損曰靜」は『逆順』と完全に一致しており、『難經』とは異なっている。ここから推測するに、『敝昔』の診損至脈法はおそらく『逆順』と『難經』の中間に位置

440　第3部　出土資料を通した中國文獻の再評價

するものだろう。

二　『脈經』卷四・診損至脈第五に見える診損至脈論

　　前節では『素問』、『難經』、『脈經』の關連記述を引用したが、それは單に『逆順』と『敝昔』の簡文の意思を理解するためにごく一部の内容をかいつまんで見たに過ぎず、それらの引用文を見ただけでは損至脈論の理論的枠組を理解することは到底できない。そこで本節では、より全面的に傳世醫書に見える診損至脈論について見ることにする。

　　『脈經』卷四・診損至脈第五は診損至脈論について論じた一篇である。本篇は傳世醫書に見える損至脈に關するほぼすべての記載を集めてくれているので、本節ではこの篇を檢討の對象とする。

　　『脈經』卷四・診損至脈第五は以下の三段からなる。

　　　（一）脈有損至、何謂也。然、……。

　　　（二）扁鵲曰、……。

　　　（三）岐伯曰、……。黄帝曰、善。

第一段は『難經』十四難を轉載したもので、第二段は「扁鵲」の言を轉載したもの、第三段は「岐伯」の言を轉載したものである。以下では、議論の便宜をはかって、この三段を『難經』段、「扁鵲」段、「岐伯」段と呼ぶことにする。

　　各段の損至脈についての説明は異なっており、この三段はそれぞれ三つの異なる學派の説を述べていると考えられる。筆者は、山田慶兒氏や李伯聰氏がいう、漢代の醫學には黄帝學派・扁鵲學派・白氏學派という三つの學派があったという假説を基本的に信じる者であるが、この假説を受け入れるならば、「扁鵲」段が扁鵲學派の著作から來たもので、「岐伯」段が黄帝學派の著作から來たものであることは誰もが認めるところだろう。實際に李伯聰氏はこの篇に注目しており、「扁鵲」段が扁鵲學派の觀點で、「岐伯」段が黄帝學派の觀點であることを指摘し、詳細な分析を行っている[14]。そして扁鵲學派の著作であると思われる『敝昔』と『逆順』の診損至脈論が發見されたいま、より具體的な議論が可

老官山漢簡醫書に見える診損至脈論について　441

能になった。それをここで行おうというわけである。

（一）『難經』段の診損至脈論

　本段は『難經』十四難を轉載したものなので、ここで詳しく紹介する必要は
ないのだが、議論の便を考えて、その主な内容を簡單に確認しておこう。

　　　脈有損至、何謂也。然、至之脈、一呼再至曰平、三至曰離經、四至曰奪
　　精、五至曰死、六至曰命絶、此至之脈也。何謂損。一呼一至曰離經、二呼
　　一至曰奪精、三呼一至曰死、四呼一至曰命絶、此損之脈也。

　　　損脈之爲病奈何。然、一損、損於皮毛、皮聚而毛落。二損、損於血脈、
　　血脈虛少、不能榮於五臟六腑也。三損、損於肌肉、肌肉消瘦、食飲不爲肌
　　膚。四損、損於筋、筋緩不能自收持。五損、損於骨、骨痿不能起於床。反
　　此者、至之爲病也。從上下者、骨痿不能起於床者、死。從下上者、皮聚而
　　毛落者、死。

　　　治損之法奈何。然、損其肺者、益其氣。損其心者、調其榮衛。損其脾者、
　　調其飲食、適其寒温。損其肝者、緩其中。損其腎者、益其精氣。此治損之
　　法也。

　　　　脈に損と至があるというのは、どういう意味か。そのとおり。至の脈とは、
　　　一回息を吐くと脈が二回來るのを平といい、三回來るのを離經といい、四回來
　　　るのを奪精といい、五回來るのを死といい、六回來るのを命絶という。これが
　　　至の脈である。どういうものを損というのか。一回息を吐いて脈が一回來るの
　　　を離經といい、二回吐いて一回來るのを奪精といい、三回吐いて一回來るのを
　　　死といい、四回吐いて一回來るのを命絶という。これが損の脈である。

　　　　損脈の病というのはいかなるものか。そのとおり。一損は、皮と毛が損なわ
　　　れ、皮が縮んで毛が落ちる。二損は、血脈が損なわれ、血脈が虛弱で少なくな
　　　り、五臟六腑に榮養が回らなくなる。三損は、肌肉が損なわれ、肌肉が瘦せ落
　　　ち、飲食しても肌膚にならない。四損は、筋肉が損なわれ、筋肉が緩んで體を
　　　自由に動かすことができない。五損は、骨が損なわれ、骨が痿えて床から起き
　　　上がれなくなる。病氣の進行方向がこれと正反對なのが至脈の病である。上か

442 　第3部　出土資料を通した中國文獻の再評價

　　　　ら下に進展していく場合には、骨が痿えて床から起き上がれなくなると死ぬ。
　　　　下から上に進展していく場合には、皮が縮んで毛が落ちると死ぬ。
　　　　　損脈を治療する方法はいかなるものか。そのとおり。肺が損なわれた場合に
　　　　は、氣を增やす。心が損なわれた場合には、血と氣のめぐりを調える。脾が損
　　　　なわれた場合には、飮食の攝取量を調え、適度な氣溫に調節する。肝が損なわ
　　　　れた場合には、體內を緩和させる。腎が損なわれた場合には、精氣を增やす。
　　　　これが損脈を治療する方法である。

　　ここでは損脈と至脈の定義、病狀、治療方法について說明している。注意す
べきなのは、『難經』の診損至脈論が五臟と結びつけられていることである。こ
の一節によると、損脈の病は皮毛→血脈→肌肉→筋→骨の順序で症狀が現れる。
これがいわゆる「上從り下る者」である。至脈の病はこれとは正反對に骨→筋
→肌肉→血脈→皮毛の順序で症狀が現れる。これがいわゆる「下從り上る者」
である。しかし奇妙なことに、損脈の治療方法について說明しているところで
は、皮毛等についてはまったく述べず、もっぱら五臟について述べている。こ
れについて凌耀星氏は以下のごとき按語を加えており、參考になる。

　　　　本難は、損・至の脈とその病狀について議論するときには皮毛・血脈・肌
　　　　肉・筋・骨を列擧しているのに、損脈の治療方法について議論するときに
　　　　は肺・心・脾・肝・腎の五臟について言っている。これは、肺は皮毛をつ
　　　　かさどり、心は血脈をつかさどり、脾は肌肉をつかさどり、肝は筋をつか
　　　　さどり、腎は骨をつかさどるからである。症狀は肢體に現れるけれども、
　　　　病氣の根本は五臟にあるのである。[15]

　　以上の內容をまとめると、下の表のようになる。

		脈拍速度	名稱	症狀	病氣の根本	治療法
損脈	一損	一呼一至	離經	損於皮毛	損其肺	益其氣
	二損	二呼一至	奪精	損於血脈	損其心	調其榮衛
	三損	三呼一至	死	損於肌肉	損其脾	調其飲食、適其寒温
	四損	四呼一至	命絶	損於筋	損其肝	緩其中
	五損			損於骨	損其腎	益其精氣
至脈	三至	一呼三至	離經	損於骨	損其腎	益其精氣
	四至	一呼四至	奪精	損於筋	損其肝	緩其中
	五至	一呼五至	死	損於肌肉	損其脾	調其飲食、適其寒温
	六至	一呼六至	命絶	損於血脈	損其心	調其榮衛
	？			損於皮毛	損其肺	益其氣

「脈有損至、何謂也」問答では損脈と至脈はそれぞれ四段階に分けられているが、「損脈之爲病奈何」・「治損之法奈何」問答では損脈（と至脈）は五段階に分けられており、兩者の間で矛盾がある。

平脈・損脈・至脈の概念と分類についての説明を終えると、次に證候の説明に入る。これが『難經』段の最後の一節である。

脈來一呼再至、一吸再至、不大不小、曰平。

一呼三至、一吸三至、爲適得病。前大後小、即頭痛目眩。前小後大、即胸滿短氣。一呼四至、一吸四至、病適欲甚。脈洪大者、苦煩滿。沉細者、腹中痛。滑者、傷熱。濇者、中霧露。一呼五至、一吸五至、其人當困。沉細即夜加、浮大即晝加、不大〔不〕小雖困可治、其有大小者爲難治。一呼六至、一吸六至、爲十死脈也。沉細夜死、浮大晝死。

一呼一至、一吸一至、名曰損。人雖能行、猶當著床、所以然者、血氣皆不足故也。再呼一至、再吸一至、名曰無魂。無魂者、當死也、人雖能行、名曰行尸。

　　脈が、一回息を吐くと二回來て、一回吸うと二回來て、脈動が大きくも小さくもないのを平という。

　　一回吐くと三回來て、一回吸うと三回來るのは、病氣にかかったばかりの状態である。關前の寸脈が大きく關後の尺脈が小さいときは、頭痛と目まいがする。寸脈が小さく尺脈が大きいときは、胸がつかえて苦しく息切れがする。一回息を吐くと四回來て、一回吸うと四回來るのは、病氣がひどくなろうとしているところである。脈動が大きいときは、胸のつかえに苦しむ。脈が沈んで拍

444 第3部 出土資料を通した中國文獻の再評價

　　動が小さいときは、腹部が痛む。脈が滑らかなときは、熱さのために病氣にな
　　ったのである。脈が滯っているときは、霧露によって病氣になったのである。
　　一回息を吐くと五回來て、一回吸うと五回來ると、その人は重篤である。脈が
　　沈んで拍動が小さいときは夜に病状が惡化し、脈が浮わついていて拍動が大き
　　いときは晝に病状が惡化する。脈動が大きくも小さくもないときは病氣は重篤
　　でも治すことができるが、大きかったり小さかったりするときは治すのは難し
　　い。一回息を吐くと六回來て、一回吸うと六回來るのは十死脈である。脈が沈
　　んで拍動が小さいときは夜に死に、脈が浮わついていて拍動が大きいときは晝
　　に死ぬ。

　　　一回吐いて一回、一回吸って一回脈が來るのは、名づけて損という。歩くこ
　　とはできるが、依然として床についているべきである。なぜそうなるかという
　　と、血と氣がいずれも不足しているためである。二回吐いて一回、二回吸って
　　一回脈が來るのは、名づけて無魂という。無魂の者は死んでいるも同然で、歩
　　くことはできるが、名づけて行尸という。

この部分は三至・四至・五至・六至、一損・二損の證候についてしか述べてお
らず、『難經』十四難の原文もそうなっている。『難經』の記述は前後で矛盾し
ており、このことはこの一節の記述自身も來源の異なるいくつかの文章を寄せ
集めて作られたものであることを示唆している。

（二）「扁鵲」段の診損至脈論

　「扁鵲」段の冒頭の一節は次のとおり。

　　扁鵲曰、脈一出一入曰平。再出一入少陰、三出一入太陰、四出一入厥陰。
　　再入一出少陽、三入一出陽明、四入一出太陽。脈出者爲陽、入者爲陰。

　　　扁鵲が言った、脈が一回出て一回入るのを平という。二回出て一回入るのを少
　　　陰、三回出て一回入るのを太陰、四回出て一回入るのを厥陰という。二回入っ
　　　て一回出るのを少陽、三回入って一回出るのを陽明、四回入って一回出るのを
　　　太陽という。脈が出るのは陽であり、入るのは陰である。

「出」は脈が現れること、「入」は脈が現れないことを意味し、「一出一入」と

は「脈が一回拍動する時間と一回休む時間の比率が同じである」という意味である[16]。ここでは「出」と「入」の比率によって脈を少陰・太陰・厥陰、少陽・陽明・太陽の六種に分けている。

「扁鵲」段はつづいて平脈の脈象について説明する。

　　故人一呼而脈再動、氣行三寸。一吸而脈再動、氣行三寸。呼吸定息、脈五動。一呼一吸爲一息、氣行六寸。人十息、脈五十動、氣行六尺。二十息、脈百動、爲一備之氣、以應四時。天有三百六十五日、人有三百六十五節。晝夜漏下水百刻。一備之氣、脈行丈二尺。一日一夜行於十二辰、氣行盡則周遍於身、與天道相合、故曰平。平者、無病也、一陰一陽是也。脈再動爲一至、再至而緊即奪氣。一刻百三十五息、十刻千三百五十息、百刻萬三千五百息、二刻爲一度、一度氣行一周身、晝夜五十度。

　　　　ゆえに人が一回息を吐くと脈は二回動き、氣は三寸進む。一回息を吸うと脈は二回動き、氣は三寸進む。吐いて吸って息を整えるあいだに脈は五回動く。一回息を吐いて吸うのが一息であり、一息で氣は六寸進む。人が十回息をすると脈は五十回動き、氣は六尺進む。二十回息をすると脈は百回動く。これが一備の氣であり、四季と對應している。天には三百六十五日あり、人には三百六十五節ある。一晝夜の間に漏壺が流す水を百刻とする。一備の氣によって、脈は一丈二尺進む。一日一夜に時間は十二辰進み、氣は驅け巡って全身をくまなく回る。これは天道と合致しており、ゆえに平と言うのである。平とは病氣がないことであり、一陰一陽の均衡がとれた状態がこれである。脈が二回動くことを一至といい、再至で脈が緊張していると氣が減少する。一刻で呼吸は百三十五回、十刻で千三百五十回、百刻で一萬三千五百回。二刻を一度とし、一度で氣は全身を一周する。一晝夜は五十度である。

ここでは最初に「故」と言っているが、前の一節と論理的に必然的な關係はない。ここで鍵となっているのは「人一呼＝脈再動＝氣行三寸」、「一刻＝百三十五息」、「一度＝二刻＝氣行一周身」という三つの數値であるが、この三つの數値はいずれも「脈一出一入曰平」云云からは得られないものである。「天には三百六十五日あり、人には三百六十五節ある」、「一日一夜に時間は十二辰進み、

446　第3部　出土資料を通した中國文獻の再評價

氣は驅け巡って全身をくまなく回る。これは天道と合致している」と述べていることからも明らかなように、平脈の「人一息氣行六寸」という氣の循環速度は天人相關説にもとづいて作られた假説である。

　「扁鵲」段は以上で平脈の定義が終わり、次に至脈と損脈の脈拍速度・氣行速度（氣が進行する速度）・證候について詳細な説明がなされる。ここでは「三至」の説明を見てみよう。

　　脈三至者離經。一呼而脈三動、氣行四寸半。人一息脈七動、氣行九寸。十息脈七十動、氣行九尺。一備之氣、脈百四十動、氣行一丈八尺。一周於身、氣過百八十度、故曰離經。離經者病、一陰二陽是也。三至而緊則奪血。

　　　三至の脈は離經である。一回息を吐くと脈は三回動き、氣は四寸半進む。人が一回息をすると脈は七回動き、氣は九寸進む。十回息をすると脈は七十回動き、氣は九尺進む。一備の氣で、脈は百四十回動き、氣は一丈八尺進む。氣は全身を一周したうえ、さらに百八十節進む。ゆえに離經というのである。離經になると病氣になる。一陰二陽の状態がこれである。三至で脈が緊縮していると血が減少する。

一息の間に、平脈だと氣は六寸進み、三至脈だと九寸進むから、三至脈の氣行速度は平脈の 1.5 倍である。「一周於身、氣過百八十度」の「度」は「節」の誤りだろう[17]。平脈の場合、氣が全身を一周するのに一度の時間がかかるが、三至脈の場合は同じ時間で全身を一周半する。「人には三百六十五節ある」というから、人體の半分で約一百八十節あることになる。ゆえに全身を一周半するということは「身を一周し、氣の過ぐること百八十節」と言い換えることができるわけである。

　「扁鵲」段では、至脈は三至、四至、五至に分けられ、損脈は一損、再損、三損、四損、五損に分けられている。それぞれの脈の名稱、脈拍速度、氣行速度は下表のとおり。

		名稱	脈拍速度	氣行速度（平脈の何倍か）
平			人一息、脈五動	人一息、氣行六寸
至	三至	離經	人一息、脈七動	人一息、氣行九寸　　（1.5 倍）

	四至	奪精	人一息、脈九動	人一息、氣行尺二寸　（2倍）
	五至	死	人一息、脈十一動	人一息、氣行尺五寸　（2.5倍）
損	一損		人一息、脈再動	人一息、氣行三寸　（1/2倍）
	再損	離經	人一息、脈一動	人一息、氣行一寸五分　（1/4倍）
	三損	爭	人一息復一呼、脈一動	人十息、氣行一尺　（1/6倍）[18]
	四損	亡血	人再息、脈一動	人十息、氣行七寸半　（1/8倍）
	五損	絶	人再息復一呼、脈一動	人十息、氣行六寸　（1/10倍）

注目に値するのは、至脈の「離經」、「奪精」、「死」の順序が『逆順』とは異なっていて、『難經』と完全に一致していることである。これより、『逆順』よりも『難經』の方が「扁鵲」段の内容と接近していることが分かる。

「扁鵲」段の損至脈の證候は下表のとおり。

		證候
至脈	三至	三至而緊則奪血。
	四至	諸脈浮濇者、五臟無精、難治。四至而緊則奪形。
	五至	氣浮濇、經行血氣竭盡、不守於中、五臟痿痺、精神散亡。脈五至而緊則死。
損脈	一損	苦少氣、身體懶墮矣。
	再損	血去不在其處、小大便皆血也。
	三損	氣閉實則胸滿臟枯而爭於中、其氣不朝、血凝於中、死矣。
	四損	忘失其度、身羸疲、皮裹骨。故氣血俱盡、五臟失神、其死明矣。
	五損	氣急、不下床、口氣寒、脈俱絶、死矣。

以上が「扁鵲」段のすべての内容である。全体としては、「扁鵲」段の損至脈は『逆順』、『難經』の損至脈と同じ流れを汲むものであると言うことができるが、大きな相違點が一つある。それは、「扁鵲」段の損至脈が脈拍速度と氣行速度を組み合わせているという點である。すでに述べたとおり、平脈の「人一息氣行六寸」という氣行速度は天人相關説にもとづいて作られた假説である。つまり、「扁鵲」段の診損至脈論は『逆順』、『難經』の診損至脈論と比べて、内容がより複雑になっていると言うことができる。

（三）「岐伯」段の診損至脈論

「岐伯」段は次の一句から始まる。

　岐伯曰、脈失四時者爲至啓。至啓者、爲損至之脈也。

　　岐伯が言った、脈象が四季とずれていることを至啓という。至啓とは損至の脈

448 第3部　出土資料を通した中國文獻の再評價

のことである。

この一句は、黄帝學派のいう「損至脈」が「脈の四時を失える者」であるということを明確に指摘している。本段では、正常な人は季節ごとに異なる脈象を示すと考えられている。いわゆる「脈四時を失う」とは、脈象が四季と合致しないという意味である。「岐伯」段は次のように言う。

　　春、脈當得肝脈、反得脾・肺之脈、損。夏、脈當得心脈、反得腎・肺之脈、損。秋、脈當得肺脈、反得肝・心之脈、損。冬、脈當得腎脈、反得心・脾之脈、損。

　　　　春には、脈は肝脈が現れるはずで、逆に脾脈や肺脈が現れると、これは損脈である。夏には、脈は心脈が現れるはずで、逆に腎脈や肺脈が現れると、これは損脈である。秋には、脈は肺脈が現れるはずで、逆に肝脈や心脈が現れると、これは損脈である。冬には、脈は腎脈が現れるはずで、逆に心脈や脾脈が現れると、これは損脈である。

これは損脈についての説明である。至脈については「岐伯」段に説明がないが、原理はこれと同じだろう。

　「岐伯」段は損脈と至脈の證候についても説明している。まずは損脈の證候を見てみよう。

　　損之爲言、少陰主骨爲重、此志損也。飲食衰減、肌肉消者、是意損也。身安臥、臥不便利、耳目不明、是魂損也。呼吸不相通、五色不華、是魄損也。四肢皆見脈爲亂、是神損也。

　　　　損脈の意味は次のとおりである。少陰經の主る骨が重たくなるのは、志が損なわれているのである[19]。飲食の攝取量が減少し、肌肉が痩せ落ちるのは、意が損なわれているのである。體は靜かに横になりたいのに、横になると不快で、耳や目が悪くなるのは、魂が損なわれているのである。呼吸がとぎれとぎれで、顔色が悪いのは、魄が損なわれているのである。四肢の脈象がみな亂れるのは、神が損なわれているのである。

　至脈の證候は次のとおり。

　　至之爲言、言語音深遠、視慣慣、是志之至也。身體粗大、飲食暴多、是意

之至也。語言妄見、手足相引、是魂之至也。蘢蔥華色、是魄之至也。脈微
小不相應、呼吸自大、是神之至也。是至脈之法也。

　　　至脈の意味は次のとおりである。話をすると聲が低くて遠くまでとどき、視覺
　　　が混亂しているのは、志が盛んになりすぎているのである。體が肥大して、暴
　　　飲暴食になるのは、意が盛んになりすぎているのである。話をするとありもし
　　　ないものが見えたと言い、手足がひきつるのは、魂が盛んになりすぎているの
　　　である。顔色が青白くてつややかなのは、魄が盛んになりすぎているのである。
　　　脈動が微小で調和がとれておらず、呼吸が勝手に大きくなるのは、神が盛んに
　　　なりすぎているのである。これが至脈の法である。

　「岐伯」段では、損脈と至脈のそれぞれが志・意・魂・魄・神の五種に分け
られている。『素問』宣明五氣篇によると、志・意・魂・魄・神はそれぞれ腎・
脾・肝・肺・心に藏されている[20]。これに加えて五臟と五行の組み合わせを考
えると[21]、「岐伯」段の内容は次のように整理することができる。

五行	四時	五臟	五臟所藏	損脈	至脈
水	冬	腎	志	少陰主骨爲重	言語音深遠、視憒憒
土		脾	意	飲食衰減、肌肉消者	身體粗大、飲食暴多
木	春	肝	魂	身安臥、臥不便利、耳目不明	語言妄見、手足相引
金	秋	肺	魄	呼吸不相通、五色不華	蘢蔥華色
火	夏	心	神	四肢皆見脈爲亂	脈微小不相應、呼吸自大

ここでは「夏、脈當得心脈、反得腎・肺之脈、損」を例として説明してみよう。
心は五行では火に屬するので、夏には心脈が現れるのが正常である。腎脈は水、
肺脈は金に屬する。五行相克説によると、水（腎脈）は火（心脈）に勝ち、火
（心脈）は金（肺脈）に勝つ。「岐伯」段は、夏にこの二つの脈象が現われるの
が損脈だというのである。

　以上を要するに、「岐伯」段のいう損至脈は脈拍速度とまったく關係がなく、
その理論的な根據は四時脈論と五行相克説、すなわち『素問』玉機眞藏論篇に
いう「春脈者肝也」、「夏脈者心也」、「秋脈者肺也」、「冬脈者腎也」である。こ
の診損至脈論はこれまで見てきた診損至脈論とは完全に異なっている。言い換
えると、黄帝學派の診損至脈論と扁鵲學派の診損至脈論は二つのまったく異な
る診脈理論なのである。

450 第3部 出土資料を通した中國文獻の再評價

三 扁鵲學派の診損至脈論の變容過程

　これまでの檢討の結果、黃帝學派の診損至脈論と扁鵲學派の診損至脈論はまったく異なる診脈理論であること、『逆順』、『敝昔』、『難經』十四難、『脈經』卷四・診損至脈第五「扁鵲」段は扁鵲學派の系統に屬することが明らかとなった。とはいえ、これらの篇で述べられている診損至脈論の間でも差異がある。私見では、それらの差異を分析することによって、扁鵲學派の診損至脈論のおおよその變容過程を明らかにすることができ、さらにこれら數篇の文章の作成年代を推測することができるように思われる。ここでは比較的明確な相違點をいくつか選んで論じてみよう。

（一）平脈の定義

　第一節で述べたとおり、『逆順』の平脈についての定義は『難經』、『素問』等とは異なっている。ここで扁鵲學派の文章に見える平脈の定義を列擧してみよう。

　　(1) 『逆順』：人一息脈二動曰平。

　　　　『脈經』卷五・扁鵲脈法第三：人一息脈二至謂平脈。

　　(2) 『敝昔』：脈再至曰平。

　　　　『難經』十四難：脈來一呼再至、一吸再至、不大不小曰平。

　　(3) 『脈經』卷四・診損至脈第五「扁鵲」段：人一呼而脈再動、氣行三寸。一吸而脈再動、氣行三寸。呼吸定息、脈五動。一呼一吸爲一息、氣行六寸。……一日一夜行於十二辰、氣行盡則周遍於身、與天道相合、故曰平。

　扁鵲學派の平脈の定義は以上の三種に分けることができる[22]。第一種から第三種にかけて平脈の説明が次第に繁瑣になっていることは一見してすぐに分かるだろう。なぜこうなるのかというと、後になるにつれて考慮する要素が增えているからである。

まず、「呼吸を一回すると脈が二回拍動する」という第一種の定義は明らかに
實状と合わない。今日の知識では、通常の成人の呼吸數は一分あたり 16 回から
20 回で、心拍數は一分あたり 60 回から 100 回だから、呼吸と脈拍の比率はお
およそ 1：4 から 1：5 である。これより、第一種の定義が純粹に理論的な假説
であることが分かる。

「一回息を吐くと脈が二回拍動し、一回息を吸うとまた脈が二回拍動する」
という第二種の定義は、扁鵲學派の者が第一種の定義に存在する問題に氣づい
てから提唱したものにちがいない。おそらくこの定義は人體の實測にもとづく
ものだろう。

「一回息を吐くと脈が二回拍動し、一回息を吸うとまた脈が二回拍動し、吐
いて吸って息を整えるあいだに脈は五回拍動する」という第三種の定義は、第
二種の定義を修正してできたものである。この修正は理論面からの要求であろ
う。前節で述べたように、「扁鵲」段では脈拍速度と氣行速度を結びつけており、
しかも天人相關説の要求を滿足させるためには、脈氣の運行規則は整然とした
ものでなければならない。ゆえに扁鵲學派の人たちは脈氣の運行規則について
次の三つの假説を立てた。

(1) 人が一回息をすると、氣は六寸進む。

(2) 二刻（一度）で二百七十回息をし、氣は全身を一周する。

(3) 一晝夜すなわち百刻（五十度）で、一萬三千五百回息をし、氣は全
身を五十周する。

平脈の第三種の定義は脈氣の運行規則と密接に關係しているように思われる。
人が一回息をするたびに脈は五回拍動すると假定すると、270 息＝脈拍 1350 回、
となる。一日の呼吸數は 13500 回、すなわち 1350 の十倍である。このようにす
ると、呼吸回數と氣行速度の關係は非常に整ったものとなる。

以上の推論に大過なければ、扁鵲學派の平脈の定義は第一種（『逆順』）→第
二種（『難經』）→第三種（「扁鵲」段）の順序で發展してきたということになる。

ちなみに、扁鵲學派の呼吸數と氣行速度についての假説も實状とは合わない。
先に呼吸數について言うと、上に述べたとおり、通常の成人の通常の成人の呼

452 第3部 出土資料を通した中國文獻の再評價

吸數は一分あたり16回から20回である。二刻は28分48秒だから、二刻の呼
吸數は460〜576回、すなわち「二刻二百七十息」の約二倍である。次に氣行速
度について言うと、今日の知識では、血流が人體を一周するのにかかる時間は
約20秒であり、これは「二刻氣行一周身」の約86倍である。つまり、扁鵲學
派の呼吸と脈に關する學説はいずれも理論的假説をもとに作り出された想像の
産物なのである。

（二）理論的枠組

　『難經』の損至脈は五臟と結びつけられており、「扁鵲」段の損至脈は脈氣の
運行規則と結びつけられているが、『逆順』の損至脈はこれらの要素とは結びつ
けようがない。

　第一に、『逆順』の至脈は四段階（三至、四至、五至、六至）に分けられ、損
脈は五段階（一損、二損、三損、四損、五損）に分けられているので、五臟と
は結びつけられない。ついでに言うと、『難經』にも損脈と至脈を四段階に分け
ている一節があるが、これはおそらく『逆順』の至脈から來たものだろう。

　第二に、『逆順』の平脈の定義は「人一息脈二動」であるから、脈氣の運行規
則と結び付けられない。

　内容からすると、『逆順』の診損至脈論は單純に呼吸數と脈拍數の比率を根據
として定められたもので、最もプリミティブなものである。『難經』と「扁鵲」
段の診損至脈論はいずれもその發展形態であって、ただ兩者の發展方向が異な
っているに過ぎない。

（三）診損至脈論に關する諸篇の成立年代についての推論

　以上より、扁鵲學派の診損至脈論のうち、『逆順』の診損至脈論が最も原始的
なもので、『難經』と「扁鵲」段の診損至脈論は原始的な診損至脈論から發展し
てできたものだということが明らかにできたと思う。そして『敵昔』の診損至
脈論は、『逆順』と共通するところもあれば、『難經』に近いところもあるので、
その成立年代は『逆順』と『難經』の間に位置すると考えられる。

老官山漢簡醫書に見える診損至脈論について　453

　發掘簡報によると、老官山三號墓の下葬年代は前漢景帝・武帝期である。こ
の下葬年代は我々に確かな年代基準を提供してくれる。すなわち、この墓の主
人が『逆順』と『敝昔』を一緒に隨葬させたということは、當時の診損至脈論
が原始段階から成熟段階に至る過渡期にあったことを示している。そして『敝
昔』が『逆順』と『難經』の間に位置する過渡期の著作であるとすると、その
成立年代は墓主が生きていた時代とほぼ同じであるということになるだろう。
とするならば、『敝昔』の成立年代は西漢前・中期の際ということになる。『逆
順』の成立年代はそれより前になるが、その上限は目下のところ確定しがたい。
　『難經』と「扁鵲」段の成立年代は『敝昔』よりも後であり、かつ平脈の定
義から見ると、「扁鵲」段の成立年代は『難經』よりも遅いと考えられる。ゆえ
にこの二篇の成立年代はどんなに早くとも前漢中期より遡ることはない。

四　　『黄帝内經』中の扁鵲學派の診損至脈論に關する篇の資料的性格

　我々は、『脈經』卷四・《診損至脈第五「岐伯」段を分析して、黄帝學派の診
損至脈論は脈拍速度とはまったく關係がなく、その理論的な根據は四時脈論と
五行相克説であることを指摘した。ゆえに、黄帝學派の診損至脈論と扁鵲學派
の診損至脈論は二つのまったく異なる診脈理論であると言うことができる。
　しかし今日見ることのできる『黄帝内經』(すなわち『素問』と『靈樞』)の
中には、扁鵲學派の診損至脈論を理論的基礎として作られた篇がいくつかある。
これらの篇は、黄帝學派が扁鵲學派の診損至脈論を受け入れて作られた論文で
あると考えるほかない。筆者が目下のところ氣づいているのは次の二篇である。
　第一は、すでに見た『素問』平人氣象論篇である。

　　　黄帝問曰、平人何如。

　　　岐伯對曰、人一呼脈再動、一吸脈亦再動、呼吸定息脈五動、閏以太息、
　　命曰平人。平人者、不病也。常以不病調病人、醫不病、故爲病人平息以調
　　之爲法。人一呼脈一動、一吸脈一動、曰少氣。人一呼脈三動、一吸脈三動
　　而躁、尺熱曰病温。尺不熱、脈滑曰病風。脈濇曰痺。人一呼脈四動以上曰

454 第3部 出土資料を通した中國文獻の再評價

死、脈絶不至曰死、乍疏乍數曰死。

　　　　黄帝が尋ねて言った、「正常な人はどのようであるか」と。

　　　　岐伯が答えて言った、「人が一回息を吐くと脈が二回動き、一回吸うと脈がま
　　た二回動き、吐いて吸って息を整えるあいだに脈が五回動く——これは大きく
　　呼吸するときに脈が四回以上動くので一回餘分に計算するのですが——、これ
　　を名づけて正常な人といいます。正常な人とは病氣のないことです。常に病氣
　　のない人によって病人の調子をととのえます。醫者は健康であるのが前提で、
　　ゆえに（醫者の脈にもとづいて）病人の呼吸を正常にして調子をととのえるの
　　です。人が一回息を吐くと脈が一回動き、一回吸うと脈が一回動くのを少氣と
　　いいます。人が一回息を吐くと脈が三回動き、一回吸うと脈が三回動いて騒が
　　しく、尺（手首の脈をはかるときに薬指が押さえる部分）が熱いのを病温とい
　　います。尺が熱くなく、脈が滑らかな場合は病風といい、脈が滯っている場合
　　は痺といいます。人が一回息を吐くと脈が四回以上動くのを死といい、脈が途
　　絶えてやってこないのを死といい、脈がまばらに來たりたびたび來たりするの
　　を死といいます」と。

「人一呼脈再動、一吸脈亦再動、呼吸定息脈五動、閏以太息、命曰平人」とい
う定義は『脈經』卷四・診損至脈第五「扁鵲」段と完全に同じである。

　この平脈の定義を受け入れる以上は、それと同時に脈の運行に關する天人相
關説も受け入れなければならない。『靈樞』五十營篇がまさにそれである。

　　　　黄帝曰、余願聞五十營奈何。

　　　　岐伯答曰、天周二十八宿、宿三十六分。人氣行一周、千八分、日行二十
　　八宿。人經脈上下左右前後二十八脈、周身十六丈二尺、以應二十八宿。漏
　　水下百刻、以分晝夜。故人一呼脈再動、氣行三寸、呼吸定息、氣行六寸。
　　十息、氣行六尺、日行二分。二百七十息、氣行十六丈二尺、氣行交通於中、
　　一周於身、下水二刻、日行二十五分。五百四十息、氣行再周於身、下水四
　　刻、日行四十分。二千七百息、氣行十周於身、下水二十刻、日行五宿二十
　　分。一萬三千五百息、氣行五十營於身、水下百刻、日行二十八宿。漏水皆
　　盡、脈終矣。所謂交通者、並行一數也。故五十營備、得盡天地之壽矣、凡

行八百一十丈也。

　　　黄帝が言った、「五十營とはいかなるものか、お聞かせ願いたい」と。

　　　岐伯が答えて言った、「天の四方には二十八宿があり、宿ごとに三十六分を占めます。（一日で）人の氣は一周し、度数は千八分、日は二十八宿をめぐります。人の經脈は上下・左右・前後に二十八脈あり、その全長は十六丈二尺で、二十八宿と對應しています。一日で漏壺が流す水を百刻とし、これによって晝夜を分かちます。ゆえに人が一回息を吐くと脈が二回拍動して氣が三寸進み、吐いて吸って息を整えるあいだに氣は六寸進みます。十回息をすると、氣は六尺進み、日は二分進みます[23]。二百七十回息をすると、氣は十六丈二尺進み、氣は體内をあまねくかけめぐって、全身を一周し、水が二刻流れ、日は二十分進みます[24]。五百四十回息をすると、氣は全身を二周し、水が四刻流れ、日は四十分進みます。二千七百回息をすると、氣は全身を十周し、水が二十刻流れ、日は五宿と二十分進みます。一萬三千五百回息をすると、氣は全身を五十周し、水が百刻流れ、日は二十八宿をめぐります。漏壺の水はすべて流れ、氣はすべての脈をめぐり終えるわけです。いわゆる交通とは、すべてをめぐり終える數です。ゆえに五十周しおえると、天地の壽命を盡くすことができます。その全長は八百一十丈です」と。

五十營篇には「人一呼脈再動、氣行三寸、呼吸定息、氣行六寸」、「二百七十息……一周於身、下水二刻」、「一萬三千五百息、氣行五十營於身」とあるが、これは上で述べたところの脈氣の運行についての三つの規則であり、その内容は「扁鵲」段と完全に一致している。

　　ただし五十營篇と「扁鵲」段は興味深い相違點が一つある。それは、五十營篇が「全身を一周する」ことを二十八脈を一周するという意味に置き換えている點である。そのためその天人相關説は二十八宿の角度から説明がなされ、「天周二十八宿……人經脈上下左右前後二十八脈、周身十六丈二尺、以應二十八宿」と述べる。それに對して、「扁鵲」段では經脈の長さは考慮に入れられておらず、脈氣の運行速度は人體の「節」を單位として計算され、「一周於身三百六十五節」、「不及周身百八十節」等と表現される。ゆえにその天人相關説は一年の日数の

456 第3部 出土資料を通した中國文獻の再評價

角度から説明がなされ、「天有三百六十五日、人有三百六十五節」と述べている。

　この違いは黃帝學派と扁鵲學派の學風の違いを示しているのではないだろうか。すなわち、黃帝學派は扁鵲學派よりも經脈學説を重視していた。そのため扁鵲學派の氣行理論を採用する際に、それを經脈と結びつけて五十營篇を作ったのではないか。

　これらの篇の存在は、現在我々が目にしている『黃帝内經』が純粹な黃帝學派の著作ではなく、中には扁鵲學派の影響を受けて書かれた篇も含まれているということを示している。診損至脈論について言うと、『黃帝内經』が採用した診損至脈論は最後期のものである。『素問』平人氣象論篇と『靈樞』五十營篇が最後期の診損至脈論を採用していることからすると、これらの篇の成立年代は『脈經』「扁鵲」段よりも遅れることになるから、早くとも前漢後期ということになる。

おわりに

　本稿では老官山漢簡醫書に見える診損至脈論について檢討した。その主な結論は次の三點である。

　第一、黃帝學派の診損至脈論と扁鵲學派の診損至脈論はまったく異なる診脈理論である。扁鵲學派は呼吸數と脈拍數の比率を根據として平・損・至の三脈を確定する。黃帝學派は四季の脈象を根據として平・損・至の三脈を確定する。

　第二、扁鵲學派の診損至脈論自體も時代にしたがって變容している。平脈の原初の定義は「人が一回息をすると脈が二回動く」というものである。その後、人體の實状、脈氣運行の理論、天人相關説等の要素を考慮に入れて、平脈の定義を不斷に修正していった。しかし、いかに修正しようとも、診損至脈論は最後まで現實と合致することはなかった。

　第三、扁鵲學派の診損至脈論の變容過程から考えると、診損至脈論について述べた扁鵲學派の著作の中で成立年代が最も早いのは老官山漢簡『逆順五色脈藏驗精神』であり、その次に早いのは『敝昔診法』である。『敝昔診法』の成立

年代は前漢前・中期の際に定めることができる。『難經』、『脈經』卷四・診損至脈第五「扁鵲」段の成立年代は『敵昔診法』より遅く、おおよそ前漢中後期だろう。

『淮南子』泰族篇に次のようにある。

所以貴扁鵲者、非貴其隨病而調藥、貴其摩息脈血、知病之所從生也。

扁鵲を貴ぶのは、病氣にしたがって藥を調合するのを貴ぶのではなく、息・脈・血を押さえて病氣がどこから生じているかを知ることを貴ぶのである。

このほか『鹽鐵論』輕重篇の文學の言葉の中に次の一句がある。

扁鵲撫息脈而知疾所由生。

扁鵲は息と脈を押さえて病氣がどこから生じているかを知った。

前者は「摩息脈血」、後者は「撫息脈」と言っており、いずれも「息」と「脈」を並列させている。ここに言われているのは診損至脈論にちがいない。漢代人の頭の中では、扁鵲はこの脈法を用いて病氣を診斷していたのであり、これこそが扁鵲の神秘的なところであった。そうであれば、診損至脈論は扁鵲學派の核心理論であったと言うことができよう。

　筆者の最終的な目標は、老官山漢簡醫書の研究を通じて、傳世醫書——その中でもとりわけ『黄帝内經』——の形成過程と成立年代を明らかにすることにある。今回は『素問』平人氣象論篇と『靈樞』五十營篇の成立年代について私見を提出したが、最後にもう一つ別の問題について論じておきたい。

　周知のとおり、馬王堆漢墓帛書『足臂十一脈灸經』、『陰陽十一脈灸經』および張家山漢簡『脈書』が發見されて以來、『靈樞』經脈篇に見える十二經脈學説は前漢の呂后・文帝期にはまだ形成されていなかったことが明らかになってきた。老官山漢簡醫書の發見はこの問題に新たな年代基準を提供してくれることになるだろう。老官山漢簡には、『十二經脈』、『別脈』という經脈について論じた醫書が二篇ある。この二篇の醫書と『黄帝内經』の十二經脈學説の關係について、『揭秘』は要を得た分析を行っている。少し長くなるが、日本語に譯して引用しよう。

458　第3部　出土資料を通した中國文獻の再評價

　　老官山漢墓出土醫簡『十二脈』は、馬王堆出土の『足臂十一脈灸經』、『陰陽十一脈灸經』の「十一脈」系統よりも一条多く「心主之脈」について記しており、現行の『靈樞』經脈篇の「十二脈」と一致している。これは現在發見されている中で「心主之脈」の循行と病症について記した最も早い文獻であり、これまで發見されている中で「十二正經」の經脈の循行と病症についてまとまって記載している最も早い文獻でもある。……『十二脈』が初めて「心主之脈」の循證と病症を記載してから、『靈樞』邪客篇が「心主之脈」の循行路線をより完全なものとし、さらに『靈樞』經脈篇が「心主之脈」を「手」「厥陰」「心包絡」と組み合わせるまでには、複雜な過程を經ている。とはいえ、『十二脈』が提示している「心主之脈」を含む「十二脈」の經脈學說が『靈樞』經脈篇と最も直接に關係する古文獻であり、『十二脈』が『靈樞』經脈篇の「十二脈」の經脈學說のもとになった主要な文獻で、さらにあるいは『靈樞』經脈篇の祖本かもしれないことは否定できないだろう。

　　『別脈』には當時多くの經脈系統が並存していた狀況が反映されており、『十二脈』の十二條の「經脈」と三條の「支脈」とともに、『靈樞』經脈篇が經脈の「循環流注」モデルを構築する前の經脈學說の早期の狀態を示している。……

　　『靈樞』經脈篇は、これまでずっと經脈理論の基礎を定めた作品であると考えられてきた。經脈篇が構築した經脈理論の核心は、十二經脈の「陰陽相接、如環無端」（陰と陽が相い接し、環の如く端がない）という循環流注モデルを確立したことであるが、その構築方法は、黄龍祥氏が指摘しているように（引用者注：黄龍祥『中國針灸學術史大綱』、華夏出版社、2001年4月）、樣々な時代の樣々な學派の經脈學說をごちゃまぜにし、六條の經脈の循環方向を變え、多くの無意味な「連環」させるための分岐を附け加えるというものである。……それに對して老官山漢墓醫簡中に同時に出現する十二條の「經脈」、三條の「支脈」、九條の「別脈」は經脈が「循環流注」する前のもとの狀態をとどめている。（『掲秘』第242-243頁）

老官山漢簡醫書に見える診損至脈論について　459

　この紹介をもとに、視點を換えて言うならば、『黄帝内經』の十二經脈學説は景帝・武帝期にはまだ形成されていなかったということになるだろう。

　『靈樞』五十營篇にいう二十八脈とは、左右の十二經脈合わせて二十四條に加え、任脈・督脈各一條、左右の蹻脈各一條を指す[25]。しかも五十營篇の「人の經脈は上下・左右・前後に二十八脈あり、その全長は十六丈二尺である」という表現は、まさしくいわゆる經脈の「循環流注」モデルにもとづくものである。とするならば、五十營篇は黄帝學派がみずからの十二經脈學説にもとづいて扁鵲學派の著作を改變して作ったものだろう。ここから見ても、五十營篇の成立年代が早くとも前漢後期であることを確定することができる。

　このように、老官山漢簡醫書が公開されるにつれて、傳世醫書の成立過程について議論することのできる問題は増えていくであろう。

注

(1) 李曉東・危兆蓋「出土"醫書"或爲扁鵲失傳經典」、『光明日報』2013 年 12 月 18 日。王聖・徐劍蕭・鮑泰良「2000 年前古藥方成功破譯」、『成都商報』2013 年 12 月 18 日。成都文物考古研究所「成都"老官山"漢墓」、『中國文物報』2013 年 12 月 20 日。

(2) 成都文物考古研究所・荊州文物保護中心「成都市天回鎮老官山漢墓」、『考古』2014 年第 7 期。

(3) 扁鵲學派については、李伯聰氏に『扁鵲和扁鵲學派研究』（陝西科學技術出版社、1990 年 4 月）という專著がある。老官山漢簡の整理者の一人である武家璧氏は、發掘簡報とほぼ時を同じくして「成都老官山漢墓醫簡"敝昔"爲扁鵲考」という一文を發表しており（簡帛網、2014 年 7 月 6 日）、その中で李伯聰氏の著書を引用している。これよりするに、老官山漢簡の整理者たちが「扁鵲學派」という語を用いているのは、おそらく李伯聰氏の研究によるものだろう。しかしそれよりも早い 1979 年に山田慶兒氏が『漢書』藝文志の記載にもとづいて前漢時代の醫學は黄帝學派・扁鵲學派・白氏學派の三つの學派に分かれていたという假説を立てていることに注意しておかなければならない。山田慶兒「『黄帝内經』の成立」（『思想』1979 年 8 月號、のち山田慶兒『中國醫學の起源』、岩波書店、1999 年 7 月に收録）を參照。なおこ

460　第3部　出土資料を通した中國文獻の再評價

　　の論文は中国語にも譯されている。「『黄帝内經』的成立」、任應秋・劉長林『《内經》研究論叢』、湖北人民出版社、1982年4月。このほか山田慶兒『古代東亞哲學與科技文化：山田慶兒論文集』（遼寧教育出版社、1996年3月）にも收錄。

(4) 梁繁榮・王毅『揭秘敝昔遺書與漆人：老官山漢墓醫學文物文獻初識』、四川科學技術出版社、2016年10月。以下『揭秘』と略稱。

(5) 馬王堆漢墓帛書『足臂十一脈灸經』、『陰陽十一脈灸經』、『脈法』、『陰陽脈死後』および『陰陽十一脈灸經』、『脈法』、『陰陽脈死後』とほぼ同じ内容の張家山漢簡『脈書』はその一例である。「十一脈灸經」は『靈樞』經脈篇の祖本であり、我々は「十一脈灸經」と經脈篇を比較することによって經脈篇の成立過程と年代について檢討することができる。本稿「おわりに」を參照。

(6) 本稿において老官山漢簡醫書の篇名を引用する場合は、『揭秘』が定めた名稱を採用する。『敝昔診法』、『逆順五色脈藏驗精神』はそれぞれ發掘報告の『敝昔醫論』と『病源論』に相當する。老官山漢簡醫書の篇名については、『揭秘』第三章第二節「醫簡的種類和定名」を參照。この部分は、李繼明・任玉蘭・王一童・謝濤・葉瑩「老官山漢墓醫簡的種類和定名問題探討」（『中華醫史雜誌』2016年第5期）を改訂したものである。

(7) 「683」は簡番號、その後ろの「圖版」はこの簡の圖版が『揭秘』のどこに見えるか、「釋文」はこの簡の釋文が『揭秘』のどこに見えるかを示す。以下、本稿において老官山漢簡醫書の釋文を引用する場合にはこの形式による。

(8) 「擅」を「顫」に讀むという解釋は蕭旭・張傳官・程少軒の三氏からそれぞれ別箇に教示を得た。下文の「四潭」、「離潭」の「潭」も同じ。

(9) 劉小梅・李繼明「老官山漢墓醫簡中脈診理論學術思想初探」、『中醫藥文化』2017年第1期、第5頁。

(10) 下に引く『難經』十四難に「二呼一至曰奪精」とある。凌耀星『難經校注』（人民衛生出版社、2013年7月）はこの句を解釋する際、『素問』通評虛實論篇の「精氣奪則虛」（王冰注「奪謂精氣減少如奪去也」）を引用している。

(11) 山田慶兒『夜鳴く鳥』、岩波書店、1990年5月、第174頁。

(12) 「醫不病、故爲病人平息以調之爲法」の一句は、『太素』尺寸診篇の楊上善注「平人病法、先醫人自平、一呼脈再動、一吸脈再動、是醫不病調和脈也」にもとづいて解

釋した。「爲法」二字は、『鍼灸甲乙經』經脈上篇の對應する箇所にはないので、こ
ここでは衍字と考えて翻譯した。

(13) 『脈經』卷四・診損至脈第五に「脈三損者……故曰爭、氣行血留不能相與俱微」と
あり、この「爭」も「靜」に讀むべきである。

(14) 李伯聰『扁鵲和扁鵲學派研究』第 222-224 頁。

(15) 凌耀星『難經語譯』、人民衛生出版社、2013 年 6 月、第 20 頁。

(16) 沈炎南『脈經校注』（人民衛生出版社、2013 年 7 月、第 96 頁）を參照。

(17) 下文に「一周於身三百六十五節」、「不及周身百八十節」、「不及周身二百節」等とあ
るのを參考。

(18) 原文は「十息……氣行尺五寸」に作り、『脈經校注』は「尺五寸」を「尺五分」に
改めている。しかし三損の氣行速度は平脈の六分の一であると考えられるので、こ
の句は「人十息……氣行一尺」に改めるべきだろう。

(19) 『素問』宣明五氣篇に「腎藏志」、「腎主骨」とあるように、腎は志を藏し、骨を主
る。そして腎の經脈は足少陰經である（『靈樞』經脈篇）。ゆえに「少陰主骨爲重、
此志損也」となる。

(20) 『素問』宣明五氣篇に「五臟所藏：心藏神、肺藏魄、肝藏魂、脾藏意、腎藏志。是
謂五臟所藏」とある。

(21) 『素問』玉機真藏論篇に「春脈者、肝也、東方木也」、「夏脈者、心也、南方火也」、
「秋脈者、肺也、西方金也」、「冬脈者、腎也、北方水也」、「脾脈者、土也、孤臟、
以灌四傍者也」とある。

(22) 『敓昔』の「脈再至曰平」の解釋については上文を參照。

(23) この一句は計算が合わない。本篇の説明だと一日は 1008 分であるが、本篇では端
数をとって一日 1000 分で計算されている。そして一日に 13500 回息をするという前
提だと、日行 2 分＝27 息＝氣行 1 丈 6 尺 2 寸となる。もし十息を基準に考えるなら、
10 息＝氣行 6 尺≒日行 0.74 分である。『黄帝内經靈樞譯釋』（第三版）（上海科學技
術出版社、1986 年 3 月）の本篇注釋⑦（第 178 頁）を參照。

(24) 原文の「二十五分」は「二十分」の誤り。

(25) 『黄帝内經靈樞譯釋』（第三版）の本篇注釋③を參照。

戰國秦漢出土文獻と『孔子家語』成書研究

鄔　　可晶

北川　直子訳

一

　『孔子家語』（以下略して『家語』という）の、現在知ることのできる最も古い著録は、『漢書・藝文志・六藝略』「論語類」の「“《孔子家語》二十七卷。”（『孔子家語』二十七卷）」である（以下『漢書・藝文志』は略して『漢志』という）。今傳『家語』の中の、孔安國の口吻で記された「序」[1]には、『家語』の出處と傳授の經過が詳しく述べられている。「序」の中で、『家語』は「“皆當時公卿士大夫及七十二弟子之所謜訪交相對問言語也, 既而諸弟子各自記其所問焉, 與《論語》、《孝經》並時”（皆當時の公卿士大夫及び七十二弟子の問答であり、後に、各々弟子が『論語』や『孝經』と同時に、自らその問うところを記したものだ）」という。戰國時代に、荀子は「“以孔子之語及諸國事、七十二弟子之言”（孔子の語及び諸國の事・七十二弟子の言をもって）」秦に入った。そのため、『家語』は「“與諸子同列”（諸子と同列）」と見なされ、秦火の厄を免れ漢に入った。呂氏專權の時には、以前にこれを入手し所藏していたが、後に「“散在人間”（世間に分散）」する。漢の景帝は、遺された書を天下に募り集め、呂氏に傳わる『家語』を得るも、既に「“諸國事及七十子之辭”（諸國の事及び七十子の辭）」は互いに錯雜していた。そこで孔安國は、「“以事類相次, 撰集爲四十四篇”（事類を以て順序づけ、四十四篇に撰集）」し、元々『家語』に屬さない「“諸弟子書所稱引孔子之言”（諸弟子の書が引用する孔子の言）」を削除した。後「序」が引く孔衍（孔安國の孫と稱するのに據る）署名の奏書も、孔安國が『家語』を「“撰次”」したことに言及している。『家語』に注をした王肅は、その「序」の中で「“孔子二十二世孫”（孔子二十二世孫）」孔猛が、嘗て彼から學んでいたため、

464　第3部　出土資料を通した中國文献の再評價

孔猛の處から孔氏家傳の『家語』一書を得たと稱している。以上の資料から見ると、『家語』はきちんと系統立って流傳してきた先秦の古典籍のようである。

　しかし、魏晉から、絶えず誰かが『家語』に對して否定的な態度を取ることが始まる。王肅と同時代の馬昭は、「"《家語》, 王肅所增加, 非鄭所見"(『家語』は王肅が加筆したもので、鄭の見たものに非ず)」という說を唱える[2]。唐代の顔師古は『漢志』の「"《孔子家語》二十七卷"(『孔子家語』二十七卷)」の條に、きっぱりとこれを指して「"非今所有《家語》也"(今ある所の『家語』に非ざるなり)」と注している。孔穎達主編の『五經正義』・賈公彦が疏をなした『周禮』『儀禮』もまた馬說を踏襲し、且つ具體的な例を擧げている[3]。明の人何孟春は、『家語』の所謂孔安國の「序」も王肅の僞造であると疑うほどであったし、「"清儒亦多襲何說"(清儒もまた多くが何說を踏襲した)」[4]とある。『四庫全書總目』卷九では、『家語』は「"割裂他書"(他書を切り取り)」、「"其出於肅手無疑。特其流傳已久, 且遺文軼事, 往往多見於其中。故自唐以來, 知其僞而不能廢也"(其れ肅の手より出づるは疑い無し。特に其れ流傳すること已に久しく、且つ遺文軼事は往々にして多く其の中に見る。故に唐より以來、其の僞なるを知るも廢すこと能わざるなり)」と言う[5]。これは概ね當時の一般的な見方を代表している。二十世紀「"疑古思潮"(疑古思想)」があらゆる面で流行した後、『家語』「"僞書說"(僞書説)」は、ほぼ定説となった。例えば、「古史辨」派を率いる人物、顧頡剛氏は、古本『家語』は既に散逸し、"魏王肅遂起而攘竊其名, 雜集諸子、裨史中所載孔子事實重爲之, 又竄入自己在經義上之主張, 假借孔子之言以攻鄭玄之學"(魏の王肅が、掠め取り、諸子・裨史中に記載される孔子の事實を寄せ集めてこれを作り直し、また自己の經義上の主張を竄入し、孔子の言を借用することで鄭玄の學を攻めた)」とし、更に王肅は「"僞作《家語》"(『家語』を僞作)」しただけでなく、孔安國の「序」及び孔衍奏書も「"僞造"(僞造)」したのだと考えた[6]。先人の辨僞の意見を全面的に繼承していると言える。『家語』に對するこうした認識は、その後長い間主導を占めた。しかし、たとえ『家語』「"僞書說"(僞書説)」が優勢を占めた時期であっても、少數の學者は、依然として王肅の傳える『家語』は僞りではないという見解をもって

いた。

　1950 年代、特に 70 年代以降、戰國中晚期から西漢晚期に至る墳墓から大量の簡帛文獻が出土した。これらの資料の中には、『家語』と關係するものがかなりあった。1980 年代から、新しく出土した文獻を根據として、『家語』の眞僞問題に對して新たな檢討を加える學者が陸續と現れた。今日に至り、『家語』「"眞書說"（眞書說)」——王肅が傳えるところの本が、即ち『漢志』に著錄されている孔安國編纂の本であるということが、次第に主流を占め、優勢になりつつある。しかしまた、一部の學者は、出土した簡帛古書と『家語』に關連する内容を比較檢討し、今本『家語』は、決して『漢志』に著錄された原本ではなく、やや遲くに編纂されたものだと結論附けている[7]。

　『家語』一書の篇や章は、その他の古書にも相互に多々見られるが、文字に差異がある。近代以前、眞劍に『家語』研究に取り組んだ學者は、その僞の辨別であれ、眞の證明であれ、皆『家語』と大小戴の『禮記』・『荀子』・『說苑』・『史記』等の同じ或いは類似した内容の文字を比較・考察するという點を根據として、その中から、『家語』が他の古書から切り取り改竄している、或いは他の古書が『家語』を踏襲しているという痕跡を見つけ出そうとしていた。これは、『家語』の成書の時代及びその性質を研究する最も重要な方法であり、行程であった。

　否定できないのは、我々が現在見ることのできる先秦秦漢の古書は、もう當時の本來の姿を、決して完全には保っていないということである。つまり、『家語』との比較に用いられたあれらの傳世古書は、流傳する中で、間違いなく、非常に複雑な變更・文章の追加と削除・誤謬等の變化があったのである。このような材料を用いての比較は、『家語』に後出の「"僞跡"（僞りの跡)」があったとしても、他の古書にも顯かに『家語』に及ばない部分が發見されることもあり、それぞれの人の著眼點の違いが、互いに對立する結論を導き出すことを避けられない。ましてや"疑古思潮"（疑古思想)」が興ってからは、多くの先秦古書の時代に懷疑の目が向けられた。これら元々時代不確定の古書を用いて、『家語』の時代を推斷する「"標尺"（測定器)」とすれば、當然一致した認識を

466　第 3 部　出土資料を通した中國文獻の再評價

得ることはできない。しかし、新出土文獻は、時代が明確であるため、文字言語は、ほとんど書寫時の「"原汁原味"（本來の姿）」を留めており、上述の傳世文獻の弊害は非常に少ない。戰國西漢時代に書き寫された簡帛古書の大規模な出土は、我々に、『家語』の時代と性質の問題を研究する上で、嘗てない有利な條件を整えてくれたということができる。また同時に、こうした資料の出土によって、「"不少曾被普遍懷疑爲漢以後所僞作的古書得以證明確是先秦作品，不少曾被普遍認爲作於戰國晚期的古書得以證明是戰國中期甚至更早的作品，先秦古書的體例也被認識得更清楚了"（嘗ては廣く一般に漢以後の僞作と疑われた多くの古書が、確かに先秦の作品であると證明され、また嘗ては一般に戰國晚期と考えられていた多くの古書が、戰國中期、甚だしきに至っては更に古い作品であると證明され、先秦古書の文體は、より一層はっきりと認識されることとなった）」[8]。我々は現在、再び『家語』と他の傳世古書の比較を行うことで、「"疑古派"（疑古派）」の古書辨僞についてのある種誤った考え方の束縛から抜け出し、比較的客觀的に先人のこの方面での研究の得失を、分析することができる。

　つまり、今日改めて『家語』の成書時代と性質を檢討するには、新出土文獻及びその研究成果は、必ず參考にしなければならない重要資料になっているということだ。現在、『家語』の時代及び性質の認識において、皆未だに一致をみていないのは、もちろん『家語』の各篇、各章に對する研究が、細部にまで深くなされていないためでもあるが、『家語』と比較できる出土文獻の内容が、十分に研究されていないということとも非常に大きな關係がある。後者の不備は、主に出土文獻と『家語』に關係する内容の對比がまだ淺薄であるために、『家語』と對讀できる資料收集の完備・正確さを欠いてしまっていることだ。そのため、出土文獻を利用して『家語』の成書問題の研究を行うには、まだやらなければならないことがたくさんある。

　附け加えて言うならば、出土文獻と古文字研究の何某かの具體的な成果は、『家語』と他の傳世古書との關係考察にとって、時に思いもかけない効果をもたらすことがあるということだ。例えば、『家語・儒行解』は『禮記・儒行』に

も見られる。『禮記・儒行』には、「“雖分國如錙銖，不臣不仕，其規爲有如此者”（國を分つと雖も錙銖の如し、臣せず仕えず、其の規爲此の如き者有り）」の語があり、鄭玄は、「“雖分國如錙銖”」に「“言君分國以祿之，視之輕如錙銖矣”」（君國を分かち以て之に祿とす、之を視るに輕きこと錙銖の如きなりを言う）と注している。先人の多くは、鄭說に據り「雖分國」と「如錙銖」の間で區切る。『家語・儒行解』の對應する文では、「“雖以分國，視之如錙銖，弗肯臣仕，其規爲有如此者”」となっている。劉剛氏は、『家語』の語句は、『禮記』より筋は通っているが、顯かに鄭注に據り改められており、實際には、鄭注ないしは『禮記』の原文は共に問題を有していると指摘する。古書で「“割國”（國を割く）」事というのは、或いは「“錙錘”」を以て分割するところの地を言うのかもしれない。「“錙”」は清華簡『算表』等古文字資料では、「“四分之一”（四分の一）」という意味があり（この點については學者が既に指摘している）、また「“錘”」は楚出土の銅貝及び楚國の銅器銘文等資料には、「“三分之一”（三分の一）」という意味が見られる。この種の「“錙錘”」を、古書はしばしば「“錙銖”」と誤る。そのため、『禮記』のこの句は「“雖分國如錙錘，不臣不仕”」（『淮南子・詮言』・『呂氏春秋・應言』・『荀子・富國』等文獻には「“割國之錙錘”」の語がある）であると考えられ、これは「“即便君王把國家的三分之一或四分之一分給儒者，儒者也不肯接受而出仕”」（たとえ國王が國家の三分の一あるいは四分の一を儒者に与えたとしても、儒者は、受け取り出仕することを肯ぜず）」ということを言っているのであって、今見られる「錙銖」は恐らく「錙錘」を誤って改めたものであろう[9]。『家語』の文は、この文の本來の意味から遠く離れてしまったと言える（「“歧中之歧”（誤りの中の誤り）と言うことができる」）。これはまさに、先人の、『家語・儒行解』が『禮記・儒行』に從って増幅改竄されたという推測に、非常に説得力のある證據を提供した。しかしこうした研究は、「“可遇而不可求”（偶々出會うものであって求めるものではない）」ので、本論では、特に觸れることはしない。

二

468　第 3 部　出土資料を通した中國文獻の再評價

　　戰國秦漢時代の出土文獻には、章ごと段ごとで『家語』と對應したものもあ
れば、一部の語句が『家語』と一致するものもある。ここではまず、前者の資
料について紹介する。

　　章ごと段ごとで『家語』と對應する出土文獻は、大體發見時期の前後によっ
て、次のように順序づけられる。河北定縣八角廊發掘の埋葬時期が約西漢五鳳
三年（紀元前 55 年）である 40 號漢墓出土の竹簡『儒家者言』10 章[10]・『哀公問五
義』1 篇[11]、安徽阜陽雙古堆西漢汝陰侯墓出土の一號木牘章題約 21 條・「"說"」
類殘簡 1 章[12]、上海博物館藏戰國楚竹書『民之父母』1 篇[13]・所謂『子路初見』1
篇（なお、正式にはまだ發表されていない）、湖北雲夢睡虎地 77 號西漢墓出土の
書籍簡 1 章（現在發表されているのは 2 殘簡のみ）[14]等、及び新たに公表された
北京大學藏西漢竹書『儒家說叢』1 章[15]である。これら『家語』に見られる内容
は、全て『說苑』・『禮記』・『大戴禮記』・『荀子』・『韓詩外傳』・『韓非子』・『左
傳』・『史記』・『尚書大傳』・『淮南子』・『尸子』等傳世古書にも見られる。

　　出土文獻と他の傳世古書を比べると、『家語』の關係する文字には往々にして
「後代性」[16]が認められ、もとの姿が失われている。以下に例を擧げ、説明を
加える。

　　八角廊漢簡『儒家者言』第二章「"種【之】得五穀焉，厥（撅）之得甘泉焉"」（簡
710・1069）、『說苑・臣術』の「"種之則五穀生焉，掘之則甘泉出焉"」、『荀子・
堯問』の「"深㧱之而得甘泉焉、樹之而五穀蕃焉"」、『韓詩外傳』卷七には「"掘
之得甘泉焉，樹之得五穀"」の文がある。もし語順を問題にしなければ、「"種/
樹之"」・「"掘/撅/㧱之"」の文例は、各書皆同じである（「"之"」は皆「"土"」
を指す）。『家語・困誓』の「"汨之深則出泉，樹其壤則百穀滋焉"」（「"汨之深"」
の「"之"」もまた「"土"」を示す）では、「"樹"」の後ろは「"之"」ではなく「"其
壤"」となっており、形は似ているようだが、實は通じない（但し、「"汨之深"」
と「"樹其壤"」は形式においては對稱でよく似ている）。

　　『儒家者言』第三章「"曾子援木擊曾子……"」（簡 2490）、『說苑・建本』の
「"曾晳怒，援大杖擊之"」では、動詞はどちらも「"援"」を用いている。『韓詩

戰國秦漢出土文獻と『孔子家語』成書研究　469

外傳』卷八「曾晳引杖擊之」の「"引"」と「"援"」の意味は近い。『家語・六本』では「"曾晳怒，建大杖以擊其背"」となっている。蕭旭氏は、「"建"」を讀んで「"挶"」となし、「"擧"」に訓じているが[17]、從うべきである。ただ「"挶大杖"」の文は通じるとはいえ、やはり「"援木"」・「"援大杖"」或いは「"引大杖"」とはやや離れる。古書の用例から考えると、「"擧"」と訓じる「"挶"」が現れるのはやや遲く、先秦の典籍には未だ見られないようである。（先秦典籍中の「"挶"」は多く「"閉"」・「"關"」の意味に用いられる）。古代「"援"」・「"引"」にはまた「"擧也"」の訓があり（『文選』卷十八載嵆康「琴賦」に「"乃相與登飛梁，越幽壑，援窮枝，陟峻崿，以遊乎其下。"」とあり、李周翰は「"援，擧也"」と注している。同書卷四十一記載の司馬遷「報任少卿書」には、「"不以此時引綱維，盡思慮。"」とあり、劉良は「"引，擧也"」と注する。）、恐らく、「"援大杖"」・「"引大杖"」の「"援"」・「"引"」を「"擧"」の意味に誤解した者が、遂には『家語』において、「"擧"」と訓ずる「"建(挶)"」という字を改めて用いたのであろう。『孔叢子・答問』には、孔鮒が梁の人陽由に言う「"方乃積怒"」、「"左手建杖，右手制其頭"」が記されている。日本の學者塚田虎は、「"‘建’與‘挶’通，擧也"」（「建」は「挶」に通じ、「擧」なり）と指摘している。[18]『孔叢子』の「"建杖"」の說と『家語』の「"建大杖"」が合うということは、『家語』の定本を書いた者が、この文を參考にしたのかもしれない。

　『說苑・尊賢』の「"銅鞮伯華而無死，天下其有定矣"」は、『家語・賢君』では「"嚮使銅鞮伯華無死，則天下其有定矣"」に作り、前者に比べ、假定の接續詞「"嚮使……則……"」が餘分に見られる。『儒家者言』第七章の文は、損なわれているとはいえ、「"銅鞮伯□"」の前に「"嚮使"」などの文字はなく（簡1123）、『說苑』と一致する。寧鎮疆氏は、『家語』の「嚮使」を用いる假定表現は、『儒家者言』・『說苑』に比べ「"淺白"」（通俗的）であると指摘する。『說苑』では、この句の假定の語氣は、「而」の字を通じて表現されている[19]。古書を調べてみると、「"向(嚮)使"」を使用している比較的古い例は、『史記・李斯列傳』記載「諫逐客書」の「"嚮使四君卻客而不内，疏士而不用，是使國無富利之寶，而秦無強大之名也。"」と、賈誼『新書・過秦論』の「"嚮使二世有庸主之行，而任

470　第 3 部　出土資料を通した中國文獻の再評價

忠賢……"」で、これ以前の先秦古書にはまだ見られないようである。この語は、恐らく「"向"」と「"使"」の二語を合わせてできた多音節語であり、誕生の時期は、それほど古くはない。この点から見ると、『家語』の表現は間違いなく『儒家者言』や『說苑』の古さほどには及ばない[20]。

　　『儒家者言』のこの章「"□者周公旦㩦（攝）天下之政"」（簡 782）を、『說苑・尊賢』は「"昔在（元本・明抄本・經廠本等はまた「‘昔者’」に作る[21]）周公旦制天下之政"」に作り、兩者は互いに非常に近似している。『家語・賢君』は「"昔者周公居家宰之尊，制天下之政"」に作り、寧鎮疆氏・蕭敬偉氏等は、「"居家宰之尊"」は、まさに周公への尊崇から附加されたものだと指摘する[22]。これは非常に正しい。この五文字を加え入れると、恰も「"制天下之政"」と對になり、文は更に華麗になる。

　　この章の最終句の異文もまた比較に値する。『儒家者言』「"夫有道乃無下於天下哉（？）"」（簡 578）を、『說苑・尊賢』は「"夫有道而能下於天下之士，君子乎哉"」に作り、『家語・賢君』は「"惡有有道而無下天下君子哉"」に作る。文の意味から見れば、『儒家者言』の「"無下於……"」と『說苑』の「"能下於……"」は正反對であり、「"夫有道乃無下於天下哉（？）"」は實は反語文と見なされるべきである。『儒家者言』の「"天下"」は、概ね「"天下之士"」を指す。『說苑』の「"君子乎哉"」は、まさに單獨の成句であり、「"有道而能下於天下之士"」（という者）に對する稱贊である。『儒家者言』のこの句は、反語の語氣をもって出たものであるため、その後には、當然「君子乎哉」の類の感嘆を從えることはできない。『家語』の「"惡有有道而無下天下君子哉"」中の「"惡有有道而無下天下"」は、『儒家者言』と同じであり、また反語の語氣と見なすべきである。その後にある「"君子哉"」、この句は顯かに『說苑』類のテキストからきたものである。しかし、反語文「"惡有有道而無下天下"」の後に、もし更に感嘆文「君子哉」を從えるなら、文章の語氣が一貫しない。『家語』は『說苑』と『儒家者言』の二種類のテキストを混合することで成ったものだと疑われる。『家語』の編纂者は、語氣を強めるために『說苑』の文を反語文に改めたものの、その後ろの「君子哉」を削除するのを忘れたために、現在のこのような、通じるよう

戰國秦漢出土文獻と『孔子家語』成書研究　471

で通じないという狀態を作り出してしまったのかもしれない。

　古書には孔子の容貌が陽虎と似ていたために匡人の兵士に取り圍まれるという故事があり、これは『説苑・雑言』・『韓詩外傳』卷六・『家語・困誓』に見られ、また『儒家者言』第十二章にも見られる。『説苑』では冒頭「"孔子之宋，匡簡子將殺陽虎，孔子似之，甲士以圍孔子之舍。"（孔子宋之き、匡の簡子將に陽虎を殺さんとす、孔子之に似たり、甲士以て孔子の舍を圍む）」とあり、續く孔子の言の中では「"若似陽虎，則非丘之罪也"（若し陽虎に似るなれば、則ち丘の罪に非ざるなり）」として、孔子が取り圍まれた原因をはっきりと指摘している。『韓詩外傳』では、「"孔子行，簡子將殺陽虎，孔子似之，帶甲以圍孔子舍。"（孔子行く、簡子將に陽虎を殺さんとす、孔子之に似る、甲を帶し以て孔子の舍を圍む）」とあり、孔子の言は「"若吾非陽虎，而以我爲陽虎，則非丘之罪也"（若し吾陽虎に非ざるに、我を以て陽虎と爲さば、則ち丘の罪に非ざるなり）」となり、文意はより一層はっきりする。『儒家者言』のこの章の冒頭は、「"之匡，間（簡）子欲殺陽虎，孔子似之"（簡666）に作り、孔子の言の中には「"陽虎，如（意味は「‘而’」に近い）爲陽虎，則是非丘"」ほどの字があり（簡905）、『説苑』・『韓詩外傳』の叙述とも同じで、元々の姿であると思われる。しかし『家語・困誓』はこの故事を記すものの、そのようではない。冒頭「"孔子之宋，匡人簡子以甲士圍之"」と言うのみで、孔子の言の中には陽虎は見られず、「"若以述先王，好古法而爲咎者，則非丘之罪也"（若し先王を述べ、古法を好むを以て咎と爲さば、則ち丘の罪に非ざるなり）」と言い、各書とは非常に異なる。寧鎭疆氏は、『家語』がここで、まだ陽虎のことに言及していないことは、前文で「"簡子以甲士圍之"（簡子甲士を以て之を圍む）」とあるも「"似陽虎"（陽虎に似る）」に觸れていないことと、前後で一致していると言う[23]。前文で、孔子が陽虎に似ているということが隱されているため、ここではただ「"述先王，好古法"（先王を述べて、古法を好む）」ことによって罪を得るに、改めるしかなかった。しかし、「"述先王，好古法"（先王を述べて、古法を好む）」ことが、どうして「"匡人簡子以甲士圍之"（匡人簡子甲士を以て之を圍む）」という苦境を招くことになるのだろうか。これでは明らかに筋が通らない。『家語』の編纂者が、陽虎を

避けるために故意に書き改めた痕跡が、ここでは非常に明白である。

『家語・觀周』・『說苑・敬愼』には共に「"金人銘章"」があり、文は概ね一致しており、まさに源を一にしているか、互いに踏襲の關係にある。『儒家者言』もまたこの章の內容を收めているが、前の部分の竹簡が缺けており、現存する文は「"於大（太）廟，右陛之前，有□ ☒ □其□，如銘其背【□□＝□＝】☒之爲人也，多言多過，多事多患也"」である（簡825・844・604）。八角廊漢簡の整理者は、竹簡の文に記錄されている金人銘は、僅かに「"【□＝□＝】……之爲人也、多言多過、多事多患也"」の數句で、『說苑』・『家語』等傳世古書中の金人銘の他の多くの內容には見られないと指摘している[24]。我々はまだ、その後竹簡が失われた可能性を完全に排除することはできないが、金人銘の原文を仔細に考察すると、銘文「愼言」の主題と比較的しっかり合っている文章は、全銘文の半分ほどを占めるにすぎず、最も核心的な語句は、まさに『儒家者言』の「金人銘」に引かれ記錄されているものだと氣附く。この部分は、格言の性質を有する金人銘の最初の姿であろう（箴銘の文は顯かに長すぎは相應しくない）。銘文の殘りの內容は基本的に他の文獻にも見られ、恐らく流傳の過程で次第に增加されたのであろう。『說苑』・『家語』のこの章は、孔子の周廟金人銘を觀るを通して、「"三緘其口"（口を愼む）」を極力强調するもので、道家學說を宣揚するほどである。先人は、既に妥當ではないと感じている。『儒家者言』と同じ墓所から出土した殘簡の中に、「"聞賢者多言多善多□"」の一條があり、孔子が金人銘を讀んだ後に起きた議論のようである。馬王堆漢墓の帛書「二三子問」の中で、孔子は「"箴（緘）小人之口"（小人の口を箴（緘）じ）」、「"聖人"（聖人）」に對すれば、則ち「"唯恐亓（其）不言也，有（又）何箴（緘）焉"（唯亓（其）の言わざるを恐れるのみ、有（又）何ぞ箴（緘）づるや）」と主張している。これと殘簡「賢者多言多善」の思想は符合し、且つ孔子を代表とする儒家の一貫した立場と決して矛盾しない。『儒家者言』「金人銘章」の主旨は、賢者多言にして小人當に其の口を緘づべしで、これは、金人銘故事の本來の姿により近く、一方『說苑』・『家語』本の金人銘章は、後人の改編を經たものであることが强く疑われる。原本の金人銘（つまり『儒家者言』のこの章に見られる部分）以外の

他の銘文の内容、特に銘文後半の「"道家者言"（道家者言）」は、金人銘故事の主題の改變に合わせるために、附加されたものかもしれない。

『說苑』・『家語』の「金人銘章」は、その内容の分析から、どちらも『儒家者言』本より遅くに成るものではあるが、『說苑』の文は、やはり『家語』に比べより『儒家者言』に近い。例えば『儒家者言』のこの章最初の語句"於大（太）廟，右陛之前，有金▢▢其口，如銘其背"は、『說苑』の「"孔子之周，觀太廟。右陛之前，有金人焉，三緘其口，而銘其背曰"」とかなり似ている（阜陽漢墓出土の一號木牘章題には「"孔子之周觀太廟"」とあり、まさに最初の語句を取って題にしており、『說苑』に近い）。『家語』は、「"孔子觀周，遂入太祖后稷之廟。廟堂右階之前，有金人焉，三緘其口，而銘其背曰"」に作り、「"太廟"」を「"太祖后稷之廟"」と稱しており、加工を經ているようである。附け加えて指摘すると、道家の色彩が色濃い金人銘の後半では、『說苑』の「"夫江河長百谷者，以其卑下也"」を『家語』は「"江海雖左，長於百川，以其卑也"」に作り、後者は四字成句（この銘多くが四字句）で、より規則的で整っている。この語は顯かに、『老子・德經』第六十六章の「"江海所以能爲百谷王者，以其善下之，故能爲百谷王"」[25]から來ており、出土と傳世の各『老子』本及びこの語を踏襲する『淮南子』・『文子』はいずれもみな「百谷」に作る。『家語』は「百谷」を「百川」に變えているが、これは比較的後の用語習慣のようである。「百谷」・「百川」は同義である。『後漢書・南匈奴列傳』記載の詔書の中に、「"傳曰："江海所以能長百川者，以其下之也。""」とあり、所謂「"傳"」とは『老子』のことを指す。『漢書・郊祀志下』の「"夫江海，百川之大者也，今闕焉無祠。"」の語もまたこれにもとづく。これは、漢代の人が「"江海"」に相對する「"百谷"」を「"百川"」に改めた例で、『家語』の書き改めと軌を一にする[26]。

『儒家者言』第十三章には、「"君子道四：彊（強）於行，弱於辭，▢"」（簡965）という文が殘存しているが、後ろの「"二道"」については見ることができない。『家語・六本』では、これに相應する「"二道"」を「"強於行義，弱於受諫"」に作り、『說苑・雜言』では「"強於行己，弱於受諫"」に作る。多くの研究者は、『儒家者言』の「"强於行，弱於辭"」の意味はやや長く、『論語・學

474　第3部　出土資料を通した中國文獻の再評價

而』の“敏於事而愼於言”（事に敏にして言を愼む）」の意味であると指摘する。
これには理がある。文字學上から見れば、漢代の「“辭”」という字の左側部分
の多くが「受」と書かれており、『儒家者言』の簡458の「“辭”」はまさに「“辤”」
に作られ、本章で引く「“辭”」の左半分に「受」があるのは、皆その例である。
『說文』では「“辭”」と「“辤”」を二字に分け、前者は辭訟或いは辭說の辭の
專門用字、後者は辭讓の辭の專門用字だとしている。「“漢人辭、辤不別”（漢
人辭・辤を別たず）」、「“經傳凡辤讓皆作辭說字（引者按：段玉裁注據《廣韻》
所引改今本《說文》‘辭，訟也’的‘訟’爲‘說’）”（經傳凡そ辤讓を皆辭說
の字に作る（引用者が思うに、段玉裁は、『廣韻』が引く今本『說文』が「辭は
訟なり」の「訟」を「說」に改めたことに據って注をしている）」[27]。實際、「“辤”」
は、元々「“辭”」の簡略化された文字に過ぎないのであろう。「“弱於辤（辭）”」
の辭說の「“辤（辭）”」が、辭讓の「“辤”」に誤讀され、傳寫者は遂にはその下
に「“諫”」の一字を追加して、『說苑』・『家語』の「“受”」は、「“辤”」の誤脱
から成ったと疑われる。またもしかしたら、「“辤”」が先に誤脱で「“受”」にな
り、「“弱於受”」では言葉にならないのを嫌って、その後ろに「“諫”」の字を附
加したのかもしれない。前文の「“行己”」或いは「“行義”」というのは、「“弱
於受諫”」に對應する對句とするために增加改竄されたものであろう。

　　阜陽漢墓出土の一號木牘章題14號の「“魯哀公問孔子當今之時”」は、まさに
最初の句を取って題としたものだ。『說苑・尊賢』は「“魯哀公問於孔子曰：‘當
今之時，君子誰賢？’”」で、また「“當今之時”」に作る。『家語・賢君』のこの
章では、「“哀公問於孔子曰：‘當今之君，孰爲最賢？’”」で、「“君”」に作り、
「“時”」には作らず、木牘や『說苑』とは異なる。この章は衛の靈公を批評す
るもので、『家語』がこれを稱して君とするのは、もちろん適切である。しかし、
『說苑』のように「“君子”」とこれを呼ぶのも、古書にはまたその例がある[28]。
『家語・賢君』のこの章の後に續く章の最初の句は、子貢が孔子に問う形で、
「“今之人臣、孰爲賢”」となっている。寧鎭疆氏は、『家語』は恐らく後ろの章
の「人臣」の問いと一律にしようとしたために、この章の問いかけ文を「當今
之君、孰爲最賢」に改めたのだとする[29]。その說には從える。『說苑』にも「“子

貢問孔子曰：‘今之人臣，孰爲賢？’」の章はあるが、「臣術」篇には見られて
も、「尊賢」篇には見られず、「“魯哀公問於孔子曰：‘當今之時，君子誰賢？’”」
の章とは非常に隔たりがある。このことから、『説苑』の編纂方法は、やはりな
お本來の姿に近く、一方『家語』では、内容の似た篇章を集めて結びつけ、少
し書き換えられていることがわかる。

　木牘章題 25 號には、「“子路問孔=(孔子)曰治國何如”」とあり、『説苑・尊賢』
の、「“子路問於孔子曰：‘治國何如？’”」と互いに非常に似ている。『家語・賢
君』の「“子路問於孔子曰：‘賢君治國，所先者何？’”」（敦煌寫本 ДＸ.10464
に書寫された『家語』には「“何”」の後に「“在”」の字がある）は、問いかけ文
がやや複雑で、特に「“賢君”」を附加して「“治國”」の主體としている。『家語』
の編者は、この章を「賢君」篇に収めたからには、當然この章を「“賢君”」の
話題に符合させなければならず、そのため、子路の發問を「“賢君治國”」云々
と改めたのであって、後に續く文の内容が、本當に「“賢君”」と關係があるか
どうかにはかかわりがないのである。『家語』が、一般的な「治國」の行爲に
「“賢君”」の肩書を冠しているのは、後文で議論される晉の中行氏のことから
考えると相應しくない。中行氏をどうして「“賢君”」と稱することができよう。
『説苑・尊賢』「“田忌去齊奔楚”（田忌齊を去りて楚に奔る）」の章の中に、「“田
居爲人，尊賢者而賤不肖者，賢者負任，不肖者退，是以分別而相去也”」（田居人
と爲り、賢者を尊びて不肖者を賤しむ、賢者は任を負い、不肖者は退く、是を
以て分別して相去るなり）」という批評がある。この章の中で田忌が批評する申
孺・田居・眄子は皆「“賢君”」ではなく、ただ齊の將となった者にすぎない。
いわゆる「“尊賢而賤不肖”（賢を尊びて不肖を賤しむ）」は決して特に「“賢君
治國”」を指して言っているのではなく、却って、木牘章題・『説苑』が漠然と
言う「“治國何如”」の方が、より議題に合致していることがわかる。

　木牘章題 41 號の「孔=(孔子)見季康子」は、まさに『説苑・政理』の「“孔子
見季康子。康子未説”」の章に記載されていることである。『家語・子路初見』
にもまたこの章があり、冒頭「“孔子爲魯司寇，見季康子。康子不悦”」に作り、
木牘章題・「説苑」に比べると、「“爲魯司寇”」という内容が増えている。王肅

476 第3部 出土資料を通した中國文献の再評價

は『家語』のこの章「"康子不悦"」の下に「"當爲桓子，非康子也。"（當に桓子
と爲すべし、康子に非ざるなり）」と注を加えている。寧鎮彊氏の解説では、「"蓋
因孔子爲司寇事在定公十一年，其時康子尚未主政。"（孔子が司寇となり仕える
のは定公十一年であり、その時康子はまだ政を主っていなかった）」とする[30]。
ただ、寧氏は「"康子"」は「"桓子"」の誤りであるとは特に認定はしておらず、
「"《家語》、《說苑》書中内容很多都是‘諸子百家語’式的‘說’類材料，這
類材料不太重視歷史細節，而主要措意於人物的談說内容"（『家語』・『說苑』の
内容の多くは皆「‘諸子百家語’（諸子百家の語）」式の「‘說’」類の資料で、
この種の資料は歷史の細部を重視せず、主に人物の論談内容に意を用いてお
り）」、「"對待這樣一類材料，不能過於以歷史考證的眼光看問題"（このような
資料に對しては、過度に歷史考證の目でもって、問題を見ることはできない）」
としている[31]。孔子が「"爲魯司寇"（魯の司寇に爲る）」と「"見季康子"（季
康子に見ゆ）」の時間の矛盾は、木牘章題本と『說苑』本には存在しない。『說
苑』を例にとると、その文には「"孔子爲魯司寇"（孔子魯の司寇に爲る）」の
一句がないだけでなく、後に續く文の宰予の話では、「"吾聞之夫子曰：‘王公
不聘不動。’今吾子之見司寇也少數矣"（吾之を夫子に聞きて曰く「王公聘せざ
れば動かず。」今吾子の司寇に見えるや少くして數ゝなり）」とあり、孔子が季
康子に見えた時には、元々「魯の司寇」ではなく、逆に季康子がその時に魯の
司寇を儋っていたかのようである。もし孔子が當時司寇の職を儋當していたら、
宰予が更に言う「"王公不聘不動"（王公聘せざれば動かず）」は、筋の通らな
いものに變ってしまう。先人は「"此以季孫爲司寇誤。魯之司寇臧氏世居之，
夫子時蓋爲小司寇也"（此れ季孫を以て司寇と爲すは誤りなり。魯の司寇臧氏の
世之に居り、夫子時に蓋し小司寇と爲るなり）」[32]と言うが、實際季康子が司寇
を儋當したかどうかという事については、先に引いた寧氏の「"不能過於以歷
史考證的眼光看問題"（必要以上に歷史考證の目でもって問題を見ることはでき
ない）」という話を用いて說明でき、拘泥する必要はないのである。要するに、
『說苑』本の文の書き方に照らせば、季康子を季桓子の誤りとする問題は、自
ずと解くことができる。『家語』には「"孔子爲魯司寇"（孔子魯の司寇に爲る）」

の語があるため、「“今吾子之見司寇也少數矣”（今吾子の司寇に見えるや少なくして数ゝなり）」に相當するところを「“今夫子之於司寇也日少, 而屈節數矣”（今夫子の司寇に於けるや日少なくして節を屈すること数ゝたり。）」に作っているが、これは、宰予が孔子に言う「“王公不我聘則弗動”（王公我を聘せざれば動かず）」や孔子自らが言う「“其聘我者, 孰大於是”（其れ我を聘者、孰れか是れより大ならんや）」のようなまだ任用されていない身分とはほとんど一致せず、恐らく後人の文の修正が上手くなかったために起きたものであろう。

　上博簡の『民之父母』は、また『家語・論禮』・『禮記・孔子閒居』にも見られる。「“五至”」について、『民之父母』簡3〜5には、「“勿（物）之所至者, 志亦至安（焉）；志之【所】至者, 豊（禮）亦至安（焉）；豊（禮）之所至者, 樂亦至安（焉）；樂之所至者, 哀（引者按：原從‘心’, 下同）亦至安（焉）。哀樂相生, 君子以正。”」とある。『家語』では「“志之所至, 詩亦至焉；詩之所至, 禮亦至焉；禮之所至, 樂亦至焉；樂之所至, 哀亦至焉。詩禮相成, 哀樂相生, 是以正”」に作り、『禮記』は「“志之所至, 詩亦至焉；詩之所至, 禮亦至焉；禮之所至, 樂亦至焉；樂之所至, 哀亦至焉。哀樂相生, 是故正”。」に作る。概括すると、『民之父母』は「物―志―禮―樂―哀」の體系、『家語』・『禮記』では「志―詩―禮―樂―哀」である。前者の「“物之所至者, 志亦至焉”」が語っているのは、「“外物”」と「“心志”」の關係であり、後ろの二者の「“志之所至, 詩亦至焉”」は、「“志”」と「“詩”」の關係を表している。この篇では、「“三無”」を論じて「“無聲之樂, 無體之禮, 無服之喪”」としているが、類似の話は『說苑・修文』や『家語・六本』にも見られ、禮・樂・喪（哀）等における「“志”」の重要性を強調している。『民之父母』等の篇で語られる「“三無”」は、「“樂”」・「“禮”」・「“喪”」について言うと、より一層「志」を主とすべきで「“聲”」・「“體”」・「“服”」等の外觀ではないと大體考えられている。ここでは顯かに「詩」に言及する必要がない。このことから、『民之父母』の「“志―禮―樂―哀”」の「“五至”」體系は理に適っているが、その中に無理に一つ「詩」を差し挟み（且つ「“物之所至者, 志亦至焉”」という重要な一節を削除して、「五至」の要求に符合させ）、『家語』や『禮記』の「“志―詩―禮―樂―哀”」に變えてしまい、この篇

478　第3部　出土資料を通した中國文獻の再評價

の他の部分の思想や主旨と合わなくなってしまったのは、當に後人の書き改め
によるものなのだということがわかる。『家語』の「"哀樂相生"」の前にある「"詩
禮相成"」の一句は、恐らく『民之父母』の「"五至"」體系を『禮記』や『家語』
の「志―詩―禮―樂―哀」に變えた後、追加で挿入されたものであろう。『禮記』
には「詩禮相成」の一文はなく、まさにテキスト變化の中間狀態にある。巫雪
如氏は、先秦から六朝に至る文字の中で「"詩禮"」を考察し、且つ例を擧げて、
「"東漢以後，'詩禮' 才開始在文獻中有意識的連用並稱，並在魏晉南北朝普遍
流行起來"。(東漢以後、「詩禮」はようやく文獻中において、意識的に連ねて並
稱され始め、魏晉南北朝には廣く流行した。)」と指摘している。これに據れば、
彼女は『家語』の「詩禮相成」は、「"並非先秦文獻所有，而是在 '詩禮' 並
稱的風氣下，由崇尚駢儷對偶文風的六朝人所加，這種可能性是很大的"(決して
先秦文獻にあるものではなく、「詩禮」並稱の氣風の下、駢儷對偶文を崇拜する
六朝人が加えた可能性が高い)」[33]と考えている。この文は、もちろん六朝に入
りようやく加え入れられたものだとする必要はない。ただ、巫氏の分析から、
確かに『家語』のこの文の形成は比較的遅いことが見て取れる。

　『家語』のいくつかの文字は、編纂者が關連する文の意味を誤解したり、故
意に讀み改めた產物で、このことは、『家語』のテキストの「"後代性"」をより
一層物語っていると言える。

　すでに上述した八角廊漢簡『儒家者言』第二章の、孔子が「土」を論じた話
の中に、「"生人立焉，死人入焉"」(簡 708)の文があり、『說苑・臣術』はこれ
と同じである。『荀子・堯問』・『韓詩外傳』卷七は共に「"生則立焉，死則入焉"」
に作り、『家語・困誓』は「"生則出焉，死則入焉"」に作る。文章の意味から考
えれば、「"生人立焉，死人入焉"」は、生きている人は土の上に存在し、死人は
土の中に埋められるということだ。『荀子』・『韓詩外傳』の「"生"」・「"死"」も、
顯かに「生きている人」・「死んでいる人」を指している。『春秋繁露・山川頌』
が、孔子の「"山"」を論じた言葉を引いており、その中にも「"生人立……死人
入"」があるのは、證しとなる。ただ、『家語』だけは「生則出焉」に作り、
恐らく、「"生"」を土壤によって栽培・成長するもの、例えば前文の「"種之得

五穀”の「五穀」や「草木植焉」の「草木」の類、こうしたものこそを「出於土」と稱することができると誤解している。『家語』は「立」を變えて「出」とし、下句の「死則入焉」の「入」ときっちり對句にして文を飾っているが、結局のところ文の意味はとても他書には及ばない。

　上博簡『民之父母』と互いに符合する『家語・論禮』・『禮記・孔子閒』の中で、前に引いた「“五至”」の文の「“是以正”」或いは「“是故正”」の後、前者には更に「“明目而視之，不可得而見；傾耳而聽之，不可得而聞。志氣塞於天地，行之充於四海。此之謂‘五至’矣”」の文があり、後者には、「“明目而視之，不可得而見也；傾耳而聽之，不可得而聞也。志氣塞乎天地。此之謂‘五至’”」の文がある。かつて多くは、「“是以正”」或いは「“是故正”」の後に續けて「“明目而視之”」を讀んでいた。現在は、『民之父母』と照らし合わせることで、「“名目而視之”」の一段が、元々は「“三無”」を論じた話の中のもので、『家語』・『禮記』は皆錯簡して「五至」の中に入れていたのだということがわかる。從って、「“是以正”」或いは「“是故正”」は、單獨成句、つまり「君子以正」の誤りである。『家語』・『禮記』は錯簡後、「“上下文意銜接不緊密”」（前後の文意がしっくりかみ合わず）、編纂者は、「“遂刪去‘而得既塞於四海矣’句中表示承接關係和語氣的‘而’字跟‘矣’字”」（ついに「而得既塞於四海矣」の文中の接續關係と語氣を表す「而」の字と「矣」の字を削除）」し、「“得既”」を故意に音の近い「志氣」に讀み改めることで、文の意味を通じやすくしようとした[34]。

　『家語』・『禮記』は、共に錯簡しただけでなく、『民之父母』の「“傾耳而聽之，不可得而聞也；明目而視之，不可得而見也”」の「“耳聞”」・「“目見”」の順序（簡6〜7）を逆さまにして「“目見”」・「“耳聞”」にしており、このことは、「“它們屬同一系統的證據”」（それらが同一系統に屬することの證據）[35]」である。『家語』は「“志氣塞於天地”」に讀み改め、更に『禮記』よりも「“行之充於四海”」の一句を增やし、對句を形成している。これは恐らく『家語』の編纂者が、後に附加したものであろう[36]。巫雪如氏は、文法の觀点から次のように指摘している。先秦漢語の中には、「充」の後に介詞「於/于」を續け、更に場所の補語を加えたものはなく、「充＋於＋場所の補語」の用法は、東漢以後（特に魏

480　第3部　出土資料を通した中國文献の再評價

晋南北朝の時)から次第に増加した。從って、『家語』の「"行之充於四海"」、「"這様的句法事實上不太可能出現在先秦的文献中"」(このような文の構成は、實際には先秦文献中に出現することはまずなく)」、「"這句話的寫定時間也應該是在西漢中期以後"」(この文が書かれた時代も、西漢中期以後のはずである)」[37]と。その説には理がある。『禮記』の文には、錯簡・讀み改め・語順の轉倒が見られるものの、「"不可得而見"」・「"不可得而聞"」の後にはまだ「"也"」の字が存在しており、『民之父母』のこの二句が「"也"」を用いていることと一脈通じている。けれども『家語』では、この二つの語氣詞「"也"」が共に削除されている。このことは、『家語』が「"行之充於四海"」の一句を附加した状況とを、相互に證明し合っていると言える。

　章や節の統合分化の觀點から見ると、『家語』には、出土文献或いは傳世古書流傳の過程で元々獨立して章として成り立っていた内容を加え合わせ、つながりのある一章であるかのように作り變える傾向がある。次に例を擧げて説明する。

　上述した『儒家者言』第十三章の、『家語・六本』における全文は、次の通りである。

　　孔子曰："回有君子之道四焉：強於行義，弱於受諫，怵於待祿，慎於治身。史鰌有男子之道三焉：不仕而敬上，不祀而敬鬼，直己而曲人。"曾子侍曰："參昔常聞夫子三言而未之能行也，夫子見人之一善而忘其百非，是夫子之易事也；見人之有善若己有之，是夫子之不爭也；聞善必躬行之，然後導之，是夫子之能勞也。學夫子之三言而未能行，以自知終不及二子者也。"
　　(孔子曰く「回は君子の道四つを有す。義を行ふに強く、諫を受くるに弱く、祿を待するに怵れ、身を治るに慎む。史鰌は男子の道三つを有す。仕えずして上を敬ひ、祀らずして鬼を敬ひ、己を直くして人に曲がる、と。曾子侍して曰く、參、昔常に夫子の三言を聞くも未だ之を行ふ能はざるなり、夫子人の一善を見てその百非を忘る。是れ夫子の事へ易きなり。人の善有るを見ること己に之を有するが若し。是れ夫子の爭はざるなり。善を聞か

ば、必ず躬ら之を行ひ、然る後に之を導く。是れ夫子の能く勞するなり。
夫子の三言を學びて未だ行ふ能わず。以て自ら終に二子の者に及ばざるを
知るなり。」と。)

　残念なことに、『儒家者言』のこの章は、殘闕が甚だしく、その全貌を知る
ことは難しい。『家語』のこの一章は『說苑』では三章に分けられており、その
三章は順序に従い「"曾子曰吾聞夫子之三言未之能行"」・「"孔子曰回若有君子之
道四"」・「"仲尼曰史鰌有君子之道三"」である。嘗て『家語』の僞りを辨別した
學者は、『家語』は三章を一つにしていると考え、「"於‘曾子曰’添出‘侍’字，
其末句添‘不及二子’句（引者按：王肅注：‘二子，顏回、史鰌也。’），以聯合
上二章。其曰‘不及二子’云云，於‘夫子之三言’，似不相蒙"（「曾子曰」に
「侍」の字を添え、その末句に「不及二子」の句（引用者が按ずるに、王肅は「二
子は顏回・史鰌なり」と注する。）を加えることで、二章を繋げ合わせている。
その曰く「不及二子」云々は、「夫子之三言」にはつながらないようである。）」
[38]と言う。郭永秉氏の研究に據れば、阜陽一號木牘章題には、「"□□（孔=？―
孔子）曰回有君子之道"」（34號）、更に「"中（仲）尼曰史鰌有君子之道"」（42號）
があり、二章の間はまた他の章題で隔てられていることから、それらが確かに
獨立した章節であり、『家語』がこれらを強引に一つにしたということを證明す
るに足る[39]という。木牘章題には、「"曾子曰吾聞夫子之三言未之能行"」の內容
は未だ見られないけれども、しかしこの章が、本來『說苑』のような獨立した
一章であったということはわかる。『說苑』は先に擧げた三章を前から後ろの順
序に従い、『家語』は勢いに任せて一章に合わせ、且つ少し手を加えたとするの
が自然である。

　『家語・致思』の「"孔子謂伯魚曰：‘鯉乎！吾聞可以與人終日不倦者，其唯
學焉。其容體不足觀也，其勇力不足憚也，其先祖不足稱也，其族姓不足道也；
終而有大名，以顯聞四方，流聲後裔者，豈非學之効也？故君子不可以不學，其
容不可以不飭。不飭無類〈貌〉，無類〈貌〉失親，失親不忠，不忠失禮，失禮不立。
……’"」に相當する文は、『說苑・建本』に前後二章に分かれて見え、前の一章

482　第 3 部　出土資料を通した中國文献の再評價

は「"孔子曰：'可以與人終日而不倦者，其惟學乎！其身體不足觀也，其勇力不足憚也，其先祖不足稱也，其族姓不足道也；然而可以聞四方而昭於諸侯者，其惟學乎！《詩》曰："不僭不亡，率由舊章。"夫學之謂也'」であり、『韓詩外傳』卷六にもこの章の内容が見られる。後ろの一章は「"孔子曰：'鯉！君子不可以不學，見人不可以不飾。不飾則無根〈貌〉，無根〈貌〉則失理，失理則不忠，不忠則失禮，失禮則不立。……(以下省略)'"」であり、『大戴禮記・勸學』・『尚書大傳・略説』にも、この一章の内容がある。先人は既に、『家語』は『説苑』の「"孔子曰鯉君子不可以不學"」の章と「"孔子曰可以與人終日而不倦者"」の章を合わせて一章にしたのだと指摘している。阜陽一號木牘章題 21 號には、「"子曰里(鯉)君子不可不學"」とあり、首句を以て題としており、このことは、「"孔子曰：'鯉！君子不可以不學……'"」が確かに獨立した一章を成していることを實證している。『家語』は「"可以與人終日而不倦者"」の一章を「"鯉"」と「"君子不可以不學"」の間に挿入したようである。文の意味から考えれば、二章は共に「學」に言及し、そのことから、二つを合わせて一つにできる可能性を有するとはいえ、范家相が『家語證僞』の中で指摘しているように、「"下章以飾容爲説，另是一意思，不當聯合"」（後ろの章は、容を飾めることを以て説としており、また別の意味であって、結合するべきではない）」[40]のである。「君子不可以不學」の章の「學」は、「興味が湧く」ことに過ぎない。『家語』の文の書き方照らせば、孔子のこの話の主旨は、結局「學」を強調しているのか、「容」を強調しているのか、推しはかることは難しく、このことから、それが寄せ集めの痕跡だとわかるのである。

　このほか、『儒家者言』第十四（簡 966・668）・第十五章（簡 458・38・706）、阜陽一號木牘章題 19 號・44 號、及び上博簡でまだ正式に發表されていない『子路初見』等の出土資料は、『家語・子路初見』「子路將行辭於孔子」の章が、『説苑・雜言』「子路行辭於仲尼」の章と「子路將行辭於仲尼」の章を合わせ、且つ前後をひっくり返して成ったものだということを證明することができる。八角廊漢墓から出土した單篇別行の『哀公問五義』は、この篇を含む『大戴禮記・哀公問五義』・『荀子・哀公』・『家語・五儀解』がどれも、他の内容を多く混ぜ

戦國秦漢出土文獻と『孔子家語』成書研究　483

合わせているという推測を可能にする。『家語・五儀解』は、『荀子・哀公』中
の「五儀」とは無關係な一段を移動し、「哀公問五義」の末尾に結合する改變を
している。上博簡の『民之父母』との比較を通して、『禮記・孔子閒居』・『家語・
論禮』は、「"民之父母"」の後の章の所謂「"參於天地"」の章に位置し、本來は
獨立して作られた篇であること、そして『家語』はまた、元々「"參於天地"」
の章の内容である「"三無私"」を、「"民之父母"」の章の中に入れて改竄したと
斷定することができるのである。紙幅に限りがあるため、ここでは詳説はしな
い。

　本節の最後に、北大漢簡『儒家説叢』中の『家語』と關係する章について檢
討したいと思う。

　北大簡の整理者が編集する、『儒家説叢』第二章の文字は、『家語・賢君』・『説
苑・政理』にも見られる。

下表に示す通り：

儒家説叢41	家語・賢君	説苑・政理
・梁（梁）君問於中（仲）尼曰："我欲長有國，欲使列都得，欲使人渴（竭）力，欲使民毋（無）惑，欲☑（簡5）時，欲使聖人自來，欲使官府治。爲之奈何？"中（仲）尼對曰："萬乘之君，千乘之主，問丘者衆矣，（簡6）未有君之問丘之悉也。丘聞之：兩君相親，則長有國：君慧（惠）臣忠，則列都得；益士食，	孔子見宋君。君問孔子曰："吾欲使長有國，而列都得之，吾欲使民無惑，吾欲使士竭力，吾欲使日月當時，吾欲使聖人自來，吾欲使官府治理。爲之奈何？"孔子對曰："千乘之君，問丘者多矣，而未有若主君之問，問之悉也。然主君所欲者，盡可得也。丘聞之：鄰國相親，則長有國；君惠臣忠，則列都得	仲尼見梁君。梁君問仲尼曰："吾欲長有國，吾欲列都之得，吾欲使民安不惑，吾欲使士竭其力，吾欲使日月當時，吾欲使聖人自來，吾欲使官府治。爲之奈何？"仲尼對曰："千乘之君，萬乘之主，問於丘者多矣，未嘗有如主君問丘之術也。然而盡可得也。丘聞之：兩君相親，則長有國；君惠臣忠，則列都之得；母殺

484　第3部　出土資料を通した中國文獻の再評價

| 則（簡7，下缺簡）" | 之；不殺無辜，無釋罪人，則民不惑；士益之祿，則皆竭力；尊天敬鬼，則日月當時；崇道貴德，則聖人自來；任能黜否，則官府治理。"宋君曰："善哉！豈不然乎！寡人不佞，不足以致之也。"孔子曰："此事非難，唯欲行之云耳。" | 不辜，毋釋罪人，則民不惑；益士祿賞，則竭其力；尊天敬鬼，則日月當時；善爲刑罰，則聖人自來；尚賢使能，則官府治。"梁君曰："豈有不然哉！" |

以下、各本から重要異文を選び分析を加える。

　　趙逵夫氏は、先秦兩漢の學者が古代の文獻を整理する時、「"爲了故事的完整性，經常在原文前增加說明背景的文字，在末尾增加說明結果的文字，猶人之‘穿靴戴帽’也。這種情況，尤以《國語》、《戰國策》常見"（物語の整合性のために、常に原文の前には背景説明の文字を、末尾には結果説明の文字を加えて、まるで取ってつけたような飾り、餘計な附け足しをする。このような状況は、とりわけ『国語』・『戦国策』によく見られる）」[42]と指摘する。そのため王鍔氏は、『禮記・孔子閒居』・『家語・論禮』の上博簡『民之父母』よりも多く見られる篇首・篇尾の文は、「"當是記述者或整理者，爲了增加文章的可讀性和故事的完整性，而有意補入的文字"（まさに記述者或いは整理者が、文章の讀みやすさや整合性を增すために故意に補い入れた文字である）」[43]と説く。前に引いた『儒家説叢』は、直接"梁君問於仲尼"で始まっており（その前に圈点を加えて篇章を分ける符號とする）、このような形式はやや原初的である。一方『家語』・『說苑』は"孔子見宋君"或いは"仲尼見梁君"を加え、物語の背景説明をしている[44]。これもまた「餘計な附けたし」文獻整理樣式の一例である[45]。

　　『家語』の"孔子"・"宋君"の稱は、『說苑』では「"仲尼"・"梁君"」に作る。先人は、「"仲尼時無梁君"（「仲尼の時梁君無し」）」であることから、『家語』が"宋君"に作るのは正しいとする。崔述は、『家語』が「梁」を「宋」

と改めたのは、「"不知其所言皆戰國策士之餘，申、商名法之論，孔子固無此等言也"（その言う所が皆戰國策士の餘、申・商の名法の論であり、孔子に元々これらの言はないということを知らない）」[46]からだと指摘する。この說は非常に筋が通っている。『儒家說叢』もまた「"仲尼"」・「"梁君"」に作っているということは、『說苑』には確かにもとづくものがある[47]證明であり、『家語』は「"不能辨其誣而反改其文以惑世"（その誣わりを辨つ能はず、反ってその文を改め以て世を惑わす）」[48]という傾向から逃れ難いのである[49]。

　『說苑』の「"吾欲使官府治"」は、『家語』では「"治"」の後に「"理"」の字があり一字多い。陳劍氏は、「"使官府治理"」は「"使官府治"」と讀み比べてみると、よりリズムの調和がとれており、且つ「"理"」は押韻している、とし、二音節の「"治理"」は、恐らく單音節の「"治"」に附加されてできたものであって、もし元々「"治理"」に作られていたなら、それを「"治"」に改めるどんな理由があるのだろうかと指摘している[50]。『儒家說叢』は「欲使官府治」に作り、『說苑』と同じであるが、『家語』とは異なる。我々はまた音韻學の觀點から「"治"」と「"理"」の脚韻の違いを考察することができる。「"日月當時"」・「"聖人自來"」・「"官府治"」の三句は、どれも脚韻は之部の字である。「"時"」と「"來"」は共に平聲の文字でもある。治理の「"治"」は、『廣韻』の中では去聲に歸せられているが、上古韻文の關係する狀況からみると、「治」は基本的にどれも平聲と押韻している。例えば、『詩・邶風・綠衣』では、「"絲"」・「"治"」・「"訧"」が押韻し、「"絲"」・「"訧"」は共に之部の平聲の文字であり、『楚辭・九章・惜往日』の冒頭部分では、「"時"」・「"疑"」・「"娭"」・「"治"」・「"之"」等が押韻し、「"時"」・「"疑"」・「"娭"」・「"之"」はどれも之部の平聲の文字である。兩漢の韻文になると、「"治"」と平聲の文字が互いに押韻している多くの例が見られる[51]。「"治"」の文字には、元々平聲の讀みがあったようである。『管子・心術下』にある「"形不正者，德不來；中不精者，心不治"」の「"來"」・「"治"」は押韻しており、ここでの「"治"」・「"來"」・「"時"」の韻と同樣の例である。從って、『儒家說叢』・『說苑』の文體に照らせば、この三句は之部の平聲で押韻しており、完全に「"四聲分用"」の押韻の規則に合っている。「"理"」は之部の上聲の

486 第3部 出土資料を通した中國文献の再評價

文字で、「"時"」・「"來"」の聲調とは合わないのだが、江有誥に至り、彼がその書『先秦韻讀』において『家語』の「"治理"」を「"理治"」に改めることにより、協韻としたのである。もちろんこれは、根據を欠いている。しかし、これにより「"治理"」に作られた本が、先秦の古音をよく知らない者によって書き改められたものだということが映し出されるのである[52]。

『說苑』の「"千乘之君，萬乘之主"」は、『家語』では「"千乘之君"」しかなく、『說苑』に注をする者は、「"萬乘之主"」の「"四字似衍"（四字が衍文であるようだ）」[53]と疑っている。しかし、『儒家說叢』は「"萬乘之君，千乘之主"」に作っていることから、『說苑』の「"萬乘之君"」は決して衍文ではなく、逆に、『家語』にこの四字が無いというのは、恐らく「"孔子所見固無'萬乘之主'"」（孔子の見る所固より「萬乘之主」無し）[54]により、削除されたのであろう。

『說苑』の「"未嘗有如主君問丘之術也"」の文は、意味が成立しないため、俞越は早くに「"術"」を校勘して「"悉"」の字の誤りである[55]とした。これは正しい。「"悉"」を誤って「"術"」とするのは、恐らく『說苑』の流傳の過程で形成されたのであろう。『家語』は「"而未有若主君之問，問之悉也"」に作り、表される意味は明らかではあるが、文體はやや繁雜である。『儒家說叢』のこの句は、「"未有君之問丘之悉也"」であり、『說苑』にやや近い。

『說苑』・『儒家說叢』の「"兩君相親，則長有國"」を、『家語』は「"鄰國相親"」に作る。「"兩君"」を按ずるに、本國の國君と鄰國の國君を指し、鄰國と互いに親しめば、本國は自ずから長く安らかで揉め事も起こらないということだ。「"鄰國相親"」というのは、鄰國と鄰國が互いに親しむことを指しているようだが、この事と、本國の國君が「"長有國"」（國を長く保つ）ことができるかどうかということとは、どのような關係があるのだろうか。文の意味から考えれば、「"鄰國"」は顯かに「"兩君"」の適切さには及ばない。（この他後文を參照）

『儒家說叢』の「"益士食"」は、『說苑』では「"益士祿賞"」・『家語』では「"士益之祿"」で、用語にいずれも出入りがあるが、その文のパターンは、やはり『說苑』の「"益士祿賞"」と一致している。

戰國秦漢出土文獻と『孔子家語』成書研究　487

　以上に舉げたのは、皆『儒家說叢』と『說苑』の互いに一致或いは近似している例である。『儒家說叢』の一部の文體には、より『家語』に近いものもある。ここでは主に、「"欲使人渇(竭)力，欲使民毋(無)惑"」が『家語』の「"吾欲使民無惑，吾欲使士竭力"」に近く、『說苑』の「"吾欲使民安不惑，吾欲使士竭其力"」とはやや遠いことを示す。

　『儒家說叢』の「"欲使列都得"」は、『說苑』では「"吾欲列都之得"」に作る。『家語』のこの句の狀況はやや複雜である。先に引いた「"而列都得之"」は「"吾欲使長有國"」を受け、「"吾欲使列都得之"（吾列都をして之を得さしめんと欲す）」と理解している。しかし、「"長有國"」の前に「"使"」の字があるのは、顯かに筋が通らず、『儒家說叢』・『說苑』の兩者にはないことが、その證明である。しかも、「列都得之」の脚韻の字「之」と、この段の他の脚韻の字「國」・「惑」・「力」には之部と職部の違いがあり、韻文の「四聲分用」の體裁を壞している。

　ロシア科學院東方研究所サンクトペテルブルク支部所藏、整理番號ДＸ.10464 の敦煌寫本は、『家語』のこの章の一部を寫しており、この句は「吾欲使列都得」に作り、今本とは異なる。按ずるに寫本は今本に比べ優れている。『說苑』・『儒家說叢』における「"吾欲列都之得（或'欲使列都得'）"」と、「"吾欲長有國"」・「"吾欲使民安不惑"」・「"吾欲使士竭其力"」等は竝列で、梁君の七大願望とされる。後文では、孔子が一つ一つ梁君の「欲」に答え、「"兩君相親，則長有國"」・「"君惠臣忠，則列都得（或'則列都之得'）"」と說くのも、この點を證明している。今本『家語』には、「"列都得之"」の前に特に「"吾欲"」或いは「"吾欲使"」はないが「"而"」の一字があり、語氣の上から見れば、「"吾欲使長有國而列都得之"」と續けて一句として讀むものである。しかし後に續く文で、孔子が宋君の「欲」に答える時、『說苑』・『儒家說叢』と同樣に「"鄰國相親，則長有國"」と「"君惠臣忠，則列都得之"」を竝べて舉げ、宋君の二つの願望としている。これでは前後の對照を欠き、自家撞着を起こしている。ДＸ.10464 に寫された「吾欲使列都得」は、顯かに上の一句「"吾欲使長有國"」と續けて讀むことはできない。これで、今本のこの句と後に續く文との前後矛盾の問題は、解決することができた。今本の「"而"」の字は、恐らくやや晩い

488　第3部　出土資料を通した中國文獻の再評價

時期に、この書を傳刻した人によって妄りに改められたものであろう。

　ДＸ.10464 の本に據れば、「“吾欲使列都得”」の脚韻の字は「得」であって「之」ではなく、自ずと「國」・「惑」・「力」と互いに押韻できる。新たに現れた『儒家説叢』のこの句と ДＸ.10464 は全く同じで、この點をより一層肯定することができる。王肅は、「“國之列都皆得其道。”」と注しており、今本“得”の後ろの代名詞“之”は、後人が王肅の注「“得其道”」に據って附加したものだと疑われる。今本『家語』の後に續く文「“君惠臣忠, 則列都得之”」の「之」も、恐らく後人が、前文と一律にするために附加したのであろう。

　文義の理解において、我々はかつて『説苑』の“吾欲列都之得”を「“吾欲得列都”（吾は列都を得んと欲す）」であるとして、對外擴張のことを言っているのだと考えていた。また『家語』のこの句は、「“吾欲使……而列都得之”」であれ「“吾欲使列都得”」であれ、「“國之列都皆得其道”（國の列都皆その道を得る）」という類の意味にしか理解できないのだが、この一般的な文體と一致しない例は、『説苑』を踏襲して誤って書き改めたことによりもたらされた結果であろう、とも考えていた[56]。現在、『儒家説叢』も「“欲使列都得”」に作っているということは、この文が、『説苑』を誤って書き改めたものだする説は、恐らく成立し難いだろう。

　我々が嘗て“吾欲列都之得”を「“對外擴張之事”（對外擴張のこと）」と見做していたことにも問題がある。續く後文では「“君惠臣忠, 則列都得（或‘列都之得’）”」と言っているが、「“君惠臣忠”」と「“對外擴張”」は特に直接關係はない。「“君惠臣忠”」の模範が、國の列都に“得道”（道を得）さしめ・從わせることができる、というような解釋が自然のようである[57]。この段を韻文にするために、やむを得ず“得”の後の目的語“道”或いは“之”を省略することで押韻しようとしたというのは、理解できる。文の構成法（シンタクス）から言えば、“吾欲列都之得”は必ずしも“吾欲得列都”の倒置とみなさなければならないわけではなく、“列都之得”は完全に“主＋之＋目的語”という構造で、その意味は“列都得”と違いはないのかもしれない。

　『儒家説叢』の“長有國”の文では、“使”を用いず、“列都得”以下

の數句では皆「"使"」を用いており、やや不統一のきらいがある。『説苑』は第三句になってから「"使"」を用い、「"長有國"」・「"列都之得"」の兩句では用いておらず、文の様式はやや秩序立っている。このことから、『説苑』が「"吾欲使列都得"」或いは「"吾欲使列都之得"」を「"吾欲列都之得"」としているのは、恐らく首句が「使」を用いていないことと一致させるためであると思われる。この句の中で「使」を省略したとしても、文の意味にさほど大きな影響はない。ДＸ.10464寫本の「"吾欲使長有國"」の句には、「"國"」の字があるのみで、『家語』のこの句に元々「"使"」が用いられていたのかどうかは、容易に斷定することはできない。ただ、今本が「"吾欲使長有國，而列都得之"」に作っていることから考えると、首句には元々「"使"」の字があった可能性はやはりまだある。この二句がもし「"吾欲使長有國，吾欲使列都得"」に作られていたなら、この段の話にはどれも「"使"」が用いられ、文の様式はかなり整い、これは『家語』全體の文章の風格と一致する。前述した「"兩君相親"」は、『家語』では「"鄰國相親"」に作る。前文の「"長有國"」に「"使"」の字が附加されたことにより、「"欲使長有國"」は「"欲使鄰國之君長有國"」（鄰國の君をして長く國を有らしめんと欲す）」と解讀されやすく、『家語』の編纂者は恐らくこれにより「"兩君"」」を「"鄰國"」と改め、前文に對應させたのであろう。

　要するに、「"吾欲使列都得"」の一句だけについて言うのなら、もちろん『家語』と『儒家説叢』は互いに似ている。しかし、「"長有國"」の句を合わせて考えてみると、『説苑』・『家語』の文は、それぞれ程度の異なる書き換えを經ているようである。

　上述の分析から、『家語』にも『説苑』より『儒家説叢』に近い部分がいくらかあるが、總じて言えば、やはり『説苑』と『儒家説叢』の關係の方がより密接であることがわかる。特に、「"梁君"」という呼称は、その他の文獻には見られず、もし『説苑』と『儒家説叢』のこの章が、共通或いは非常に近い文獻を由來としていなければ、恐らくこれに對する合理的な説明をすることは難しい。注目に値するのは、『家語』のこの章の文體が、多く『説苑』と一致し、『儒家説叢』とは異なるということだ。例えば、梁君(宋君)の問いかけ文では、第一

490　第3部　出土資料を通した中國文獻の再評價

人稱代名詞は『說苑』・『家語』では「"吾"」を用い、且つどの句にも使われているが、『儒家說叢』では「"我"」が用いられ、且つ首句で用いられるのみで、その他は皆省略されている。また『說苑』・『家語』では、共にまず「"欲使民無惑"」を言い、それから「"欲使士竭力"」を言うが、『儒家說叢』の文の順序は逆である。『說苑』の「"然而盡可得也"」の句は、『儒家說叢』にはないが、『家語』では「"然主君所欲者，盡可得也"」に作り、『說苑』本の一種に據って附加・改變されたもののようである。もし『家語』のこの章が『說苑』から來たのではなく、或いは互いの出處が同じではないというのなら、上述の現象は、とても説明し難いであろう。

三

　　次に、戰國秦漢の出土文獻中、一部の語句が『家語』と一致する資料を紹介する。

　　概ね發見された時期に照らして竝べると次のようになる。河南信陽長臺關戰國楚墓出土の周公と申徒狄の問答に關係する竹書1−01・1−02 號簡[58]、湖北荊門郭店戰國楚墓出土の竹書『窮達以事』1〜2・11・12〜13 號簡[59]、同墓出土竹書『六德』17〜20 號簡・同篇 30〜31 號簡[60]、同墓出土竹書『性自命出』58〜59號簡[61]（上海博物館藏戰國楚竹書『性情論』26〜27 號簡にも見られる）、同墓出土竹書『語叢一』18 號簡[62]、上海博物館藏戰國楚竹書『孔子詩論』13・15・24號簡[63]、同竹書『子羔』8・7 號簡[64]、同竹書『容成氏』19 號簡[65]、同竹書『從政（乙）』3 號簡[66]、同竹書『凡物流形』甲本 27 號簡[67]、湖南嶽麓書院藏秦簡『爲吏治官及黔首』67 號簡正第四欄[68]、湖南長沙馬王堆漢墓出土の帛書『五行』40/209行[69]、同墓出土の帛書『稱』9 下/151 行下・14 上/156 行上[70]等である。これらの出土文獻には、『家語』と似ている、或いは關係のある文はあるが、どれも章ごと段ごとで『家語』と照合することはできない。これら『家語』に見られる語句は、その多くが他の傳世古書にも見られる。

　　たとえこれら一部の語句が互いに一致している資料だとしても、比較を通し

て、『家語』の文章の「"後代性"」を見出すことはできる。例えば、長臺關楚墓出土の周公と申徒狄の問答に關係する竹書には、「"周公勃然作色曰：狄！夫賤人違上則刑戮至。剛"」（簡 1－01）・「"公曰：狄！夫賤人剛恃（志）而及於刑者"」（簡 1－02）等の語があり、對話の主體は周公と申徒狄で、主に賤人が亂を起こせば刑罰を受けるということが語られている。『太平御覽』卷八〇二「珍寶部一」に引く『墨子』の佚文には、「"周公見申徒狄曰：'賤人強氣則罰至'"」とあり、對話の主體・話している内容は共に、長臺關竹書と一致している。『家語・好生』では、「"孔子謂子路曰：'君子而強氣而不得其死，小人而強氣則刑戮薦臻'"」とあり、對話の主體が孔子と子路に變っただけでなく、「"小人"」についても語り「"君子"」についても語っている。竹書と『墨子』の佚文が、「"賤人"」がどのようであるかを言うのは、輕視してはならない地位の低い人や尚賢等の議論を引き出すためで、前後の文との關係が非常に密接である。このような文の構想においては、「"君子強氣"」の問題に論及することはできない。『家語』のこの二句は、先人の研究に據れば、元々獨立して章を成していたのであり、從って、『墨子』の佚文や長臺關竹書の類のテキストから變遷してきた可能性を有する。『家語』の編纂者が、儒家の「"君子"」と「"小人"」を對にして擧げる用語習慣に合わせるために、「"賤人"」を「"小人"」に改めたのだということが非常に疑われる。

　わずかな言葉しか相互に對照して讀むことができないため、この種の出土文獻と『家語』や他の傳世古書との關係について、學者間の認識に、聊か相違が存在するのは避けられない。次に一つ例を擧げて試みに檢討する。

　上海博物館藏戰國楚竹書『孔子詩論』の中に、孔子が『甘棠』に言及しているところが二箇所があり、その文は以下の通りである[71]。

　　《甘【棠】》,【思】及其人，敬愛其樹，其報厚矣（簡 13・15）
　　吾以《甘棠》得宗廟之敬。民性固然：甚貴其人，必敬其位；悦其人，必好其所爲；惡其人者亦然。（簡 24）

492　第3部　出土資料を通した中國文獻の再評價

『家語』の「好生」・「廟制」の兩篇には、皆これと似た文がある。前者（「好生」）が言うには、

孔子曰：“吾於《甘棠》，見宗廟之敬甚矣。思其人，必愛其樹；尊其人，必敬其位，道也。”

後者（「廟制」）が言うには、

孔子曰：“……《詩》云：‘蔽芾甘棠，勿翦勿伐，邵伯所憩。’周人之於邵公也，愛其人猶敬其所舍之樹，況祖宗其功德而可以不尊奉其廟焉？”

類似の文は『說苑・貴德』にも見え、

孔子曰：“吾於《甘棠》，見宗廟之敬也。甚尊其人，必敬其位，順安萬物，古聖之道幾哉！”

である。ある學者は、『孔子詩論』と『家語』の繋がりに着目し、『家語』が“是在《孔子詩論》之類原始本子的基礎上鈔撮編成”（『孔子詩論』に類するオリジナル本を基礎として抜き書き・編纂されたものだ）[72]ということを證明しようと試みている。

　　『說苑』の“見宗廟之敬也。甚尊其人，必敬其位”は、昔は多く『家語』が斷じた讀みに據り、“見宗廟之敬也甚。尊其人，必敬其位”[73]としていた。しかし『孔子詩論』簡24の“民性固然：甚貴其人，必敬其位”では、「“甚”」の字は決して前の文に續けて讀むことはできない。これにより、『說苑』の“甚”は「“尊其人”」に連接して讀むのであって、“甚尊其人，必敬其位”と『詩論』の“甚貴其人，必敬其位”は、とてもよく一致していることがわかる。『家語』の“見宗廟之敬甚矣”は、“甚”の後に語氣詞「“矣”」があり、この「“甚”」の字は顯かに後ろの文に續けて讀むことはできない。ただ、この“甚矣”は、

戦國秦漢出土文獻と『孔子家語』成書研究　493

恐らく『説苑』・『詩論』の「“甚”」に由來しているのであろう。この他『家語』
の「“尊其人，必敬其位”」の前には、『説苑』・『詩論』よりも「“思其人，必愛
其樹”」の一句が多い。『家語』の編纂者が「“甚”」の字を誤って「“見宗廟之敬”」
の句に連ねて讀み、しかも「“甚矣”」に改め、その後「“思其人，必愛其樹”」
の一句を加えて、これと「“尊其人，必敬其位”」を對句にしたということが強
く疑われる。またもしかしたら、「“思其人，必愛其樹”」の一句を加え入れた後、
文體を對句にするために、「“甚”」の字を「“見宗廟之敬”」の後に讀み「“甚矣”」
としたのかもしれない[74]。『家語』のこの段最末にある「“道也”」も、『説苑』
の「“古聖之道幾哉”」との關係が透けて見える。

　先に引いた『家語・廟制』の「“愛其人，猶敬其所舍之樹”」は、ここでいう
ところの「好生」に一句多く見られる「“思其人，必愛其樹”」と類似している。
『説苑』にはこの話はないが、『詩論』15 號簡には同じような「“【思】及其人，
敬愛其樹”」がある。ある學者は、『家語』が「“能引到劉向未引據的《詩論》文
句”」（劉向がまだ引用していない『詩論』の文を引用できる）」のは、「“可視爲
其來源較早的證據”」（その起源が比較的古い證據である）」[75]と言う。これは實
は誤解である。

　『詩論』のように『甘棠』を評價する話は、他の傳世古書の中にも見つける
ことができる。『左傳・定公 9 年』に引く『甘棠』の「“蔽芾甘棠，勿翦勿伐，
召伯所茇”」（蔽芾たる甘棠、翦る勿れ伐る勿れ、召伯の茇し所）」には、既に「“思
其人，猶愛其樹，況用其道而不恤其人乎”」（其の人を思ふ、猶其の樹を愛するが
ごとし、況や其道を用ひて其の人を恤まざらんや）」の論がある。『漢書・韋賢
列傳』には、劉歆が孝武廟を毀さないよう議論した時、『甘棠』のこの詩句を引
用しただけでなく、「“思其人猶愛其樹，況宗其道而毀其廟乎？”」と言ったと記
されており、先に引いた『家語・廟制』の孔子が言う「“愛其人猶敬其所舍之樹，
況祖宗其功德而可以不尊奉其廟焉”」は、劉歆のこの言葉の模倣のようである。
見たところ、劉歆の話は『左傳』から變化して出てきたようで、前者（『漢書』
の劉歆の話）では、廟を毀すことを議題としていたために、「“不恤其人”」が「“毀
其廟”」に變わったのである。『家語』の「“思其人，必愛其樹”」・「“愛其人猶敬

其所舍之樹”が、どうして『左傳』ひいては『漢書』を踏襲できないということがあろうか。

先に引いた『説苑・貴徳』は、「“聖人之於天下百姓也，其猶赤子乎”」に始まる一章の中の話で、この章は、初めから終わりまで揃っている一遍のようである。そのため、先人は、『家語・好生』のこの章が『説苑・貴徳』の一部を受け継いだものだとの疑いを持っていた。しかし、上博簡『孔子詩論』24 號簡は、獨立した『甘棠』に關する評論であり、先に引いた單獨一章としての『家語・好生』の文の長さに相當する。これにより、『家語』のこの章が『説苑』から切り取ったものなのか、或いは同類の文章なのか、もう一度檢討する必要がある。篇章の形態から言えば、『家語・好生』の「“孔子曰吾於甘棠”」の章は、比較的本來の姿を保っている。一方『説苑・貴徳』は、恐らく、いくつかの短い章を合わせて一つにしたもので、既に後人の比較的大きな手直しを經ている。ただ、『家語』のこの章は、確かに『説苑』に類する文章から切り取られてきたもので、切り取られてきた後の規模（文の長さ）が、都合よく『孔子詩論』と合致しただけという可能性もまた、完全に排除することはできないだろう。

四

上述の二節で紹介した、戰國秦漢出土文獻中の『家語』と同じ或いは類似した資料は、『家語』の成書時代を定める明確な下限にすることはできないが、注意深く讀み比べることで、多くの場合、『家語』のそれら篇章・段落・語句の形成が、出土文獻や傳世古書中の關係する内容に比べて遅いこと、そして、『家語』と似た多くの古書の中で、往々にしてある一種と『家語』が最も似ており、且つ『家語』がこの種の古書を踏襲している形跡があることを見て取ることができる。一般的に言って、戰國秦漢出土文獻中の篇章・段落或いは語句は、通常、『家語』と關係する他の傳世古書——例えば『説苑』・『禮記』等と、より一層密接な關係があることをはっきりと示している。

しかし、時として、『家語』の文や篇章の形態が、他の傳世古書より出土文獻

に近い例もある。たとえ、ごく一部の語句が『家語』と關係があるものの、全體的な内容では互いに關係がないというような状況を考慮しないとしても、先に檢討した『家語・賢君』の「"吾欲使列都得，吾欲使民無惑，吾欲使士竭力"」と北大簡『儒家説叢』は互いに一致し、一方『説苑・政理』では一部の語が少し附加改變されている。また『家語・好生』「"孔子曰吾於甘棠"」の章の様相は、上博簡『孔子詩論』に記載されている孔子の『甘棠』の詩に對する評論と一致し、一方『説苑・貴德』では、「"聖人之於天下百姓"」の章の中に融合されており、こうした例は、その占める割合は大きくはないものの、回避することは許されないのである。ただ数種、或いは一種の傳世古書と關係のある『家語』の篇章の中には、その他の古書より更に古いものに近い例や、或いは、互いに符合する程度の高くない例も、わずかに見られる。この他『家語』には、まだ約14章の他の出土文獻や傳世文獻の中で照合一致されていない内容がある。

　上述の現象をどのように見るべきかは、『家語』一書の性質認識に關わる重要な問題で、些かの推測が必要である。資料に限りがあり、この問題は非常に議論し難い。しかし、出土文獻の關係する状況が我々に重要な示唆を与えてくれる。

　我が國の古代文獻の流傳に詳しい歴史的人物は皆、多くの先秦典籍が魏晉以後次第に散逸し、あるものは既に佚書となり、甚だしきは史志書目の中にもこれまで著録が見られないものがあることを知っているのだが、漢魏の時の人は、條件つきで見ることができたのである。例えば、裴錫圭氏は、銀雀山漢墓出土の竹書『奇正』が『孫子・虚實』の曹操注の脱文を校正しているのに據り、「"看來曹操也是讀過《奇正》篇的"（曹操も『奇正』篇を讀んだようだ）」と指摘している[76]。郭永秉氏は、上博竹書『容成氏』簡45を讀み、紂の荒淫無道を説明する「"專亦以爲權"」を「"博弈以爲欣（或'熙/嬉'）"」とし、何法盛の『晉中興書』（『太平御覽』卷七百五十三を引く）・三國吳の太子孫和引く所の「"常言"」（『太平御覽』卷七百五十三引く・『三國志・吳主五子傳』）等の文獻中には、商の紂博を造る、と「"何必博弈可以爲欣"（何ぞ必ずしも博弈以て欣びと爲すべきか）」の言葉があり、『容成氏』の言う所と一致していることから、漢晉の時

496　第3部　出土資料を通した中國文獻の再評價

には、「地位の高い人が、現在既に失われてしまった多くの古書を讀むことができたのだ」と指摘している[77]。もしも『奇正』・『容成氏』が出土していなければ、我々は、曹操・何法盛・孫和等の人が、後に散失した先秦の古書を讀んでいたことを知り得ようがなかった。これにより、『家語』が他の古書に比べより出土文獻に近く・他の古書と一致する程度が高くない或いは現存の他の古書に見られない篇章や語句の中の、恐らく一部のものは、編纂者が他書から引き繼いできたものであろう。そして、これら踏襲された側の古書はとうに散失し、後代に傳えられなかったにすぎない（踏襲されてきた側の古佚書中のあるものは、八角廊漢簡『儒家者言』・北大漢簡『儒家説叢』等出土文獻と同源である。その中には、恐らくまだ「"古本『家語』"」の何がしかの斷片があるのだろう。後文に詳しい）。僞古文『尚書』の中には、稀に、現存する他の古書には見られないのに、出土青銅器の銘文と一致する語句[78]があり、狀況はこれと類似している。

　我々の考察に據れば、『家語』の他の古書には見られない 14 章の内、およそ 8 章の内容は、現存する古書に全く手がかりを見出だせないのだが、6 章の内容については、現存する古書の何がしかの文章と關係があるようである。後者（6 章）については、既に先人が、『家語』編纂者は古書に關係する文章に據って「"影撰"（僅かな事柄から話を膨らませること）」したのだという推論（それらと他の古書と一致の程度が高くない篇章もまた、「"影撰"」のきらいがある）をしている。實際、前者（8 章）も、編纂者の杜撰（全くの虛構）によりできたものだという可能性は今のところまだない。

　考古發見の戰國西漢時代に抄寫された古書の中には、既に相當數の孔子及びその門弟の言行を記載した儒家文獻がある。この種の儒籍の出土は比較的集中しており、主に郭店楚墓竹簡・上海博物館藏戰國楚竹書と河北定縣八角廊 40 號漢墓出土竹簡の三種の資料である（聞くところによると、安徽大學が新たに所藏する戰國竹簡の中にも、孔子とその門弟の問答の内容があるとのこと）。郭店簡の中には、『緇衣』・『性自命出』（以上兩篇はまた上博簡にも見られる）・『魯穆公問子思』・『窮達以時』・『五行』（この篇はまた馬王堆漢墓帛書に見られる）・

戦國秦漢出土文獻と『孔子家語』成書研究　497

『唐虞之道』・『忠信之道』・『成之聞之』・『尊德義』・『六德』等の儒家文獻及び恐らく儒家典籍の中から摘錄されてできた『語叢一～三』等がある。上博簡の中の、孔門の言行が記載された儒家文獻で、既に發表されているものには、『孔子詩論』・『性情問』・『緇衣』・『子羔』・『魯邦大旱』・『從政』・『民之父母』・『仲弓』・『君子爲禮』・『弟子問』・『季庚子問於孔子』・『孔子見季桓子』・『武王踐阼』・『子道餓』・『顔淵問於孔子』・『史留問於夫子』等がある。李零氏の説明に據れば、まだ發表されていない儒籍の中で、或いは孔門の言行記載に屬するかもしれないものには、子路と關係のあるもの(即ち所謂『子路初見』)、『君子爲禮』・『弟子問』竹簡の裏に寫した『齊師子家見曾子』、他には李桓子と關係のあるもの・曾子と關係のあるもの・自題を「"殷言"」とするもの(引用者が思うには、これは必ずしも孔門の言行を記載していないが、一先ずここに附す。)等がある[79]。八角廊漢簡には『論語』・『儒家者言』・『哀公問五義』等がある[80]。新たに最近公開された北京大學藏西漢竹書の中の『儒家説叢』も、この類に入れられる。これら幾つかの戰國西漢時代の竹簡中の儒籍の量は多く、その内容は、傳世古書に見られるものもあれば、傳世古書に見られないものもあり、「"儒家文獻庫"」と稱することができる。

　郭店楚簡・上海楚簡・八角廊漢簡及び北大漢簡の中の、傳世古書に見られる儒籍で、『家語』と一致する篇章は、一つの例外なく他の傳世古書(例えば『説苑』・『禮記』・『大戴禮記』)とも一致することは、既に上述した通りである。傳世古書に見られない篇章は、一つの例外なく『家語』の他の古書には見られない14章と、一章とも符合しない。阜陽漢墓出土の一號木牘章題は、『家語』にも少なからず見られ、同時にまた、その他の古書の内容も見られるが、一方それら傳世古書に見られない章題及び二號木牘章題・「"説"」類殘簡中の傳世古書に見られない内容は、また一つの例外なく、『家語』のその他の古書に見られない14章と符合しない。要するに、傳世古書中、章ごと段ごとで踏襲している手がかりが見つけられない『家語』の14章は、出土した儒家佚籍の中においても、同様に明確な痕跡を見つけることができないのである。この現象は、積極的な證據とすることはできないが、やはり次のような疑念を抱かせざるを得ない。

主に、既に散失して久しい古書を踏襲した一部の篇章を除き（この一部の篇章の中にも、もちろん編纂者の加工がある）、この14章中の多くの内容は、本當に『家語』の編纂者よる全くの虚構なのではないだろうかという疑念を。

五

　上述の節で列擧した、あれら集中して出土した儒家文獻、例えば八角廊漢簡の『儒家者言』・阜陽一號木牘章題等と、『家語』との關係は、結局どのようなものであるのか、これもまた『家語』の成書を議論する者が非常に關心をもつことである。これについては、先人が、時代の異なる『家語』本を注意して區別したことから、話を始める必要がある。

　先に引いた馬昭は、彼が見た『家語』は「"爲王肅所增"（王肅に増幅された）」ものだと言い、顏師古は『漢志』に著錄された『家語』は、「"非今所有"（今有る所に非ず）」と注をしている。彼らは實際には、『漢志』に著錄されたもの、或いは鄭玄が見た『家語』と、當時流行していた孔猛・王肅が傳える『家語』には内容において相互に異同があると考えていた。宋代からここ數年に至る『家語』の眞僞を議論する者は、その多くが「"古本《家語》"」と「"今本《家語》"」を分け、『漢志』著錄本を古本とし、王肅が傳える本を今本とする[81]。この種の考え方は、この時から始まる。

　馬昭と顏師古の話については、近頃疑いを持つ者が非常に多い。顏師古と同年代の司馬貞は、その自ら編纂した『史記索隱』の中で、何箇所も『家語』から引用しているのだが、先人はいくつかの『家語』の引用文が今本には見られないと考えた。寧鎭疆の「〈孔子家語〉佚文獻疑及辨正」の研究に據れば、司馬貞の『索隱』が引く所謂『家語』の"佚文"は、その多くがまだ散失しておらず、一部の條では先人の理解に誤りがあり、『家語』の原文ではないようである[82]。唐人が、王肅傳本ではない『家語』を讀んだ可能性は、確かに大きくはなかっただろう。しかし、魏晉時代の學者が條件なく古本『家語』を見ることができたかどうかについては、これは何とも答えるのは難しい。馬氏の「"《家

戰國秦漢出土文獻と『孔子家語』成書研究　499

語》，王肅所增加，非鄭所見”（『家語』は王肅の增加する所、鄭の見る所に非ず）」
の評語は、たとえ主として、『家語』記載の禮制と『春秋』經傳等儒籍との違い
という觀點から、王肅に「“爭勝”（勝とうとした）」[83]ものだとしても、根據と
なるものはあるのである。『隋書・經籍志』「“論語類”」には、「“梁有《當家語》
二卷，魏博士張融撰，亡”」の記載がある。張融は王肅・馬昭と同時代人で、屢々
王肅と議論をしている[84]。これは、張融が專ら『家語』及び王肅の學説に反駁
するための作である[85]。どうやら、當時の人が、王肅が傳える『家語』を非難
するのは、さして珍しい現象ではないようである。

　『家語』一書は、「“力求做得天衣無縫”（できる限り完璧な美を求める）」[86]の
であるが、上述の節で、戰國秦漢出土文獻と『家語』を比較した時に指摘した
ように、語句・篇章の分合において、この書はやはり折につけ成書がやや晩い
という傾向を示しており、ある文では、まるで漢以後の人の手筆であるかのよ
うでさえある。また、傳世古書との對比においては、ただ漢以後の文獻とのみ
一致する例も見られた[87]。もしこのような『家語』が『漢志』著錄の本である
と言うのなら、間違いなく、非常に奇妙なことである。

　更に重要なことは、唐代より前の時代の人が引いた『家語』の文には、確か
に今傳『家語』には見られないものがあること、またある資料では、漢魏時代
の人が今傳『家語』に關係する内容を見たことがないらしいと、示されている
ことだ。

　『春秋左傳正義』卷一「春秋序」の孔穎達疏に引く沈氏が言う、「“《嚴氏春秋》
引《觀周》篇云：‘孔子將修《春秋》，與左丘明乘如周，觀書於周史，歸而修《春
秋》之經，丘明爲之傳，共爲表裏。’”」（『嚴氏春秋』引く「觀周」篇に云う「孔
子將に『春秋』を修めんとし、左丘明と乘りて周に如き、周史に書を觀せられ、
歸りて『春秋』の經を修め、丘明これを傳と爲し、共に表裏を爲す」と。）」と、
今本『家語・觀周』が記載するものとは異なる。先人は既に、「“此乃眞《家語》
文”（これ乃ち眞の『家語』の文）」或いは「“古《家語》之文”（古『家語』の
文）」であると指摘している[88]。南朝の沈文阿（即ち孔疏に謂う沈氏）が『嚴氏春
秋』より「觀周」を轉引していることから、當時見られていた『家語』の「觀

500　第3部　出土資料を通した中國文獻の再評價

周」篇には、既にこの文がなかったらしいことがわかる[89]。これは、古本『家語』と今本『家語』の内容が異なるという一つの例證である。

　『家語・曲禮子夏問』「“子游問曰諸侯之世子”」の章は、その内容はまた『禮記・曾子問』「“子游問曰喪慈母如母……自魯昭公始也”」の一段にも見える。『家語』では、「“喪慈母如母”（慈母に喪すること母の如き）」は、魯の孝公であるが、『禮記』では魯の昭公である。『淮南子・氾論』に云う「“魯昭公有慈母而愛之，死爲之練冠，故有慈母之服”」と『禮記』の說くところは同じである。鄭玄は『禮記・曾子問』の魯の昭公說に同意せず「“昭公年三十乃喪齊歸，猶無戚容，是不少，又安能不忍於慈母？此非昭公明矣。未知何公也。”（昭公年三十乃ち齊歸（實母）を喪すること、猶戚容（悲しみの樣子）無きが如し、是少なからず、又安んぞ能く慈母（乳母）を忍ばざらんや。此れ昭公に非ざるは明らかなり。未だ何公かを知らざるなり。）」と注している。鄭氏は「“喪慈母自魯昭公始也”（慈母を喪すること魯の昭公より始まるなり）」に反對はしているが、しかし『家語』に魯の孝公の異說があることには全く觸れていない。孔穎達は『禮記正義』で「“鄭不見《家語》故也。或《家語》王肅所足，故鄭不見也”（鄭『家語』を見ざる故なり。或いは『家語』の王肅の足す所、故に鄭見ざるなり）」と說明している。

　『家語・七十二弟子解』には「琴牢」の章があるが、『史記・仲尼弟子列傳』には見られない。琴牢は、現存する古書の中で、唯一「牢」と名附けられた孔子の弟子である（『漢書・古今人表』に「“琴牢”」あり）。『論語・子罕』に「“牢曰：‘子云：吾不試，故藝。’”」とあり、この「牢」は恐らく「家語」の琴牢であろう。劉汝霖は、「“何晏注《論語》，常採王肅之說。而《牢曰》一節，則引鄭曰‘牢，弟子子牢也’。可知晏未見及《孔子家語》，則《家語》之出，當在其死後矣”（何晏は『論語』を注するに、常に王肅の說を採る。ところが「牢曰」の一節は、鄭を引いて「牢は、弟子の子牢なり」）と言う。晏は未だ『孔子家語』を見るに及んでおらず、つまり『家語』が出現したのは、その死後であることがわかる」[90]と言う。ただ、今本『家語』は、必ずしも何晏の死後に成立したとは限らないし、またもしかしたら、當時既に編纂はされていたが、廣く流傳

しなかったために、何晏は『論語』に注をする時、讀むことができなかったのかもしれない。

　要するに、上述の状況から考えれば、魏晉の前、確かに今本とは内容の異なる『家語』が存在していたのであろう。『家語』の成書問題を研究する時、"古本"と"今本"を區別する方法は、やはり理があるのであって、馬昭・顏師古等の人の話は、輕々しく否定するべきではない。

　過去に古書の辨僞を語った人の、その多くは、『家語』は王肅が諸書を切り取り・寄せ集めてできたものであり、且つ"竄入自己在經義上之主張，假借孔子之言以攻鄭玄之學"（自身の經義上の主張を竄入させ、孔子の言を借りて鄭玄の學を攻撃した）」[91]と考え、また一部の學者は、王肅の徒である孔猛の手によるものだと考えた。彼らの考えでは、今本『家語』と『漢志』が著錄する古本『家語』は、當然同じものではなく、そのため今本を僞として斥ける。清の人孫志祖の『家語疏證』に跋文を書いた錢馥は、王肅が注をした時、『漢志』に著錄の二十七卷本は"具在"（皆揃って）」おり、「"惟增多十七篇，而二十七卷即在其篇中，故此傳而古本逸耳"（惟だ十七篇を增加し、二十七卷は即ちその篇中に在り、故に此れ傳わりて古本を逸するのみ）」と考えた。日本の學者武內義雄も、王肅が「"是見古《家語》者"（古本『家語』を見た者）」であることに同意し、「"今之《家語》，非全部僞撰，似尚存有古《家語》之文於其中焉"（今の『家語』は全てが僞撰ではなく、なお古『家語』の文がその中に存在している）」とする。彼は、今本『家語』と『荀子』・『禮記』諸篇の相互に見られるものは、王肅が附加したものであり、「"今之《家語》刪去《荀子》及說禮之文，其餘之材料大體爲古《家語》文，當是改篇次，加私定者"（今の『家語』から『荀子』及び禮を說く文を削除すると、その殘りの資料は大體古『家語』の文で、當に篇の順序を改め、私的に定めたものを加えたのだ）」と考えた[92]。顧頡剛氏が、1957年に書かれた讀書筆記『朝陽類聚』の中に、「"《家語》只是視舊本有增加，非舍舊別作"（『家語』はただ舊本を視て增加しただけで、何も舊本と別に作るものではない）」と「"《家語》原本當爲西漢儒者所輯，王肅《家語》則爲第二度輯本"（『家語』の原本は、西漢の儒者に輯められたもので、王肅の『家語』は二度目

502　第3部　出土資料を通した中國文獻の再評價

の輯本である）」の二條がある。この時彼は、錢馥の『讀〈孔子家語〉』の意見に同意し、また『漢志』が著錄する『家語』二十七卷は、恐らく今本『家語』の中に含まれ、王肅はただ内容の一部を附加したにすぎないと考えた[93]。上述した兩派の意見は、どちらも取るべきところがあるようである。

　我々は、古本『家語』は恐らく早くに散佚し、今本『家語』は魏晉の時の人（王肅の徒・孔子二十二世の孫である孔猛の疑いがやや強いが、王肅も恐らく嘗てはその仕事に關與していた）が、古書を寄せ集め（採用した古書の中には、『說苑』・『禮記』・『大戴禮記』・『新序』・『史記』・『左傳』等の傳世文獻もあれば、今は見ることができない古佚書もある）、自己の考えを加え、『漢志』著錄の「《孔子家語》」の名を冠し、編纂されできたものだと考えている。[94]その關係は、古文『尚書』と僞古文『尚書』に似ている。但し、今本『家語』の中には、恐らく一部古本『家語』の内容が留められている。今本『家語』中のそれらは、他の古書に比べより出土文獻に近く・他の古書と源を一にしているけれども踏襲の關係にはなく・他の古書には見られない或いは他の古書との一致の程度が高くない篇章や文で、あるものは、當時から既に不揃いだったのかもしれない古本『家語』、或いは編纂の時に參考にした古本『家語』の殘章斷簡である。顧頡剛氏は、『孔子研究講義』の「按語」の中で次のように言う「人但知《家語》爲僞書，不足取信，不知《家語》之僞惟在著作人託名，而不在其材料之無價值。」（人但だ、『家語』の僞書なるを知り、信を取ること足らず、『家語』の僞が、ただ著作人の名を託つけるに在りて、その資料の無價値に在らざるを知らず。）[95]と言っており、彼の、こうした性質の今本『家語』に對する評價は、公正で妥當である。

　今また再び、出土儒籍と『家語』との關係の問題に戻ってきた。李學勤氏は、八角廊漢簡『儒家者言』と阜陽一號木牘章題は、「“應該都是《家語》的原型”（どちらも『家語』の原型）」[96]であり、「“這個情形，和湖南長沙馬王堆帛書中的《戰國縱橫家書》是今本《戰國策》的一種原型一樣。既然不少學者主張把《戰國縱橫家書》稱爲帛書本或別本《戰國策》，《儒家者言》也可稱爲竹簡本《家語》”（このような狀況は、湖南長沙馬王堆帛書中の『戰國縱橫家書』が今本『戰國策』

の一種の原型であるのと同様である。多くの學者が、『戰國縱横家書』を帛書本或いは別本『戰國策』と呼ぶことを主張してきたからには、『儒家者言』も竹簡本『家語』と呼ぶことができるだろう。）」[97]という。『儒家者言』の文章は、『漢志』が著錄する『家語』二十七卷ほど長くはなく、李氏は、前者（『儒家者言』）は「"大概只是一種摘抄本"（恐らく一種の摘錄本（ダイジェスト版）にすぎないだろう。）」[98]と推測する。この說の影響は非常に大きい。

　前文ですでに例を擧げて說明したように、今本『家語』は、『儒家者言』・一號木牘章題等出土儒家文獻及びその他の傳世古書との比較において、往々にしてその文體・用語・篇章の分合等の面での"後代性"がはっきりと示されている。ある學者は、これにより「"《儒家者言》最能證明的其實是《說苑》的價值，而非今本《家語》"（『儒家者言』が最もよく證明したことは、實は『說苑』の價值であり、今本『家語』ではない）」[99]と考える。從って、『儒家者言』・一號木牘章題等の出土儒籍を、直接「"竹簡本《家語》"」或いは「《家語》"摘抄本"」（『家語』の摘錄本（ダイジェスト版）と見なすことは、非常に嚴格さを欠く[100]。ただ「"《家語》的原型"（『家語』の原型である）」という言い方をするのが、いくらか良いように思う。

　『家語』を「"古本"」と「"今本"」に分けた後、我々が議論しなければならない問題、實際明確にすることができるのは、出土儒籍と古本『家語』（即ち『漢志』著錄本）の關係である。日本の學者福田哲之は、『儒家者言』・一號木牘章題の内容は、「"古本《家語》"」から來ており、「"可視爲今本《孔子家語》之素材的更原始本文，以整合、不零散的狀態保存於《說苑》中"（今本『孔子家語』の素材と見なすことができる、より原始の文は、整理され・ばらばらに分散することのない狀態で『說苑』の中に保存されて）」、古本『家語』は失われてしまったと考えている[101]。彼が、出土儒籍と古本『家語』を關聯附けたのは、肯定するに値する。しかしそれらの具體的な關係に對して下した判斷は、檢討すべきであろう。

　八角廊漢簡の『儒家者言』・阜陽一號木牘章題及び北大漢簡『儒家說叢』等出土儒籍は、確かに孔子及びその門弟の言行記載を主としている。しかし、その

504　第3部　出土資料を通した中國文獻の再評價

中には、孔子と全く關係のない内容も少なくない。たとえば、『儒家者言』第五章に記す、齊の桓公が北に山戎を伐ち燕を過ぎる事についての管仲との問答、第十七章に記す、商の湯王の「網開一面」の故事、第十八章記載の周の文王が池を掘り死人の骨を得た事、第十九章に記す、崔杼が齊の莊公を弑して景公が立ち、晏子と盟った事、第二十章に記す白公勝が楚の惠王を弑さんとして、屈盧を輿させる一段の對話、第二十一章の晏子を魯に使わせた事である。また、例えば阜陽一號木牘章題の中には、「"陽子曰事可之貧"」・「"白公勝弑其君"」・「"晏子聘於魯"」等の條があり、後の二題は、先に舉げた『儒家者言』の第二十・二十一章の内容である。このほか、この二つの資料の中には、孔門の弟子或いはその他の儒者についても書かれているが、孔子が登場する章は見られず、例舉が十分に備わっていない。北大漢簡『儒家說叢』には、三章及びどこに屬するのかわからない殘簡が一枚現存する。先に檢討した『儒家者言』第二章と第三章の「"曾子有三言"」を除き、第一章は、明らかに齊の桓公と管仲の問答であり、そのことはまた、『晏子春秋・内篇雜上』「"景公賢魯昭公去國而自悔晏子謂無及己"」の章・『說苑・敬愼』「"魯哀侯棄國而走齊"」の章にも見られ、對話の主體は竹簡の文とは異なる[102]が、どれも孔子やその門弟には言及しておらず、問題はない。

　上述の三種類の出土文獻は、儒家類に歸せられるが、その内容は孔子に限らず、顯かに『家語』の收錄範圍を超えている。これにより、『儒家者言』・一號木牘章題・『儒家說叢』は「"竹簡本《家語》"」・『家語』の「"摘抄本"（摘錄本）」或いは「"古本《家語》"」から來ていると言うよりも、むしろ、それらは恐らく古本『家語』を編集する際に依據したある種の資料（或いは出處を同じくする資料）で、前に引いた李學勤氏の「『家語』の原型」とする說は「古本『家語』の原型（その中の孔子と孔子の門弟に關する内容を指す）」に改めるのが、比較的穩當であろう。古本『家語』の中に、もしまるで今本『家語』のような『說苑』等の書や『儒家者言』等出土文獻と一致する篇章・段落或いは文があれば、今本よりも一層、關連する出土文獻の姿と合致するはずである。

戰國秦漢出土文獻と『孔子家語』成書研究　505

2016 年 2 月 26 日

補記

　本稿は、元々『出土文獻與中國古典學重建論集』のために作成し、2016 年 2 月末に提出した原稿である。しかし論集は、譯あって今に至るまでまだ出版されていない。2016 年 7 月 28-29 日に、香港の浸會大學饒宗頤國學院で開催された「"出土文獻與物質文化──第五屆出土文獻青年學者論壇"（出土文獻と物質文化──第五回出土文獻青年學者論壇）」において、香港大學中文學院の歐亦修氏が「北大西漢竹書〈儒家說叢〉"欲使死（列）都得"疑義析論」を發表し、北大簡『儒家說叢』のこの章と『孔子家語』・『說苑』の關係する異文について、詳しい分析をされた（會議論文集 261～274 頁を參照）。その說と拙考には、同じところもあれば異なるところもあったが、本稿は早くに書き上げたものであったため、引用や回答をすることができなかった。そこで讀者には、比較參照を願いたい。

　ここでは、更に一つの問題について、補足の議論を行いたいと思う。『家語・顏回』には次に示す一章がある。

　　顏回謂子路曰："力猛於德而得其死者，鮮矣。盍愼諸焉？"孔子謂顏回曰："人莫不知此道之美，而莫之御也，莫之爲也，何居？爲聞者盍日思也夫？"

清の范家相『家語證僞』・孫志祖『家語疏證』は、「"顏回謂子路"」の語が、『論語・衛靈公』の「"子曰：'由！知德者鮮矣'"」・『論語・先進』の「"若由也，不得其死然"」に本づくが、「"孔子謂顏回"」の語は、「"未知所本"（未だ本づくところを知らず）」（『續修四庫全書』931 冊、127・217 頁）としている。我々は嘗て、『論語』のその二句と『家語』の言うところが同じでないのは、「"二者當無關係"（兩者が無關係）」だからで、そのためにこの章を「"不見於其他古書的《家語》有關篇章"（他の古書には見られない『家語』と關係のある篇章）」の列に

506　第3部　出土資料を通した中國文獻の再評價

置いたのである（『〈孔子家語〉成書考』365 頁）。

　　しかし、内容から見ると、「"力猛於德而得其死者"（力德より猛くして其の死を得る者）」云々は、確かに元の王廣謀が「"回知由之好勇，故以此箴之"（回由の勇を好むを知る、故に此れを以て之を箴む)）」（『標題句解孔子家語』卷中、日本の東京大學東洋文化研究所藏慶長四至十一年伏見圓光寺刻本）という通りなのである。明の何孟春はすでに「"夫子嘗曰 '若由也，不得其死然'，後卒蹈孔悝之難"（夫子嘗て曰く「由が若きは、其の死然を得ず」と。後に卒に孔悝の難を蹈む)）と注している（『四庫全書存目叢書・子部』第一冊、35 頁、濟南：齊魯書社、1995 年 9 月）。從って、『孔子・先進』で言っているのは、閔子騫・子路・冉有・子貢等、側に侍る人の態度・言行は樣々で、孔子は子路に對して嚴しい評價をしているということだが、しかし『家語』の「顏囬謂子路」の語は、確かにここから進化してきたものなのだろう。

　　現在、「"孔子謂顏囬"」の語も、その出處を見つけることができる。2012 年に發表された『肩水金關漢簡（貳）』の中に、下端の缺けた竹簡があり、そこに「"孔子知道之昜（もとは '易' の形に作る、以下同じ）也，'昜=（昜昜）'云者三日。子曰：'此道之美也▨'"」(73EJT22:6) と書かれていた。肖從禮・趙蘭香は、論文「金關漢簡 "孔子知道之昜" 爲〈齊論・知道〉佚文蠡測」において、西漢時に流傳した『論語』の中には『齊論』の一家があり、それは、『古論』・『魯論』よりも「問王」・「知道」の二篇が多く、遲くとも魏晉の時代にはすでに失われて「知道」篇の内容がどのようであったのか、後には調べられなくなったのだが、肩水金關漢代遺址出土の「孔子知道之昜」一簡が、或いは『齊論・知道』の佚文かもしれないという。（『簡帛研究二〇一三』182～187 頁、南寧：廣西師範大學出版社、2014 年 7 月）。2016 年に公開された西漢海昏侯墓出土の竹簡の中に、恐らく『齊論』の「知道」篇に屬すると思われる一枚がある。この簡の裏面には、「"智（知）道"」の二字が書かれ、篇名をなしており、竹簡の正面の文には、「"孔子智（知）道之昜（もとは '易' の形に作る、以下同じ）也，'昜昜'云者三日。子曰：'此道之美也，莫之御也▨'"」とあった。（江西省文物考古研究所等「南昌市西漢海昏侯墓」（『考古』2016 年第 7 期）、王楚寧「海昏侯墓出

土〈論語・知道〉篇小考」（復旦大學出土文獻與古文字研究中心網、2016 年 8
月 29 日））。その文と金關漢簡に見られるものは一致する。

　曹景年は「新公佈海昏侯墓出土〈論語・知道〉簡文釋讀」の中で、海昏侯簡『齊
論・知道』の子曰く「此道之美也，莫之御也」と『家語・顏回』の孔子顏回
に謂う「人莫不知此道之美，而莫之御也，莫之爲也」は類似していると指摘
する（簡帛網、2016 年 11 月 4 日）。これは非常に重要な發見である。「知道」篇
の孔子が言う「"此道之美"」は、顯かに前文の「"道之易"」を承けて言ったも
のである。孔子は、「"道"」とは決して計り知れないほど深く捉えがたいもので
はなく、簡易・平易で日常に通貫するもので、所謂「"道不遠人"（道は人に遠
からず）」（『禮記・中庸』）であると考えていた。楊雄の『法言・吾子』に、「"孔
子之道，其較且易也。"」や「"君子之道有四易：簡而易，用也；要而易，守也；
炳而易，見也；法而易，言也。"」とあり、その說は孔子の「"道"」に對する理
解と符合し、まさに受け繼ぐところがある。しかし、『家語』における孔子の顏
回に對する回答は、「人莫不知此道之美（人此の道の美なるを知らざる莫し）」で、
もし顏回が子路に言った「盍慎諸焉（盍ぞ諸を愼まざる）」に對してのものだと
したら、いささか牽強を免れないし、「愼乎力（力を愼まんか）」ということをど
うして「"道之美"（道の美）」と稱することができるのだろうか。

　ほとんどの『家語』の傳本は皆、前述の引用文を以て一章としている。しか
し淸の人、姜兆錫の『家語正義』では、二章に分けられている（『四庫全書存目
叢書・子部』第一冊、126 頁）。元代の王廣謀の『標題句解孔子家語』・明代の
何孟春注本『孔子家語』では、その記錄された『家語』の原文は、往々にして
他本に比べ章が整理簡略化されている狀況である。この二書の中では、上述の
引用文は皆、「盍愼諸焉」で止まり、後は直接「"叔孫武叔見於顏回"」の章につ
ながっている。彼らが據る『家語』の由來となる本は、「顏回謂子路」の語と「孔
子謂顏回」の語を一章にしていないようである。この種の分章方法が、別にあ
る信賴できる古本に依據しているのかどうかは、知り得ようもなく、もしかし
たら實は、後代の傳刻者か注釋者が、分けたものなのかもしれない。たとえこ
のようであったとしても、先人もまた、前後の文意の不一致という問題を感じ

508　第 3 部　出土資料を通した中國文獻の再評價

取っていたということは證明している。

　しかし、もし「"孔子謂顏回曰：人莫不知此道之美"」の文の前に、受け繼ぐ
ものがなければ、「此道」が指すものがわからず、一章の冒頭としてはしっくり
こない。出土竹簡『齊論・知道』篇の關係する文と對照すると、この點はより
はっきりとわかる。一方、「"莫之御也，莫之爲也"（之を御めること莫く、之を
爲す莫きなり）」等の語は、子路が「力猛於德（力德より猛き）」者の多くはその
死を得られないとわかっているにもかかわらず、その行いを愼もうとしないこ
とを批判するのに用いられているのだが、反って理に適って章として成立して
いる。そのため我々は、「顏回謂子路曰」と「孔子謂顏回曰」は『家語』の中で
は、もともと一章であったとするのは、筋が通っていると考えるのだが、しか
しこの二つの部分には、それぞれ異なる出處があり、本來互いに特に關係はな
く、恐らく『家語』が據る素材の定本を書いた者か或いは『家語』の編者が、
それらを合わせ改め、前後の意味を通じさせてできた文である。また「"人莫不
知此道之美，而莫之御也，莫之爲也"」等の語は、『齊論・知道』から取り、少
し改竄を加えたものであり、「"孔子謂顏回曰"」の語は、前後の文のつながりの
ために附加されたものであると考えられる。

　從って、『齊論・知道』において孔子が言う「"易易"」の道の話を、顏回が子
路を批判する「"盡愼諸焉"」の後ろに續けることについて、我々が考えられる
可能な説明は、次の二つである。第一は、東漢から魏晉に至るまでに、『齊論』
は次第に散失し、「知道」篇は恐らくただ「"子曰：'此道之美也，莫之御也……'"」
の一文をを殘すのみで、その前の部分の文は、失われてしまった。ある人が、
道の美なるを知るもこれを行うことなしという内容を見つけ、子路の「"愼乎力"」
（力を愼まんか）」の態度を批判するのに移動させるべきだとし、「知道」の殘文
殘簡を書き改め、「"囘謂子路曰"」の一段の後に續けた、というもの。第二は、
『齊論』は後世に傳わらなかったとはいえ、先人は、「知道」篇を推測する時、
『禮記・鄉飲酒義』に記載される孔子觀鄉飲酒之禮で言う「"吾觀於鄉，而知王
道之易易也"（吾鄉に觀て、而して王道の易易たるを知るなり）」が、即ち「知
道」の佚文であると指摘していた（劉恭冕『論語正義補』引く汪宗沂の説、前に

引いた肖從禮・趙蘭香の文を參照）。現在、出土した『齊論・知道』の竹簡文により、孔子の「"知王道之易易也"」の評論が、確かに「知道」の原文と大體において一致していることを知ることができる。『韓詩外傳』卷五に、「"故聖王之教其民也，必因其情，而節之以禮；必從其欲，而制之以義。義簡而備，禮易而法，去情不遠，故民之從命也速。孔子知道之易行，曰：詩云：'牖民孔易。'非虛辭也。"」（肖・趙の文を參照）とあり、この「"孔子知道之易行"（孔子の道の行い易きを知る）」の語とその文の主旨が『禮記・鄉飲酒義』と基本的に一致している。推測するに、『禮記・鄉飲酒義』の「"知王道之易易也"」と『韓詩外傳』の「"知道之易行"」は、共に『齊論・知道』の文から切り取ってきたか、或いは互いにその源を同じくするものであろう。見たところ、儒家の後學は、人事に關する批評をする時、「孔子知道之易」の話を非常に好んで援用する。『家語・顏回』のこの章も、恐らく「知道」の文を用いて、子路に對する批評を行ったのであり、狀況は先に擧げた『韓詩外傳』と似ている。

　どの說明が實際と符合しているかに關わらず、『家語・顏回』の章と新出の『齊論・知道』の竹簡文の比較を通じて、顧頡剛の「"《家語》之僞惟在著作人託名，而不在其材料之無價值"（『家語』の僞りが惟だ著作人の名を託るに在りて、その資料の無價値に在らず）」の論斷は、再び裏附けられることとなった。

2017 年 1 月 18 日

注

[1] 今傳『家語』には三篇の「序」が附いている。第一は、即ち孔安國口吻の「序」で、以下「所謂孔安國の序」と稱するもの、第二は、署名はないが、その中で孔衍の奏書を引用していることから、「孔衍序」と稱されたり、「後孔安國の序」と稱されたり、またある人は兩者を分けて「孔安國傳」と「孔衍上書」と稱するもので、後文では一先ず、「後「序」」という呼び、その「序」が所謂孔安國の「序」の後に位置することを示したもの、第三は、王肅の「序」である。
[2] 『禮記・樂記』「"昔者舜作五弦之琴，以歌南風；夔始制樂，以賞諸侯"」句下孔穎達「正義」に引く。
[3] 林保全『宋以前〈孔子家語〉流傳考述』下冊 217～219・223～224 頁（台北：花木蘭文化出版社、2009 年 3 月）を參照。

510 第3部 出土資料を通した中國文獻の再評價

⁴ 張心澂『偽書通考』下冊 724 頁(上海：商務印書館、1957 年 11 月)。

⁵ 清の永瑢『四庫全書總目』上冊 769 頁(北京：中華書局 1965 年 6 月)。

⁶ 顧頡剛「孔子研究講義」「按語」(『顧頡剛古史論文集』卷四、『顧頡剛全集』第 4 冊、42、43 頁、北京：中華書局、2011 年 1 月)。顧頡剛「崔東壁遺書序一」(即ち「戰國秦漢間人的造偽與辨偽」)にもまた「『孔子家語』は偽書であるだけでなく、寄せ集めの書であり……これは王肅の辨偽を以て偽を造るやり方である。王肅の時代、鄭玄の學説は非常に隆盛であり、王肅の目には、彼の學説は多くの誤りがあると映ってはいたものの、一部の學者達は鄭玄を教祖のように持ち上げており、このような狀況で、どうすれば鄭玄を打ち負かすことができたであろうか。王肅はただ、聖言に假託し、この書を作るしかなかったのである。この書を成し、遂には『聖證論』を作り、聖人の證を據り所として鄭玄を壓倒した。」とある(『顧頡剛古史論文集』卷七、『顧頡剛全集』第 7 冊、107～108 頁)。指摘しておかなければならないのは、顧氏のこの問題に對する考え方は、前後で少し變化が見られるということである。拙著『〈孔子家語〉成書考』18～19 頁(上海：中西書局、2015 年 8 月)を參照。

⁷ 『漢志』に著錄された『家語』は二十七卷、『隋書』「經籍志」での記載は二十一卷となり、兩唐志以下今傳本に至るまでは皆十卷である。以前はこれを以て今傳『家語』が『漢志』の舊本でないことの證據とする者もあった。この種の論證に説得力はない。我々は、古書流傳の過程、とりわけ早期においては、分卷・分篇の變化が往々にして大きく、『漢志』に著錄された先秦古書の卷數と今傳本が異なるという現象が、決して珍しいことではないことを知っている。また、敦煌出土の『家語』の寫本から考えると、當時は、恐らく一種類の分卷方法に止まらない『家語』本が、社會に流傳していたと考えられる(拙著『〈孔子家語〉成書考』、191～192 頁)。

⁸ 裘錫圭「中國古典學重建中應該注意的問題」(『裘錫圭學術文集・簡牘帛書卷』336 頁、上海：復旦大學出版社、2012 年 10 月)。

⁹ 劉剛「楚銅貝 "𦎫朱" 的釋讀及相關問題」(『出土文獻與古文字研究』第五輯、444～450 頁、上海：上海古籍出版社、2013 年 9 月)。「才(錙)」は四分の一を指し、「𦎫(錘)」は三分の一を指すということについては、後に湖北嚴倉一號楚墓から出土した遣策により、更なる實證を得る(李天虹「由嚴倉楚簡看戰國文字資料中 "才"、"𦎫" 兩字的釋讀」(『簡帛』第九輯、23～32 頁、上海：上海古籍出版社、2014 年 10 月))。

¹⁰ 定縣漢墓竹簡整理組(國家文物局古文獻研究室・河北省文物研究所)「〈儒家者言〉釋文」・何直剛「〈儒家者言〉略説」(『文物』、1981 年第 8 期)

¹¹ 定縣漢墓竹簡整理組(國家文物局古文獻研究室・河北省博物館・河北省文物研究所)「定縣 40 號漢墓出土竹簡簡介」(『文物』、1981 年第 8 期)

¹² 韓自強『阜陽漢簡〈周易〉研究——附：〈儒家者言〉章題、〈春秋事語〉章題及相關竹簡』151～163、189～204 頁(上海：上海古籍出版社、2004 年 7 月)。

¹³ 馬承源主編『上海博物館藏戰國楚竹書(二)』圖版 17～30 頁、釋文考釋 151～180 頁(上海：上海古籍出版社、2002 年 12 月)。

¹⁴ 國家文物局編『2008 中國重要考古發見』102～106 頁(北京：文物出版社、2009 年 3 月)

¹⁵ 北京大學出土文獻研究所編『北京大學藏西漢竹書[叁]』下冊 202～203、211～212 頁(上海：上海古籍出版社、2015 年 9 月)

¹⁶ 「後代性」の説は、日本の福田哲之『中國出土古文獻與戰國文字之研究』から得る。福田哲之はその書の中で「一號木牘章題・『儒家者言』は、『説苑』に比べ今本『孔子家語』の本文の後代性をより一層強く映し出している。從って、一號木牘章題・『儒家者言』は、今本『孔子家語』偽作説を否定し、その原型が漢代に存在していたと實證するのに用いる

ことはできても、今本『孔子家語』自体が、漢代に遡り得るという實證に用いることは決してできないのである。」とする。（"一號木牘章題、《儒家者言》比起《說苑》而言，更強烈地對照出今本《孔子家語》本文上的後代性。從而，一號木牘章題、《儒家者言》即使得以用來否定今本《孔子家語》僞作說，證實其原型在漢代存在，也絕非得以用來證實今本《孔子家語》本身可上溯至漢代。"）（佐藤將之・王綉雯合譯、106〜112 頁（臺北：萬卷樓圖書股份公司、2005 年 11 月））。

17 蕭旭「〈說苑〉校補」（同作者『群書校補』第二冊 477 頁、南京：廣陵出版、2011 年 7 月）。

18 傅亞庶『孔叢子校釋』444 頁（北京：中華書局、2011 年、6 月）

19 寧鎮疆「八角廊漢簡〈儒家者言〉與〈孔子家語〉相關章次疏證」（『古籍整理研究學刊』、2004 年第 5 期）8 頁。

20 『說苑』の「君道」と「權謀」にも「嚮使」の例がある。「權謀」篇の「嚮使」の語は、漢の孝宣皇帝の時、ある人が茂陵の徐福のために上書した中に見られ、既に西漢中期に至るものである。「君道」篇の"嚮使"は、「宋の大水、魯人之を弔う」の故事についての中に見られる次の文"嚮使宋人不聞君子之語，則年穀未豐而國未寧。『詩』曰'佛時仔肩，示我顯德行。'此之謂也。"で、このくだりはまた、『韓詩外傳』卷三に見られ、「嚮使」を「郷使」に作る。その事は、既に『左傳』「莊公十一年」の記載に見られ、必ずしも評論の語ではない。『說苑』・『韓詩外傳』の"嚮使宋人不聞君子之語"以下の評論は、まさに後に附加されたもので、「嚮使」の出處がより古いものだと證明することはできない。

21 向宗魯『說苑校證』193 頁（北京：中華書局、1987 年 7 月）。

22 寧鎮疆「八角廊漢簡〈儒家者言〉與〈孔子家語〉相關章次疏證」（『古籍整理研究學刊』2004 年第 5 期、8 頁）、蕭敬偉「今本〈孔子家語〉成書年代新考——從語言及文獻角度考察」（香港大學博士學位論文（指導教師：單周堯）227 頁、2004 年 12 月）

23 寧鎮疆「八角廊漢簡〈儒家者言〉與〈孔子家語〉相關章次疏證」（『古籍整理研究學刊』2004 年第 5 期、11 頁）

24 定縣漢墓竹簡整理組「〈儒家者言〉釋文」（『文物』1981 年第 8 期、16 頁）、何直剛「〈儒家者言〉略說」（『文物』1981 年第 8 期、20〜21 頁）。

25 『家語』の"江海雖左"は、『禮記・郷飲酒義』の"祖天地之左海也"のような表現方法に源を發しているのだろう。

26 『說苑・君道』「"齊桓公問於甯"」の章には"是故明王聖主之治，若夫江海無不受，故長爲百川之主"の語があり、"百川"が用いられ、"百谷"は用いられていない。この句の中の「長」は「久」の意味で、先に引いた各書に見られる「長百谷」・「長於百谷」の「長」とは同じではなく、「主」が各書の「長」に相當するものである。『說苑・君道』のこの文もまた、編者による改變を經たものであることがわかる。

27 清の段玉裁『說文解字注』742 頁（上海：上海古籍出版社、1981 年 10 月）

28 寧鎮疆「讀阜陽雙古堆一號木牘與〈孔子家語〉相關章題餘札」（『中國典籍與文化』2008 年第 2 期、12 頁）。

29 前揭注 28 に同じ。

30 寧鎮疆「〈家語〉的"層累"形成考論——阜陽雙古堆一號木牘所見章題與今本〈家語〉之比較」（『齊魯學刊』2007 年第 3 期、13 頁）。

31 前揭注 30 に同じ。

32 向宗魯『說苑校證』171 頁を參照。

33 巫雪如「〈民之父母〉、〈孔子閒〉及〈論禮〉若干異文的語言分析——兼論〈孔子家語〉的成書問題」（『漢學研究』（台湾）第 28 卷第 4 期、336〜339 頁、2010 年 12 月）。

512 第3部 出土資料を通した中國文獻の再評價

34 陳劍「上海簡〈民之父母〉"而得既塞於四海矣"句解釋」(同作者『戰國竹書論集』41 頁、上海：上海古籍出版社、2013 年 12 月)。

35 陳劍「上博簡〈民之父母〉"而得既塞於四海矣"句解釋」(同作者『戰國竹書論集』40 ～41 頁)。陳麗桂「由表述形式與義理結構論〈民之父母〉與〈孔子閒居〉及〈論禮〉之優 劣」(『上博館藏戰國楚竹書研究續編』238 頁、上海：上海書店出版社、2004 年 7 月)。寧 鎮疆「由〈民之父母〉與定州、阜陽相關簡牘再説〈家語〉的性質及成書」(『上博館藏戰 國楚竹書研究續編』278～279 頁)。引用記號中の文は、寧氏の文 279 頁から引いた。

36 寧鎮疆「由〈民之父母〉與定州、阜陽相關簡牘再説〈家語〉的性質及成書」(『上博館 藏戰國楚竹書研究續編』285 頁)。劉洪濤「上博竹書〈民之父母〉研究」14 頁(北京大學碩 士學位論文(指導教師：李家浩)2008 年 5 月)。

37 巫雪如「〈民之父母〉、〈孔子閒居〉及〈論禮〉若干異文的語言分析——兼論〈孔子家語〉 的成書問題」(『漢學研究』(台灣)第 28 卷第 4 期、339～342 頁)。

38 清の范家相『家語證偽』(『續修四庫全書』931 冊、120 頁、上海：上海古籍出版社、 2002 年 4 月)。清の孫志祖『家語疏證』(『續修四庫全書』931 冊、211 頁)參照。

39 郭永秉「阜陽漢簡考釋兩篇」(同作者『古文字與古文獻論集』268～270 頁、上海：上海 古籍出版社、2011 年 6 月)。

40 清の范家相『家語證偽』(『續修四庫全書』931 冊、101 頁)。

41 釋文中の標點と整理者が施したそれは少し異なる。「"慧"」を「"惠"」と讀むのは、抱 小「讀〈北京大學藏西漢竹書(叁)〉(一)」(復旦大學出土文獻與古文字研究中心網、2015 年 11 月 17 日)に從うことによる。

42 王鍔『〈禮記〉成書考』44 頁注②(北京：中華書局、2007 年 3 月)。

43 前揭注 42 の 43 頁。

44 『儒家説叢』のこの章の後の部分は殘闕しており、章末の詳しい狀況は知りがたい。『説 苑』と『家語』を比較すると、前者の結末は後者に比べ簡略である。

45 『家語』の篇章中、『禮記』等他書にない首・尾の文は、その多くが所謂「取ってつけ た」的な文獻整理に屬する。學者の中にはこの説を信じず、改めて別の文を檢討する者も いる。

46 清の崔述『洙泗考信録』卷之三(『崔東壁遺書』297 頁、上海：上海古籍出版社、1983 年 6 月)。

47 北京大學出土文獻研究所編『北京大學藏西漢竹書[叁]』下冊 212 頁を參照。

48 前揭注 46 に同じ。『崔東壁遺書』297 頁

49 『家語』が「仲尼」と稱さず「孔子」と稱するのは、「"尊聖"」のためである。「説 苑」の後文では、「善爲刑罰，則聖人自來」とあり、所謂「善爲刑罰」というのは、 『禮記・聘義』の「刑罰行於國，所誅者，亂人也，如此則民順治而國安也」(刑罰國に行 う、誅するところの者は亂人なり、此くの如くすれば則ち民順治にして國安きなり)」の 意味であり、このようであれば、當然聖賢の人を招來することができるということである。 『白虎通・五刑』には「"聖人治天下，必有刑罰何？"」、『家語・刑政』には更に孔子の口 を借りて「"聖人之治化也，必刑政相參焉"」とあり、聖人は本來刑罰を相當重視していた ことがわかり、『説苑』の文には自ずとその理由があるのである。『家語』のこの句は「"崇 道貴德，則聖人自來"」に作り、恐らく編者が、「"聖人"」が道德を尊崇し、刑殺に反對す るとの一般認識に照らして改めたもので、これは一種の「"尊聖"」の表現のようである。

50 拙著『〈孔子家語〉成書考』13 頁。

51 羅常培・周祖謨『漢魏晉南北朝韻部演變研究』126～127 頁(北京：科學出版社、1958 年 11 月)。

52 『家語』の中では、他にも文字を改め附加したことにより、先秦の韻例にそぐわない

状況が引き起こされている。拙著『〈孔子家語〉成書考』118～119 頁を参照。

53 向宗魯『説苑校證』153 頁。

54 前掲注 53 に同じ。

55 前掲注 53 に同じ。

56 拙著『〈孔子家語〉成書考』13、199 頁。

57 定縣八角廊漢墓出土の『文子』の簡には「“有德而上下親矣，上下親則君□鬼，鬼則服矣”」(簡 2293、0712)とあり、蔡偉氏は、「“鬼”」は「“惠”」に讀むべきで、即ち「“君惠”」の意味であると指摘している。(「誤字、衍文與用字習慣——出土簡帛古書與傳世古書校勘的幾個專題研究」146 頁、復旦大學博士學位論文(指導教師：陳劍教授)2015 年 4 月)。竹簡の文が言っているのは概ね、有德の君の仁惠があれば國內外は穩やかに服從する、ということである。「“君惠臣忠，則列都得道”」の理解として參考になる。

58 武漢大學簡帛研究中心・河南省文物考古研究所編著『楚地出土戰國簡冊合集(二)』136頁、圖版 74 頁(北京：文物出版社、2013 年 1 月)。

59 荊門市博物館『郭店楚墓竹簡』圖版 27～28 頁、釋文注釋 145～146 頁(北京：文物出版社、1998 年 5 月)。

60 前掲注 59 に引く書、圖版 70・71 頁、釋文注釋 187～190 頁。

61 前掲注 59 に引く書、圖版 65 頁、釋文注釋 181～184 頁。

62 前掲注 59 に引く書、圖版 78 頁、釋文注釋 194 頁。

63 馬承源主編『上海博物館藏戰國楚竹書(一)』圖版 25・27・36 頁、釋文考釋 142・144・153～154 頁(上海：上海古籍出版社、2001 年 11 月)。

64 馬承源主編『上海博物館藏戰國楚竹書(二)』圖版 41・40 頁、釋文考釋 191～192・190～191 頁(上海：上海古籍出版社、2002 年 12 月)。

65 前掲注 64 に引く書、圖版 111 頁、釋文考釋 264～265 頁。

66 前掲注 64 に引く書、圖版 81 頁、釋文考釋 235～236 頁。

67 馬承源主編『上海博物館藏戰國楚竹書(七)』圖版 104 頁、釋文考釋 268～269 頁(上海：上海古籍出版社、2008 年 12 月)。

68 朱漢民・陳松長主編『嶽麓書院藏秦簡(壹)』139 頁(上海：上海古籍出版社、2010 年 12月)。

69 裘錫圭主編『長沙馬王堆漢墓簡帛集成』第壹冊 104 頁、第肆冊 59・68～69 頁(北京：中華書局、2014 年 6 月)。

70 前掲注 69 に引く書、第壹冊 139・138 頁、第肆冊 180・184 頁。

71 先に引いた釋文は學會の研究成果を吸収しているが、紙幅に限りがあるため詳細は注しない。

72 朱淵清「從孔子論〈甘棠〉看孔門〈詩〉傳」(『上博館藏戰國楚竹書研究』129～131 頁、上海：上海書店出版社、2002 年 3 月)。

73 向宗魯『説苑校證』95 頁。

74 『詩論』簡 24 は「“甚貴其人，必敬其位”」の後に、「“悅其人，必好其所爲”」とあり、對句を形成しているかのようである。しかし、その後更に「“惡其人者亦然”」とあり、この段は實は、貴其人・悅其人・惡其人の三つの觀點から論述を展開しているのである。これは、『家語』の「“思其人，必敬其樹；尊其人，必敬其位”」が純粹に對句を求めているのとは異なる。

75 李學勤「〈家語〉與上博簡〈詩論〉」(『齊魯學刊』2015 年第 1 期、44～45 頁)。

76 裘錫圭「考古發現的秦漢文字資料對於校讀古籍的重要性」(『裘錫圭學術文集・語言文字與古文獻卷』360 頁)。

77 郭永秉「上博簡〈容成氏〉所記桀紂故事考釋兩篇」(同作者『古文字與古文獻論集』168

514 第 3 部　出土資料を通した中國文獻の再評價

頁)。

[78] 例えば裘錫圭氏は、「說金文"引"字的虛詞用法」の中で、逆鐘銘文「毋有不聞智(知)」の「聞知」が、ただ僞古文『尚書・胤征』の「罔聞知」に見えるのみであることを擧げ、ただ一つの例であるとする。『裘錫圭學術文集・金文及其他古文字卷』48 頁に見える。

[79] 李零『簡帛古書與學術源流』300〜301 頁(北京：生活・讀書・新知三聯書店、2004 年 4 月)。李零『喪家狗―我讀〈論語〉』46〜47 頁(太原：山西人民出版社、2007 年 6 月)。梁靜「簡帛文獻與早期儒家研究」(『簡帛』第五輯、345 頁、上海：上海古籍出版社、2010 年 10 月)參照。

[80] 李零『簡帛古書與學術源流』301 頁參照。梁靜「簡帛文獻與早期儒家研究」(『簡帛』第五輯、350 頁)。

[81] 拙著『〈孔子家語〉成書考』17〜20 頁參照。

[82] 『中國典籍與文化』(2006 年第 4 期、14〜19 頁)。

[83] 林保全『宋以前〈孔子家語〉流傳考述』下冊 204・205 頁を參照。

[84] 拙著『〈孔子家語〉成書考』186 頁で南朝の齊人とするのは誤り、ここに正しきを附す。

[85] 林保全『宋以前〈孔子家語〉流傳考述』下冊 202・203 頁。

[86] 張永言「從詞彙史看〈列子〉的撰寫時代」(同作者『語文學論集(增補本)』347 頁、上海：復旦大學出版社、2015 年 1 月)

[87] 拙著『〈孔子家語〉成書考』402〜403 頁參照。

[88] 錢穆『先秦諸子繫年』7 頁(北京：商務印書館、2002 年 3 月)參照。寧鎮疆「〈孔子家語〉佚文獻疑及辨正」(『中國典籍與文化』2006 年第 4 期、15 頁)。

[89] 前掲注 88 に引く寧鎮疆氏の文に說あり。

[90] 劉汝霖『漢晉學術編年』531 頁(上海：華東師範大學出版社、2010 年 5 月)。

[91] 顧頡剛「孔子研究講義」「按語」(『顧頡剛古史論文集』卷四、『顧頡剛全集』第 4 冊、42 頁)。

[92] 日本の武内義雄「讀家語雜識」(江俠庵編譯『先秦經籍考』中冊 195 頁、上海：商務印書館、1933 年 10 月)。

[93] 『顧頡剛讀書筆記』卷十(『顧頡剛全集』第 25 冊、4〜5 頁)。按ずるに、顧氏の『家語』に對する見解は、前後で多く變化する。拙著『〈孔子家語〉成書考』18〜19 を參照。

[94] 晉の孔衍は、『戰國策』・『史記』・『呂氏春秋』・『新序』・『論衡』・『禮記』・『楚辭』・『說苑』・『韓非子』及び他の今は失傳した書を輯め採用し、時折『戰國策』・『史記』を全て寫した時に他書の內容を摻入・一部の語を置き換えて、『春秋後語』の一書を編纂した。(許建平「〈春秋後語釋文〉校讀記」(同作者『敦煌文獻叢考』235〜242 頁、北京：中華書局、2005 年 12 月)。)この仕事は、魏晉の時の人(孔猛或いは王肅)が今本『家語』を編纂したのと非常に似ている。

[95] 顧頡剛「孔子研究講義」「按語」(『顧頡剛古史論文集』卷四、『顧頡剛全集』第 4 冊 46 頁)。

[96] 李學勤「竹簡〈家語〉與漢魏孔氏家學」・「八角廊漢簡儒書小議」(同作者『簡帛佚籍與學術史』380・393〜394 頁、南昌：江西教育出版社、2001 年 9 月)。

[97] 李學勤「竹簡〈家語〉與漢魏孔氏家學」(同作者『簡帛佚籍與學術史』380 頁)。

[98] 李學勤「八角廊漢簡儒書小議」(『簡帛佚籍與學術史』393 頁)。

[99] 寧鎮疆「八角廊漢簡〈儒家者言〉與〈孔子家語〉相關章次疏證」(『古籍整理研究學刊』2004 年第 5 期 5 頁)。

[100] 李學勤氏は、「"《漢志》中專以孔子及其弟子事跡爲主的書，只有《論語》類那幾種"(『漢志』の中で孔子及びその弟子の事跡を主とした書が、『論語』類のいくつかしかない)」ことから、八角廊漢墓の中で『論語』と同出の『儒家者言』は、「"就只能歸於《家語》了"

戦國秦漢出土文獻と『孔子家語』成書研究　515

（『家語』に歸するしかない）」と考えた。（「竹簡〈家語〉與漢魏孔氏家學」（同作者『簡帛佚籍與學術史』381頁））。現在知られている戦國秦漢出土文獻は、そのほとんどが『漢志』には見られない。同一墳墓出土の文獻を取上げて、『漢志』の記載と簡單な比較しても、取るに足らない。

101　日本の福田哲之『中國出土古文獻與戰國文字之研究』（佐藤將之・王綉雯合譯、112～115頁）。

102　北京大學出土文獻研究所編『北京大學藏西漢竹書［叁］』下冊、211頁を參照。

『老子』における「天下」全体の政治秩序の構想
——馬王堆帛書甲本に基づいて——

池田　知久

1　始めに

　日本女子大学の谷中信一名誉教授よりお誘いを受けて、科学研究費による研究成果を論文集の形でまとめて世に問いたいので、論文を提出するようにという連絡を受けたのは、去る二〇一七年七月末日のことであった。谷中教授は、この三月末日に日本女子大学を停年退職されて名誉教授の称号を授与されたわけであるが、この数年間は、出土資料の研究において東京方面の中心に位置して、重要な役割を果たしてこられた方である。それに対する感謝の意味をもこめて、筆者は直ちに「承諾」の返辞を送り、論文執筆の準備にかかった。その時考えていた論文のテーマは、郭店楚墓竹簡『大一生水』の新しい研究であった。

　筆者の手に成る過去の郭店楚簡『大一生水』研究としては、池田知久監修『郭店楚簡の研究』（一）所収の『大一生水』（大東文化大学郭店楚簡研究班、一九九九年八月、大東文化大学大学院事務室）がある。これは、『大一生水』全十四簡に対する詳細な訳注である。当時筆者は大東文化大学に勤務しており、その大学院文学研究科中国学専攻の大学院生用のゼミ「中国哲学特殊研究」の課題に取り上げたのが、郭店楚簡『大一生水』の研究であった。ゼミの方針は、参加する大学院生たちに学問的な訓練を施すために、彼らに分担して訳注の素稿を作らせて、それを筆者が頭から尻まで点検して赤字を入れ、この作業を繰り返して最後に完成に導くというやり方であった【1】。郭店楚簡『大一生水』については、大学院生たち、すなわち、松崎実・姜声燦・謝衛平・盧艶・河井義樹の合計五氏が、それぞれ三、四簡ずつを分担して訳注の素稿を作り、それを筆者が最少でも数回ずつ赤字を入れて改稿を求め、多い場合には十回以上も書き改めてもらって完成を見たものである【2】。それ故、本訳注は、徹頭徹尾

518　第３部　出土資料を通した中國文獻の再評價

筆者の解釈に基づいて書かれており、筆者の作と見なしても差し支えないと考えている。

　但し、その後、中国・日本・欧米において『大一生水』の実証的な研究が進み、多くの優れた論文が執筆・公刊されるようになってきたこともあって、筆者は近年、大東文化大学版の『大一生水』訳注に対して、満足できない点があると感ずるようになってきた。また、それとは反対の方向であるが、『大一生水』が書かれたその時代の思想環境・社会環境を無視した、『大一生水』に関する抽象的な空理空論も少なからず出現するようになっている。そこで、谷中教授より与えられたこの機会を利用して、筆者の信ずる正しい方法に従って『大一生水』の理論的な分析を進めようと計画したわけである。

　しかしながら、ここに来て『大一生水』論文は他日を期することにして、まず標題の馬王堆帛書『老子』論文を優先したいと考えるに至った。というのは、最近（二〇一七年三月と九月）以下のような状況に遭遇したために、筆者の理解している『老子』思想を周囲の人々、中国人だけでなく日本人をも含めて、特に若い世代に理解してもらう必要があると痛感させられたからである。その「状況に遭遇した」というのは、以下のとおり。

　筆者は、最近、『『老子』　その思想を読み尽くす』という研究書を上梓した【3】。本書は、そのⅡ「『老子』の思想」、第３章「『老子』の政治思想」、Ｃの部分に、今回発表するこの論文の基礎となるものを含んでいる。これは、二〇一七年三月の時点で新たに書き下ろしたものである。そして、本書を上梓した直後に、たまたま中国の二大学から講演依頼を受けた（今年三月に山東大学儒学高等研究院、同じく八月に中国社会科学院歴史研究所）ために、それらに応える形でその部分の中国語訳を持参して、二回のほぼ同じ内容の講演を行ったのである。

　講演を聴いた両大学の学部学生・大学院生・若手教員の反応は、筆者の全然予期しないものであった。山東大学儒学高等研究院の方は、学部学生・大学院生が中心で約二〇〇名ほど、内容の理解も高く質疑応答もかなり深いレベルに達していた【4】。中には、若手教員がいて、自分の専門とする朱子学の立場か

　　　　　　　　　　　　　　　『老子』における「天下」全体の政治秩序の構想　519

らトンチンカンな質問を出していたけれども。これに引き替え中国社会科学院
歴史研究所の方は、若手の助手・講師・副研究員などが約四十名、内容の理解
は低く質疑応答も話にならないレベルであった。例えば、「中華民族は古代以
来の最も優秀な文化民族であるから、その最初に位置する老子がそのようなこ
とを言うはずがない。」などという、高論卓説を述べる者が主流を占めるなど、
今日の世界の学問から見れば正に惨憺たるありさまであった。最後に意見を述
べた研究員も、出土資料『老子』諸本の具体的な様相について何も知らなかっ
た。これに対して筆者が驚愕したのは言うまでもない。

　現代の中国では、儒学復興運動・国学復興運動が隆盛を極めており、それが
経済発展を基盤にした政治上軍事上の狭隘な愛国主義・ナショナリズムと密接
に結びついて展開している。こういう状況の中にどっぷり漬かりそれに煽られ
て、なまじ蓄積のあるはずの中堅知識人が自分や自国の文化・社会などを、広
い世界の中に置いて冷静に省察する機会が減ってきているように感じられる。
学問上文化上の夜郎自大精神である。それに比べると、さらに若い学部学生・
大学院生が素直かつ客観的実証的に中国古典文化を見る眼を育てていたのは、
筆者にとって大きな救いであった。上に紹介した「中華民族は古代以来の最も
優秀な文化民族である」などという前提に立って、研究と称する営みを行うの
は、正に儒学復興運動・国学復興運動の産物に他ならない。こうした営みが孔
子・孟子・朱子・王陽明などの儒教の研究だけでなく、老子・荘子・列子など
の道家、さらに墨家・名家・法家等々の多くの古典文化の研究にまで波及して
いるところに、現代中国の学問と政治の大きな問題がある、と筆者には感じら
れる。これは改めて言うまでもなく、孔子や老子などの中国古典文化に対する
宗教信仰でしかなく、到底学問と呼ぶに価しない代物である。

　ひるがえって日本の状況を眺めてみると、学問上文化上の夜郎自大精神はな
いなど、上述の中国の状況と少しは異なるかもしれないが、しかし孔子や老子
などの思想は、「優秀な漢民族の長い歴史に根ざす代表的な伝統文化であり、
人類にとって普遍的な価値を有する永遠不朽の古典である。」などと見なして、
研究に従事している専門の中国学者は決して少なくない。専門学者ではなく街

の好事家、漢文の愛好家ともなれば、その数は学者に何倍・何十倍して夥しいものになる。こう考えてみれば、現代中国の学問と政治の大きな問題として指摘した点は、我々現代日本の学問とも通底するところがあり、あながち無関係ではないのだ。

この問題の全体像を把握するためには、日中の共通点だけでなく相異点をも冷静に押さえ、さらに多くの検討事項を設けて慎重に吟味することが必要となる。この作業の完遂は、時間に制限のある筆者にとっては不可能であるから、後世の有志者にゆだねざるをえない。但し、中国思想史研究の方法の問題として、今緊急に指摘する必要しなければならない、また比較的容易に指摘しうることがある。——例えば、『老子』の研究を進める場合、それらが位置していた時代の思想・文化環境、政治・社会環境から全然切り離して、人類にとって普遍的な価値を有する永遠の古典であるなどと見なした上で、それらの内容・意味を一般的抽象的に把えようとする方法は、ほとんど何の実りももたらさない非生産的な不毛の作業である、ということである【5】。全く逆に、個別的具体的にどの時代のどの場所で営まれた、実際にいかなる内容を有する思想であり、それらが位置していた時代のどの思想・文化環境に個別的具体的に反対し、どの思想・文化環境に個別的具体的に賛成したか、また、いかなる政治・社会環境に個別的具体的に反対し、どの政治・社会環境に個別的具体的に賛成したか、などという、一言で言えば、思想の歴史性に徹底的にこだわって、そもそも『老子』が根本的には何を考えていたのかを解明する必要がある。筆者としても、一般化抽象化を頭から否定するわけではないけれども、それは個別相具体相が明らかになった後になって、取り組むべき課題なのではなかろうか。

筆者の「遭遇した状況」とは以上の如きささやかな体験であり、その中で痛感した感想とは以上の如きものである。このようなささやかな体験と感想に基づいて、以上のような思想史研究の方法の一端、すなわち、思想の歴史性にこだわりそれを曖昧にしないこと、を実現しようとした本論文を、今回発表したいと考えるに至ったわけである。筆者の手に成る郭店楚簡『大一生水』の新研究は、やはり後日を期さなければならない。

2　『老子』第五十四章の全「天下」政治秩序の構想　その1

　さて、思想史研究の方法の一端として上述した、思想の歴史性の堅持とは、実際に研究を進める過程では、帰納的方法を採用することにほぼ等しい。本論文に即して言えば、そもそも老子の人物・書物・思想などがどういうものであったのかという問題を研究しようとする場合、それらに関する個別的具体的な資料を可能な限り多様かつ丹念に蒐集した上で、安易に既存の常識にもたれかかることなく、合理的な判断基準に基づいて分析し小結を何重にも積み重ねながら、それらをより大きな結論へと帰納的に導いていくことになる。

　老子に関する個別的具体的な「資料を多様かつ丹念に蒐集する」という課題を遂行するためには、二十一世紀初頭の今日、単に『史記』老子列伝だけを依用するのでは全然不十分である。特に重要な資料として、馬王堆帛書『老子』・郭店楚簡『老子』・北京大学蔵竹書『老子』などの出土簡帛資料がすでに出土・公刊されており、これらは当時（戦国末期～前漢後期または末期）の知識人たちが日常普段に筆写・閲読・議論していたリアルタイムの『老子』である。それ故特にこれらを重視しなければならないが、本論文では、馬王堆帛書甲本を底本として採用する。その残欠のある個所は、同乙本や郭店楚簡本などによって補うこととした。

　本論文においても、老子の人物・書物・思想などについての全体観大局観を明示したり、それを前提にして個々の議論を行ったりする場合もある。演繹的方法である。筆者の老子に関する全体観大局観は、上述の拙著『『老子』　その思想を読み尽くす』で述べてあるので、これを参照していただければ幸いである。本書の構成は、以下のとおり。

　　Ⅰ　老子の人物と書物
　　　第1章　老子という人
　　　第2章　『老子』という書
　　Ⅱ　『老子』の思想

522　第3部　出土資料を通した中國文献の再評價

第1章　『老子』の哲学

第2章　『老子』の倫理思想

第3章　『老子』の政治思想

第4章　『老子』の養生思想

第5章　『老子』の自然思想

　但し、「老子についての全体観大局観を前提にして個々の議論を行う場合がある」と言っても、それらの全体観大局観は、上述したように、歴史性を堅持した帰納的方法によって得られたものである。最初から筆者の脳裏に「老子の人物・書物・思想とはこれこれである」という結論があって、それから演繹的に導き出した全体観大局観などではない。まず、このことをお断りしておきたい。

（1）第五十四章前半における「道」の普遍性一般性

　『老子』は、拙著『『老子』　その思想を読み尽くす』（前掲）のⅡ、第3章、Ａ「『老子』の「道」の形而上学・存在論と天子・皇帝の一元的な統治」において見てきたように、主として天子・皇帝などの君主が、「天下」全体の民・百姓を一元的に統治するという政治思想を抱いていた。ところで、『老子』は、その「天下」全体の政治秩序を、どのようなものになるべきだと構想していたのであろうか。

　『老子』の中には、ただ一個所だけであるが、「天下」全体の政治秩序を大局的に論じた章がある。『老子』第五十四章の、

善建〔者不〕拔、〔善抱者不脫〕、子孫以祭祀〔不絕。<u>脩之身、元（其）德乃眞。脩之家、元（其）德有〕餘。脩之〔鄉、元（其）德乃長。脩之邦、元（其）德乃夆（豐）。脩之天下、元（其）德乃博（溥）〕。以身〔觀〕身、以家觀家、以鄉觀鄉、以邦觀邦、以天〔下〕觀〔天下。吾何以知天下之然茲（哉）、以此〕。</u>

　（根源的な道を確立することの意義について述べてみよう。）しっか

『老子』における「天下」全体の政治秩序の構想　523

りと打ち建てられた〔道は〕引き抜かれることが〔なく〕、〔しっかり
と抱えこまれた道は抜け落ちることがない〕。このようにして創業した
祖先を子孫は代々祭り続けて、その祭祀は〔いつまでも絶えることがな
いであろう〕。

　（この道はさまざまのレベルで有効性を発揮する。）〔<u>この道を、我</u>
<u>が身において修めるならば、その結果、我が身は真実となり、我が家に</u>
<u>おいて修めるならば、その結果、我が家は</u>裕福〔となり、郷において〕
<u>修めるならば、〔郷は長く維持され、邦において修めるならば、邦は富</u>
<u>強となり、天下において修めるならば、天下は普く統治されるであろう〕</u>。

　（しかし同時に、我々は身・家・郷・邦・天下という各レベルを、そ
れぞれのあり方に即して具体的に理解しなければならない。すなわち、）
<u>身の立場に立って身のあり方〔を理解し〕、家の立場に立って家のあり</u>
<u>方を理解し、郷の立場に立って郷のあり方を理解し、邦の立場に立って</u>
<u>邦のあり方を理解し、天〔下〕の立場に立って〔天下のあり方を〕理解</u>
<u>する、このような配慮が必要なのだ。〔わたしがいかにして天下の情況</u>
<u>を知りうるのかと言えば、以上の方法によってである〕</u>。

である。この文章の下線個所の前半は、善く建てたかつ善く抱いた老子の「道」
を、「身」「家」「郷」「邦」「天下」の五つの領域において脩める、つまり
適用するならば、それぞれの領域で重要な成果が得られることを述べる。従っ
て、その「道」は五領域に共通して適用することのできる普遍的一般的な原理
ということになる。これに反して、後半は、五領域には相互に流用・転用する
ことのできない、それぞれの「道」があることを訴える。それ故、それぞれの
「道」は一つの領域にのみ適用できる個別的具体的な原理ということになる。
そして、前半の「道」の普遍性一般性と後半の「道」の個別性具体性とは、こ
の両者を統一・総合することは不可能ではなく、本章の思想はあくまで後半に
ウェートをかけながらも、これを統一・総合する点に主たる狙いがあると考え
られる【6】。本項ではまず、前半の「道」の普遍性一般性について考察を加え
ることにする。

524　第3部　出土資料を通した中國文献の再評價

　前半において、老子は、「身」「家」「郷」「邦」「天下」の五つを「道」を脩める、つまり適用する領域として並べて挙げるが、第一に、これら相互の関係をどのように設定しているのであろうか。また第二に、これらを並挙する目的や意義をどこに置いているのであろうか。『老子』中にはこれらの五つを同時に並挙する章は、他に存在しない。それ故、以上の二点は正確には不明であるが、何とか推測するならば、第一は、人間・社会について「道」を適用する領域としては、「身」が最小・最狭で、以下、順に大きく広くなって、「天下」の最大・最広に至るという、適用領域の小大・狭広という関係づけである。但し、それらの間にどのような内在的な関係を設けているかは、本章を含めて『老子』諸章からは分からない。また第二は、「道」を適用できる領域は、最小・最狭の「身」から最大・最広の「天下」までさまざまあり、「道」がそれらに対してオールマイティーであることを訴えるという目的・意義である。こちらの方は、『老子』中に類似する思想がいくつかあり理解することは容易である【7】が、しかし、「身」「家」「郷」「邦」「天下」などの言葉を用いて「道」のオールマイティー性を述べた文章は、やはり『老子』には存在しないのである。

　『老子』を離れ目を転じて他の世界を見わたしてみると、「身」「家」「国」「天下」の四領域を並挙して、明確に倫理思想・政治思想を論じている儒家の文献がある。『礼記』大学篇の「八条目」である。

　　　　古之欲明明德於天下者、先治其國。欲治其國者、先齊其家。欲齊其家者、
　　　先脩其身。……身脩而后家齊、家齊而后國治、國治而后天下平。自天子
　　　以至於庶人、壹是皆以脩身爲本。其本亂而末治者否矣。其所厚者薄、而
　　　其所薄者厚、未之有也。此謂知本、此謂知之至也。
　　　　古代の人で、明かな德を天下全体の規模において広めたいと願う者は、
　　　天下よりも先に自分の国を安らかに治めるものである。自分の国を治め
　　　たいと願う者は、国よりも先に自分の家をきちんと整えるものである。
　　　自分の家を整えたいと願う者は、家よりも先に自分の身を正しく修める

ものである。……自分の身が正しく修まって後に始めて自分の家が整えられる。自分の家がきちんと整えられて後に始めて自分の国が治められる。自分の国が安らかに治められて後に始めて天下全体に平和がもたらされるのだ。

上は全天下に平和をもたらすべき天子から、下は自分の身を修めるべき庶民に至るまで、全ての人間はみな自分の身を正しく修めることを根本としている。その根本の身が乱れた状態にありながら、末梢の天下に平和がもたらされることなど、あるはずがない。また、真っ先に手厚く守るべき身の守りが薄い状態にありながら、後に位置づけられる天下の守りが部厚いなどということも、あった例がない。こうした事情への理解を根本を知ることと言うが、同時にまた窮極の知とも言うのである。

詳細については後述するが、老子は、この文章とほぼ同じ内容のその前身を知っており、その影響を受けた上でなおそれに反対・批判しながら、第五十四章を著わしたものと考えられる。すなわち、第五十四章の前半では、「道」がただ「身」「家」「郷」「邦」「天下」の五領域の全体をカバーしうる普遍的一般的な原理であることと、「道」を五領域に適用すれば、それぞれの領域で重要な成果が得られることとだけを述べて、五領域における「道」の適用の相互関係については何も語らなかった。

しかしながら、結論をあらかじめ先取りして述べるならば、以上の五領域を並挙したのには、先行する儒家の思想がすでに「身」「家」「国」「天下」という小大・狭広の四領域を並挙したのを知っていて、それから影響を受けそれを模倣したに違いない。但し、四者を「身を脩む→家を斉う→国を治む→天下を平らかにす」のように、人間の「身」の倫理的修養を根本にしてその拡大・延長線上に「天下」の政治的秩序を構想する、四者の関係づけには賛成しなかった、さらに言えば反対・批判していたのである（本章の後半を参照）。

（２）「道」の普遍性一般性とその思想史的展開の見通し

「道」という実在がさまざまの領域に適用されて重要な成果を挙げうる普遍

526　第3部　出土資料を通した中國文獻の再評價

性一般性を持つことについては、諸他の文献にも明言した例がある。一例を挙げれば、『荘子』天道篇に、

> 夫虚靜恬淡、寂漠无爲者、天地之平、而道德之至。……夫虚靜恬淡、寂漠无爲者、萬物之本也。<u>明此以南郷（嚮）、堯之爲君也。明此以北面、舜之爲臣也。以此處上、帝王天子之德也。以此處下、玄聖素王之道也。以此退居而閒游、江海山林之士服。以此進爲而撫世、則功大名顯而天下一也。</u>
>
> 　そもそも虚しくて靜か、恬らかで淡く、寂しくて漠く、作爲を行わないというのは、天地の模範的なあり方であり、道德（道とその働き）の最も優れた精華である。……
>
> 　まことに、虚しくて靜か、恬らかで淡く、寂しくて漠く、作爲を行わないというのは、万物の根本なのである。<u>この境地に精通することによって天下に君臨したのが、偉大な帝王たる堯であり、これに精通することによって帝王を補佐したのが、偉大な臣下たる舜である。これを身に守って上位にいるならば、それが帝王や天子の德（道の働き）となり、これを身に守って野に下るならば、それが玄聖（玄德の聖人）や素王（王位に即いていない王者）の道となる。これを身に着けて、世を避けて悠々自適の生活を楽しむならば、江海や山林に逃がれ住む隠士たちもみな喜んで集まってくるし、これを身に着けて、進んで世に出て人々を治めるならば、功績は大いに挙がり、名声は響きわたって、天下も統一されるのだ。</u>

とある【8】。本文中の「虚靜恬淡、寂漠无為」は、「道德の至り」と解説されているとおり、端的に言って「道」を指す。この「道」は、堯が「南郷（嚮）」する場合、舜が「北面」する場合、帝王天子が「上に処る」場合、玄聖素王が「下に処る」場合、江海山林の士が「退居して間游する」場合、權謀術数の臣が「進為して世を撫する」場合、いずれの場合にもこれを把握してそれぞれ重

要な成果を挙げることができるとされている。

　本文の思想と『老子』第五十四章前半の思想との関係について言えば、両者の間に類似または共通する点があることは明かである（後述をも参照）が、管見の及ぶ限り過去の研究史の上で、この点を指摘した論著は一つも存在しない。しかしながら、こうした形而上学・存在論の分野でこれほどまでに類似・共通する文章が現れるというのは、決して偶然のなせる業ではありえない。両者の間に先後・本末など何らかの影響関係があるか、もしくは両者の根底に類似・共通する時代思潮が流れているか、のいずれかであろう。こういう場合、多くのノーテンキな俗説は、『老子』の古さを自明な歴史的事実と見なして諸問題を処理してしまうので、『老子』第五十四章が藍本、『荘子』天道篇が模倣などといった結論を出すかもしれない。（但し、上述のとおり、過去にはそのような研究も存在していない。）しかし、それでは余りにイージーである。

　試みに、天道篇を含む『荘子』の外篇・雑篇の類別を分析した武内義雄の『老子と荘子』（初出は一九三〇年）【9】を繙いてみよう。その第十章「荘周後学の思想」に一「荘子外雑篇の類別」という節が設けてあって、そこでは「天地・天道・天運・刻意・繕性・秋水の六篇はほぼ同じころの制作であろう。」とし、また「これら六篇の成立は秦漢の際にあるらしい。」とする。後の五「天地・天道・天運・刻意・繕性・秋水の思想」という節では、さらに詳しい分析を行っているものの、『老子』の思想・表現との関係については何も述べていない。また、武内義雄の「読荘私言」（初出は一九三四年）【10】を調べてみると、その七において「在宥下半と天地・天道・天運・刻意・繕性・秋水・天下の七篇とはほぼ同じころ同じ系統の学者によって作られた文章であろう。」とした上で、「しからばこれらの諸篇の成立はいつごろであろうか。」と自問し、「秦のころであろう。」と自答して、最後に「要するに在宥下半から秋水に至る七篇と天下篇とは、多少年代の前後もあろうが大体秦漢の際に出来た文献であろう。」と結論する。けれども、この論文においても『老子』との関係については一切触れていない。つまるところ、武内は、『荘子』天道篇第二章と『老子』第五十四章前半との間の思想的関係に注意しなかった、あるいは気

528　第3部　出土資料を通した中國文獻の再評價

がつかなかったのである。

　筆者の研究によれば、第二章を含む『荘子』天道篇の合計十四章は、いずれも戦国末期〜前漢初期の黄老思想の産物であり、それ故武内の「大体秦漢の際に出来た文献であろう」とする結論は、大筋で正しいものと考える【11】。この天道篇第二章と『老子』第五十四章前半とには、文字や語句の表現上共通・一致するものが全く含まれないので、だから両者の間に先後・本末などの直接的な影響関係を認めることは難しい。武内が両者の思想的関係に注意しなかったのには、無理からぬ点があると言ってよい。恐らく、しかし両者の根底には、類似・共通する時代思潮が流れているのではなかろうか。それで、両者の思想は完全に同じというわけではないけれども、相い前後する時代に成った密接に関連する道家の作品と認めることができると考えられる【12】。

　その上さらに検討してみるに、「道」がさまざまの領域に適用されて重要な成果を挙げる普遍性一般性を持つとする、以上の如き思想がさらに進展していくならば、「道」が一切の「万物」を存在・運動・変化させる実在であるとする従来の形而上学・存在論と結びついて、あらゆる「万物」の中に「道」それ自体が初めから内在すると見る哲学が、生まれる方向に向かうであろう。例えば、『荘子』知北遊篇に、

　　　東郭子問於荘子曰、「所謂道惡乎在。」荘子曰、「无所不在。……在螻蟻。……在稊稗。……在瓦甓。……在屎溺。」東郭子不應。荘子曰、「……物物者、與物无際。而物有際者、所謂物際者也。不際之際、際之不際者也。」

　　　東郭子という人が荘子にたずねた。「道というものは、どこにあるのかね。」荘子が答えた。「どこにだってあるよ。……螻・蟻の中にある。……稊・稗の中にもある。……瓦・甓にもあるよ。……屎・溺にだってあるさ。」東郭子はついに黙ってしまった。

　　　そこで、荘子は言って聞かせた。「……あれこれの物をその物たらしめている根源の道は、どんな物との間にも区別を持たず、全ての物の中

に入りこんで混然一体となっている。それに対して、万物が互いに区別を持つのは、物の区別と言われているものだ。区別のなかった道から区別によって個々の物が生まれて来たり、区別のある個々の物がやがて区別のない道に返って行ったり、といったような現象の世界なのだ。」

とあり【１３】、同じく天下篇に、

古之所謂道術者、果惡乎在。曰、「无乎不在。」
　古代の人々が道術と呼んでいた真の道は、一体どこに存在するのであろうか。答え、「どこにでも至るところに存在している。」

とある【１４】。

　これらの文章では、「道」が一切「万物」の中に初めから内在するとする形而上学・存在論の哲学が、大体のところ成立している。そして、この事実が中国思想史上において持つ意味は、極めて重大である。ここでは、その持つ重大な意味を全て論ずることはできないので、特に顕著と思われるものを一、二簡単に指摘するに止めたい。

　一つには、「道」は一切「万物」の中に初めから内在するのだとするならば、両文章の作者たちは、螻蟻（動物）・稊稗（植物）・瓦甓（鉱物）・屎溺（汚物）の中にあるのみならず、当然人間の中にもあると考えているに違いない。すなわち、あらゆる人間はそれぞれの内面に「道」を抱有しているとする思想である。この「道」は、道家の思想家たちにとって、世間的な善と悪を超えた絶対的なプラス価値（但し、道家はそれを絶対的な「善」だと表現することは滅多にない。）であったから、それ故、この思想は、全ての人間は生まれながらにしてそれぞれの内面に「善」というプラス価値を賦与されているとする思想、端的に言えば戦国中期の儒家、孟子の性善説と、共通・一致するものを持っていると把えて差し支えあるまい。もっとも、『老子』『荘子』などの道家の言う「道」は儒家の「性」とは異なるとか、道家は特に初期には「性」という言葉をほとんど使用しなかったとか、仮りに使用した場合でも道家の「性」の内容は儒家の「性」とは異なるとか、等々の相異は確かに存在する。しかし

530　第3部　出土資料を通した中國文獻の再評價

それにしても、この両者が同じタイプの思想に属することは明かではなかろうか。

　蛇足ながら一言付け加えておく。このような場合、後出の道家が先行の儒家から思想的な影響を受けたために共通・一致するものが生まれたのだとする解釈があるかもしれない。しかし、事実は恐らくそうではない。道家のこうした「道」の哲学は、儒家の「性」説の動きとは全然没交渉に、自ずからなる思想史的な展開の末にこの地点にたどりついたものと考えられる【15】。なお、宋代儒家の理一分殊説との関わりについては、後に触れる。

　二つには、「道」が一切「万物」中に本来内在するとする両篇の哲学と、『涅槃経』の主張、

　　一切衆生、悉有仏性。
　　　この世の全ての人々は、誰もみな仏になりうる本性を有している。

などに現れる、仏教の如来蔵思想・仏性論との関わりである。勿論、この両者は異なった思想であるけれども、道家の（万物に内在化した）「道」と仏教の（仏が衆生に与えた）「仏性」との間に、通底するものがあることは確かである。そして、上述の『荘子』知北遊篇・天下篇などの道家の「道」の思想が、外来の仏教の如来蔵思想・仏性論を中国に引き入れる基盤になったのではないかと推測される。

　そもそも如来蔵思想・仏性論がインドで誕生した紀元後二世紀の当時、「一切衆生」という言葉は輪廻する万物を指していたようであり【16】、このような如来蔵思想・仏性論が中国仏教界で注目されるようになるのは、東晋末期（五世紀初め）の『涅槃経』が漢訳されてからのことである【17】。その後、四四三年には『楞伽経』・『勝鬘経』が訳出され、さらに百年ほど後れて『宝性論』も伝わって、中国においても極めて多様・複雑な議論が行われていった。このあたりの経緯・事情や「如来蔵」「仏性」の本来の意味などについては、注【17】所引の常磐大定『仏性の研究』や、高崎直道『如来蔵思想・仏性論Ⅰ』（春秋社、二〇一〇年）【18】・高崎直道監修『如来蔵と仏性』（春秋社、二〇一

『老子』における「天下」全体の政治秩序の構想　531

四年)【19】に譲らなければならない。

　ところで、唐代仏教界には『涅槃経』の上記の主張に関して、「非情有仏性」（草木土石にも仏性がある）説を唱える者も出現した。六祖慧能（六三八年〜七一三年)の法嗣である南宗禅の南陽慧忠（？年〜七七五年)であり、また天台宗の荊渓湛然（七一一年〜七八二年)である【20】。こうなると、『涅槃経』の主張は、上引『荘子』知北遊篇の、螻蟻・稊稗・瓦甓・屎溺の中にも「道」があるとする道家の「道」の思想と、甚だ近いものに見えてくる。唐代仏教界の中に、『荘子』知北遊篇・天下篇などの道家の「道」の形而上学・存在論を深く読みこんで、それらを「一切衆生、悉有仏性。」の解釈に依用した者が少なくなかったのではなかろうか【21】。

　なお、仏教の如来蔵思想・仏性論に刺激されて起こった道教の道性論をも考慮する必要がある。鎌田茂雄『中国仏教史』（岩波書店、一九七八年)は、

　　　仏教の仏性説は道教においては道性説に改換されたが、『大乗妙林経』
　　　『海空智蔵経』『道教義枢』などに見られる。とくに『道教義枢』には
　　　三論宗の吉蔵の五種仏性説（『中論疏』)による五種道性説と草木道性
　　　説が見られる。

と述べている【22】。

　『老子』の段階ではまだこのような新しい形而上学・存在論の哲学は成熟してはいなかった。けれども、その萌芽はすでに兆ざし始めている。——第五十四章の前半は、普遍的一般的な「道」を「身」「家」「郷」「邦」「天下」のそれぞれにおいて脩めると、「道」が五領域のそれぞれで内在化していき、その結果、「真なり」「余り有り」「長し」「夆（豊)かなり」「博（博)し」というそれぞれの「徳」（「道」の働き)となって現れる、と述べている【23】。これが、「道」が「万物」の中に生まれながらに与えられているとする哲学、ここでのテーマに引きつけて言い換えれば、「道」が「身」「家」「郷」「邦」「天下」それぞれの中に本来的に内在するとする倫理思想・政治思想に、まだなっていないのは事実であるが、それに近づきつつあることもまた否定できな

532　第3部　出土資料を通した中國文獻の再評價

い。

　そして、こうした形而上学・存在論の進展の結果、「万物」の中に本来的に内在する「道」が「理」と呼ばれる場合も出来する。例えば、『荘子』秋水篇に、

　　河伯曰、「然則何貴於道邪。」北海若曰、「知道者、必達於理。達於理者、必明於權。明於權者、不以物害己。」

　　　河伯、「それならば、人間は、なぜ道を貴ばなければならないのでしょうか。」

　　　北海若、「それは、道を知ることができた者は、必ず万物の条理に通じ、条理に通ずることができた者は、必ず物に対する臨機応変の処置に明るくなり、臨機応変の処置に明るくなった者は、物によって傷つけられることがないからである。」

とあり【24】、『韓非子』解老篇に、

　　道者、萬物之所然也、萬理之所稽也。理者、成物之文也。道者、萬物之所以成也。故曰、「道、理之者也。」……萬物各異理、而道盡稽萬物之理。……凡理者、方圓・短長・粗靡・堅脆之分也。故理定而後可得道也。
　　　道とは、万物がそうである根拠であり、万理が集まった全体である。理とは、形成された万物に具わる諸性質であり、道とは、万物を成立させる根本である。そこで、「道とは、万物にそれぞれの理を与えて万物を成立させるものだ。」と言うのである。……万物はそれぞれ理を異にしていて、道はそれらの万物の理を総括している。……
　　　凡そ理とは、物に具わっている、四角と丸、短いと長い、粗いと細かい、堅いと脆いなどの区別のことである。それ故、物それぞれの理が確定した後、始めて道は把えることができるのである。

とある【25】のがそれである。解老篇中のキーワードである「稽」は、王先謙『韓非子集釈』を参照して、集める・集まるの意とする。

『老子』における「天下」全体の政治秩序の構想　533

　以上の『荘子』秋水篇・『韓非子』解老篇の両文章では、「道理」という概念が成立している。すなわち、「道」が「万物」の中に「理」として内在する認める新しい哲学の誕生である。これらにおいては、「理」は個々の物に具わる諸性質（個別的な現象）であるのに対して、「道」はそれらの「理」の総括者（全体的な根源）である。それ故、「道」と「理」の関係は、北宋の程伊川の「理一分殊」説とほぼ同じであって、その先駆をなすものと見ることができよう。筆者はこれを「道一理殊」説と呼びたいと思う【２６】。これらは戦国最末期〜前漢初期に成書された文章であり、だから「道」が「万物」の中に「理」として内在すると認める新しいこの哲学も、その時代に成ったものと考えられる。但し、『老子』の中には、こうした新しい哲学はまだ含まれてはいないようである【２７】。

　ところで、『韓非子』解老篇の上引文中には、「故曰」を冠する「道、理之者也。」という文がある。これは「道」と「理」を直接関係づけて、「道理」の「万物」内在を認める新しい哲学を宣言した重要な一文である。これについては一体、どう考えればよいのであろうか。顧広圻・王先慎以来の通説は、これを『老子』第十四章の「是謂道紀」を解釈した文であると推測する【２８】。しかしながら、そもそも解老篇という文献は、『老子』の経文を引いてそれを解釈する形式を取るのが常である。それ故、「故曰」以下はほとんど例外なく『老子』経文の引用である。この点から考えれば、以上の通説は不適当であって、これはやはり『老子』経文なのではなかろうか。現在までのところ、『老子』の通行諸本には勿論、近年の出土資料本である郭店楚簡本・馬王堆帛書本・北京大学竹書にもこの一文は現れない。筆者は、以上の諸本とは別の系統に属する『老子』のテキストが他にあって、そこではすでにこうした新しい哲学が生まれていたのではないかと推測する者である。そうなると、上文に書いた「『老子』の中には、こうした新しい哲学はまだ含まれてはいないようである。」は、修正する必要があるかもしれない。

　いずれにしても、『老子』はこのような新しい形而上学・存在論の形成の真っただ中を動いていたのである。

534　第３部　出土資料を通した中國文献の再評價

2　『礼記』大学篇「八条目」の全「天下」政治秩序の構想

（1）『礼記』大学篇「八条目」の全「天下」政治秩序

　『礼記』大学篇の「八条目」は、上文に引用したとおりである。一方、その前身の類似の思想から影響を受けた『老子』第五十四章は、その前半において、「道」がただ「身」「家」「郷」「邦」「天下」の五領域をカバーしうる普遍性一般性を持つことと、「道」を五領域に適用すれば、それぞれで重要な成果を得られることとを述べるだけであって、五領域における「道」の適用の相互関係については何も語らなかった。すなわち、「道」を身に脩めることと「道」を家に脩めることとの相互関係、「道」を家に脩めることと「道」を郷に脩めることとの相互関係、「道」を郷に脩めることと「道」を邦に脩めることとの相互関係、「道」を邦に脩めることと「道」を天下に脩めることとの相互関係、については何も語らなかった。その上、第五十四章の後半では、これらの相互関係を明確に絶ちきってそれぞれの個別性具体性を主張している（後述）。従って、『老子』第五十四章は、『礼記』大学篇「八条目」の前身の類似の思想を知悉しており、それに対して不賛成、さらには反対・批判の態度を持していたと考えなければならない。

　『礼記』大学篇の著者が誰であり成立はいつごろかという問題については、あれこれ若干の神話・伝説は存在する【29】が、しっかりした証拠に基づいて事実を確定することは至難のわざである。そこで、本論文ではこれらの問題には深入りしないことにする【30】。

　さて、『老子』第五十四章との関わりにおいて、大学篇「八条目」の中で注目される点は、すでに上述したごとく、「脩身→斉家→治国→平天下」のように画いた倫理・政治の発展の図式にある。

　この図式は、「身」の方から見るならば、個人の倫理的修養である「身を脩む」から出発して、四つの領域における諸課題の相互関係が、その同心円的で有機的な拡大・発展の延長線の上に、最終的に「天下を平らかにす」るという

政治的目標に到達する必要があるとする、人類全体にとっての当為を体系的構想として示す。その上、「天子自り以て庶人に至るまで」のあらゆる人間にとって、「身を脩む」などの倫理の「道」と「天下を平らかにす」るなどの政治の「道」とは本質的に異ならず、また「脩身」が「本」、「平天下」などは「末」であると規定する。それ故、この体系的構想は、「身」の人間紐帯の血縁的な倫理をあらゆる課題の根本とし全てに優先する前提としつつ、その拡大・発展の延長線上に「天下」の政治秩序を位置づけようとするものである。思想史的に見れば、春秋・戦国時代以来の孔子・孟子など儒教の倫理思想・政治思想（後述）を正確に受け継いだ上で、政治秩序としては西周に行われたと理念される封建制度を再現しようとするものと押さえられよう。

　また、「天下」の方から見るならば、この図式は、「天下」はいくつかの「国」から構成され、「国」は多くの「家」から構成され、「家」は何人かの「身」から構成されるのであろうが、これらの間に起こりうる対立・紛争を、発生するはずのないものとして除去する。すなわち、「天下」と「国」との間、「国」と「家」との間、「家」と「身」との間の対立・紛争、そしてまた恐らく「国」と「国」との間、「家」と「家」との間、「身」と「身」との間の対立・紛争を、これらは春秋・戦国時代には頻発していたものであるが、「天子自り以て庶人に至るまで」のあらゆる人間にとって、「身」における「脩身」、「家」における「斉家」、「国」における「治国」、「天下」における「平天下」が、本質的に異ならず同じ「道」であるはずだとして、それらの対立・紛争を理念上全て除去するのである。この点から考えて、この体系的構想は、かつて唱えられた理念的な封建制度が「身」「家」「国」の多様性を認めるのに比較して、「天下」の中におけるそれらの統一性を志向しようとする性格が強いと言うことができよう。従って、大学篇の「八条目」は、戦国分裂の時代より以後の統一天下の時代に成った思想と把えるべきではなかろうか。

（2）『礼記』大学篇「八条目」とその淵源

　大学篇「八条目」の「脩身→斉家→治国→平天下」の倫理・政治の発展図式

536　第3部　出土資料を通した中國文獻の再評價

と全く同じではないにしても、これに類似して、「身」「家」における倫理を
あらゆる課題の根本・前提としながら、その後に「国」「天下」などの政治を
位置づけるという思想は、春秋・戦国以来の儒家に特有の思想であり、孔子・
孟子以後の儒家がしばしば説いてきたところであった。例えば、『論語』学而
篇に、

　　有子曰、「其爲人也、孝弟而好犯上者、鮮矣。不好犯上而好作亂者、未
　　之有也。君子務本、本立而道生。孝弟也者、其爲仁之本與。」
　　　孔子の門人の有子が言った。「その人となりが孝行・梯順でありなが
　　ら、目上に逆らうことを好むような者は、ほとんどいない。目上に逆ら
　　うことを好まないのに、反乱を起こすことを好むような者は、かつてい
　　た例(ためし)がない。君子は根本のことに努力するが、根本が確立すると道が生
　　ずるのだ。孝行・梯順というものこそ、仁の根本に他ならない。」

とあり【31】、同じく為政篇に、

　　或謂孔子曰、「子奚不爲政。」子曰、「『書』云、「孝乎惟孝、友于兄
　　弟、施於有政。」是亦爲政、奚其爲爲政。」
　　　ある人が孔子に向かってたずねた。「あなたはどうして政治をしない
　　のですか。」孔子は答えた。「『書経』に「孝行よ、孝行よ。また兄弟
　　とも親しみ合い、それを政治にも及ぼす。」とある。これもまた政治を
　　行っているのだ。何もわざわざ政治を行う必要はあるまい。」

とある【32】ように、すでに春秋末期の孔子門下において、「孝弟」「孝友」
という血縁的倫理が、そのまま直ちに「上」の「国」「天下」における「乱を
作すを好ま」ない政治秩序に繋がるという倫理思想・政治思想を、議論するこ
とが始まっていた。
　また、『孟子』離婁上篇に、

　　孟子曰、「人有恆言、皆曰、「天下國家」。天下之本在國、國之本在家、
　　家之本在身。」

孟子が言った。「世間の人々は誰も皆常に「天下・国家」という言葉を口にする。しかし、<u>天下の本は国に在り、国の本は家に在り、家の本は身に在るのだ。</u>」

とある【33】。この文章の思想は、大学篇「八条目」の当該部分のそれとほとんど同じであって、その藍本となった文章であると認めることができる。

　また、『呂氏春秋』執一篇に、楚王が「国を為（おさ）める」やり方を詹何という道家系の思想家に問うたところ、詹何が「何は身を為（おさ）むるを聞くも、国を為（おさ）むるを聞かず。」のように、「為身」（ここでは身の養生）を第一とする立場から回答を拒否した経緯が載っている。これを話の糸口にして、執一篇の作者は、

　　詹子豈以國可無爲哉。<u>以爲爲國之本在於爲身、身爲而家爲、家爲而國爲、國爲而天下爲。</u>故曰、「<u>以身爲家、以家爲國、以國爲天下</u>。」此四者、異位同本。
　　　詹子（せんし）は国を為めることがなくてよいと考えていたはずはない。<u>彼の考えでは、国を為める本は我が身を為めることに在り、身が為まって始めて家が為まり、家が為まって始めて国が為まり、国が為まって始めて天下が為まる、ということである。それ故、次のように言う。「身を為めるやり方で家を為め、家を為めるやり方で国を為め、国を為めるやり方で天下を為める。</u>」この四つのものは、位置は異なるけれども根本は同じである。

と説いている。これも大学篇「八条目」の当該部分とほとんど同じであって、やはりまたその藍本となった文章と把えることができる。

　それだけでなく、『孟子』離婁上篇よりも一層大学篇「八条目」に近づいており、特に「為身→為家→為国→為天下」の倫理・政治の発展図式は、大学篇「八条目」の「脩身→斉家→治国→平天下」の図式と何ら異なるところがない。『呂氏春秋』執一篇の思想的立場は儒家の主張をも取り入れた雑家であるから、以上に引用した部分は同篇のオリジナルな文章ではなく、当時の儒家から借用したものに違いない。そして、このように純然たる儒家とは言えない執一篇で

538　第3部　出土資料を通した中國文献の再評價

さえ、大学篇「八条目」とほとんど同じ趣旨の文章を綴っているところから判断して、『呂氏春秋』の編纂された戦国末期までの儒家の思想家たちの間で、後に大学篇「八条目」に精錬されていくことになる、この思想の原形がすでに大略でき上がっていたのではないかと思われる【34】。

　その他、戦国末期の儒家の文献から、類似の思想を二例引用しておく。例えば、『荀子』君道篇に、

　　請問爲國。曰、「聞脩身、未嘗聞爲國也。君者儀也、〔民者景也〕、儀正而景正。君者槃也、〔民者水也〕、槃圓而水圓。君射則臣決。楚莊王好細腰、故朝有餓人。故曰、「聞脩身、未嘗聞爲國也。」」

　　国を為めることについておたずねしたい。

　　答え、「身を脩めることは聞いているが、国を為めることについてはまだ聞いたことがない。君主とは模範であり、〔人民とは影であり〕、模範が正しければ影も正しくなる。君主とは器であり、〔人民とは水であり〕、器が丸ければ水も丸くなる。また、君主が弓術を好めば臣下は指に弓懸けをつけるようになり、楚の荘王が美人の細腰を好んだので、朝廷に節食のあまり餓死する臣下が出るようになった。だから、「身を脩めることは聞いているが、国を為めることについてはまだ聞いたことがない。」と言うのである。」

とあり【35】、また、『孝経』孝治章に、

　　子曰、「昔者明王之以孝治天下也、不敢遺小國之臣、而況於公侯伯子男乎。故得萬國之懽心、以事其先王。治國者不敢侮於鰥寡、而況於士民乎。故得百姓之懽心、以事其先君。治家者不敢失於臣妾、而況於妻子乎。故得人之懽心、以事其親。……是以天下和平、災害不生、禍亂不作。故明王之以孝治天下也如此。」『詩』云、「有覺德行、四國順之。」

　　孔子が言った。「昔、明王（聖天子）が孝行に基づいて天下を治めた時、小国の臣下を見捨てようとはしなかった。まして配下の公・侯・伯・子・男の諸侯に対しては言うまでもない。だから、万国の諸侯の歓迎

を受けて、王朝の先王の祭祀を行うことができたのだ。国を治める諸侯も鰥夫・寡婦を軽んじようとはしなかった。まして一般の士・人民に対しては言うまでもない。だから、万民の歓迎を受けて、国家の先祖の祭祀を行うことができたのだ。家を治める家長も使用人を見捨てようとはしなかった。まして自分の妻子に対しては言うまでもない。だから、人々の歓迎を受けて、家の祖先祭祀を行うことができたのだ。……こうして、天下は平和になり、災害も発生せず、争乱も起こらなかったのである。それ故、明王（聖天子）が孝行に基づいて天下を治めたやり方は、このようなものであった。」『詩経』には「天子に大いなる徳行があれば、四方の国々は皆なこれに従う。」と言う。

とある【36】など、類似する思想の表現は枚挙するに遑がない。

このように、『礼記』大学篇が仮りに通説の唱えるように、前漢中期乃至後期に成書された文献であるにしても、「八条目」と類似するその前身の思想は、早ければ春秋末期から、また特に「脩身→斉家→治国→平天下」という倫理・政治の発展図式と類似するその前身は、遅くとも戦国末期には、間違いなく儒家の思想家たちの間でできあがりつつあった、もしくはすでにできあがっていたと推測される。

『老子』第五十四章は、大学篇「八条目」の図式を直接批判した文章ではない可能性が高いけれども、大学篇「八条目」の前身の思想を知悉しており、それに対して不賛成、さらには反対・批判の態度を持していた。そうだとすれば、老子が構想する「天下」全体の政治秩序は、以上に見てきたような、春秋・戦国以来の儒家伝統の「天下」的政治秩序――「身」の人間紐帯の血縁的な倫理の拡大・発展の延長線上に、「天下」のあるべき政治を位置づけようとする封建制度――ではないであろう。

3　『管子』牧民篇の全「天下」政治秩序の構想

（1）第五十四章後半における「道」の個別性具体性

540 第3部 出土資料を通した中國文獻の再評價

　本項では、『老子』第五十四章の後半の「道」の個別性具体性について考察を加えよう。第五十四章後半の主要部分は、

> 以身〔觀〕身、以家觀家、以鄉觀鄉、以邦觀邦、以天〔下〕觀〔天下。
> 吾何以知天下之然茲（哉）、以此〕。

である【37】。この個所において注目すべきことは、次の二点である。

　第一に、これが『礼記』大学篇「八条目」の「身」「家」「国」「天下」に対する見方と正反対に対立するものであることである。と言うのは、大学篇「八条目」では、

> 古之欲明明德於天下者、先治其國。欲治其國者、先齊其家。欲齊其家者、
> 先脩其身。……身脩而后家齊、家齊而后國治、國治而后天下平。

とあったように、「身を脩める」やり方が「家を斉える」やり方と同じ、「家を斉える」やり方が「国を治める」やり方と同じ、「国を治める」やり方が「天下を平らかにする」やり方と同じである。従って、大学篇「八条目」の「家」の見方は「身を以て家を観る」であり、「国」の見方は「家を以て国を観る」であり、「天下」の見方は「国を以て天下を観る」であることになる。これと同じ「身」「家」「国」「天下」への対処のし方を、大学篇「八条目」の藍本の一つとなった上引の『呂氏春秋』執一篇は、「故曰、「以身爲家、以家爲國、以國爲天下。」」と述べていた。

　一方、『老子』第五十四章の後半は、「身」それ自体のあり方に即して（つまりその「道」をもって。以下同じ。）「身」を観、「家」それ自体のあり方に即して「家」を観、「郷」それ自体のあり方に即して「郷」を観、「邦」それ自体のあり方に即して「邦」を観、「天下」それ自体のあり方に即して「天下」を観るべきことを提唱する。両者を並べて対照すればその相異は一目瞭然であり、第五十四章後半の「道」は、「身」「家」「郷」「邦」「天下」のそれぞれで個別的具体的に異なっていた。後出の文献である『老子』は、当時の儒家にとってすでに伝統となっていた、大学篇「八条目」の前身の思想・図式

に単に不賛成であっただけでなく、明確に反対・批判の態度を取っていたのである。言い換えれば、「身」の人間紐帯の血縁的な倫理を、一歩一歩同心円的に「家」「郷」「邦」の諸領域へと拡大・発展させつつ、その延長線上に「天下」のあるべき政治を構想する、という封建制度への道に対して、老子は明確に反対・批判したことになる。そして、大学篇「八条目」の前身のこの思想・図式は、当時の儒教の倫理思想・政治思想の根幹をなすものであった。

　第二に、『老子』第五十四章の後半は、「身」「家」「郷」「邦」「天下」の五領域の中で、老子が最も重視したのが「天下」であることを我々に教えてくれる。すなわち、老子は、第五十四章末尾で「吾何を以て天下の然るを知るや」のように、他の四領域から切り離してただ「天下」だけを取り出して、それがなぜ「然り」（「天下を以て天下を観る」という対処を行べき）であるのかを問い、それに対して「此を以てなり」と答えた。答えの内容は、上文の「身を以て身を観、家を以て家を観、郷を以て郷を観、邦を以て邦を観る。」である【３８】。──「身」「家」「郷」「邦」それぞれのあり方に即して「身」「家」「郷」「邦」それぞれに対処する、というやり方の個別性具体性をもって答えたわけである。それ故、第五十四章の後半において老子が最も重視し最も関心を抱いたのは、正に「天下」それ自体のあり方、「天下」への対処のし方なのであった。

（２）『管子』牧民篇における「道」の個別性具体性

　ここに、『老子』第五十四章の後半と同じ趣旨の文章がある。『管子』牧民篇の、

　　以家爲郷、郷不可爲也。以郷爲國、國不可爲也。以國爲天下、天下不可爲也。以家爲家、以郷爲郷、以國爲國、以天下爲天下。毋曰不同生、遠者不聽。毋曰不同郷、遠者不行。毋曰不同國、遠者不從。如地如天、何私何親。如月如日、唯君之節。
　　家のあり方に従って郷を為めようとすれば、郷は為めることができな

542 第3部 出土資料を通した中國文獻の再評價

い。郷のあり方に従って国を為めようとすれば、国は為めることができない。国のあり方に従って天下を為めようとすれば、天下は為めることができない。それ故、家のあり方に従って家を為め、郷のあり方に従って郷を為め、国のあり方に従って国を為め、天下のあり方に従って天下を為めるのである。

郷を為めようとする場合、郷長は生まれ（姓）が異なると言って排除してはならない。それでは、疎遠な者が郷長の言うことを聴かなくなる。国を為めようとする場合、国君は郷が異なると言って排除してはならない。それでは、疎遠な者が国君の下に集まって来なくなる。天下を為めようとする場合、天子は国が異なると言って排除してはならない。それでは、疎遠な者が天子の統治に服従しなくなる。一体、優れた天子の統治は、あたかも地のように天のように、私心もなければ依怙贔屓もない。であればこそ、人民も天子を月のように日のように尊んで、ひたすら君主（天子）を模範とするのである。

である。この文章は、『老子』とは異なって「道」という言葉は使用しないが、その「家」「郷」「国」「天下」における個別性具体性だけを述べている。そして、大学篇「八条目」の前身の「脩身→斉家→治国→平天下」という、儒教の倫理・政治の図式を知悉しかつ踏まえた上で、その一つ一つの失敗に終わる可能性と陥りやすい欠陥とを指摘しつつ、結局のところ、『老子』第五十四章の後半と同じ「以家爲家、以郷爲郷、以國爲國、以天下爲天下。」という政治秩序の形成の方法を提唱しているのだ。

儒家の図式が失敗に終わる可能性と陥りやすい欠陥は、以下のとおり。——「家を以て郷を為む」を行おうとする場合、「家」のあり方は「生を同じくせざ」る者を排除しがちなので、「遠き者は聴かず」という欠陥があり、それ故「郷は為む可からざるなり」という失敗に終わる。同様に、「郷を以て国を為む」を行う場合、「郷」のあり方は「郷を同じくせざ」る者を排除しがちなので、「遠き者は行かず」の欠陥があり、だから「国は為む可からざるなり」と

いう失敗に終わる。同様に、「国を以て天下を為む」を行う場合、「国」のあり方は「国を同じくせざ」る者を排除しがちなので、「遠き者は従わず」の欠陥があり、だから「天下は為む可からざるなり」という失敗に終わる。このように唱えているのである。

　牧民篇の引用個所の思想を正しく理解するために、もう一つ見逃すことのできない点がある。末尾の「地の如く天の如く、何をか私し何をか親しまん。月の如く日の如く、唯だ君を之れ節とせん。」である。これは、前に置かれた「家」や「郷」や「国」を治める家長や郷長や国君に関して述べた文章ではなく、最後に置かれた「天下」を治める天子・皇帝に関して述べた文章であろう【３９】。なぜなら、「如地如天」「如月如日」という比喩は、国君以下の正長の治政とそれへの国民以下の尊崇とには適わしくなく、天子・皇帝の治政とそれへの万民の尊崇とにこそ適わしいからである。

　そうだとすれば、牧民篇の引用個所が最も重視し関心を抱くのは、「天下を以て天下を為む」ること、つまり「天下」全体の統治であった、と把えてよかろう。その実現のために、牧民篇は、当時の儒家が唱えていた大学篇「八条目」の前身の思想・図式に真っ正面から反対・批判したのであるが、この点でも『老子』第五十四章の後半と同じである。「天下」全体の政治秩序の実現のためには、「家」「郷」「国」のあり方とそれらへの対処のし方に関する、儒家の思想を考慮すべきでないと主張する牧民篇のこの政治思想は、天子・皇帝の頂点にいただき、彼が一元的に万民を直接統治する、後代の郡県制度あるいは郡国制度を志向することになると思われるが、実は『老子』第五十四章の後半の政治思想もこれと同じであった。

　『老子』第五十四章の後半と以上のような内容を持つ『管子』牧民篇とは、密接に関係し、一方が他方に影響を与えていることが明らかである。両者の先後・影響関係はどう把えればよいのであろうか。

　『管子』牧民篇の作者と成書年代については、管仲が春秋初期に著わしたとする神話・伝説が史実でないことは、今日もはや議論する必要はあるまい。しかし、この問題を実証的な根拠をもって確実に解明することは極めて困難であ

544　第3部　出土資料を通した中國文獻の再評價

る。ここでは、『管子』の研究で顕著な成果を挙げた金谷治『管子の研究』（岩波書店、一九八七年）の見解を引用して、参考にすることにしたい。本書の終章、第二節「『管子』諸篇の思想史的展開」、（一）は、

　　牧民第一──戦国中期の初め。とくに最初の国頌章などは戦国初期あるいはそれ以前にも溯る古い時代からの伝承を持つ資料と見られる。一部には新しい加筆があると思われるが、全篇中で最も古く、政治思想として全篇の中心思想が見られる。

と結論づける。また、本書の第三章「「経言」諸篇の吟味」は、『老子』第五十四章の後半と類似する『管子』牧民篇の文章の成立について、『老子』の成書に先行する可能性を、以下のように指摘する。

　　「家を以て家を為め、郷を以て郷を為め、国を以て国を為め、天下を以て天下を為む。」というのは、『老子』第五十四章に「為」の字が「観」になり、「家」の句の上に「身」の句があるだけの違いで、そのまま見えている。……『老子』との類似の句なども、必ず『老子』の書が成立してからの引用だとは決められないからには、諸派の成立以前の未分の思想状況の反映とも見なせるわけであろう。

　ひるがえって『老子』第五十四章、『管子』牧民篇、『礼記』大学篇「八条目」の前身の思想の三者の当該部分を比較・対照してみると、内容上から見て、最も単純な文献は大学篇「八条目」の前身である。その内容を知悉して反対・批判する『管子』牧民篇・『老子』第五十四章がその後の成立であることは、容易に断定することができよう。最も複雑な文献は、五領域における「道」の普遍性一般性を説く前半と、五領域における「道」の個別性具体性を説く後半とから成る『老子』第五十四章であり、個別性具体性だけを唱える『管子』牧民篇は両者の中間にあると認めることができる。それ故、思想史発展の道筋の自然性を基準にするならば、まず大学篇「八条目」の前身が、儒家の立場に立って、「身」の人間紐帯の血縁的倫理という根本・前提の拡大・発展の延長線

上にあるものとして、全「天下」政治秩序の構想を提起した。次に『管子』牧民篇が「家」「郷」「国」「天下」のそれぞれのあり方に即した統治方法を提唱し、中でも最も重視して全「天下」政治秩序の構想を提起した。終わりに『老子』第五十四章が、前半では大学篇「八条目」の前身の構想を取り、そこに自らの「道」「徳」概念を使用してそれを深化させながら、後半では牧民篇を襲って「身」「家」「郷」「邦」「天下」のそれぞれのあり方に基づいた全「天下」政治秩序の構想を提起した、と押さえることができるように思われる。

　話をおもしろくすることを許していただけるならば、これぞ正しく中国思想史の弁証法的発展の典型と言うことができよう。——最初に、中国思想史上始めて『礼記』大学篇「八条目」の前身が、血縁的倫理の普遍性一般性に基づいて全「天下」政治秩序形成の儒家的な図式を画いたのに対して、続いて、これを受けた『管子』牧民篇が、諸領域の個別性具体性を重視する立場から（必ずしも道家とは言えないが）真っ正面からこれに反対・批判する見解を表明し、最後に登場した『老子』第五十四章が、牧民篇サイドにシフトしつつ、道家の立場から諸領域における「道」の普遍性一般性と個別性具体性を統一・総合しようとした、という思想史発展の道筋である。『老子』においてなお不十分な点があるとすれば、以上の「道」の普遍性一般性と個別性具体性を統一・総合する内在的なロジックが、第五十四章においてだけでなく『老子』全体としても不分明だということである。しかし、この件の明確な解決を『老子』に求めるのは、一種のないものねだりであって、それは以下の時代にゆだねられた問題だと考えるべきではなかろうか。

（3）『管子』形勢篇における「道」の場合

　本章の最後に、『老子』第五十四章の趣旨に近いもう一つの資料を取り上げて、簡単に分析しておく。『管子』形勢篇である。

　　道之所言者一也、而用之者異。有聞道而好爲家者、一家之人也。有聞道而好爲郷者、一郷之人也。有聞道而好爲國者、一國之人也。有聞道而好爲天下者、天下之人也。有聞道而好定萬物者、天下〈地〉之配也。

546　第3部　出土資料を通した中國文献の再評價

　　　道の指すものはただ一つであるけれども、これを用いる者は異なる人
　　がさまざまに用いる。具体的に述べれば、道を聞いて好んで家を為める
　　者があるが、それは一家の人の用い方である。道を聞いて好んで郷を為
　　める者があるが、それは一郷の人の用い方である。道を聞いて好んで国
　　を為める場合があり、それは一国の人の用い方である。道を聞いて好ん
　　で天下を為める場合があり、それは天下の人の用い方である。しかしさ
　　らに上に、道を聞いて好んで万物を定める者があり、それこそ天地に匹
　　配する人の用い方なのである。

　この文章において、「道の言う所の者は一なり」とは、「道」の普遍性一般
性を指す。「家」「郷」「国」「天下」さらには「天下〈地〉」【40】という
諸領域における「道」の普遍性一般性である。すなわち、同じ「道」という根
源者が、「家を為め」「郷を為め」「国を為め」「天下を為め」、さらにまた
「万物を定め」る上でも、普遍的一般的に「用いられる」という一面を指する。
後に『管子』形勢解篇は、この個所に関して、

　　　道者、扶持衆物、使得生育、而各終其性命者。故或以治郷、或以治國、
　　或以治天下。故曰、「道之所言者一也、而用之者異。」
　　　道とは、万物を扶養・維持して、その結果、万物が生長し、それぞれ
　　自らの生命を全うしうるようにする根源者である。だから、ある者は道
　　によって郷を治め、ある者は道によって国を治め、ある者は道によって
　　天下を治める。それ故、「道の指すものはただ一つであるけれども、こ
　　れを用いる者は異なる人がさまざまに用いる。」と言うのだ。

と解説するが、これによっても上述の理解の正しさが確かめられよう。──「道
の言う所の者は一なり」の内容は、「道」が「衆物を扶持し、生育して、各々
其の性命を得しむる」という点で同一だ、ということである。より詳しく言え
ば、「衆物」つまり万物とは、ここでは「家」「郷」「国」「天下」さらに「天
下〈地〉」であるが、それらのそれぞれを「治め」ようとする時、いずれの場
合でも「生育して、各々其の性命を得しむ」る能力を有する「道」、その根源

者としての能力を「以て」行う、という趣旨になる。このような意味において、この個所の「道」は普遍性一般性を述べているわけである。

　ところが、同時にまたこの文章は、家を為める「一家の人」よりも郷を為める「一郷の人」を重んじ、郷を為める「一郷の人」よりも国を為める「一国の人」を重んじ、国を為める「一国の人」よりも天下を為める「天下の人」を重んじ、さらには天下を為める「天下の人」よりも万物を定める「天下〈地〉の配」を重んずる。それは作者が、「一家の人」「一郷の人」「一国の人」「天下の人」「天下〈地〉の配」を全く同じレベルの人とは考えず、これらの間に区別・差別を設けているからである。その区別・差別は、事柄の本質上、「家」「郷」「国」「天下」「天下〈地〉」の区別・差別に由来する。従って、この場合の「道」は、「家の道」「郷の道」「国の道」「天下の道」「天下〈地〉の道」、といった個別的具体的なものになると思われる。

　この個所に関して、後の『管子』形勢解篇は、

　　聞道而以治一郷、親其父子、順其兄弟、正其習俗、使民樂其上、安其土。爲一郷主幹者、郷之人也。故曰、「有聞道而好爲郷者、一郷之人也。」
　　　道を聞いてそれによって一郷を治めようという場合、郷の親子を親和させ、郷の兄弟を従順にし、郷の風俗・習慣を匡正した上で、人民に対しては郷の上位者に満足させ、郷の土地に安住させる。このようにして、一郷の中心となる者こそが、郷を統治する人である。それ故、「道を聞いて好んで郷を為める者があるが、それは一郷の人の用い方である。」と言うのだ。

と解説する。ここには、「郷の道」が、「其の父子を親しませ、其の兄弟を順にし、其の習俗を正して、民をして其の上を楽しみ、其の土に安んぜしむ」ることだと画かれている。「家の道」「国の道」「天下の道」「天下〈地〉の道」、の他の「道」については一切解説がない。思うに、形勢解篇の作者は、読者が類推することを求めて意図的に省略したのではなかろうか。いずれにしても、「家の道」は以上の如き「郷の道」と同じものとはならず、それとは異なった

548 第3部 出土資料を通した中國文獻の再評價

ものとして画かれるはずである。「国の道」「天下の道」「天下〈地〉の道」
も同様で、それぞれ「国」「天下」「天下〈地〉」の個別的具体的なあり方に
基づいて、個別性具体性を持って画かれるものと思われる。

　こうしてみると、『管子』形勢篇の当該個所は、「道」の普遍性一般性と個
別性具体性の両者を同時に説く点、「一家の人」「一郷の人」などよりも「天
下の人」を重視する点は、『老子』第五十四章の思想に相当近いと言って差し
支えない。

　但し、『管子』形勢篇には、『老子』第五十四章には含まれず、それとは異
なる主張が含まれている。「有聞道而好定萬物者、天下〈地〉之配也。」の一
文であり、「天下の人」のさらに上に「天下〈地〉の配」を押しいただく点で
ある。ここに論及された「道」は、上述のように「道」の普遍性一般性を説く
ものであるから、それ故この一文によっても、上述の我々の理解（「道」の普
遍性一般性という一面）を改める必要はない。他面で「道」の個別性具体性に
ついて考えてみれば、その個別性具体性の現れとして、「一家の人」よりも「一
郷の人」を重んじ、「一郷の人」よりも「一国の人」を重んじ、「一国の人」
よりも「天下の人」を重んじ、さらに「天下の人」よりも「天下〈地〉の配」
を重んずる。これらの間には区別・差別を設けており、それは遡って「家」「郷」
「国」「天下」「天下〈地〉」の区別・差別に由来する。従って、この場合の
「道」は、「家の道」「郷の道」「国の道」「天下の道」「天下〈地〉の道」、
といった個別性具体性を有しており、それ故この点でも、上述の我々の理解
（「道」の個別性具体性という一面）を改める必要はないと考えられる。

　表面的には以上の如くであるけれども、我々はこの一文の内容に即して「天
下〈地〉の道」の内側に一歩深く踏みこんで検討する必要がある。この一文に
よれば、「天下〈地〉の道」は「万物を定むる」ものと規定されている。この
「万物を定む」は、上文の「家を為む」「郷を為む」「国を為む」「天下を為
む」と並んで、確かに形式上は「道」の個別性具体性の一翼を担っている。し
かし、この「万物」は内容上その中に「家」「郷」「国」「天下」の全てを含
むはずである。とすれば、この「天下〈地〉」は「家」「郷」「国」「天下」

の全てを包含するものでもあり、その「道」は「家の道」「郷の道」「国の道」「天下の道」の全てを包含する普遍性一般性でもあったのだ。このような意味において、我々は上述の理解を一部分改めなければならない。結局のところ、「天下〈地〉の道」は、「道」の通常レベルの普遍性一般性と個別性具体性の頂点に位置づけられていると同時に、両面を統一・総合するメタレベルの普遍性一般性の頂点に位置づけられているのである。そして、この点から推測するならば、『管子』形勢篇における「天下〈地〉の道」の提起には、「道」の普遍性一般性と個別性具体性を統一・総合するための一つの試行錯誤、という意味もあるのではないかと思われる。

　本項を終わるに当たり、以上に引用した『管子』形勢篇と形勢解篇の成書年代、及びそれらと『老子』第五十四章との関係について、知りうる点を簡単に述べておく。形勢篇は牧民篇とともに『管子』の「経言」に属しているが、牧民篇の成書年代を考証する上で参考にした上引の金谷治『管子の研究』（前掲）は、その第三章「「経言」諸篇の吟味」で、

　　牧民篇に『老子』の第五十四章と同じことばがあることは前に述べたが、それと同様に家・郷・国・天下の序列で政治を説くことばが形勢篇にもあって、こちらではその「天下之人」の上位にさらに「天地之配」が並べられている。また、牧民篇では、「天子」とか「聖王」ということばはあっても、「国を守り」「国の安き」ことが主に考えられているように見えるが、形勢篇では「天下に王たらん」と目ざすことばがある。いずれも、形勢篇の方が新しいとみられる徴証であって、とくに後者は戦国後期の特色をはっきりと備えたものと言えるであろう。

と述べ、またその終章、第二節「『管子』諸篇の思想史的展開」、（一）で、

　　形勢第二——牧民篇と相い補う古い資料で主として政治哲学を述べる。牧民よりはやや後れ、（戦国）中期の末に及ぶ資料も入っている。

と説く。以上の金谷の見解には誤りも含まれている【41】が、大筋ではほぼこ

550　第3部　出土資料を通した中國文獻の再評價

れに従って筆者も戦国後期乃至戦国末期（の『老子』直前の時代）の作とした
い。また、形勢解篇については、同書の終章、第二節「『管子』諸篇の思想史
的展開」、（一）は、

　　「管子解」形勢解第六十四・版法解第六十六──戦国最末あるいは秦・
　　漢の際の道法思想。

とする。形勢解篇の内容が「道法思想」だとする理解でよいか否かは別にして、
その成立はほぼ金谷の言うとおりでよかろう。実際には前漢初期の作ではなか
ろうか。

　さらに、形勢篇と『老子』との先後関係については、同書の第五章、第二節
「哲学思想」、（一）で、

　　『老子』の道の思想などは、万物を生み出す根源として抽象度の高いも
　　のであるが、それに比べると、こちら（形勢篇）で中心となる天の理念
　　化抽象化はなお未熟である。

と言う。であるから、『老子』第五十四章と『管子』形勢篇の関係についても、
金谷は形勢篇が先、第五十四章が後と考えるわけである。筆者はここでも一応、
金谷の見解に従っておくが、上に述べたように、「道」の普遍性一般性と個別
性具体性を統一・総合する内在的なロジックを模索している点では、第五十四
章よりもむしろ形勢篇の方が発展した後の思想を示している。

　にもかかわらず、筆者が『老子』の方が後であろうと推測するのは、『老子』
の中に、形勢篇の「天下〈地〉の配」と同じタイプの理想的な聖人を画くこと
は少なくなく、それ故、『老子』も同じような思想を抱いていた可能性は十分
にあるからである。──聖人は「天下の道」を聞いて「天下の人」になる、つ
まり天子・皇帝に伸し上がっていくだけでなく、さらにその上の「天下〈地〉
の道」を聞いて「天下〈地〉の配」になる、つまり世界の万物を支配する、と
する思想が存在するからである。二つだけ例を挙げれば、『老子』第三十二章
に、

道恆无名。樸唯（雖）〔小、而天下弗敢臣。侯〕王若能守之、萬物將自賓、天地相谷〈合〉、以兪（輸）甘洛（露）。

　そもそも根源的な道は、絶対に名前をつけて呼ぶことができないものだ。（譬えを用いて言うならば、それは自然のままの素朴な樸に似ている。）樸は〔小さい〕けれども、〔天下に誰一人として、それを臣下に使ってやろうという豪気な侯王はいない〕。もし〔侯〕王がこの樸を抱き続けることができるならば、その結果、一切の万物が自ら進んで彼の下に馳せ参ずるであろう。天と地は和合してそれを祝福し、めでたい甘露をこの世に降らせるであろう。

とあり、同じく第三十七章に、

道恆无名。侯王若〔能〕守之、萬物將自愿（為）。……不辱以情（静）、天地將自正。

　そもそも根源的な道は、絶対に名前をつけて呼ぶことができないものだ。もしこの道を侯王が抱き続ける〔ことができる〕ならば、あらゆる万物は自らの力で進んでさまざまの活動を行うようになるであろう。……わたしが困窮の辱めを受けることもなく、また静けさを保つことができるならば、天地でさえ自ら進んでわたしを祝福し、めでたくも順調な運行をもたらすに違いない。

とある【42】。以上の文章では、始めに、「侯王」という有力な統治者が「道」を把握することによって、「万物」（つまり万民）の「自ら賓す」「自ら愿（為）す」を将来し、その結果、彼は全天下に君臨する天子・皇帝に伸し上がることが画かれる。次に、以上のことを通じて、天子・皇帝が「天地」の動向をも支配する至高の存在となるという思想が表明されている。

　こういうわけで、『老子』第五十四章では、上述したように、「道」の普遍性一般性と個別性具体性を統一・総合する内在的なロジックは不分明であるけれども、全くなかったわけではなさそうである。

552 第3部 出土資料を通した中國文獻の再評價

　以上の諸事実を総合的に考察するならば、『管子』形勢篇は、牧民篇の少し後に成立して、牧民篇とともに『老子』第五十四章の成立に刺激を与えた文章と認めるのが適当と考える。

4　『老子』第五十四章の全「天下」政治秩序の構想　その2

（1）　『老子』第五十四章の全「天下」政治秩序の総括

　以上に論じてきたところを『老子』に即してまとめてみよう。

　『老子』第五十四章は、一方では、春秋・戦国以来、儒家の伝統となっていた『礼記』大学篇「八条目」の前身の思想・図式に反対・批判して、その「身」の人間紐帯の血縁的な倫理の拡大・発展の延長線上に、「天下」のあるべき政治を位置づける封建制度への道を退けた。他方では、『管子』牧民篇などが示した、「天下を以て天下を為める」という方法による「天下」全体の政治秩序の実現に賛成・支持して、これを最も重視し関心を抱きつつ、そのために天子・皇帝の頂点にいただく一元的な万民の直接統治、郡県制度への道を志向した。

　拙著『『老子』　その思想を読み尽くす』（前掲）のⅡ、第3章、A「『老子』の「道」の形而上学・存在論と天子・皇帝の一元的な統治」などにおいて述べたとおり、『老子』中で論じられる君主が多くの場合、天子・皇帝であることを想定されていたり、または天子・皇帝になる者であることを想定されていたりするのは、以上のような『老子』の全「天下」政治秩序の構想と整合的である。

（2）　『老子』における「邦」の位置——第八十章の「邦」の理想像

　こうした全「天下」の政治秩序の下で、老子の言う「邦」はどのように位置づけられるのであろうか。「邦」の君主である「王」「公」「侯」などを、老子がいかに取り扱ったかについては、拙著『『老子』　その思想を読み尽くす』（前掲）のⅡ、第3章、B「『老子』の「道」の形而上学・存在論と国君・臣下の政治」ですでに述べた。大雑把にまとめれば、『老子』の中では、古来の

封建制度下の君主観と新興の郡県制度下の君主観とが、余り整理されずに雑然と混在していると言ってよい。但し、『老子』第五十四章にあっては、その「邦」「郷」は秦漢帝国の郡県制度・郡国制度下の「郡」「県」を先取りした領域（行政単位）であるように感じられる。

ところで、「邦」に関して老子の考える理想像としては、『老子』第八十章に、

小邦寡（寡）民、使十百人之器毌用、使民重死而遠徙。有車周（舟）、无所乗之、有甲兵、无所陳〔之。使民復結繩而〕用之、甘亓（其）食、美亓（其）服、樂亓（其）俗、安亓（其）居。執（鄰）邦相墅（望）、雞狗之聲相聞、民至〔老死不相往來〕。

全天下を構成する行政の単位には、小規模の邦を設置してその人民の人口は少数としたい。この邦における政治のあり方としては、例えば、十人・百人の役人のつめる役所に彼らを率いる官長を置いても、その役割は何もないものとし、人民に死ぬことを重大事と認めさせて、他国に移住する気などは起こらないようにしむける。こうして、車や舟などの移動の手段があってもそれに乗る必要がなく、鎧や刀などの兵器があっても〔それを〕繰り出す機会がないようにする。

〔人民には縄を結んで互いの意思を伝えあい、文字の代わりに〕それを用いる〔古代の生活に復帰させ〕、自分の食べるものは何でも美味い、自分の着るものは何でも綺麗、自分の習俗は何でも楽しい、自分の住居は何でも落ち着く、などのように感じさせる。こうして、少人口の人民を擁する小規模の邦がいくつも設置されて、隣接しあう邦同士は互いに望見することができ、相手の邦の鶏犬の鳴き声が互いに聞こえてくるほどに近い場合でも、人民は〔老いて死〕に至るまで〔決して互いに行き来しようとはしない。（このような邦の制度を建設したいものである。）〕

とあるのが、古来極めて有名である【43】。そして、近代の学者たちは今日までこれをトーマス・モア『ユートピア』の中国版と見なしてきた。この文章に

554　第3部　出土資料を通した中國文獻の再評價

ユートピア性があると称しても悪くはない。けれども、『老子』と並んで道家の代表的な著作である『荘子』馬蹄篇に見えるユートピアの描写（後述）と比較してみると、『老子』第八十章には見逃すことのできない顕著な表現上思想上の特徴がある。

　第一に、『老子』第八十章の理想国は、太古の時代から自然にでき上がって当時に至った「邦」、または民衆が自らの力で作り上げてきた「邦」ではなく、これを、

　　　使十百人之器毋用、使民重死而遠徙。……〔使民復結繩而〕用之、甘亓（其）

　　　食、美亓（其）服、樂亓（其）俗、安亓（其）居。

のように、目的意識的に作った上で外部からコントロールしようという性格が強い。本章の原文に使役の助動詞の「使」が多用されていることに注意されたい。

　第二に、「天下」全体は、これ「小邦寡（寡）民」が横並びに多数設立されることで構成されており、そのありさまは「埶（鄰）邦相壑（望）、雞狗之聲相聞。」と画かれている。

　老子は、この理想的な「邦」の下位に「郷」を置いているのであろうか。本章の描写した「邦」の様子がほとんど「郷」と変わらない（後述）ので、老子には恐らく「郷」を置くという考えはなかったであろう。「郷」という言葉は、『老子』では第五十四章にあるだけで他の章には全く登場せず、だから老子は「郷」に対して余り執心していないようである。加えて、本論文の上文で引用したとおり、「身」「家」「国」「天下」などの諸領域を並挙する文献の内、「郷」を含むのは『管子』牧民篇・形勢篇と『老子』第五十四章だけであって、より古い諸文献は『孟子』離婁上篇あたりから始まっていずれも「郷」がない。従って、『老子』第五十四章は『管子』両篇の表現に引きづられて「郷」を入れたに過ぎないと思われる。さらに、「埶（鄰）邦相壑（望）、雞狗之聲相聞。」の藍本は、『荘子』胠篋篇の「昔者齊國、鄰邑相望、雞狗之音相聞。」であるが、そこでは「邦」ではなく「邑」の字に作っている。以上を総合して考える

ならば、『老子』の「邦」は「家」と「天下」を直接結びつける行政領域であって、その間の「郷」「邑」などは「邦」と異なったものとは考えられておらず、また異なった「郷」「邑」などを置くことを特に考慮してはいない、と言うことができよう。

第三に、この理想国には、「十百人之器」という統治のための行政機関が置かれており、また統治される「民」がいる。つまり、支配者である「君子」と被支配者である「小人」との階級的な「分」がある。

第四に、この理想国には、「十百人之器」や「車周（舟）」や「甲兵」のような文化・文明がすでに存在する、但しそれらを使用することはないけれども。それ故、この理想国は人類の原始・未開の状態を画いたものではない。

以上から推測するならば、第八十章の理想国は、天子・皇帝が頂点に立って全「天下」の万民を一元的に統治する政治秩序の下にある、行政領域「邦」の最も望ましい状態を画いた一つのデッサンであろうと思う。筆者は、ここに、秦漢帝国の郡県制度・郡国制度下の「天下」の下に置かれた「郡」「県」の、思想的理論的な先取りを感ずる者である。

（３）　『荘子』に現れたユートピア思想

『老子』第八十章の理想国像と対比する目的で、同じ道家の『荘子』のユートピア思想を簡単に一瞥しておく【44】。

『荘子』に特有の理想主義的なユートピア思想は、逍遙遊篇や斉物論篇の中心思想と密接に関連して、「遊」を行う場所、万物が斉同である場所が「無何有之郷」（逍遙遊篇・応帝王篇・列御寇篇）、「廣莫之野」（逍遙遊篇）、「壙埌之野」（応帝王篇）、「无極之野」（在宥篇）、「无人之野」（山木篇）、「大莫之国」（山木篇）などとして現れる。これらは、万物の窮極的な根源者である絶対の「無」、つまり「道」のメタファーであって、これらこそが道家にとって最も古くかつ最も本来的なユートピアなのである。これらの言葉が指し示す直接的な内容はまちまちであるけれども、いずれにせよ人々がそこに「処る」べきトポスであると見なされている。

556　第3部　出土資料を通した中國文献の再評價

　そして、以上の哲学的なユートピアが思想史の推移の中で外面化政治化して
出てきたものが、以下に掲げる『荘子』諸篇や『老子』第八十章のユートピア
に他ならない。そこで、『荘子』の中から、もっと『老子』第八十章に近いユ
ートピア思想を挙げてみよう。戦国末期に著作された『荘子』馬蹄篇に、以下
のような「至徳之世」がある【45】。

> 故至徳之世、其行塡塡、其視顛顛。當是時也、山无蹊隧、澤无舟梁、萬
> 物羣生、連屬其郷、禽獸成羣、草木遂長。是故禽獸可係羈而遊、鳥鵲之
> 巣可攀援而闚。
> 夫至徳之世、同與禽獸居、族與萬物竝。惡乎知君子小人哉。同乎无知、
> 其德不離、同乎无欲、是謂素樸。素樸而民性得矣。及至聖人、蹩躠爲仁、
> 踶跂爲義、而天下始疑矣。澶漫爲樂、摘僻爲禮、而天下始分矣。

　それ故、至上の徳が実現していた世では、人々の歩みはどっしりと、
目差しはじっとしていて、ともに重いものであった。この時、他の土地
との往来もなかったから、山には小道・切り通しを作らず、沢には舟・
橋を設けなかった。万民は共同体的生活を営み、それぞれの生まれた郷
里で、上下分け隔てのない暮らしを楽しんでいた。至るところで鳥・獣
が繁殖して群をなし、草木もすくすくと生い育っていた。だから、人々
は鳥・獣を縄で繋いで遊ぶこともできたし、鳥・鵲の巣を木によじ登っ
てのぞき見ることもできたのだった。
　一体、至上の徳が実現していた世では、人々は鳥・獣と一緒に暮らし、
色々の物と群がり住んでいた。だから人間の中に、君子と小人の差別な
ど存在しなかったのだ。同じようにみな無知であったから、自然な持ち
前は失われていなかった。同じようにみな無欲であったから、これを素
樸とも言うのである。素樸であったために、人々の自然な生まれつきは
全うされていた。ところが、聖人という者が現れて、力み返って仁の教
えを説き、爪先立って義の法を唱えるに至って、天下の人々は始めて相
手への疑惑というものを抱くようになった。また、勝手気ままに楽の道
を行い、ややこしく礼の定めを作るに至って、天下の人々は始めて上下

の差別というものを知るようになった。

この文章のユートピア「至徳之世」に顕わな特徴を、上文に引用した『老子』第八十章と対比してみれば、

第一に、この「至徳之世」は、太古の時代に自然にでき上がったユートピアであり、また恐らく「民」が自らの力で作り上げたゲマインシャフト（共同社会）である。

第二に、この「至徳之世」は、同じものが横並びに多数設立されていることはなく、それ故、何かより大きな上位の行政領域に束ねられているという状況にはない。それ自体で完結した自立の理想郷である。

第三に、この「至徳之世」においては、人類は「禽獣」「万物」と仲よく一緒になって暮らしており、人類の内部に「君子」と「小人」の階級的な差別もまだ発生していない。

第四に、この「至徳之世」には、「聖人」という統治者、「仁義礼楽」等々の文化・文明もまだ誕生していない。そういう意味では、人類の原始・未開の状態と言うことができよう。

このような『荘子』馬蹄篇の「至徳之世」が道家の本格的なユートピア思想であるのに引き替え、『老子』第八十章の「小邦・（寡）民」が上文で述べたとおり、これとは相当に異なった性格を有していることは明らかである。しかし、両者の間には継承関係もあって、『荘子』馬蹄篇の「當是時也、山无蹊隧、澤无舟梁。」を踏まえて、『老子』第八十章は「有車周（舟）、无所乘之。」と書いている。

『荘子』にはもう一つ「至徳之世」のユートピア思想がある。『荘子』馬蹄篇と相い前後して戦国末期に書かれた、『荘子』胠篋篇の、

昔者齊國、鄰邑相望、雞狗之音相聞、罔罟之所布、耒耨之所刺、方二千餘里。闔四竟之内、所以立宗廟社稷、治邑屋州閭郷曲者、曷嘗不法聖人哉。……子獨不知至徳之世乎。昔者容成氏・大庭氏・伯皇氏・中央氏・栗陸氏・驪畜氏・軒轅氏・赫胥氏・尊盧氏・祝融氏・伏戲氏・神農氏。

558 第3部 出土資料を通した中國文獻の再評價

> 當是時也、民結繩而用之、甘其食、美其服、樂其俗、安其居。鄰國相望、**雞狗之音相聞、民至老死而不相往來**。若此之時、則至治已。

その昔、斉の国は、隣りあった町々が互いに望見できるほど町並みが続き、鶏・犬の鳴き声が互いに聞こえるほど家畜も豊かに飼われて、網を張って鳥・魚を取る山林沼沢、鋤・鍬で耕す田畑も広大で、二千里四方を上回るほど広がっていた。斉の国内の全域にわたって、都に国君の先祖代々を祭る宗廟や、国土神の社稷を祭る社を建てたことは言わずもがな、邑・屋、州・閭、郷曲などの行政区画を整えて、これらを治めた点に至るまで、一つとして聖人のやり方に法らないものはなかった。……

あなたもきっと、至上の徳が実現していた世のことを知っているだろう。その昔、容成氏・大庭氏・伯皇氏・中央氏・栗陸氏・驪畜氏・軒轅氏・赫胥氏・尊盧氏・祝融氏・伏戯氏・神農氏の十二人の帝王が、天下を治めていた。この時代、人々は縄を結んで約束の証に用い、我が食べ物を何でも美味いと思い、我が着物を何でも美しいと思い、我が習俗を全て楽しみ、我が生活の全てに満足していた。隣りあった国々は互いに眺めやられるほど近く、鶏・犬の鳴き声が互いに聞こえるほどであったが、人々は老いて死ぬまで行き来しようともしなかった。このような時代こそが、最もよく治まった世に他ならない。

である【46】。この文章は、馬蹄篇よりもさらに『老子』第八十章に近づいており、中でも、

> 民結繩而用之、甘其食、美其服、樂其俗、安其居。鄰國相望、雞狗之音相聞、民至老死而不相往來。

は、『老子』第八十章の、

> 〔使民復結繩而〕用之、甘亓（其）食、美亓（其）服、樂亓（其）俗、安亓（其）居。**粼**（鄰）邦相**朢**（望）、雞狗之聲相聞、民至〔老死不相

往來〕。

とほとんど同じである。従って、『荘子』馬蹄篇について指摘した表現上思想上の特徴も、ここではむしろ『老子』に接近している。（但し、本章に使役の助動詞の「使」が使用されていないことが、『老子』との重要な相違である点については、上文に記述した。また下文を参照。また、『老子』の「民をして復た縄を結びて之を用い……しむ」の復帰の歴史観が、本章の「民は縄を結びて之を用う」が即時の単純な思想であるのに対して、より発達した後のものであることにも注意されたい。）

例えば、第一に、胠篋篇の「至徳之世」は、「容成氏・大庭氏・伯皇氏……伏戲氏・神農氏」といった、昔の歴代の帝王たちが築いたユートピアであって、自然にでき上がったゲマインシャフトではない。もっとも、彼らがこの「至徳之世」を目的意識的に作った上で外部からコントロールしようという性格は強くは感じられないけれども。原文に使役の助動詞「使」が一つも使用されていないことに注意されたい。

第二に、胠篋篇の天下全体は、すでにこのユートピアと同じような「国」が横並びにいくつか設立されており、そのありさまは「鄰国相い望み、雞狗の音相い聞こゆ。」と画かれている。それ故、これを上述の馬蹄篇のユートピアと全く同じ思想と見るわけにはいかない。しかし、この「国」がより大きな上位の行政領域に束ねられているという状況は、余り強くは感じられない。

第三に、この「至徳之世」には、すでに「容成氏・大庭氏・伯皇氏……伏戲氏・神農氏」という統治者が存在し、被統治者たる「民」も存在する。しかし、ここには『老子』のように統治のための行政機関「十百人之器」が置かれてはおらず、また「君子」と「小人」の階級的な差別やその支配―被支配の関係も意識されていない。

第四に、この「至徳之世」は、「縄を結びて之を用う」という文化・文明の萌芽があるだけで、人類はまだほんの原始・未開を脱したばかりの状態である。『老子』の「小邦寡（寡）民」が「十百人之器」「車周（舟）」「甲兵」のような文化・文明をすでに持ち、その上で「民をして復た縄を結びて之を用しむ」

560 第 3 部　出土資料を通した中國文獻の再評價

のように、それを萌芽の状態に復帰させようと企てているのとは大分異なっている。

　以上の本項で述べたことを要約し、かつ上来考察してきたことを加味して総括的に述べるならば、『老子』第八十章の「邦」の理想像は、以下のような思想史の動きの中で生まれたと考えられる。

　一方で、より古い道家は、その抱懐するユートピアをひたすら内面的哲学的な内容をもって思索し、それを「無何有之郷」（『荘子』逍遙遊篇など）、「廣莫之野」（逍遙遊篇）、「大莫之国」（同じく山木篇）などという言葉で表現していた。このような内面的哲学的なユートピア思想に淵源して、その後次第にそれらの外面化政治化が強められていく。その結果形成されたのが『荘子』馬蹄篇及び胠篋篇の「至徳之世」のユートピア思想であるが、さらにその延長戦上に、一層外面化政治化の進んだ『老子』第八十章のような新しい「邦」の理想像が画かれていった。すなわち、天子・皇帝を頂点に立てて全「天下」の万民を一元的に統治する政治秩序の下にある、行政領域「邦」の最も望ましい状態が構想されたのである。この動きの中で、『老子』第八十章が直前の『荘子』馬蹄篇・胠篋篇などの文章を利用しながら書かれたことは、言うまでもあるまい。

　他方で、より古い道家にとっては、ユートピアに対応する用語は、内面的哲学的な内容を表すものであれば何でもよく、上述の如く「〇〇之郷」「〇〇之野」「〇〇之国」などと一定せず、多様にばらついていた。それに対して『老子』第八十章は「小邦募（寡）民」の「邦」という言葉を使用したが、この措置によって道家のユートピア思想は、そのユートピア性を著しく後退させて、より外面的政治的な行政領域「邦」の最も望ましい状態の構想に変化したのである。なぜなら、このような「邦」という用語の背景には、『老子』第五十四章のような郡県制度・郡国制度の構築に繋がる、現実主義的な「邦」の位置づけがあったからである。

　第五十四章は、前半では、『礼記』大学篇「八条目」の前身の「脩身→斉家→治国→平天下」という倫理・政治の発展図式から影響を受けて、「身」「家」

「郷」「邦」「天下」における「道」の普遍性一般性を承認しながら、後半では、「為家」「為郷」「為国」「為天下」における統治方法の個別性具体性を主張する、『管子』牧民篇・形勢篇にモデルを取って、「身」「家」「郷」「邦」「天下」における「道」の個別性具体性をも主張した。さらにその上で、第五十四章は、『管子』牧民篇サイドにシフトしつつ、以上の両者を統一・総合しようとしている。このような諸領域の中から「邦」を取り出して、その位置づけを集注して眺めてみると、第五十四章の「邦」は、大学篇「八条目」の前身に由来する、儒家伝統の封建制度下の「邦」ではなく、牧民篇・形勢篇にモデルを取って、新たに唱えられるに至った郡県制度下・郡国制度下の「邦」である。『老子』中に新たに登場するに至った、こうした現実主義的な「邦」の位置づけは、『老子』第八十章の「邦」の理想像にも大きな刻印を押しているのである。

5　終わりに

　筆者が『老子』第五十四章の中から読み取った、「天下」全体の政治秩序の構想について理解は、以上のとおりである。また、第八十章に現れた行政領域「邦」の最も望ましい状態「小邦募（寡）民」についても、若干紙面を割いて議論した。

　これらは、「始めに」にも述べたとおり、『老子』は、「優秀な漢民族の長い歴史に根ざす代表的な伝統文化であり、人類にとって普遍的な価値を有する永遠不朽の古典である。」などといった、学問研究の場面に持ちこんではならない先入観、古色蒼然たる前時代的なイデオロギー・世界観に安易にもたれかからず、一言で言って『老子』思想の歴史性に筆者なりに執念深くこだわって行った解明である。

　大方のご検討とご批判を期待したい。

（二〇一七年十月六日　池田知久記）

562　第3部　出土資料を通した中國文獻の再評價

注

【1】筆者の手に成る本書の「序文」を参照。

【2】河井義樹氏の手に成る「編集後記」を参照。

【3】講談社学術文庫、講談社、二〇一七年。なお、本書は、全体の中国語訳が『『老子』思想的新研究』としてすでに完成しており、広西師範大学出版社より出版されることになっている。また、英語訳も出版の計画が内定している。

【4】ちなみに、筆者は二〇一二年九月～二〇一四年八月の二年間、山東大学儒学高等研究院に一級教授として勤務し、大学院生を教えていた。この時の講演会には、かつての教え子が数名参加してくれており、講演終了後暫しの間旧交を温めた。

【5】現代中国でかまびすしい議論の的になっている、「疑古・信古・釈古」などに関する問題も、対象となる文献（思想書・文学書・歴史書など）の歴史性を問わないのだとするならば、学問上深大な意義のあるテーマとはなりえない。日本でこれに追随する学者が多くないのは、慶事と言うべきである。

【6】第五十四章は、相い対立する前半と後半との二つの部分から構成されている。前半は、「道」が人間の所属する「身」「家」「郷」「邦」「天下」の全ての領域においてそれぞれ重要な成果をもたらすこと、そういう意味における「道」の普遍性一般性を論ずる。それに対して、後半は、「道」が「身」「家」「郷」「邦」「天下」のそれぞれの領域において異なり、それぞれ異なった対処（「観る」）のし方を必要とすること、そういう意味では「道」の個別的具体的を論じている。但し、従来の研究には、このように本章の前半と後半とが対立するという認識はほとんど見られない。

　このような認識に達するためには、『老子』第五十四章と、密接に関連する『礼記』大学篇の「八条目」及び『管子』牧民篇との比較・対照に基づく検討が必要・不可欠である（後述）。だが、それを行っている研究がほとんど存在しないのである。『礼記』大学篇の「八条目」との比較・対照を行っている研究は、管見の及ぶ限り皆無であるが、しかし『管子』牧民篇に言及するものはないわけではない。例えば、

　李廥芸『炳燭編』巻三（朱謙之『老子校釈』（中華書局、一九六三年）の「老子徳経」、五十四章所引）

　武内義雄『老子の研究』（『武内義雄全集』第五巻「老子篇」、角川書店、一九七八年）の「老子の研究（下）　道徳経析義」、「老子道徳経下篇」、第五十四章

『老子』における「天下」全体の政治秩序の構想　563

　　高亨『老子正詁』（中国書店、一九八八年影印）の巻下、五十四章

　　高亨『老子注訳』（清華大学出版社、二〇一〇年）の巻下、五十四章

　　木村英一『老子の新研究』（創文社、一九五九年）の第三篇、第三章、老子道徳経、（五
　十四章）

　　福永光司『老子』（朝日新聞社、一九七八年）の「下篇（徳経）」、第五十四章

　などである。これらの中では、高亨（両書）と福永光司が『管子』牧民篇の当該個所の思
　想を『老子』第五十四章と同じと認めている。しかし、彼らも『管子』牧民篇に対して堅
　実な研究を行ってはおらず、また導き出した結論も正しくなく、つまるところ、中国古代
　思想史の現実に肉薄した検討とはなっていない。

【７】　『老子』中の「道」の全能性を述べた文章としては、第四十八章に「〔……聞道者日云
　（損）。云（損）之有（又）云（損）、以至於无為。无為而无不為。將欲〕取天下也、恆
　〔无事。……〕。」とあるのが代表的な例である。

【８】　『荘子』天道篇の当該文章の解釈については、拙著『荘子（上）全訳注』（講談社、二
　〇一四年）、天道篇第二章の【注釈】を参照。

【９】　『武内義雄全集』第六巻「諸子篇一」（角川書店、一九七八年）所収。本論文では、武
　内義雄の挙げた立論の根拠・理由などは一切省略せざるをえないので、関心を持たれる方
　は実地に原文に当たって確認していただきたい。以下の【１０】でも同じ。

【１０】　『武内義雄全集』第六巻「諸子篇一」（角川書店、一九七八年）所収。

【１１】　その詳細については、拙著『荘子（上）全訳注』（前掲）、天道篇の【解説】を参照。
　但し、天道篇を除く、在宥下半・天地・天運・刻意・繕性・秋水・天下の七篇を全て同一
　のグループの作と認めることは、到底無理である。これら諸篇の思想内容の特徴や成立年
　代の推測については、拙著『荘子（上・下）全訳注』（前掲）の諸篇の【解説】を参照。

【１２】　『老子』第五十四章前半の根底に、「秦漢の際に出来た文献」（武内義雄）である『荘
　子』天道篇第二章と、類似・共通する時代思潮が流れているという以上の推測は、『老子』
　書の編纂の開始年代が戦国末期にあったとする筆者の研究結果と整合的である。この問題
　については、拙著『『老子』　その思想を読み尽くす』（前掲）、Ⅰ、第２章「『老子』
　という書」を参照。

【１３】　『荘子』知北遊篇の当該文章の解釈については、拙著『荘子（下）全訳注』（前掲）、
　知北遊篇第七章の【注釈】を参照。本章の成書年代は前漢初期であろう。

【１４】　『荘子』天下篇の当該文章の解釈については、拙著『荘子（下）全訳注』（前掲）、

564　第3部　出土資料を通した中國文獻の再評價

天下篇第一章の【注釈】を参照。本章の引用部分は、知北遊篇第七章の「所謂道悪乎在。荘子曰、无所不在。」を直接受けて書かれている。従って、その成書年代は知北遊篇第七章よりもやや後れて、前漢、武帝期前後ではないかと思われる（拙著『荘子（下）全訳注』（前掲）、天下篇の【解説】を参照）。

【15】孟子の性善説や荀子の性悪説を始めとする先秦の代表的な性説は、前漢以後の知識人たちにもよく知られていた。こういう状況の下、儒家の「性」についての思索が進んで、孟子の性善説がその根拠を「天」に求めた（すでに孟子自身に萌芽する）上で、如上の道家の「道」の形而上学・存在論と結合していく可能性は十分にあったと思われる。しかし思想史の実際を見てみると、宋代の新しい理学が登場するまでは、このようなことは発生しなかったようである。前漢、武帝期（董仲舒）〜唐代中期（韓愈）の儒家の主流派の性説は性三品説であり、人間の不平等論と人性の変更不可能論（宿命論）をかたくなに守っていた。それを放棄するのは、北宋の程伊川や南宋の朱子が仏教の仏性論や道教の道性論と触れあってから後のことではないかと思われる。この問題については、拙論「中国古代における性三品説の成立と展開──人間本性の平等と不平等をめぐって──」（『日本鍼灸史学会論文集　2017』、日本鍼灸史学、二〇一八年八月予定）を参照。

【16】『シリーズ大乗仏教』第八巻（春秋社、二〇一四年）、第一章の下田正弘「如来蔵・仏性思想のあらたな理解に向けて」を参照。

【17】常磐大定『仏性の研究』（国書刊行会、一九七三年）の中篇「支那に於ける仏性問題」を参照。本書によれば、インド・中国においてもまた日本においても、仏性論を「一切衆生、悉有仏性。」で代表させて、そこに「仏性」の本有に基づく万人の救済可能性を見るという理解では、仏性論の多様性を一つに絞りこみ過ぎており、複雑な全体を単純化し過ぎている。

【18】本書は『高崎直道著作集』第六巻に収められている。その第一部、第二章「如来蔵・仏性思想」、八「如来蔵と仏性──中国・日本における展開」、及び第四章「如来蔵思想の展開」、四「中国における如来蔵思想の伝承」を参照。

【19】本書は『シリーズ大乗仏教』第八巻の収められている。上引の下田正弘「如来蔵・仏性思想のあらたな理解に向けて」（第一章）だけでなく、幅田裕美「仏性の宣言──涅槃経」（第三章）、藤井教公「涅槃経と東アジア世界」（第七章）をも参照。

【20】鈴木哲雄『雪峰　祖師禅を実践した教育者』（「唐代の禅僧」、臨川書店、二〇〇九年）、第四章「まとめの章」を参照。

『老子』における「天下」全体の政治秩序の構想　565

【２１】ちなみに、前漢、武帝期〜唐代中期の儒家の性説は性三品説であったが、それに含まれる人間の不平等論と人性の変更不可能論（宿命論）を克服する手がかりとなったのは、禅宗の仏性論であり、特に馬祖道一（七〇九年〜七八九年）系統の南宗禅であるとする解釈がすでに唱えられている（田中利明「白居易―唐代思想研究にいかなる素材を提供するか―」、『学大国文』第二十七号、大阪教育大学国語国文研究室、一九八四年）。但し、筆者は、禅宗が仏性論を受け入れたのは田中が挙げる馬祖道一よりも早くからのことであり、またより広い範囲に及んでいたと考える。六祖慧能（六三八年〜七一三年）以来、南宗禅の頓悟の思想がほとんど全てこの方向にあったからである。

【２２】その第三部、第十章、第二節、「道教経典に及ぼした仏教の影響」を参照。

【２３】第五十四章に現れる諸「徳」が、「道」と同定できる性質を持っていることについては、拙著『『老子』　その思想を読み尽くす』（前掲）、Ⅱ、第１章、Ａ、ｂ「「道」は人間が把えることのできないもの」を参照。

【２４】『荘子』秋水篇の当該文章の解釈については、拙著『荘子（上）全訳注』（前掲）、秋水篇第一章の【注釈】を参照。本章の成書年代は戦国最末期であろうか。

【２５】『韓非子』解老篇の当該文章の解釈については、以下の諸論著を参照。

　　　拙論「『韓非子』解老篇の「道理」について」（高知大学『高知大学学術研究報告』第十八巻人文科学第七　号、一九七〇年二月）

　　　小野沢精一『韓非子　上』（集英社、「全釈漢文大系　２０」、一九七五年）、解老第二十

　　　内山俊彦『中国古代における自然認識』（創文社、一九八七年）の第七章、三「韓非学派」

　　解老篇の成書年代は戦国最末期以後、多分前漢初期であろう。

【２６】小野沢精一『韓非子　上』（前掲）、解老第二十は、これを「道一理分」と呼んでいる。

【２７】『荘子』秋水篇と『韓非子』解老篇の「道理」については、拙著『『老子』　その思想を読み尽くす』（前掲）、Ⅱ、第５章、Ｅ、ｃ「「道」の形而下化に向かって」とその注（４４）（４５）を参照。

【２８】「道、理之者也。」の従来の解釈については、小野沢精一『韓非子　上』（前掲）、解老第二十を参照。

【２９】『礼記』大学篇の著者と成書年代の研究史の整理は、神話・伝説的な議論の紹介をも

566 第3部 出土資料を通した中國文獻の再評價

含めて、

　　武内義雄『学記・大学』（『武内義雄全集』第三巻「儒教篇」二、角川書店、一九七九
　　年）の「序論」
　　赤塚忠『『大学』解説』（『赤塚忠著作集』三「儒家思想研究」、研文社、一九八六年）
　　の第一「『大学』　の研究史」

を参照。

【３０】近代以後の日本の優れた研究の代表的な見解を挙げれば、津田左右吉『儒教の研究』
　三（『津田左右吉全集』第十八巻、岩波書店、一九六五年）の第四篇「「大学」の致知格
　物」は、

　　中庸篇や楽記篇は前漢の後半期もしくは末期の作であるから、かういふ見かたからは、
　　「大学」もまた其のころのものとしなければならぬことになる。

とし、また、武内義雄『学記・大学』（前掲）の「序論」は、

　　学記・大学の両篇を採録した礼記の編者戴聖は宣帝時代の学者であるから、これら両篇
　　の成立時代は前漢の武帝から宣帝に至る約百年間に局限せられる。

とする。さらに、板野長八『儒教成立史の研究』（岩波書店、一九九五年）の第六章、第
　三節、　（二）、2「『大学篇』の社会的背景」は、基本的に武内義雄を支持しつつ、

　　その作成の時期は、武帝ないし董仲舒の時代であるか、それより少し後であろう。……
　　戴聖によって『礼記』が編纂された宣帝時代以前のことであろう。

としている。

【３１】『論語』学而篇の本章について、何晏『論語集解』は、

　　上謂凡在己上者也。言孝弟之人必有恭順、好欲犯其上者少也。本、基也。基立而後可大
　　成也。

とし、何晏『論語集解』所引の苞咸の説は、「先能事父兄、然後仁可成也。」とする。皇
侃『論語義疏』は本章のテーマを、父兄に対する諫争のこととするが、そうではあるまい。
「孝弟」という血縁的な倫理が、より「上」の「国」「天下」における「恭順」の倫理や、
「上を犯すを好ま」ない政治に繋がっていく意義を論じたもの、と考えられる。本章にお
ける「孝弟」と「仁」との関係をいかに見るべきか、及び最後の一句を朱子学流に「其れ
仁を為すの本か」と読まず、本来の意味に従って「其れ仁の本爲るか」と読むべきことに
ついては、朱子学の解釈を批判的に検討した以下の両著を参照。

　　小島祐馬『古代中国研究』（筑摩書房、一九六八年）の「中国古代の社会経済思想」、

「儒家の社会経済思想」、一「封建制度と家族道徳」

狩野直喜『論語孟子研究』（みすず書房、一九七七年）の「論語研究」、六「論語本文の解釈に就きて」

【３２】『論語』為政篇本章の「奚其爲爲政」について、皇侃『論語義疏』は、

此是孔子正答於或人也。言施行孝友有政家家皆正、則邦国自然得正。亦又何用為官位乃是為政乎。

と解釈するが、ほぼこれに従う。なお、狩野直喜『論語孟子研究』（前掲）の「論語研究」、五「論語に見えたる孔子の事蹟」は、本章の解釈に『史記』孔子世家に画かれた当時の魯の国情など史実の特殊具体性を絡ませるが、郝敬その他の説に依拠し過ぎていて適当とは思われない。

【３３】『孟子』離婁上篇の本章について、朱熹『孟子集注』は「大学所謂「自天子至於庶人、壹是皆以脩身為本。」為是故也。」と解説するが、正にそのとおりである。大学篇「八条目」のこの部分の藍本となった文章であるに違いない。

【３４】前漢、武帝期に成った『漢書』董仲舒伝の賢良対策に、

故爲人君者、正心以正朝廷、正朝廷以正百官、正百官以正萬民、正萬民以正四方。四方正、遠近莫敢不壹於正、而亡有邪氣奸其間者。

とある。「心を正す」が大学篇「八条目」の「正心」と一致する点だけでなく、「人君為る者」の個人的倫理が同心円的かつ有機的に拡大・発展していき、その延長線上で最後に「四方を正す」という政治秩序に到達する、という体系的構想を開示している点でも、大学篇「八条目」と共通性があると指摘することができよう。

【３５】『荀子』君道篇の当該個所の「民者景也」「民者水也」の二句は、王念孫『読書雑志』「荀子雑志」によって補い、また「君者盂也、盂方而水方。」の二句を、同じく王念孫によって削った。本章の趣旨について、久保愛『荀子増注』は、

『礼記』日、「身修而后家斉、家斉而后国治、国治而后天下平。」

のように、大学篇を引用して注釈に代えている。

【３６】『孝経』という儒家の経典の成書が『呂氏春秋』の編纂の少し前、戦国末期にあることは、今日不動の定論となっている。その思想の特徴については、板野長八『中国古代社会思想史の研究』（研文出版、二〇〇〇年）の「戦国秦漢における孝の二重性」、二「孝経の孝と忠孝篇の孝」が、以下のように解説するのがよいと思う。

以上の如く『孝経』の孝は封建制度下の家族のみならず宗族をも支える徳であって、そ

568　第3部　出土資料を通した中國文獻の再評價

の点では孟子の孝と同様であるが、それにもかかわらずそれは父の権威と君の権威、及び宗族と君主とが衝突することなくして君主の一元的支配が可能であるように、またそれは父母に対するのみならず君主に対しても実践し得るように、すなわち忠孝一本となり得るように改変されていたのである。

　言い換えれば、「家」における父への「孝」が「国」「天下」における君への「忠」に、うまく繋がるように構成されていたのである。

【３７】第五十四章の「身を以て身を観、……天下を以て天下を観る。」の解釈については、諸説紛々の状態であり、優れた解釈が存在しない。いくつかの解釈をタイプごとに挙げることにしよう。

　その一は、王弼『老子注』は、「天下を知るを得る」には「己を察して以て之を知り、外に求めざるなり。」と説くところから、『礼記』大学篇「八条目」のように己の身を基本にして家・郷・邦・天下をも知ることができると考えているらしい。馮振『老子通証』（華東師範大学出版社、二〇一二年）の「老子通証下篇」、五十四章もこのタイプに属する。

　その二は、河上公『老子注』は、「身を以て身を観る」の経文に対して、「修道の身を以て不修道の身を観れば、孰か亡び孰か存せんや。」と注しており（家以下についても同様）、その中心は「天下の修道」の君主が昌え、「背道」の君主が亡びることを知る点に置かれている。成玄英『老子義疏』の善健章もこのタイプに属する。

　その三は、林希逸『老子鬳斎口義』の善健不抜章第五十四は、「身を以て身を観る」の経文に対して、「吾が一身に即して、以て他人の身を観る可し。」と注する（家以下も同様）。その目的は、「道の用うる所皆な同じきを言うなり」とあるとおり、「道」の普遍性一般性に頼ることによって、正しい観察を進めることに置かれているようである。この説は支持者が比較的多く、

　　高亨『老子注訳』（前掲）の巻下、五十四章

　　高明『帛書老子校注』（中華書局、一九九六年）の「徳経校注」、五十四

　　陳鼓応『老子註訳及評介』（修訂増補本、中華書局、一九八四年）の「注釈今訳与引述」、

　　五十四章

が同じタイプである。また、諸橋轍次『掌中　老子の講義』（大修館書店、一九六六年）の「老子　下篇」、第五十四章は、同じ経文に対して「上の身は、古人、先輩の身、下の身は己れの身を指す。以下同じ。」と注する。上に紹介した林希逸などと「身」における

自他が逆転しているが、やはり同じタイプと見てよいと思う。但し、このタイプに対しては、蜂屋邦夫『老子』（岩波書店、二〇〇八年）の第五十四章に鋭い批判がある。

その四は、加藤常賢『老子原義の研究』（明徳出版社、一九六六年）の第二部、二十九「柔弱をもつて身・家・郷・邦を修むべきだ（５４）」の説である。加藤常賢は「「以身」とは前に「之を身に脩む」とあるから、「身を脩むるの法をもつて」の意である。以下「以家」「以郷」「以邦」「以天下」も同じ……。」と唱える。以上の三つのタイプよりも進んだ見解と言ってよかろう。

　　　福永光司『老子』（前掲）の「下篇（徳経）」、第五十四章
　　　木村英一『老子の新研究』（前掲）の第三篇、第三章、老子道徳経、（五十四章）
　　　蜂屋邦夫『老子』（前掲）の第五十四章
もこのタイプである。

【３８】『老子』には、第五十四章の「〔吾何以知天下之然茲（哉）、以此〕。」と同じ句法の表現が、他に二例ある。第二十一章の「吾何以知衆俍（父）之然、以此。」と第五十七章の「吾何〔以知元（其）然〕也𢘓（哉）」である。第二十一章は本章と同じ仕組みであって、「吾何を以て衆俍（父）の然るを知るや」は、族長たち（「衆俍（父）」）が「道」に服従すると認める根拠を問い、「此を以てなり」は、上文に画かれた「道」の不可把握性をもって答えとしたものである。第五十七章は、通行本（王弼本）は「吾何以知其然哉、以此。」に作るが、郭店本・馬王堆両本・北京大学簡には「以此」がなく、ないのが古い『老子』の本来の姿である。従って、上の二例（第二十一章と第五十四章）とは異なる句法と把えるべきである。

　ついでに述べれば、第五十七章の「吾何を以て元（其）の然るを知るや」は、上文の「以正之（治）邦、以畸（奇）用兵、以无事取天下。」という命題の成立根拠を問い、次の「夫天下〔多忌〕諱、而民𢘓（彌）貧。」以下全体がその答えとなっている。

【３９】安井息軒『管子纂詁』牧民篇は、この個所について、

　　　此謂以天下為天下之道。言人君無所私親如天地、則天下之民、尊之如日月。唯以君所為、為己節度也。

と注釈する。筆者もこれに従う。

【４０】この個所の「天下」が「天地」の誤写であることは、王念孫『讀書雑志』の「管子雑志」の指摘以来、すでに定説となっている。

【４１】金谷は、牧民篇を主に「国を守り」「国の安き」ことを考える思想、つまり国君のた

570 第3部 出土資料を通した中國文獻の再評價

めの、国君となることを目指す思想と見ている。しかし、そうではなく、天子・皇帝の
ための、天子・皇帝となることを目指す思想であることは、上述した。この点では、牧
民篇も形勢篇も同じと理解すべきである。

【４２】『老子』第三十二章と第三十七章の当該個所の解釈については、拙著『『老子』　そ
の思想を読み尽くす』（前掲）のⅡ、第3章、Ａ「『老子』の「道」の形而上学・存在
論と天子・皇帝の一元的な統治」とその注（５）を参照。

【４３】第八十章の理想国の特徴とその歴史的な位置づけについては、拙著『『老子』　その
思想を読み尽くす』（前掲）のⅡ、第3章、Ａ、ｃ「無事・無為によって「天下」を取る」
とその注（１８）を参照。

　「什伯之器」（通行本）が何を指すかについては、兪樾『諸子平議』が「乃兵器也」と
唱えて以来、中国でも日本でもこの説を支持する者が多い。同時に兪樾は前後のコンテキ
ストを、「使有什伯之器而不用」を解説したのが下文の「雖有甲兵、無所陳之。」であり、
「使民重死而不遠徙」を解説したのが下文の「雖有舟輿、無所乗之。」であると唱えたの
で、上文の「使有什伯之器而不用」と下文の「雖有甲兵、無所陳之。」との意味上の重複
は何とか処理された。しかし、本章がそのようにしっかりした構成の文章であることは疑
わしいし、その上近年の出土資料は馬王堆両本が「十百人之器」に作り、北京大学簡は「什
伯人之氣（器）」に作って、ともに「人」の字がある。よって、「十百人之器」に作る
のが古い『老子』の本来の姿であったと考えられる。よって、我々は別の解釈の可能性を模
索する必要がある。

　その一は、

　　焦竑『焦氏筆乗』の八十章（焦竑『老子翼』の八十章所引）

　　奚侗『老子集解』（上海古籍出版社、二〇〇七年）の下篇、八十章
の什器・什物とする説であるが、上述のとおり古い本来の『老子』には「人」の字がある
ので、この解釈は成立しえない。その二は、「材　什夫・伯夫に堪うるの長者なり」とする
説であり、

　　蘇轍『老子解』の八十章（焦竑『老子翼』の八十章所引）

　　太田晴軒『老子全解』の八十章
などが唱えた。朱謙之『老子校釈』（前掲）の「老子徳経」、八十章はこれに反対するが、
筆者はこれに賛成である。但し、これを拡大・引伸して、十人・百人にぬきんでた役人た
ちの常駐する行政機関（役所）としてみてはどうであろうか。その三は、

高明『帛書老子校注』（前掲）の「徳経校注」、六十七

陳鼓応『老子註訳及評介』（前掲）の「注釈今訳与引述」、八十章

などの唱える、普通の人の十倍・百倍の力を発揮する文明の利器で、兵器をも含めて船舶や機械などを指す、とする説である。この説の源は胡適にある（陳鼓応による）ようである。

【４４】『荘子』に現れたユートピア思想として以下に引用する諸章の内、馬蹄篇については拙著『『老子』　その思想を読み尽くす』（前掲）のⅡ、第２章、Ａ、ｂ「『老子』に見える反疎外論と主体性論の残滓」を参照。また、山木篇の「大莫之國」については同書のⅡ、第５章、Ｄ、ｂ「自然思想の政治における君主像」を参照。

【４５】『荘子』馬蹄篇の当該個所の解釈については、拙著『荘子（上）全訳注』（前掲）、馬蹄篇第二章の【注釈】と【解説】を参照。

【４６】『荘子』胠篋篇の当該個所の解釈については、拙著『荘子（上）全訳注』（前掲）、胠篋篇第一章・第四章の【注釈】と【解説】を参照。

見果てぬ三晉簡――後書きに代えて

大西　克也

　本書に收められているのは、「Multi Disciplinary Approach」を揭げて私たちが行ってきた四年間にわたる戰國秦漢出土文獻に關する科研プロジェクト（代表者：谷中信一日本女子大學名譽教授、平成二六年度～二九年度）の成果である。私は主として文字と言語に關わる分野を擔當したが、本課題を終えるにあたり、成果と經驗に基づき今後の方向性について若干の感想を述べ、後書きに代えたい。

二〇〇一年から始まった『上海博物館藏戰國楚竹書』の刊行を契機として、學術機關の發掘を經ずに出土する所謂「非發掘簡」が研究資料として脚光を浴びることとなった。それに續く『清華大學藏戰國竹簡』の刊行（二〇一〇年から）により、出土文獻の主役は正規の發掘資料から非發掘簡に移ったかのような感すらある。私たちのプロジェクトが「辨僞學の確立」（平成二六年度）、「非發掘簡の資料價値の確立」（平成二七年度）を當該年度の主要テーマとしたのもこのような事情を背景とする。

　本書所收の私の論文では、眞僞判定の目安として出土後に生じる竹簡の急激な化學的變化による變色に着目したのだが、水沒した墓葬内において土壤から竹簡内に浸透した鐵イオンの存在が主因の一つに數えられる。また空氣との遮斷によって腐敗が停止することが、竹簡が二〇〇〇年を超えて保存される理由であることは、これまでから指摘されている。戰國竹簡の出土は湖北、湖南両省が大部分を占めるが、それはこの地域の自然環境よるところが大きい。逆に言うと、これ以外の地域から戰國竹簡が出土する可能性は將來にわたって高くはないであろう。

　このように現在私たちが見ることのできる戰國竹簡は、楚簡と秦簡に限られているのだが、地域的な偏在が出土文獻研究の大きな制約となっていることは間違いない。出土地不明の非發掘簡の存在がそれに拍車をかける。清華簡『良臣』が三晉簡ではないかという意見には一定の蓋然性は認め得るが、發掘され

た三晉簡が存在しない現在、確定するのは難しい。中原地域から竹簡が出土する見込みが低い中、今後どのようなアプローチが考え得るだろうか。

　清華簡は恐らく舊楚で出土したと見られるが、様々な点で非楚系の要素を含む資料が目立つことが知られている。晉・楚を中心に周初から戰國初期に至る諸國の攻防を描く清華簡『繫年』は、楚に對する特殊なポライトネスの存在から最終的に楚で成立したことは確定的だが（大西克也「清華簡『繫年』の地域性に關する試論──文字學の視點から──」、愛媛大學「資料學」研究會編『資料學の方法を探る(14)』、愛媛大學法文學部、2015年3月）、素材の上でも文字遣いの上でも明らかに意圖的に三晉を取り込んでいる。これとある意味逆の狀況を呈していると思われるのが、清華簡『趙簡子』である。文字や用語の上では、到達時點を導く前置詞「就」の使用などから、楚人の手が入っていることは確實である（宮島和也「『趙簡子』を讀む」、第87回上海博楚簡研究會、2017年11月25日、日本女子大學）。しかし晉の執政や中軍の將として趙簡子の前任に當たる范獻子が、「吾子」という敬稱を用いて若年の趙簡子に「進諫」を行うという構圖は、范氏を滅ぼした趙氏に対する特別なポライトネスを抜きにしては理解できないものであり、本文獻が戰國趙において成立したことを強く示唆している。このような複數の地域的要素がモザイク狀に絡み合った資料から、それぞれの地域性をどのように析出するのか、その手法を構築して行くのが今後の展開の一方向であろう。地域性が明確でない非發掘簡が増加する中において、その重要性は一層高まる。

　上古の同時代資料としての出土文獻を目の當たりにするのは、歴代の學者のなしえなかった體驗であり、まさに研究者冥利に盡きると言って過言ではない。しかし膨大な傳世文獻に対し、出土文獻の量はあまりにも少ない。新たな資料の發見により、それまでの通説が覆されることも稀ではない。貴重な出土文獻とはいえ、目の前にある資料に過度に依存することなく、まだ現れていないもの、傳承されなかったものの存在にも絶えず氣を配り、怖れを抱きつつ研究を進めることが必要であるように思われる。『夏書』「不見是圖」とは、出土文獻研究にも當てはまるのではなかろうか。

執筆者一覧（五十音順）

池澤　優	東京大學大學院人文科學研究科教授
池田　知久	東京大學名譽教授・山東大學名譽教授
今田　裕志	日本女子大學文學部臨時勤務者
鄔　可晶	復旦大學出土文獻研究與古文字研究中心副研究員
大西　克也	東京大學大學院人文科學研究科教授
郭　永秉	復旦大學出土文獻研究與古文字研究中心教授
北川　直子	慶應義塾大學大學院文學研究科後期博士課程學生
小寺　敦	東京大學東洋文化研究所准教授
朱　鳳瀚	中國國家博物館常務副館長
末永　高康	廣島大學大學院文學研究科教授
曹　峰	中國人民大學哲學院教授
趙　平安	清華大學出土文獻研究與保護中心教授
陳　侃理	北京大學歷史學系暨中國古代史研究中心・出土文獻與中國古代文明協同創新中心研究員
名和　敏光	山梨縣立大學國際政策學部准教授
丹羽　崇史	奈良文化財研究所都城發掘調查部主任研究員
平勢　隆郎	東京大學東洋文化研究所教授
廣瀨　薰雄	復旦大學出土文獻研究與古文字研究中心副研究員
宮島　和也	東京大學大學院人文科學研究科博士課程學生
谷中　信一	日本女子大學名譽教授
劉　國忠	清華大學出土文獻研究與保護中心教授

中國出土資料の多角的研究

2018年3月16日　初版発行

編　　者　谷　中　信　一
発 行 者　三　井　久　人
整版印刷　富 士 リ プ ロ　㈱
発 行 所　汲　古　書　院

〒102-0072 東京都千代田区飯田橋2-5-4
電話03（3265）9764　FAX03（3222）1845

ISBN978‐4‐7629‐6613‐2　C3022
Shinich YANAKA ©2018
KYUKO-SHOIN, CO., LTD. TOKYO.